नागरिकता का स्त्री-पक्ष

नागरिकता का स्त्री-पक्ष

अनुपमा रॉय

अनुवाद

कमल नयन चौबे

वाणी प्रकाशन

वाणी प्रकाशन
4695, 21-ए, दरियागंज, नयी दिल्ली 110 002

शाखा

अशोक राजपथ, पटना 800 004

फ़ोन : +91 11 23273167 फ़ैक्स : +91 11 23275710

www.vaniprakashan.in
vaniprakashan@gmail.com
sales@vaniprakashan.in

NAGRIKTA KA STRI-PAKSH
by Anupama Roy
Hindi translation of *Gendered Citizenship : Historical and Conceptual Explorations*
Translated by Kamal Nayan Chaubey

ISBN : 978-93-87648-28-9
Feminism/Social Science

प्रथम संस्करण

मूल्य : ₹ 695

सिटी प्रेस, दिल्ली-110 095 में मुद्रित

वाणी प्रकाशन का लोगो मक़बूल फ़िदा हुसेन की कूची से

भूमिका

उन्नीस सौ नब्बे के दशक के आरम्भ से ही नागरिकता के विचार में एक नवीन और अभूतपूर्व रुचि का उभार हुआ है और नागरिकता से सम्बन्धित विविध आयामों के बारे में बड़े पैमाने पर लेखन हुआ है। नागरिकता के पुनःउभार के इस दौर में हुए अधिकांश लेखन में सामान्य रूप से यह रेखांकित किया गया है कि बीसवीं सदी के आख़िरी दशकों की विशिष्ट परिस्थितियों के चलते नागरिकता पर विचार करने और उसकी अवधारणा को एक स्वरूप देने के तरीक़े में बदलाव हुआ। यह किताब इसी तरह के बदलावों की अनुसंधानपरक कहानी कहती है। इसमें कुल छह अध्याय है, जिनके द्वारा इस तथ्य पर प्रकाश डाला गया है कि नागरिकता का विषय टकराव और संघर्ष से परिपूर्ण है। इसमें विविध तरह की सामाजिक और राजनीतिक शक्तियों तथा विचारधारात्मक सूत्रीकरणों के बीच असमान सम्बन्ध होता है, और अमूमन इनमें टकराव भी होता रहता है। दूसरे शब्दों में, यह इस मूल विचार को सामने लाती है कि 'नागरिक' की श्रेणी विशिष्ट ऐतिहासिक सन्दर्भों में सामने आती है और यह वर्चस्वशाली सामाजिक-आर्थिक शक्तियों का प्रतिनिधित्व करती है। इसके साथ ही किताब यह भी रेखांकित करना चाहती है कि नागरिकता के विचार में मुक्तिदायक होने की सम्भावना मौजूद है। इसी कारण, इतिहास के विविध क्षणों में 'नागरिक बनने' से या तो विविध व्यक्तियों तक नागरिकता की हैसियत का विस्तार हुआ है, या फिर इसने दमन की मौजूदा संरचनाओं का विघटन करके ज़्यादा समतावादी और समावेशी संरचनाओं को स्थापित किया है। स्पष्टतः इसमें नागरिकता की प्रकृति में निहित इस अंतर्विरोध को सामने लाने का प्रयास किया है। इसलिए एक ओर इसमें 'गतिमान अवधारणा' के रूप में नागरिकता की मुक्तिदायी क्षमता पर बल दिया गया है, वहीं दूसरी ओर उन सीमाओं को भी रेखांकित किया गया है जो व्यवहार में नागरिकता के सामने आते ही सक्रिय हो जाती हैं। किताब यह भी बताती है कि एक विश्लेषणात्मक श्रेणी के रूप में नागरिकता के विभिन्न संघटक कारक अनिश्चित रहे हैं और अक्सर इनमें आपस में टकराव भी रहा है। इसके चलते नागरिकता की एक ऐसी स्पष्ट अवधारणा

रेखांकित करना कठिन है, जो इसके संघटक कारकों और उनके एक-दूसरे से सम्बन्धों की पहचान करे।

यह किताब यह प्रस्तावित करती है कि नागरिकता के सिद्धान्त में मौजूद विविधताएँ और अनिश्चितताएँ ऐतिहासिक रूप से अंतर्विरोधी धाराओं के कारण सामने आयी हैं। इन्हें समझने के लिए आवश्यक है कि विशिष्ट ऐतिहासिक सन्दर्भों में इन विविध धाराओं की जाँच-पड़ताल की जाये। हालाँकि इस सन्दर्भ में यह याद रखने की ज़रूरत है कि हर ऐतिहासिक क्षण में पूर्ववर्ती धारा का सह-अस्तित्व होता है, जो नागरिक़ता के रूप और अंतर्वस्तु के बारे में तनावों और अनिश्चितताओं को जीवन्त बनाये रखती हैं। इसलिए, इस किताब में भारतीय सन्दर्भ में नागरिकता के ऐतिहासिक विकास के दौरान सामने आने वाले वाद-विवादों की जाँच-पड़ताल के लिए एक ऐतिहासिक अवधारणात्मक दृष्टिकोण को अपनाया गया है।

कमल नयन चौबे के अथक प्रयासों के बग़ैर इस किताब का हिन्दी में प्रकाशन सम्भव नहीं होता, जिन्होंने काफ़ी सावधानी और मेहनत से इस पुस्तक को हिन्दी में अनूदित और सम्पादित करने का काम किया है। पुस्तक को पठनीय बनाने के लिए कमल ने एक नवीन प्रक्रिया विकसित की, जिसमें मैं और कई अन्य लोग कई दिनों तक एक साथ बैठे और हमने हर अध्याय को बोलकर पढ़ा, ताकि भाषा और विचारों में ज़्यादा स्पष्टता आ सके। अनुष्का ने इस पूरी प्रक्रिया में बहुमूल्य योगदान दिया। किताब तैयार करने के दौरान बहुत से मौक़ों पर इंद्रजीत कुमार झा और विकास कुमार ने उत्साहपूर्वक मदद की। प्रीति चौहान, ओमप्रकाश और सुब्रता ने भी इस पूरे काम में सहायता उपलब्ध कराई। मैं इन सबका तहेदिल से आभारी हूँ। मैं अदिति माहेश्वरी की भी शुक्रगुज़ार हूँ जिन्होंने इस पुस्तक के प्रकाशन में गहरी रुचि दिखाई और इसका बेहतरीन प्रकाशन सुनिश्चित किया।

अनुक्रम

नागरिकता से परिचय

डब्ल्यू.बी. गैली ने 1950 के दशक में 'बुनियादी रूप से विवादित अवधारणाओं' के बारे में एक रोचक निबन्ध लिखा था। इसमें उन्होंने यह प्रस्तावित किया था कि अवधारणाओं के साथ हमेशा ही यह विवाद जुड़ा होता है कि उनका उपयुक्त प्रयोग क्या है। एक ऐसी स्थिति हो सकती है जब किसी ख़ास सन्दर्भ में एक तरह का प्रयोग ज़्यादा प्रचलित हो, लेकिन इसके साथ ही दूसरे अर्थों का भी सह-अस्तित्व रह सकता है। ऐसी हालत में इनमें से कोई एक या दोनों ही समान रूप से अवधारणा का प्रमुख तर्क बन सकते हैं। बहरहाल, अवधारणा के विविध व्याख्याओं द्वारा अपनी प्रमुखता के बारे में दावे किये जाते हैं, लेकिन यह हमेशा ही विवादित विषय होता है कि किसका दावा ज़्यादा वैध माना जाए। लेकिन किसी अवधारणा से सम्बन्धित यह विवाद ही दार्शनिक अध्ययन का आधार तैयार करता है। इससे अवधारणा का सूक्ष्म परीक्षण होता है और उसमें स्पष्टता आती है। यह किसी अवधारणा द्वारा विशिष्ट सामाजिक और राजनीतिक अनुभवों के अध्ययन के लिए उपलब्ध साधनों और इसके द्वारा प्रस्तुत व्याख्याओं से सम्बन्धित होता है। यह अपने-आप में रोचक है कि जिस समय गैली अवधारणाओं में निहित विवादों के बारे में लिख रहे थे, उसी समय सुजेन रूडॉल्फ और लॉयड रूडॉल्फ भारत में अपनी 'फ़ील्ड-स्टडी' कर रहे थे। वे देश के दूसरे आम चुनावों का अध्ययन कर रहे थे, जहाँ अभी भी मताधिकार का प्रयोग और चुनावी प्रक्रियाओं में भागीदारी एक 'सुपरिचित' अनुभव नहीं बना था। रूडॉल्फ द्वय के पास सर्वे करने के ऐसे तरीक़े थे, जो विशिष्ट पश्चिमी पृष्ठभूमि में विकसित हुए थे। उल्लेखनीय है कि पश्चिम में 'मेथोडोलॉजिकल इण्डिविड्युलिज़्म' (प्रणालीशास्त्रीय व्यक्तिवाद) को राजनीतिक मत के निर्माण का आधार माना जाता है।[1] लेकिन जल्द ही रूडॉल्फ द्वय ने यह महसूस किया कि उनकी जाँच और अध्ययन के तरीक़े एक ख़ास सन्दर्भ में विकसित हुए हैं। इसलिए उन्हें सार्वभौमिक रूप से दुनिया के हर हिस्से में लागू नहीं किया जा सकता है। उन्होंने अपने इस अनुभव के तुरन्त बाद प्रकाशित अपने एक लेख में इस तर्क को ज़ोरदार तरीक़े से पेश किया।[2] दरअसल, उन्होंने स्पष्ट रूप से यह

कहा कि अमेरीकी राजनीति के 'सुपरिचित' सन्दर्भ में विकसित साधन भारतीय सन्दर्भ में 'अपरिचित' लगते हैं। वे भारत में चुनावी राजनीति के उभरते स्वरूप को समझने के लिए नाकाफ़ी और अप्रभावी हैं। इसलिए हैरत नहीं होनी चाहिए कि इस निबन्ध में ऐसे अवधारणात्मक साधनों का विकास करने की आवश्यकता पर बल दिया गया, जो 'प्रभावी' होने के साथ-साथ 'सुगम' भी हों। सुगमता का अर्थ यह नहीं है कि अवधारणायें एक ही रूप में सभी संस्कृतियों में लागू हों, बल्कि उनमें विविध संस्कृतियों के अनुरूप गतिशीलता और स्पष्टता धारण करने की क्षमता होनी चाहिए।

गैली तथा सुजेन और लॉयड रूडॉल्फ के विचारों को आधार बनाते हुए यह अध्ययन इस प्रस्तावना के साथ आरम्भ होता है कि नागरिकता बुनियादी रूप से एक विवादित अवधारणा है। इस रूप में नागरिकता अर्थों की ऐसी पूरी श्रेणी संलग्न तैयार करती है, जो इसे विशिष्ट सन्दर्भों में बोधगम्य बनाते हैं। निश्चित रूप से, बोधगम्यता का प्रश्न एक जटिल प्रश्न है। किसी भी वस्तु या परिघटना को बोधगम्य बनाने के लिए यह आवश्यक है कि सहभागी अर्थों से उसका जुड़ाव हो। ये अर्थ वस्तुओं को समझ में आने लायक़ बनाते हैं, लेकिन वे ऐसा विशिष्ट तरीक़े से करते हैं। मसलन, एक कक्षा में मंच को एक ऐसे स्थान के रूप में देखा जा सकता है, जहाँ से शिक्षिका अपनी कक्षा को सम्बोधित करेंगी; एक चैपल में रखने पर इसे ऐसे स्थान के रूप में देखा जाता है, जहाँ खड़े होकर पादरी अपना उपदेश देंगे; सार्वजनिक हॉल में इस स्थान पर खड़े होकर प्रभावकारी भाषण दिया जा सकता है; और फर्नीचर की दुकान में यह एक कॉमोडिटी (या पण्य) के रूप में होता है, जिसे ख़रीदकर इसका उपयोग ऊपर बताये गये किसी भी तरीक़े से किया जा सकता है। इस तरह, किसी स्थिति या वस्तु की बोधगम्यता ऐतिहासिक रूप से निर्मित सामाजिक सम्बन्धों में अवस्थित होती है। ऐसे सम्बन्धों से ही उसे एक विशिष्ट अर्थ मिलता है।

इसलिए, यह अचरज की बात नहीं है कि पिछले कई वर्षों से नागरिकता का अध्ययन एक निश्चित भू-क्षेत्र में स्थित राष्ट्र-राज्यों के भीतर राजनीतिक और न्यायिक हैसियत और इस हैसियत से सम्बन्धित हक़दारियों तक ही सीमित नहीं रहा है। नागरिकता के अध्ययन में एक ऐसा बदलाव आया है, जिसे एंथ्रोपॉलॉजिकल टर्न (मानवशास्त्रीय मोड़/बदलाव) कहा जाता है। अब इसमें राज्य के राजनीतिक जुड़ावों से आगे जाकर नागरिकता के व्यवहार के विविध क्षेत्रों की ओर भी ध्यान दिया जा रहा है। इस सन्दर्भ में नागरिकता की अभिव्यक्ति में बहुलता और इसके व्यवहारों में होने वाले उतार-चढ़ाव दोनों ने ही महत्त्वपूर्ण भूमिका निभाई है।[3] बहरहाल, बहुलता और उतार-चढ़ाव दोनों ही अलग-अलग होते हुए भी असंगत नहीं हैं, बल्कि वे एक सन्दर्भित रूपरेखा (रिफरेंसियल फ्रेमवर्क)

के भीतर अवस्थित होते हैं। इस रूपरेखा से सार्वभौमिकता का दावा पेश करने वाले अर्थ जुड़े होते हैं। नागरिकता को एकमात्र या सार्वभौमिक वस्तु या इच्छा के रूप में नहीं समझा जा सकता है। इसका अध्ययन एक व्यापक दायरे में फैला है, जो सिर्फ़ राजनीति विज्ञान, मानवशास्त्र और सांस्कृतिक अध्ययनों के अन्त:अनुशासनात्मक संवाद से ही सामने आ सकता है। इस तरह, नागरिकता राजनीतिक, सामाजिक और सांस्कृतिक सन्दर्भ में शक्तिशाली और मुख्य शब्द है, जो सम्भावित, वास्तविक और इच्छित सम्बन्धों के बारे में बताता है। लेकिन यदि एक मुख्य-शब्द के रूप में नागरिकता एक 'जोड़ने वाला' विचार हो सकता है, तो फिर यह एक सार्वभौमिक विचार नहीं है। नागरिकता में सुधार करने की निरन्तर इच्छा (इसके रूप, स्थान, मात्रा और सब्जेक्ट्स का पुनर्निमाण) के कारण ही बार-बार बदलाव की नयी परियोजना सामने आती है।

नागरिकता का वायदा

नागरिकता को सार्वभौमिक मानने वाली रूपरेखा इस विचार से सम्बन्धित है कि नागरिकता गतिमान अवधारणा (मोमेंट्म कॉन्सेप्ट) है। जॉन हॉफमैन गतिमान अवधारणा और जड़ अवधारणा में अन्तर करते हैं। उनके अनुसार, राज्य, पित्तृसत्ता और हिंसा जैसी अवधारणाएँ जड़ अवधारणाएँ हैं, जो कि अत्यधिक पदसोपानयुक्त (हायरार्कीकल) और दमनकारी है। दूसरी ओर, नागरिकता, आज़ादी, स्वायत्तता इत्यादि जैसी गतिमान अवधारणाएँ हैं, जो 'निरन्तर प्रगतिशील और समतावादी' हैं (हॉफमैन 2004, 12)। साथ ही, इनमें 'एक ऐतिहासिक गत्यात्मकता भी है, जिसका निश्चित तौर पर लगतार निर्माण और विस्तार किया जाना चाहिए' (वही)। इसलिए जब हॉफमैन नागरिकता का वर्णन एक गतिमान अवधारणा के रूप में करते हैं, तो उनका मुख्य ज़ोर नागरिकता के आतंरिक लॉजिक (तार्किकता) द्वारा निर्मित गतिशीलता पर होता है। यह आन्तरिक लॉजिक यह माँग करती है कि नागरिकता के फ़ायदों को आवश्यक रूप से लगातार सार्वभौमिक और समतावादी होना चाहिए (वही)। एक गतिमान अवधारणा के रूप में नागरिकता के साथ समानता का वायदा और मुक्ति की सम्भावना जुड़ी होती है। यह उन रूपरेखाओं में भी सामने आती रही है, जिनमें यह माना जाता है कि नागरिकता में सार्वभौमिकता की ओर बढ़ने की प्रेरणा निहित होती है; अर्थात् इसमें अपना विस्तार करने और खुद को ज़्यादा गहन बनाने की क्षमता होती है; साथ ही, यह अपनी अन्तर्वस्तु में इस तरह बदलाव करती है जिससे ज़्यादा-से-ज़्यादा लोग इसके दायरे में सम्मिलित होते हैं (मार्शल 1950; टर्नर 1986)।

दूसरी ओर, नागरिकता चिन्तन में यह सोच भी काफ़ी प्रभावशाली रही है कि नागरिकता का विचार अत्यधिक विवादित है। विविधता से भरे, और अमूमन

आपस में टकराने वाले राजनीतिक कल्पनाओं, मान्यताओं और व्यवहारों से घिरे सामाजिक क्षेत्रों में इसके विवादित स्वरूप का अनुभव किया जाता है और ऐसे हालात में ही यह विकसित होता है (वर्बनर और युवाल-डेविस 2005 [1999])। इसलिए, नागरिकता की अवधारणा के सम्बन्ध में 'स्वतन्त्र और समान सदस्यता' (मार्शल 1950; मार्शल और बॉटोमोर 1992) के साथ-ही-साथ यह विचार भी प्रभावशाली हो गया है कि नागरिकता 'आख़िरकार रिलेशनल' (सम्बन्धात्मक) (फॉक्स 2000; हॉफमैन 2004), 'गहन संवादात्मक' (युवाल-डेविस 1997; वर्बनर और युवाल-डेविस 2005 [1999]) और 'पदसोपानयुक्त' (हायरार्काइज्ड) (बख्शी 2002) होती है।

नागरिकता का सम्बन्धात्मक (रिलेशनल) दृष्टिकोण उसके अणुवादी दृष्टिकोण से अलग है क्योंकि इसमें विभेद का स्वागत किया जाता है। साथ ही, इसमें सार्थक सम्बन्ध की अवधारणा पर बल दिया जाता है। यह केवल तभी मुमकिन है जब एक-दूसरे से सम्बन्ध रखने वाले लोगों के बीच अन्तर की गुंजाइश हो। इसमें लोग आपसी विभेदों का सम्मान करते हैं और उनमें दूसरों से स्थान बदलने और उनके हालात को समझने की क्षमता होती है। सम्बधात्मक नागरिकता (रिलेशनल सिटिजनशिप) का महत्त्व राज्य को नया रूप देने की इसकी क्षमता में निहित होता है। इसके चलते यह ताक़त और बल-प्रयोग के माध्यम से क़ायम रखी जाने वाली बहिष्करणीय सीमाओं से आगे जाती है।[4]

उपेन्द्र बख्शी नागरिकता से सम्बन्धित पदसोपान के बारे में बताते हुए नागरिकों के बीच वास्तविक रूप में मौजूद पदसोपानों का निम्नलिखित तरीक़े से वर्गीकरण करते हैं : सुपर-नागरिक (क़ानून से परे); समझौता या लेन-देन करने वाले नागरिक (निगोसियेटिंग सिटीजन) (मुख्य रूप से उच्च मध्य वर्ग से सम्बन्धित, इनमें क़ानून से समझौता करने की क्षमता होती है और इससे ये क़ानून से परिरक्षित [इम्यून] हो जाते हैं। साथ ही, इनमें क़ानून के क्रियान्वयन को शासन उत्पीड़न के रूप में प्रस्तुत करने की शक्ति होती है; प्रजा-नागरिक (सब्जेक्ट सिटीजन) (इसमें वंचित लोगों का बड़ा तबक़ा शामिल होता है, जिनके लिए क़ानून अबाधित रूप से लागू होता है; अक्सर इन्हें दोषी ही माना जाता है); विद्रोही (इनसर्जेन्ट) नागरिक (अमूमन इन्हें भयंकर यातना झेलनी पड़ती है, इनका शरीर राज्य की सुरक्षा के व्यवहारिक सत्य का निर्माण करता है); जेण्डर-आधारित नागरिकता (महिलाएँ, समलैंगिक पुरुष या महिलाएँ और ट्रांसजेण्डर लोग, ये लोग अमानवीय सामाजिक और राज्य हिंसा और भेदभाव का शिकार होते हैं; और पीएपी (प्रोजेक्ट अफेक्टेड पीपॅल) नागरिक (राज्य के अराजक विकास का शिकार होने वाले परियोजना प्रभावित लोग)।[5]

इसके अलावा, नागरिकता गहरे रूप में राज्य निर्माणकारी व्यवहारों में समाहित

होती है (बख्शी 2008ए)। भूक्षेत्रीय सीमाओं को सुनिश्चित करना और इसके निवासियों को लेजिबल (स्पष्ट) बनाना राज्य-निर्माण का महत्त्वपूर्ण तत्त्व है। यह 'नागरिकों' को एक स्थायी और गणनायोग्य श्रेणी (इन्यूमेरेबॅल कैटेगरी) बनाना चाहता है, जो कि राज्य सत्ता के नियम और संगठन के विशिष्ट व्यवहारों के अनुसार खुद को ढाल लें। राज्य ने शिनाख्त (आइडेंटिफिकेशन) और गणना में मापन, सर्वे और जनगणना आदि जैसे साधनों का ठोस रूप से उपयोग किया है। इसके माध्यम से यह रेखांकित किया गया है कि कौन-कौन सी चीज़ें राज्य निष्कर्षण (एक्सट्रैक्शन) और नियन्त्रण की शक्तियों के अधीन हैं। मसलन, जॉन टॉरपी ने यह तर्क पेश किया है कि शिनाख्त करने के व्यवहार ऐसे महत्त्वपूर्ण साधन रहे हैं जिनके द्वारा राज्य अपने प्रजा/नागरिकों के साथ टिकाऊ सम्बन्ध क़ायम करता है। टॉरपी ने राज्य के 'प्रवेश करने' और उसे 'अंगीकार करने' की कल्पनाओं का प्रयोग करते हुए यह दिखाया है कि किस तरह ऐतिहासिक रूप से पासपोर्ट व्यवस्था में लोगों की गतिशीलता पर नियन्त्रण करने की एकाधिकारवादी प्रवृत्ति निहित रही है। साथ ही, इसमें सामान्य तौर पर लोगों को 'घेरने', 'अंगीकार करने', तथा उन पर 'पकड़' और 'नियन्त्रण क़ायम रखने' की प्रवृत्ति भी शामिल रहती है।[6]

नागरिकता राज्य के शासक व्यवहारों को प्रदर्शित करने वाली 'संस्थाकृत प्रक्रिया' और इसके ख़िलाफ़ संघर्ष को अभिव्यक्त करने वाले विचार के रूप में सामने आती है। इस प्रकार यह खुद को विरोधाभासी स्थिति के तौर पर प्रस्तुत करती है। दरअसल, कुछ ख़ास तरह की प्रक्रियाओं के माध्यम से पदसोपानीय नागरिकता का उत्पादन होता है; और कुछ ऐसे विरोध होते हैं जिनके कारण यह नागरिकता अस्थिर हो जाती है। इन प्रक्रियाओं और विरोधों के केन्द्र में '(जेण्डर-आधारित) विरोध के वृतान्त निहित होते हैं (कैनिंग और रोज़ 2001, 433)। नागरिकता के 'मुख्य वृतान्त' (मसलन, टी. एच. मार्शल द्वारा इंग्लैण्ड में नागरिकता के विकास का अध्ययन) में इसके उन मुख्य तत्त्वों और राज्य की उन संस्थाओं को रेखांकित किया गया जिनके माध्यम से ये तत्त्व प्रभावकारी बनते हैं। ये मुख्य वृतान्त जेण्डर, नस्ल, जाति, जातीयता जैसी श्रेणियों की अनदेखी करते हैं जिनके साथ नागरिकता के कई प्रकार के अनुभव संचित हुए हैं। इसलिए नागरिकता के इन वृतान्तों (नैरेटिव्स) की एक जैसी कहानियाँ हैं। इन सब में निलम्बन, स्थगन या विभेदीकृत/ सोपानयुक्त समावेशन के माध्यम से समान नागरिकता को नकारा गया है। इसके साथ ही, ये वृतान्त नागरिकता को ज़्यादा लोकतान्त्रिक बनाने के लिए, इसे नये सिरे से तैयार करने वाले उल्लेखनीय संघर्षों से भी सम्बन्धित हैं।

टी. एच. मार्शल ने यह विचार प्रस्तुत किया था कि नागरिकता एक ऐसी स्थिति है जो समानता और सार्वभौमिकता की ओर निरन्तर प्रगति के बारे में बताती

है। मार्शल ने यह विचार फ़रवरी 1949 में 'सिटीजनशिप ऐंड सोशल क्लास' शीर्षक से दिये गये अपने व्याख्यान में व्यक्त किया था। इसमें उन्होंने अठारहवीं से बीसवीं सदी के बीच इंग्लैण्ड में नागरिकता के विकास की व्याख्या के लिए एक 'पैराडाइम' प्रस्तुत किया। उन्होंने पूँजीवाद के साथ नागरिकता के टकराव और सहयोग के विशिष्ट सम्बन्ध के आधार पर इसके विकास का विवरण दिया। उनके अनुसार, यह एक ऐसी प्रक्रिया है जो सामाजिक वर्ग की असमानता के ख़िलाफ़ समानता का विस्तार करती है। मार्शल ने नागरिकता का निर्माण करने वाले अधिकारों की तीन धाराओं या समूहों के बीच अन्तर किया। अधिकारों की ये तीन धाराएँ नागरिक अधिकार, राजनीतिक अधिकार और सामाजिक अधिकार से सम्बन्धित थीं। मार्शल ने नागरिक अधिकारों को 'व्यक्तिगत आज़ादी के लिए आवश्यक अधिकारों' के रूप में परिभाषित किया। उनके अनुसार, इसमें बोलने, कहीं भी आने-जाने, अन्तःकरण तथा क़ानून के सामने समानता और सम्पत्ति रखने का अधिकार शामिल है। उन्होंने इन्हें इस अर्थ में नकारात्मक अधिकार माना कि ये राज्य सत्ता के प्रयोग को सीमित या नियन्त्रित करते हैं। राजनीतिक अधिकारों में वोट देने के अधिकार, चुनाव लड़ने के अधिकार और सार्वजनिक पद ग्रहण करने जैसे अधिकार को शामिल किया गया। इन अधिकारों ने व्यक्तियों को राजनीतिक जीवन में भागीदारी करने का अवसर उपलब्ध कराया। राजनीतिक अधिकारों के प्रावधानों को पूरा करने के लिए सार्वभौमिक मताधिकार, राजनीतिक समानता और लोकतान्त्रिक सरकार का विकास आवश्यक था। मार्शल ने यह तर्क दिया कि सामाजिक अधिकार व्यक्ति को एक न्यूनतम सामाजिक हैसियत की गारंटी देते हैं। ये नागरिक और राजनीतिक- दोनों ही तरह के अधिकारों के प्रयोग के लिए एक आधार उपलब्ध कराते हैं। वे मानते थे कि ये 'सकारात्मक' अधिकार हैं जो लोगों को 'समाज में प्रचलित मानकों के अनुसार एक सभ्य व्यक्ति का जीवन जीने का आधार उपलब्ध कराते हैं।' ये जीवन तथा समाज के सामाजिक धरोहर के मानक होते हैं, जिन्हें राज्य के सक्रिय हस्तक्षेप द्वारा हासिल किया जाता है। राज्य सामाजिक सेवाओं (कल्याणकारी राज्य) और शिक्षा व्यवस्था के माध्यम से इन मानकों को हासिल करने की स्थितियाँ तैयार करता है। मार्शल ने अधिकारों की जिन तीन धाराओं की पहचान की है, उन सबका अलग-अलग विशिष्ट इतिहास है। इसके अलावा, इनमें से प्रत्येक का इतिहास एक विशिष्ट शताब्दी से जुड़ा था। नागरिक अधिकार अठारहवीं सदी, राजनीतिक अधिकार उन्नीसवीं सदी और सामाजिक अधिकार बीसवीं सदी से सम्बन्धित थे। साथ ही, ये क्रमशः न्यायपालिका, शासन के संसदीय संस्थाओं तथा शिक्षा व्यवस्था और कल्याणकारी राज्य के विकास से जुड़े थे। मार्शल नागरिकता के तीन घटक तत्त्वों की पहचान करते हैं। ये तीन नागरिक, राजनीतिक और सामाजिक घटक

हैं, जिनका विकास तक़रीबन ढाई सौ वर्षों के दौरान विशिष्ट राज्य संरचनाओं/संस्थाओं की लगातार प्रगति से जुड़ा हुआ है (मार्शल 1950)। 'राजनीतिक समुदाय की पूर्ण और समान सदस्यता' के रूप में नागारिकता को परिभाषित करने का श्रेय मार्शल को दिया जाता है। यह परिभाषा उनके निम्नलिखित स्पष्टीकरण से सामने आयी है :

> नागरिकता एक ऐसी हैसियत है जो उन लोगों को दी जाती है जो एक समुदाय के पूर्ण सदस्य होते हैं। इस हैसियत को धारण करने वाले सभी लोगों के पास इससे सम्बन्धित अधिकार और कर्त्तव्य समान रूप से होते हैं। इन अधिकारों और कर्त्तव्यों को तय करने के बारे में कोई सार्वभौमिक सिद्धान्त नहीं है। लेकिन जिन समाजों में नागरिकता एक विकासशील संस्था है, वे आदर्श नागरिकता की एक ऐसी छवि तैयार करते हैं, जिसके आधार पर उपलब्धियाँ आँकी जाती हैं, और जिसे हासिल करने की आकांक्षा रखी जा सकती है (वही, 28-29)।

मार्शल की रूपरेखा में स्पष्टत: नागरिकता पूर्ण सदस्यता की एक हैसियत है। यह हैसियत रखने वाले सभी लोगों के पास एक जैसे अधिकार और दायित्व होते हैं। इसलिए यह कल्पना की जा सकती है कि नागरिकता समान लोगों के बीच में बन्धुत्व की बात करती है। यह बन्धुत्व पूर्ण सदस्यता की पूर्व-हैसियत पर निर्भर होती है। इस तरह, इसमें नागरिकों और ग़ैर-नागरिकों के बीच स्पष्ट अन्तर किया जा जाता है। इसलिए हैसियत के साथ नागरिकता के जुड़ाव के बारे में यह माना जाता है कि यह एक क़ानूनी हैसियत के रूप में निष्क्रिय नागरिकता की विरासत को आगे बढ़ाता है। दरअसल, यह विचार असीमवादी (एबसोल्यूटिस्ट) राज्यों के उभार के साथ प्रचलित हो गया। इन राज्यों ने विविधतापूर्ण जनसंख्या पर अपना प्राधिकार थोपने का काम किया है।[7] लेकिन 'आदर्श नागरिकता की छवि' में परोक्ष रूप से गत्यात्मकता शामिल होती है जो नागरिकता की निष्क्रिय स्थिति को तोड़ने का काम करती है। इसी प्रक्रिया में नागरिकता का वायदा निहित है।

मार्शल द्वारा अठारहवीं सदी से इंग्लैण्ड में अधिकारों और कर्त्तव्यों के ऐतिहासिक विकास के आधार पर तैयार किया गया नागरिकता का तीन-स्तरीय वर्गीकरण अन्य समाजों के विकास को प्रतिबिम्बित नहीं करता है। मसलन, मार्शल यह बताते हैं कि इंग्लैण्ड में नागरिक अधिकार अठारहवीं सदी में संस्थाकृत हो गये थे। लेकिन अधिकांश यूरोपीय देशों में ये अधिकार उन्नीसवीं सदी से पहले स्थापित नहीं हुए थे। यहाँ तक कि जिन समाजों में नागरिक अधिकार स्थापित हो चुके थे, वहाँ भी कुछ समूहों को इन अधिकारों से वंचित रखा गया था। मिसाल के तौर पर, संयुक्त राज्य अमेरीका में संविधान द्वारा नागरिक अधिकारों को मान्यता दी गयी और उनका उल्लेख किया गया। लेकिन अफ़्रीकी-अमेरीकी

नागरिकों को इन अधिकारों से वंचित रखा गया। गृह युद्ध (सिविल वॉर) के बाद उन्हें औपचारिक रूप से ये अधिकार दिये गये। हालाँकि, अमेरीकी समाज में नस्लवाद की गहरी पैठ होने के कारण अब भी ये समूह व्यवहारिक स्तर पर इन अधिकारों का उपयोग करने में नाकाम रहें। इसी तरह, जहाँ एक ओर यूरोप में राजनीतिक अधिकारों का विस्तार हुआ, वहीं दूसरी ओर विश्व का एक बड़ा भाग यूरोपीय उपनिवेशों के रूप में इन अधिकारों से वंचित रहा। इस दौर में उपनिवेशित लोगों को सिर्फ़ प्रजा की ही हैसियत मिली हुई थी। खुद ब्रिटेन में ही बीसवीं सदी के प्रारम्भ तक महिलाओं और मज़दूरों को नागरिक और राजनीतिक अधिकार नहीं दिये गये थे। सच्चाई यह है कि नागरिकता के विकास के बारे में मार्शल का पैराडाइम भी महिलाओं को सामान्य प्रवृत्ति का अपवाद घोषित करके ही अपनी सुसंगतता क़ायम रख सकता है। इसलिए मार्शल यह कहते हैं कि अठारहवीं सदी के आरम्भ तक नागरिकता नागरिक अधिकारों के रूप में सार्वभौमिक हो गयी थी क्योंकि इस समय तक सभी वयस्क सदस्यों को व्यक्तिगत आज़ादी की हैसियत दे दी गयी थी। लेकिन इसके साथ ही वे अपने कथन को सीमित करते हुए यह भी कहते हैं कि 'या...सभी पुरुष सदस्यों को यह हैसियत दी गयी थी, क्योंकि कम-से-कम कुछ महत्त्वपूर्ण सन्दर्भ में महिलाओं या कम-से-कम विवाहित महिलाओं की अलग हैसियत थी।[8]

इसके बावजूद, मार्शल के विवरण से यह विचार काफ़ी मजबूती से सामने आता है कि आधुनिक नागरिकता बुनियादी रूप में समतावादी है। यह अपने भीतर ज़्यादा-से-ज़्यादा लोगों का समावेशन करती है। साथ ही, यह उभरती हुई आवश्यकताओं को पूरा करने के लिए अपनी अन्तर्वस्तु में बदलाव करती है। इस तरह, मार्शल मानते हैं कि इसमें अपना विस्तार करने और खुद को ज़्यादा गहन बनाने की क्षमता होती है। ब्रायन टर्नर भी आधुनिक नागरिकता के इस कारक की पहचान करते हुए यह कहते हैं कि इसमें सार्वभौमिकता की ओर आगे बढ़ने की एक प्रेरणा अन्तर्निहित होती है...'यह विस्तृत होते घेरे की एक श्रृंखला के रूप में सामने आती है, जिन्हें टकराव और संघर्ष के बल पर आगे बढ़ाया जाता है' (टर्नर 1986, iii)। उदारवादी नागरिकता के सद्‌गुणों पर बल देने वाले विद्वानों ने इसमें समानता और सार्वभौमिकता के तत्त्वों का महत्त्व रेखांकित किया है। इस सन्दर्भ में वे आधुनिक नागरिकता के दो वायदों का विशेष रूप से उल्लेख करते हैं : (i) राजनीतिक समुदाय के सदस्यों के बीच पदसोपानीय असमानताओं के विपरीत 'समस्तरीय बन्धुता' या समानता, और (ii) 'एकीकरण' का वायदा, जिसमें नागरिकता जनसंख्या के हाशिये पर पड़े समूहों को भी धीरे-धीरे अपने दायरे में शामिल करती है। यह सदस्यता एक पहचान और एक राजनीतिक समुदाय अर्थात् राष्ट्र-राज्य से जुड़ाव की भावना की अभिव्यक्ति है। साथ ही,

यह एक सामान्य (राष्ट्रीय) सांस्कृतिक और सामाजिक विरासत का हिस्सा होने का आश्वासन भी देती है।

उदारवादी नागरिकता में समानता और एकीकरण के वायदे के साथ-ही-साथ प्रतियोगी बाज़ार शक्तियों की आज़ादी और इसके कारण पैदा होने वाले सामाजिक वर्गों की असमानता स्वीकार की जाती है। वहीं मार्शल के वर्णन सबसे स्पष्ट तरीक़े से यह सामने आता है कि पूँजीवाद के साथ-साथ नागरिकता का विकास हुआ और इनके बीच सहयोग और टकराव का संदिग्ध सम्बन्ध रहा है। मसलन, नागरिकता के कारण लोगों को विविध अधिकार दिये जाते हैं। इसके चलते पूँजीवाद के बुरे प्रभाव से कुछ राहत मिलती है, लेकिन इससे असमानता की मौजूदा संरचनाएँ ख़त्म नहीं होती हैं। इसके अलावा, नागरिकता में जन्मजात (पदसोपानीय) असमानताओं को मिटाने का वायदा भी शामिल है। इसे पूरा करने के लिए यह नागरिकता के अधिकार के प्रयोग और उपभोग में (संस्कृति, जाति, जेण्डर, जातीयता आदि से सम्बन्धित) विभेदों पर परदा डालकर उन्हें अप्रासंगिक बनाने पर बल देती है। इसलिए यह माना जाता है कि राष्ट्र की समान नागरिकता का अर्थ यह है कि नागरिक समान रूप से अधिकार धारण करें और दूसरों के साथ समान रूप से उनका प्रयोग करें। नागरिकता के सन्दर्भ में विभेदों को अप्रासंगिक बनाकर अधिकारों के समान प्रयोग की स्थिति बनाई जाती है। ऊपर वर्णित रूपरेखा में यह माना जाता है कि नागरिकता का विस्तार इसकी उपलब्धियों का आधार होने के साथ-ही-साथ इसकी सीमा भी होता है। सम्पूर्ण सामाजिक संरचना में आधुनिक नागरिकता के सामान्यीकरण का अर्थ यह है कि नागरिक के रूप में सभी व्यक्ति क़ानून के सामने बराबर होते हैं। इसलिए क़ानूनी रूप से किसी भी व्यक्ति या समूह के पास विशेषाधिकार नहीं होता है। स्पष्टतः नागरिकता के ये प्रावधान असमान वर्गों पर भी एक ही तरह से लागू होते हैं। लेकिन यह मुमकिन है कि लोगों के पास इन इन अधिकारों और क़ानूनी स्थिति को व्यावहारिक रूप से लागू करने की समान क्षमता न हो। नागरिकों का एक बड़ा समूह वर्ग, जाति, नस्ल, जेण्डर आदि के आधार पर वंचित स्थिति में होता है। ये लोग क़ानूनी सहायता प्राप्त होने के बाजवूद नागरिकों के समूह में भागीदारी करने में असमर्थ होते हैं। यह असमर्थता दोहरी होती है क्योंकि इन परिस्थितियों में नागरिकता के अधिकार सिर्फ़ औपचारिक होते हैं। ये ऐसी परिस्थितियों को प्रभावित नहीं कर सकते हैं जो नागरिकता को निरर्थक न सही, लेकिन अप्रभावकारी अवश्य बना देती हैं।

मार्क्सवादियों ने उदारवादी नागरिकता की आलोचना की है। मार्क्सवादी समीक्षा में इस बात पर बल दिया गया है कि नागरिकता बुनियादी रूप से असमान पूँजीवादी संरचना में बदलाव कर पाने में नाकाम रही है। आमतौर पर

तर्क दिया जाता है कि मार्क्स यह मानते हैं कि नागरिकता का समानता और आज़ादी का दावा पूँजीवाद से असंगत है। सरल शब्दों में कहें, तो मार्क्स द्वारा इस असंगतता की व्याख्या इस बात में निहित है कि वे बूर्ज्वा राज्य को बूर्ज्वा हितों की अभिव्यक्ति और उसका संरक्षक मानते हैं। इनके अनुसार, यह एक तथ्य है कि आधुनिक राज्य पूँजीवादी संरचनाओं में समाहित है, जिससे यह नागरिकता के वायदों को पूरा करने में असमर्थ होता है। इसी कारण, पूँजीवाद के सन्दर्भ में एक हैसियत और एक मूल्य के रूप में नागरिकता सिर्फ़ एक कल्पना की तरह होती है। यह नागरिकों की असमर्थता पर पर्दा डालती है : 'राजनीतिक आदमी सिर्फ़ एक अमूर्त्त काल्पनिक आदमी होता है' (मैकलिलन 1977, 56)। मार्क्स ने *क्रिटीक ऑफ़ गोथा प्रोग्राम* में अमूर्त्त समान अधिकारों की आलोचना की है। यह कहा जाता है कि समान अधिकारों का सूत्रीकरण कुछ और नहीं बल्कि एक बूर्ज्वा अधिकार है। इसकी प्रकृति में ही यह बात शामिल है कि इसे समान/सार्वभौमिक मानक के तौर पर ही लागू किया जा सकता है, जो कि 'अपनी अन्तर्वस्तु में असमानता का अधिकार है'। इसका कारण यह है कि एक समान मानक को लागू करने से लोगों के 'सिर्फ़ एक सुनिश्चित पक्ष' पर ही ध्यान दिया जाता है तथा अन्य पहलुओं, आवश्यकताओं, सामाजिक सन्दर्भों, सम्बन्धों आदि की उपेक्षा की जाती है। मार्क्सवादी आलोचकों ने बूर्ज्वा अधिकारों के प्रति अविश्वास दर्शाते हुए वंचितों के सामाजिक और आर्थिक अधीनता की स्थिति को दूर करने का आह्वान किया। इसलिए, इस विश्लेषण के अनुसार, नागरिक और राजनीतिक अधिकार सिर्फ़ समानता के सतही जकड़न की तरह हैं। इनके होने के बावजूद प्रभुत्वशाली वर्ग अपना विशेषाधिकार क़ायम रखता है और श्रमिक वर्ग अधीनता की स्थिति में होता है। इस तरह के आलोचकों के अनुसार, आधुनिक नागरिकता नागरिकों को पैदा नहीं करती है। इसके बजाय, मार्क्स के शब्दों में यह 'स्व-अलगावयुक्त प्राकृतिक और आध्यात्मिक व्यक्तिकता' को जन्म देती है। इसमें ऐसे पुरुष और महिलाएँ शामिल होती हैं, जो कई मौक़ों पर अपनी कल्पना नागरिक के रूप में करते हैं, लेकिन उनके दिन-ब-दिन की गतिविधियाँ बाज़ार की अनिवार्यताओं से शासित होती हैं।[9]

मार्क्सवादियों के साथ-ही-साथ नारीवादी, समुदायवादी, बहुसंस्कृतिवादी आदि जैसे उदारवादी नागरिकता के आलोचकों ने पूँजीवाद के साथ नागरिकता के सम्बन्धों में मौजूद विरोधाभासों और द्वैधताओं की ओर संकेत किया है। हालाँकि यह भी ग़ौर करने वाली बात है कि उदारवाद के भीतर भी इन द्वैधताओं पर गहराई से विचार किया गया है। बहुत से उदारवादियों ने यह समझने का प्रयास किया है कि किस तरह ये द्वैधताएँ नागरिकता की 'गतिमान अवधारणा' को सीमित करती हैं। खुद मार्शल ने इस विरोधाभास की ओर संकेत किया है और वे यह मानते

हैं कि इनके कारण भविष्य में टकराव की सम्भावना है। यह इस बात से स्पष्ट है कि उन्होंने यह लिखा कि नागरिकता का वायदा सभी नागरिकों को 'केवल समान अधिकार ही नहीं, बल्कि समान सामाजिक महत्त्व भी देता है' (मार्शल 1950, 24)। यह माना गया कि समान सामाजिक महत्त्व व्यक्तियों में 'एक सामान्य स्वामित्व वाली सभ्यता' के प्रति दायित्व और निष्ठा की भावना क़ायम करता है। इसके द्वारा यह लोगों के बीच सामुदायिक सदस्यता की भावना का निर्माण करता है (वही)। यह वायदा साामजिक-राजनीतिक एकजुटता के लिए अनिवार्य था। लेकिन इसके लिए ऐसी स्थिति की आवश्यकता थी जो प्रत्येक नागरिकों को समान हैसियत की गारंटी दे। यह गारंटी 'कुछ निश्चित बुनियादी वस्तुओं और सेवाओं की न्यूनतम आपूर्ति' की गारंटी से सम्बन्धित है :

> सामाजिक सेवाओं का विस्तार प्राथमिक रूप से आय को समान बनाने का साधन नहीं है...बल्कि इससे सभ्य जीवन के साधनों में सामान्य बढ़ोतरी होती है, अमूमन जोखि़म और असुरक्षा में कटौती होती है, और हर स्तर पर ज़्यादा और कम भाग्यशाली लोगों के बीच समानता आती है। यह समानता वर्गों से ज़्यादा एक ऐसी जनसंख्या के व्यक्तियों के बीच आती है, जिसे अब इस मक़सद के लिए ऐसे प्रयोग किया जाता है, मानो वह एक वर्ग हो। हैसियत की समानता आय की समानता से ज़्यादा महत्त्वपूर्ण है (वही, 33)।

इसलिए नागरिकता के समतावादी वायदे को सामाजिक क्षेत्र पर भी काफ़ी ध्यान देना पड़ता है क्योंकि ऐसा करके ही वह हर व्यक्ति को अपने दायरे में समेट सकती है। निश्चित रूप से, पूँजीवाद के कारण अत्यधिक असमानता पैदा होती है। लेकिन फिर भी सामाजिक क्षेत्र में व्यक्ति समानता को अहमियत देने वाले राजनीतिक समुदाय के सदस्य के रूप में सुरक्षित महसूस कर सकता है। इसी तरह, उसे एक ऐसे राज्य के सदस्य के रूप में भी खुद को सुरक्षित महसूस करना चाहिए जो इस प्रकार नागरिकों की हिफ़ाज़त की ज़िम्मेदारी लेता है। मार्शल यह मानते थे कि सामाजिक अधिकारों के क्षेत्र में मुनाफ़ा कमाने के बाज़ार अर्थव्यवस्था की अनिवार्यता और समानता की माँग के बीच टकराव पैदा होता है। इसके चलते, मजबूरन उन्हें यह मानना पड़ा कि बीसवीं सदी के सामाजिक अधिकारों के विकास में पूँजीवाद और नागरिकता के विरोधाभासी आवेग काफ़ी स्पष्ट हैं '...यह साफ़ है कि बीसवीं सदी में, नागरिकता और पूँजीवादी वर्ग व्यवस्था लगातार आपसी संघर्ष की स्थिति में रहे हैं' (मार्शल और बॉटोमोर 1992, 18)।

हालाँकि नागरिकता द्वारा राजनीतिक समुदाय में मुक्त और समान सदस्यता का वायदा हमेशा ही एक मजबूत वायदा रहा है। नागरिकता एक ऐसी स्थिति का रूप धारण करती जा रही है, जिसमें प्रतिरोध और परिवर्तनकारी बदलाव की

सम्भावनाएँ भरी हुई हैं (चटर्जी 2004; हॉलस्टन 2008)। इसलिए नागरिकता जिस सामाजिक और राजनीतिक क्षेत्र में सक्रिय होती है, वह उदासीन और अवैयक्तिक या असंगठित और क़ानूनी दायरे में जड़ नहीं होती है। इसके बजाय, यह लगातार नये रूप में तैयार हो रही 'विद्रोही नागरिकता' (हॉलस्टन 2008; बख्शी 2002) को अभिव्यक्त करते हैं, जिसमें यह बात महत्त्वपूर्ण भूमिका निभाती है कि कौन, किससे और किन शर्तों पर जुड़ा हुआ है। दरअसल, तेज़ बदलावों (हॉफमैन 2004) और पदसोपान (बख्शी 2002) के विरोधाभास से पैदा हुए अस्थिर/अशान्त क्षेत्र में ही नागरिकता के नये मुहावरे और व्यवहार अभिव्यक्त होते हैं।

जेम्स हॉलस्टन ने अपनी किताब में विद्रोही नागरिकता के ऐसे ही एक क्षेत्र का अध्ययन किया है। उन्होंने ब्राजील में नागरिकता के संस्थाकृत रूप और दिन-ब-दिन के व्यवहारों में होने वाले बदलावों का विश्लेषण किया है। उल्लेखनीय है कि हॉलस्टन की किताब के पहले अध्याय का शीर्षक 'सिटीजनशिप मेड स्ट्रेंज' है और इसमें नागरिकता के अर्थ में ऐतिहासिक बदलाव के दो क्षणों के बारे में विस्तार से बताया गया है। ख़ासतौर पर, इसमें इस बात पर ध्यान दिया गया है कि इसे साओ पॉलो की स्वतःनिर्मित परिधि से किस तरह देखा गया।[10] अपने अनुसंधान के सन्दर्भ में हॉलस्टन ने दूसरी बार साओ पॉलो की यात्रा की। पहली दफ़ा वे 1980 में यहाँ आए थे, उस समय ब्राजील में सेना की तानाशाही थी। फिर, बाइस साल बाद, 2002 में लुला और उनकी वर्कर्स पार्टी की जीत के बाद वे यहाँ वापस आए। 1988 से ही सत्तावादी (अथॉरिटेरियन) शासन में धीरे-धीरे बदलाव की शुरुआत हो गयी थी। सन् 2002 तक यहाँ एक लोकतान्त्रिक संविधान मजबूती से स्थापित हो चुका था। 1980 में साओ पॉलो के निवासियों से बातचीत के दौरान हॉलस्टन को शायद ही कभी 'नागरिक' शब्द सुनने को मिला था। दरअसल, जब इस शब्द का उपयोग किया भी गया, तो सभी वर्गों के ब्राजील निवासियों के बीच इसका अलग-अलग अर्थ था। धीरे-धीरे ये अर्थ पूरी तरह से नागरिकता के 'सार्वभौमिक' अर्थ से मेल खाने लगे, जिसके अनुसार नागरिकता को राजनीतिक समुदाय के पूर्ण और समान सदस्यता के रूप में देखा जाता था।

यहाँ हम एक बार फिर से टी. एच. मार्शल द्वारा दी गयी नागरिकता की प्रभावशाली परिभाषा पर विचार करते हैं। इस परिभाषा के मुताबिक़, नागरिकता एक राजनीतिक समुदाय में पूर्ण और समान सदस्यता है। जैसा कि पहले उल्लेख किया जा चुका है कि मार्शल ने यह परिभाषा इंग्लैण्ड में पूँजीवाद के साथ-साथ नागरिकता के संस्थानीकरण के इतिहास से तैयार किया था। उन्होंने इस पूरी प्रक्रिया को 'सामाजिक वर्ग की असमानता के ख़िलाफ़ समानता के विस्तार' के रूप में देखा था। वे यह मानते थे कि समानता नागरिकता को परिभाषित करने वाला गुण है। लेकिन उनके मुताबिक़ यह इस शर्त पर निर्भर होता है कि सभी

लोगों को पूर्ण सदस्यता की हैसियत मिली हो। यह समान लोगों के बीच बंधुता है जिनमें अधिकारों और कर्त्तव्यों के सन्दर्भ में समानता होती है। ये अधिकार और कर्त्तव्य ऐतिहासिक रूप से परिवर्तनशील और गत्यात्मक होते हैं। ये नागरिकता के सामाजिक आदर्श को हासिल करने की ओर लगातार गतिशील होते हैं। जहाँ नागरिकता के मापन की मार्शल की कसौटी यह थी कि नागरिकों के पास अधिकार हैं या नहीं, वहीं जेम्स हॉलस्टन का ब्राजील में जिन नागरिकों से सामना हुआ, उनके पास अधिकार नहीं थे। मार्शलवादी पैराडाइम में नागरिकों और अधिकारों के बीच एक तरह का सहजीवी सम्बन्ध प्रस्तुत किया गया। लेकिन ब्राजील में इस तरह के किसी सम्बन्ध का अस्तित्व नहीं था। अधिकार नागरिकता से पूरी तरह पृथक् थे। लोगों को उनकी सामाजिक हैसियत के हिसाब से अधिकार दिये गये थे। मार्शल यह मानते थे कि नागरिक पूर्ण और समान सदस्यता से उभरने वाली एकजुटता से बँधे हुए हैं। किन्तु ब्राजील का नागरिक एक अज्ञात अन्य की तरह था। वह एक ऐसा व्यक्ति था जिसका 'मामूली अस्तित्व' था और वह परिवार, दोस्त, पड़ोसी आदि के रूप में किसी से भी जुड़ा हुआ नहीं था। दूसरे शब्दों में, एक नागरिक ऐसे 'अनजान' व्यक्ति के रूप में था, जिसके पास कोई व्यक्तिगत सम्बन्ध नहीं था। साथ ही, वह ऐसे किसी भी आनुपातिक माप को ख़ारिज करता था, जिसमें सामान्य रूप से लागू होने वाला सामाजिक मानक शामिल हो। 'नागरिक' अज्ञात और असामान्य आधार की ओर ही संकेत करता था (हॉलस्टन 2008, 4)।[11]

दरअसल, सामाजिक विभेदों की क़ानूनी मान्यता के माध्यम से ही ब्राजील में नागरिकता का संस्थानीकरण हुआ। शिक्षा, सम्पत्ति, नस्ल, जेण्डर और पेशे के अन्तर के आधार पर असमान और श्रेणीकृत अधिकारों का वितरण किया गया था। इसके आधार पर 'विभिन्न श्रेणी के लोगों के साथ अलग-अलग बरताव किया जाता था' (वही, 7)। अधिकारों के इस श्रेणीकरण ने एक ख़ास तरह की स्थिति पैदा की, जिसे हॉलस्टन ने 'विभेदीकृत नागरिकता' की संज्ञा दी है (वही)। मोटे तौर पर इसका अर्थ यह था कि देश के क़ानून के मुताबिक़ नागरिकों की कुछ निश्चित श्रेणियों को ही अधिकार मिले हुए थे और वे विशेषाधिकारों के रूप में इनका प्रयोग करते थे। हॉलस्टन यह तर्क देते हैं कि अधिकांश समाजों में नागरिकता का चरित्र इस आधार पर समझा जा सकता है कि वह कैसे 'विभेदों का प्रबन्धन' करते हुए इन समाजों में नागरिक के बीच विभेदों को वैधता देती है। साथ ही, ब्राजील में नागरिकता का यह विशिष्ट संयोजन उसे एक ख़ास चरित्र प्रदान करता है (वही)। ब्राजील में, लोकतान्त्रिक संविधान की ओर बदलाव होने से पहले नागरिकता का दोहरा चरित्र था। सभी लोग ब्राजील के नागरिक थे और सामाजिक विभेदों पर ध्यान नहीं दिया जाता था। इस तरह,

सभी लोग राष्ट्रीय सदस्यता के लिए बराबर बना दिये गये थे। लेकिन दूसरी ओर नागरिकों के बीच अधिकारों के अलग-अलग वितरण के लिए विभेदों को वैधता भी प्रदान की गयी थी।[12] हॉलस्टन ने जिस तरह से विभेद-आधारित नागरिकता को विभेदीकृत नागरिकता के तौर पर प्रस्तुत किया है, वह आयरिश मेरियन यंग द्वारा प्रयुक्त विभेदीकृत नागरिकता की अवधारणा को सिर के बल खड़ा करने जैसा है। यंग ने 1989 में प्रकाशित अपने एक लेख में विभेदीकृत नागरिकता का विचार प्रस्तुत किया था। उनके अनुसार, विभेदीकृत नागरिकता एक ऐसा साधन है, जिसके द्वारा समान अधिकारों के रूप में नागरिकता के सार्वभौमिक आदर्श को ज़्यादा प्रभावकारी बनाया जा सकता है। इसमें इस बात पर बल दिया जाता है कि नागरिकता के दायरे में कुछ ख़ास समूहों के सदस्यों को सिर्फ़ व्यक्ति ही नहीं, बल्कि समूहों के सदस्यों के रूप में भी शामिल किया जाए। ऐसे लोगों के अधिकार आंशिक रूप से उनके समूह सदस्यता पर भी निर्भर होते हैं, जो उनकी विशेष आवश्यकताओं का पूरा करते हैं (यंग 1989। यंग नागरिकता की सार्वभौमिक अवधारणा के ख़िलाफ़ तर्क देती हैं क्योंकि इसमें एकरूपता के रूप में समानता पर ज़ोर दिया जाता है। एकरूपता के रूप में समानता के साथ यह वायदा जुड़ा होता है कि यह हर किसी को समान हैसियत देकर सार्वभौमिक नागरिकता की स्थिति लाएगा। इस तरह की रूपरेखा में सार्वभौमिकता को सामान्यता के रूप में परिभाषित किया जाता है। इसमें सामान्य विशिष्ट के ख़िलाफ़ होता है। अर्थात् इसमें नागरिकों के भीतर विभेद या अन्तर के बजाय इस पर ध्यान दिया जाता है कि उनमें कौन-सी बातें सामान्य हैं। इस सार्वभौमिक में शामिल होने का अर्थ यह है कि किसी के साथ भी 'विभेदपूर्ण' व्यवहार के बजाय 'सामान्य' व्यवहार किया जाएगा। इसका बुनियादी मतलब है कि नियम और क़ानून विभेदों पर बिल्कुल ही ध्यान नहीं देंगे और हर किसी पर सामान्य तरीक़े से लागू होंगे। सामान्यता और एकरूपता पर आधारित नागरिकता का विचार एक ऐसे राज्य की कल्पना करता है जो सामाजिक विभेदों से अलग रहकर और उनसे ऊपर उठकर 'तटस्थ निर्णायक' की भूमिका निभा सकता है। यह एक ऐसे सार्वजनिक स्थान की भी कल्पना करता है जो हितों की सामान्यता पर आधारित होता है। यह 'बहुलता' और 'विभेद' से उत्पन्न होने वाले महत्त्वूपर्ण मुद्दों से प्रभावित नहीं होता है। यंग विभेदीकृत नागरिकता और एक विविधतायुक्त पब्लिक (हेटरोजेनस पब्लिक) की ज़बरदस्त तरफ़दारी करती हैं। एक हेटरोजेनस पब्लिक में विभेदों को सार्वजनिक रूप से स्वीकार किया जाता है। इसमें यह माना जाता है कि किसी सार्वभौमिक के नाम पर इनकी उपेक्षा नहीं की जा सकती है। साथ ही, इसमें राजनीतिक दायरे में किसी ऐसे शक्तिशाली व्यक्ति/समूह का क़ब्ज़ा नहीं होता है, जो वंचित लोगों को ख़ामोश या अलग-थलग कर दे। हेटरोजेनस पब्लिक में व्यक्ति अपने

विचारों से अलग परिप्रेक्ष्यों को समझने का भी प्रयास करता है। यहाँ सामाजिक नीतियों के बारे में फ़ैसला करते वक़्त इन सभी परिप्रेक्ष्यों पर ध्यान दिया जाता है। इसलिए यंग द्वारा प्रस्तावित विभेदीकृत नागरिकता सार्वभौमिक विभेदों पर पर्दा नहीं डालती है, बल्कि यह आनुभविक पहचानों (एक्सपेरियेंशिल आइडेनटीटीज) के महत्त्व पर बल देती है। ये आनुभविक पहचान दूसरों से अन्त:क्रिया में ही निर्मित होती है। साथ ही, ये सामूहिक संगठन और निर्णय-निर्माण में एक प्रभावकारी आवाज़ के रूप में लोकतान्त्रिक नागरिकता के आधार की भूमिका अदा करती हैं। इसके अलावा, ये अन्य लोगों को मिले सामान्य अधिक़ारों के साथ-ही-साथ विशेष समूह के विशिष्ट अधिकारों के माध्यम से विभेद को मान्यता दिलाती हैं। इस प्रकार, ये लोकतान्त्रिक नागरिकता की बुनियाद मजबूत करती हैं।[13]

हॉलस्टन ने शहर की परिधि में नागरिकता व्यवहार के सन्दर्भ में 'विभेद-आधारित' नागरिकता के संस्थानीकरण का उल्लेख किया है। इसके लिए उन्होंने 'अपरिचित' शब्द का प्रयोग किया है। नागरिकता की अपरिचितता इससे अलग-थलग कर दिये गये लोगों की ओर संकेत करती है। इसलिए नागरिकता को 'सुपरिचित' बनाने का प्रोजेक्ट ख़ास तरह की प्रक्रिया का भाग होता है। इसमें नागरिकता की ऐसी अवधारणा की समझ विकसित करने पर बल दिया जाता है जो अपरिचित सन्दर्भों में अवस्थित होने पर प्रभावहीन या भोथरा नहीं होगा। यह भी ग़ौरतलब है कि हर किसी के लिए सुपरिचित होने का एक ही अर्थ नहीं होता है। लेकिन निश्चित रूप से इसमें यह बात शामिल होती है कि 'अपरिचित' वस्तु या परिघटना के विविध स्वरों या पहलुओं की समझ क़ायम की जाए। जैसा कि बताया गया है कि हॉलस्टन ने नागरिकता से अलगाव का उल्लेख किया है, लेकिन 'सुपरिचित' होने का अर्थ सिर्फ़ इस अलगाव को दूर करना ही नहीं है। दरअसल, यह उलटाव (इनवर्जन) की भी एक प्रक्रिया है जिसमें 'सुपरिचित' होने को पूरी तरह से अलग अर्थ में समझा जाता है।

उपनिवेशित प्रजा का अपने औपनिवेशिक शासकों (मातृ देश) के साथ परिवार रूपी सम्बन्ध था। इस सम्बन्ध में परिचित बनाने और घरेलूकरण की प्रक्रिया के माध्यम से उपनिवेशित प्रजा को दास बनाया जाता था। इस तरह वे एक परिवार में दास की तरह थे। इसके अलावा, औपनिवेशिक देशों ने ग़ैर-वाज़िब तरीक़े से उपनिवेशों में 'व्यक्तियों और वस्तुओं' पर शासन करने और स्थानीय देशज लोगों पर असीम राजत्व (डॉमिनियन) का प्रयोग करने की शक्ति हासिल कर ली थी (मबाम्बे 2001, 24)। देशज लोगों के ऊपर थोपी गयी यह सम्प्रभुत्ता स्वामित्व, अन्याय और क्रूरता पर आधारित थी। इस सम्प्रभुत्ता ने अपने ऊपर देशज लोगों की सुरक्षा और उनमें सुधार का दायित्व भी ले लिया था ताकि इन लोगों को पूरी तरह आश्रित बनाया जा सके :

घरेलूकरण (डॉमेस्टिकेशन) की प्रक्रिया द्वारा मालिक या मालकिन जंगली जानवर के साथ ऐसा बरताव करते थे कि आख़िरकार वह जानवर अपनी पुरानी स्थिति में ही रहता था। अर्थात् वह मनुष्य से अलग ही रहता था–लेकिन इसके बावजूद वह अपने मालिक/मालकिन की दुनिया में प्रवेश करता था (मबाम्बे 2001, 17)।....जहाँ तक देशज व्यक्ति का प्रश्न है, उसे परिवार के अभिभावकत्व के ज़रिये अधीन किया जाता है। वह सिर्फ़ अपने जोखि़म पर ही राजनीतिक गुलामी और दासता से मुक्ति के बारे में सोच सकता है। ऐसा इसलिए है क्योंकि एक देशज (या आश्रित व्यक्ति) क़ानूनी हैसियत के बारे में नहीं सोच सकता है। वह एकतरफ़ा तरीक़े से एक तरह का अल्पसंख्यक बना दिया जाता है। इस स्थिति के अन्त होने की कोई उम्मीद नहीं है, ऐसे में वह राजनीति का विषय या नागरिक नहीं हो सकता है। नागरिकता की अवधारणा और राष्ट्रीयता एक-दूसरे में परस्परव्यापी हैं। इसलिए मताधिकार से वंचित रहने वाली उपनिवेशों की प्रजा सिर्फ़ राष्ट्र में हाशिये पर ही नहीं धकेल दी जाती है, बल्कि यह अपने ही घर में पूरी तरह से अनजाने व्यक्ति में तब्दील हो जाती है (वही, 34)।

इसलिए नागरिकता से अलगाव को दूर करने के लिए सुपरिचित होने (फैमिलियराइजेशन) की एक प्रति-सन्तुलनकारी प्रक्रिया की आवश्यकता है। यह एक ऐसी प्रक्रिया होती है जो घरेलूकरण और अधीनता, प्रभुत्व, वंचना और अधिकारहीनता जैसे इसके घटकों को प्रभावहीन बना देती है। यह उल्लेखनीय है कि जेम्स हॉलस्टन और एचिले मबाम्बे–दोनों ही नागरिकता से अलगाव के बारे में लिखते हैं। दरअसल, यह उदासीनता दो समानान्तर प्रक्रियाओं से सामने आती है : पहला, नक़ाब या आवरण डालना (मास्किंग), इसमें नागरिकता एक अमूर्त्तता की माँग करती है। यह पृथक्ता के एक विशेषाधिकार वाले स्थिति का रूप धारण करती है जो सभी नागरिकों को समान रूप से उपलब्ध नहीं होती है। दूसरा, चिह्नित करना (मार्किंग), इसमें नागरिकों की एक ख़ास तरीक़े से शिनाख़्त की जाती है, जिसके कारण वे या तो बिल्कुल ही नागरिक नहीं होते हैं या फिर विशिष्ट प्रकार के नागरिक होते हैं। नक़ाब डालने और चिह्नित करने की ये प्रक्रियाएँ साथ-साथ चलती हैं, लेकिन ये परस्पर-विरोधाभासी भी हैं। ये दोनों प्रक्रियाएँ नागरिकता में निहित विरोधाभास का केन्द्र हैं।

परिवर्तनकारी संविधानवाद और संवैधानिक विद्रोह

1930 के दशक में सआदत हसन मंटो ने 'नया क़ानून' शीर्षक से एक लघु कहानी लिखी थी। अंग्रेज़ी में इसका अनुवाद 'द न्यू कॉन्स्टीट्युशन' शीर्षक से प्रकाशित हुआ था। यह कहानी एक तांगेवाले उस्ताद मंगू की नये क़ानून द्वारा प्रस्तुत आज़ादी के प्रति सम्मोहन की दास्तान पेश करती है। मंगू के अड्डे[14] पर उसके साथी

तांगेवाले उसे उस्ताद कहते हैं, क्योंकि यह माना जाता है कि वह बहुत 'बुद्धिमान' है और उसे दुनिया भर की बातों की 'अच्छी-ख़ासी जानकारी' है। मंगू को तांगा चलाने के दौरान कई बार उद्दंड गोरे साहबों के हाथों अपमान और अवमानना का सामना करना पड़ता है। लेकिन मंगू नये संविधान के विचार से पूरी तरह सम्मोहित है क्योंकि उसे यह लगता है कि इससे उसे अपमान और अवमानना से मुक्ति मिल जाएगी। लेकिन बदक़िस्मती से बहुत ज़ल्द ही नये संविधान के बारे में मंगू का यह सपना चकनाचूर हो जाता है। 1 अप्रैल को यह संविधान लागू होता है और उस दिन मंगू को यह भरोसा हो जाता है कि अब वह खुद अपना मालिक है। इसी भरोसे के कारण वह उसे यातना देने वाले गोरे साहब से भिड़ जाता है। कुछ समय तक वह उस गोरे साहब की धुनाई भी करता है। असल में, गोरा साहब उसके साथ गुलाम जैसा बरताव करता था। उसकी धुनाई करते वक़्त मंगू का दबा हुआ गुस्सा सामने आता है। एक तरह से, गोरे साहब की पिटाई करके मंगू नये क़ानून का जश्न मनाता है। लेकिन ज़ल्द ही पुलिस उसे पकड़कर जेल में ठूँस देती है। इस समय भी वह नये क़ानून और आज़ादी के नारे लगता है, लेकिन पुलिसवाले उसे फटकार लगाते हैं : 'नया संविधान, नया संविधान! तुम क्या बकवास कर रहे हो? अभी भी वही पुराना संविधान है' (मंगू 2008, 215)। मंटो ने यह कहानी 1935 के भारत शासन अधिनियम के लागू होने के सन्दर्भ में लिखी थी। आमतौर पर यह माना जाता है कि इसी अधिनियम ने भारत में संवैधानिक लोकतन्त्र और स्व-शासन की ओर बदलाव की प्रक्रिया आगे बढ़ायी। इस कहानी की शुरुआत मंगू की इस खुशी और उल्लास को अभिव्यक्त करती है कि वह एक नागरिक बन गया है और अब उस पर किसी बाहरी व्यक्ति का शासन नहीं है। लेक़िन कहानी के अन्त में उसकी यह खुशी निराशा में तब्दील हो जाती है क्योंकि प्रभुत्व के पुराने रूप पहले की तरह ही क़ायम रहते हैं। नागरिकता से उसका अलगाव बना रहता है और वह अपने ही घर में अनजाने इंसान की तरह रहता है। नये संविधान के प्रति मंगू का सम्मोहन मोहभंग और निराशा में बदल जाता है क्योंकि नया संविधान उसे सम्प्रभु राजनीतिक कर्त्ता की हैसियत नहीं देता है। मंगू की निराशा इस बात की ओर संकेत करती है कि यह विचार काफ़ी आकर्षक है कि लोग व्यक्तिगत और सामूहिक रूप से समान नागरिक की बन्धुता हासिल कर रहे हैं। यह वह वायदा है जो परिवर्तनकारी संविधानवाद के निर्माणकारी क्षण में निहित होता है। यह परिवर्तन के विरोधाभास को भी प्रदर्शित करता है, जो खुद को भविष्य के एक सांसारिक रजिस्टर (टेम्पोरल रजिस्टर)[15] की ओर संकेत करता है, लेकिन साथ ही अतीत के बोझ से भी दबा रहता है। यह विरोधाभास लोगों के दिन-ब-दिन के अनुभवों और प्रभावशाली कर्मकांडीय क़ानूनों में सामने आता है।[16]

परिवर्तनकारी संविधानवाद की एक मुख्य विशेषता यह है कि इसमें बहुत ही जागरूक और सतर्क होकर अतीत से विच्छेद की चेष्टा की जाती है। दरअसल, यह अतीत के साथ सम्बन्ध के पुनर्निर्माण की तरह है। यह नये गतिशील 'सांसारिक रजिस्टर' (टेम्पोरल रजिस्टर) (उदय मेहता 2010, 16) को अलग करता है, जिस पर संविधान तैयार किया जाता है। यह कहा जा सकता है कि भारतीय मुक्ति का संघर्ष अतीत के एक विचार पर आधारित था। इसका उपयोग एक ऐसे स्रोत के रूप में किया गया जिसके आधार पर भारतीय राष्ट्र की विशिष्ट पहचान की बुनियाद तैयार की गयी। इसी तरह संविधान में एक गतिमान वर्तमान (मोमेंट्स प्रेजेंट) निहित था। इसके आधार पर भविष्य की एक ऐसी कल्पना आगे बढ़ाया जा सकता था, जो अतीत से पूरी तरह अलग होती। किसी वर्तमान क्षण को तभी एक निर्माणकारी क्षण माना जा सकता था जब वह क़ानून और सरकार का देशज रूप पेश करता। साथ ही, उसका औपनिवेशिक शासन की दो बड़ी विशेषताओं अर्थात् घरेलूकरण (डॉमेस्टिकेशन) और अधीनता से मुक्त होना भी ज़रूरी था।[17] परिवर्तन करने की इस क्षमता के साथ-ही-साथ भविष्य की एक कल्पना भी आवश्यक थी। वर्तमान का महत्त्व इसी से तय होता है कि वह किस सीमा तक और कितनी मजबूती से अतीत से स्थायी रूप से अलग होने और समान नागरिकता के भविष्य की ओर जाने का वायदा करता है। उपेन्द्र बख्शी ने तीन देशों में परिवर्तन के ऐतिहासिक विशिष्ट क्षणों की विवेचना की है, जिसमें इन देशों ने लोकतान्त्रिक संविधानवाद की ओर नयी यात्रा आरम्भ की। उन्होंने दक्षिण अफ्रीका में उत्तर-रंगभेद क्षण, ब्राजील में उत्तर-सत्तावादी क्षण और भारत में उत्तर-औपनिवेशिक क्षण पर विचार किया है। उन्होंने इन तीनों देशों के निर्माणकारी क्षण की विशिष्टता पर बल दिया है (बख्शी 2008बी)। इन सभी देशों में भविष्य का अलग-अलग कल्पना थी। साथ ही, इनमें से प्रत्येक देश ने अलग-अलग तरीक़े से तकलीफदेह अतीत से अपने भविष्य को अलग किया। यह ख़ास तरीक़ा भी इनमें से प्रत्येक देश के परिवर्तनकारी क्षण का एक प्रमुख घटक बना। रंगभेद के दौर का दक्षिण अफ्रीका का इतिहास गहरे रूप से विभाजित और लहूलुहान समाज का इतिहास है। रंगभेद समाप्ति के बाद इसका नया संविधान बना। इसे अतीत और एक सुनहरे भविष्य को जोड़ने वाले 'एक ऐतिहासिक पुल' के रूप में देखा गया। इस सुनहरे भविष्य में अतीत के घावों को शान्ति रूपी मरहम से ठीक करने का वायदा किया गया। यहाँ पुल का प्रतीकात्मक रूप काफ़ी महत्त्वपूर्ण है। यह एक ऐसे समाज की ओर आगे बढ़ने की परिकल्पना प्रस्तुत करता है, जो अतीत के संस्थाकृत राज्य, नस्लवाद और अन्याय से मुक्त हो। इसे हासिल करने के लिए 'विशिष्ट संवैधानिक और सामाजिक व्यवस्था' का निर्माण आवश्यक था। इसे बनाने में संविधान निर्माण ने

प्रथम और महत्त्वपूर्ण क़दम की भूमिका अदा की (वही)। यह क़दम इसलिए भी ख़ास था क्योंकि अनिर्वाचित गुटतन्त्र के हाथ में सामूहिक भविष्य की कल्पना का दायित्व नहीं सौंपा गया। इसके बजाय, इसकी ज़िम्मेदारी एक निर्वाचित संस्था को दी गयी। यह लोकप्रिय सम्प्रभुत्ता को शानदार और अतुलनीय रूप से अभिव्यक्ति करता था।[18]

इसी तरह, ब्राजील में 1988 के उत्तर-सत्तावादी लोकतान्त्रिक संविधान को मील के पत्थर का दर्जा दिया जा सकता है। यहाँ तक पहुँचने के लिए ब्राजील को संवैधानिक अनुभवों के घुमावदार इतिहास से गुज़रना पड़ा था।[19] ब्राजील में संविधानवाद के इतिहास के परिवर्तनकारी क्षण ने एक नयी राजनीतिक संस्कृति की ओर बदलाव की शुरुआत की। इसके साथ ही, इसने साामाजिक समरसता, ग़रीबी उन्मूलन, राजनीतिक बहुलवाद और सम्पूर्ण लैटिन अमेरीकी एकजुटता के आधार पर एक भाईचारे की भावना से युक्त बहुलवादी और पूर्वग्रह से मुक्त समाज की नींव भी रखी। जब जेम्स हॉलस्टन ने 2002 में साओ पॉलो की यात्रा की तो उन्होंने स्पष्ट रूप से इन प्रभावों का अनुभव किया। उनकी यात्रा के समय ही वर्कर्स पार्टी के लुईज इनैसियो लुला डी सिल्वा को राष्ट्रपति चुनाव अभियान में जीत मिली थी। उन्होंने नागरिकता, लोकतन्त्र और सामाजिक न्याय के नारों के साथ यह चुनाव लड़ा था। हॉलस्टन यह मानते हैं कि लुला की जीत एक ऐसी प्रक्रिया का आख़िरी नतीजा थी, जिसमें एक विद्रोही नागरिकता आन्दोलन ने असमतावादी नागरिकता के सबसे मजबूत शासन को उखाड़ फेंका। ब्राजील के सन्दर्भ में यह शासन क़ानूनी सामाजिक विभेदों के संस्थात्मक व्यवहार पर आधारित था। हॉलस्टन ने अपने पहले की यात्रा में नागरिकता का जो अर्थ पाया था, उसमें सन् 2002 के समय काफ़ी बदलाव आ चुका था। पहले नागरिक ऐसे 'अपरिचित' लोगों के रूप में थे, जिनसे ग़रीब लोग किसी तरह का जुड़ाव होने का दावा नहीं कर सकते थे। लेकिन लुला के जीवन की कहानी नागरिकता में ऐसे बदलाव का प्रतिनिधित्व करती थी, जो ग़रीबों की ज़िन्दगी के अनुभवों से मेल खाती थी। यह कहानी लुला और उनके जैसे बहुत से लोगों द्वारा ग़रीबी की मार के कारण शहर की ओर पलायन से जुड़ी थी। आगे चलकर उन्होंने समान नागरिकता के दावे के साथ अपने आस-पड़ोस के शहरीकरण के लिए संघर्ष किया। लुला ने ब्राजील के लोगों से समर्थन माँगते हुए यह कहा कि वह 'उन्हीं की तरह एक ब्राजीली हैं', जिसने 'अभिजन बने बग़ैर ही जीत हासिल की।' लूला ने 'अपनी व्यक्तिगत सफलता को पूरी तरह से सामूहिक सफलता के रूप में प्रस्तुत किया' (हॉलस्टन 2008, 6)।

भारत में निर्माणकारी क्षण अतीत और वर्तमान के बीच वार्तालाप का क्षण था, जिसने भविष्य के एक समाज के बारे में परस्परव्यापी कल्पना को जन्म दिया।

हालाँकि ये कल्पनाएँ भविष्य की रूपरेखा तय करने वाले अलग-अलग मुहावरों के माध्यम से अभिव्यक्त हुईं और इनके द्वारा नया भविष्य हासिल करने के लिए अलग-अलग तरीक़े भी प्रस्तुत किये गये। उपेन्द्र बख़्शी के शब्दों में कहें तो संविधान 'शक्ति और संघर्ष के पूर्व (और नियमित रूप से जारी) इतिहासों' की उपज थी। इन इतिहासों ने ही एक संविधान लिखने की विशिष्ट परियोजना को आकार प्रदान किया। इसके अलावा, इसने सामूहिक क़ानूनी प्रभाव के उत्पादन को भी एक रूपरेखा प्रदान की, जिसने शासन (गवर्नेंस) और न्यायिक मानकों की ख़ास प्रणाली पैदा की (बख़्शी 2008ए, 93)। उल्लेखनीय बात यह है कि यही वह क्षण था जब अतीत के बोझ से मुक्त भविष्य का वायदा संविधान में शामिल किया गया। इसमें आज़ादी, स्वतन्त्रता और समानता को एक नया समाज संगठित करने वाले सिद्धान्तों के रूप में स्वीकार किया गया। दरअसल, नागरिकता में ही संवैधानिक वायदा और कल्पना निहित थी। साथ ही, इसमें अतीत से स्थायी पृथक्ता को अभिव्यक्त करने वाली पहचान शामिल थी। नागरिकों को ऐसे प्रतीक के तौर पर प्रस्तुत किया गया, जो इस पृथक्ता के धारक थे। इसमें सामूहिक राजनीतिक कर्त्ता–'हम लोग' के प्रभावशाली निर्मिति ने संविधान के प्राधिकार के स्रोत का काम किया। इसके अलावा, यह सामूहिक राजनीतिक कर्त्ता सिर्फ़ प्रतीकात्मक नहीं था, बल्कि स्वामीनाथन (2013) के शब्दों में इसे 'नये संविधान को अपनाने में जानबूझकर की गयी ग़लती' के माध्यम से हासिल किया गया। इसमें यह ध्यान रखा गया कि 'साम्राज्यवादी शासकों से क़ानूनी प्राधिकार के सतत बदलाव का मक़सद पूरा हो।' पूरी प्रक्रिया में जानबूझकर यह ग़लती की गयी कि ब्रिटिश पार्लियामेंट द्वारा पारित 1947 के भारत स्वतन्त्रता अधिनियम द्वारा तय की गयी प्रक्रिया का अनुसरण नहीं किया गया। इस अधिनियम में संविधान सभा के निर्माण के साथ-ही-साथ शासन के शक्तियों के बदलाव की क़ानूनी रूपेरखा और तरीक़े का वर्णन किया गया था। संविधान-निर्माताओं ने जानबूझकर इस अधिनियम द्वारा तय की गयी प्रक्रियाओं का पालन नहीं किया। उन्होंने संविधान के प्रारूप के अनुमोदन के लिए उसे ब्रिटिश पार्लियामेंट के सामने पेश नहीं किया। इसके साथ ही, उन्होंने भारत के संविधान के अनुच्छेद 395 के माध्यम से भारत स्वतन्त्रता अधिनियम को निरस्त कर दिया :

> संविधान सभा ने ऐसा करके उस स्रोत का ही खंडन किया, जिसने उसे संविधान बनाने का प्राधिकार दिया था। इसके साथ ही, उन्होंने सांकेतिक रूप से ही सही, इस बात को भी नकारा कि साम्राज्यवादी क्राउन-इन-पार्लियामेंट (संसदीय राजतन्त्र) द्वारा भारत को आज़ादी दी गयी है। इसने यह सुनिश्चित किया कि संवैधानिक वैधता की श्रृंखला का विस्तार क्राउन-इन-पार्लियामेंट (संसदीय राजतन्त्र) तक न हो। इस प्रकार, संविधान-सभा ने पूरी तरह से

> एक देशज संविधान का निर्माण किया। साथ ही, यह साफ़ किया कि भारत के संविधान बनाने का प्राधिकार ब्रिटिश क्राउन-इन-पार्लियामेंट द्वारा पारित भारत स्वतन्त्रता अधिनियम की उपज नहीं था। इसके बजाय, संविधान सभा के सदस्यों के माध्यम से 'हम लोगों' को संविधान के प्राधिकार का स्रोत माना गया[20] (स्वामीनाथन 2013)।

संविधान के उद्‌भव के क्षण में भविष्य की दहलीज़ पर खड़े प्रेरित नागरिकों के लिए अतीत कोई बाधा नहीं थी। फिर भी, ये नागरिक उस क्षण के द्वंद्वात्मक विरोधाभास के प्रतीक के तौर पर सामने आए। यह बात आम्बेडकर के प्रसिद्ध दावे से सामने आती है। ग़ौरतलब है कि नेहरू ने 'एक युग की समाप्ति' का दावा किया था। लेकिन इससे अलग, आम्बेडकर ने यह विचार अभिव्यक्त किया कि 'हम 26 जनवरी 1950 को विरोधाभासों के जीवन में प्रवेश करने जा रहे हैं।' यह विरोधाभास राजनीतिक क्षेत्र की औपचारिक समानता और गहरी ग़ैर-बराबरी वाली आर्थिक संरचना के बीच था। आम्बेडकर यह मानते थे कि यदि यह विरोधाभास लम्बे समय तक क़ायम रहा, तो यह भारतीय लोकतन्त्र को ख़तरे में डाल देगा। साफ़ तौर पर, जहाँ नेहरू मानते थे कि निमार्णकारी क्षण अतीत से बिल्कुल अलग और उच्चतर है, वहीं आम्बेडकर ने इसे एक विरोधाभास के तौर पर देखा। उपेन्द्र बख्शी आम्बेडकर के इन विचारों को संवैधानिक विद्रोह की अभिव्यक्ति के तौर पर देखते हैं, जिसने राजनीति के निरन्तर पुनर्सृजन और 'जीवन की एक नयी दुनिया' के निर्माण की सम्भावनाएँ जीवित रखीं (बख्शी 2008बी)। बख्शी द्वारा आम्बेडकर के कथन में संवैधानिक विद्रोह शामिल होने के विचार की व्याख्या संवैधानिक व्याख्याशास्त्र की रूपरेखा के भीतर की जा सकती है।[21] यह संविधान को ऐसे संघर्ष-स्थल के रूप में प्रस्तुत करता है, जहाँ संविधान के शासन के प्रावधान का, अधिकार के प्रावधान से खुला संघर्ष होता है और यह नागरिकता के विस्तार की सम्भावनाएँ पैदा करता है। संविधान के निर्माणकारी क्षण में विरोधाभास के रूप में संवैधानिक विद्रोह की सम्भावना मौजूद रहती है; संवैधानिक नैतिकता और स्थायित्व से जुड़ी चिन्ता इसे प्रति-सन्तुलित करती है। यह नागरिकता के मुहावरों और रूपों में होने वाली वृद्धि सीमित करती है। संविधान निर्माताओं ने संवैधानिक ग्रन्थ में राज्य के प्रशासनिक और संस्थात्मक संरचनाओं को काफ़ी स्थान देने का औचित्य साबित करने का प्रयास किया। इसके लिए उन्होंने संवैधानिक नैतिकता की अवधारणा का सहारा लिया। संविधान में राज्य के सरकारी संयन्त्र के संगठन के बारे में काफ़ी गहन विचार गया है और इससे सम्बन्धित विविध आयामों का सूक्ष्म और विस्तृत वर्णन किया गया है। जैसा कि सुदीप्त कविराज ने हमें बताया है कि यह नौकरशाही (ब्यूरोक्रेसी) के लॉजिक को प्रदर्शित करता है जो कि औपनिवेशिक राज्य की विरासत है (कविराज 2003)।

संवैधानिक नैतिकता का विचार संगठन की एक विशिष्ट प्रणाली के बारे में बताता है। इसमें यह माना जाता है कि 'आज़ादी क़ायम रखने की पूर्वशर्त यह है कि सही तरीक़े से स्व-नियन्त्रण की स्थितियाँ बनाई जाएँ (प्रताप भानु मेहता 2010, 18)।[22] दरअसल, यह माना गया कि सामाजिक बदलाव की एक प्रणाली के रूप में क्रान्ति को रोकने के लिए स्व-नियन्त्रण आवश्यक है, क्योंकि सामाजिक और आर्थिक बदलाव हासिल करने के 'संवैधानिक प्रणाली' द्वारा ही आज़ादी और लोकतन्त्र को क़ायम रखा जा सकता है। संवैधानिक नैतिकता सिर्फ़ क्रान्तिकारी तरीक़े को ही नहीं बल्कि सविनय अवज्ञा, असहयोग और सत्याग्रह के तरीक़े को भी ख़ारिज करती है, जो कि राष्ट्रीय मुक्ति आन्दोलन की विशेषताएँ थीं।[23]

राज्य के निर्माणकारी व्यवहार और नागरिकता की प्रतिछाया[24]

लॉरा नैडर ने अपनी किताब द *लाइफ ऑफ़ द लॉ : एंथ्रोपोलॉजिकल प्रोजेक्ट्स* में क़ानून को एक मानवशास्त्रीय विषय (एंथ्रोपोलॉजिकल सब्जेक्ट) की संज्ञा दी है। वे यह बताती हैं कि 'क़ानून का सन्दर्भयुक्त अध्ययन करने पर विविध मुद्दे सामने आते हैं और उनके बीच जुड़ाव की सम्भावना पैदा होती है। नैडर की क़ानून के जीवन सम्बन्धी अवधारणा इस बात पर बल देती है कि क़ानून का अध्ययन मानवशास्त्रवादी क्षेत्र अर्थात् ग़ैर-पश्चिमी संस्कृतियों में भी किया जाता है। इस सन्दर्भ में नैडर क़ानूनी श्रेणियों के अनुवाद और स्थानान्तरण की समस्या से जूझती हैं। इसके अलावा, उन्होंने औद्योगीकरण और यूरोपीय उपनिवेशवाद के विस्तार के दौर से ही शुरू हुई सामाजिक इंजीनियरिंग की प्रक्रियाओं पर भी ध्यान केन्द्रित किया है। इस कारण अपने इस अध्ययन में उन्हें आवश्यक रूप से शक्ति, नियन्त्रण, स्वायत्तता, उपनिवेशवाद, औद्योगीकरण और पश्चिमी क़ानून को थोपने जैसे आपस में जुड़े मुद्दों की जाँच-पड़ताल करनी पड़ी है। इस सन्दर्भ में नैडर क़ानून की उत्पत्ति और गतिशीलता पर ध्यान केन्द्रित करती हैं और ख़ासतौर पर वादी द्वारा क़ानून के उपयोग से जुड़े सृजनात्मक पहलू को मान्यता देती हैं। नैडर इस प्रचलित राजनीतिक समझ को प्रश्नांकित करती हैं कि क़ानून की अन्तर्वस्तु शक्तिशाली समूहों के साथ उत्पन्न होती है और फिर इसका प्रसार शक्तिहीन समूहों की ओर होता है (नैडेर 2002, 6-7, 9)। दूसरी ओर, एलेन सुपाई क़ानून के मानवशास्त्रीय कार्य का उल्लेख करते हैं। उनके अनुसार, 'हम में से प्रत्येक का होमो ज्यूरिडिकस' के रूप में बदलाव होता है : 'क़ानून हमारे अनंत मानसिक ब्रह्मांड को हमारे सीमित भौतिक अस्तित्व से जोड़ता है और ऐसा करते हुए यह हमें तार्किक व्यक्ति बनाने का मानवशास्त्रीय कार्य पूरा करता है' (सुपाई 2007, ix)। सुपाई के अनुसार, यदि हम सर्वसत्तावादी (टोटैलिटेरियनिज़्म) से मिलने वाले सबक़ों में से एक सबक़ याद रखते हैं, तो

क़ानून द्वारा लाया गया बदलाव काफ़ी महत्त्वपूर्ण हो जाता है। इसके सबक़ के अनुसार, 'क़ानूनी व्यक्ति (ज्यूरेडिकल परसन)[25] की हत्या करना सम्पूर्ण प्रभुत्व स्थापित करने के रास्ते में पहला क़दम था'।[26]

क़ानून द्वारा क़ानूनी व्यक्तियों (ज्यूरेडिकल परसन्स) के उत्पादन का काम, टिमोथी मिचेल के शब्दों में, राज्य का 'संरचनात्मक प्रभाव' माना जा सकता है। मिचेल के मुताबिक़ आधुनिक राज्य, आधुनिक राष्ट्र-राज्य के संरचनात्मक 'प्रभाव' पैदा करने वाले व्यवहारों से प्रत्यक्ष रूप से सामने आता है। इस अर्थ में राज्य संस्थात्मक संरचनाओं और निर्णय-निर्माण प्रक्रियाओं का ऐसा समूह मात्र नहीं है, जो 'राज्य का बुनियादी भीतरी भाग' बनाते हैं[27]; इसके बजाय, यह 'व्यवहारों का ऐसा शक्तिशाली तत्त्वमीमांसीय (मेटाफ़िज़िकल) प्रभाव होता है, जिसके कारण यह आभास होता है कि ऐसी संरचना का अस्तित्व है' (मिचेल, 1991, 94)। इसमें सेना, स्कूल और नौकरशाही शामिल होते हैं। ये ऐसे आकार या रूपरेखा बनाते हैं, जो सामाजिक परिवेश से अलग होता है और राज्य की ज़ाहरी संरचना निर्मित करते हैं। आधुनिक राज्य की व्यापक उपस्थिति की एक प्रमुख विशेषता यह है कि यह सीमाओं से सटे क्षेत्र या इसके आर-पार होने वाली गतिविधियों का नियन्त्रण करने के लिए सीमा-सम्बन्धी और संस्थात्मक व्यवहारों की स्थापना करता है। ऐसे व्यवहारों में बाड़ा लगाना, पासपोर्ट जैसे यात्रा दस्तावेज़ और मुद्रा नियन्त्रण आदि शामिल हैं। इस तरह के व्यवहार कुछ समय तक क़ायम रहने के बाद राष्ट्र-राज्य के रूप में अनुभवातीत सत्ता तैयार करने में मदद करते हैं, जो इसे बनाने वाले दिन-ब-दिन की गतिविधियों के कुल योग से कुछ ज़्यादा होता है। यह एक संरचना के रूप में सामने आता है और लोगों की ज़िन्दगी को व्यवस्था और अर्थ प्रदान करता है' (वही)। मिचेल इससे मिलते-जुलते उदाहरण के तौर पर क़ानून को उद्धृत करते हैं। उनके अनुसार, क़ानूनी प्रक्रियाओं और व्यवहारों के सांसारिक विवरण ख़ास तरह से व्यवस्थित होते हैं। इससे यह प्रभाव पैदा होता है कि क़ानून एक प्रकार के अमूर्त्त रूप (आकार) या रूपरेखा की तरह अस्तित्व में रहता है, जिसे सामाजिक व्यवहारों पर ऊपर से थोपा जाता है। फर्ग्युसन और गुप्ता का यह मानना है कि अब विद्वानों में राज्य के मानवशास्त्रीय अध्ययन करने में रुचि जगी है; इसके चलते 'ख़ुद राज्यों के सांस्कृतिक व्यवहारों पर मानवशास्त्रीय तरीक़े से विचार किया जाने लगा है' (2005, 105)। नव-उदारवादी गवर्नमैंटेलिटी (प्रशासकीयता) की विवेचना करते हुए फर्ग्युसन और गुप्ता यह दलील देते हैं कि राज्य की कल्पना में राज्य के स्थानबद्ध होने के तरीक़ों पर समुचित रूप से ध्यान नहीं दिया गया है। इसमें उन तरीक़ों (छवियों, रूपकों और प्रतिनिधित्व सम्बन्धी व्यवहारों) की भी उपेक्षा की गयी है जिनके द्वारा लोग कुछ निश्चित स्थानिक विशिष्टताओं

और गुणों के रूप में राज्य का अनुभव करते हैं। ये गुण राज्य को एक 'ठोस, सर्व-समावेशक और स्थानिक रूप से समाविष्ट यथार्थ' के रूप में प्रस्तुत करते हैं' (वही)। जेम्स स्कॉट (1988) ने यह समझने का प्रयास किया है कि आख़िर हमेशा ऐसा क्यों लगता है कि राज्य 'इधर-उधर भटकने वाले लोगों' का दुश्मन है। इस सन्दर्भ में उन्होंने स्थानबद्धता की प्रक्रियाओं का उल्लेख किया है। ऐसा लगता है कि गतिशील लोगों को एक जगह स्थायी रूप से बसाने का प्रयास राज्य की एक चिर-स्थायी परियोजना रही है। स्कॉट यह मानते हैं कि स्थानबद्धता की प्रक्रिया द्वारा राज्य समाज को ज़्यादा स्पष्ट (लेजिबल) बनाने का प्रयास करता है। यह जनसंख्या को इस तरह से व्यवस्थित करना चाहता है जिससे टैक्स लगाने, अनिवार्य सैन्य भरती और विद्रोह का निषेध करने जैसे राज्य के क्लासिक कार्य ज़्यादा सरल बन जाएँ। दरअसल, स्कॉट के अनुसार, स्पष्टता लाना (लेज़िबिलिटी) राज्य-तन्त्र के लिए मुख्य समस्या बन जाती है। हक़ीक़त यह है कि पूर्व-आधुनिक राज्य कई महत्त्वपूर्ण सन्दर्भों में आंशिक रूप से दृष्टिहीन था। इसके पास अपने भू-क्षेत्र और अपने लोगों, अपनी प्रजा, उनकी सम्पत्ति, उनकी भूमि और उपज और उनकी बुनियादी पहचान के बारे में कोई विस्तृत 'जानकारी' नहीं थी। अधिकांश भागों में इसके पास कोई ऐसा माप नहीं था, जिसके द्वारा यह अपनी जानकारी को संक्षिप्त या सारगर्भित दृष्टिकोण के लिए आवश्यक एक सामान्य मानक में 'बदल' पाए (वही, 10)। राज्य द्वारा अपनी जनसंख्या की स्पष्टता और सरलीकरण की कोशिशें कई रूपों में सामने आयी हैं। आरम्भिक आधुनिक राज्य-तन्त्र का अधिकांश हिस्सा इस बात से सम्बन्धित रहा कि किस तरह इस गूढ़ परिघटना को स्पष्ट तथा प्रशासनिक रूप से सुविधाजनक बनाया जाए' (वही, 3)।

यह ग़ौरतलब है कि भारत के संविधान में नागरिकता के बारे में बहुत से क़ानूनी प्रावधान किये गये हैं। 1955 का भारत नागरिकता अधिनियम (सिटीजनशिप ऐक्ट ऑफ़ इण्डिया) इन प्रावधानों को विस्तृत क़ानूनी रूपरेखा प्रदान करता है। 1950 में संविधान ने इस मुद्दे पर स्पष्टता लाने की कोशिश की थी कि राष्ट्र-राज्य के निर्माण के समय भारत के नागरिक कौन थे। इसके लिए किसी व्यक्ति के निवास करने की अवधि, निवास-स्थान सम्बन्धी तथ्यों, देश की सीमा में प्रवेश और प्रस्थान की तारीख़, जन्म, वंश आदि जैसी कसौटियों की मदद ली गयी। भारत में नागरिकता अधिनियम के बनने के दौर के इतिहास को समझने में गृह मन्त्रालय की नागरिकता सेक्शन की फ़ाइलें महत्त्वपूर्ण सूचनाएँ उपलब्ध कराती हैं। ख़ासतौर पर, इनसे यह समझने में मदद मिलती है कि संविधान लागू होने और नागरिकता अधिनियम बनने के बीच के पाँच साल के अन्तराल में मौजूद नागरिकता ने क्या स्वरूप हासिल किया। ऐतिहासिक अभिलेखागार

में उस दौर में लोगों की नागरिकता तय करने से सम्बन्धित सैकड़ों फ़ाइलें हैं, जब नागरिकता के बारे में कोई क़ानून नहीं था। यह कहा जा सकता है कि अभिलेखागार में मौजूद सरकारी फ़ाइलों में इस दौर में हुए राज्य के अंदरूनी संयोजन से सम्बद्ध ज्ञान संग्रहित है। इससे यह पता चलता है कि इस दौर में संस्थाओं के बीच शक्तियों का कैसा विभाजन था, ये संस्थाएँ खुद इन शक्तियों को कैसे समझती थीं, तथा संस्थाओं में और संस्थाओं के बीच सीमा रेखा खींचने से किस प्रकार की समस्याएँ सामने आती थीं। सामान्य शब्दों में कहें, तो इनसे यह समझने में मदद मिलती है कि संस्थाएँ और संस्थात्मक व्यवहार किस प्रकार स्थापित हुए विशिष्ट मामलों में होने वाले विचार-विमर्श द्वारा किस तरह राज्य का गवर्नमेंटलाइजेशन (प्रशासनीकरण) हुआ। इसके साथ ही, निर्णय-निर्माण की प्रक्रियाओं और उनके लागू होने की प्रक्रियाओं में राज्य के प्रदर्शनकारी व्यवहार (परफॉर्मेटिव प्रैक्टिसेज) सामने आए। नागरिकों की पहचान हेतु एक नयी व्यवस्था की स्थापना के पीछे मुख्य लक्ष्य यह था कि उन लोगों की नागरिकता को ज़्यादा स्पष्ट बनाया जाए, जो अनिश्चित नागरिकता की अनिश्चित दहलीज़ (लिमिनल स्पेसेज)[28] पर थे। लेकिन स्पष्ट बनाने की यह प्रक्रिया सिर्फ़ यहीं तक सीमित नहीं थी। इसमें नागरिकता की अनिश्चित दहलीज़ पर क़ाबिज़ लोगों की पड़ताल कर, उन्हें अलग-अलग समूहों में बाँटना, वर्गीकरण और श्रेणीकरण की प्रक्रिया शामिल थी। इस प्रक्रिया में लोगों ने खुद को शामिल कर अपने-आप को राज्य के सामने पारदर्शी रूप में प्रस्तुत किया और उसे अपने निष्कलंक अतीत के बारे में बताया। उन्होंने अपनी निष्ठा के लिए प्रमाण पेश किये और यह वायदा किया कि वे जिस राज्य की नागरिकता ले रहे हैं, उसके प्रति पूरी वफ़ादारी रखेंगे। लेज़िबिलिटी (स्पष्ट करने) की प्रक्रिया में महज गतिशील जनसंख्या को स्थानबद्ध करने और उसके बारे में जानकारी हासिल करना ही शामिल नहीं था; इसके साथ ही, इसका ध्येय दस्तावेज़ीकरण द्वारा क़ानूनी शासन स्थापित करना और जनसंख्या के आवागमन पर नियन्त्रण करना था।

राष्ट्र-राज्य द्वारा नागरिकता के फ़ैसले पर नियन्त्रण रखने का प्रयास, स्थानिक और सांसारिक सीमाओं को तय करने और नागरिकों से सम्बन्धित अधिकतम जानकारी एकत्रित करने के बारे में उसकी बेचैनी को दर्शाता है। लेकिन इसके साथ ही, नागरिकों के पुनर्वास, छानबीन और चयन की प्रक्रिया राज्य की शक्ति का इच्छित प्रभाव को स्थापित करती है। साथ ही, इसने राज्य के स्थानीकरण (स्पेशियलाइजेश)[29] को रेखांकित किया। विविध सरकारी विभागों में फ़ाइलों के आने-जाने की सामान्य और बार-बार दोहराई जाने वाली गतिविधियों से राज्य का स्थानीकरण खुलकर सामने आता है। कार्यपालिका द्वारा फ़ैसला लेने की प्रक्रिया में, राज्य की विभिन्न संस्थाओं के बीच जो संवाद उभरता है वो सामाजिक

प्रक्रियाओं में राज्य की संलग्नता (स्टेट इन प्रॉसेस) को उजागर करता है। साथ ही, इन संवादों से राज्य के भीतर उभरने वाली प्रतियोगी सत्ता संरचनाओं की बेचैनियाँ भी उजागर होती हैं। इसने यह भी दिखाया कि इन प्रक्रियाओं से किस तरह राज्य सत्ता का संग्रहण और समूहन उभरकर सामने आता है। इस सम्बन्ध में फर्ग्युसन और गुप्ता का यह मानना है कि 'राज्य रूपकों और व्यवहारों के एक विशिष्ट समूह द्वारा ख़ुद को विशिष्ट स्थानिक विशेषताओं वाली सुदृढ़ सत्ताओं के रूप में प्रस्तुत करते हैं। इस तरह, वह अपनी वैधता हासिल करता है, अपने प्राधिकार को स्वाभाविक बनाता है और ख़ुद को सत्ता के अन्य संस्थाओं और केन्द्रों से उच्चतर बनाते हुए उन्हें अपने भीतर समाविष्ट करता है। नौकरशाही की सामान्य प्रक्रियाएँ इस तरह के स्थानीकरण का एक अभिन्न हिस्सा हैं' (2005, 205-6)। ये दस्तावेज़ और रिपोर्ट में आरम्भिक राज्य संरचना की कार्य संहिता को भी दर्शाते हैं और संहिताबद्ध विश्वासों का एक ऐसा भण्डार करते हैं जिसमें गोपनीयता, क़ानून और शक्ति का सामूहिक जुड़ाव पैदा किया (और उसका गवाह भी बना) (स्टॉलर 2002, 87)।

भारत के संविधान में निहित नागरिकता के प्रावधानों और 1955 के नागरिकता अधिनियम के बीच के अन्तराल में नागरिकता की अनिश्चित दहलीज़ का उभार हुआ। आमतौर पर यह माना जाता है नागरिकता बहुत ही स्पष्ट तरीक़े से राष्ट्र-राज्य की भू-क्षेत्रीय सीमाओं को निर्धारित करने से सम्बन्धित होती है। साथ ही, वह यह भी तय करती है कि कौन लोग राष्ट्र-राज्य के क़ानूनी नागरिक होने का दावा कर सकते हैं। कार्यपालिका द्वारा फ़ैसला करने की प्रक्रिया और विवादित मसलों में अदालत के फ़ैसलों से यह पता चलता है कि गणतन्त्र की घोषणा के समय भारत में नागरिकता कई तरह के विवादों में घिरी हुई थी। रोचक बात यह है कि ये विवाद और उनका समाधान- दोनों ही राज्य-निर्माण और संस्थात्मक व्यवस्थाओं की प्रक्रिया में समाहित थे।

यह ग़ौर करने लायक़ है कि संविधान ने 1947 के सन्दर्भ में राष्ट्र-राज्य की भू-क्षेत्रीय सीमाओं के आधार पर नागरिकता के प्रश्न पर हुए समापन को फिर से खोला। संविधान में 1947 के बाद हुए भारत और पाकिस्तान के बीच लोगों के आवागमन को क़ानूनी मान्यता दी गयी। 1955 के अधिनियम ने सिर्फ़ उन लोगों को नागरिकता का मौक़ा दिया जो 1950 और 1955 के बीच अनिश्चित दहलीज़ पर क़ाबिज़ थे। 1950-55 के अन्तराल में विकल्प और स्वेच्छा जैसे तत्त्व नागरिकता हासिल करने के लिए एक क़ानूनी सम्भावना के तौर पर सामने आए। लेकिन यह प्रक्रिया में काफ़ी तनावपूर्ण थी। विशेष रूप से यह बात संविधान के इस प्रावधान से सामने आयी जिसमें 1 मार्च 1947 से पहले पाकिस्तान चले जाने वाले लोगों को निर्णायक रूप से नागरिकता से बाहर कर दिया गया। हालाँकि

कार्यपालिका के फ़ैसलों द्वारा 'पंजीकृत/पाकिस्तानी पत्नियाँ', 'अवयस्क' और 'विस्थापित व्यक्ति' आदि श्रेणियाँ बनाई गयीं। इससे यह बात सामने आती है कि यह अन्तराल सिर्फ़ नागरिकता की दहलीज़ मात्र नहीं था, बल्कि सम्भावनाओं का एक क़ानूनी-संस्थात्मक मोड़ भी था। दरअसल, ऐसा कहा जा सकता है कि भारत में नागरिकता किसी कालक्रमिक (क्रोनोलॉजिकल) समय में समाहित नहीं है, बल्कि यह एक क्रमिक (सीक्वेंशियल) समयावधि के रूप में सामने आती है जिसमें नागरिकता अधिनियम में (1986, 1992, 2003 और 2005) हर संशोधन एक नये क़ानून की स्थापना करता है (रॉय 2010)।

नागरिकता के क़ानूनी दायरे के निर्धारण के साथ ही लोकप्रिय सम्प्रभुत्ता के निर्माण को भी आवश्यक माना गया है। इसके लिए प्रतिनिधित्व की प्रभावकारी और दुरुस्त क्षमताओं की स्थापना तथा पूरे देश में मतदाताओं, चुनावी क्षेत्रों का वितरण और परिसीमन करना आवश्यक होता है। सार्वभौमिक मताधिकार की स्थापना के लिए सरकार को लोगों की पहचान तय करनी पड़ती है। पहचान तय करने की इस प्रक्रिया का मक़सद एक लोकतान्त्रिक गणराज्य की स्थापना और उसकी पुष्टि करना होता है। पुष्टि के इस काम के लिए नागरिकों की पहचान करना आवश्यक होता है, जिसके आधार पर उन्हें मतदान करने की अनुमति दी जाती है। इसके अलावा, प्रत्येक राज्य की जनसंख्या के आधार पर उनकी सीमाओं के भीतर निर्वाचन क्षेत्रों की सीमाएँ तय की जाती हैं। चुनाव से सम्बन्धित संवैधानिक प्रावधानों में स्पष्ट रूप से यह बताया गया है कि एक मतदाता के लिए आवश्यक शर्तें क्या हैं। 1950 और 1951 के रिप्रेजनटेशन ऑफ़ द पीपॅल्स ऐक्ट (जन प्रतिनिधित्व अधिनियम) द्वारा मतदाता सूचियों के निर्माण और निर्वाचन क्षेत्रों के परिसीमन के बारे विस्तार से बताया गया है। औपनिवेशिक दौर में हर दस साल के बाद जनगणना की जाती थी। 1941 में जनगणना हुई थी, इसलिए देश की आज़ादी के बाद में पहली जनगणना 1951 में होने वाली थी। संविधान के अनुच्छेद 387 में यह उल्लेख किया गया कि 'संविधान के लागू होने के तीन वर्षों के भीतर होने वाले चुनावों के लिए भारत या भारत के किसी भाग की जनसंख्या का निर्धारण राष्ट्रपति के निर्देश के अनुसार हो सकता है।' इस प्रावधान के अन्तर्गत राष्ट्रपति ने *कॉन्स्टीट्यूशन (डिटरमिनेशन ऑफ़ पॉप्यूलेशन) ऑर्डर* [संविधान (जनसंख्या निर्धारण) आदेश] 1950 जारी किया। इस आदेश के अनुसार, राज्यों की जनसंख्या को 1 मार्च 1950 तक तय कर लिया जाना चाहिए, ताकि जन प्रतिनिधित्व अधिनियम के अनुसार विभिन्न राज्यों को सीटों का आबंटन किया जा सके।[30] राष्ट्रपति के आदेश में बताई गयी प्रक्रिया द्वारा जनसंख्या के अनुमान के आधार पर ही सीटों का आबंटन किया जाना था। राष्ट्रपति के आदेश के अनुसार एक विशेष राज्य की जनसंख्या तय

करने की प्रक्रिया में इस बात पर ध्यान देना था कि '1941 की जनगणना के मुताबिक़ उस क्षेत्र की जनसंख्या कितनी थी।' फिर, जनसंख्या के आँकड़ों को उस क्षेत्र में हुए जन्म और मृत्यु के उपलब्ध आँकड़ों के अनुसार ठीक किया जाना था। इस सन्दर्भ में पिछले पाँच दशकों की जनगणनाओं द्वारा उस क्षेत्र के जनसंख्या आँकड़ों से सामने आने वाली 'प्रवृत्तियों' तथा 'विस्थापित व्यक्तियों की आवाजाही पर भी ध्यान दिया गया।' हालाँकि जनगणना के वास्तविक आँकड़ों को 'अगली जनगणना के कुछ समय बाद ही सुनिश्चित किया जा सकता था।' यानी, 1951 की जनगणना हो जाने के बाद ऐसा किया जाना सम्भव था। हालाँकि इस समय तक सुकुमार सेन के नेतृत्व में चुनाव आयोग ने पहले से ही चुनावी मशीनरी स्थापित कर ली थी जिसने चुनाव की संस्थात्मक व्यवस्था तैयार की। दो जन प्रतिनिधित्व अधिनियमों और नियमों (1950 और 1951) ने इसकी क़ानूनी रूपरेखा उपलब्ध कराई। नये गणतन्त्र के लिए चुनावी लोकतन्त्र और व्यक्तियों को मताधिकार देना अनिवार्य माना गया।

जनसंख्या के स्पष्ट आँकड़ों के अभाव में पूरे देश में अस्थायी मतदाता सूची तैयार की गयी। इसे एक ऐसा आधारभूत आँकड़ा माना गया, जिसके माध्यम से प्रत्येक राज्य के जनसंख्या की गणना की गयी।[31] निर्वाचन क्षेत्रों के परिसीमन के लिए हर राज्य की जनसंख्या सुनिश्चित करने की आवश्यकता की व्याख्या करते हुए विधि मन्त्रालय के सचिव ने 12 अप्रैल 1950 को निम्नलिखित नोट लिखा :

> संविधान के अनुसार, संसदीय निर्वाचन क्षेत्रों और विधानसभा निर्वाचन क्षेत्रों का परिसीमन किया जाएगा। यह इस तरह किया जाएगा, जिसमें जहाँ तक मुमकिन हो संसद या राज्य विधानसभा के लिए राज्य की जनसंख्या और आवंटित सीटों का अनुपात एक जैसा हो। चूँकि अगली जनगणना के कुछ समय बाद ही विशिष्ट स्थानीय क्षेत्रों के लिए जनसंख्या के सही आँकड़े उपलब्ध हो पाएँगे, इसलिए यह प्रस्तावित किया जाता है कि निर्वाचन क्षेत्रों के परिसीमन के लिए यह मान लिया जाए कि प्रत्येक राज्य की जनसंख्या और उस क्षेत्र की अस्थायी मतदाता सूची में शामिल लोगों की संख्या के ठीक अनुपात में थोड़ा-बहुत परिवर्तन होगा। एक समय-सीमा के भीतर यह मान्यता स्वीकार की जानी चाहिए क्योंकि एक निश्चित तारीख़ तक 21 वर्ष से ज़्यादा उम्र के हर व्यक्ति का नाम मतदाता सूची में दर्ज करना है।[32]

विस्थापित लोगों को क़ानूनी रूप से मताधिकार और अन्य नागरिक अधिकार दिये गये। लेकिन कई स्थानों पर ऐसे स्पष्ट क़ानूनी क़दम उठाने की आवश्यकता पर भी बल दिया गया, जिससे विस्थापित लोग उत्पादक नागरिकों में तब्दील हो सकें। मसलन, सन् 1950 में बिहार विधानमंडल की बैठक आरम्भ होने के कुछ दिन पहले बिहार सरकार ने केन्द्र सरकार से एक अध्यादेश जारी करने की इज़ाज़त माँगी। इस अध्यादेश का शीर्षक था *बिहार डिस्पेलस्ड परसन्स रिहैबिलिटेशन*

(एक्वीजीशन ऑफ़ लैण्ड) ऑर्डिनेन्स [बिहार विस्थापित व्यक्ति पुनर्वास (भूमि अधिग्रहण) अध्यादेश]। इसमें 'पाकिस्तान [उस समय पूर्वी पाकिस्तान और मौज़ूदा बांग्लादेश] से विस्थापित होकर आए लोगों के पुनर्वास के लिए तेज़ी से भूमि अधिग्रहण का प्रावधान' करने का प्रस्ताव था। राज्य सरकार ने 'पहले से ही शहरी और अर्ध-शहरी क्षेत्रों में भूमि के ऐसे ठोस क्षेत्रों का चुनाव कर लिया था, जहाँ खेतिहर और ग़ैर-खेतिहर विस्थापित लोगों का पुनर्वास किया जाना था।'[33] राज्य सरकार यह चाहती थी कि वह खेती लायक़ परती ज़मीन का अधिग्रहण कर ले। लेकिन केन्द्र सरकार के विधि और गृह मन्त्रालयों के मन्त्री यह मानते थे कि चूँकि राज्य विधानमंडल का अधिवेशन कुछ ही दिनों में शुरू होने वाला है, इसलिए इस अध्यादेश को राष्ट्रपति के अनुमोदन के लिए नहीं भेजना चाहिए। इसके चलते राज्य सरकार को यह सुझाव दिया गया कि वह विधानसभा में एक ऐसा विधेयक प्रस्तुत करे जो इस अध्यादेश के प्रस्तावों के अनुरूप हो।[34] इस विधेयक का उद्देश्य ऐसा असाधारण क़ानूनी ढ़ाँचा बनाना था, जिससे राज्य सरकार पूर्वी पाकिस्तान से आए 50,000 विस्थापित लोगों को अपनाने और उनका पुनर्वास करने में समर्थ हो पाए। ग़ौरतलब है कि पूर्वी पाकिस्तान से आने वाले लोगों में अधिकांश किसान थे। इस विधेयक में यह प्रावधान किया गया था कि विस्थापित लोगों के विभिन्न वर्गों के पुनर्वास के लिए 'बंजर और परती ज़मीन का तेज़ी से अधिग्रहण किया जाएगा,' और 'विस्थापित लोगों में से खेती करने वाले लोगों के पुनर्वास के लिए ग्रामीण क्षेत्रों में बंजर ज़मीन का अधिग्रहण किया जाएगा।' 8 नवम्बर 1950 को राष्ट्रपति ने इस विधेयक का अनुमोदन किया। बिहार विधानसभा में इस विधेयक पर ज़ोरदार बहस हुई थी। इसे विधानसभा में पेश करने वाले मन्त्री ए. क्यू. अंसारी ने यह चिन्ता जताई कि कैम्पों में शरणार्थियों को रखने में बेकार का ख़र्च हो रहा है। उनके अनुसार, 'अनुत्पादक' ख़र्च को उत्पादक ख़र्च में बदला जाना चाहिए और राज्य में जूट का उत्पादन बढ़ाने के लिए इन विस्थापित लोगों के जूट उत्पादन के अनुभवों का उपयोग करना चाहिए। उनका यह मानना था कि शरणार्थियों को बोझ मानने के बजाय उन्हें एक सम्पदा में बदलना चाहिए। मन्त्री ने इस पर गहरा दुख जताया कि जहाँ बिहार सरकार विस्थापित लोगों के पुनर्वास के लिए पूरी तरह वचनबद्ध है, वहीं राज्य में इन लोगो के प्रति कोई गहरी लोक हमदर्दी या स्वेच्छा से इनकी मदद करने की भावना नहीं है। उन्होंने यह तर्क दिया कि इसके कारण भूमि अधिग्रहण के असाधारण क़ानूनी उपायों का सहारा लेना आवश्यक हो जाता है। बहरहाल, विधानसभा में कई सदस्यों ने मन्त्री द्वारा विस्थापित लोगों के पुनर्वास की चिन्ता की मूल भावना का समर्थन करने के बावजूद इसके कुछ पहलुओं का विरोध किया। इन सदस्यों ने यह दलील दी कि बंजर भूमि के अधिग्रहण

की अनुमति दी जा सकती है, लेकिन पूर्णिया और सहरसा में भूमि उपयोग के विशिष्ट इतिहास के कारण वहाँ परती ज़मीन का अधिग्रहण स्थानीय लोगों के साथ अन्याय होगा। ग़ौरतलब है कि विधेयक के उद्देश्य-कथन में इन दो ज़िलों के नाम का उल्लेख किया गया था। आमतौर पर इसे बिहार राज्य के सन्दर्भ में ज़्यादा ग़लत माना गया क्योंकि इस राज्य की जनसंख्या ज़्यादा होने के कारण पहले से ही भूमि पर काफ़ी जनसांख्यिकीय दबाव था। यह भी कहा गया कि पाकिस्तान (उस समय पश्चिमी पाकिस्तान) से आने वाले 'शरणार्थी', जिनमें से अधिकांश व्यापारी थे, बिहार के शहरी क्षेत्रों में बस चुके हैं। इस तरह बिहार ने पहले से ही 'शरणार्थियों' के प्रति अपनी ज़िम्मेदारी पूरी कर दी है।

नागरिकता के बहुस्वर[35]

नागरिकता एक ऐसी अवधारणा है जिसमें नागरिक की श्रेणी के साथ-ही-साथ एक ग़ैर-नागरिक की श्रेणी का भी निर्माण होता है। नगरिकता की क़ानूनी रूपरेखा में यह ग़ैर-नागरिक की श्रेणी अवशिष्ट नागरिकों की एक पूरी शृंखला तैयार करती हैं जिसमें बाहरी, दुश्मन-बाहरी, अपरिचित/विदेशी, आप्रवासी, ग़ैरक़ानूनी आप्रवासी आदि शामिल होते हैं। इससे यह बात साफ़ होती है कि नागरिकों की क़ानूनी स्पष्टता में जीवन से जुड़ी सारी स्थितियाँ समाविष्ट नहीं होती हैं। जहाँ ग़ैर-नागरिक एक अभिन्न छाया के रूप में नागरिक से जुड़ा हुआ है, वहीं नागरिकों की दुनिया उथल-पुथल से भरी ऐसी दुनिया है जिसमें क़ानूनी समानता के वायदे और कुछ नागरिकों के विशेषाधिकार के बीच सीधा टकराव है। इसलिए नागरिकता कई तरह के हाशिये से बनती है, जहाँ लगातार उथल-पुथल होती रहती है। उथल-पुथल की इस स्थिति से नागरिकता की नयी शक्तिशाली कल्पनाएँ और उनसे जुड़े व्यवहार सामने आते हैं। हाशिये के इन्हीं स्थानों पर नागरिकता की गूढ़ता और अपारदर्शिता में टूटन होता है तथा परिवर्तन के क्षण सामने आते हैं। उत्तर-औपनिवेशिक भारत में नागरिक की छवि में परिवर्तनकारी क्षण के विरोधाभास निहित हैं। इस क्षण में यह वायदा किया गया था कि भविष्य अतीत के गहन असामाजिक विभाजनों और असमानता से पूरी तरह अलग होगा। लेकिन इसके बावजूद उत्तर-औपनिवेशिक नागरिकता में ये बातें क़ायम रहीं। राष्ट्र-राज्य के लॉजिक और आधुनिक राज्य से अभिन्न रूप से जुड़े सामाजिक और राजनीतिक सत्ता के प्रदर्शनकारी व्यवहारों के कारण ही ऐसी स्थिति बनी रही। इस विरोधाभास की बुनियाद यह है कि नागरिकता को वंश और ख़ून के रिश्तों से जोड़ दिया गया और ऐसे अवशिष्ट नागरिकों की श्रेणी बनी जिन्हें हाशिये पर ढकेल दिया गया। लेकिन नागरिकता का बहुस्वर इसके कारण कमज़ोर नहीं होता है या एक सीमा के भीतर बँधकर नहीं रह जाता है। यह बहुस्वर संवैधानिक विद्रोह और

विद्रोही नागरिकता के विशिष्ट मुहावरों में अभिव्यक्त होता है। इसलिए नागरिकता को सबसे अच्छी तरह से क़ानून के भीतरी और बाहरी वृतान्तों के रूप में समझा जा सकता है। इसे एक ऐसी निर्माणकारी शक्ति के तौर पर समझा जा सकता है, जो नागरिकता की सीमाओं का लगातार विस्तार कर रही है। इसे समझने के लिए नेगरी द्वारा प्रस्तुत रूपक काफ़ी उपयोगी हैं। वे यह मानते हैं कि निर्माणकारी शक्ति की गति 'व्यापक' और असाधारण होती है जो जीवन के नये रूप सृजन करती है (नेगरी, बख्शी 2008बी में उद्धृत)।

रणजीत गुहा 'चंद्रा'ज डेथ' में क़ानून की व्याख्या राज्य के 'दूत' के रूप में करते हैं। दरअसल, उन्नीसवीं सदी के बंगाल में भूमिहीन किसानों के दरिद्र समुदायों के बीच राज्य द्वारा अपनी उपस्थिति की घोषणा करने के तरीक़े से 'दूत' का रूपक सामने आता है। राज्य अपने क़ानून के माध्यम से सगोत्रीय नेटवर्क के बीच होने वाले लेद-देन को आपराधिक कृत्य घोषित कर देता है।[36] चंद्रा की माँ और बहन परिवार के संकट से निपटने के लिए बयान देती हैं। लेकिन क़ानूनी हस्तक्षेप के लॉजिक के कारण उनका यह बयान इक़रार या दोष मानने के रूप में देखा जाने लगता है। ये इक़रार चंद्रा की माँ और बहन को अमूर्त्त विधिकता के दायरे में डाल देते हैं। इसके चलते वे ऐसे क़ानूनी सब्जेक्ट्स में बदल जाते हैं, जो बुरी मंशा रखता है और दोषी है। इस तरह, क़ानून समुदाय से अपने सदस्यों पर अनुशासनात्मक नियन्त्रण के प्रयोग का एकाधिकार छीन लेता है (गुहा 1987, 140-41)। गुहा चंद्रा की मौत के लिए ज़िम्मेदार घटनाओं का सर्तकता से अध्ययन करते हैं। उनका यह मानना है कि समुदाय अपने अतीत के वर्चस्व को स्थापित करने के लिए सख़्त व्यवहार करते हैं। इससे समुदायों के चारों ओर ऐसा अभेद्य दीवार बन जाता है जिसमें हर तरह के जुर्म होते हैं। समुदाय इन जुर्मों को अपने भीतर समाहित करते हैं और उसे एक तरह से अदृश्य बना देते हैं। इसके विपरीत, उपेन्द्र बख्शी विद्रोही नागरिकों (इनसर्जेन्ट सिटीजन्स) की बात करते हैं। इन नागरिकों के सामने राज्य फर्ज़ी मुठभेड़ और भयानक यातना के माध्यम से सामने आता है। बख्शी के विद्रोही नागरिक वे लोग हैं जो राज्य द्वारा शासन के कर्मकांड में भागीदारी करने से इंकार कर देते हैं। राज्य इन लोगों के ख़िलाफ़ हिंसा करता है और इसके द्वारा यह दावा करता है कि हिंसा के उपयोग पर उसका एकाधिकार है। 'यह विद्रोही के अस्तित्व को मिटा देता है, उससे नकारता है या उसे बुरी तरह दबा देता है' (कोटेफ़, 2010, 180)।[37] बख्शी की रूपरेखा में राज्य की सम्प्रभुत्ता राजनीतिक तार्किकता का विशिष्ट प्रकार होती है और विद्रोही नागरिक इसके ख़िलाफ़ प्रतिक्रिया से प्रेरित होता है। डेविड स्कॉट ने औपनिवेशिक गवर्नमेंटैलिटी के अपने अध्ययन में सम्प्रभुत्ता और सरकार के बीच अन्तर किया है। वे यह तर्क देते हैं कि सम्प्रभुत्ता की राजनीतिक तार्किकता

के भीतर प्रिंस की शक्ति और सुरक्षा पर उसका असीम प्राधिकार पूरी तरह से निर्भर होता है। इस तरह की रूपरेखा में आज्ञा-पालन करवाने हेतु क़ानून का एक यन्त्र के रूप में इस्तेमाल किया जाता है :

> सम्प्रभुत्ता में शासक और शासित के बीच इस तरह का सम्बन्ध होता है कि शक्ति खुद प्रिंस के हाथ के विस्तार के रूप में लोगों तक पहुँचती है, और समय-समय पर असंदिग्ध समारोह द्वारा अपनी घोषणा करती है। दूसरी ओर सरकार के रूप में शासक और शासित के बीच एक नया और बिल्कुल ही अलग तरह का सम्बन्ध बनता है। यह सम्बन्ध सिर्फ़ राज्य संयन्त्र की क्षमता के विकास के कारण नहीं, बल्कि शक्ति के प्रभावों का उत्पादन करने वाले नये क्षेत्रों के उभार के कारण सामने आता है...यह औपनिवेशिक स्थान को विनष्ट करने और उसका पुनर्निर्माण करने का काम करता है। ऐसा करके यह औपनिवेशिक निकायों में निष्कर्षक प्रभाव से ज़्यादा औपनिवेशिक आचरण पर गवर्निंग (प्रशासित) प्रभाव पैदा करता है (स्कॉट 1995, 203)।

स्कॉट औपनिवेशिक गवर्नमैंटेलिटी के शक्ति के प्रभावों पर विचार कर रहे थे। यह ऐसे राजनीतिक क्षेत्र से गुँथा हुआ था, जो विस्तृत राज्य संयन्त्र से उत्पन्न हुआ था और जिसे आज्ञा-पालन की आदत बनाने के लिए तैयार किया गया था। पार्थ चटर्जी गवर्नमैंटेलिटी की अवधारणा का प्रयोग राज्य के शासक व्यवहारों से अलग, नागरिक व्यवहारों के परीक्षण के लिए करते हैं। चटर्जी यह मानते हैं कि अधिकांश उत्तर-औपनिवेशिक दुनिया में नागरिक बनने के अनुभव दो अलग-अलग तरीक़ों से सामने आते हैं। चटर्जी लोकप्रिय सम्प्रभुत्ता से जुड़ी नागरिकता की श्रेणी तथा गवर्नमैंटेलिटी से जुड़ी जनसंख्या की श्रेणी के बीच अन्तर करते हैं। चटर्जी (2004) यह तर्क देते हैं कि नागरिक की अवधारणा लोकप्रिय सम्प्रभुत्ता की अवधारणा से जुड़ी हुई है। इस अवधारणा के अनुसार, राज्य और राजनीतिक सत्ता की वैधता लोगों की इच्छा से उत्पन्न होती है। दूसरी ओर, सम्प्रभुत्ता राज्य वैधता के सिद्धान्त से जुड़ी हुई है जिनका निर्माण लोगों को सेवाएँ उपलब्ध कराने वाली नीतियों द्वारा होता है। गवर्नमैंटैलिटी के माध्यम से लोगों को नौकरशाही शासन और विकासात्मक राज्य द्वारा शासन की तार्किकता और तकनीक का शासनाधीन बना लिया जाता है। यह अवधारणात्मक अन्तर नागरिक व्यवहार के विशिष्ट तरीक़ों के अनुरूप होता है। नागरिक समाज के क्षेत्र में अधिकार-धारक नागरिक और संगठन, राज्य, संविधान और क़ानूनों की संरचना से अन्तःक्रिया करते हैं। चटर्जी विकासात्मक नौकरशाही, राज्य और जनसंख्या समूहों के बीच सम्बन्धों के आवेष्टन के रूप में नागरिक समाज का विचार प्रस्तावित करते हैं। नागरिक समाज से सम्बन्धित नागरिकता को माना जाता है, किन्तु यह नागरिकता लोगों के एक छोटे भाग तक ही सीमित होती है। जनसंख्या का एक बड़ा हिस्सा संविधान द्वारा कल्पित अर्थ में अधिकार धारण करने वाला

नागरिक नहीं होता है। ऐसे लोग 'सिर्फ़ बहुत ही सीमित और यहाँ तक की द्वैत तरीक़े से और सन्दर्भ के आधार पर अधिकार धारण करने वाले नागरिक होते हैं' (चटर्जी 2004, 38)। चटर्जी यह मानते हैं कि ऐसे लोग नागरिक समाज के नहीं बल्कि राजनीतिक समाज के सदस्य होते हैं (वही)। हालाँकि वीणा दास चटर्जी द्वारा नागरिक समाज में नागरिकता के व्यवहारों और राजनीतिक समाज में शासितों की राजनीति के बीच के अन्तर से अपनी असहमति व्यक्त करती हैं। इनके अनुसार चटर्जी का यह मानना ग़लत है कि शासितों की राजनीति 'मुख्य रूप से जैविक रूप से ज़िन्दा रखने के लिए ज़रूरी वस्तुओं को हासिल करने सम्बन्धित होती है' (दास 2011, 320)। दास ने राष्ट्रीय राजधानी क्षेत्र में औद्योगिक हाशिये पर पड़े शहरी ग़रीबों का अध्ययन करते हुए यह दिखाया है कि चटर्जी जिसे राजनीतिक और जैविक जीवन के दो अलग-अलग और द्वैत क्षेत्रों के रूप देखते हैं, वे दरअसल 'आपस में पूरी तरह गुँथे' हुए हैं। साथ ही, 'पारस्परिक समावेशन' द्वारा ये ग़रीबों में यह क्षमता पैदा करते हैं कि वे 'हक़' की राजनीति द्वारा नागरिक अधिकारों पर अपना दावा प्रस्तुत करें (वही)। दास अपने अध्ययन में नोएडा की एक झुग्गी के निवासियों का विवरण देती हैं। ये ग़रीब लोग अपने 'हक़' के लिए एकजुट हो गये। इसके चलते नागरिकता की माँग हक़दारीयुक्त हैसियत के बजाय एक नैतिक दावे के रूप में सामने आती है (वही, 324)।[38]

किन्हीं सन्दर्भों में ऐसा भी हो सकता है कि नागरिक और राजनीतिक समाज की भाषाओं में इस प्रकार का संयोग हो कि इनके बीच का अन्तर काफ़ी हद तक धुँधला हो जाय। लेस्बियन, गे, बाइसेक्शुअल और ट्रांसजेण्डर (एलजीबीटी) के क़ानूनी एक्टिविज़म के मामले में अक्सर ऐसा धुँधलापन देखा जाता है। हाल के समय में, मुख्य रूप से विभेदीकृत नागरिकता के वाद-विवाद में सेक्शुअलिटी के उभार से नागरिकता का पदसोपानीय सार्वभौम (हायरार्काइज्ड यूनिवर्सल) काफ़ी 'अस्त-व्यस्त' हुआ है। समलैंगिकता की बात होते ही नागरिकता की शब्दावली मानो 'थम' जाती है। 'क्वीर नागरिक' नागरिक क़ानून का 'अदृश्य कर्त्ता' होता है। यह उन सामाजिक संस्थाओं से बाहर होता है जिसमें हेटरोसेक्शुअलिटी को प्राकृतिक, अनिवार्य और मानकीय माना जाता रहा है। दूसरी ओर, जहाँ क्वीर व्यक्ति नागरिक अधिकारों की हर तरह की रूपरेखा से अनुपस्थित और बहिष्कृत होता है, वहीं वह लोक नैतिकता के ख़िलाफ़ सेक्शुअल जुर्म करने वाले व्यक्ति के तौर पर आपराधिक क़ानून का सबसे बड़ा निशाना होता है। भारतीय दंड संहिता की धारा 377 'अप्राकृतिक सेक्स' को जुर्म घोषित करती है और पुलिस द्वारा एलजीबीटी समूहों को प्रताड़ित करने के लिए इसका प्रयोग किया जाता रहा है। नागरिक समाज में धारा 377 के ख़िलाफ़

ज़बरदस्त गोलबन्दी हुई। दिल्ली उच्च न्यायालय में इसके ख़िलाफ़ एक जनहित याचिका भी दायर की गयी। इसमें यह माँग की गयी कि चूँकि यह धारा पूरी तरह से मनमानी और असंवैधानिक है, इसलिए इसे क़ानून की किताब से हटा दिया जाना चाहिए। जुलाई 2009 के अपने आदेश में अदालत ने यह माना कि निजता का उदारवादी सिद्धान्त और इससे जुड़े आज़ादी के अधिकार के आधार पर धारा 377 की आलोचना की जा सकती है। आख़िरकार, अदालत ने धारा 377 को असंवैधानिक घोषित कर दिया। लेकिन उसने आज़ादी के दावों के आधार पर ऐसा नहीं किया, जिन पर 'तार्किक' प्रतिबन्ध लगाया जा सकता है। इसके बजाय, उसने अपने फ़ैसले में सेक्शुअलिटी को समावेशी नागरिकता और समानता के दायरे में अवस्थित किया।[39]

राजनीतिक समाज का 'व्यग्र' और 'अव्यवस्थित' क्षेत्र' 'बूर्ज्वा राजनीति के नियमों को तोड़-मरोड़कर या खींच-तानकर नागरिकता तथा नौकरशाही तार्किकता की प्रभुत्वशाली प्रणाली को अस्त-व्यस्त कर देता है।' इस प्रकार 'वह नागरिकता के लोकतान्त्रिक व्यवहार के रूप उत्पन्न करता है' (चटर्जी 2005, 100)। इसके कारण, नागरिकता के पदसोपान भी अस्थिर हो जाते हैं। फिर भी, नागरिकता के बहुस्वर (पॉलीरिदम्स) ऐसे ट्रैज़ेक्टरीज (प्रक्षेप-पथ) की ओर बढ़ते हैं, जो कि न तो बूर्ज्वा राजनीति द्वारा सीमित होते हैं और न ही विधिकता के मानकों से शासित होते हैं। क्या नागरिकता के व्यवहारों को अवस्थित करने के लिए कोई अलग तरीक़ा है? ऐसा शायद उस रूप में है, जिसे पार्थ चटर्जी मंटो द्वारा विभाजन की हिंसा और टोबा टेक सिंह की मृत्यु के चित्रण का वर्णन करते हुए 'शुद्ध राजनीति के एक क्षण' की संज्ञा देते हैं :

> मंटो का अनूठापन इस तथ्य में निहित है कि वे 1947 की हिंसा के बारे में बात करते समय नैतिकता या अर्थशास्त्र की कसौटियों को स्वीकार करने से इंकार कर देते हैं। वे ईश्वर या अनुभवातीत तर्कबुद्धि से सामने आने वाली किसी नैतिकता का रास्ता नहीं अपनाते हैं। वे ख़ुद को सरकारी हिंसा (गवर्नमेंटल वायलेंस) की आर्थिक गणना के झाँसे में आने की अनुमति भी नहीं देते। यदि मैं इसे इस तरह कहूँ तो ज़्यादा ठीक होगा कि वे यह मानते थे कि बँटवारे की हिंसा की प्रतिक्रिया एक शुद्ध राजनीतिक कार्य के रूप में होना अपरिहार्य था जिसे स्वत: आर्थिक और नैतिक मानवीय अन्त:क्रिया के बुनियादी तत्वों द्वारा निर्मित होना था। शुद्ध राजनीति के इसी क्षण में बिशन सिंह 'किसी भारी-भरकम वस्तु जैसे सूजे हुए अपने पैर के साथ लावारिस क्षेत्र पर खड़े थे।' शुद्ध राजनीति किसी अन्य वस्तु पर नहीं, बल्कि सिर्फ़ अपने क्षेत्र पर निर्भर होती है। लेकिन शुद्ध राजनीति का यह क्षण क़ायम नहीं रह सकता है। इसके सृजनात्मक वायदे का दायरा बहुत बड़ा होता है और इसके उत्तरदायित्व का बोझ भी काफ़ी ज़्यादा होता है। बिशन सिंह, जिन्हें टोबा टेक सिंह के नाम

से भी जाना जाता था, चिल्लाकर ज़मीन पर ढेर हो जाते हैं। कांटेदार तार के एक ओर हिन्दुस्तान और दूसरी ओर पाकिस्तान, इन दोनों के बीच टोबा टेक सिंह पड़ा हुआ था। (मंटो 1987, 18, चटर्जी 2005, 98-99 पर उद्धृत)।

टोबा टेक सिंह द्वारा अपने जीवन और मृत्यु के बारे में फ़ैसला करने की शक्ति को फिर से हासिल करने में शुद्ध राजनीति का क्षण निहित है। स्पष्टत: इसमें एक अलग तरह की राजनीति को आगे बढ़ाने की असीम क्षमता है। चटर्जी यह दलील देते हैं कि यह क्षण शुद्ध राजनीति के वायदे से भरा-पूरा है, लेकिन अपने वायदे की गहनता के कारण यह अस्थिर हो जाता है और उसके बोझ से पूरी दब जाता है। फिर भी, यह राज्य के प्रभुत्वकारी और दबावकारी- दोनों ही तरह की शक्ति के विरोध का एक तरीक़ा है। इसमें व्यक्ति ख़ुद को राज्य के बल-प्रयोग की शक्ति की पहुँच से दूर करता है या फिर इसकी सुरक्षा के सामने समर्पण करके इसकी प्रभावशाली अपील से सहमति जताने से इंकार करता है। इस तरह, 'शुद्ध राजनीति' विद्रोही नागरिकता के बहुल स्थानों में गुंजायमान होती है।

समकालीन राज्य दो प्रणालियों द्वारा शक्ति का प्रयोग करता है। पहला, प्रभुत्वशाली प्रणाली, जो कि बल-प्रयोग द्वारा काम करती है; और दूसरा प्रहरी-सम्बन्धी, जिसमें राज्य सुरक्षादाता की भूमिका ग्रहण करके लोगों की सहमति हासिल करता है। इन दोनों प्रणालियों के कारण सामान्य रूप से अधीनस्थ नागरिकता का उदय होता है। राज्य की प्रभुत्वशाली भूमिका में उसके सुरक्षा संयन्त्रों की स्थान सबसे प्रमुख हो जाती है। यह राज्य की तार्किकता (रीजन्स ऑफ़ स्टेट)[40] के आधार पर ख़ुद को वैधता प्रदान करती है। 'राज्य का सुरक्षाबद्ध शासन' एक 'ग़ैर-ज़वाबदेही के ज़ोरदार लॉजिक' और 'दण्डमुक्ति की संस्कृति' के भीतर काम करता है, जिसमें सज़ा का कोई डर नहीं होता है (मोहन्ती 2011, 79)। दण्डमुक्ति की जेण्डर-आधारित विचारधारा सैन्यकृत पुरुषत्व के विचार पर आधारित होती है, जिसमें 'न तो नागरिकों की भागीदारी और न ही उनकी सहमति आवश्यक होती है' (वही 78)। दूसरी ओर, सुरक्षा राज्य (सेक्यूरिटी स्टेट) का प्रभावकारी तर्क उन पितृसत्तात्मक विचारधाराओं का सहारा लेता है जिसमें नागरिकों की सुरक्षा और हिफ़ाज़त के लिए उनसे आज्ञापालन और सहमति आवश्यक होती है। 'पुरुषवादी सुरक्षा का लॉजिक' पितृसत्तात्मक परिवार में महिलाओं और बच्चों की सुरक्षा के सम्बन्ध में पुरुष की भूमिका के अनुरूप है। इस लॉजिक की मदद से राज्य लोगों के भीतर सफलतापूर्वक डर पैदा करता है और उन्हें अपनी मर्ज़ी के मुताबिक़ आज्ञा-पालन करने के लिए तैयार करता है। इसके अलावा, राज्य सुरक्षा-दाता के रूप में अपनी भूमिका प्रस्तुत करके अभूतपूर्व तरीक़े से अपने बल-प्रयोग के संयन्त्र को ताक़तवर बनाता है। इसके

लिए वह नये असाधारण क़ानूनों का निर्माण करता है, मौजूदा क़ानूनों को सख़्ती से लागू करता है, निगरानी व्यवस्था की स्थापना करता है और असंतोष का दमन करता है। इस अधीनस्थ नागरिकता का नतीजा यह निकलता है कि नागरिक अपने देश के प्रति 'कृतज्ञता से उत्पन्न प्रेम' की भावना के साथ एकजुट और एकताबद्ध हो जाते हैं और अपनी ज़िन्दगी की रक्षा के लिए राज्य पर पूरी तरह निर्भर हो जाते हैं। उन्हें यह भरोसा दिलाया जाता है कि केवल एक 'ताक़तवर और सतर्क' राज्य ही उनकी हिफ़ाज़त कर सकता है (वही)।

राज्य की प्रभुत्वशाली भूमिका का एक उदाहरण यह है कि जम्मू और कश्मीर, उत्तर-पूर्व भारत के राज्यों तथा झारखंड और छत्तीसगढ़ जैसे पूर्वी और मध्य भारत के राज्यों में पुरुषवादी दण्ड-मुक्ति का शासन है। इन क्षेत्रों में राज्य द्वारा आर्म्ड फ़ोर्सेज स्पेशल पॉवर ऐक्ट (आफस्पा, 1958) और लोगों को बन्दी बनाने सम्बन्धी और आतंकवाद विरोधी बहुत से क़ानून लागू हैं। इसके अलावा, कश्मीर, मणिपुर और छत्तीसगढ़ जैसे राज्यों में समुदायों का सैन्यीकरण हुआ है। इसने राज्य और नागरिकों के बीच सम्बन्धों को नया रूप दिया है। राज्य ने अपने लिए दण्ड-मुक्ति का प्रावधान किया है तथा असाधारण क़ानूनों की मदद से अपने ख़िलाफ़ लगने वाले आरोपों से ख़ुद को सुरक्षित रखा है। दूसरी ओर, नागरिक संगठनों ने राज्य की सुरक्षा की वास्तविक तस्वीर पेश की है। इसलिए यह अचरज की बात नहीं है कि उत्तर-पूर्व भारत और जम्मू और कश्मीर में सैन्य कार्यवाहियों के सन्दर्भ में बहुत से गम्भीर आरोप लगते रहे हैं। इन क्षेत्रों में सशस्त्र बलों के ख़िलाफ़ लोगों के 'ग़ायब होने', 'बिना किसी न्यायिक प्रक्रिया के हत्या करने' और बलात्कार जैसे गम्भीर आरोप लगाये गये हैं। ख़ास बात यह है कि इस सन्दर्भ में 'विद्रोही नागरिकता' ने बलात्कार को 'व्यक्तिगत या पारिवारिक इज़्ज़त के मामले के रूप में' व्यक्तिगत दायरे का मुद्दा मानने से लगातार इंकार किया है। उसने लगातार इसे 'सार्वजनिक राजनीतिक मुद्दे' के रूप में प्रस्तुत किया है (महन्ता 1999, 360, चक्रवर्ती 2009, 63 पर उद्धृत)।

महाश्वेता देवी की कहानी 'द्रोपदी' को विद्रोही नागरिकता के साहित्यिक चित्रण के तौर पर देखा जा सकता है। द्रोपदी एक आदिवासी औरत की कहानी है, जिसके बारे में पुलिस को यह शक है कि वह एक भूमिगत, उग्रवादी वामपंथी समूह से जुड़ी हुई है। पुलिस उसे गिरफ़्तार करती है और पुलिस हिरासत में उसका बलात्कार किया जाता है। अगली सुबह उसे इस पुलिस ऑपरेशन के प्रमुख सरकारी अधिकारी के सामने पेश किया जाता है। द्रोपदी अपने कपड़े पहनने से इंकार कर देती है। वह इस बात पर ज़ोर देती है कि उसे अधिकारी के सामने नग्न अवस्था में ही पेश किया जाए, साथ ही उसे यह चुनौती देती है कि वह उसका 'एनकाउंटर' कर दे (चक्रवर्ती, 2009, 53)। जुलाई 2004

में इस साहित्यिक रूपक को प्रतिम्बित करने वाली एक घटना मणिपुर में घटी। मणिपुर में असम रायफ़ल्स के कुछ सैनिकों द्वारा एक महिला का बलात्कार करने के बाद हत्या कर दी गयी थी। इस घटना से आक्रोशित महिलाओं के एक समूह ने मणिपुर में असम रायफ़ल्स के मुख्यालय के सामने नग्न खड़े होकर प्रदर्शन किया और सेना के जवानों को उनसे भी 'बलात्कार करने' की चुनौती दी। उल्लेखनीय है कि उत्तर-पूर्व के राज्यों में 1958 से आफस्पा लागू है। इसके कारण, सेना को न्यायिक जाँच से मुक्ति मिली हुई है। सन् 2000 से ही एक मणिपुरी महिला इरोम शर्मिला अनशन पर बैठी हुई हैं। इनकी यह माँग है कि आफस्पा ख़त्म किया जाए। इनका अनशन सम्पूर्णतावादी शासनों के भीतर आत्म की पुनर्प्राप्ति के लिए अहिंसक प्रतिरोध के गाँधीवादी मुहावरे के माध्यम से नागरिकता की अभिव्यक्ति है। शर्मिला के अनशन के कारण बिल्ली और चूहे के खेल की तरह हर साल एक अजीब वार्षिक कर्मकांड होता है। राज्य की यह कोशिश होती है कि वह शर्मिला को अपनी 'महफ़ूज हिरासत' में ज़िन्दा रखकर उन्हें अपने प्राधिकार के दायरे में ले आए। उन्हें आत्महत्या का प्रयास करने के आरोप में एक अस्पताल-जेल में रखा गया है, जहाँ उन्हें ट्युब द्वारा नाक के रास्ते ज़बरदस्ती तरल भोजन दिया जाता है। हर साल राज्य शर्मिला को रिहा करता है और वह अपनी अनशन जारी रखने का इरादा ज़ाहिर करती हैं। इसके बाद, उन्हें फिर से जेल भेज दिया जाता है और फिर से उनके शरीर पर जीवन-रक्षक और ज़बरदस्ती भोजन देने वाला उपकरण लगा दिया जाता है। शर्मिला के लिए रिहाई, क़ैद और ज़बरदस्ती खाना खिलाना एक चिरस्थायी चक्र बन गया है। उनके लिए, और आफ्स्पा का विरोध करने वाले अन्य लोगों के लिए यह एक ऐसी स्थिति है, जहाँ वे अन्यायी क़ानून की अवज्ञा करके नागरिकता के अपने अधिकारों का समर्पण करते हैं और फिर उन पर अपना दावा पेश करते हैं। हाल के समय में ओडिशा में दक्षिण कोरियाई कम्पनी द्वारा स्थापित किये जाने वाले पॉवर प्लांट के ख़िलाफ़ आदिवासियों के लम्बे समय से संघर्ष में एक नया अध्याय लिखा गया। 7 मार्च 2013 को जगतसिंहपुर के ढिंकिया और गोविंदपुर गाँवों की महिलाओं ने गोविंदपुर गाँव के मंगलपाड़ा के निकट अर्द्ध-सैनिक कैम्प के सामने रैली का आयोजन किया। इस कैम्प में अर्द्ध-सैनिक बलों की पाँच टुकड़ियाँ रखी गयी थीं ताकि पॉस्को के ख़िलाफ़ गाँववालों के विरोध को ख़त्म किया जा सके। 7 मार्च की रैली में दो महिलाओं ने नग्न प्रदर्शन करके अर्द्ध-सैनिक बलों और पोस्को के ख़िलाफ़ अपने आक्रोश का इज़हार किया। अपने कपड़े उतारते हुए महिलाएँ लगातार चिल्ला रही थीं : 'तुम लोग यहाँ क्यों आए हो? तुम क्या देखना चाहते हो?' (दास, 2013)।

इस सन्दर्भ में यह एक रोचक बात है कि नागरिकता की पदसोपानीय व्यवस्था

में, भारत में खनिज सम्पदा से भरपूर कुछ राज्यों में कॉरपोरेट पूँजी द्वारा खनन के कारण विस्थापित हुए लोग 'ठेस लगने' और 'दगाबाज़ी' की सामूहिक भावना के साथ जीते हैं। यहाँ राज्य और लोगों के बीच विरोध की स्थिति क़ायम है। साथ ही, यहाँ माओवादी गुरिल्लाओं और भारतीय सरकार के बीच सशस्त्र संघर्ष चल रहा है। इस पूरी प्रक्रिया ने वंचना की स्थिति का सामना करने वाला एक ऐसा सीमांत प्रदेश निर्मित किया है जिसकी प्रतिक्रया में राज्य 'वैधता के लिए अपने संघर्ष में भावना, आक्रोश, दुख और डर पैदा करने वाले प्रभुत्व का प्रदर्शन कर रहा है' (सुन्दर 2012, 702)। हिन्दू दक्षिणपंथ सहित अन्य प्रभुत्वशाली राजनीतिक संगठन 'संवेदना को चोट पहुँचने' का वैध दावा कर सकते हैं। हिन्दू दक्षिणपंथी इसके आधार पर 1992 में बाबरी मस्जिद के विध्वंस और 2002 के गुजरात के जनसंहार को सही साबित करते हैं। इसके विपरीत, लोगों के बड़े हिस्से को 'भावनात्मक नागरिकता' का विशेषाधिकार नहीं दिया जाता है। मसलन, कश्मीरियों के मामले में इस तरह की भावना पूरी तरह अवैध घोषित की जाती है। दूसरी ओर, आदिवासियों को भी इससे पूरी तरह वंचित रखा जाता है, और उनसे मात्र यह अपेक्षा की जाती है कि 'उनके भीतर सिर्फ़ मद्यपान करने वाले जंगली व्यक्ति की चाह के अलावा कोई अन्य भावना नहीं होनी चाहिए' (वही, 702)। निगरानी और नियन्त्रण के सुरक्षा शासनों के सन्दर्भ में मणिपुरी महिलाओं और इरोम शर्मिला तथा ओडिशा में पोस्को का विरोध करने वाली माताओं के प्रतिरोध में ही लोकतन्त्र की भाषा में विद्रोही नागरिकता पैदा होती है। दूसरी तरफ़, नागरिकता में ऐतिहासिक रूप से विशिष्ट उथल-पुथल होते रहे हैं। कई स्थानों पर विकासात्मक नीतियों और व्यवहारों ने ऐसी स्थितियाँ उत्पन्न की हैं जिसके कारण लोगों को निष्क्रिय और सशस्त्र–दोनों तरह के संघर्षों का सहारा लेना पड़ा है। यह तर्क दिया जा सकता है कि लोकतान्त्रिक नागरिकता का वायदा विद्रोही नागरिकता के विविध मुहावरों में मौज़ूद रहता है, जहाँ घरेलूकरण (डॉमेस्टिकेशन) की प्रक्रियाओं को ख़त्म करना और नागरिकता में 'राजनीतिक' को स्थापित करना आख़िरी लक्ष्य होता है। लोकतन्त्र की रूपरेखा के भीतर नागरिकता के व्यवहार का विकास करना एक चुनौती भरा काम है। इसमें उन प्रक्रियाओं पर ध्यान देने की आवश्यकता होती है, जिसके कारण राजनीतिक या राज्य स्तर पर सत्ता ठोस रूप धारण करती है। यह सत्ता नागरिकता की वर्चस्वशाली अभिव्यक्तियों के रूप में सामने आती है। इसके लिए ऐसे कार्रवाई की भी आवश्यकता होती है जिससे शक्ति की संरचनाएँ धीरे-धीरे कमज़ोर हों तथा पीछे हटें ताकि राजनीति के क्षेत्र का लोकतन्त्रीकरण हो।

निष्कर्ष

नागरिकता बुनियादी रूप से एक विवादित अवधारणा है। यह ऐसे बहुत से अर्थ उत्पन्न करने और विविध अर्थों को एकत्रित करने में समर्थ है, जिनकी मदद से इसे विशिष्ट सन्दर्भों में समझा जा सकता है। इस अध्याय में विद्रोही नागरिकता और इसकी सदस्यता की नयी कल्पनाओं का परीक्षण करते हुए कुछ ख़ास अवधारणात्मक मुद्दे उठाए गये हैं। ये मुद्दे वर्ग, जाति, सेक्स, जातीयता, राष्ट्रीय पहचान आदि से सम्बन्धित हालिया वाद-विवाद को प्रभावित करते हैं। भारत में परिवर्तनकारी संविधानवाद के ऐतिहासिक क्षण ने नागरिकता के ऐसे क्षेत्र उत्पन्न किये, जो क़ानूनी रूपरेखाओं में जम गये। इसके अलावा, इसने ऐसे अवशिष्ट रूपों को भी बढ़ावा दिया है, जिन्हें क़ानून द्वारा समझा या सीमित नहीं किया जा सकता है। आगे के अध्यायों में उपनिवेश-विरोधी आन्दोलनों के विशेष सन्दर्भ में नागरिकता सम्बन्धी विवादों का अध्ययन किया गया है। इस सन्दर्भ में बीसवीं सदी के आरम्भ में नागरिकता के भारतीय राष्ट्रवादी विचारधाराओं के निर्माण और उनके जेण्डरीकरण पर ध्यान केन्द्रित किया गया है। इस दौर में राष्ट्रीय आत्म-निर्णय के 'लोक' संघर्ष के बढ़ते प्रभाव के कारण बहुत से महत्त्वपूर्ण बदलावों की प्रक्रिया शुरू हुई। एक ओर जहाँ औपनिवेशिक राज्य ने स्वतन्त्रता, समानता और आत्म-निर्णय के लोकतान्त्रिक आधिकारों की 'सार्वभौमिकता' पर बल दिया, वहीं वह औपनिवेशिक विभेद के लॉजिक से भी बँधा हुआ था। दरअसल, विभेद के अन्तर को ख़त्म करने का अर्थ था औपनिवेशिक शासन को ही ख़त्म करना। इस विभेद को पुष्ट करने के लिए सामाजिक/सभ्यता की स्थितियों के पदसोपानीय पैमाने पर उपनिवेश और औपनिवेशिक राज्य के बीच अन्तर को रेखांकित किया गया। इस बात पर बल दिया गया कि औपनिवेशिक राज्य नस्ल और सभ्यता के आधार पर उपनिवेशों से ऊँचा है। उपनिवेशों और औपनिवेशिक राज्यों के बीच सभ्यतामूलक अन्तर को रेखांकित करने के लिए महिलाओं को एक प्रमुख आधार के तौर पर इस्तेमाल किया गया। इनके सन्दर्भ में ही औपनिवेशिक राज्य और राष्ट्रवादी अभिजनों के बीच का विरोध स्पष्ट रूप से सामने आया। अगले अध्याय में यह परीक्षण किया गया है कि किस तरह 'महिलाओं' को एक ही समय में नागरिकता के भीतर शामिल किया गया और उससे बाहर भी रखा गया। साथ ही, इस अध्याय में भारतीय राष्ट्रवाद की निर्मिति में मध्यस्थता और नियमन करने वाले जेण्डर आधारित समावेशन और बहिष्करण के विविध पहलुओं का भी अध्ययन किया गया है।

सन्दर्भ

1. मैक्स वेबर के विचारों का अनुसरण करते हुए यह कहा जा सकता है कि मेथोडोलॉजिकल इण्डिविड्युलिज़म (प्रणालीशास्त्रीय व्यक्तिवाद) यह दावा करता है कि व्यक्तिगत कार्यों के नतीजों के सन्दर्भ में सामाजिक परिघटनाओं की व्याख्या की जा सकती है।
2. उल्लेखनीय है कि इन लेखकों ने 'सर्वेज इन इण्डिया' से सम्बन्धित 1958 के अपने लेख के बारे में 2005 में प्रकाशित 'द इम्पीरियलिज़म ऑफ़ कैटेगरीज : सिचुएटिंग नॉलेज इन अ ग्लोबलाइजिंग वर्ल्ड' शीर्षक वाले अपने निबन्ध में नये सिरे से विचार किया। इसमें आधुनिकीकरण पैराडाइम से निर्देशित होने वाली समीक्षा के ख़िलाफ़ इनकी आलोचना और भी ज़्यादा तीखे रूप में सामने आयी। इस निबन्ध में उनके पहले के दृष्टिकोण में एक ख़ास बदलाव भी सामने आता है। इसमें उन्होंने इस बात पर बल दिया कि 'पश्चिमी' सर्वे तकनीकों में प्रशिक्षित होने वाले क्षेत्र अध्ययनकर्त्ताओं को 'अल्पविकसित क्षेत्रों' के अध्ययन में एक 'रैडिकल अलगाव' का सामना करना पड़ता है। इससे उबरने के लिए 'पॉलिटिकल एंथ्रोपोलॉजी' (राजनीतिक मानवशास्त्र' पर ज़्यादा ध्यान देने की आवश्यकता है। देखें रूडॉल्फ़ और रूडॉल्फ़ 2008 का अध्याय एक और पाँच.
3. मसलन, हाल में, *सिटीजनशिप स्टडीज़* जर्नल में 'कॉन्टेस्टिंग सिटीजनशिप' (नागरिकता विवाद) पर एक विशेष अंक निकला। इस अंक में शामिल लेखों में यह दावा किया गया कि ये इस बात की ओर ध्यान दिलाते हैं कि 'नागरिकता में विविध स्थितियों, संघर्षों और रणनीतियों को जोड़ने की विशिष्ट क्षमता होती है, लेकिन इनमें यह कल्पना नहीं की गयी है कि ये व्यवहार एक ही वस्तु (अर्थात् नागरिकता) से जुड़े होते हैं (देखें सिटीजनशिप स्टडीज़ में नेवु, क्लार्क, कॉल और डैगनिनो द्वारा लिखा गया 'इंट्रोडक्शन', 2011, पृ. 945)।
4. देखें हॉफमैन (2004, 29-31)।
5. देखें, बख्शी (2002)
6. टॉरपी (2000, 22)।
7. सोलहवीं सदी के न्यायविद् जीन बोदां ने विविधतापूर्ण जनसंख्या पर अपना प्राधिकार (अथॉरिटी) आरोपित करने वाले असीमवादी राज्यों की चिन्ताओं के सन्दर्भ में ही नागरिक को परिभाषित किया। उनके अनुसार, एक नागरिक वह है, जिसके पास 'समान स्वतन्त्रता और प्राधिकार की सुरक्षा' होती है। इस दृष्टिकोण के अनुसार, नागरिक ग्रीक-नागरिकों से अलग होते हैं; वे ख़ुद प्राधिकारयुक्त नहीं होते हैं, बल्कि रोमन परम्पराओं का पालन करते हैं। हालाँकि नागरिकता का यह विचार प्राथमिक रूप से एक निष्क्रिय विचार था। इस दौर में नागरिकता सामान्य (सम्मिलित) सार्वजनिक दायित्वों और नागरिक सद्गुणों से सम्बन्धित नहीं थी। इसके बजाय, 'सामान्य (सम्मिलित) स्वतन्त्रता की अवधारणा नागरिकता की मुख्य चिन्ता बन गयी। इस चिन्ता में नागरिकता की 'निष्क्रिय' या 'नकारात्मक' अवधारणा निहित थी।
8. वोगल और मॉरन 1991, 66.
9. देखें, वॉल्जर, 1989, 1992.
10. 'स्वत:निर्माण' की प्रक्रिया उस तरीक़े के बारे में बताती है जिसके द्वारा साओ पॉलो शहर की परिधि पर रहने वाले अधिकांश अभावग्रस्त निवासियों ने अपने घर, आस-पड़ोस और शहरी जीवन का निर्माण करने के लिए संघर्ष किया। इस प्रक्रिया के माध्यम से उन्होंने भागीदारी, अधिकार और नागरिकता के एक नये क्षेत्र का निर्माण किया (हॉलस्टन 2008, 61)।
11. हॉलस्टन ब्राजील में नागरिकता के व्यवहार को एक ऐसे उपाय के तौर पर देखते हैं जिसमें

नागरिकता नागरिकों की एकजुटता/समुदाय को जन्म नहीं देती है, बल्कि ये विभेदों को क़ानूनी रूप से जमाने (ठोस बनाने) का साधन होते हैं। इस तरह की रूपरेखा में क़ानून पदसोपानीय (हायरार्कीकल) सामाजिक व्यवस्था को वैधता प्रदान करता है। इसके द्वारा उत्पन्न होने वाली वंचना और अवमानना ब्राजील में प्रचलित इस मुहावरे से अभिव्यक्त होती है कि 'दोस्तों के लिए सब कुछ; दुश्मनों के लिए क़ानून' (2008, 5)।

12. इस तरह, गणतन्त्र का आरम्भ होने के समय शिक्षा को नागरिकों का अधिकार नहीं माना गया और राजनीतिक अधिकारों के लिए साक्षर होना आवश्यक था। इसके अलावा, जेण्डर को राजनीतिक अधिकारों पर प्रतिबन्ध लगाने के लिए एक वैध आधार के रूप में इस्तेमाल किया गया (हॉलस्टन 2008, 7)।
13. यंग के अनुसार, समूह-विशिष्ट विभेदीकृत अधिकार नागरिकों को नस्ल, संस्कृति, जेण्डर, उम्र, असमर्थता और सेक्शुअलिटी आदि पर आधारित सामाजिक वंचना के प्रति जागरूक बनायेंगे।
14. ऐसा स्थान जहाँ दोस्त-यार मिलकर बातें करते हैं।
15. सांसारिक रजिस्टर भविष्य के समय के बारे में बताने वाले आयाम के साथ संविधान के सम्बन्ध की जानकारी देता है।
16. उदय एस. मेहता ने संविधान-सभा के वाद-विवाद (1946-9) से सामने आने वाले भारत के विजन का परीक्षण किया है। उनके अनुसार, संविधान को भविष्य से एक इशारा हासिल करना था, लेकिन अतीत को भी यकायक रोका नहीं जा सकता था; उसका अपना ज़ोर था, जो दृढ़तापूर्वक जीवन के रोज़मर्रा के रूपों से जुड़ा हुआ था (2010, 16)।
17. अचिले मबाम्बे के मुताबिक़, औपनिवेशिक सन्दर्भ में राज्य सम्प्रभुत्ता से विशेष रूप से सम्बन्धित 'आदेश' ('कमान्ड') की कल्पना की गयी, जिसमें तीन प्रकार की हिंसा शामिल थी–पहली, बुनियादी (फाउंडेशनल) हिंसा, जो जीत हासिल करने के अधिकार और उससे सम्बन्धित विशेषाधिकारों पर बल देती थी; दूसरी, आवश्यकता के सन्दर्भ में औचित्य के वर्णन द्वारा हिंसा का वैधीकरण (लेजिटिमेशन) और तीसरी, दिन-ब-दिन के व्यवहार द्वारा इसे स्थायी नियम के तौर पर क़ायम रखना। इसमें राज्य समाज से अलग नहीं होता था, बल्कि एक सहभागी जीवन में समाज से इसका विशिष्ट सम्बन्ध होता था। उपनिवेशित व्यक्ति से यह उम्मीद की जाती थी कि वह इसी सहभागी जीवन के अन्तर्गत खुद को स्वेच्छा से हिंसा के अधीन कर ले। वह इसमें एक ऐसे अबोध के रूप में प्रवेश करे, जिसे प्रशिक्षित करने की आवश्यकता है। साथ ही, उसे एक पशु के तौर पर इसमें शामिल होना चाहिए, जिसका घरेलूकरण किया जाना बाक़ी है। यदि किसी व्यक्ति ने ऐसे अलग तरीक़े से अन्त:क्रिया की, जिससे हिंसा के प्राधिकार को चुनौती मिली और इसके प्रोटोकॉल पर सवाल खड़े हुए, तो उस व्यक्ति को जंगली और ग़ैरक़ानूनी घोषित कर दिया गया और उसका समुचित तरीक़े से इलाज किया गया (मबाम्बे 2000, 6-7)।
18. दक्षिण अफ्रीका के संविधान की प्रस्तावना में यह कहा गया है कि 'दक्षिण अफ्रीका के लोग' 'अतीत में हुए अन्यायों को स्वीकार करते हैं', 'उन लोगों का सम्मान करते हैं, जिन्होंने न्याय और आज़ादी की ख़ातिर दु:ख सहें।' इसके अलावा, यह भी लिखा गया है कि वे 'स्वतन्त्र रूप से चुने गये (अपने) प्रतिनिधियों के माध्यम से', एक ऐसा संविधान अपनाते हैं जो 'अतीत के विभाजन को भरता है और एक ऐसे समाज की स्थापना करता है जो लोकतान्त्रिक मूल्यों, सामाजिक न्याय और बुनियादी मानव अधिकारों पर आधारित है। यह एक लोकतान्त्रिक और खुले समाज की आधारशिला रखता है...।' प्रीएम्बल, द कॉन्स्टीट्युशन ऑफ़ द रिपब्लिक ऑफ़ साउथ अफ्रीका 1996 (ऐक्ट 108 ऑफ़ 1996)।

19. उपेन्द्र बख्शी (2008बी) के मुताबिक़ 1988 का ब्राजील का संविधान सात या आठ संविधानों के बाद सामने आया। सात या आठ संविधानों की यह संख्या पूरी तरह इस बात पर निर्भर करती है कि कोई किस तरह संविधान के बदलाव और संविधान में बदलाव के बीच अन्तर करता है। इस सन्दर्भ में बख्शी 1824 के इम्पीरियल कॉन्स्टीट्युशन को आरम्भिक बिन्दु के रूप में स्वीकार करते हैं। 1988 का संविधान सत्तावादी शासन के दो प्रमुख दौरों अर्थात् 1937-1945 तथा 1964-1985 के बाद सामने आया था।
20. स्वामीनाथन का यह मानना है कि संवैधानिक देशजपन का लक्ष्य यह था कि एक देशज संविधान तैयार किया जाए, जिसके प्राधिकार का स्रोत नये राज्य के अपने अनुभवों में- यहाँ की मिट्टी में–अवस्थित हो। सिर्फ़ एक मौलिक संविधान तैयार करके और लोगों को इसके प्राधिकार का स्रोत बताकर यह लक्ष्य हासिल नहीं किया जा सकता था। इसकी देशज बुनियाद को पुख्ता करने के लिए यह आवश्यक था कि इसे प्राधिकार देने वाली क़ानूनी वैधता की शृंखला भी देशज हो।
21. बख्शी यह मानते हैं कि संवैधानिक व्याख्याशास्त्र में क़ानून के निर्मित शब्द और निर्माणकारी क्षण के बीच सम्बन्धों पर ध्यान दिया जाता है। इसे तैयार करने में अर्थों के अन्त:क्रियात्मक समूह सूचना और मध्यस्थता उपलब्ध कराने का महत्त्वपूर्ण काम करते हैं। बख्शी ने इन अर्थों की पहचान संवैधानिक ग्रन्थ (सी1), संवैधानिक क़ानून (सी2) तथा सिद्धान्त/विचारधारा (सी3) के रूप में की है। सी1 में विविध शैलियों और रूपों के ग्रन्थ शामिल हैं। यहाँ हमेशा ही एक टकराव से भरा स्थान रहा है। इसमें शासन से जुड़े ग्रन्थों तथा अधिकार और न्याय से सम्बन्धित ग्रन्थों के बीच प्रभुत्व के लिए संघर्ष होते रहा है। सी2 विविध सत्तावादी समुदायों की मौजूदा व्याख्यात्मक व्यवहारों का स्थान है, जो कि अर्थों के स्थिर आदेशों/नेटवर्कों के निर्माण से सम्बन्धित हैं। सी3 सी1 और सी2 के चिन्तनशील समझ से सम्बद्ध व्यवहारों के बारे में बताता है, जिसे शक्ति और प्रतिरोध के प्रदर्शनकारी कार्य प्रभावित करते हैं (बख्शी 2008ए, 99-100)।
22. 4 नवम्बर 1948 को संविधान सभा में संविधान के मसविदे पर दिये गये अपने भाषण में आम्बेडकर ने स्वतन्त्र सरकार के अनिवार्य शर्त के रूप में पूरे समुदाय में संवैधानिक नैतिकता के विस्तार पर बल दिया। ग्रोटे का अनुसरण करते हुए मेहता यह बताते हैं कि संवैधानिक नैतिकता का अर्थ यह है कि 'सरकार के विविध रूपों के बारे में एक सर्वोच्च सम्मान हो। साथ ही, प्राधिकार का आज्ञा-पालन इसका महत्त्वपूर्ण भाग है, जिसका अर्थ है तय किये गये मानकों के भीतर काम करना। इसमें आज्ञा-पालन को 'स्वतन्त्र अभिव्यक्ति की आदत' और प्राधिकार में रहने वाले लोगों की 'अबाधित आलोचना' से जोड़ा गया। लेकिन इस पर क़ानूनी नियन्त्रण भी लगाया गया और इसमें संविधान की प्रभावी पवित्रता पर भी बल दिया गया (प्रताप भानु मेहता 2010, 16-17)।
23. हिंसक क्रान्ति और निष्क्रिय प्रतिरोध (पैसिव रेजिस्टेंस)–दोनों के मिश्रण को संवैधानिक नैतिकता से असंगत माना गया। संविधान की सभी आलोचनाएँ शान्तिपूर्ण होनी चाहिए और इसमें किसी तरह का बल-प्रयोग नहीं होना चाहिए। इसमें अहिंसक सत्याग्रह को भी बल प्रयोग के रूप में ही देखा गया (वही, 18)।
24. शीर्षक में स्पेक्टर (प्रतिछाया) का उपयोग उन विविध तरीक़ों के बारे में बताने के लिए किया गया है, जिनके माध्यम से नागरिकता लोगों के जीवन में सामने आती है।
25. 'ज्यूरैडिकल' व्यक्ति इस अर्थ में स्वाभाविक (नेचुरल) व्यक्ति से अलग होता है कि इसकी

एक विधिक हस्ती होती है। क़ानून इसकी इस हस्ती को अभिव्यक्त करता है और इसकी पुष्टि करता है।

26. इस सन्दर्भ में सुपोई हन्ना आरेंट की इस किताब को उद्धृत करते हैं : *ऑरिजिन्स ऑफ़ टोटैलिटेरयनिजम*, लंदन : एलेन ऐंड अनविन, 1967, 447)। देखें स्युपियोट 2007, x.
27. जॉयल मिगडाल यह मानते हैं कि राज्य के अध्ययन में अभी तक सांस्कृतिक दृष्टिकोण की काफ़ी हद तक उपेक्षा होती रही है। प्रभावशाली अध्ययन के लिए यह ज़रूरी है कि इसे प्रभुत्वशाली संस्थावादी दृष्टिकोण से मिलाया जाए। ऐसा करने पर यह मुमकिन है कि अब राज्य का पृथक्ता में, अर्थात् समाज से अलग एक स्वतन्त्र अस्तित्व वाले संगठन के तौर पर अध्ययन न किया जाए। राज्य के ऐसे अध्ययन में इसके आधारस्तंभ को देखना और इसके संगठन पर विचार करना शामिल नहीं होता है।' इसके बजाय, इसमें 'समाज-में-राज्य (स्टेट इन सोसायटी) के प्रक्रिया सम्बन्धी दृष्टिकोण का अध्ययन किया जाता है' (देखें मिगडाल 2001, 231-32)।
28. 'लिमिनल स्पेस' बदलाव के बिन्दु के बारे में बताता है।
29. स्थानीकरण विशिष्ट गतिविधियों के भौतिक रूप और दायरे के बारे में बताता है।
30. 24 मार्च 1951 का नोट। फ़ाइल नंबर एफ़ 2/12/50 एमएचए-पब्लिक, नैशनल आर्काइव्स ऑफ़ इण्डिया (एनआईए)।
31. अनुच्छेद 387 के अनुसार जारी किये गये राष्ट्रपति के आदेश की धारा 6 में पहले आम चुनावों के लिए (जो संविधान लागू होने के तीन वर्षों के भीतर हो) मतदाता सूची बनाने और निर्वाचन क्षेत्रों के परिसीमन की प्रक्रिया स्पष्ट की गयी। इसके अनुसार, 'किसी भी राज्य में एक निर्वाचन क्षेत्र के भीतर जनसंख्या निर्धारण के लिए उस क्षेत्र की अस्थायी मतदाता सूची में शामिल मतदाताओं की संख्या का गुणा पैराग्राफ 4 के अनुसार तय किये गये राज्य की कुल जनसंख्या से किया जाएगा; इसके बाद, इससे सामने आने वाले कुल योग का भाग पूरे राज्य की अस्थायी मतदाता सूची में शामिल मतदाताओं की कुल संख्या से किया जाएगा। इस पद्धति का उपयोग सभी क्षेत्रों के लिए किया जाएगा, जब तक कि राष्ट्रपति किसी क्षेत्र विशेष के लिए कोई अन्य निर्देश न दें।' ड्राफ्ट ऑर्डर, फ़ाइल नंबर एफ, 2/12/50 एमएचए पब्लिक, एनएआई.
32. 12 अप्रैल 1050 को केबिनेट के लिए विधि मन्त्रालय के सचिव के.वी.के. सुन्दरम द्वारा तैयार किया गया नोट्स।
33. 23 अगस्त 1950 को कृषि मन्त्रालय के पीआरओ द्वारा लिखा गया नोट। फ़ाइल नंबर 17/143/50 एमएच-ज्यूडल. वही।
34. 26 अगस्त 1950 को गृह मन्त्रालय द्वारा भेजा गया नोट, वही।
35. एल्सा बर्कले-ब्राउन के अनुसार, इतिहास एक ऐसी स्थिति है जिसमें बहुत से लोग एक ही समय में बात करते हैं, एक ही साथ बहुत से स्वर सामने आते हैं। जिन घटनाओं या लोगों के बारे में लिखा जाता है, वे अपने-आप में पृथक् नहीं होते हैं, बल्कि वे दूसरे असंख्य लोगों और घटनाओं से संवाद की स्थिति में होते हैं। दरअसल, किसी भी क्षण लाखों लोग एक-दूसरे से बात करते रहते हैं। एक इतिहासकार के रूप में कोई यह कोशिश करता है कि वह एक बातचीत को अलग करे और फिर उसका अध्ययन करे। लेकिन यहाँ मुख्य चुनौती यह होती है कि इस बातचीत को किस तरह ऐसे सन्दर्भ में रखा जाए, जिससे इसका दूसरे तरह की बातचीत से संवाद हो सके। किस तरह इस एक गीत को अलग खड़ा किया जाए और इसके साथ-ही-साथ इसे अन्य गाए जाने वाली गीतों से जोड़ा जाए (1991, 85)।

36. चन्द्रा का परिवार लगातार यह प्रयास करता है कि परिवार के दायरे में आने वाले एक सदस्य से 'अवैध' आशनाई के कारण चंद्रा के पेट में जो बच्चा पल रहा है, उसका गर्भपात हो जाए। इस तरह की कोशिशों के बीच ही आख़िरकार चंद्रा की मौत हो जाती है।

37. कोटेफ ने अपने लेख में इजरायल के क़ब्ज़े वाले ग़ाज़ा में जेण्डर आधारित हिंसा और सुरक्षा-आधारित मानवतावाद का विश्लेषण किया है। इसमें वे यह परीक्षण करती हैं कि किस तरह क़ब्ज़े वाले क्षेत्रों में मानवतावाद सुरक्षा के लॉजिक से गुँथा हुआ है। ख़ासतौर पर, वे उन तरीक़ों पर ध्यान देती हैं जिनके द्वारा राज्य आवश्यक और अतिरिक्त हिंसा के बीच अन्तर करता है; यहाँ हर जगह मौजूद चेक प्वाइंट्स पर फिलीस्तिनियों, विशेष रूप से महिलाओं और बच्चों के ख़िलाफ़ होने वाली अतिरिक्त हिंसा को अमान्य करने और उसमें कटौती करने की आवश्यकता को मान्यता दी जाती है। यह मान्यता राज्य की निगरानी से बच जाने की क्षमता रखने वाले आतंकवादी के विस्फोटक शरीर के ख़िलाफ़ अतिरिक्त हिंसा को वैधता देने का आधार तैयार करती है।

38. असल में, (भूमि पर) स्थान को घेरने-यानी 'जगह घेर लेने' के ग़ैरक़ानूनी कार्य से घेरी गयी ज़मीन की स्थिति में बदलाव आता है। आगे चलकर यह ज़मीन 'क़ब्ज़े की ज़मीन' कही जाने लगती है। हालाँकि ज़मीन पर क़ब्ज़ा करने वाले लोगों का इस पर कोई क़ानूनी मालिकाना नहीं होता है, लेकिन समुदाय के भीतर लोग एक-दूसरे का मालिकाना स्वीकार करते हैं। फिर, ज़मीन पर क़ब्ज़ा करने वाले लोग इसे किराये पर देने लगते हैं या फिर कोई दूसरा व्यक्ति यह ज़मीन ख़रीद भी लेता है। इससे इस अवधारणा को मजबूती मिलती है कि यह ज़मीन इस पर बसे हुए व्यक्ति से सम्बद्ध है। प्रशासनिक काम-काज में इन कॉलोनियों को 'अनाधिकृत' कॉलोनियों की संज्ञा दी जाती है। फिर भी, बहुत तरह के लेन-देन द्वारा इन अनाधिकृत कॉलोनियों के लोग बिजली और पानी का कनेक्शन हासिल करते हैं। कई मरतबा ये अपने 'हक़' के लिए अदालत का दरवाज़ा भी खटखटाते हैं। इस तरह, वे लगातार इस ज़मीन पर अपने क़ानूनी दावे को मजबूत करते जाते हैं (दास 2011, 324)।

39. *नाज फाउंडेशन वर्सेज गवर्नमेंट ऑफ़ एनसीटी ऑफ़ देल्ही ऐंड अदर्स,* डब्ल्यूपी (सी) नंबर 7455/2001, फ़ैसले की तारीख़ 2 जुलाई 2009.

40. कार्ल जे. फ्रेडरिक ने 'रीजन ऑफ़ स्टेट' शब्द का प्रयोग किया है। यह उन चिन्ताओं के बारे में बताता है जिसके आधार पर सत्ता में रहने वाले लोग यह फ़ैसला करता हैं कि राज्य का अस्तित्व ख़तरे में है और इसकी सुरक्षा के लिए आवश्यक क़दम उठाने की आवश्यकता है।

उपनिवेश-विरोधी राष्ट्रवाद, महिला-प्रश्न और नागरिकता

रणजीत गुहा ने *सबॉल्टर्न स्टडीज़* के आरम्भिक निबन्ध में औपनिवेशिक भारत के 'अनैतिहासिक इतिहास-लेखन' के बारे में टिप्पणी की है। उनके मुताबिक़ इसने राष्ट्रवादी अभिजनों का पक्ष लेते हुए 'जनता की राजनीति' की उपेक्षा की (गुहा 1982, 1-8)। पिछले दो दशकों से 'अनैतिहासिक इतिहास-लेखन' को सुधारने का ज़ोरदार प्रयास शुरू हुआ है। इससे इतिहास में अनुपस्थित रहे वृतान्तों को फिर से हासिल करने की प्रक्रिया काफ़ी आगे बढ़ी है। ख़ासतौर पर महिलाओं के इतिहास-लेखन ने नये सैद्धान्तिक आधार स्थापित किये हैं। एक लम्बे समय तक यह प्रवृत्ति क़ायम थी कि बाक़ी सारे तत्त्वों को ज्यों-का-त्यों रखते हुए जेण्डर को एक अतिरिक्त/वैकल्पिक कारक के तौर पर जोड़ा जाए। अब यह माना जाने लगा है कि एक व्यापक विश्लेषण में जेण्डर को सतही रूप से शामिल करने की प्रवृत्ति अप्रासंगिक हो गयी है। असल में, यह बदलाव एक लम्बे और कठिन संघर्ष का नतीजा है। इसमें लगातार इस बात पर बल दिया गया कि इतिहास के चारों तरफ़ मौजूद सुरक्षा-कवच को तोड़कर उसका पुनर्परीक्षण किया जाना चाहिए। इस पूरी प्रक्रिया में ऐतिहासिक स्तरों और समकालिक धाराओं की निरन्तर समीक्षा की गयी। और उस परिप्रेक्ष्य को त्याग दिया गया जो एक विशेष दृष्टिकोण को एकीकृत वृतान्त के रूप में प्रस्तुत करती थीं। इसके बाद ऐसी धाराओं पर ध्यान देने की कोशिश की गयी जो मुख्य कहानी में बाहरी और अनसुलझे सूत्रों के रूप में मौजूद थे। इसके लिए बहुआयामीय प्रक्रिया अपनाई गयी। इस प्रकार, महिलाओं के बारे में 'नया ज्ञान उत्पन्न करने' का प्रयास किया गया। इसके लिए उन साधनों और स्रोतों का प्रयोग किया गया, जिनकी अब तक के इतिहास-लेखन में बहुत कम या कोई वैधता नहीं थी। इसमें ऐसे स्थानों में 'महिलाओं' की भूमिका का अध्ययन करने का प्रयास किया गया, जिन्हें अब तक 'सार्वजनिक' क्षेत्र और याददाश्त से बाहर रखा गया था। इसमें उन 'सार्वजनिक' स्थानों पर महिलाओं की भूमिका को समझने की कोशिश की

गयी, जिन्हें पुरुषवादी माना जाता था। इस विश्लेषण में स्त्रियों की स्थिति को तय करने वाले सामाजिक-आर्थिक और विचारधारात्मक ताक़तों और सत्ता सम्बन्धों के सन्तुलन पर भी ध्यान दिया गया। ये ताक़तें *स्त्री और स्त्रीत्व* को एक ख़ास तरह से परिभाषित करती थीं जिसमें *महिलाओं* पर *महिला* का एक विशिष्ट आदर्श रूप थोपा जाता था। इससे महिलाओं की अपनी एजेंसी[1] की पूरी तरह से उपेक्षा हुई। यह परिभाषा कुछ ख़ास तरह के निर्देशों पर आधारित थी। ये निर्देश ऐसे मोटे पर्दे के रूप में थे, जिसके पीछे स्त्रियों के जीवन से जुड़े सभी विरोधों और संघर्षों को नज़रअन्दाज़ कर दिया। ग़ौरतलब है कि इतिहास-लेखन के पुराने तरीक़े में महिलाओं के संघर्षों के अधिकांश पहलुओं की पूरी तरह उपेक्षा की जाती थी। इसमें यह विश्लेषण पूरी तरह अनुपस्थित था कि औरतें किस तरह अपनी ज़िन्दगी में संघर्ष और समझौता करती हैं, उससे जुड़े प्रश्न खड़े करती हैं और अपने मुद्दों को नये सिरे अभिव्यक्त करती हैं। इस तरह की प्रक्रिया से वे अपने जीवन को सीमित करने वाली सीमाओं को भेद्य भी बनाती रही हैं। लेकिन इतिहास-लेखन के पुराने तरीक़े में इन आयामों की पूरी तरह अनदेखी की गयी है। बहरहाल, इतिहास के पुनर्अध्ययन में इस पर ग़ौर किया जाता है कि कैसे अब तक इतिहास में 'अदृश्य रहने वाली महिलाएँ', ऐतिहासिक कर्त्ता अर्थात् ऐतिहासिक अध्ययन का मुख्य केन्द्र बन गयी हैं। राजनीतिक आन्दोलनों (मसलन, मताधिकार आन्दोलन) में या सामाजिक-आर्थिक बदलाव (उपनिवेश-विरोधी आन्दोलनों) की व्यापक प्रक्रियाओं में इनकी भूमिका पर भी विशिष्ट रूप से ध्यान दिया जाने लगा है। स्पष्टतः इनके माध्यम से इतिहास का व्यापक 'पुनर्लेखन' किया गया है। साथ ही, इसमें पितृसत्ता सहित प्रभुत्व की अन्य मजबूत संरचनाओं को प्रश्नांकित किया गया है और उन्हें चुनौती दी गयी है।

ग़ौरतलब है कि इतिहास में 'महिला प्रश्न' पुरुष राष्ट्रवादियों द्वारा परिभाषित और निर्मित किया गया। यह प्रश्न राष्ट्रीय पहचान के निर्माण से गुँथा हुआ था। दरअसल, इसने पूरी व्यवस्था में एक साथ महिलाओं का समावेशन और बहिष्करण तय करने में महत्त्वपूर्ण भूमिका निभाई। यह अध्याय इतिहास की सीमाओं को पुनर्परिभाषित करके उपेक्षित सबॉल्टर्न को उसका सही स्थान दिलाने का दावा नहीं करता है। लेकिन इतिहास में जिस तरह से 'महिला प्रश्न' पर उत्पन्न और प्रेषित हुआ, यह उस पर नये तरीक़े से विश्लेषण का प्रयास करता है। इसमें उस पूरे ऐतिहासिक दौर का परत-दर-परत परीक्षण किया गया है। इस तरह के अध्ययन का मक़सद उन जटिल तरीक़ों पर ध्यान केन्द्रित करना है, जिनके द्वारा 'महिला', 'महिलाएँ' और 'नारीत्व' जैसी श्रेणियों को एक आकार मिला। इसमें महिलाओं के जीवन्त अनुभवों का स्वरूप तय करने वाले बहुआयामीय सामाजकि-आर्थिक और विचारधारात्मक रूपरेखाओं का परीक्षण किया गया है।

इस अध्याय में मुख्य रूप से भारत पर ध्यान केन्द्रित करते हुए विश्व के अन्य भागों के औपनिवेशिक अनुभवों का भी उल्लेख किया गया है। यहाँ प्रस्तावित किया गया है कि उपनिवेश-विरोधी आन्दोलनों के सन्दर्भ में विचारधारात्मक रूप से 'महिला' श्रेणी निर्मित की गयी। इसमें प्रतिरोधक राष्ट्रीय पहचान का निर्माण करने वाले विशिष्ट सांस्कृतिक प्रतीकों ने अहम् भूमिका अदा की। पुरुषों के दिमाग़ में प्रतीकात्मक महिला उत्पन्न हुई और इसे सांस्कृतिक उपायों द्वारा आगे बढ़ाया गया। इसने जाति, वर्ग, नस्ल आदि पर आधारित महिलाओं के जीवन्त अनुभवों को धुँधला कर दिया। इसके साथ ही, इसने अतीत की सुप्रसिद्ध नायिकाओं के आधार पर ऐसी शक्तिशाली और प्रभावकारी छवियों का निर्माण किया, जिन्होंने अपने संघर्ष के बलबूते पर मुक्ति हासिल की थी। उन्नीसवीं और बीसवीं सदी में एक ओर राजनीतिक और आर्थिक बदलावों के कारण महिलाओं से कई तरह के वायदे किये गये थे, वहीं दूसरी ओर, प्रतीकात्मक महिला की वर्चस्वशाली (हेजेमॉनिक) छवि उत्पन्न कर उन पर कई तरह की सीमाएँ लगाई गयीं। इस दोनों ही कारणों ने महिलाओं के जीवन को तनावपूर्ण बना दिया। हालाँकि महिलाओं की वास्तविक जीवन का आदर्श और काल्पनिक ज़िन्दगी के मापदण्डों से बाहर या उसके विरोध में नहीं था। लेकिन उनकी वास्तविक ज़िन्दगी और काल्पनिक ज़िन्दगी से एक अन्त:क्रियात्मक सम्बन्ध था। इस सम्बन्ध के तहत महिलाएँ अपने लिए तय मानकों की समझ बनाकर अपना जीवन गुज़ारती थीं। इस तरह किसी भी ऐतिहासिक क्षण में महिलाओं के सन्दर्भ में विमर्शों की बहुलता हो सकती है। ये विमर्श एक-दूसरे के साथ असमान लेकिन संवादीय सम्बन्ध के कारण निर्मित और पुनर्निमित हो सकते हैं। यहाँ एक ऐतिहासिक क्षण के रूप में (उपनिवेश-विरोधी) राष्ट्रीय आन्दोलन पर ध्यान केन्द्रित किया गया है। दरअसल, महिलाओं से सम्बन्धित विमर्शों की बहुलता शक्ति सम्बन्धों और सामाजिक-आर्थिक शक्तियों के बीच एक सन्तुलन प्रदर्शित करती है। यह सन्तुलन एक ऐसी मानकीय रूपरेखा उपलब्ध कराती है, जिसमें नारीत्व (वीमेनहुड) की अवधारणाएँ शामिल होती हैं। इस तरह, हम यह भी देख सकते हैं कि (आदर्श) सामाजिक और राजनीतिक शक्तियों तथा विचारधारात्मक सूत्रीकरणों के समूह में महिला और नारीत्व के विचार का अस्तित्व होता है। यह विचार राष्ट्रीय और धार्मिक पहचान के साथ-ही-साथ पुरुष पहचान, समुदाय और बन्धुता से भी मजबूती से जुड़ा होता है। अगले भाग में हम इस बात पर विचार करेंगे कि किस तरह राष्ट्रवाद का इतिहास मोटे तौर पर पुरुष आकांक्षाओं का इतिहास रहा है, जिसमें महिलाओं का लगातार बहिष्करण हुआ है।

राष्ट्रवाद : जेण्डर-अंधता का इतिहास?

अर्नेस्ट गेलनर यह मानते हैं कि जहाँ पर राष्ट्रों का अस्तित्व नहीं होता है, वहाँ भी राष्ट्रवाद उनका आविष्कार करता है (गेलनर 1964; 1983)। बेनेडिक्ट एण्डरसन आविष्कृत राष्ट्रों को भ्रांति मानने से बचते हैं। इनका कहना है कि राष्ट्र स्वाभाविक नहीं बल्कि काल्पनिक समुदाय हैं, जिनका वास्तविक अस्तित्व होता है (एण्डरसन 1991)। एन मैक्लिनटॉक का यह मानना है कि राष्ट्रवाद के विचार की उत्पत्ति, उत्पादकता और विश्वसनीयता के बारे में वाद-विवाद हो सकता है। लेकिन इसमें कोई संदेह नहीं है कि यह ऐसे सामाजिक विरोधों के माध्यम से रैडिकल तरीक़े से लोगों की पहचान निर्मित करता है, जो आमतौर पर हिंसक और हमेशा ही जेण्डर-आधारित होती हैं (मैक्लिनटॉक 1993, 61)। उनके अनुसार, राष्ट्रवाद की आविष्कृत प्रकृति को बड़े पैमाने पर सैद्धान्तिक मान्यता मिली है, लेकिन राष्ट्रीय परिकल्पना (नैशनल इमेजिनरी) के जेण्डर-आधारित होने के बावजूद इसके जेण्डरीकरण के बारे में काफ़ी कम अध्ययन हुआ है। अमूमन महिलाओं को राष्ट्र का प्रतीकात्मक धारक माना गया है, किन्तु राष्ट्रीय एजेंसी या नागरिकता से इनके किसी सीधे सम्बन्ध को नकारा गया है। राष्ट्रीय व्यवस्था में महिलाओं को राष्ट्रीय सम्मान के प्रतीक, राष्ट्र के सत्त्व, और विभेद रेखांकित करने वाले तत्त्व के रूप में शामिल किया गया है। या फिर इन्हें राष्ट्रों के बीच लाक्षणिक (मेटॉफारिकल) सीमा और इस तरह पुरुषों की शक्ति के रूप में स्थान दिया गया है। एकता का विचार हर तरह के राष्ट्रवाद के लिए एक विचारधारात्मक आधार का काम करता रहा है। ऐतिहासिक रूप से यह एकता विभेद (प्रमुख रूप से जेण्डर) के स्वीकृत संस्थानीकरण का पर्याय रही है। इस सन्दर्भ में एक अहम हस्तक्षेप करते हुए नीरा युवाल-डेविस और फ्लोया एंथियास ने यह बताया कि महिलाएँ पाँच तरह से राष्ट्रवाद में शामिल की गयी हैं : पहला, राष्ट्रीय सामूहिकताओं के सदस्यों की *जैविक प्रजननकर्त्ता* के रूप में; दूसरा, राष्ट्रीय समूहों की सीमाओं के पुनरुत्पादक के रूप में (सेक्शुअल या वैवाहिक सम्बन्धों पर पाबन्दी द्वारा); तीसरा, राष्ट्रीय संस्कृति की सक्रिय सम्प्रेषक (ट्रांसमीटर) और उत्पादक के रूप में; चौथा, राष्ट्रीय विभेद को रेखांकित करने वाले और पाँचवाँ, राष्ट्रीय संघर्षों में भागीदारी करने वाले समूह के रूप में।[2]

हालाँकि राष्ट्र और राष्ट्रवाद से सम्बन्धित प्रभुत्वशाली और प्रमुख कामों में शायद ही कभी इस बात की पड़ताल की गयी है कि राष्ट्रवाद किस तरह जेण्डर शक्ति में सलंग्न है। जैसा कि सिंथिया एनलो ने टिप्पणी की है कि 'राष्ट्रवाद से जुड़े सैद्धान्तिक सूत्रीकरण बुनियादी रूप से मरदाना याद, मरदाना अवमानना और मरदाना उम्मीद से पैदा हुए हैं' (एनलो 1989, 44)। सिर्फ़ राष्ट्र की उम्मीदों का

जुड़ाव पुरुषों की निराशा और आकांक्षाओं से नहीं रहा है बल्कि राष्ट्रीय शक्ति का प्रतिनिधित्व भी जेण्डर विभेद के निर्माण पर निर्भर रहा है। अधिकांश अनुसंधानों में राष्ट्रीय एजेंसी को पुरुष के रूप में निर्मित किया गया है। इसलिए गेलनर यह मानते हैं कि राष्ट्रत्व (नेशनहुड) की परिभाषा ही इस बात पर आधारित है कि पहचान और बन्धुता की पुरुषवादी मान्यता क्या है : 'पुरुष तभी एक राष्ट्र के होते हैं, यदि वे इस बात को मान्यता देते हैं कि वे एक ही राष्ट्र से जुड़े हुए हैं' (गेलनर 1964)। फ्रैंज फेनॉ के लिए उपनिवेश करने वाला और उपनिवेश बनने वाला–दोनों ही पुरुष हैं। वे राष्ट्र को पारिवारिक और घरेलू स्थान के प्रतीक के तौर पर देखते हैं। वे इससे सम्बन्धित विवाद के माध्यम से राष्ट्र की अवधारणा प्रस्तुत करते हैं। विऔपनिवेशीकरण का संघर्ष (नारीकृत-फेमिनाइज़्ड) घरेलू शरीर/स्थान पर होता है, जो स्वामित्व, विनिमय और संघर्ष के बीच एक मालिकाना सम्बन्ध प्रदर्शित करता है : देशज लोग उपनिवेशिकों की बस्तियों की ओर वासना भरी नज़रों से देखते हैं...ये उपनिवेशी लोगों के टेबल पर बैठना चाहते हैं, उनके बिस्तरों पर, और यदि मुमकिन हो तो, उनकी पत्नी के साथ सोना चाहते हैं' (फेनॉ 1967, 30)। फेनॉ *अल्जीरिया अनवेल्ड* में यह बताते हैं कि किस तरह साम्राज्यवादी हस्तक्षेप घरेलू बचाव के नाटक का एक स्वरूप था : क़ब्ज़ा करने वाले उपनिवेशक, अल्जीरियाई लोगों के पारिवारीक जीवन के हर पहलू पर कई तरह के फ़ैसले थोप देते हैं...इस तरह वे अल्जीरियाई लोगों को एक तरह के अपराध-बोध में क़ैद करने की कोशिश करते हैं' (फेनॉ 1965, 38)। औपनिवेशिक अधिकारी 'अल्जीरियाई समाज पर सम्पूर्ण क़ब्ज़ा करने के सपने से ग्रस्त रहते हैं। इस सपने को पूरा करने की कोशिश में वे अल्जीरियाई समाज का घरेलूकरण करते हैं। इस प्रकार अल्जीरिया के ऊपर संघर्ष एक महिला शरीरत के ऊपर पूर्ण नियन्त्रण के संघर्ष में तब्दील हो जाता है' (मैक्लिनटॉक 1963, 65)।

राष्ट्रीय पहचान की निर्मिति पुरुष सत्ता के आधार पर हुई। इसमें पैतृक-सम्पति पर गर्व करने का पहलू भी जुड़ा हुआ था। साथ ही, यह नस्ल अर्थात् गोरे लोगों की पैतृक सम्पति की अवधारणा से भी सम्बद्ध था। नस्ल की अवधारणा के साथ ही इसने तक़रीबन अनिवार्य रूप से (पुरुष) हिंसा के माध्यम का सहारा लिया, और (नारीकृत–फेमिनाइज़्ड) उपनिवेशिक भूमि पर अपना दावा पेश किया। कैथरीन नैश ने यह दिखाया है कि बीसवीं सदी के आरम्भ में 'मरदाना' औपनिवेशिक शक्ति के ख़िलाफ़ संघर्ष में आयरलैण्ड राष्ट्र के भू-दृश्यों को नारीकृत रूप में प्रस्तुत किया गया (नैश 1993)। इसी तरह एन मैक्लिनटॉक के मुताबिक़ अफ्रीकानेर राष्ट्रवाद साम्राज्यवादी गोरे पुरुषों की जीत की ही कहानी है। यह 'ख़ाली' और 'वर्जिन' भूमि में (अफ्रीकानेर) उनकी

'साम्राज्यवादी यात्रा' का वर्णन है। इसमें यह माना गया है कि साम्राज्यवादी यात्रा के कारण ये क्षेत्र भविष्य में अनिवार्यतः (पश्चिमी) सभ्यता के मूल्यों की ओर बढ़ेंगे। हालाँकि यह नस्लीय और जेण्डरीकृत समय के सन्दर्भ में *अतीत की ओर यात्रा* को भी रेखांकित करता है। इसमें दावा किया गया कि (नस्ल और जेण्डर के सन्दर्भ में) यह क्षेत्र 'विकृत' अवस्था में है। विडम्बना की बात यह है कि सभ्यतामूलक समय में अतीत की ओर यात्रा भविष्य की ओर साम्राज्यवादी यात्रा को औचित्य भी प्रदान करती है। इस तरह, औपनिवेशिक वृतान्त में 'ख़ाली' और 'वर्जिन भूमि' का मिथक दो लक्ष्य पूरा करता है। जहाँ 'वर्जिन भूमि' यूरोपीय तर्कबुद्धि के बीजारोपण की ओर निष्क्रियता को रेखांकित करती है, वहीं इससे भू-क्षेत्रीय क़ब्ज़ा के लिए एक आश्वासन भी मिलता है। उपनिवेश की भूमि के 'वर्जिन' प्रतीक के तौर पर प्रयोग ने औपनिवेशिक मालिकाना अधिकारों को स्थापित किया। इसने यह भी सुनिश्चित किया कि अफ्रीकी अपने आदिवासी भू-क्षेत्रीय अधिकारों का दावा नहीं कर सकते हैं। इस तरह, गोरे लोगों की पैतृक-सम्पत्ति व्यवस्था (हिंसक) जीत और क़ब्ज़े द्वारा ही स्थापित हो सकती थी (मैक्लिनटॉक 1993, 69)।

ऊपर के वर्णन से यह स्पष्ट है कि औपनिवेशिक क़ब्ज़ा भौगोलिक स्थान पर भविष्य की ओर बढ़ने और नस्लीय तथा जेण्डरीकृत समय के सन्दर्भ में अतीत की ओर जाने की विरोधाभासी यात्रा को अभिव्यक्त करता है। टॉम नेयर्न जैसे सिद्धान्तकारों ने अपने समय के एक विरोधाभासी चरित्र के आधार पर राष्ट्र का वर्णन किया है (नेयर्न 1977)। नेयर्न यह मानते हैं कि राष्ट्र समय के एक विरोधाभासी चरित्र के तौर पर आकार ग्रहण करता है। इसका एक चेहरा धुँधले अतीत की ओर और दूसरा अनंत भविष्य की ओर देखता है। यह सामयिक विरोधाभास राष्ट्रवादी विचारधारा में साफ़ तौर पर सामने आता है। इसे स्पष्ट करते हुए डेनिज कैंडियोटी ने यह लिखा है कि यह ख़ुद को एक आधुनिक परियोजना के साथ-ही-साथ प्रामाणिक सांस्कृतिक मूल्यों के प्रतिबिम्ब के रूप में भी प्रस्तुत करता है। आधुनिक परियोजना के रूप में यह पारम्परिक जुड़ावों को नयी पहचानों में बदल देता है। इसी तरह, यह काल्पनिक सामुदायिक जुड़ावों को अतीत की गहराइयों से निकालकर प्रामाणिक सांस्कृतिक मूल्य के रूप प्रस्तुत करता है (कैंडियोटी 1992)। स्पष्टतः राष्ट्रवाद के भीतर यह कमी होती है कि इसमें अतीत की ओर झुकाव होता है और प्रगतिशील तरीक़े से भविष्य की ओर बढ़ने पर भी ज़ोर दिया जाता है। जेण्डर को एक स्वाभाविक विभाजन मानकर इस विरोधाभास को सुलझा दिया जाता है। इस तरह के विभाजन में महिलाओं को अतीत और राष्ट्रीय परम्परा के प्रामाणिक 'शरीर' के रूप में देखा जाता है। यह माना जाता है कि ये जड़, अतीत की

ओर देखने वाली और स्वाभाविक होती हैं। इस रूप में ये राष्ट्रवाद के रूढ़िवादी सिद्धान्त को धारण करती हैं, जो निरन्तरता और शाश्वतता पर बल देता है। इसके विपरीत, पुरुष राष्ट्रीय आधुनिकता के प्रगतिशील एजेंट का प्रतिनिधित्व करता है। यह भविष्य पर बल देता है तथा प्रबल और ऐतिहासिक होता है। इस रूप में यह राष्ट्रवाद के प्रगतिशील रूप या अनिरन्तरता तथा बदलाव के क्रान्तिकारी सिद्धान्त को धारण करता है। साफ़ है कि राष्ट्रवाद का अतीत और भविष्य के समय के साथ अनियमित सम्बन्ध होता है, जिसे जेण्डर के आधार पर सुलझाया जाता है। यह एक ऐसा विरोधाभास है जो अधिकांश राष्ट्रीय वृतान्तों के केन्द्र में निहित होता है।[3]

महिलाओं पर होने वाली शारीरिक हिंसा और ज़बरदस्ती गर्भाधान ने भी इस तथ्य की पुष्टि की है कि महिला का शरीर राष्ट्र और इसकी सीमाओं का रूपक बन गया। इसने सबसे वीभत्स तरीक़े से यह दिखाया कि कैसे बुनियादी रूप से राष्ट्रवाद जेण्डर-आधारित होते हैं। विभाजन के बाद पाकिस्तान और भारत के रूप में दो राष्ट्रों का जन्म हुआ। इसके बाद दोनों ने अपने विक्षिप्त लोगों, क़ैदियों और 'लड़कियों' की पुनःप्राप्ति शुरू कर दी। देश के बँटवारे पर काम करने वाली एक इतिहासकार अनीस क़िदवई के अनुसार, '[आज़ादी के बाद] भारत और पाकिस्तान की सरकारों के बीच यह सहमति हुई कि हर (अपहृत) लड़की (चाहे वह किसी भी समुदाय की हो) *बलपूर्वक बरामद की जानी चाहिए* और उसे उसके सगे-सम्बन्धियों को लौटाया जाना चाहिए; जब तक उसके सम्बन्धियों की खोज नहीं हो जाती, तब तक उसे (उसके देश की) सरकार के पास रखा जाएगा' (क़िदवई 1990, 151)।[4] अगले भाग में यह परीक्षण किया गया है कि किस प्रकार औपनिवेशिक शासन के अनुभवों और इसमें महिलाओं की संलग्नता और अन्तःक्रिया के कारण राष्ट्रवाद की विचारधारा सामने आयी।

उपनिवेशवाद, राष्ट्रवाद और विभेद का विमर्श

उपनिवेशक और देशज लोगों के बीच विभेद औपनिवेशिक विमर्श में औपनिवेशिक प्रभुत्व के वैधता का आधार बना। मसलन, जब किसी फ्रांसीसी या जर्मन विद्वान ने चीनी दिमाग़ को समझने की कोशिश की, तो उसने यह दिखाने का प्रयास किया कि चीनी दिमाग़ जर्मन या फ्रांसीसी दिमाग़ से कितना अलग है। विभेद के आधार पर इसका उपयोग एक ऐसी एकीकृत इकाई के निर्माण के लिए भी किया गया जो फ्रेंच, जर्मन या चीनी के रूप में वर्णित और परिभाषित किया जा सकता था। एडवर्ड सईद मानते हैं कि विभेद 'आविष्कृत सत्त्वों' और 'निर्मित वस्तुओं' के रूप में होते हैं, जिनका मक़सद शुद्धता और शाश्वतता क़ायम रखना होता है (सईद 1978, 91)। यह एक ऐसी स्थिति को सुनिश्चित करता

है, जिसे ट्रिन्ह मिन-हा ने 'पृथक् विकास' की संज्ञा दी है। इसमें एक शोषित समूह के साथ कुछ ख़ास प्राकृतिक विशेषताएँ जोड़ दी जाती हैं। इनकी मदद से, आगे चलकर इस समूह को इसकी तथाकथित प्रकृति और सत्त्व की सीमाओं के भीतर क़ैद कर दिया जाता है (मिन्ह-हा 1987)। एस. एच. आलतास ने अपनी किताब द *मिथ ऑफ़ द लेज़ी नैटिव* में यह समझने का प्रयास किया है कि किस तरह यूरोपीय उपनिवेशवाद ने 'आलसी देशज व्यक्ति' का सृजन किया। ऐसे व्यक्ति के बारे में यह माना जाता था कि यह सिर्फ़ सख़्त नियमों और अनुशासन के अधीन रखे जाने लायक़ है। इन्हें (आलसी देशज व्यक्ति) 'एक ऐसे बौद्धिक और नैतिक स्थिति में रखा गया, जिसमें संख्यात्मक रूप से ज़्यादा होने के बावजूद इनका राजनीतिक महत्त्व सोने के एक टुकड़े से ज़्यादा नहीं था।' इस देशज व्यक्ति के बारे में काफ़ी बातें कहीं गयीं, इसका विश्लेषण किया गया और इसे अपमानित किया गया, इससे काफ़ी काम करवाया गया। साथ ही, इसे ख़राब भोजन और अफीम खिलाया गया, उसके प्राकृतिक पर्यावरण से अलग किया गया और एक ख़ास तरह के विमर्श से घेरकर अधीनता की स्थिति में रखा गया (सईद 1990, 32)।

आलसी मूल निवासी के मिथक ने औपनिवेशिक शासन का प्रभुत्व स्थापित करने में महत्त्वपूर्ण भूमिका अदा की। यह प्रभुत्व पूरी तरह से शक्ति पर निर्भर था। रोनॉड इंडेन इण्डोलॉजी (प्राच्य-विज्ञान) की आलोचना करते हुए यह कहते हैं कि ज्ञानमीमांसा द्वारा तथ्यों का उत्पादन किया जाता है। यह इस पूर्वकल्पना पर आधारित होता है कि ज्ञान का एक प्रतिनिधिमूलक दृष्टिकोण होता है। यह ज्ञाता और ज्ञात के बीच एक पदसोपानीय (हायरार्कीकल) सम्बन्ध बनाता है और एक के ऊपर दूसरे को विशेषाधिकार देता है (इंडेन 1986, 401)। अपराधी जनजातियों और ख़तरनाक जातियों की श्रेणियों के निर्माण द्वारा प्रभुत्व और अनुशासन की एक पूरी रूपरेखा तैयार की गयी। शैल मायाराम और संजय निगम ने उन प्रक्रियाओं को स्पष्ट किया है जिनके माध्यम से गवर्नेंस (शासन) की समस्याओं से निपटने के लिए 'अपराधीकरण' की श्रेणी लागू की गयी। शैल मायाराम ने मेव जनसंख्या के अपराधीकरण का अध्ययन किया है। वे यह बताती हैं कि मेव लोग एक *मान्यता प्राप्त* 'अपराधी जनजाति' से क्षेत्रीय रूप से निकट थे। इस आधार पर व्यस्थित रूप से यह मिथक तैयार किया गया कि इनके भीतर भी 'अपराधी-प्रवृत्ति' होती है। इसके अलावा, क्षेत्रीय जुड़ाव के अलावा, इन दो समूहों के बीच ख़ून का सम्बन्ध भी प्रमाणित करने के लिए दरया ख़ान के मिथकीय कहानी का भी उपयोग किया गया। इसके माध्यम से यह साबित करने की कोशिश की गयी कि इन लोगों में वंशानुगत आधार पर 'अपराधी-प्रवृत्ति' होती है (मायाराम 1991)। संजय निगम ने 'एक औपनिवेशिक स्टीरियोटाइप

(रूढ़िबद्ध धारणा)' अर्थात् 'अपराधी जनजातियों और जातियों' का अध्ययन किया है। उन्होंने इसमें औपनिवेशिक भारत में 1871 के *क्रिमिनल ट्राइब्स ऐक्ट* XXVII का विस्तृत ऐतिहासिक अध्ययन किया है। उनके अनुसार, प्राच्यवादी और विक्टोरियाई विचारों के आधार पर अपराधी जनजातियों से सम्बन्धित ज्ञान का निर्माण किया गया। निगम यह तर्क पेश करते हैं कि स्टीरियोटाइप तैयार करना 'भारतीय समाज के लिए एक रूपक था'। इसके द्वारा न सिर्फ़ अपरिवर्तित अतीत में निहित गुणों को रेखांकित किया गया, बल्कि 'असामान्य' मूल निवासियों के बारे में भी बताया गया। यह कहा गया कि इन समूहों को औपनिवेशिक राज्य द्वारा अनुशासित और नियन्त्रित किये जाने की ज़रूरत है। *क्रिमिनल ट्राइब्स ऐक्ट* के अन्तर्गत जो अनुशासनात्मक व्यवस्था विकसित हुई, उसका सर्वोच्च लक्ष्य निगरानी और नियन्त्रण करना था (निगम 1987)।

औपनिवेशिक विमर्श द्वारा निर्मित स्थान में राष्ट्रवादी विमर्श उभरकर सामने आया, जिसने वर्चस्वशाली विमर्श के साथ विरोध और मिलीभगत का विशिष्ट लक्षण प्रदर्शित किया। राष्ट्रवादी विमर्श ने 'विभेद' को विरोध का लॉज़िक बनाया। इस प्रक्रिया द्वारा इसने औपनिवेशिक विमर्श की तरह ही 'विशिष्ट आत्म' (एक्सक्लूजिव सेल्फ) और 'बहिष्कृत अन्य' (एक्सक्लूडेड अदर्स) का सृजन किया (डोनॉल्डसन 1992, 10)। एडवर्ड सईद यह मानते हैं कि साम्राज्यवाद विरोधी संघर्षों में विभेद के आस-पास होने वाली गोलबन्दियों ने क्रान्तिकारी की 'प्रतिरोधी पहचान' तैयार की। यह पहचान एमी सीसेयर (1972) और डब्ल्यू.ई.बी. डुबॉय (1968) द्वारा बौद्धिक और काव्यात्मक रूप से विकसित 'नेग्रीट्युड' (अफ्रीकी मूल पर गर्व की भावना) की अवधारणा में सामने आयी। जहाँ अफ्रीकी मूल का होना दुर्दशा और हीनताबोध के रूप में देखा जाता था, वहीं अब इसे गर्व का स्रोत माना जाने लगा। काफ़ी हद तक इसी प्रकार भारत में भी देश लोगों द्वारा अपनी विशिष्टता पुनर्मूल्यांकन किया गया। यहाँ राष्ट्रवादी पुनर्खोज और 'सांस्कृतिक पुनर्प्राप्ति' के केन्द्र के रूप में दमित मूल निवासी सत्त्व का उभार हुआ। सम्प्रभु और उपनिवेशवाद की दमनकारी जकड़न से मुक्त 'विशिष्ट आत्म' (एक्सक्लूजिव सेल्फ) का निर्माण एक प्रतिरोधी (राष्ट्रीय) पहचान के दावे का आधार बन गया। इस तरह, राष्ट्रवाद ने देश की संस्कृति में अपनी सम्प्रभुत्ता का दावा प्रस्तुत किया। इसके बाद इसने एक राजनीतिक आन्दोलन के रूप में अपनी यात्रा आरम्भ की। यह ख़ुद को एक नये सार्वजनिक दायरे में लेकर आया, जिसका निर्माण आधुनिक (इस मामले में औपनिवेशिक) राज्य की प्रक्रियाओं और रूपों द्वारा हुआ था। आरम्भिक दौर में राष्ट्रवाद का काम यह था कि यह औपनिवेशिक मध्य वर्ग की अधीनता से उबरे अर्थात् राज्य के राजनीतिक क्षेत्र में 'औपनिवेशिक विभेद के नियम' को चुनौती दे। औपनिवेशिक राज्य उपनिवेशों में

आधुनिक राज्य का 'मानकीय रूप' लेकर आया, लेकिन यह कभी भी आधुनिक राज्य का सामान्यीकरण करने का मिशन पूरा करने में सक्षम नहीं हो सकता था। इसका कारण यह है कि औपनिवेशिक विभेद का नियम ही इसकी शक्ति का आधार-वाक्य था अर्थात् इसने शासक समूह के बाहरीपन को सुरक्षित रखा।[5] विशेष रूप से उन्नीसवीं सदी के दूसरे भाग में उपनिवेशों में आधुनिक राज्य की संस्थाओं का विस्तार हुआ। इसके साथ ही, शासक यूरोपीय समूहों ने इस बात को आवश्यक माना कि क़ानून निर्माण में, नौकरशाही में, न्याय के प्रशासन में और राज्य द्वारा सार्वजनिक मत के 'वैध' क्षेत्र को मान्यता देने में, शासक और शासित के बीच स्पष्ट विभेद हो।[6] यह एक रोचक बात है कि राष्ट्रवाद ने यह माँग की कि राज्य के दायरे के भीतर विभेद का कोई नियम नहीं होना चाहिए। लेकिन अपनी इस माँग पर बल देने के लिए इसने अपने औपनिवेशिक विभेद के चिह्नों पर बल दिया। इसलिए शासकों के साथ समानता उपनिवेश-विरोधी आन्दोलनों को एकजुट करने वाला सिद्धान्त था।[7]

विभेद के रूप में महिलाएँ और औपनिवेशिक परियोजना

औपनिवेशिक और राष्ट्रवादी विमर्शों में महिलाओं का वर्णन मुख्य रूप से वैमर्शिक निर्मितियों (डिस्कर्सिव कंसट्रक्शंस) और शक्ति के लिए संघर्ष स्थल के रूप में किया गया है। इन्हें ऐसी वस्तु के रूप में देखा गया जो शुद्धता, पारिवारिक जीवन और घर का प्रतीक होती हैं। औपनिवेशिक विमर्श में दो मुख्य तरीक़ों से महिलाओं का वर्णन किया जाता रहा है। पहला, ऐसी मेमसाहब के रूप में, जिसे उपनिवेशित पुरुषों के सम्भावित सेक्शुअल ख़तरे से बचाने की ज़रूरत है; और दूसरा, इसके ठीक विपरीत, सेक्स के लिए उपलब्ध उपनिवेशित महिला। आंग्ल-भारतीय कहानियों का अध्ययन करते हुए जेनी शार्प ने यह दिखाया है कि भारत में अंग्रेज़ी महिलाएँ औपनिवेशिक वैधता के व्यापक आख्यान का भाग थीं। देशज आदमियों की यह छवि बनाई गयी कि वे गोरी महिलाओं पर सेक्शुअल हमला करते हैं। यह छवि इस विचार को ध्यान में रखते हुए बनाई गयी कि औपनिवेशिक दौर सभ्यता और बर्बरता के बीच संघर्ष था। इसके द्वारा औपनिवेशिक मिशन के नैतिक और नस्लीय रूप से उच्चतर स्थिति की भी पुष्टि की गयी। साम्राज्यवाद की नैतिक अनिवार्यताओं को एक ऐसी 'देशज' महिलाओं की कल्पना द्वारा पूरा किया गया, जो पारम्परिक व्यवहारों की क्रूरता से अपनी रक्षा के लिए (निष्क्रिय रूप से) किसी मुक्तिदाता का इन्तज़ार करती है। सती के बारे में सरकारी विमर्श पर ध्यान देने से यह बात स्पष्ट रूप से सामने आती है कि औपनिवेशिक समाज में हस्तक्षेप का एक प्रमुख कारण यह बताया गया कि ऐसा करके ही क्रूर प्रथाओं से हिन्दू महिलाओं की रक्षा की जा सकती है।

भारतीय और ब्रिटिश महिलाओं की वैमर्शिक निर्मितियों में काफ़ी अन्तर था। ब्रिटेन की महिलाएँ अपने प्रभुत्वशाली नस्ल के कारण सापेक्षिक रूप से सशक्त थीं। दरअसल, मेमसाहब (अंग्रेज़ स्त्री) नस्ल के आधार पर तो प्रभुत्वशाली स्थिति में थी, लेकिन जेण्डर के आधार पर उसकी स्थिति अधीनता वाली ही थी। दरअसल, वह इन दोनों के बीच अनिश्चित और अस्थिर अवस्था में झूलती रहती थी। भारतीय महिला का अस्तित्व अंग्रेज़ स्त्री की 'सबॉल्टर्न छाया' के रूप में था। भारतीय महिलाओं को औपनिवेशिक 'निगरानी' में रहने वाले वस्तु की तरह समझा गया। इसे एक ऐसी पीड़िता के रूप में देखा गया, जिसे बचाने की आवश्यकता थी। यह बात सबसे ज़्यादा स्पष्ट रूप से सती विमर्श में सामने आयी। इस पूरे विमर्श में यह माना गया कि सती प्रथा की स्वीकृति का कारण यह है कि हिन्दू धर्म में महिलाओं की स्थिति काफ़ी ख़राब है। ये महिलाएँ निष्क्रिय हैं और बन्धुआ मज़दूर के तरह घरेलू काम करती रहती हैं।

सती से सम्बन्धित आधिकारिक या सरकारी विमर्श ने यह अवधारणा तैयार की कि हिन्दू औरतें दासता और निष्क्रियता की हालत में हैं। सरकार ने इस व्यवहार के सन्दर्भ में महिलाओं की इच्छा को कसौटी के रूप में इस्तेमाल किया। मजिस्ट्रेटों ने बहुत ध्यान से महिलाओं के सती होने की प्रक्रिया का अवलोकन किया। इसके द्वारा वे यह तय करते थे कि हिन्दू विधवा ने अपने मर्ज़ी से मौत को गले लगाया है या उसे ऐसा करने के लिए मजबूर किया गया है। हालाँकि महिलाओं की इच्छा तय करने की प्रक्रिया में उसकी अपनी सोच का कोई स्थान नहीं होता था, क्योंकि उसकी इच्छा दूसरे लोग व्यक्त करते थे। इसके अलावा, सरकारी रेकार्ड में ऐसी महिलाओं के वक्तव्य इस रूप में सामने आए जिससे एक नयी नैतिक व्यवस्था स्थापित करने की औपनिवेशिक अनिवार्यता की पुष्टि हुई। इसने अंग्रेज़ अधिकारियों को सभ्य बनाने वाला और बदलाव का एजेंट बनाया और देशज महिला को एक ऐसी वस्तु में तब्दील किया, जिसे बचाने की आवश्यकता थी। इस पूरी प्रक्रिया में उपनिवेशकर्त्ता की 'नज़र' एक स्तब्ध बाहरी व्यक्ति की थी। इसे पीड़िता से हमदर्दी थी, लेकिन उसने खुद को पीड़िता के साथ पूरी तरह नहीं जोड़ा, बल्कि वह उससे दूर खड़ा रहा। उपनिवेशकर्त्ता उपनिवेशित व्यक्ति से श्रेष्ठ था और वह नस्लीय और नैतिक रूप से उच्चतर होने की भावना से ग्रस्त था। दरअसल, उपनिवेशित महिला को एक पीड़िता तथा वस्तु में बदल दिया गया। इसकी हिफ़ाज़त के लिए नैतिक/नस्लीय रूप से उच्चतर गोरे मजिस्ट्रेट की आवश्यकता थी। इस पूरी प्रक्रिया ने उपनिवेशित महिला का असशक्तीकरण किया (मणि 1985, 107–27; 1989)। असशक्तीकरण की इस प्रक्रिया द्वारा परोक्ष तरीक़े से भारतीय पुरुषों के पुरुषत्वहीनता को भी बढ़ावा दिया गया। इसके साथ ही, इसने एक ऐसा हालात तैयार किया जिससे यह लगा

कि उपनिवेशित महिला की उपनिवेशकर्त्ता से कोई मिलीभगत है। ऐसा लगने लगा कि उपनिवेशित महिला अपने देशज पुरुषों से अपनी मुक्ति के मिशन में उपनिवेशकर्त्ताओं के कंधे-से-कंधा मिला संघर्ष कर रही हैं और 'गोरे पुरुषों ने भूरी महिलाओं को भूरे पुरुषों से बचा लिया।'[8]

अमेरीका में गृहयुद्ध के पहले के दासता सम्बन्धी वृतान्तों में भी ऐसा ही आयाम सामने आता है। उन्मूलनवादी साहित्य में काली महिलाओं (ब्लैक वीमेन) की प्रस्तुति से यह बात सामने आती है कि गृहयुद्ध के पहले दक्षिण में सेक्शुअलिटी की दो अलग-अलग लेकिन स्वतन्त्र संहिताएँ मौजूद थीं। इन संहिताओं ने गोरी और काली महिलाओं के लिए नारीत्व और मातृत्व की एक-दूसरे से विरोधी परिभाषाएँ पेश कीं, जिन्हें दास और मालकिन के चरित्र में शामिल किया गया। इसने ऐसी कसौटियों का वर्णन किया जिसके आधार पर महिलाओं को मापा जा सकता था और यह घोषित किया जा सकता था कि वे महिला हैं या नहीं। इस विचारधारा का प्रभुत्व क़ायम हो गया कि 'सच्चा नारीत्व' ही महिलाओं के अस्तित्व का मूल मक़सद है। इसके आधार पर पत्नीत्व और मातृत्व का महिमामंडन किया गया। साथ ही, यह कहा गया कि चारित्रिक शुद्धता गोरी महिलाओं का सबसे श्रेष्ठ गुण है। महिला दास को पीड़ित से लेकर सहयोगी तक कई तरह से प्रस्तुत किया गया है। काली महिलाओं को अत्यधिक सेक्शुअल माना गया और यह कहा गया है कि गोरे पुरुष इन महिलाओं की सेक्शुअलिटी का शिकार हुए हैं। काली महिलाओं के साथ हुए बलात्कार को सहमति से हुई घटना के तौर पर देखने की प्रवृत्ति भी रही है। काले दास पुरुषों से सम्बन्धी लेखन में यह चित्रण किया गया कि किस प्रकार माताएँ, बहनें और बेटियाँ क्रूरता और सेक्शुअल अपमान का शिकार हुईं। हालाँकि ऐसे लेखन में महिलाओं पर यह आरोप लगाया गया है कि उनकी कमज़ोरी की वजह से काले पुरुषों को पुरुष रक्षक की हैसियत से वंचित होना पड़ा है (कार्बी 1987, 20-43)।

जैसा कि पहले उल्लेख किया गया है कि स्त्री की छवि राष्ट्रवादियों और उपनिवेशवादियों- दोनों के लिए अपनी इच्छा के अनुरूप पहचान का निर्माण करने हेतु महत्त्वपूर्ण थी। औपनिवेशिक ग्रन्थों में महिलाओं को पुरुषों की निगरानी या पुरुषों की सुरक्षा में रहने वाली वस्तुओं के रूप में प्रस्तुत किया गया। इसने औपनिवेशिक दौर में पुरुषवादी राष्ट्रीय पहचान के निर्माण की प्रक्रिया में मुख्य भूमिका अदा की। उपनिवेशवाद ने उपनिवेशक के आक्रामक पुरुषत्व पर बल दिया। उपनिवेशी पुरुष नस्लीय रूप से सर्वोच्च था और उपनिवेशितों को सभ्य बनाने के मिशन में तल्लीन था। पुरुषवादी राष्ट्रीय पहचान के निर्माण के साथ यह विरोधाभासी बात जुड़ी थी कि यह उपनिवेशवाद में महिलाओं को सम्मिलित करने के साथ-साथ उन्हें बाहर करने पर भी निर्भर थी (मिल्स 1991)। बहरहाल,

औपनिवेशिक उद्यम में गोरी महिलाओं की भूमिका के चित्रण में उनका इस उद्यम से जुड़ाव और इससे प्रतिरोध को प्रस्तुत किया गया (चौधुरी और स्ट्रॉबेल 1992)। गोरी महिलाओं की छवि या तो उपनिवेशकर्त्ताओं से पीड़िता की रही या फिर उनके सहभागी की। इसमें कोई संदेह नहीं है कि इन दोनों ही स्थितियों से मेट्रोपॉलिटन लोगों के बीच औपनिवेशिक परियोजना को वैधता हासिल करने में मदद मिली। 1980 के दशक में साम्राज्य पर असंख्य फ़िल्में बनीं, जिसे एक तरह से 'राज के पुनःउभार' के तौर पर देखा गया। इन सभी फ़िल्मों में काफ़ी बड़ी मात्रा में पुरुषों के प्रभुत्व वाले सार्वजनिक स्थानों पर गोरी महिलाओं का चित्रण किया गया था।[9] हाल में कई ऐसे शोध सामने आए हैं जिन्होंने इस रूपरेखा के भीतर विचार किया है। इनमें भी यह रेखांकित किया गया है कि औपनिवेशिक विमर्श में मौजूद रोमांटिक रूपरेखा से आगे जाकर पश्चिमी महिला और साम्राज्यवाद से उनके सम्बन्ध का अध्ययन करने की आवश्यकता है।[10] इन अनुसंधानों में यह दिखाया गया है कि महिलाएँ केवल पितृसत्ता का शिकार ही नहीं रही हैं, बल्कि उनकी इससे साँठ-गाँठ भी रही है। अमूमन उन्होंने इसका प्रतिरोध भी किया है और इससे गुज़रते हुए अपना अस्तित्व क़ायम रखने में कामयाब भी रही हैं। भारत में इल्बर्ट बिल विवाद यह दिखाता है कि किस तरह इस विवाद से जुड़े नस्लीय टकराव में जेण्डर ने महत्त्वपूर्ण भूमिका निभाई।[11] यद्यपि इस बिल में महिलाओं का कोई उल्लेख नहीं किया गया था, लेकिन गोरी महिलाओं ने भी इसकी तीखी ओलाचना की थी। उन्होंने इस बिल पर इतना ज़बरदस्त विवाद खड़ा किया 'जितना अब तक इतिहास में किसी दूसरे मुद्दे पर नहीं हुआ था'। इससे मजबूर होकर वायसराय की कौंसिल के एक सदस्य ने यह टिप्पणी की कि महिलाएँ 'पुरुषों की तुलना में ज़्यादा अतार्किक और सक्रिय तरीक़े से विरोध करती हैं।' दरअसल, देशज प्रेस में यह विचार व्यक्त किया गया कि महिलाओं ने खुद को 'एंग्लो इण्डियनों के प्रति वासना रखने वाले कैलिबन्स' के अधिकार-क्षेत्र में डालने का विरोध किया है। आख़िरकार इनके विरोध के कारण ही बिल निरस्त हो गया। बिल का विरोध करते समय गोरी महिलाओं ने इस विचारधारा को ही अभिव्यक्त किया था कि वे उपनिवेशित जनसंख्या से नस्लीय और सांस्कृतिक रूप से उच्चतर हैं। इस सन्दर्भ में उपनिवेशित महिलाओं के हालात का भी उल्लेख किया गया और यह कहा गया कि उनकी अज्ञानता और अवनति देशज संस्कृति की शक्तिहीनता का प्रमाण है। साथ ही, इस बात पर भी ज़ोर दिया गया कि देशज न्यायाधीश तार्किक निर्णय लेने में असमर्थ होते हैं (सिन्हा 1992)।

बहुत से सामाजिक इतिहासकारों ने यह विचार व्यक्त किया कि गोरी महिलाएँ गोरे पुरुषों के उपसमूह की तरह होती हैं। उनके अनुसार, वे या तो

पुरुष के प्रभुत्व में खो जाती हैं या फिर औपनिवेशिक मिशन में मजबूत और समान सहयोगी के रूप में स्थान पाती हैं। लेकिन औपनिवेशिक परियोजना में गोरी महिलाओं की विशिष्टता की उपेक्षा करने के कारण इस मान्यता पर सवाल खड़ा किया जाता रहा है। साम्राज्यवाद और पितृसत्ता के प्रतिच्छेदन (इंटरसेक्शन) में 'नयी साम्राज्यीय महिला' का उभार हुआ, जो निजी और सार्वजनिक के बीच विचारधारात्मक अन्तर के दरार या पृथक्ता को रेखांकित करती थी। औपनिवेशिक भारत में नयी साम्राज्यीय महिला के एक अध्ययन में यह स्पष्ट किया गया है कि आंग्ल-भारतीय (एंग्लो-इण्डियन्स) घरेलू दायरे को इसलिए सार्वजनिक बनाया गया क्योंकि वे अपने घर के दायरे में रहते थे। यह एक ऐसा स्थान था, जो उन्हें उनके द्वारा शासित भारतीयों से अलग करता था। घरेलू दायरे को सार्वजनिक बनाने का एक कारण यह भी था कि गवर्नेंस (शासन) का सार्वजनिक दायरा घरेलू व्यवस्था के निजी स्थान और इसके सामाजिक व्यवहारों तक जाता था; इस तरह यह गृह राष्ट्र और इसके प्रति व्यक्ति के कर्त्तव्य पर बल देता था। फलस्वरूप घरेलू व्यवस्था एक सार्वजनिक फोरम बन गयी, जिसकी जीवनशैली और नीतियाँ सार्वजनिक हो गयीं, और पत्नियों को औपनिवेशिक प्रशासन से अलग नहीं किया गया। असल में, पृथक् दायरों की विचारधारा के बावजूद सार्वजनिक और निजी के बीच की पृथक्ता को घरेलू व्यवस्था में अप्रासंगिक बना दिया गया। इसके माध्यम से अंग्रेज़ी सभ्यता की अवधारणा स्थापित करने और इसकी सर्वोच्चता प्रदर्शित करने का लक्ष्य हासिल करने का प्रयास किया गया। इस सन्दर्भ में आंग्ल-भारतीय समुदाय की 'प्रसिद्ध मेजबानी', नृत्य, रात्रि-भोज, अक्सर लोगों को आमन्त्रित करना, भारतीय नौकरों के साथ मेमसाहिब का सम्बन्ध, शासन के साथ-ही साथ दरबार में निभाये जाने वाले कर्मकांड बन गये थे। वास्तव में, भारत के शासक वर्ग के रूप में आंग्ल-भारतीय समुदाय और इंग्लैण्ड में मध्य वर्ग की प्रभुत्वशाली विचारधाराओं के बीच टकराव की स्थिति थी। इंग्लैण्ड में महिलाओं को मताधिकार देने सम्बन्धी आन्दोलन में यह टकराव विशेष रूप से सामने आया। औपनिवेशिक प्रशासन के व्यवहारों और घरेलू व्यवहारों से सम्बन्धित आंग्ल-भारतीय लेखकों द्वारा साम्राज्यवाद को घरेलू मामलों के केन्द्र में रखा गया; वहीं महिलाओं को मताधिकार देने के सख़्त विरोधियों में से एक वायसराय कर्जन ने इस बात की तरफ़दारी की कि औपनिवेशिक सन्दर्भ में निजी और सार्वजनिक दायरों के बीच पृथक्ता होनी चाहिए (सेन्सबुरी 1995)।

साम्राज्य में गोरी महिलाओं को एक विशिष्ट सामाजिक-सांस्कृतिक और राजनीतिक स्थान दिया गया था। उदाहरण के तौर पर, 1857 के 'विद्रोह' के तात्कालिक सन्दर्भ में भारत में औपनिवेशिक स्थान का उभार हुआ। इसमें अंग्रेज मेमसाहिबों की बेचैनियाँ और सेक्शुअल ख़तरे का डर भरा हुआ था। 1857 की

'नस्लीय यादों' ने इस डर को क़ायम रखा, जिसमें 'गोरी महिलाओं के साथ बलात्कार के अतिरंजित मिथक' ने ख़ास भूमिका अदा की। इसके साथ ही, इंग्लैण्ड के मेट्रोपॉलिटन राज्य की विस्तृत शाखा के रूप में औपनिवेशिक राज्य का विकास हुआ। इसने देशज सभ्यता के दूषित करने वाले प्रभावों के बीच 'अंग्रेज़ी' सभ्यता और संस्कृति की 'पुनर्प्रस्तुति' और सुरक्षा की ज़िम्मेदारी ली। ग़ौरतलब है कि दोनों ही तरह के वृतान्तों में गोरी महिला का चरित्र 'शुद्ध अंग्रेज़ी नारीत्व' और आंग्ल-भारतीय पहचान के प्रतीक के रूप में सामने आया। गोरी महिला का यह चित्रण अपनी 'अंग्रेज़ी' पहचान और अपने चारों ओर फैले 'देशज' संस्कृति-दोनों से ही अन्त:क्रिया करता था, लेकिन यह उनसे अलग भी था। हालाँकि इस पहचान के निर्माण में नस्ल और वर्ग पर आधारित बहुत से बहिष्करणों ने महत्त्वपूर्ण भूमिका अदा की। साथ ही, यह पहचान औपनिवेशिक शासन की अनिवार्यताओं से सामने आने वाली महिलाओं की भूमिका के विरोधाभासों और द्वैधताओं से जुड़ी हुई थी। इसलिए यह अचरज की बात नहीं है कि इस दौर के लेखन में मेमसाहिबों को 'देशज' महिलाओं से दूर रखा गया। इसके साथ ही, उन्हें ऐसे 'महिला मिशनरियों' से भी दूर रखा गया, जिन्होंने 'साम्राज्यीय पृथक्ता' की सीमाओं को पार किया। इसके अलावा, इसमें मेमसाहिबों को निम्न वर्ग की अंग्रेज़ी महिलाओं से भी दूर रखा गया, जिन्हें ग़ैर-अंग्रेज़ी आचरण में 'बैरक पत्नियों' की भी संज्ञा दी गयी। 1860 के दशक से एक 'स्व-नियन्त्रित' और 'पृथक् साम्राज्यीय जीवनशैली' को वरीयता दी जाने लगी। इसका मतलब सिर्फ़ यह नहीं था कि दूसरी प्रजाति से वैवाहिक सम्बन्ध बनाने के विचार को नकार दिया गया, बल्कि यह भी माना गया कि 'यूरेशिएन महिला'-संकर नस्ल की महिला नस्ल और वर्ग के औपनिवेशिक पदसोपानों को अस्थिर कर सकती है (सेन 2002)।

उपनिवेश-विरोधी आन्दोलन और महिलाओं के भागीदारी की रूपरेखा

सत्रहवीं और अठारहवीं सदी में अमेरीकी उपमहाद्वीप के तक़रीबन सभी क्षेत्रों के लिए उपनिवेशवाद एक अद्भुत अनुभव था। इसी प्रकार, एशिया और अफ़्रीका के देशों ने अठारहवीं, उन्नीसवीं तथा बीसवीं सदी के एक भाग में उपनिवेशवाद का सामना किया।[12] यह कई रूपों में सामने आया। यह एक ऐसे शोषक के रूप में सामने आया जिसने उपनिवेशित जनसंख्या के हर भाग को अपने भीतर समाहित किया। साथ ही, इसने अपना अस्तित्व क़ायम रखने के लिए स्थानीय प्रभुत्वशाली समूहों से मिलीभगत कर एक शक्तिशाली नेटवर्क भी बनाया। उपनिवेशित जनसंख्या ने विविध तरीक़ों से उपनिवेशवाद के बारे में अपनी प्रतिक्रिया दी। मसलन, उसने औपनिवेशिक प्राधिकार के आदेशों की उपेक्षा की, उसके साथ सहयोग किया

और उसके आदेशों का पालन किया या उसका प्रतिरोध किया। उपनिवेश-विरोधी आन्दोलनों में संघर्ष की एक व्यापक शृंखला सामने आयी। इन सारे संघर्षों ने एक साथ मिलकर खुद को राष्ट्रीय मुक्ति संघर्ष (संघर्षों) के रूप में अभिव्यक्त किया। इसमें लोगों की गरिमा को फिर से हासिल करने, राष्ट्र और लोकप्रिय सम्प्रभुत्ता तथा लोकतन्त्र की स्थापना पर बल दिया गया।

स्पष्टत: उपनिवेश-विरोधी आन्दोलन का एक विशिष्ट ऐतिहासिक सन्दर्भ था। इसमें मुक्तिकारी परिवर्तन से सम्बन्धित आन्दोलनों के बारे में कई महत्त्वपूर्ण भौतिक और विचारधारात्मक प्रश्न सामने आए। इस भाग में इस पहलू पर विचार किया गया है कि इन प्रश्नों और इनसे सम्बन्धित परिप्रेक्ष्यों के बारे में महिलाओं ने किस तरह प्रतिक्रिया दी तथा उन्होंने इन आन्दोलनों की प्रक्रिया और अन्तर्वस्तु में किस प्रकार योगदान दिया। इसके अलावा, इस भाग में यह परीक्षण भी किया गया है कि राष्ट्रीय मुक्ति संघर्षों के आगे बढ़ने के साथ ऐसे कौन से नारीवादी मुद्दे सामने आए, जिन्होंने महिलाओं के दिमाग़ को झकझोरा। यहाँ अध्ययन-पद्धति सम्बन्धी दो प्रस्तावों को स्पष्ट कर देना भी आवश्यक है। यहाँ हम सामंती, जाति, नव-औपनिवेशिक आदि जैसे अन्य शोषक सम्बन्धों पर आधारित शोषण की व्यवस्थाओं/संरचनाओं के ख़िलाफ़ चलने वाले संघर्षों पर अलग से ध्यान नहीं देंगे। इसके बजाय, हम उन आन्दोलनों पर ध्यान केन्द्रित करेंगे, जो औपनिवेशिक शासन के ख़िलाफ़ राष्ट्रीय मुक्ति के लिए चलाए गये। बहरहाल, यह अन्तर केवल राष्ट्रीय मुक्ति के मुद्दों के जाँच-पड़ताल के दायरे को सीमित करने और इसकी प्राथमिकता स्थापित करने का काम करता है। असल में, शोषण के सामंती, जाति आदि रूपों द्वारा अक्सर जो मुद्दे उठाए गये, वे राष्ट्रीय मुक्ति आन्दोलनों के व्यापक स्पेक्ट्रम से नज़दीकी रूप से जुड़े हुए थे। मसलन, समाज में महिलाओं की भूमिका और उनकी स्थिति या तथाकथित 'महिला प्रश्न' औपनिवेशिक राज्य और राष्ट्रवादी अभिजन के बीच चलने वाले टकराव से उलझा हुआ था। दूसरी ओर, दमनकारी प्रथाओं के ख़िलाफ़ महिलाओं के संघर्ष में ऐसी सामाजिक-आर्थिक और विचारधारात्मक शक्तियों पर भी ध्यान दिया गया, जिन्होंने महिलाओं की अधीनता बढ़ाने में योगदान दिया था। मसलन, ऐसोसिएशन ऑफ़ अफ्रीकन वीमेन फॉर रिसर्च ऐंड डिवलपमेंट (ए.ए.डब्ल्यू. ओ.आर.डी.) के एक बयान से यह पता चलता है कि महिलाओं के भीतर यह जागरूकता थी कि जननांग अंग-भंग (जेनाइटल म्युटिलेशन) को बढ़ावा देने वाली संरचनाओं और सामाजिक सम्बन्धों पर सवाल खड़े किये बग़ैर 'इसके विरुद्ध संघर्ष करना' निरर्थक है' (डेविस 1983, ii)।

दूसरा, उपनिवेश-विरोधी आन्दोलन में महिलाओं के संघर्ष की प्रकृति और इसके प्रभावों को समझने के लिए एक महत्त्वपूर्ण बात याद रखने की आवश्यकता

है। असल में, सार्वजनिक/राजनीतिक सन्दर्भ में औपनिवेशिक प्रभुत्व को चुनौती दी गयी और उसे नुक़सान का सामना करना पड़ा। लेकिन महिलाओं की भूमिका इस स्थान पर परिभाषित नहीं हुई। इसके बजाय, यह पारिवारिक स्थान में उनकी विशिष्ट नारी-सुलभ भूमिका से परिभाषित हुई थी। कई मरतबा, राष्ट्रीय मुक्ति आन्दोलनों में महिलाओं की भागीदारी या उनके योगदान को या तो पुरुषवादी इतिहास के दायरों में शामिल किया गया, या फिर उन्हें नर्स, रसोइया, शरणगाह या संदेशवाहक या 'निष्क्रिय प्रतिरोधकों' की 'सहायक' भूमिका दी गयी; या फिर राष्ट्रीय मुक्ति सेनाओं जैसे कुछ उदाहरणों में उन्हें गुरिल्ला लड़ाकूओं की भूमिका भी दी गयी। हक़ीक़त यह है कि महिलाओं का योगदान समझने के लिए हमें इसे 'नारी-सुलभ' योगदान के सन्दर्भ में देखने की प्रवृत्ति दूर करनी होगी। इसके स्थान पर, हमें उस तरीक़े को पुनर्परिभाषित करना होगा, जिसमें आम तौर पर, सार्वजनिक योगदान को ही सार्थक योगदान समझा जाता है। इसलिए यह रेखांकित करना ज़रूरी है कि उपनिवेश-विरोधी आन्दोलनों में महिलाओं के योगदान को सिर्फ़ उनकी भागीदारी की प्रकृति और सीमा के सन्दर्भ में ही नहीं समझना चाहिए। बल्कि, इन संघर्षों में 'महिलाओं की भूमिका', तथा तथाकथित 'महिला प्रश्न' को प्रभावित करने वाले विचारधारात्मक विरोधों पर भी ध्यान देना चाहिए। इसमें इस बात पर भी ग़ौर करना चाहिए कि इन विरोधों ने नारीवादी चेतना तथा संगठन और आन्दोलन में उभरते राष्ट्र-राज्य में महिलाओं की भूमिका की परिकल्पना को किस प्रकार प्रभावित किया। दूसरे शब्दों में, यह समझना महत्त्वपूर्ण है कि खुद महिलाएँ अपने संघर्षों की कैसे व्याख्या करती हैं। अर्थात् क्या वे यह मानती हैं कि उनका संघर्ष राष्ट्रीय मुक्ति के व्यापक अनुष्ठान की तरह ही औपनिवेशिक प्रभुत्व के ख़िलाफ़ था; या उनका संघर्ष बहुत से मोर्चों पर चल रहा था। अर्थात् वे दहेज, बलात्कार और जननांग अंग-भंग (जेनाइटल म्युटिलेशन) के ख़िलाफ़ संघर्ष कर रही थीं; या फिर दूसरे शब्दों में यह कहा जा सकता है कि उनका संघर्ष सामाजिक, क़ानूनी और राजनीतिक स्थितियों में अपनी अधीनता के ख़िलाफ़ चलने वाला बहु-संघर्ष था।

उपनिवेश-विरोधी राष्ट्रवाद औपनिवेशिक शासन के सन्दर्भ में सामने आया था। इसमें राष्ट्रत्व, राष्ट्रीय मुक्ति और आत्म-निर्णय के लिए संघर्ष की भावना शामिल थी। औपनिवेशिक शासन के व्यवहारों की बुनियाद में एक विमर्शिक रूपरेखा अन्तर्निहित थी, जिसने संरक्षण की एक ऐसी स्थिति तैयार की, जो हीन लोगों को शासन और सभ्य जीवन के नियम सिखाने के लिए आवश्यक था। यही इसके औचित्य का आधार भी था। उन्नीसवीं सदी के आख़िर में और बीसवीं सदी के आरम्भ में एशिया, अफ़्रीका और लैटिन अमेरीका के अधिकांश उपनिवेशों में औपनिवेशिक प्रभुत्व का प्रतिरोध करने के लिए जनांदोलनों का उभार

हुआ। आगे चलकर इन जनांदोलनों ने औपनिवेशिक प्रभुत्व को उखाड़ फेंकने को अपना सबसे प्रमुख लक्ष्य बना लिया। प्रभुत्व की गहरी संरचनाओं के विरुद्ध संघर्ष में समानता की प्रभुत्वशाली भाषा या मुहावरे का उभार हुआ, जिसने इन संघर्षों को अर्थ और ताक़त प्रदान किया। समानता में निम्नलिखित दोनों लक्ष्यों पर ध्यान दिया गया, (i) प्रभुत्व के विचारधारात्मक आयामों अर्थात् सभ्यतामूलक/जाति/नस्लीय सर्वोच्चता आदि का प्रतिरोध और (ii) शासन के व्यवहारों अर्थात् औपनिवेशिक/साम्राज्यीय, सामंती प्रभुत्व और शोषण में इसकी अभिव्यक्ति। उपनिवेश-विरोधी संघर्ष में उपनिवेशकर्त्ता के साथ समानता का दावा किया गया, जिसका तार्किक अर्थ था—औपनिवेशिक शासन की समाप्ति और उपनिवेशित लोगों के लिए राजनीतिक आज़ादी और सम्प्रभुत्ता का आश्वासन। विशेष रूप से एशिया और अफ्रीका के कुछ भागों में उपनिवेश-विरोधी आन्दोलनों का एक अन्य उल्लेखनीय तथ्य यह था कि उन्होंने समाजवाद के किसी-न-किसी रूप को अपनाया था। यह माना जाने लगा था कि उपनिवेशों में राजनीतिक अधीनता और ग़रीबी तथा यूरोप और उत्तरी अमेरीका में पूँजीवाद में बढ़ोतरी के बीच एक तरह का सम्बन्ध है। साम्राज्यीय पूँजी द्वारा होने वाले आर्थिक शोषण की समीक्षा उपनिवेशवाद की समीक्षा का एक अहम भाग बन गयी। इस समीक्षा ने एक ऐसी रूपरेखा उपलब्ध कराई, जिसमें पूँजीवाद द्वारा पैदा की जाने वाली विशिष्ट असमानताओं को समझा जा सकता था। इसके माध्यम से औपनिवेशिक शासन और प्रभुत्व को चुनौती भी दी जा सकती थी। इसके अलावा, इस आलोचना ने एक ऐसा विचारधारात्मक यन्त्र उपलब्ध कराया, जिसने मुक्तिकारी बदलाव के संघर्ष के कुछ आयाम तय किये। इसलिए एशिया और अफ्रीका के इन भागों में औद्योगिक मज़दूरों और किसानों ने पूँजीवादी और सामंतवादी शोषण का खुलकर विरोध किया। उन्होंने आर्थिक और सामाजिक समानता हासिल करने का संघर्ष चलाया, जो राष्ट्रवादी मुक्ति संघर्षों में सामाजिक न्याय और आर्थिक आज़ादी हासिल करने की व्यापक रूपरेखा से मिल गया।

इन संघर्षों के सन्दर्भ में ही दमन, प्रतिरोध और आज़ादी के मुद्दे सामने आए। इसमें यह विचार किया गया कि कौन सी अवधारणायें महिलाओं के दमन और मुक्ति को निर्मित करती हैं। साथ ही, इन संघर्षों के माध्यम से ही महिलाओं के अधिकारों की पहचान की गयी और उनके बारे में वाद-विवाद हुआ। उपनिवेश-विरोधी आन्दोलनों के भीतर ही महिलाओं के अधिकारों और नागरिकता के संगठित संघर्ष सामने आए। इनका राष्ट्रीय मुक्ति आंदोलन के साथ जुड़ाव और टकराव का सम्बन्ध था। महिलाओं की 'भागीदारी' और राष्ट्रवाद के साथ उनके सम्बन्धों की पहचान करने से पहले यह पूर्व-उल्लेखित बात याद करने की आवश्यकता है कि उपनिवेशवाद की तरह ही राष्ट्रवाद भी एक

पुरुषवादी परियोजना थी। इसमें पुरुष एजेंसी को प्राथमिकता दी गयी और महिला एजेंसी को सीमित किया गया। इस बात को वर्जिनिया वुल्फ़ से द्वितीय विश्व युद्ध के सम्बन्ध पूछे गये एक प्रश्न के माध्यम से ज़्यादा अच्छी तरह समझा जा सकता है। उनसे यह प्रश्न किया गया था कि वे युद्ध कैसे रोकेंगी? वुल्फ़ का उत्तर राष्ट्र से महिलाओं के सम्बन्धों की जटिलता को सामने लाता है। ऐतिहासिक रूप से महिलाएँ युद्ध आरम्भ करने सम्बन्धी फ़ैसलों से बाहर रही हैं (दरअसल, एक तरह से इनका किसी भी राजनीतिक फ़ैसले में कोई दख़ल नहीं रहा है)। इसलिए जिस महिला ने इस युद्ध को आरम्भ करने का फ़ैसला ही नहीं किया वह इस प्रश्न को किस तरह सम्बोधित करेगी। इसलिए, किसी भी महिला के लिए अबूझ प्रश्न है कि आख़िर एक 'बाहरी' के रूप में उसके लिए 'हमारे देश' का क्या मतलब है?

> इसके बारे में फ़ैसला करने के लिए वह यह विश्लेषण भी करेगी कि उसके लिए देशभक्ति का क्या अर्थ है। वह खुद को अपने सेक्स (लिंग) और अतीत में अपने वर्ग के बारे में बताएगी। वह खुद को यह सूचित करेगी कि वर्तमान में उसके अपने सेक्स और वर्ग के पास कितनी मात्रा में ज़मीन, सम्पदा और सम्पत्ति है। आख़िर इंग्लैण्ड का कितना भाग उससे जुड़ा हुआ है...। वह यह कहेगी कि 'हमारे देश ने इतिहास के एक बड़े हिस्से में मेरे साथ दास जैसा सलूक किया है; इसने मुझे शिक्षा या इस पर किसी तरह के अधिकार से वंचित किया है...दरअसल, एक औरत के रूप में मेरा अपना कोई देश नहीं है। एक औरत के रूप में मैं अपना कोई देश चाहती भी नहीं हूँ। एक औरत के रूप में पूरा विश्व मेरा देश है।' असल में, जब तर्कबुद्धि का प्रभाव होता है, तो भी कुछ हठीली भावनाएँ बची रह जाती हैं। एक चिराबेल के पेड़ पर कौवे के काँव-काँव से, सागर की धाराओं के स्पर्श से, नर्सरी के गीत गुनगुनाते इंग्लिश आवाज़ों से बच्चों के कानों में इंग्लैण्ड का थोड़ा प्यार पहुँचता रहता है। अपनी ऐसी ही शुद्ध भावना से, जो भले ही अतार्किक हो, वह इंग्लैण्ड तक सम्पूर्ण विश्व के लिए शान्ति और आज़ादी की इच्छा पहुँचाएगी।[13]

वुल्फ ने यहाँ उस महिला की दुविधा प्रस्तुत की है, जिसे अभी तक पूर्ण नागरिकता का अधिकार नहीं मिला था। इसके बावजूद, उससे यह कहा जाता था कि वह युद्ध के वक़्त राष्ट्रवादी लक्ष्यों का समर्थन करे। जब महिलाओं के साथ बराबरी का बरताव नहीं किया जाता था, तो वह राष्ट्रवादी कैसे हो सकती थीं? जब महिलाएँ अपने देश, लोगों और घर से प्यार करती थीं, तो वे राष्ट्रवादी कैसे नहीं हो सकती थीं (वेस्ट 1997, xi)। ठीक इसी तरह से, उपनिवेश-विरोधी आन्दोलनों में भी महिलाओं को राष्ट्र और नागरिकता के बीच, सीमित निष्क्रियता और सम्मिलित कार्रवाई के बीच अवस्थित करने की चेष्टा की गयी। इस तरह, महिलाओं और उपनिवेश-विरोधी आन्दोलनों से सम्बद्ध आलोचनात्मक चिन्तन

में पुरुष और औरतों को राष्ट्रवादी परियोजना में समायोजित करने के असमान तरीक़ों का विश्लेषण किया जाता है। इसमें भेदमूलक आधार पर आदमियों और औरतों का समावेशन करने वाले जेण्डरीकृत भूमिकाओं पर भी ध्यान दिया जाता है। साथ ही, इसमें यह परीक्षण भी किया जाता है कि वे उपनिवेश-विरोधी संघर्ष और राष्ट्रवादी राज्य से अपने सम्बन्धों को किस प्रकार परिभाषित करती हैं (युवाल-डेविस और एंथियास 1989, 7)।

उपनिवेश-विरोधी राष्ट्रवाद और महिला प्रश्न का निर्माण

पिछले भाग में हमने यह उल्लेख किया है कि उपनिवेश-विरोधी आन्दोलन राष्ट्रीय मुक्ति के आन्दोलनों तथा दमन की मौजूदा संरचनाओं के लोकतन्त्रीकरण के लिए चल रहे संघर्षों के साथ मिला हुआ था। इसलिए यदि किसी को उपनिवेश-विरोधी आन्दोलन की कुछ प्रमुख धाराओं को चुनना होगा, तो वह शायद तीन प्रमुख धाराओं की पहचान कर सकता है : (i) साम्राज्यवाद और विदेशी प्रभुत्व के विविध रूपों के ख़िलाफ़ विकसित हुआ प्रतिरोध, (ii) सामंतवाद, स्थानीय शोषक शासकों तथा पारम्परिक पितृसत्तात्मक और धार्मिक संरचनाओं के ख़िलाफ़ चलने वाला आन्दोलन, और (iii) पूँजीवादी शोषण के ख़िलाफ़ प्रतिरोध। इन धाराओं ने 'नारीत्व' और 'नारी की भूमिका' की अवधारणा को नया और अमूमन परस्पर-विरोधी आयाम प्रदान किया।

मोटे तौर पर, राष्ट्रवादी विमर्श के प्रभुत्वशाली पैराडाइम में 'महिला प्रश्न', वर्ग और एक राष्ट्रीय पहचान की मुद्दे से निर्मित हुआ। साथ ही, यह उपनिवेशकर्त्ता और राष्ट्रीय अभिजन के बीच मौजूद विरोधों में उलझा हुआ था। समाज सुधारक और राष्ट्रवादी यह चाहते थे कि वे शिक्षा व्यवस्था में सुधार के माध्यम से अपनी महिलाओं का 'आधुनिकीकरण' करें। इसके माध्यम से वे उपनिवेशकर्त्ताओं से अपनी समानता के दावे को ज़्यादा वजनदार बनाना चाहते थे। आधुनिकीकरण पैराडाइम के भीतर काम करते हुए इन समाज सुधारकों ने औपनिवेशिक राज्य के हस्तक्षेप की मदद से यह प्रयास किया कि वे महिलाओं को उनके 'असभ्य अतीत से मुक्ति दिलायें'। उन्होंने महिलाओं के ख़िलाफ़ होने वाली हिंसा के कुछ ऐसे क्षेत्रों की पहचान की, जिन्हें ख़त्म किये जाने की आवश्यकता थी। मसलन, भारत में सती, इजिप्ट और अल्जीरिया में पर्दा, बहुविवाह और एकांतता जैसी प्रथाएँ। हालाँकि सुधार के इन प्रयासों ने 'सामाजिक बुराइयाँ' ख़त्म करने का प्रयास किया, लेकिन इसमें समाज की मौजूदा संरचनाओं और इनमें महिलाओं की अधीनता की स्थिति की कोई मूलभूत आलोचना पेश नहीं की गयी। इसके बजाय, उन्होंने यह प्रयास किया कि सुधारों के माध्यम से सामाजिक संरचनाओं को स्थिर बनाया जाए। इसका अर्थ था परिवार में सुधार करना और इसके भीतर महिलाओं की

'समुचित' (अधीनस्थ) भूमिका को सुरक्षित बनाना। भारत में उपनिवेश-विरोधी आन्दोलन के सन्दर्भ में उन्नीसवीं सदी के आरम्भ और मध्य में सामाजिक सुधार के अधिकांश वाद-विवाद सामने आए। इनमें महिलाओं का सवाल ही मुख्य मुद्दा था। राजा राममोहन राय, ईश्वरचंद्र विद्यासागर, ज्योतिबा फुले, के. सी. सेन और महादेव गोबिन्द रानाडे जैसे समाज सुधारकों ने सती, बाल विवाह, और विधवाओं की स्थिति आदि जैसी प्रथाओं के विरुद्ध अभियान चलाया।[14] हालाँकि इसके साथ ही, उन्होंने सांस्कृतिक गर्व की भावना को पुनर्जीवित करने के लिए अपनी प्राचीन सभ्यताओं में भी आस्था दिखाई। इसलिए आमतौर पर सुधारकों ने सुदूर अतीत की सभ्यता को आदर्श रूप में प्रस्तुत किया और यह कहा कि उस वक़्त महिलाओं के पास जो आज़ादी थी, उसे फिर से हासिल करने की आवश्यकता है। इसलिए भारत में समाज सुधारकों ने लगातार वैदिक संस्कृति के स्वर्ण युग का उल्लेख किया। इसके बारे में यह माना गया कि इस समय पुरुषों और महिलाओं में समानता थी। इस सन्दर्भ में पौराणिक कथाओं की देवियों, योद्धा रानियों और प्रसिद्ध महिला ऐतिहासिक चरित्रों का उल्लेख करते हुए यह दिखाया गया कि भारत में महिलाओं को ऊँचा दर्जा देने की परम्परा रही है।[15]

दरअसल, उन्नीसवीं सदी के आरम्भ में भारतीय समाज सुधार के एजेंडे में तथाकथित महिला प्रश्न सामाजिक सम्बन्धों में महिलाओं की विशिष्ट स्थिति से ज़्यादा जुड़ा हुआ नहीं था। इसके बजाय, इसका ज़्यादा जुड़ाव औपनिवेशिक राज्य और इसके तथाकथित शासित लोगों की 'परम्परा' के बीच के राजनीतिक टकराव से था। जैसा कि लता मणि ने सती-दाह के अपने अध्ययन में दिखाया है, यह एक ऐसी परम्परा थी जो औपनिवेशिक विमर्श द्वारा भी उत्पन्न हुई थी (मणि 1985; 1989)। दरअसल, औपनिवेशिक विमर्श ने ही ब्राह्मणवादी धार्मिक ग्रन्थों के वर्चस्व की कल्पना करते हुए परम्परा को परिभाषित किया। इस परम्परा की आलोचना की जानी थी और इसमें सुधार किया जाना था। भारतीय राष्ट्रवाद ने औपनिवेशिक शासन के विरुद्ध एक राजनीतिक दृष्टिकोण रेखांकित करते हुए 'महिलाओं का प्रश्न' उठाया। उन्होंने इसे भारतीय परम्परा की समस्या के रूप में उठाया, जो पहले से ही इसके लिए निर्मित हुई थी (चटर्जी 1994, 119)।

हालाँकि ऐसा लगता है कि उन्नीसवीं सदी के आख़िरी वर्षों तक भारतीय परम्परा के मुद्दों से सम्बन्धित विवाद सार्वजनिक वाद-विवाद के एजेंडे से ग़ायब हो चुका था। यह कहा जा सकता है कि अब समाज में महिलाओं की स्थिति से सम्बन्धित सवाल पर उस तरह के सार्वजनिक जज़्बे का उभार नहीं होता था, जैसा कि कुछ दशक पहले हुआ करता था। अब आत्म-निर्णय और मुक्ति के सम्बन्ध में ऐसे मुद्दे सामने आने लगे जिन्हें स्पष्ट रूप से राजनीतिक माना जा सकता है। गुलाम मुर्शीद जैसे विद्वान यह मानते हैं कि बंगाल में उन्नीसवीं सदी

के मध्य में पश्चिमी विचारों और राष्ट्रवादी दौर के उभार के कारण महिलाओं के हालात को आधुनिक बनाने का प्रयास किया गया। अर्थात् वे यह मानते हैं कि उन्नीसवीं सदी के आख़िरी दौर से आधुनिकीकरण की प्रक्रिया पीछे की ओर गयी, या कम-से-कम अवरुद्ध हो गयी (मुर्शीद)। बहरहाल, सुमित सरकार जैसे अन्य विद्वान यह दलील देते हैं कि एक राष्ट्रवादी विचारधारा उदारवादी और समतावादी सामाजिक परिवर्तन के अभियान को आगे बढ़ाने में असमर्थ रही। लेकिन इसे पहले के रैडिकल, सुधारवादी चरण से पीछे जाने के तौर पर नहीं देखा जा सकता है। उनके मुताबिक़, ख़ुद समाज सुधारकों ने बहुत चुनिन्दा तरीक़े से यूरोप से उदारवादी विचारों को स्वीकार किया। सुमित सरकार यह मानते हैं कि उन्नीसवीं सदी के आरम्भ और मध्य के सुधार आन्दोलनों में सामाजिक अनुदारवाद के बुनियादी तत्त्व मौजूद थे। मसलन, इसमें जाति विभेद, परिवार में प्राधिकार के पितृसत्तात्मक रूप तथा शास्त्रों द्वारा थोपी गयी पाबन्दियों को स्वीकार किया गया। साथ ही, इसमें सामाजिक प्रथाओं में तात्त्विक बदलाव के बजाय प्रतीकात्मक बदलाव को वरीयता दी गयी (सरकार 1985)।

पार्थ चटर्जी ने राष्ट्रवादी ऐजेण्डे से महिलाओं के प्रश्न और सामाजिक बदलाव के मुद्दे के ग़ायब होने के बारे में एक अलग तरह की व्याख्या प्रस्तुत की है। चटर्जी यह तर्क देते हैं कि दरअसल, राष्ट्रवाद ने 'आधुनिक' समाज में महिलाओं की स्थिति से सम्बन्धित नयी सामाजिक और सांस्कृतिक समस्याओं का ऐसा हल उपलब्ध कराया। यह हल पश्चिम की सांस्कृतिक आधुनिकता के अनुभव से प्रत्यक्ष जुड़ाव पर नहीं बल्कि उससे विभेद पर आधारित था। चटर्जी के मुताबिक़ बीसवीं सदी के आख़िरी दशकों में महिलाओं के प्रश्न को तुलनात्मक रूप से ज़्यादा महत्त्व नहीं दिया। ऐसा नहीं था कि सुधार एजेंडा की जगह राजनीतिक संघर्ष के ज़्यादा तात्कालिक और भावनात्मक मुद्दों पर ध्यान दिया जाने लगा। असल में, महिलाओं के प्रश्न को सम्प्रभुत्ता के आन्तरिक क्षेत्र में स्थानान्तरित कर दिया गया, जो कि औपनिवेशिक राज्य के राजनीतिक विरोध के क्षेत्र से अलग था। राष्ट्रीय संस्कृति के इस आन्तरिक क्षेत्र में ही 'परम्परा'/ 'महिला' की पुनर्निर्मिति और पुनर्पुष्टि हुई (चटर्जी 1994, 117)।

पूरी दुनिया के उपनिवेश-विरोधी संघर्षों में राष्ट्रीय पुनर्खोज का बड़ा आधार यह था कि ऐसी विशिष्ट राष्ट्रीय पहचान का निर्माण किया जाए, जो जेण्डर पर आधारित विभेद को रेखांकित करे। उपनिवेशित विश्व के अधिकांश भाग में राष्ट्रवाद का उभार साम्राज्यवाद के ख़िलाफ़ प्रतिरोध के सिद्धान्त के रूप में हुआ। यह धार्मिक, सांस्कृतिक और अस्तित्त्ववाद सम्बन्धी पीड़ित पहचान की गहरी भावना से जुड़ा हुआ था। अमूमन यह ऐसे व्यवहारों पर दावेदारी के तौर पर सामने आया, जिन्हें उपनिवेशकर्त्ताओं ने सुधारने का प्रयास किया (सईद 1990)।

मसलन, 1920 के दशक में केन्या में ब्रिटिश मिशनरियों ने महिला ख़तना की परम्परा के ख़िलाफ़ सक्रिय अभियान चलाया। केन्या के लेखक न्गुगी वा थियांगो अपने उपन्यास द *रीवर बिटविन* में यह वर्णन किया है कि ब्रिटेन द्वारा केन्या में साम्राज्यवादी हस्तक्षेप ने उन लोगों के लिए दुविधा पैदा कर दी, जो समाज को भीतर से सुधारना चाहते थे। ब्रिटिश साम्राज्यवाद के विरुद्ध अपनी केन्यायी पहचान का दावा करते हुए केन्या की किकुयु जनजाति की महिलाओं ने ख़तना के माध्यम से अपने नारीत्व की माँग करनी शुरू कर दी। फ़ेनॉ ने अल्जीरिया में इससे जुड़े हुए एक मामले का उल्लेख किया है। वे बताते हैं कि अल्जीरिया में फ्रेंच प्रभुत्व के प्रतिरोध के प्रतीक के तौर पर वहाँ की महिलाओं ने 'फिर से पर्दा' अपनाया :

> अल्जीरिया में फ्रांसीसी प्रशासन के अधिकारी वहाँ के लोगों की मौलिकता नष्ट करना चाहते थे। उन्हें यह निर्देश मिला था कि वे किसी भी क़ीमत पर अस्तित्व के उन रूपों को विखण्डित करें जिनका प्रत्यक्ष या अप्रत्यक्ष तरीक़े से राष्ट्रीय यथार्थ उभारने के लिए इस्तेमाल किया जा सकता था। इन अधिकारियों ने पर्दा के अर्थ पर ध्यान केन्द्रित किया। इस स्तर पर उसे अल्जीरियाई महिलाओं की हैसियत के प्रतीक के तौर पर देखा गया। यह फ्रांसीसी प्रभुत्व के ख़िलाफ़ उनके प्रतिरोध का एक प्रतीक और व्यवहारिक साधन था (अलुला 1986, xiii)।

भारत में भी परम्परा की तक़रीबन इसी तरह से पुनर्खोज हुई। औपनिवेशिक ग्रन्थों ने धार्मिक परम्परा की पहचान करते हुए भारत में महिलाओं के साथ होने वाले बरताव की निन्दा की। इस सन्दर्भ में अपनी प्रतिक्रिया के रूप में राष्ट्रवादियों ने कई परम्पराओं को सुधारते हुए एक राष्ट्रीय परम्परा निर्मित की और इसकी तरफ़दारी करने के लिए आधुनिकता का सहारा लिया। पार्थ चटर्जी यह मानते हैं कि राष्ट्रीय परम्परा की पुनर्खोज एक प्राचीन और निर्मल अतीत पर आधारित थी। यह राष्ट्रवादी कल्पना में सम्प्रभुत्ता की दावेदारी का सबसे शक्तिशाली और सृजनात्मक प्रभाव था, जो पश्चिम द्वारा उत्पन्न किये गये आधुनिकता के मॉडलों से अपने 'विभेद' पर आधारित था। सुधार के बाद सामने आयी राष्ट्रीय परम्परा की धारक 'नयी महिला' थी। यह एक ऐसी परिष्कृत महिला थी, जो अपनी वेशभूषा, आचरण और शिक्षा के मामले में 'सड़क छाप महिला' और 'पश्चिमी महिला'–दोनों से अलग थी।[16] वह अपने सांस्कृतिक परिष्करण और नैतिकता के कारण 'सड़क छाप महिला' से अलग थी। वहीं, पश्चिमी महिला से वह इस मायने में अलग थी कि उसकी शिक्षा का लक्ष्य घर के 'बाहर' के दायरे में आदमियों के साथ होड़ करते हुए समानता हासिल करना नहीं था। यह माना गया कि इसी कारण, वह अपना नारीगत सद्गुण बचाने में सफल रही। 'नयी महिला' अपने परिष्करण और अनुशासन के चलते (पश्चिमीकृत) भारतीय पुरुष

की आदर्श साथी थी। भौतिक क्षेत्र के भ्रष्ट करने वाले प्रभाव उसे छू तक नहीं पाए थे। इस तरह वह राष्ट्र की पवित्रता की धारक थी। राष्ट्रवाद ने एक नयी पितृसत्ता की वकालत की, जिसने महिलाओं पर नया सामाजिक दायित्व थोप दिया। साथ ही, उसने नारी मुक्ति के काम को सम्प्रभु राष्ट्रत्व के ऐतिहासिक लक्ष्य से जोड़ दिया। इस तरह, उसने महिलाओं को एक नयी अधीनता की स्थिति से बाँध दिया, जिसने राष्ट्र के मुहावरे द्वारा अपनी वैधता हासिल की (चटर्जी 1989ए; 1989बी; 1994ए)।

ग़ौरतलब है कि इस ऐतिहासिक चरण में महिला प्रश्न का उभरे नयी महिला के रूप में उसका हल सामने आया। यह हल मुख्य रूप से एक वर्ग आधारित सूत्रीकरण था। इसने इस बात की ओर संकेत किया कि सार्वजनिक दायरे में एक 'विभेदीकृत' दायरा होता है। 'नयी महिला' एक नये प्रकार के आर्थिक दायरे में मध्य वर्ग की महिलाओं के 'आंशिक उभार' के बारे में बताती है। इसके माध्यम से उन्होंने निजी दायरे के 'अनुशासन' द्वारा सिखाये गये आचरण की 'सीमाओं' को ज़्यादा लचीला बनया। स्पष्टत: इस दौर में पूँजीवादी विस्तार और औपनिवेशिक स्थितियों में निष्कर्षण के विशिष्ट रूप सामने आए। बड़ी संख्या में ग़रीब महिलाओं के लिए इसका अर्थ यह था कि खेतिहर श्रम का पारम्परिक 'सार्वजनिक' दायरा आधुनिक औद्योगीकृत क्षेत्र में बदल चुका था। हालाँकि ये महिलाएँ औद्योगिक क्षेत्र की उभरती श्रम-शक्ति में काफ़ी हद तक हाशिये पर आ गयीं थीं। इसका कारण यह था कि उनके पास औद्योगिक क्षेत्र के लिए आवश्यक दक्षता का अभाव था और काफ़ी हद तक सामाजिक और पारिवारिक स्थितियों ने भी उनकी गतिविधियों पर पाबन्दियाँ लगाईं थीं (बनर्जी 1989)। हालाँकि कई तरह की विचारधारात्मक पाबन्दियों के बावजूद विशेष रूप से टेक्सटाइल से जुड़े उद्योगों में वृद्धि हुई। इसके चलते उपनिवेशों में सस्ते महिला श्रम की माँग बढ़ी। चीन (सिल्क और उससे जुड़े उत्पाद), जापान (कपड़ा), ईरान (कारपेट), इजिप्ट (सूती कपड़ा), भारत (कपड़ा) और तुर्की (कालीन और कपड़ा) आदि देशों में ऐसा ही हुआ। इसी तरह, इन देशों में वृक्षारोपण या फसलों के रोपण (चाय, रबर, नारियल, चीनी आदि) वाले क्षेत्रों में तथा बड़े पैमाने पर होने वाली खेती और घरेलू खेती में भी महिला श्रमिकों की महत्त्वपूर्ण भूमिका रही। उल्लेखनीय है कि महिलाओं का प्रश्न राष्ट्रवादियों के लिए एक विशेष चिन्ता का विषय था। लेकिन उन्होंने ने भी कारखानों में महिलाओं के काम के हालात या उनके वेतन आदि जैसे मसलों पर ध्यान नहीं दिया (जयवरदेना 1982, 9)।

इसलिए, राष्ट्र की पुनर्खोज आदर्श हिन्दू महिला की छवि पर निर्भर थी। एक आदर्श भारतीय (हिन्दू) महिला के इर्द-गिर्द राष्ट्रीय पहचान का निर्माण किया

गया। इस पहचान के निर्माण में वर्ग, जाति और नस्ल के सन्दर्भ में होने वाले बहिष्करणों की एक पूरी श्रृंखला शामिल थी। इसमें विभेदों का 'समरूपीकरण' किया गया और सार्वजनिक पहचान का 'वर्चस्व स्थापित' (हेजेमोनाइजेशन) किया गया।[17] जैसा कि प्रभुत्व के सभी वर्चस्वशाली रूपों के साथ होता है, 'नयी महिला' के निर्माण के साथ जुड़ी 'नयी पितृसत्ता' का भी उभार हुआ। इसने दबाव डालने के परोक्ष ताक़त के साथ बल-प्रयोग का प्राधिकार भी हासिल कर लिया। यह सबसे स्पष्ट तरीक़े से पुरुषों और महिलाओं के बीच विचारधारात्मक रूप से उल्टे शक्ति सम्बन्ध के रूप में सामने आया। 'नयी पित्तृसत्ता' में महिलाएँ देवियों या माताओं के रूप में प्रस्तुत की गयीं (चटर्जी 1994, 130)। राष्ट्र के प्रतीक के तौर पर महिलाओं के नये निर्माण में नारीत्व का प्रभुत्वशाली चित्रण किया गया, जिसमें नारीत्व ने पौराणिक प्रेरक चरित्रों से अपनी सारी ताक़त हासिल की। इसी से इसने आत्म-बलिदान, परोपकार, भक्ति, धार्मिकता आदि आध्यात्मिक गुण ग्रहण किये। नयी महिला के विविध रूपों ने वर्तमान की अनिवार्य आवश्यकताओं के अनुसार 'शाश्वत' अतीत को लगातार नये सिरे से अपनाया। राष्ट्रवादी विमर्श में नारी का शरीर साम्राज्यवाद के प्रतिरोध के सर्वोच्च और यहाँ तक कि आख़िरी माध्यम के रूप में सामने आया। पहले यह उल्लेख किया गया है कि अल्जीरिया की महिलाओं ने फिर से पर्दा प्रथा अपनाया और केन्या की महिलाओं ने इस बात की पुरज़ोर तरफ़दारी की कि उनके शरीर पर उनका अपना मालिकाना हक़ है। इसी तरह, सुमित सरकार यह मानते हैं कि आरम्भिक राष्ट्रवादी विमर्श में सती पर जुनून की हद तक ध्यान दिया गया। अर्थात् इस बात पर बल दिया गया कि हिन्दू महिला को यह आज़ादी है कि वह खुद अपने अस्तित्व को ख़त्म कर दे। अपने शरीर पर इस स्वामित्व के माध्यम से उसने अपनी आज़ादी और राष्ट्रीय आज़ादी को सुरक्षित रखा। अक्सर गुप्त आन्तरिक निजी स्थान को पवित्रता के रूप में पेश किया गया। इसके तथा राज्य स्तर पर राजनीतिक आज़ादी के ब्रीच एक परोक्ष कॉन्टिन्यूम (सातन्य) की कल्पना की गयी। यह माना गया कि प्रतिगमन की निरन्तर प्रक्रिया के माध्यम से यह स्वतन्त्र स्वत्व (सेल्फ़हुड) सार्वजनिक क्षेत्र से घर के आन्तरिक स्थान में वापस आ जाता है। फिर, इसके बाद यह अनुलंघनीय, पवित्र, शुद्ध नारी शरीर की गुप्त गहराइयों में चला जाता है। गुप्त आभूषण की तरह स्वतन्त्रता को भी उस बाहरी वातावरण से अलग किया जा सकता था। स्वतन्त्रता उस गहने की तरह थी जो नारी के शरीर के केन्द्र में सुरक्षित/छिपी रहती थी (सरकार 1987, 2014)।

नारीत्व के आदर्श-प्रकार के सूत्रीकरण का समरूपी और वर्चस्व क़ायम करने वाला (हेज़ेमोनाइजिंग) विमर्श अन्य धाराओं के साथ उलझा हुआ था। इन्होंने ऐतिहासिक रूप से महिलाओं के सामने आने वाले विरोधाभासी उतार-चढ़ावों

और नियति को अभिव्यक्त किया। साथ ही, इन्होंने इससे जुड़ी दुविधाओं के सामने आने और उन्हें सुलझाने के तरीक़ों को भी अभिव्यक्त किया। इसलिए, उन्नीसवीं सदी का अधिकांश बंगाली साहित्य यह दिखाता है कि राष्ट्रीय कल्पना में महिला शब्द का उपयोग समय की अपेक्षाओं के अनुरूप हुआ है। इसमें स्त्रियों को आज़ादी के धारक, सर्वोच्च स्थान और यहाँ तक कि आख़िरी शरणस्थली के रूप में चित्रित किया जाता रहा है। फिर भी, इसमें छोटे-मोटे बदलाव के बारे में बताया जा सकता है। ख़ासतौर पर, राष्ट्रवादी विचारधारा में महिलाओं के पास नैतिक पहल करने की क्षमता थी। इसने जेण्डर सम्बन्धों की संरचना में एक तरह का दरार पैदा किया। महिलाओं को पुरुषों की मदद करने की भूमिका दी गयी थी। इसके चलते सार्वजनिक क्षेत्र में अधीनता की अवमानना के बावजूद वे अपनी नैतिक हैसियत क़ायम रख पाईं या उसे फिर से हासिल कर पाईं। दरअसल, यह परिवार के भीतर सत्ता सम्बन्धों के परोक्ष पुनर्व्यवस्था का प्रतिनिधित्व करता था। यहाँ तक कि देशभक्त और अपनी बलिदान देने वाली महिलाओं ने मोटे तौर पर अधिकांश राष्ट्रवादी साहित्यिक कल्पना का ही अनुकरण किया। इसमें विशेष तौर पर मातृत्व के सर्वव्यापी रूप को 'राष्ट्रीय' चरित्र प्रदान किया गया। यह इस सीमा तक हुआ कि यह माना गया कि माता का आवरण 'माताओं के सम्पूर्ण नस्ल'–*मायेर जाति* को शामिल करता है। इसने राष्ट्रीय पुनरुज्जीवन में महिलाओं की भागीदारी को उनका कर्त्तव्य माना (सरकार 1987)। हालाँकि निष्क्रिय पारिवारिकता की दुविधाएँ भी उभरकर सामने आयीं। जशोधरा बागची ने बंकिम के *आनन्द मठ* में शान्ति के चरित्र का परीक्षण किया है। इसमें उन्होंने उस दुविधा को उजागर किया है, जिसका सामना एक औरत को कार्रवाई करने की ऐतिहासिक स्थिति सामने आने पर करना पड़ता है। बागची उन ताक़तों की ओर ध्यान दिलाती हैं, जो महिलाओं को निष्क्रिय पारिवारिकता तक सीमित कर देती हैं। शान्ति द्वारा मातृभूमि की मुक्ति के लिए अपनी 'असामान्य ऊर्जा' और प्रभावकारी आत्म के प्रयोग के लिए यह आवश्यक था कि वह 'पारिवारिकता के बन्द स्थान' से अपना जुड़ाव तोड़ ले (बागची 1985)। वीरांगना या 'योद्धा नायिका' की छवि पहले की पत्नी-नायिकाओं (सीता और सावित्री) की छवि से अलग थी या मोटे तौर पर इसमें वैकल्पिक पैराडाइम के रूप में शक्तिशाली मातृ देवियों की छवियों की उपेक्षा की गयी थी। वीरांगना मॉडल के गुण (वीरता, पुरुष पहनावा, महिलाओं और पुरुषों का नेतृत्व) पहले के मॉडलों के आदर्श से अलग थे–अर्थात् एक मामले में निष्क्रियता और आत्म-निषेध तथा अन्य मामले में मातृत्व पर बल दिया गया। ख़ास बात यह है कि ये योद्धा नायिकाएँ (मसलन, रानी लक्ष्मीबाई, अहिल्याबाई होल्कर आदि) लकीर की फ़क़ीर नहीं थी। इन्होंने सती और जौहर जैसे पहले से चले आ रहे व्यवहारों को ख़ारिज किया। ये अपने

पैरों पर खड़ी हुईं और इन्होंने तब तक शासन किया, जब तक राजगद्दी का पुरुष वारिस वयस्क नहीं हो गया। ख़ास बात यह है कि यह माना गया कि इनके द्वारा पुरानी प्रथाओं का पालन न करने की भरपाई देशभक्ति और देशसेवा जैसे बड़े सद्गुणों से हो जाती है। इसलिए एक वीरांगना के सत् को सिर्फ़ एक पुरुष से पत्नी या विधवा के रूप में उसके सम्बन्धों के सन्दर्भ में ही निर्मित नहीं किया गया। इसके बजाय, इस सन्दर्भ में राष्ट्र से उसके सम्बन्धों पर ध्यान दिया गया। इसलिए यह संयोग नहीं है कि इन ऐतिहासिक चरित्रों ने उन्नीसवीं सदी की उभरती राजनीतिक और सामाजिक विचारधाराओं में प्रेरक चरित्र की भूमिका निभाई। ये चरित्र आज भी लोकमानस में मौजूद हैं। यह कहा गया कि ये खुद राष्ट्र का प्रतीक हैं (मदर इण्डिया) और ये उपनिवेशकों के अनैतिक शासन के ख़िलाफ़ साहसी और सच्चा संघर्ष कर रही हैं (हैनसन1988)।

गाँधी के लेखन में भी प्रेरक महिलाओं का इसी तरह का चित्रण मिलता है। महिलाओं की 'निर्मिति और पुनर्निर्मिति' में एक तरह से वर्चस्व क़ायम करने वाली प्रभुत्वशाली प्रवृत्ति सामने आती है। इसकी बुनियाद बीसवीं सदी के आरम्भिक भाग के विशिष्ट ऐतिहासिक सन्दर्भों में निहित है। इसी दौर में गाँधी की महिला की संकल्पना ने एक आकार ग्रहण किया। गाँधी द्वारा प्रस्तुत चित्रण में उन्नीसवीं सदी के समाज सुधारकों की भाँति शुद्ध, पवित्र और सद्गुणों वाली घरेलू महिला की कल्पना की गयी। लेकिन उनकी राजनीतिक विचारधारा के विशिष्ट स्थान के कारण इसमें एक गत्यात्मकता भी जुड़ गयी। ख़ासतौर पर, 1930 के दशक में महिलाओं ने बड़ी संख्या में जनांदोलनों में भागीदारी की और वे भी पुरुषों की तरह ही जेल गयीं। इसने इस बात को आवश्यक बना दिया कि घरेलू महिला और नयी 'एक्टिविस्ट' महिला की छवि के बीच सामंजस्य बनाया जाए। एक वैकल्पिक मॉडल ने, जिसका कि पहले के मॉडलों में भी सह-अस्तित्व था, स्पष्ट रूप से महिलाओं के विकल्पों का विस्तार किया। इसने हिन्दू विधवा की छवि में एक 'त्याग करने वाली महिला' की कल्पना की। इसके सामाजिक व्यवहार की संहिता (देश की सेवा) स्पष्ट तरीक़े से तैयार की गयी थी। इसके बावजूद, समाज की इसकी सदस्यता इस अर्थ में द्वैध और यहाँ तक कि अनुभवातीत बनी रही कि उसने अपने वैवाहिक जीवन के 'नारीत्व' और 'प्रजनन सम्बन्धी पहलुओं' को कुर्बान कर दिया। वह पूरी मानवता की नैतिक भलाई के धारक के रूप में 'सार्वभौमिक माता' में तब्दील हो गयी। यहाँ ख़ास बात यह है कि पहले वर्णित 'योद्धा नायिका' के निर्मिति की तरह ही गाँधी की महिला की कल्पना में भी अमूर्त्त शहरी, मध्य-वर्ग, उच्च जाति की महिला ही शामिल थी। ऐसा इस तथ्य के बावजूद था कि शायद गाँधी उस समय के किसी भी 'राष्ट्रीय' नेता की तुलना में ग्रामीण भारत से ज़्यादा परिचित थे और 1921

तक 33 प्रतिशत महिला श्रमिकों में से 11 प्रतिशत उद्योग में काम कर रही थीं (पटेल 1988)। देवी या माता के रूप में महिला की छवि ने घर के बाहर की दुनिया में उसकी सेक्शुअलिटी ख़त्म कर दी। समिता सेन ने यह दिखाया है कि मातृत्व एक ऐसा प्रमुख कारक बन गया, जिसके आस-पास हिन्दू मध्य-वर्ग महिला की पहचान केन्द्रित थी। इस पहचान का एक राष्ट्रीय पहचान के तौर पर विस्तार हुआ। इसमें मातृभूमि को राष्ट्र का रूपक मानते हुए प्रतिरोध के प्रतीक के तौर प्रयोग किया गया (सेन 1993)।

यह सच है कि उन्नीसवीं सदी में बंगाल की राष्ट्रवादी विचारधारा ने एक नयी पितृसत्ता के अन्तर्गत महिलाओं की अधीनता को वैधता प्रदान की। लेकिन इसने महिलाओं के संघर्षों के इतिहास को भी प्रतिबिम्बित किया। इस इतिहास से यह बात स्पष्ट होती है कि ये संघर्ष बहु-स्तरीय थे और सिर्फ़ सार्वजनिक स्थान तक सीमित नहीं थे। इस दौर के राजनीतिक इतिहास के अभिलेखागार स्रोतों का अध्ययन करने से यह बात सामने आती है कि राष्ट्रवाद के इतिहास में महिलाओं की सिर्फ़ 'योगदान-मूलक' भूमिका ही थी। इस तरह के अध्ययन में पारम्परिक इतिहास की रूपरेखा में महिलाओं को एक अतिरिक्त आयाम की तरह जोड़ा जाता है। इस अर्थ में, कुछ अपवादों को छोड़कर, महिलाएँ पुरुषों द्वारा तय की गयीं सीमाओं के भीतर काम करती हैं। इस तरह से सामने आने वाला इतिहास एक योगदान-मूलक इतिहास होता है (जयवरदेना 1986, 260-61)। कुछ विद्वान यह सुझाव देते हैं कि औपनिवेशिक समाज की विशिष्ट स्थितियों के कारण मध्य-वर्गीय घरों के आन्तरिक स्थान में इस संघर्ष का इतिहास पाया जा सकता है। इसलिए महिलाओं के संघर्षों का प्रमाण अभिलेखागार के बजाय आत्मकथाओं, पारिवारिक इतिहासों, धार्मिक पुस्तिकाओं, साहित्य, रंगमंच, गीतों, चित्रकलाओं और अन्य सांस्कृतिक शिल्प कृतियों में पाया जा सकता है (चटर्जी 1994, 133-38)। मालविका कार्लेकर ने अन्तःपुर की अवधारणा का विकास किया है, जिसका शाब्दिक अर्थ 'आन्तरिक गृह' है। इसके माध्यम से वे एक ऐसे आन्तरिक दायरे का वर्णन करती हैं, जिसमें कमरों, आँगन, चबूतरा, छत, रसोईघर का समूह शामिल होता है। इसमें महिलाएँ रहती थीं और काम करती थीं तथा बाहरी दुनिया तक इनकी सीमित पहुँच होती थी। अन्तःपुर इसमें रहने वाली महिला सदस्यों के शारीरिक और भावनात्मक अनुभवों का प्रतीक था। इसे पुरुषों के बाहरी दायरे से संरक्षण प्राप्त था और उसके पास अपनी सर्वोच्चता का अधिकार भी था। दरअसल, पृथक् दायरे की अवधारणा ने पति-पत्नी के बीच पदसोपानीय (हायरार्कीकल) सम्बन्धों को बढ़ावा दिया और उसे वैधता प्रदान की। महिलाओं के घरेलू जीवन की दुनिया की तुलना में पुरुषों के 'काम' और सार्वजनिक हस्तक्षेप की दुनिया ज़्यादा प्रतिष्ठित थी। कार्लेकर द्वारा प्रस्तुत अन्तःपुर

के संस्मरण, 'घर के आन्तरिक स्थान से आने वाली विविध आवाज़ें हैं'। वे यह उजागर करती हैं कि बहुत सी महिलाओं ने इसके भीतर अपने लिए सार्थक भूमिकाएँ तैयार कर लीं। उन्होंने लेखन, पठन, चिन्तन और सम्प्रेषण का काम किया। इस सन्दर्भ में कार्लेकर ने राजलक्ष्मी नामक लड़की की माता की संवेदनाओं को उद्धृत किया है, जो महिलाओं की शिक्षा से जुड़ी वर्जना से असंगत है :

> आज-कल बहुत सी लड़कियाँ शिक्षा हासिल कर रही हैं : क्या ये सभी विधवा हो रही हैं? अपने पति को खो देना क़िस्मत की बात है...इसकी चिन्ता में डूबे रहना और शिक्षा हासिल न करना इस समस्या का हल नहीं है..यदि कोई लड़की विधवा हो जाती है और वह थोड़ी शिक्षित है, तो फिर उसे किस बात का डर है? जो लड़की यह जानती है कि अपने हाथों से कैसे काम करना है और जो बुद्धिमान है, वह किसी-न-किसी तरीक़े से गरिमामय जीवन जी लेगी (कार्लेकर 1991, 86)।

ऐसा लगता है कि महिला लेखन में मुख्य रूप से इस पर ग़ौर किया गया है कि किस तरह का बदलाव हो रहा है और इसका कैसे सामना किया जाए। इस सन्दर्भ में *आइडियल्स, इमेजेज ऐंड रीयल लाइव्स* संग्रह का उल्लेख किया जा सकता है। इस किताब का 'यथार्थ जीवन' (रीयल लाइफ) शीर्षक वाले अध्याय में यह बताया गया है कि महिलाएँ पौराणिक आदर्शों द्वारा अपने लिए दिये जाने वाले संदेशों और उनमें प्रस्तुत कथात्मक नायिकाओं को विभिन्न तरीक़ों से समझती हैं। इसके मुताबिक़ खुद महिलाएँ अनुपालन, अनुकूलन और प्रतिरोध के रूप में जटिल तरीक़ों से प्रतिक्रिया देती हैं (थॉर्नर और कृष्णराज 2000)। श्रबाशी घोष ने इस दौर में बंगाली महिलाओं की आत्मकथाओं का परीक्षण करते हुए यह दिखाया है कि ये प्रतिक्रियाएँ विविध सन्दर्भों में सामने आयीं। इसमें परिवार और घर के आन्तरिक दायरे से लेकर तेभागा के किसान विद्रोह तक के सन्दर्भ शामिल थे (घोष 1986)। उनके मुताबिक़, समय, जीवन के तरीक़ों, प्रथाओं और मूल्यों आदि में तेज़ी से बदलाव हो रहा था। महिलाओं के सामने यह चुनौती थी कि वे इन बदलावों से खुद को समायोजित करें। उन्हें अपनी शिक्षा के साथ-ही-साथ दुनिया में अपने पति की बदलती भूमिका के साथ भी सामंजस्य बिठाना था। इस वजह से उनके आत्म को उजागर करने का विषय इन वृतान्तों में नीचे दबा रह गया। पार्थ चटर्जी यह सुझाव देते हैं कि उभरते राष्ट्रवादी मध्य-वर्ग के स्थान के भीतर यह रणनीति कारगर रही। राजनीतिक राष्ट्रवाद ने आगे चलकर इसका उपयोग सांस्कृतिक समुदायों की एकजुटता को आधुनिक राज्य की आवश्यकताओं से सुसंगत बनाने के लिए किया (चटर्जी 1994, 147)।

गाँधीवादी जनांदोलनों में बड़ी संख्या में महिलाओं ने भागीदारी की थी। इस समय तक महिला स्थान के निजता की पवित्रता बरक़रार थी और इसे इसी रूप

में प्रस्तुत किया जा रहा था। यहाँ तक कि राष्ट्रवाद का कर्मकांड अर्थात् चरखा कातने का काम घर पर भी किया जा सकता था। शरतचन्द्र जैसे राष्ट्रवादी ने *पाथेर देबी* में इस अन्तर्विरोध को सुलझाने का प्रयास किया। उनके मुताबिक़ किसी दुर्लभ क्षण में कुछ चुनिन्दा लोगों द्वारा इस तरह की कुर्बानी की जाती है (सरकार 1987, 1015)। लेकिन इसी मोड़ पर महिलाओं की एजेंसी राष्ट्रवादी परियोजना में उनके निर्माण से अलग हो गयी। मीना अलेक्जेण्डर ने सरोजिनी नायडू के लेखन के माध्यम से इस अन्तर्विरोध और दुविधा को प्रस्तुत किया है। उल्लेखनीय है कि नायडू 1925 में भारतीय राष्ट्रीय कांग्रेस की पहली महिला अध्यक्ष चुनी गयी थीं। ख़ास बात यह है कि नायडू ने अंग्रेज़ों का विरोध करने के लिए हिंसक उपायों का प्रयोग करने की भी वकालत की थी। अलेक्जेण्डर का यह मानना है कि नायडू अपने लेखन में चित्रित महिला छवियों की जड़ता से 'दुःखी आत्म' को स्वतन्त्र करने की कोशिश में राजनीतिक क्षेत्र में जाने का साहस करती हैं। उनके प्रतिरोध का यह पथ सशक्तीकरण की एक प्रक्रिया थी, जो उनकी 'अपनी संस्कृति के दुर्भाग्यपूर्ण बन्धनों' से टकराव के कारण उत्पन्न हुई थी। इसने उन्हें औपनिवेशिक सत्ता द्वारा तय की गयी सार्वजनिक सीमाओं पर हमला करने की शक्ति प्रदान की (अलेक्जेण्डर 1985)।

जेराल्डीन फ़ोर्ब्स द्वारा संकलित शुधा मजूमदार के संस्मरणों में भी ऐसा ही वेदनापूर्ण अनुभव सामने आता है। मजूमदार का जन्म एक ऊँची जाति, अमीर और अच्छी ज़मीन-ज़ायदाद वाले परिवार में हुआ था। उन्हें रामायण के अनुवाद के लिए याद किया जाता है, जिसे 1958 में ऑरियन्ट लॉन्गमैन ने प्रकाशित किया था। वे उस दौर में सक्रिय थीं जब राष्ट्रवादी आन्दोलन ने जनांदोलन का स्वरूप धारण कर लिया था। उनका वर्णन करते हुए फ़ोर्ब्स ने यह लिखा है कि वे एक ऐसी महिला थीं जो अपने आस-पास घटने वाली घटनाओं के प्रति जागरूक थीं और गुप्त रूप से क्रान्तिकारियों द्वारा रचित प्रतिबंधित साहित्य पढ़ती थीं। उन्होंने प्रथम विश्व युद्ध में लड़ने वाले स्वयंसेवकों के लिए बैंडेज (पट्टी) तैयार की। उन्होंने गाँधी का भाषण सुनने के लिए कांग्रेस की बैठकों में भाग लिया। जब पहली बार युवा कांग्रेस स्वयंसेवकों ने सैन्य वर्दी पहनी, तो वे परेड देखने भी गयीं। यद्यपि उनके नज़रिये से राजनीतिक घटनाएँ हमेशा ही कम महत्त्व की थीं और उनके अस्तित्व में इन घटनाओं का मुख्य स्थान नहीं था। फिर भी, उनके लेखन से एक वेदना साफ़ तौर पर सामने आती है :

> मैंने काफ़ी अध्ययन किया, लेकिन साफ़ तौर पर मैंने अपने अध्ययन के आधार पर गहन चिन्तन नहीं किया। असल में, मैं जब पीछे मुड़कर देखती हूँ तो यह पाती हूँ कि मेरे भीतर एक तरह से आत्म-दया के प्रति जुनून था...। दुनिया की वस्तुओं के क्षणिक गुणों की खोज ने मेरी सोच को हल्का सा रंग दिया

है, इससे अपने घर और परिवेश के प्रति मेरी रुचि काफ़ी कम हुई है। मैं लम्बे समय तक प्रार्थना करती थी, कभी-कभार व्रत भी रखती थी। मुझे याद है कि इस समय मुझे अन्तरिक्ष में उड़ने जैसे कुछ आश्चर्यजनक सपने आते थे और मैं बहुत ही बोझिल और थके हुए हाल में जागती थी (फ़ोर्ब्स 1989, 134)।

'नयी महिला' की विविध अभिव्यक्तियाँ

'नयी महिला' की विचारधारात्मक निर्मिति में दमनकारी संरचनाओं के ख़िलाफ़ महिलाओं द्वारा संघर्ष के विविध तरीक़ों का विवरण पेश नहीं किया गया। दरअसल, अक्सर संघर्ष के ये तरीक़े बूर्ज्वा राष्ट्रवादियों द्वारा तय किये गये व्यवहार संहिताओं के अनुरूप नहीं होते थे। बहुत से मौक़ों पर महिलाओं ने व्यावहारिक संहिताओं का 'अतिक्रमण' किया। उन्होंने धर्म और परम्परा द्वारा तय सीमाओं से आगे जाकर अपनी वैयक्तिकता का दावा किया। कुछ मौक़ों पर महिलाओं ने दमनकारी संरचनाओं का सामना किया। कई ऐसे भी मौक़े आए, जब उन्होंने संगठनों के पारम्परिक पूर्वग्रहों को नकारा तथा राजनीतिक आन्दोलन, मज़दूर संघों और गुरिल्ला संगठनों में शामिल हुईं।

मसलन, कुछ इस्लामिक देशों में महिलाओं ने अपनी आज़ादी की दावेदारी करने के लिए 'बुर्के को पूरी तरह त्याग' दिया, क्योंकि उन्होंने यह महसूस किया कि यह महिलाओं की क़ैद और एकान्त का प्रतीक है। सामन्ती व्यवस्था के प्रति अपनी अवज्ञा को अभिव्यक्त करने के लिए बहुत-सी प्रसिद्ध महिलाओं ने सार्वजनिक स्थानों पर बुर्का पहनना बन्द कर दिया। अफगानिस्तान की रानी सुरैया 1920 में और ईरान की रानी 1936 में बिना बुर्के के सामने आयीं (जयवरदेना 1982, 143)। फिलीस्तिनी महिलाएँ यह मानती थीं कि जियोनिज़म (यहूदीवाद) के ख़िलाफ़ राष्ट्रीय आन्दोलन ने एक ऐसा सन्दर्भ उपलब्ध कराया, जिससे महिलाओं के संघर्ष की नींव भी पड़ी। उन्होंने सबसे पहले 1921 में पारम्परिक और धार्मिक मानकों की अहवेलना करते हुए यहूदीवाद के ख़िलाफ़ प्रदर्शन किया। यह ज़रूर है कि इस प्रदर्शन में उन्होंने भारी पोशाक धारण किया था और वे बन्द कारों में बैठकर आयी थीं। आठ साल बाद 1929 में दो सौ प्रतिनिधियों ने फिलीस्तीन के अरब वीमेन्स कॉन्फ्रेंस में भाग लिया। मतेल मोगानम के अनुसार, 'उस समय तक पारम्परिक पाबन्दियों ने फिलीस्तीन में अरब महिलाओं को किसी भी ऐसे आन्दोलन में भाग लेने से रोक रखा था, जो उन्हें सार्वजनिक रूप से लोगों के सामने ला दें। ऐसे में, सम्मेलन में भाग लेना ही अपने-आप में एक साहसिक क़दम था' (एनटोनियस 1982, 63)।

अमूमन महिलाओं ने अपने तात्कालिक माहौल में दमन की संरचनाओं का सीधे तौर पर सामना किया। मसलन, उत्तर-पूर्वी नाइजीरिया में इग्बो महिलाओं ने

एक अनूठा विरोध किया, जिसे उन्होंने महिला युद्ध (वीमेन्स वार) (1929–1930) की संज्ञा दी। दरअसल, अंग्रेज़ उपनिवेशकों ने ज़मीन से लगातार मुनाफ़ा कम होने के बावजूद उन पर टैक्स लगा दिया था और ये औरतें इसी का विरोध कर रही थीं। इसमें उन्होंने महिलाओं के विरोध के पारम्परिक तरीक़े की नक़ल की, जिसे इग्बो लोग 'आदमी पर बैठने' की संज्ञा देते थे। इसमें महिलाओं द्वारा सार्वजनिक रूप से दबाव डालना और पुरुषों की अवमानना शामिल थी। इसमें औरतें पुरुषों की झोपड़ियों में चली जाती थीं और तब तक उनका उपहास उड़ाने वाला गीत गाती थीं, जब तक वह शर्मिन्दा होकर अपनी ग़लती पर पछताते नहीं थे। नवम्बर 1929 में हज़ारों इग्बो महिलाएँ इस अफवाह से जोश में आ गयीं कि महिलाओं की सम्पत्ति पर टैक्स लगाया जाने वाला है। उन्होंने कैलाबार और ओवेरी प्रान्तों में साठ देशज अदालतों के वारंट प्रमुखों का 'मज़ाक' उड़ाया और उनकी 'टोपियों की माँग की'। उन्होंने ज़मीनी स्तर पर अपने मजबूत नेटवर्क को सक्रिय बनाया, और प्रमुख भ्रष्ट अधिकारियों के विरुद्ध अपना आक्रोश व्यक्त किया। ब्रिटिश अधिकारियों ने विरोध के इन पारम्परिक तरीक़ों को उपद्रव माना और उन्होंने दिसम्बर के मध्य में दो मौक़ों पर महिलाओं पर गोलियाँ चलाईं। इसके चलते 50 महिलाएँ मारी गयीं और कई अन्य जख्मी हो गयीं (लियोनार्ड 1998, 452)।

अल्जीरिया में 1956 के बाद फ्रांसीसी शासन के ख़िलाफ़ राष्ट्रीय आन्दोलन में तेज़ी आयी। *नैशनल लिबरेशन फ्रंट* ने उपनिवेशकों के ख़िलाफ़ सशस्त्र आन्दोलन छेड़ दिया, जिसमें महिलाओं ने महत्त्वपूर्ण भूमिका निभाई। उन्होंने अपने वस्त्रों में हथियार और आतंकी बम छिपाकर उसे विद्रोहियों तक पहुँचाया तथा नर्स और जासूसों की भूमिका अदा की। साथ ही, उन्होंने विद्रोहियों को छिपाया और उनके खाने-पीने की व्यवस्था की तथा फ्रंट के सदस्यों के रूप में विद्रोह में भी शामिल हुईं (लियोनार्ड 1998, 453)। केन्या में लोगों ने अपनी ज़मीन और आज़ादी हासिल करने के लिए अंग्रेज़ों के ख़िलाफ़ सशस्त्र विद्रोह किया। 1953 में केन्या अफ्रीकी यूनियन के नेता जोमो केनयाता को क़ैद कर लिया गया। वे एक गुप्त संगठन मउ का राजनीतिक चेहरा भी थे। इसके कारण लोगों ने व्यापक स्तर पर आन्दोलन छेड़ दिया और भूमिगत क्रान्तिकारी गतिविधियों की भी शुरुआत हो गयी। इसमें ग्रामीण और शहरी दोनों ही महिलाओं ने पहरेदार, नर्स और जासूसों के रूप में भागीदारी की। सब-सहारा अफ्रीका की आज़ादी के आन्दोलनों में महिलाएँ सक्रिय रूप से शामिल हुई थीं। द *अफ्रीकन पार्टी फॉर द इण्डिपेंडेंस ऑफ़ गुयाना ऐंड केप वेरडे* को 12 वर्षों तक पुर्तगाली शासन के ख़िलाफ़ गुरिल्ला युद्ध लड़ा। इसके बाद, इसे 1974 में 90 वर्षों से चले आ रहे पुर्तगाली शासन को ख़त्म करने में सफलता मिली। अंगोला और मोज़ाम्बिक

में भी पुर्तगाली शासन के ख़िलाफ़ संघर्ष छेड़ा गया। पार्टी ने बड़ी संख्या में महिलाओं को गोलबन्द किया और उन्हें गुरिल्ला युद्ध में विशिष्ट भूमिका प्रदान की। महिलाओं ने अन्य लोगों को आन्दोलन में भागीदारी करने के लिए गोलबन्द किया। उन्होंने गुरिल्लाओं के लिए खाना बनाया तथा खाने-पीने के वस्तुओं और पानी की आपूर्ति सुनिश्चित की। इसके लिए उन्होंने गुप्त कैम्पों तक लम्बी यात्राएँ की। कुछ महिलाओं को गुरिल्ला के रूप में प्रशिक्षित भी किया गया। इरीट्रिया के लोग इथियोपिया से आज़ादी पाने के लिए संघर्ष कर रहे थे। उन्होंने 1961 में सशस्त्र अभियान की शुरुआत की। इससे उनका संघर्ष एक नये चरण में प्रवेश कर गया। यहाँ की किसान महिलाओं ने एक भूमिगत आन्दोलन के लिए ज़रूरी बुनियादी आवश्यकताएँ पूरी की। उन्होंने आन्दोलनकारियों के लिए भोजन और आवास की व्यवस्था की। इसी तरह, शहरी कामगार महिलाओं ने खुद को संगठित करके आन्दोलन के लिए वित्तीय सहायता जुटाई (डेविस 1982, 111)।

महिला क्रान्तिकारियों ने अपनी भागीदारी के राजनीतिक निहितार्थों का विवरण दिया है। अक्सर उन्हें यातना, मौत, बलात्कार और कई मामलों में अपने परिवार और बच्चों को जोखिम में डालकर काम करना पड़ता था। अल-सल्वाडोर, इरीट्रया, नाम्बिया और जिम्बाम्वे तथा अन्य देशों के सशस्त्र संघर्षों में भाग लेने वाली महिलाओं ने उपनिवेशित और महिला- दोनों ही रूपों में अपने साथ होने वाले दोहरे शोषण को रेखांकित किया। उन्हें कोई राजनीतिक अधिकार या सम्पत्ति हासिल करने या अपनी मेहनत से बनी वस्तुओं पर मालिकाना रखने का हक़ नहीं था। ये महिलाएँ यह मानती थीं कि राष्ट्रीय मुक्ति के संघर्ष ने उन्हें व्यक्ति और महिला के रूप में एक सार्थक अस्तित्व प्रदान किया है। मसलन, एलेन मुसियालेला ने 1964 में नामीबीया की मुक्ति के सशस्त्र संघर्ष में भागीदारी की थी। उन्होंने यह पाया कि 'पुरुषों के साथ-साथ औरतों ने भी संघर्ष के तीन मोर्चों अर्थात् कूटनीतिक, सैन्य और राजनीतिक मोर्चों पर भागीदारी की, जिसके कारण उन्हें पुरुषों से काफ़ी सम्मान मिला।' औरतों के योगदान के कारण पुरुष औरतों को कमज़ोर नहीं मानते थे और न ही औरतों के लिए अलग से काम तय किये गये थे। दरअसल, अधिकांश काम में पुरुष और स्त्री दोनों ही भाग लेते थे। इसके चलते वे यह महसूस करती थीं कि *साउथ वेस्ट अफ्रीकन पीपॅल्स ऑर्गनाइजेशन* (एस.डब्ल्यू.ए.पी.ओ) के केन्द्रीय नेतृत्व में पुरुष और स्त्री दोनों की ही भागीदारी थी। ज़्यादा महत्त्वपूर्ण बात यह है कि इसने राष्ट्रीय मुक्ति के संघर्ष के साथ-ही-साथ महिलाओं के अधिकारों को सुनिश्चित करने के लिए बुनियादी काम करने का अवसर उपलब्ध कराया। इस सन्दर्भ में विशेष रूप से महिलाओं की शिक्षा और आर्थिक आज़ादी पर ध्यान केन्द्रित किया गया। इसलिए 1970 में स्थापित *साउथ वेस्ट अफ्रीकन पीपॅल्स ऑर्गनाइजेशन वीमेन्स कौंसिल*

ने यह स्पष्ट किया कि उसका मुख्य लक्ष्य महिलाओं के लिए समानता और राष्ट्रीय तथा सामाजिक मुक्ति के संघर्ष में उनकी पूर्ण भागीदारी हासिल करना है' (मुसियालेला, 1982, 84-5)। इसी तरह, 1979 में *नैशनल यूनियन ऑफ़ इरीट्रीयन वीमेन* (एन.यू.ई.डब्ल्यू) की स्थापना हुई थी जिसका मुख्य कार्यालय रोम में था। इसने यह दावा किया कि वह महिलाओं के संघर्ष के विकास और उनकी राजनीतिक चेतना ओर संगठनात्मक सामर्थ्य के उभार का प्रतिनिधित्व करता है। इस संगठन का गठन करने वाली महिलाओं ने यह उम्मीद जताई कि इसके चलते महिला आन्दोलन के विकास की गति तेज़ होगी। उन्होंने यह भी कहा कि इससे इरीट्रीयन पीपॅल्स लिबरेशन फ्रंट (ई.पी.एल.एफ.) के अगुआ दस्ता (वैनगार्ड) के नेतृत्व में चल रहे राष्ट्रीय संघर्ष में महिलाओं की भागीदारी बढ़ेगी। ग़ौरतलब है कि यह दावा किया गया कि राष्ट्रीय संघर्ष 'औपनिवेशिक दमन' और 'सामंती शोषण' के ख़िलाफ़ है और इसका लक्ष्य 'सामाजिक परिवर्तन' है (डेविस 1982, 108)।

महिला संगठनों ने सामाजिक बदलाव की आकंक्षा को अभिव्यक्ति दी। उन्होंने राष्ट्रीय मुक्ति के लिए महिलाओं के संघर्षों के साथ-साथ उनके राजनीतिक अधिकारों पर भी बल दिया। शायद बीसवीं सदी के आरम्भ में राजनीतिक समानता की सबसे प्रमुख माँग मताधिकार थी। इसने महिलाओं को गोलबन्द और संगठित करने में अहम भूमिका निभाई। बहुत से उपनिवेशित देशों में उपनिवेश-विरोधी संघर्ष के दौर में महिलाओं के लिए मताधिकार की माँग ज़्यादा सशक्त तरीक़े से सामने आयी। दरअसल, भारत जैसे देश में औपनिवेशिक दौर में बहुत कुछ पुरुषों को ही मत देने का अधिकार प्राप्त था। इसलिए यह एक महत्त्वूपर्ण बात है कि यहाँ 'सार्वभौमिक मताधिकार' की रूपरेखा में महिलाओं के लिए भी मताधिकार की माँग की गयी। स्पष्ट है कि महिलाओं ने सिर्फ़ पुरुषों से समानता के आधार पर अपने लिए मताधिकार नहीं चाहा, बल्कि उन्होंने सभी वयस्क लोगों को मतदान का अधिकार देने की माँग की। भारत में *ऑल इण्डिया वीमेन्स कॉन्फ्रेंस, वीमेन्स इण्डिया ऐसोसिएशन* और *नैशनल कौंसिल फॉर वीमेन इन इण्डिया* ने मताधिकार देने की कसौटियों में सुधार करने के लिए आन्दोलन चलाए, ताकि ज़्यादा-से-ज़्यादा महिलाओं को मताधिकार मिल सके। इन संगठनों ने सबसे पहले महिलाओं की शिक्षा पर ध्यान दिया, लेकिन धीरे-धीरे वे लैंगिक समानता, महिलाओं के लिए मताधिकार, पर्सनल लॉ में सुधार जैसे राजनीतिक मुद्दों को भी अपनाने लगे। भारत में महिला संगठनों को राष्ट्रीय मुक्ति आन्दोलन के सबसे प्रमुख राजनीतिक मंच अर्थात् भारतीय राष्ट्रीय कांग्रेस के राजनीतिक कार्यक्रम में महिलाओं की राजनीतिक समानता का मुद्दा शामिल करवाने में सफलता मिली।[18]

महिला संगठनों के अलावा, इस दौर के नारीवादी साहित्य और जर्नल भी

उपनिवेश-विरोधी आन्दोलनों के सन्दर्भ में महिला-प्रश्न से सम्बन्धित विभिन्न विचारों पर रोचक तरीक़े से प्रकाश डालते हैं। इस दौर में प्रकाशित होने वाली पत्रिकाओं, उपन्यासों, उपदेशात्मक पुस्तिकाओं, लेखों और किताबों ने अन्य बातों के अलावा महिलाओं की अधीनता के मुद्दे पर भी ध्यान दिया। उन्होंने महिला आन्दोलन से जुड़ी सूचनाओं के प्रसार में महत्त्वपूर्ण भूमिका निभाई। ख़ासतौर पर, यूरोप में मताधिकार आन्दोलन और अन्य देशों में अधिकार के मुद्दे पर इन्होंने ज़बरदस्त योगदान दिया। मसलन, यूरोपीय महिलाओं ने तुर्की में नये प्रयोगों और विधायी सुधारों के बारे में पढ़ा। आरम्भिक जर्नलों में यूरोपीय जर्नल *अल फतह* (1892), तुर्की साप्ताहिक न्यूजपेपर *फॉर लेडिज* (1895), द *चायनीज वीमेन जर्नल* (1907), ईरानी महिलाओं का *जर्नल नॉलेज* (1906) और जापान में प्रकाशित *सीटो* (1911) विशेष रूप से उल्लेखनीय है। ऐसे उपन्यास भी प्रकाशित हुए जिन्होंने विशेष रूप से नारीवादी चिन्ताओं को मुखर आवाज़ दी। ली रूजेहन ने *फ्लावर्स इन द मिरर*, शीर्षक से पहला चीलनी नारीवादी उपन्यास लिखा जिसमें समाज की लैंगिक भूमिकाओं को उलट कर प्रस्तुत किया गया। इसमें महिलाएँ शासन करती थीं और पुरुषों के पैर बँधे होते थे (जयवरदेना 1982, 144-5)।

निष्कर्ष

उपनिवेश-विरोधी आन्दोलन एशिया, अफ्रीका और अमेरीकी महाद्वीप के बहुत से देशों के अनुभव का महत्त्वपूर्ण भाग रहे हैं। इन आन्दोलनों में दमन के विविध रूपों और संरचनाओं के ख़िलाफ़ चलाए गये संघर्षों की एक व्यापक श्रेणी शामिल रही जिसमें राष्ट्रीय मुक्ति की धारा को प्रमुखता मिली। यहाँ मुक्ति का अर्थ था–लोकप्रिय सम्प्रभुत्ता और एक राष्ट्र के रूप में सामान्य अतीत और नियति में सहभागिता करने वाली लोगों की गरिमा की पुनर्स्थापना। इस राष्ट्रीय पहचान की विशिष्टता इतिहास से हासिल हुए संसाधनों से उत्पन्न हुई थी। यह एक ऐसी परम्परा से उत्पन्न हुई थी, जिस पर औपनिवेशिक प्रभुत्व का कोई प्रभाव नहीं पड़ा था। महिला के चरित्र ने राष्ट्रीय पहचान के निर्माण में मुख्य घटक की भूमिका अदा की। 'नयी महिला' शिक्षित और 'पारम्परिक' मूल्यों से लैस महिला का प्रतिनिधित्व करती थी, जिसका उद्धार हो चुका था। यह राष्ट्रीय पहचान और सत्त्व की धारक बन गयी। हालाँकि 'नयी महिला' के निर्माण ने राष्ट्रवादी अभिजनों के वर्ग सम्बन्धी मुद्दों को भी प्रदर्शित किया। बड़ी संख्या में महिलाएँ औद्योगिक कामगार तबक़े का भाग थीं। इस रूप में उन्होंने भी उपनिवेशवाद के अन्तर्गत समृद्ध हुए पूँजीवादी अर्थव्यवस्था में वेतन और काम की बुरी स्थितियों के ख़िलाफ़ संघर्ष किया। औपनिवेशिक आधुनिकता के सन्दर्भ में औरतों की समानता और मुक्ति के मुद्दे के साथ बहुत सारे अन्तर्विरोध और

उतार-चढ़ाव जुड़े हुए थे। दरअसल, इनकी ज़िन्दगी ने एक नियमित तनाव मौजूद था। मसलन, सरोजिनी नायडू की कविताओं मे सामने आने वाले निजी दुःख और पीड़ा ने विविध राजनीतिक/सार्वजनिक गतिविधियों के माध्यम से 'पीड़ीत आत्म' की मुक्ति का प्रयास किया। महिलाओं ने विविध महत्त्वपूर्ण तरीक़ों से राष्ट्रीय मुक्ति के संघर्षों में भागीदारी की। उन्होंने निष्क्रिय प्रतिरोधकों से लेकर सशस्त्र क्रान्तिकारियों तक की भूमिका निभाई। महिलाओं की भागीदारी की अन्तर्वस्तु को समझने के लिए हमें इन आन्दोलनों द्वारा औरतों की सामाजिक भूमिका के बारे में उठाए गये प्रश्नों और प्रस्तावित समाधानों पर ध्यान देना होगा। यह याद रखने की आवश्यकता है कि जब राष्ट्रवादी अभिजनों ने यह प्रस्तावित किया कि 'महिला प्रश्न' को सुलझा लिया गया है, तो खुद महिलाओं ने अपने संघर्षों की व्याख्या करते हुए कहा कि उनका संघर्ष केवल औपनिवेशिक प्रभुत्व के ख़िलाफ़ नहीं था। इसके बजाय, उन्होंने यह दावा किया कि वे महिलाओं के रूप में बहुत सारे मोर्चों अर्थात् दहेज, बलात्कार, लैंगिक अंग-भंग तथा कार्यस्थल पर होने वाले भेदभाव के ख़िलाफ़ संघर्ष कर रही थीं। दूसरे शब्दों में, वे सिर्फ़ राष्ट्रीय मुक्ति के लिए ही नहीं, बल्कि सामाजिक परिवर्तन और महिलाओं की सामाजिक, आर्थिक, क़ानूनी और राजनीतिक अधीनता को ख़त्म करने के लिए भी लगातार लड़ रही थीं। अगले अध्याय में हम 'घर'- 'घर के दायरे' की आलोचनात्मक जाँच-पड़ताल करेंगे। 'घर' उपनिवेशकों और उपनिवेशितों के बीच टकराव का एक स्थायी क्षेत्र था। यह सिर्फ़ एक ऐसा क्षेत्र नहीं था, जहाँ राष्ट्रवादियों ने महिलाओं के प्रश्न को सुलझाने का प्रयास किया तथा औपनिवेशिक हस्तक्षेप का प्रतिरोध किया। यह एक ऐसा क्षेत्र भी था, जहाँ महिलाओं के व्यवहार की सीमाएँ तय करने का प्रयास किया गया तथा परिवार, राष्ट्र, और राज्य में उनकी पदसोपानीय संरचना की पुष्टि की गयी।

सन्दर्भ

1. नारीवादी सिद्धान्त में एजेंसी का तात्पर्य यह है कि प्रत्येक व्यक्ति अपनी समझ के अनुसार अपना कार्य करें और व्यक्ति के रूप में अपने विकल्पों का चयन करें।
2. इसलिए राष्ट्रवाद के नारीवादी अनुमोदन के लिए निम्नलिखित पहलुओं पर ध्यान देना होगा : स्वीकृत पुरुष सिद्धान्तों के जेण्डर-आधारित निर्माण की जाँच-पड़ताल; राष्ट्रीय निर्माण में महिलाओं की सक्रिय सांस्कृतिक और राजनीतिक भागीदारी को ऐतिहासिक रूप से सामने लाना; अन्य सामाजिक संरचनाओं और संस्थाओं से राष्ट्रवादी संस्थाओं का आलोचनात्मक सम्बन्ध क़ायम करना, लेकिन इसके साथ ही नस्लीय, जातीय और वर्ग शक्ति की संरचनाओं पर गहराई से ध्यान देना आवश्यक है जो अभी भी नारीवाद के विशिष्ट रूपों को तीखी निन्दा करते हैं (युवाल-डेविस और एंथियास 1989, 7)।
3. एन मैक्लिनटॉक यह बताती हैं कि ब्रिटेन के राष्ट्रीय वृतान्त में (उपनिवेशित और श्रमिक वर्ग

की तरह ही) महिलाओं को बुनियादी रूप से अतीतोन्मुखी और राष्ट्रीय प्राचीनता के रूढ़िवादी धारक के रूप में प्रस्तुत किया गया है। इस तरह, इस वर्णन में समय को जेण्डरीकृत किया गया है। यह तर्क दिया गया है कि महिलाएँ समुचित तरीक़े से इतिहास में मौजूद नहीं हैं। इसके बजाय, इतिहास में उनका स्थान वैसा ही है जैसे आधुनिक राष्ट्र में उपनिवेशित लोग स्थायी रूप से पिछड़े समय में रहते हैं। ये लोग राष्ट्र के प्राचीन समय के जीवन्त अभिलेखों की तरह होते हैं। साथ ही, ये बच्चों की तरह, अतार्किक और प्रतिगामी होते हैं। इसके विपरीत, यह माना गया कि मध्य वर्ग के आदमी राष्ट्रीय प्रगति के भविष्योन्मुख एजेंसी का प्रतिनिधित्व करते हैं। इसलिए, नागरिकता यह बताती है कि व्यक्ति का राष्ट्र-राज्य के अधिकारों और संसाधनों से किस प्रकार का सार्वभौमवादी क़ानूनी सम्बन्ध होता है। फ्रांसीसी क्रान्ति के बाद के यूरोप में महिलाओं को प्रत्यक्ष तरीक़े से राष्ट्र-राज्य के नागरिकों के रूप में शामिल नहीं किया गया। इसके बजाय, इन्हें पुरुषों के माध्यम से, परिवार के निर्भर सदस्यों के रूप में निजी और सार्वजनिक क़ानून में स्थान दिया गया। कोड नेपोलियन पहली ऐसी आधुनिक संविधि थी, जिसमें यह हुक़्म दिया गया कि पत्नी की राष्ट्रीयता उसके पति की राष्ट्रीयता के अनुरूप होनी चाहिए। अन्य यूरोपीय देशों ने तेज़ी से इस उदाहरण का अनुसरण किया। राष्ट्र के साथ महिला का राजनीतिक सम्बन्ध एक पुरुष के साथ विवाह के सामाजिक सम्बन्ध में समाहित हो गया। महिलाओं के लिए राष्ट्र की नागरिकता परिवार में वैवाहिक सम्बन्धों पर आधारित थी (मैक्लिनटॉक 1993, 65)।

4. अनीस क़िदवई, ज्ञानेन्द्र पांडेय (1994, 189) से उद्धृत, (शब्दों पर मैंने ज़ोर दिया है)।
5. औपनिवेशिक विभेद की अवधारणा और भारत में औपनिवेशिक आधुनिकता के विरोधाभास की विवेचना के लिए देखें, पार्थ चटर्जी (1994)।
6. इस सन्दर्भ में इल्बर्ट बिल विवाद और इस दौरान सामने आए प्रश्नों पर ध्यान दिया जा सकता है। इस समय यह सवाल सामने आया था कि यदि भारतीयों को न्यायपालिका में शामिल किया जाता है, तो क्या उन्हें यूरोपीय लोगों को सज़ा देने की अनुमति दी जाएगी? क्या यह सही होगा कि सिविल सेवा में प्रवेश के लिए भारतीय भी वही परीक्षा दें, जो ब्रिटिश ग्रेजुएट देते हैं? यदि यूरोपीय अख़बारों को अभिव्यक्ति की आज़ादी दी जाती है, तो क्या भारतीय अख़बारों को भी यह इज़ाज़त दी जा सकती है? देखें पार्थ चटर्जी (1994)।
7. जोआना डी ग्रूट ने बीसवीं सदी के आरम्भ के इतिहास में राजनीतिक संस्कृति और सत्ता संरचनाओं के बदलाव का अध्ययन किया है। अपने इस अध्ययन में वे यह बताती हैं कि यूरोपीय प्रभुत्व के ख़िलाफ़ विविध तरह की प्रतिक्रियाओं से कुछ ख़ास तरह की प्रवृत्तियाँ सामने आयीं। उनके अनुसार, इससे सुरक्षात्मक पुनरुत्थानवाद, आधुनिकीकरण और प्रतिरोध की योजनाएँ, या ग़ैर यूरोपीय समाजों के साथ वाद-विवाद या टकराव का उभार हुआ। डी ग्रूट के अनुसार इजिप्ट के अरबी आन्दोलन तथा 1885 में भारतीय राष्ट्रीय कांग्रेस की स्थापना की तुलना बीसवीं सदी के आरम्भ में यंग टर्क आन्दोलन तथा ईरानी संवैधानिक आन्दोलन से की जा सकती है। वे इस बात पर बल देती हैं कि इस सन्दर्भ में 'राष्ट्र', 'समुदाय', 'धर्म' और ख़ासतौर पर 'जेण्डर' की अवधारणाएँ इन आन्दोलनों में भागीदारी करने वाले लोगों के लिए राजनीतिक अर्थ रखती थीं। उन्होंने 1890 और 1930 के बीच राष्ट्रवादी विचारों और आन्दोलनों के विकास में जेण्डर आयामों का परीक्षण किया है। वे यह बताती हैं कि इस दौर में धर्म पर ज़ोर देने वाले राष्ट्रवादी विमर्श और ऐसा न करने वाले राष्ट्रवादी विमर्श के बीच काफ़ी स्पष्ट तनाव और अन्तर था। लेकिन फिर भी 'राष्ट्रवादी प्रश्न' के बारे में धार्मिक और सेकुलर दृष्टिकोणों का लचीलापन और उनकी आपसी अन्तःक्रिया काफ़ी महत्त्वपूर्ण

थी। इनका यह मानना है कि परस्परव्यापी राजनीतिक चिन्ताओं और गठजोड़ों ने इस्लाम की रक्षा के लिए धार्मिक चिन्ता और यूरोपीय हस्तक्षेप के कारण ईरान की कमज़ोरी के बारे में 'सेकुलर' चिन्ता पैदा की। ये दोनों चिन्ताएँ 'राष्ट्र ख़तरे में है' के शब्दाडम्बर में एक साथ अभिव्यक्त हुईं। इनका सामना करने के लिए 'सामाजिक एकजुटता' तैयार की गयी, जो सुधार और सामाजिक बदलाव की परियोजनाओं के रूप में अभिव्यक्त हुई। इस तरह की घोषणाओं में जेण्डर का मुख्य स्थान था। ईरान में एक ऐसी प्रभावकारी सांस्कृतिक विरासत सामने आयी, जिसमें शुद्ध और लज्जा से परिपूर्ण सेक्शुअल छवियों को लोक व्यवस्था की अवधारणा से जोड़ा गया। इसमें महिला की सेक्शुअल दावेदारी को विध्वंस और विद्रोह तथा इस व्यवस्था के विघटन से जोड़ा गया। इसलिए राज्य, राष्ट्र और लोक शुभ की चर्चाओं के केन्द्र में ख़ुद शासन तन्त्र (पॉलिटी) की काफ़ी हद तक जेण्डर-आधारित और सेक्शुअल अवधारणा शामिल थी। जोआना डी ग्रूट, द *डायलेक्टिक्स ऑफ़ जेण्डर : वीमेन, मेन ऐंड पॉलिटिकल डिस्कोर्सेज इन ईरान सी. 1890-1930*, जेण्डर ऐंड हिस्ट्री (1993, 256-58)।

8. गायत्री चक्रवर्ती स्पीवाक, मलेक अलौला (1986, xiii) में उद्धृत।
9. 'राज के पुनःउभार' शब्दावली का प्रयोग सबसे पहले सलमान रश्दी ने इसी शीर्षक से ऑब्जर्वर (1 अप्रैल 1984) में लिखे अपने एक लेख में किया था।
10. औपनिवेशिक परियोजना में गोरी महिलाओं की जटिल भूमिका पर प्रकाश डालने वाले कुछ प्रमुख काम इस प्रकार हैं : जोआना लिडिल ओर रमा जोशी (1985), हेलेन कॉलवे (1987), आनन्द यैन्ग (1990), चौधुरी और स्ट्रॉबेल (1992), और जेन हैगिस (1990)।
11. इल्बर्ट बिल 1883 में तैयार किया गया था। इस बिल के माध्यम से आपराधिक प्रक्रिया संहिता में संशोधन करने का प्रस्ताव था। इस संशोधन द्वारा नस्लीय आधार पर भेदभाव करने वाले उन प्रावधानों को हटा दिया जाता, जो मुख्य प्रेसीडेंसी शहरों से बाहर रहने वाले यूरोपीय ब्रिटिश प्रजाजनों को भारतीय मूल के नौकरशाहों के अधिकार-क्षेत्र से बाहर रखती थी।
12. यहाँ यह रेखांकित करने की आवश्यकता है कि अठारहवीं सदी के आख़िर और बीसवीं सदी के आरम्भ तक अमेरीकी महाद्वीप के अधिकांश उपनिवेश स्वतन्त्र हो चुके थे।
13. यह उद्धरण वर्जीनिया वुल्फ (1938, 107-8) से लिया गया है, लुईस ए. वेस्ट (1997, xi) से लिया गया है।
14. महिलाओं की मुक्ति का मुद्दा तीसरी दुनिया के अन्य भागों में भी राष्ट्र-निर्माण की परियोजना का एक हिस्सा रहा है। फुकुज़ुवा और सोहो जैसे मेइजी युग के जापानी बुद्धिजीवियों ने पारिवारिक जीवन के कनफ्यूशियन परम्पराओं की निन्दा की और महिलाओं के अधिकारों की वकालत की। तुर्की में जिया गोकल्प और अहमद अगागोलु जैसे युवा तुर्क सुधारकों ने महिलाओं की मुक्ति की तरफ़दारी की। गोकल्प द्वारा व्यक्त किया गया यह विचार पुरुष सुधारकों के सामान्य मत को अभिव्यक्त करता है कि : 'भविष्य में तुर्की की नैतिकता लोकतन्त्र और नारीवाद के साथ-ही-साथ राष्ट्रवाद, देशभक्ति, काम और परिवार की ताक़त पर आधारित होनी चाहिए।' चीन में उन्नीसवीं सदी के आख़िरी भाग में सुधारकों ने कांग युवेई और बीसवीं सदी के आरम्भ में सन यात सेन का समर्थन किया तथा चीनी समाज में महिलाओं की भूमिका सीमित करने वाले पारम्परिक सीमाओं का विरोध किया (जयवरदेना 1982, 139)।
15. इजिप्टवासियों ने इजिप्ट के प्राचीन इतिहास के उस दौर का गर्व से उल्लेख किया, जिसके बारे में यह दावा किया जाता था कि उसमें महिलाओं की स्थिति काफ़ी ऊँची थी और देश पर नेफेरटीटी और हैट्श्पेसुत जैसी प्रसिद्ध रानियों का शासन था। तुर्की में गोकल्प और

अतातुर्क ने विशिष्ट तुर्की पहचान और जातीयता पर बल दिया। इसके साथ ही, उन्होंने ऐसे पूर्व-इस्लामिक तुर्की का ज़िक्र किया, जिसके बारे में यह माना जाता था कि मध्य एशिया के घुमन्तू जातियों के बीच महिलाओं की आज़ादी की परम्परा थी। इसी तरह, ईरानी सुधारकों ने भी देश के आरम्भिक इतिहास और इसके ज़ोरास्ट्रियन परम्पराओं की बात की, जिसमें महिलाओं को काफ़ी ऊँचा रूतबा दिया गया था। जापानियों ने अपनी सूर्य देवी और साम्राज्ञी का उल्लेख किया (जयवरदेना 1982, 140)।

16. उन्नीसवीं सदी के आख़िरी दशकों और बीसवीं सदी के आरम्भ के पूरे दौर में परम्परा की पुनर्खोज तथा राष्ट्रीय गर्व और पहचान की पुनर्प्राप्ति 'नयी महिला' के पुनर्खोज से जुड़ी हुई थी। उन्नीसवीं सदी में यूरोप में प्रचलित 'नयी महिला' की अवधारणा और विचारधारा को बूर्ज्वा वर्ग के पुरुषों और महिलाओं ने बहुत ही व्यग्रता से अपनाया। महिलाओं की मुक्ति से सम्बन्धित 1901 में प्रकाशित कासिम अमीन की किताब का शीर्षक *द न्यू वीमेन* था। 1919 में इजिप्ट की कुछ महिलाओं ने 'सोसायटे डे ला फेमे नुवेले' का गठन किया। इसी साल जापान में 'एसोसियेशन ऑफ़ न्यू वीमेन' सामने आया, वहीं चीन में (1919 में ही) *द न्यू वीमेन* शीर्षक से एक नारीवादी पत्रिका का प्रकाशन आरम्भ हुआ (जयवरदेना 1982, 142)।
17. पैट्रिशिया ओबेरॉय ने कैलेण्डर कला में महिलाओं के प्रस्तुतीकरण को अपने विश्लेषण का आधार बनाते हुए बहिष्करणों की एक श्रृंखला, विभेदों के 'समरूपीकरण' और एक 'सार्वभौमिक पहचान के वर्चस्व की स्थापना के माध्यम से राष्ट्रीय पहचान के निर्माण की पड़ताल की है। ओबेरॉय यह बताती हैं कि औपनिवेशिक दौर की विरासत के कारण ही इस तरह के पहचान का निर्माण आदर्श हिन्दू महिला की छवि पर निर्भर हो गया। कैलेण्डर कला की शैली एक ऐसे आधार का प्रतिनिधित्व करती है, जिसमें 'एकता' और 'विविधता' या वर्चस्व और बहुलवाद का तनाव महिला प्रतीकों के माध्यम से सामने आता है (ओबेरॉय 1990)।
18. देखें फ़ोर्ब्स (1998)। हालाँकि कोस्टा रीका को 1821 में स्पेन से आज़ादी मिल जाने के बाद इस देश में राजनीतिक अधिकारों के लिए महिला आन्दोलन की शुरुआत हुई। देश को आज़ादी मिलने के काफ़ी समय बाद सबसे पहले 1890 में विधायिका में महिलाओं के मताधिकार का प्रस्ताव सामने आया। *लिगा फ़ेमिनिस्टा* (फ़ेमिनिस्ट लीग) ने महिलाओं को मत देने और चुनाव लड़ने का अधिकार दिलाने के लिए संघर्ष आरम्भ किया। इस लीग ने महिलाओं के मताधिकार, शिक्षा और सामाजिक कल्याण के नीति की तरफ़दारी की। बाद के तीन दशकों में सामाजिक सुधार की माँग में इज़ाफ़ा हुआ और लीग की सक्रियता में भी बढ़ोतरी हुई। आख़िरकार, देश को राजनीतिक स्वतन्त्रता मिलने के एक सदी से भी ज़्यादा समय के बाद, 1941 में महिलाओं को मत देने और चुनाव लड़ने का अधिकार मिल गया (लियोनार्ड 1998, 449)।

औपनिवेशिक भारत के आख़िरी दौर में घर का दायरा, पारिवारिकता और महिला नागरिकता

इस अध्याय में औपनिवेशिक भारत में घर के दायरे की अवधारणा की चर्चा की गयी है। उन्नीसवीं सदी के आख़िर और बीसवीं सदी के प्रारम्भ में इसके कुछ ख़ास आयाम सामने आए। इस अध्याय में इस प्रक्रिया से सम्बन्धित विविध जटिल तरीक़ों और पहलुओं का परीक्षण किया गया है। इसमें उन अध्ययनों की प्रस्तावना को आगे बढ़ाया गया है जो यह दिखाते हैं कि 'घर' की अवधारणा ने औपनिवेशिक राज्य और राष्ट्रवादी अभिजन के बीच विरोध की प्रक्रिया में एक आकार ग्रहण किया। 'घर' एक ऐसे स्थान के रूप में सामने आया, जहाँ वैध प्राधिकार (अथॉरिटी) की दावेदारी का संघर्ष होता है। इस अध्याय में इस दलील को स्वीकार किया गया है कि औपनिवेशिक दौर में घर के दायरे के निर्माण के साथ राष्ट्रीय परम्परा की पुनर्रचना हुई। साथ ही, इससे आगे बढ़ते हुए यह अध्याय प्रस्तावित करता है कि घर और सार्वजनिक स्थान के बीच एक तरह का संवादीय और अन्त:क्रियात्मक सम्बन्ध था। इस सम्बन्ध की बुनियाद उपनिवेशकों और राष्ट्रवादी अभिजनों के बीच संघर्ष में निहित थी, लेकिन इसमें घर के दायरे का कोई सुनिश्चित अर्थ सामने नहीं आया। यह कहना भी सही नहीं होगा कि यह पूरी तरह उपनिवेशक और राष्ट्रवादी अभिजनों के विरोध की रूपरेखा में सामने आया। इसके बजाय, इन संघर्षों ने उपनिवेशकों और उपनिवेशितों के बीच जटिल टकराव, प्रतिरोध, संवाद, और समझौते के विविधतापूर्ण क्षेत्र और उनमें शामिल गतिशीलता को अभिव्यक्त किया। साथ ही, इसने कई ऐसे तरीक़े प्रस्तुत किये जिनसे घर के दायरे की सीमा-रेखा काफ़ी हद तक लचीली और भेद्य बन गयी।

इस अध्याय में विशेष रूप से उपदेशात्मक पुस्तिकाओं/आचरण सम्बन्धी किताबों और परचों का अध्ययन किया गया है। बेशक घर के दायरे की अभिव्यक्ति एक विशिष्ट सामाजिक-ऐतिहासिक सन्दर्भ में हुई। यह एक अहम सवाल है कि ऐसी अभिव्यक्तियों के विचारधारात्मक, स्थानिक और सामयिक निहितार्थ क्या थे? यह भी ग़ौरतलब है कि इस दौर में शासन-तन्त्र एक ख़ास तरीक़े से

विकसित हो रहा था। इसलिए इस प्रश्न पर भी ग़ौर करने की ज़रूरत है कि इन अभिव्यक्तियों का महिलाओं की नागरिकता पर क्या प्रभाव पड़ा? उपेदशात्मक/निर्देशात्मक लेखन पर ध्यान देने से इस क्षेत्र के मौजूदा अनुसंधान में एक नया आयाम जुड़ता है। उल्लेखनीय है कि इस अनुसंधान में बड़े पैमाने पर पुरुषों और महिलाओं द्वारा जर्नलों में लिखे गये राष्ट्रवादी लेखन और कहानियों आदि पर ध्यान दिया गया है। लेकिन इस अध्याय में जिन किताबों या पुस्तिकाओं पर ग़ौर किया गया है, उनकी विशेषता यह है कि वे कहानी या निबन्ध नहीं हैं। अर्थात् इनमें भूमिका या सन्दर्भ के साथ तर्क प्रस्तुत नहीं किये गये हैं। इसके बजाय, इन किताबों में बहुत ही स्पष्ट और निर्देशात्मक रूप से विचार प्रस्तुत किये गये हैं। ख़ास बात यह है कि इनमें से कुछ किताबें कन्या विद्यालयों के पाठ्यक्रम का भाग थीं, और इसलिए इनका आधिकारिक चरित्र था। औपनिवेशिक शासन के आख़िरी दौर में इस तरह के ग्रन्थों की संख्या में काफ़ी बढ़ोतरी हुई। इस दौर में जेण्डर भूमिकाओं में लगातार बदलाव हो रहा था। ये ग्रन्थ इनसे सम्बन्धित विवादों और बेचैनियों को अभिव्यक्ति कर रहे थे। इस लिहाज़ से यह कहा जा सकता है कि इनमें विरोध और संघर्ष का क्षेत्र भी अभिव्यक्त होता है।

पश्चिमी आधुनिकता में घर का दायरा : महिलाओं की नागरिकता पर इसका प्रभाव

आधुनिकता के विचारधारात्मक, भौतिक और सामाजिक संघटनों द्वारा नागरिकता की आधुनिक अवधारणाओं का विकास हुआ। इन अवधारणाओं को प्रबोधनकालीन चिन्तन, सत्रहवीं और अठारहवीं सदियों की बूर्ज्वा क्रान्तियों तथा पूँजीवाद के विस्तार और विकास के दौरान सामने आए आधुनिकीकरण के मॉडलों द्वारा बढ़ावा दिया गया। इन विचारधारात्मक सामाजिक और भौतिक संघटनों ने विभिन्न वर्गों की महिलाओं को अलग-अलग और यहाँ तक कि विपरीत तरीक़ों से भी प्रभावित किया। मुख्य रूप से यह प्रभाव 'पारिवारिकता' (डॉमेस्टिसिटी) के मुहावरे के माध्यम से सामने आया। यह कहा जा सकता है कि पारिवारिकता घरेलू क्षेत्र की प्रकृति और गतिविधियों की विशिष्टता से सम्बन्धित है। इसलिए यह माना जा सकता है कि घर के दायरे की अवधारणा में कुछ 'स्थानिक', 'सामयिक' और 'विचारधारात्मक' अर्थ शामिल होते हैं। इससे यह बात भी सामने आती है कि घर के दायरे और पारिवारिकता से जुड़ा अर्थ स्थायी नहीं होता है। यह सामयिक, स्थानिक और विचारधारात्मक आयामों से प्रभावित होता है।

घर के दायरे का विचार ऐसे क्षेत्र के बारे में बताता है, जो सार्वजनिक (पुरुष) दायरे से अलग होता है। यह घर के भीतर स्त्रियों की गतिविधियों से सम्बद्ध होता है। अमूमन इसे सार्वजनिक दायरे से कमतर माना जाता था। इसका उभार सामंती,

खेतिहर, कुलीनतन्त्रीय समाजों से औद्योगिक बूर्ज्वा-पूँजीवादी समाजों की ओर ऐतिहासिक बदलाव के सन्दर्भ में हुआ था। सामंती और घरेलू अर्थव्यवस्थाओं में उत्पादन प्रक्रिया और श्रम एक ख़ास तरीक़े से संगठित था। लेकिन पूँजीवाद के विकास के साथ इसमें बदलाव आया। इसने बाज़ार और निजी घर के लिए होने वाले उत्पादनों में एक तरह की पृथक्ता पैदा की। इस प्रकार, इसने सार्वजनिक तथा घरेलू दायरों के बीच विभाजन पैदा दिया। यह विभाजन मुख्य रूप से इस तथ्य से तय हुआ कि घर की आर्थिक गतिविधियाँ सार्वजनिक/नागरिक समाज की गतिविधियों से अलग होती हैं। यह माना गया कि सार्वजनिक/नागरिक समाज में उत्पादन मुनाफ़ा कमाने के लिए होता है तथा उत्पादन के सम्बन्ध में पारिवारिक और व्यक्तिगत जुड़ाव बेमतलब होते हैं। इसके अलावा, दोनों दायरों के बीच जेण्डर के आधार पर भी अन्तर किया गया। घरेलू क्षेत्र को स्त्री और सार्वजनिक क्षेत्र को पुरुष दायरे के रूप में प्रस्तुत किया गया। प्रबोधनकालीन चिन्तन की कुछ धाराओं की मदद से इस पृथक्ता को सही साबित किया गया। इस पूरे विमर्श में घर के काम को कोई ख़ास तव्वज़ो नहीं दी गयी। यह माना गया जैविक रूप से पुरुष और महिला की भूमिका तय होती है और इसी 'प्राकृतिक' व्यवस्था के अनुरूप सामाजिक स्तर पर उनका अलग-अलग काम होता है। रूसो ने यह दावा किया कि प्रकृति ने महिलाओं को बुनियादी रूप से पुरुषों से अलग बनाया है और वे शारीरिक, नैतिक और बौद्धिक स्तर पर मुख्य रूप से प्रजनन कार्य के लिए ही उपयुक्त हैं। इसलिए इस बुनियादी तथ्य के आधार पर ही उनकी शिक्षा और समाज में उनका स्थान तय किया जाना चाहिए। उनके स्वाभाविक नारी-सुलभ सहज प्रवृत्ति के कारण उन्हें 'सभ्य घरेलू जीवन' के लिए तैयार करना ही समाज के लिए फ़ायदेमंद है। रूसो ने शिक्षा सम्बन्धी अपनी पुस्तिका *एमाईल* में महिला शरीर के बारे में प्रबोधनकालीन विचार प्रस्तुत किये हैं। उन्होंने इन विचारों को लैंगिक विभेद के एक नये वैज्ञानिक दृष्टिकोण की संज्ञा दी है। उनके मुताबिक़ यह व्यवस्था सामाजिक जीवन को संगठित करने के लिए नैतिक और सामाजिक रूप से अनिवार्य है। उन्होंने यह घोषणा भी की कि 'पुरुष और स्त्री एक-दूसरे के लिए बने हैं'। लेकिन इसके साथ ही वे चेतावनी भी देते हैं कि 'उनकी आपसी निर्भरता का मतलब बराबरी क़तई नहीं है' :

> ..हम उनके बग़ैर, उनसे ज़्यादा बेहतर तरीक़े से अपना वजूद क़ायम रख सकते हैं...इसलिए पुरुषों को ध्यान में रखकर ही महिलाओं को सारी शिक्षा दी जानी चाहिए। पुरुष को खुश रखना, उनकी ज़रूरतें पूरी करना, उनसे प्यार और इज़्ज़त पाना, बच्चों के रूप में उनका पालन-पोषण करना, बड़े होने पर उनकी देखभाल करना, उनकी ग़लतियों को सुधारना और उन्हें सांत्वना देना, उनके जीवन को सुखी और आनन्ददायक बनाना—ये सभी हर उम्र की

स्त्रियों के कर्त्तव्य हैं और बचपन से उन्हें इसी की शिक्षा दी जानी चाहिए (रूबिन्सटीन 1986, 202)।

इस तरह, बूर्ज्वा संस्कृति के उभार ने लैंगिक भूमिकाओं को नये सिरे से परिभाषित किया। इसने एक ऐसी घरेलू महिला का विचार प्रस्तुत किया जिसे परिवार की देखभाल करने की ज़िम्मेदारी दी जा सकती थी। सामाजिक भूमिकाओं की इस नयी परिभाषा में घर या परिवार का दायरा एक ख़ास प्रतीक बन गया। यह कहा गया कि इसमें स्त्रियाँ निस्वार्थ प्यार और सेवा जैसों मूल्यों की हिफ़ाज़त करती हैं जिन्हें बाज़ार की भौतिकवादी और ताक़तवर दुनिया में कोई जगह नहीं दी गयी है। 'आधुनिक महिला' की आदर्श छवि के तौर पर 'गृहिणी' की छवि का प्रचार-प्रसार किया गया। इससे 'स्त्रियों के गृहिणीकरण' की प्रक्रिया भी सामने आयी (मीज़ 1998, 40)। मारिया मीज़ का मानना है कि गृहिणीकरण की प्रक्रिया महिलाओं के विरुद्ध हिंसा, 'गोरे पुरुषों के प्रभुत्ता' तथा औरत, प्रकृति और विदेशी लोगों के उपनिवेशीकरण के निरन्तर इतिहास का भाग थी।[1] उनके अनुसार, यह लाखों महिलाओं के साथ क्रूर हिंसा का इतिहास है जिसमें उनके साथ 'विच हंट' (डायन घोषित करना) जैसा जघन्य अपराध भी किया गया। आमतौर पर यह माना जाता है कि आधुनिक इतिहास में महिलाओं का सबसे ज़्यादा जनसंहार अधंकार युग (डार्क ऐज) या मध्य युग में या अंध-विश्वासों के कारण हुआ था। लेकिन असलियत यह है कि औरतों का सबसे ज़्यादा जनसंहार आधुनिक अर्थव्यवस्था और आधुनिक राज्य के उद्भव के समय हुआ था।[2] नारीवादी अनुसंधान ने यह दिखाया है कि महिलाओं, ख़ासतौर पर चिकित्सकों और दाईयों पर हुए वहशियाना हमले और आधुनिक चिकित्साशास्त्र के उदय के बीच सीधा जुड़ाव है। इसका नतीजा यह हुआ कि आधुनिक चिकित्साशास्त्र पर आगे चलकर पुरुषों का एकाधिपत्य हो गया। इस अनुसंधान ने विशेष रूप से यह भी प्रदर्शित किया है कि सिर्फ़ आधुनिक चिकित्साशास्त्र ही नहीं, बल्कि आधुनिक भौतिकी और यांत्रिकी (मैकेनिक्स) के विकास की कहानी भी महिलाओं के ख़िलाफ़ क्रूरता की दास्तान से जुड़ी हुई है। इसी तरह, प्रकृति के साथ नये वैज्ञानिक सम्बन्ध के विकास के दौरान भी 'बुरी औरतों' को जलाया गया।[3] इस आग में सिर्फ़ औरतों का शरीर ही नहीं जला, बल्कि पुराना अन्तरंग सम्बन्ध तथा स्वास्थ्य, बीमारी और प्रकृति की उपचारी शक्तियों के बारे में उनका ज्ञान भी जलकर पूरी तरह नष्ट हो गया। इससे सम्बन्धित विश्लेषण में डायन घोषित महिलाओं के जनसंहार पर तो ध्यान दिया गया किन्तु उनकी सम्पत्ति पर अन्य क़ब्ज़ा करने के पहलू की उपेक्षा की गयी। इस तरह से क़ब्ज़ा की गयी सम्पत्ति का उपयोग युद्धों और आधुनिक परियोजनाओं को वित्तीय मदद देने के लिए किया गया।[4] इस प्रकार 'बुरी महिलाओं' के साथ क्रूर बरताव करके उनको अधीन

बनाया गया और इसके बाद अठारहवीं सदी में पारिवारिक, दब्बू, कमज़ोर और निर्भर 'अच्छी महिला' का उदय हुआ। उभरते बूर्ज्वा वर्ग के घरों की गृहणियों को ऐसी ही आदर्श 'अच्छी महिला' के रूप में पेश किया गया। ज़ल्द ही यह आदर्श महिला प्रगति का प्रतीक और एक ऐसा मॉडल बन गयी जिसका अन्य वर्गों की औरतें भी अनुसरण करने लगीं।[5] इन 'अच्छी' महिलाओं की मौजूदगी के आधार पर किसी सभ्यता के स्तर को मापा जाने लगा।[6]

बहुत सारे नारीवादी लेखन में पुरुषों और महिलाओं द्वारा नागरिकता हासिल करने के इतिहास की व्याख्या करने के लिए 'घर के दायरे की थीसिस' (डॉमेस्टिक थीसिस) का सहारा लिया गया है। इसमें यह दावा किया जाता है कि जेण्डर के आधार पर स्थान (या स्पेस) को संगठित किया गया और इसी आधार पर सामाजिक भूमिकाएँ भी तय हुईं। इस कारण सामाजिक भूमिकाओं, संस्थाओं और नागरिकता से महिलाओं का बहिष्करण हुआ। इस थीसिस के प्रतिपादक यह मानते हैं कि पश्चिमी राजनीतिक और सामाजिक चिन्तन तथा व्यवहार की यह विशेषता रही है कि इसमें सार्वजनिक और निजी के रूप में अलग-अलग तथा विरोधी दायरों का निर्माण किया गया। फिर उनके साथ जेण्डर के आधार पर क्रमशः पुरुष-सम्बन्धी (मैस्कुलीन) और नारी-सम्बन्धी (फेमिनिन) गुण जोड़ दिये गये।[7] निजी और सार्वजनिक के 'पृथक् और विरोधी स्थानों' के आस-पास जेण्डर-आधारित सामाजिक सम्बन्धों का संगठन होता है जो 'घेरलू महिला' की निर्मिति में विशेष योगदान देता है। यह महिलाओं को निजी स्थान तक सीमित करने में महत्त्वपूर्ण भूमिका निभाता है। इसके द्वारा सार्वभौमिक नागरिकता की रूपरेखा बनाने वाली समानता की स्थिति पैदा करना नामुमकिन है। असल में, यह महिलाओं की नागरिकता के लिए एक पृथक् समय-तालिका तैयार करता है। यह कहा जा सकता है कि पुरुषों को अठारहवीं सदी में नागरिक अधिकार मिले और उनके लिए नागरिकता का आगाज़ हो गया। किन्तु इसी सदी में महिलाओं की पुरुषों पर निर्भरता बढ़ती चली गयी।[8]

बेशक आधुनिक समय में सामाजिक भूमिकाओं और स्थानों को प्रभावित करने में घर के दायरे की अवधारणा का महत्त्व है। लेकिन समाज वैज्ञानिकों में इस थीसिस की प्रामाणिकता और इसके विश्लेषण की प्रक्रिया के बारे में एक हद तक संदेह रहा है। बहुत से समाज वैज्ञानिक यह मानते हैं कि इस बारे में पुख्ता प्रमाण मौजूद नहीं कि पारिवारिकता का प्रभुत्व रहा है और महिलाओं ने इसे स्वीकार किया है। उनकी दलील है कि घर के दायरे की विचारधारा को औरतों की भूमिका की आदर्श संहिता के रूप में प्रस्तुत किया गया। किन्तु यह न तो सभी महिलाओं के जीवन्त अनुभवों को अभिव्यक्त करती थी और न ही उनसे प्रेरित थी। दरअसल, यह विचारधारा औरतों की एक बहुत ही छोटी श्रेणी

अर्थात् विवाहित उच्च और उच्च मध्य वर्ग की महिलाओं से ही सम्बन्धित थी।[9] उनका यह भी मानना है कि थीसिस प्रत्यक्ष विरोधाभासों पर निर्भर है, इसलिए इसकी माध्यम से गहन विश्लेषण की उम्मीद नहीं की जा सकती है।[10] इन समाज-वैज्ञानिकों का मानना है कि ये प्रत्यक्ष विरोधाभास मनुष्यों के अनुभवों की बहुत ही सरल तरीक़े से व्याख्या करते हैं, जबकि ये अनुभव काफ़ी जटिल होते हैं। विशेष रूप से जोन वॉलेच स्कॉट और डेनिस राइले सहित बहुत सी नारीवादियों ने यह स्वीकार किया है कि विचारधारात्मक वातावरण ने महिलाओं की सार्वजनिक भूमिका को सीमित किया। लेकिन इनका यह भी मानना है कि इनकी पेचीदा और बहुआयामी भूमिका थी, जिसे आवश्यक रूप से सामाजिक-राजनीतिक सम्बन्धों के द्विभाजित भागों तक सीमित नहीं किया जा सकता है।[11]

यह अध्याय औपनिवेशिक सन्दर्भ में 'घर के दायरे' और 'पारिवारिकता' की जाँच-पड़ताल करता है। इसमें यह विश्लेषण भी किया गया है कि महिलाओं की नागरिकता के सन्दर्भ में इनके किस तरह के अर्थ सामने आए। यह इस बात को रेखांकित करता है कि घर का दायरा बहुआयामीय सामाजिक-आर्थिक और राजनीतिक ताक़तों के टकराव, प्रतिरोध और संवाद के क्षेत्र के बारे में बताता है। इसमें उन दृष्टिकोणों को स्वीकार नहीं किया गया है जो इसे किसी अन्य श्रेणी के विरोध में देखते हैं। इसके बजाय, यह अध्याय प्रस्तावित करता है कि विभिन्नताओं की विविधता के इंटरफ़ेस (अन्तरापृष्ठ) में घर के दायरे का उभार होता है और यह आवश्यक नहीं है कि इसका चरित्र द्विभाजन या द्विभाग का हो। यह अर्थों की गतिशीलता प्रदर्शित करता है और पहचानों की बहुलता को एकत्रित करने का काम करता है। स्पष्ट तौर पर, 'घर के दायरे' और 'पारिवारिकता' की अवधारणा अर्थों की बहुलता के बारे में बताती है और किसी भी तरह की अनम्यता या कठोरता को नकारती है। यह माना जा सकता है कि घर के दायरे और पारिवारिकता के ये विविध और लगातार बदलने वाले अर्थ उपनिवेश-विरोधी संघर्ष के व्यापक सन्दर्भों से अपना महत्त्व हासिल करते हैं। साथ ही, ये विरोधों की रूपरेखाओं से परिभाषित होने वाले एक स्थान और एक ऐसी *गतिविधि* का रूप धारण करते हैं, जो आवश्यक तौर पर स्थान की अवधारणा से बँधी नहीं होती है।

उपरोक्त प्रस्तावों के सन्दर्भ में हम सामाजिक संरचना (पुनर्संरचना) के स्थान के रूप में घर के दायरे के अर्थ (अर्थों) तथा महिलाओं के जीवन्त अनुभवों के लिए इसके निहितार्थों का परीक्षण करेंगे। यह परीक्षण औपनिवेशिक भारत के आख़िरी दौर में पारिवारिकता के उभार के तरीक़ों की जाँच-पड़ताल के लिए एक पृष्ठभूमि का काम करेगा। इसका उभार उपनिवेशकों और राष्ट्रवादियों के बीच वैध प्राधिकार की दावेदारी के स्थान के रूप में 'घर के दायरे' के निर्धारण और

परिसीमन के बारे में विवाद के इंटरफ़ेस (अन्तरापृष्ठ) में हुआ था। इसलिए यह प्रस्तावित किया जा सकता है कि घर के दायरे का अर्थ और इसकी रूपरेखाएँ सिर्फ़ विरोध और विवाद के सन्दर्भ में ही तैयार नहीं हुईं, बल्कि यह ऐसे स्थल के रूप में सामने आयीं, जहाँ पुराने अर्थों पर फिर से बल दिया गया, और नये अर्थ उत्पन्न किये गये। इस पहलू को ज़्यादा ठोस रूप से अभिव्यक्त करने के लिए घर के दायरे के औपनिवेशिक और राष्ट्रवादी सूत्रीकरणों की पड़ताल की जाएगी और यह समझने का प्रयास किया जाएगा कि किस तरह से एक विशिष्ट ऐतिहासिक सन्दर्भ में 'घर के दायरे' को अर्थों के एक जटिल नेटवर्क के भीतर अभिव्यक्त किया गया। इस तरह की जाँच-पड़ताल उभरती शासन-व्यवस्था में नागरिक के रूप में स्त्रियों की सदस्यता को समझने के लिए एक रूपरेखा उपलब्ध कराने का काम करेगी।

घर के दायरे का आदर्श और औपनिवेशिक सन्दर्भ

औपनिवेशिक सन्दर्भ के अन्तर्गत 'घर के दायरे' की अवधारणा और 'पारिवारिकता' के मुहावरे के साथ महत्त्वपूर्ण स्थानिक, सामयिक और विचारधारात्मक अर्थ जुड़ गये। प्रभुत्व और शोषण की औपनिवेशिक नीति और राष्ट्रीय आत्म-निर्णय के विविध संघर्षों के बीच 'घर के दायरे' ने विविध अर्थ धारण किये। ये अर्थ कई बार एक-दूसरे से असंगत और परस्पर-विरोधी भी होते थे। इनका उभार निम्नलिखित रूप में हुआ, (i), उपनिवेशकों और राष्ट्रवादी अभिजन के बीच विरोध और विवाद (प्रभुत्व और प्रतिरोध) के क्षेत्र के रूप में, (ii) एक विशिष्ट सम्प्रभु क्षेत्र के रूप में, जहाँ राष्ट्र अपनी बुनियाद पर काम कर रहा था और औपनिवेशिक पैठ का प्रतिरोध कर रहा था, (iii) 'लोक' की परम्परा, इतिहास और संस्कृति के समावेशी धारक के रूप में, जहाँ यह माना गया कि राष्ट्र ने औपनिवेशिक प्रभुत्व से प्रभावित हुए बिना अपना अस्तित्व क़ायम रखा है, और, (iv) जेण्डर-आधारित श्रेणी के रूप में, जिसका महिलाओं की सामाजिक भूमिका को परिभाषित करने के तरीक़े पर महत्त्वपूर्ण प्रभाव पड़ा। यह माना जा सकता है कि ये अर्थ निम्नलिखित प्रक्रिया के माध्यम से सामने आए : (i) औपनिवेशिक शासन के व्यवहार, और (ii) औपनिवेशिक शासन का राष्ट्रवादी प्रतिरोध और एक भारतीय आधुनिकता की दावेदारी। आगे के भागों में यह जाँच करने का प्रयास किया जाएगा कि 'घर के दायरे' के विविध अर्थ किस प्रकार इन दो व्यापक प्रक्रियाओं के रूप में सामने आए।

उपरोक्त अर्थों पर विचार करने के लिए निम्नलिखित प्रश्नों पर चिन्तन करना उपयोगी होगा : (i) यदि घर का दायरा सम्प्रभुत्ता और आत्म-निर्णय के दावों पर आधारित था, तो इसकी 'ख़ास' विशेषताएँ क्या थीं? (ii) इसकी सीमा-रेखा

को किस तरह परिभाषित किया गया था–क्या यह घर तक ही सीमित था, या फिर सांस्कृतिक समुदाय, या राष्ट्र, या एक व्यापक राजनीतिक कल्पना में अवस्थित राजनीतिक समुदाय तक फैला हुआ था? (iii) यह अस्तित्व में कैसे आया? क्या ठोस/पृथक् सीमा-रेखाएँ घर के दायरे के अन्त और राजनीतिक/सार्वजनिक की शुरुआत को स्पष्ट करती थीं या यह पूरी तरह आकस्मिक और सन्दर्भयुक्त था? (iv) आमतौर पर, घर के दायरे को ग़ैर-राजनीतिक माना जाता है, क्या सचमुच ऐसा था? (v) घर, समुदाय, राष्ट्र के क्रम में विचार करने पर किस तरह के टकरावों और विरोधों ने घर के दायरे की आन्तरिक गत्यात्मकता को अभिव्यक्त किया? (vi) इस तरह के संघर्षों को समरूपी/समरूपीकृत 'घर के दायरे' में किस तरह समायोजित किया गया, और सार्वजनिक/राजनीतिक में इन्होंने किस तरह की भूमिका अदा की। दूसरे शब्दों में इन टकरावों और इनके बीच समझौतों ने कैसे ख़ुद को नागरिकता की भाषा में अभिव्यक्त किया? (vii) औपनिवेशिक इतिहास और जेण्डर अध्ययन के साहित्य में घर के दायरे को किस प्रकार देखा जाता रहा है, तथा इस दौर के साहित्य में इसका चित्रण कैसे किया गया है, और (viii) महिलाओं ने ख़ुद घर के दायरे के निर्माण की प्रक्रिया को किस प्रकार परिभाषित किया है?

औपनिवेशिक विमर्श और शासन के व्यवहारों में घर का दायरा

यह कहा जा सकता है कि घर के दायरे में औपनिवेशिक शासन की अनिवार्यताओं से सामने आने वाले अर्थों का एक समूह शामिल होता है। यह उपनिवेशक द्वारा उपनिवेशित जनसंख्या को समझकर उन्हें शासित करने में सहायक होता है। इसमें यह बात अन्तर्निहित थी कि उपनिवेशित संस्कृतियों को समुचित तरीक़े से समझा जाए। इसके लिए घर के दायरे या देशज संस्कृति का विद्वतापूर्ण (प्राच्यवादी) अध्ययन और प्रशासकीय जाँच-पड़ताल आवश्यक था। अठारहवीं और उन्नीसवीं सदी के प्रारम्भ में भारत के बारे में हुए अधिकांश यूरोपीय लेखन और चिन्तन में यही मान्यता व्याप्त थी। उपनिवेशित लोगों को समझने की प्रक्रिया में घर के दायरे के साथ विशेष सांस्कृतिक अर्थ जोड़ा गया। साथ ही, इसमें ऐसे अर्थ भी शामिल हो गये, जिसमें उपनिवेशितों को समकालीन नहीं माना गया और उन्हें पिछड़े हुए समूह के रूप में देखा गया। इस रूपरेखा में उपनिवेशित लोगों का चरित्र 'घर के दायरे में बँधे' अराजनीतिक प्रजा-नागरिक के रूप में सामने आया। यह माना गया कि इनकी सांस्कृतिक विशेषताएँ ऐसी हैं कि इन्हें नागरिकता का अधिकार नहीं दिया जा सकता है। 'घर के दायरे' के विचार के माध्यम से उपनिवेशित संस्कृति की सभ्यता के मानक के आधार पर समीक्षा की गयी। इसकी बुनियाद पर दलील दी गयी कि औपनिवेशिक शासन का भेदभाव भरा

व्यवहार पूरी तरह सही है। इस समीक्षा की इमारत तथाकथित 'महिला-प्रश्न' की बुनियाद पर आधारित थी, जिसने भारतीय सभ्यता को हीन मानते हुए उसकी निन्दा की। दरअसल, सभ्यता का विचार उपनिवेशक की विश्व-दृष्टि से सामने आया, जिसमें यह माना गया कि यह दुनिया पदसोपानीय (अर्थात् ऊँच-नीच वाली) है। साथ ही, यह विचार पदसोपानों के ख़ास पैमाने से जुड़ा हुआ है जो इसे एक सार्वभौमिक स्थिति से जोड़ते हैं, जिसमें विभिन्न सभ्यताओं का स्थान तय किया गया।

अंग्रेज़ों द्वारा शासन की एक व्यवस्था का निर्माण करने का प्रयास किया गया। इससे भी घर के दायरे को एक आकार मिला। इसमें उपनिवेश की समझ केवल सांस्कृतिक कसौटियों पर आधाति थी। अंग्रेज़ों की इस व्यवस्था में उपनिवेशितों को नागरिक के रूप में स्वीकार नहीं किया गया। अंग्रेज़ों ने यह माना कि सार्वभौमिक सभ्यता के मानक पर उपनिवेशितों की संस्कृति का स्थान काफ़ी नीचे है। इसलिए उन्होंने इन्हें अपना समकालीन (या अपने जितना विकसित) नहीं माना। यह माना गया कि नागरिकता के लिए आधुनिक पश्चिमी सन्दर्भ आदर्श और अनिवार्य हैं। इसलिए यह 'पूर्व-आधुनिक' सामाजिक सम्बन्धों वाले समाज में लागू नहीं होता है। यह कहा गया कि चूँकि उपनिवेशित लोग मध्य-युग से आधुनिक युग की ओर आने में असमर्थ होते हैं, इसलिए पश्चिम में नागरिकों को जो अधिकार मिले हुए है, वे उपनिवेशों के नागरिकों को नहीं दिये जा सकते हैं। इस सन्दर्भ में अलेक्जेण्डर डॉउ की 1770 और 1772 के बीच तीन खंडों में प्रकाशित किताब का उल्लेख किया जा सकता है। उन्होंने अपनी किताब *हिस्ट्री ऑफ़ हिन्दुस्तान* में अफ़सोस जताते हुए यह लिखा कि '...बंगाल की उपजाऊ भूमि पर खेती करने वाले देशज लोगों को स्वतन्त्र करना *राजनीतिक व्यवस्था की क्षमता* से बाहर है...उनका धर्म, उनकी संस्थाएँ, उनके आचार-व्यवहार और *उनके दिमाग़ की बुनियादी अभिवृत्ति उन्हें निष्क्रिय आज्ञापालन के योग्य बनाती है।'* डाउ यह मानते थे कि यह निष्क्रियता 'देशज' जनसंख्या की मानसिकता में गहरे स्तर तक जड़ जमाये हुए हैं। इस कारण, जहाँ पश्चिमी समाजों में 'आत्म' निर्णय की बुनियादी स्थितियाँ हासिल करने पर एक ख़ास तरह के नतीजे सामने आए थे, वहीं भारत में ऐसी स्थितियाँ होने पर इनके उल्टे नतीजे सामने आएँगे : 'उन्हें सम्पत्ति देने पर वे हमारे हितों से और भी ज़्यादा मजबूती से बँध जाएँगे और हमारी प्रजा बन जाएँगे। यदि ब्रिटिश राष्ट्र इस शब्द का उपयोग करना चाहे तो यह कहा जा सकता है कि वे हमारे दास बन जाएँगे'।[12] इसी सन्दर्भ में दीपेश चक्रवर्ती ने लिखा है कि साम्राज्यीय विचारधारा और शासन के औपनिवेशिक व्यवहारों में बुनियादी रूप से नागरिकता पर ज़ोर नहीं दिया गया। इसके बजाय, उपनिवेशितों को सिर्फ़ प्रजा की हैसियत प्रदान की गयी (चक्रवर्ती 1992, 6)।

औपनिवेशिक शासन ने शासन की विशिष्ट तकनीकों का प्रयोग किया। इसके माध्यम से इसने उपनिवेशित प्रजा के बारे में जानकारी एकत्रित करने के ख़ास तरीक़े का ईज़ाद किया और उपनिवेश की प्रजा से अपने सम्बन्धों को वर्णित और परिभाषित किया। प्रशासन की मदद के लिए प्रजा की जनसंख्या के मापन, गणना और वर्गीकरण के 'आधुनिक' प्रशासकीय (गवर्नमेंटल) व्यवहारों का विकास किया गया (चक्रवर्ती 1995)। इसने यह बात पूरी तरह स्पष्ट की कि कौन से मसले राज्य के सामर्थ्य के भीतर आते हैं।[13] दूसरी ओर, राष्ट्रवादियों ने औपनिवेशिक राज्य के सामर्थ्य और दायरे पर सवाल उठाए। वे राज्य के प्रभाव के विस्तार को सीमित और संकुचित करना चाहते थे।

राष्ट्रवादी प्रतिरोध स्थल के रूप में घर का दायरा

औपनिवेशिक दौर में सिर्फ़ अंग्रेज़ ही नहीं बल्कि राष्ट्रवादी भी अपने प्रभाव का दायरा बढ़ाने का प्रयास कर रहे थे। इस दौरान घर का दायरा एक ऐसे स्थान के रूप में सामने आया जहाँ (औपनिवेशिक) शासन ने अपने प्रभुत्व और व्यवहार को लागू करने का प्रयास किया। लेकिन इसका उभार औपनिवेशिक शासन से विरोध और प्रतिरोध स्थल के रूप में भी हुआ, जहाँ पर उपनिवेशित लोगों ने अपनी आज़ादी हासिल की। एक ओर, औपनिवेशिक विमर्श ने उपनिवेशित लोगों को घर के दायरे तक सीमित करने, विराजनीतिकृत और अधीन बनाने का काम किया; दूसरी ओर, राष्ट्रवादी विमर्श ने इसे एक ऐसे क्षेत्र में तब्दील किया, जहाँ प्रतिरोधी, मुक्तिकारी, आत्म-पहचान को एक आकार मिला।

औपनिवेशिक दौर में घर के दायरे की रूपरेखा ने आधुनिकता की राष्ट्रवादी आकांक्षा को प्रतिबिम्बित किया। यह उन्हें उपनिवेशकों के 'बराबर' बनाती थी। लेकिन इसके साथ ही इसने देशज लोगों के 'विभेद' या विशिष्टता को भी अभिव्यक्त किया। दरअसल, विभेद की दावेदारी, एक 'विशिष्ट जन'–एक 'राष्ट्र' होने के दावे ने तार्किक रूप से उपनिवेशकों के साथ समानता की दावेदारी का आधार तैयार किया। साथ ही, इसने राजनीतिक सम्प्रभुत्ता और राष्ट्रीय आत्म-निर्णय के अधिकार को मुखरता से व्यक्त किया। घर एक अपराजेय स्थल के रूप में सामने आया जिसने उपनिवेशकों से बराबर और विभेद–दोनों को ही अभिव्यक्त किया। राष्ट्रवाद ने यह दावा किया कि वह घर के दायरे में औपनिवेशिक राज्य के हस्तक्षेप के बग़ैर काम कर सकता है।

यह कहा जा सकता है कि राष्ट्र के वर्णन और निर्माण की प्रक्रिया में घर के दायरे ने अहम स्थान हासिल कर लिया। यह एक प्रतिरोधी स्व-पहचान का स्थान बन गया। इस सन्दर्भ में यह मुख्य रूप से दो स्तरों पर सामने आया। पहला, सहभागी ऐतिहासिक अतीत पर आधारित समरूपी राष्ट्रीय पहचान और

दूसरा, लोकतान्त्रिक नागरिक समाज की कल्पना। समरूपी राष्ट्रीय पहचान के बारे में यह माना गया कि नियति ने इसे बनाया है। इस राष्ट्रीय पहचान का आह्वान इस अर्थ में भी वर्चस्व (हेजेमनी) क़ायम करने वाला था कि यह विविधतापूर्ण सम्भावनाओं को एक राष्ट्रीय सत्त्व (नैशनल इसेंस) में सीमित करता था। यह औपनिवेशिक समाज के भीतर राष्ट्रीय सम्प्रभुत्ता का क्षेत्र था। अर्थव्यवस्था, राज्य-तन्त्र, विज्ञान और तकनीक जैसे बाहरी क्षेत्र अलगाव पैदा करने वाले और दुर्बल बनाने वाले क्षेत्र थे। इन क्षेत्रों में पूर्व ने पश्चिम के सामने पूरी तरह आत्म-समर्पण कर दिया था। लेकिन घर के क्षेत्र के बारे में यह दावा किया गया कि यह चिन्तन और व्यवहार के स्तर पर विदेशी (औपनिवेशिक) शासन की बाहरी दुनिया से पृथक् है। यहाँ राष्ट्र की सर्वोच्चता और विशिष्टता की दावेदारी की गयी। यह संस्कृति का आन्तरिक क्षेत्र था, जो एक अर्थ में राष्ट्र के सीमा-क्षेत्र की तरह था। इसे औपनिवेशिक राज्य से सम्प्रभुत्ता हासिल थी, जिसमें घुसपैठ करना नामुमकिन था और जो अपने मूल्यों से 'समझौता' नहीं कर सकता था। पार्थ चटर्जी यह मानते हैं कि घर के दायरे के इसी सम्प्रभु क्षेत्र में राष्ट्रवादियों ने अपने सबसे 'शक्तिशाली, सृजनात्मक और ऐतिहासिक रूप से महत्त्वपूर्ण योजना' को लागू करने का प्रयास किया। अर्थात् इसमें सुधरी हुई राष्ट्रीय परम्परा का निर्माण किया गया और स्त्रियों को इसका धारक माना गया (चटर्जी 1994, 129)।

दूसरे स्तर पर घर के दायरे की एक लोकतान्त्रिक नागरिक समाज के रूप में कल्पना की गयी जहाँ अधिकार और नागरिकता की आधुनिक अवधारणाएँ अपना रूप और सत्त्व हासिल कर सकती थीं। पहले भाग में राज्य की 'नौकरशाही-तार्किक' गतिविधियों की विवेचना की गयी है, जिसमें उपनिवेशित लोगों की परिभाषा और गणना शामिल थी। यह सिर्फ़ व्यक्तियों के रूप में नहीं होती थी, बल्कि इसमें जाति, पंथ, 'सैन्य नस्ल' (मार्शल रेसेज) जैसे व्यापक समुदायों की श्रेणियों पर भी ध्यान दिया जाता था। ये सभी राज्य द्वारा अराजनीतिक माने गये।[14] इस गणना ने यह भी प्रदर्शित किया कि औपनिवेशिक राज्य अपने सामर्थ्य और प्रभाव के दायरे को सार्वजनिक-राजनीतिक स्तर पर संगठित कर रहा था। दूसरी ओर, इस तरह की गणना के साथ-ही-साथ नागरिक समाज के एक क्षेत्र का भी उभार हुआ जहाँ राष्ट्र के नागरिक जीवन के लोकतन्त्रीकरण की प्रक्रिया को बढ़ावा दिया गया। स्पष्टत: शासन के औपनिवेशिक व्यवहारों में समुदायों की गणना शामिल थी। इन्हें धार्मिक और सांस्कृतिक गतिविधियों का संकेतक माना गया। वहीं, इन सांस्कृतिक सामुदायिक पहचानों के आस-पास बहुत सारे संघर्ष हो रहे थे। इन संघर्षों ने भारतीय समाज में सामाजिक-आर्थिक और धार्मिक पदसोपानों के कारण होने वाले हाशियाकरण और इनके वर्चस्व पर

सवाल उठाए। निश्चित रूप से, घर का दायरा राष्ट्र के सम्प्रभु, आन्तरिक, समरूपी और सांस्कृतिक क्षेत्र के रूप में सामने आया। इसने औपनिवेशिक हस्तक्षेप को सीमित करने वाले सीमा-क्षेत्र की भूमिका अदा की। उपनिवेशिक विमर्श में घर के दायरे को विराजनीतिक और दमित समुदायों के समूह के रूप में देखा गया। लेकिन उपनिवेशितों के विमर्श में यह एक ऐसे क्षेत्र के रूप में सामने आया, जहाँ सामाजिक-आर्थिक पुन:संरचना और सत्ता सम्बन्धों की पुन:अभिव्यक्ति का संघर्ष चल रहा था। दूसरे शब्दों में, यहाँ मौजूदा शक्ति सम्बन्धों के लोकतन्त्रीकरण के लिए संघर्ष हो रहे थे। इनके चलते स्व-शासन की आधुनिक संरचनाओं के लिए आधार तैयार हुआ। इन संघर्षों में अधिकार और नागरिकता की भाषा का प्रयोग किया गया। संक्षेप में, यह कहा जा सकता है कि इसने एक ऐसे राजनीतिक समुदाय के निर्माण की शुरुआत की जो क्षैतिज (समस्तरीय) बन्धुता सम्बन्धों पर आधारित था।

घर का दायरा और जेण्डर-आधारित नागरिकता

जैसा कि पहले भाग में बताया गया है कि उपनिवेशितों के बारे में अनुसंधान करते वक़्त यह बात पूरी तरह स्पष्ट कर दी गयी वे अत्यधिक पिछड़े हुए हैं और उपनिवेशकों के समकालीन नहीं हैं। यह कहा गया कि उपनिवेशित लोग औरतों के साथ बहुत ही दक़ियानूसी बरताव करते हैं जो यह प्रमाणित करता है कि उनकी सभ्यता बहुत ही निम्न है। पिछले भागों में इसकी विवेचना की गयी है। साथ ही, यह भी बताया गया है कि किस तरह इस प्रक्रिया से भारतीयों का नारीकरण और विराजनीतीकरण हुआ। निश्चित रूप से, विभेद के नियम ने औपनिवेशिक राज्य द्वारा उपनिवेशितों की नागरिकता टालने के फ़ैसले को वैधता प्रदान किया। वहीं, राष्ट्रवादियों ने उपनिवेशवादियों की आधुनिकता की इस अवधारणा की आलोचना की कि आधुनिकता एक ऐसी परिघटना है, जो पहले से ही किसी अन्य स्थान पर घटित हो चुकी है। अपनी इस आलोचना के आधार पर ही उन्होंने भारतीयों के लिए नागरिकता की माँग की। राष्ट्रवादियों (पुरुषों) ने भारतीय आधुनिकता को परिभाषित करने के लिए घर के क्षेत्र का प्रयोग किया। इस आधुनिकता की परिकल्पना के लिए इस बात पर बल दिया गया कि घर के क्षेत्र में स्थायी चेतना और भारतीयता का सत्त्व मौजूद होता है। घर के दायरे को तैयार करने के लिए पूरी तरह जाँच-परखकर अतीत के तत्त्वों को चुना गया। इस पर ज़ोर दिया गया कि ये तत्त्व बाहरी सत्ता की मौजूदगी और उसके प्रभुत्व से बेदाग और निष्कलंक रहे हैं। उन्नीसवीं सदी के आख़िरी और बीसवीं सदी के प्रारम्भिक दौर में राष्ट्रवादियों ने घर के दायरे में मौजूद स्थायी चेतना की पुष्टि करने के लिए इतिहास का पुरज़ोर सहारा लिया। उन्होंने इतिहास के आगोश से

एक 'राष्ट्रीय' संस्कृति की पुन:प्राप्ति, पुन:उभार और पुन:पुष्टि करने का प्रयास किया। स्पष्टत: घर के दायरे में राष्ट्रीय संस्कृति को फिर से हासिल किया गया। महिलाएँ बच्चों को जन्म देने और उनके पालन-पोषण के काम से जुड़ी हुई थीं। अपनी इस विशिष्ट भूमिका के आधार पर ये एक राष्ट्रीय संस्कृति और पहचान की निरन्तरता का 'राष्ट्रीय' प्रतीक बन गयीं। इस तरह हिन्दू स्त्री का आदर्श रूप तैयार किया गया। एक राष्ट्रीय परम्परा की पुन:प्राप्ति और नवीकरण के लिए लगातार इस स्त्री का महिमामंडन किया गया। राष्ट्रवादी विमर्श में महिलाओं के लिए व्यावहारिक मानक तय करने के लिए काफ़ी विस्तृत लेखन किया गया। इसके माध्यम से राष्ट्रीय परम्परा का उत्पादन और पुनरुत्पादन किया गया। इसमें आदर्श हिन्दू स्त्री का शरीर साम्राज्यवाद के प्रतिरोध के सर्वोच्च और यहाँ तक कि आख़िरी प्रतीक के तौर पर सामने आया। तनिका सरकार ने इस महत्त्वपूर्ण लेकिन विरोधाभासी सम्बन्ध को प्रस्तुत किया है : 'एक गुप्त आभूषण की तरह स्वतन्त्रता भी पराजय को अभिव्यक्त करने वाले बाहरी परिवेश से अलग की जा सकती थी और फिर भी इसे महिला के शरीर में छिपाया जा सकता था' (सरकार 1987, 2014)। हालाँकि सार्वजनिक/वैश्विक दुनिया में आज़ादी घर के दायरे में मुक्ति की दावेदारी पर निर्भर थी। इसलिए पवित्रता को रेखांकित करने वाले स्त्री शरीर और राज्य के स्तर पर राजनीतिक स्वतन्त्रता के बीच एक परोक्ष शृंखला के रूप में सामने आती है। ख़ास बात यह है कि इस स्पेक्ट्रम के दूसरे सिरे से देखने पर यह बात सामने आती है कि राजनीतिक आज़ादी, सम्प्रभुत्ता और नागरिकता 'प्रतिगमन की निरन्तर प्रक्रिया' पर निर्भर हो गये। महिलाओं के मामले में यह उल्टी दिशा में जाने की तरह है। उनका 'स्वतन्त्र स्वत्व' सार्वजनिक क्षेत्र से घर के आन्तरिक स्थान पर वापस लौटता है। फिर, इसके आगे वह 'निष्कलंक, पवित्र और शुद्ध महिला शरीर की गुप्त गहराइयों' में ढकेल दिया जाता है (सरकार 1987)। ऐसे में, महिलाओं की व्यक्तिकरण की प्रक्रिया और उनकी नागरिकता भी उल्टी दिशा में आगे बढ़ने लगती है।

इस तरह राष्ट्र के इतिहास लेखन में इस बात की पुरज़ोर तरफ़दारी की गयी कि स्त्रियाँ राष्ट्रीय सत्त्व का अभिन्न भाग हैं। इस सन्दर्भ में उनके चरित्र विविध रूप में सामने आए। इतिहास से प्रतिष्ठित स्त्री चरित्रों को एकत्रित किया गया तथा उन्हें वर्तमान संघर्ष के लिए सार्थक और प्रासंगिक बनाया गया। उनके लिए आदर्श सामाजिक भूमिका को स्पष्ट करने के लिए एक ओर वीरांगना मॉडल पेश किया गया। इसमें वीर नारीत्व (लक्ष्मीबाई, अहिल्याबाई होल्कर, दुर्गा, और काली) के आदर्श पर बल दिया गया। दूसरी ओर, इनके लिए सीता और सावित्री के रूप में आदर्श पत्नी के चरित्र को देवी की तरह प्रस्तुत किया गया। प्रतिरोध और संघर्ष या त्याग और 'स्व-निषेध' व्यक्त करने वाले इन सभी रूपों में एक

सामान्य अर्थ मौजूद था। इसमें यह माना गया कि स्त्रियाँ ही राष्ट्र को क़ायम रखती हैं और इसका पुनरुत्पादन करती हैं। ये राष्ट्र को जीवन प्रदान करती हैं तथा इसे मजबूत करने और विदेशी प्रभुत्व से बचाने का नैतिक दायित्व अपने कंधों पर लेती हैं। इस तरह, एक ख़ास राष्ट्रीय पहचान निर्मित हुई, जिसमें स्त्रियों को देवी सदृश माना गया। इनके लिए तय की गयी प्रामाणिक भूमिका ने बहिष्करणों की एक शृंखला[15] बनायी और विभेदों का समरूपीकरण किया। इस पूरी प्रक्रिया से सार्वभौमिक राष्ट्रीय पहचान का वर्चस्व स्थापित हुआ। इस सन्दर्भ में घरेलू व्यवहार और सम्बन्धों के साथ नये तरह के अर्थ जोड़े गये। ये ऐसे अर्थ थे जिन्होंने परिवार और समुदाय की कल्पना को राष्ट्र से जोड़ा। इनके चलते परिवार को एक नया अर्थ मिला। फिर इस पहलू की नवीन व्याख्या सामने आयी कि किस प्रकार परिवार समुदाय और राष्ट्र की अवधारणा के साथ संलग्न हो गया है।

पारिवारिकता : निजी दायरे का सार्वजनिक विमर्श

गृहिणी/परिवार का आदर्श और पारिवारिकता–अर्थात् घरेलू या निजी जीवन को आदर्श रूप से संगठित करने के तरीक़े से जुड़ी विवेचना में बहुत से विवाद सामने आते हैं। दरअसल, ये विवाद भारतीय राष्ट्रवादियों द्वारा घर के दायरे को सम्प्रभु और स्वायत्त लोक के रूप में प्रस्तुत करने के संघर्ष से जुड़े थे। इस भाग में हम जर्नलों, किताबों और परचों में सामने आए उपदेशी लेखन का परीक्षण करेंगे। हम यह समझने का प्रयास करेंगे कि किस तरह उपदेशी/निर्देशात्मक लेखन के माध्यम से परिवार, समुदाय और राष्ट्रीय सम्बन्धों की मानकीय रूपरेखाओं के भीतर अवस्थित पारिवारिकता का आदर्श सामने आया। यहाँ उद्धृत अधिकांश लेखन हिन्दी में लिखे गये हैं। लेकिन यह प्रयास भी किया गया है कि अन्य भारतीय भाषाओं में भी इस तरह के लेखन के विश्लेषण के माध्यम से इस परीक्षण को ज़्यादा ठोस रूप दिया जाए। इस भाग में ऐसे लेखन में शामिल घर के दायरे के विविध अर्थों की पड़ताल की जाएगी। साथ ही, यह समझने की कोशिश की जाएगी कि किस तरह व्यक्तिगत/घर का दायरा समुदाय और सार्वजनिकता से अलग है; किस तरह घर के दायरे ने प्रजा/नागरिक और आधुनिक/नागरिक समाज के औपनिवेशिक विमर्श में हस्तक्षेप करते हुए राष्ट्रवाद पर होने वाले विमर्श की निर्मिति में मदद की; और कैसे व्यक्तिगत/सार्वजनिक को नागरिक/राजनीतिक जीवन की सार्वजनिक दुनिया से जोड़ने के लिए निर्मित भारतीय मॉडल बाहर से आए (पश्चिमी) मॉडलों से अलग था।

आरम्भ में ही यह स्पष्ट कर देना ठीक होगा कि पारिवारिकता का विचार कहानी और अन्य तरह के लेखन के माध्यम से अभिव्यक्त हुआ। ये सभी सार्वजनिक जीवन के भाग थे। इस लिहाज़ से यह आधुनिक मुद्रण संस्कृति और

सार्वजनिकता के दायरे में थे। बहरहाल, उपदेशी ग्रन्थों की ख़ास बात यह थी कि उनमें पाठक/पाठिकाओं को स्पष्ट रूप से निर्देश दिये गये थे। स्पष्टतः इन ग्रन्थों की सार्वजनिकता सीमित थी क्योंकि इनके द्वारा दिये गये निर्देशों का मक़सद वाद-विवाद और संवाद बन्द करना था। ये किताबें धर्म और धार्मिक ग्रन्थों के माध्यम से अपना प्राधिकार हासिल करती थीं। साथ ही, इन्हें कन्या विद्यालयों के शिक्षक/शिक्षिकाओं द्वारा लिखा गया था और इन्हें इन विद्यालयों में पढ़ाया भी जाता था। इससे इन किताबों की वैधता और भी ज़्यादा बढ़ जाती थी। दरअसल, इसके चलते भी वाद-विवाद और संवाद की प्रवृत्ति पर रोक लगी। यह याद रखने की ज़रूरत है कि ये किताबें या पुस्तिकाएँ एक छोटे समूह अर्थात् हिन्दू मध्य वर्ग की महिलाओं के लिए लिखी गयी थीं। इसके अलावा, जैसा कि पहले उल्लेख किया गया है कि पारिवारिकता से सम्बन्धित सार्वजनिक विमर्श राष्ट्र के साथ प्रतीकात्मक रूप से जुड़ा था। इसने राष्ट्रवादी विचार को एक सुनिश्चित रूप प्रदान करने में महत्त्वपूर्ण भूमिका निभाई। इसने महिलाओं को परिवार, जाति, समुदाय और राष्ट्र की 'स्वाभाविक' इकाईयों से 'जोड़ा'। इस तरह, इसने व्यक्ति के रूप में उनके अस्तित्व में काँट-छाँट किया। साथ ही, इसने यह भी रेखांकित किया कि उभरते राष्ट्र-राज्य में औरतों के लिए ऐसी भूमिका होनी चाहिए, जिसमें वे किसी-न-किसी स्वाभाविक इकाई पर निर्भर हों। इस दौर में ऐसे विचारों को बढ़ावा देने वाले लेखन में ज़बरदस्त बढ़ोतरी हुई। असल में, यह वह दौर था जब एक राजनीतिक आंदोलन के रूप में राष्ट्रवाद का ज़ोरदार तरीक़े से उभार हो रहा था। इसने ऐसी ऊर्जा पैदा की जो प्राधिकार की सभी पारम्परिक संरचनाओं और उसकी सभी अभिव्यक्तियों को ख़त्म कर देना चाहता था। यह माना जा सकता है कि इससे पैदा हुई बेचैनी और सम्भावित सामाजिक अराजकता के ख़तरे के कारण ही उपेदशात्मक लेखन में काफ़ी वृद्धि हुई।

राष्ट्रीय आन्दोलन के दौर में घर के दायरे और राष्ट्र से इसके जुड़ाव के बारे में बहुत से सार्वजनिक वृतान्त मौजूद हैं। इनके परीक्षण से इन दोनों के बीच जुड़ाव के बारे में दो समानान्तर वर्णन सामने आते हैं। ये दोनों ही एक दूसरे से पूरी तरह अलग हैं। इसलिए दोनों ही वर्णनों में घर के दायरे की एक अलग संकल्पना और राष्ट्र के सम्बन्ध में स्त्रियों का अलग चित्रण सामने आता है। दोनों में ही घर के दायरे की संकल्पना एक ऐसे जेण्डर-आधारित स्थान के रूप में की गयी है, जो नारी-सुलभ गतिविधियों का केन्द्र है। लेकिन एक वर्णन में इसकी कल्पना एक ऐसे दायरे के रूप में भी की जाती है, जिसकी गतिविधि सार्वजनिक दायरे के अधीन होती है। इसमें यह माना जाता है कि सार्वजनिक दायरे में ही राष्ट्रीय मुक्ति की पौरुषवादी नागरिक-राजनीतिक योजना सामने आती है और राष्ट्रीय मुक्ति का संघर्ष किया जाता है। इस सूत्रीकरण के मुताबिक़ घर

का दायरा आधुनिक समय के साथ असंगत है। इस कारण इसे एक अपर्याप्त और असमर्थ क्षेत्र घोषित कर दिया जाता है। दीपेश चक्रवर्ती मानते हैं कि उन्नीसवीं सदी के आरम्भिक दौर के बंगाली घर से सम्बन्धित लेखन में यह 'अप्रसन्न चेतना' के प्रतिनिधि के रूप में सामने आता है। ऐसे लेखन में घर का दायरा अप्रसन्न वर्तमान का प्रतिनिधित्व करता है। लेकिन सांसारिक गतिविधियों की कल्पना ऐसी खुशी (आज़ादी) की चाह के रूप में की गयी, जहाँ एक ऐतिहासिक भविष्य हासिल किया जाना है। यह अवधारणा इस कल्पना पर आधारित थी कि गृह या घर के दायरे में 'अंग्रेज़ी घर' के विपरीत अनुशासन और सौंदर्य का अभाव होता है। इस तरह इसके साथ 'शर्मिंदगी' की भावना जोड़ दी गयी। यह माना गया कि इसमें सुधार करने और इसे बेहतर बनाने की आवश्यकता है। सार्वजनिक दायरे को पुरुष गतिविधियों का क्षेत्र माना गया। घर के दायरे की इस समझ के कारण सार्वजनिक दायरे में भारतीय पुरुष शर्मिंदगी और दुर्बलता की भावना से पीड़ित था। इसके चलते वह लगातार एक तरह के 'अपराध-बोध' से भी पीड़ित रहता था।[16] इस तरह के सूत्रीकरण में परोक्ष रूप से एक ऐसे 'सार्वभौमवादी' (औपनिवेशिक/पश्चिमी) पैराडाइम को भी स्वीकार किया गया, जिसमें यह माना गया कि दुनिया ऊँच-नीच पर आधारित है।[17] वर्तमान की इस कल्पना में यह बात सन्निहित थी कि सुधार लाने के लिए बहुत ही गहन उपायों की आवश्यकता है। उन्नीसवीं सदी के दूसरे भाग में चिन्तन की सभ्यतामूलक-सह-राष्ट्रवादी शाखा का विस्तार हुआ। इसने घर के दायरे को राष्ट्र के विचार से जोड़ा। साथ ही, इस विचार को बढ़ावा दिया कि इसमें सुधार होने से राष्ट्र का भी सुधार होगा।

घर के दायरे और राष्ट्र के बीच सम्बन्ध के दूसरे सूत्रीकरण में यह एक ऐसे स्थान के रूप में सामने आया जहाँ (भारतीय) समाज के 'पौराणिक-धार्मिक' निरन्तरता की दावेदारी की गयी। पहले सूत्रीकरण में यह एक ऐसी 'शर्मिंदगी' के रूप में था, जिसे 'आधुनिक' बनाने के लिए उसमें सुधार करने की आवश्यकता थी। इसके विपरीत, दूसरे वर्णन में नागरिक समाज एक समस्या बन गया। यह एक ऐसे क्षेत्र के रूप में सामने आया जिसमें अपने सर्वोच्चता की दावेदारी करने की प्रवृत्ति थी, जिसके माध्यम में वह वर्तमान में बदलाव ला सकता था। इस सूत्रीकरण में घर का दायरा आत्म-पुनःप्राप्ति और आत्म-सम्मान का स्थान था। पहले सूत्रीकरण में यह माना गया कि नागरिक-राजनीतिक समाज में भविष्य की खुशियाँ निहित होती हैं। इसके विपरीत, दूसरे वर्णन में यह कहा गया कि यह अमानवीयकरण करता है; तथा यह मनुष्य को उसके वास्तविक आत्म से पूरी तरह अलग कर देता है। इसमें घर के दायरे को आत्म को जीवन्त रखने और उसका पालन-पोषण करने वाले स्थान के रूप में देखा गया। इसमें इस बात पर बल दिया गया कि घर के दायरे में आत्म का उद्धार होता है और उसकी

सुरक्षा होती है। लेकिन दुनिया एक ऐसा स्थान है जहाँ औपनिवेशिक समाज और पूँजीवाद बल-प्रयोग से शासन करते हैं। ये इसकी मदद से बूर्ज्वा शासन चलाते हैं तथा मनुष्य के शरीर को काम और अनुशासन द्वारा नियन्त्रित करते हैं। इस दूसरे सूत्रीकरण में इस बात पर अफ़सोस ज़ाहिर किया गया कि सार्वजनिक दायरे में लोगों को मजबूरन बल-प्रयोग आधारित शासन के सामने झुकना पड़ता है। साथ ही, इसमें यह चेतावनी भी दी गयी कि इस बारे में सजग रहने की ज़रूरत है कि बल प्रयोग आधारित यह शासन आत्म को अपने अधीन लाकर उसका उपनिवेशीकरण न करे। इस तरह, घर का दायरा राष्ट्र के (अतीत की ओर देखने वाले) पौराणिक-धार्मिक समय से ही संलग्न होने के साथ-ही-साथ उपनिवेशित सार्वजनिक स्थानों को अमानवीय प्रभावों से उबारने और बचाने का काम करता था। इसलिए घर के दायरे को इस तरह मजबूत बनाने की आवश्यकता है ताकि अतीत की निरन्तरता में कोई दरार पैदा न हो। लेकिन इसे इस तरह पुनर्गठित करने की ज़रूरत है ताकि इसकी भूमिका बदलते वक़्त के अनुरूप हो। स्पष्टत: इस सूत्रीकरण में बदलाव और सुधार के विमर्श को भी स्थान मिला। हालाँकि यह माना गया कि घर का दायरा 'पतन' नहीं, बल्कि मुक्ति और नवीकरण का स्थान है। सार्वजनिक दायरा राजनीतिक अवमानना का स्थान था, लेकिन यह संघर्ष का स्थान भी था। इसने घर के दायरे से अपनी नैतिक ताक़त और ओज हासिल किया। इस तरह, इस सूत्रीकरण में भी थोड़े अलग तरीक़े से सार्वजनिक स्थान पर आज़ादी और मुक्ति का वृतान्त घर के दायरे से जुड़ा था और इस पर निर्भर था।[18]

कई मरतबा यह माना गया कि ये दो सूत्रीकरण राष्ट्रवादी आन्दोलन के दो चरणों के बारे में बताते हैं। पहला चरण सुधार का दौर था, और दूसरा राष्ट्रवादी पुनरुत्थान का (चटर्जी 1994, 116)। लेकिन उन्नीसवीं सदी के आख़िर और बीसवीं सदी के आरम्भ में हिन्दी में रचित घर के दायरे सम्बन्धी लेखन में इन दोनों का सह-अस्तित्व है। इसके अलावा, दोनों ही सूत्रीकरणों में ख़ास बात यह है कि ये तक़रीबन एक ही तरह से महिलाओं को घर के दायरे से जुड़ा मानती हैं। दोनों में ही स्त्रियों की कल्पना ऐसी वस्तुओं के रूप में की गयी है जिन्हें सुधारे जाने और शिक्षित किये जाने की आवश्यकता है। असल में, 'महिलाओं को शिक्षित करने' की बात इस पूर्व-मान्यता पर आधारित थी कि वे अज्ञानी होती हैं। उनकी यह स्थिति शासन-तन्त्र में आदमियों की 'नपुंसकता' (या दुर्बलता) की तरह ही थी। इस वर्णन के मुताबिक़ यदि आदमी सार्वजनिक दायरे के बल-प्रयोग के सामने झुक जाते हैं या जीवन की बाधाओं से हार मान लेते हैं, तो दरअसल वे अपने कर्म[19] से भटक गये हैं। इसी प्रकार, घर के दायरे में काम न करने वाली स्त्री अपने अपने धर्म की उपेक्षा करती है। इस तरह के

वर्णन में सार्वजनिक दायरे में व्यक्तित्व और स्वत्व की कल्पना मरदाना रूप में की गयी। यह स्वीकार किया गया कि पुरुष बन्धनों से जकड़े हुए हैं। दूसरी ओर, महिलाएँ (संयुक्त) परिवार, (हिन्दू) समुदाय और (हिन्दू) राष्ट्र में सन्निहित थीं। वे खुद को पुरुषों की तरह कुल (परिवार/समुदाय/राष्ट्र) के 'पौराणिक-धार्मिक' समय से अलग नहीं कर सकती थीं। इसलिए इस हालत में उनके लिए खुद को मुक्ति और आज़ादी से सम्बन्धित सेकुलर समय के ऐतिहासिक वृतान्त से जोड़ना नामुमकिन था।

ग़ौरतलब है कि 'विवाहित महिलाओं' के लिए लिखी गयी सोलह लेखों की एक आचारण-पुस्तिका *वनिता विनोद*[20] (1906; 1912) *परिवार/कुटुम्ब* (विस्तृत परिवार), *जाति* (समुदाय), और *देश* (राष्ट्र) के बीच सहजीवन पर बल देती है। परिवार और समुदाय के बीच के सहजीवन का विस्तार राष्ट्र तक होता है। इसे इस तथ्य से समझा जा सकता है कि महिलाओं को यह आदेश दिया जाता है कि वे अपने परिवार को संगठित करने के लिए आत्म-विस्मृति (निस्वार्थ होने) और आत्म-त्याग के गुणों का विकास करें। किसी स्त्री में इनकी कमी या इनसे भटकाव को पराधीनता (आत्म का दूसरों के अधीन होना, दूसरे शब्दों में औपनिवेशिक शासन की अधीनता) के रूप में देखा गया। आत्म-त्याग और आत्म-विस्मृति को महिलाओं के लिए इच्छित व्यवहारवादी मानक माना गया। इन गुणों को उनके लिए 'बुनियादी' और 'उपयोगी' गुणों के रूप में वर्णित किया गया। दूसरी ओर, यह कहा गया कि पुरुष आत्म की प्राप्ति आत्म-निर्भरता (अपने स्वायत्त आत्म में भरोसा) और आत्म-ग़ौरव में होती है। पुरुषों के आत्म-ग़ौरव और स्वतन्त्रता की पुनःस्थापना और पुनःप्राप्ति स्त्रियों द्वारा अपने आत्म के परित्याग पर निर्भर करती है। वे अपने लिए तैयार किये गये शास्त्रों (धार्मिक ग्रन्थों) के नियमों का पालन करके ऐसा परित्याग कर सकती हैं।

यह बात उल्लेखनीय है कि घर के दायरे के पतन और इसके उद्धार का विमर्श इस रूप में सामने आया मानो यह स्त्रियों को अपने बारे में फ़ैसला करने की क्षमता दे रहा हो। किन्तु असलियत में वह इसमें कटौती कर रहा था। *वनिता विनोद* के लेखक यह स्वीकार करते हैं कि उन्होंने महिलाओं के लिए ऐसे नियम तय किये हैं जो उनसे अत्यधिक अपेक्षा रखते हैं और काफ़ी सख़्त हैं। लेकिन वे यह मानते हैं कि महिलाओं पर मानव जाति के उद्धार की बोझिल लेकिन ग़ौरवशाली ज़वाबदेही होती है। ये नियम इसी बात का प्रमाण हैं। इन नियमों को पुरुषों ने तैयार किया, जो उनकी पुरुषवादी गतिविधि का एक छोटा हिस्सा था। लेखक इस बात पर काफ़ी बल देते हैं कि असल में पुरुषों के हाथ में सिर्फ़ नियम बनाने का ही काम है, क्योंकि आख़िरकार महिलाओं को ही इन्हें *मानना-बरतना* है। इनके मुताबिक़, औरतों को मानवता के प्रति अपनी ज़वाबदेही पूरी करने के

लिए आत्म-विस्मृति, आत्म-त्याग और पति-भक्ति जैसी कुछ महत्त्वपूर्ण शर्तें पूरी करनी चाहिए। इसी रूपरेखा के अन्तर्गत यह किताब कुछ 'स्त्री सद्‌गुणों' की बात करती है। अतीत में महिलाओं के पास ये सद्‌गुण थे और उन्होंने अपने कर्त्तव्यों को पूरा करने के लिए इनका अच्छी तरह से उपयोग किया। इस तरह के सद्‌गुणों में *क्रोध शान्ति* (गुस्से पर नियन्त्रण), *धैर्य* और *साहस* प्रमुख हैं। इस बात पर ग़ौर करने की आवश्यकता है कि जब महिलाओं द्वारा घर के भीतर इन सद्‌गुणों का प्रयोग किया गया, तो इन्होंने विशिष्ट जेण्डर-आधारित रूप धारण कर लिया। यह माना गया कि यह उनके लिए मानव जीवन के संगठन के मूल मन्त्र अर्थात् पति भक्ति को बेहतर तरीक़े से हासिल करने का साधन हैं। मसलन, इन सद्‌गुणों को दमयन्ती के पौराणिक चरित्र द्वारा अभिव्यक्त किया गया। जब दमयन्ती के पति ने उन्हें जंगल में छोड़ दिया तो उन्होंने अपना धैर्य और साहस नहीं छोड़ा। इसी कारण वे फिर से अपने पति से मिल पाईं और उन्होंने बहुत सारे दबावों और प्रलोभनों के बावजूद अपने सतीत्व की रक्षा की। इस किताब में यह माना गया है कि महिला का *सतीत्व रत्न* उसके जीवन का सबसे क़ीमती आभूषण है। लेखक आगे इस बात पर गहरा अफ़सोस जताते हैं कि आधुनिक महिलाओं में इस तरह के सद्‌गुणों का अभाव लगता है (ख़ास बात यह है कि ऐसी महिलाओं का वर्णन अबला के रूप में किया गया है, जो उनकी असहाय और कमज़ोर स्थिति के बारे में बताता है)। आधुनिक औरत में धैर्य और साहस-दोनों की कमी है। इस बात की काफ़ी सम्भावना है कि दमयन्ती जैसी हालत में आने पर या तो वह जंगल में बर्बाद हो जाएगी या फिर जंगली जानवरों के आगे घुटने टेक देंगी। प्राचीन स्त्रियों की तुलना में आधुनिक महिलाओं की दुर्बलता रेखांकित करने के लिए एक अन्य मिसाल का भी प्रयोग किया गया है। इस बार एक माता का उदाहरण दिया जाता है। वह अपने बेटे को मुगल शासक अकबर के ख़िलाफ़ युद्ध लड़ रहे राजपूत राजा जयमल की सेना में शामिल होने के लिए भेजती हैं। इस मामले में माता को यह पता था कि उनका पुत्र मरने जा रहा है। वे ख़ुद को यह समझाती हैं कि उनका पुत्र एक सच्चे क्षत्रिय की भाँति युद्ध के मैदान में मौत को गले लगाएगा। माता अपने पुत्र को मरने के लिए भेजकर ही सन्तुष्ट नहीं होती हैं, बल्कि वे अपनी बहू के साथ अपने बेटे के पीछे-पीछे युद्ध के मैदान तक जाती हैं जहाँ पुत्र के साथ-ही-साथ माता और बहू को भी वीरगति प्राप्त होती है। इस उदाहरण के माध्यम से लेखक राष्ट्र के अतीत के साथ निरन्तरता स्थापित करने का प्रयास करते हैं। वे एक ऐसी भूमि की कल्पना करते हैं जो साहसी नारियों (वीर बालाओं) के रक्त से सिंचित हुई है और इससे उसका अस्तित्व क़ायम रहा है। हालाँकि अतीत के इस गुणगान से पतन के बारे में अफ़सोस क़रीब से जुड़ा हुआ है। इसमें आधुनिक औरतों को दोषी

ठहराते हुए यह कहा गया है कि वे अपने सपने में भी अतीत की वीर बालाओं के साहस के सौंवे अंश का प्रदर्शन नहीं कर सकती हैं।

इस तरह के लेखन में पतन का 'अपराध-बोध' और सुधार की ज़िम्मेदारी- दोनों ही महिलाओं पर डाल दी गयी। उनके सम्बन्ध में लिखे गये अधिकांश जर्नलों, किताबों और परचों में एक ओर औरतों के पतन पर अफ़सोस जताया गया है, वहीं दूसरी ओर उनके सुधार के लिए उपदेश भी दिया गया है। इसलिए इनमें से अधिकांश लेखन में महिलाओं को यह निर्देश/उपदेश दिया गया है कि वे ख़ुद को शिक्षित करें। मसलन, *नारीरत्नमाला* में वीरांगनाओं की छयालिस कहानियाँ संकलित की गयी हैं। इनका मक़सद आधुनिक स्त्रियों के सामने ऐसा आदर्श प्रस्तुत करना था, जिसका वे अनुसरण करें और उन सद्‌गुणों को अपनाएँ जो अतीत में नारियों के पास थे और राष्ट्र को क़ायम रखने के लिए ये सद्‌गुण आवश्यक हैं।[21] यह भी ग़ौरतलब है कि ऐसे बहुत से लेखन में बाल विवाह, बहु-विवाह, महिलाओं की निरक्षरता और उनके सामाजिक दमन जैसी कुरीतियों की ओर भी ध्यान दिलाया गया। इन सामाजिक कुरीतियों और उनके दमन के विवरण के बाद इन समस्याओं को हल करने पर भी ज़ोर दिया गया। लेकिन मज़ेदार बात यह है कि इन कुरीतियों के लिए औरतों को ही दोषी ठहराया गया। इसलिए *वनिता विनोद* ने यह घोषणा की कि महिलाओं की मूर्खता के चलते ही भारत में अधिकांश हास्यास्पद और मूर्खतापूर्ण रस्में मौजूद हैं और उनका विस्तार हुआ है (दास 1912, 100)। एक बार फिर से औरतों को ही वर्तमान के दुखद हालात के लिए ज़िम्मेदार ठहरा दिया गया। यह कहा गया कि बाल विवाह की प्रथा ही दुर्बल नस्ल पैदा होने के लिए ज़िम्मेदार है। यह उन बहुत-सी कुरीतियों में से एक है जो महिलाओं की अज्ञानता के कारण क़ायम है। श्रीमती हरदेवी ने एक अलग शैली में *स्त्रियों पर सामाजिक अत्याचार* (1892) शीर्षक से एक पुस्तिका लिखी। इसमें औरतों के ख़िलाफ़ होने वाले दमन के असंख्य रूपों का वर्णन किया। इस सन्दर्भ में उन्होंने बच्चियों से होने वाले भेदभाव, नारी शिक्षा को उचित महत्त्व न देने आदि जैसी समस्याओं का उल्लेख करते हुए लिखा कि स्त्रियों की मूर्खता और अविद्या के कारण ही ये समस्याएँ अब भी मौजूद हैं। वे इन सभी समस्याओं को *देशोन्नति* के रास्ते में बाधक मानती थीं। शिक्षा से वंचित महिला *आजन्म कठिन कारागार की कंदरा* में दासी की तरह क़ैद रहती हैं, ईश्वर-प्रदत्त स्वतन्त्रता और आज़ादी से वंचित होती हैं तथा मानसिक और शारीरिक रूप से दुर्बल होती हैं। आख़िर एक ऐसी औरत जिसने कभी भी अपनी ज़िन्दगी में आज़ादी की एक साँस तक न ली हो, वह शूरवीर, तेजवान और स्वाधीन बच्चे कैसे पैदा कर सकती है (हरदेवी 1892, 3)। वनिता विनोद ने भी स्त्रियों के हालात के लिए भारतीय पुरुषों को क़तई ज़िम्मेदार नहीं माना।

लेखक ने एक अलग में सन्दर्भ यह भी लिखा है कि पुरुष संगीत प्रेमी होने के कारण नाच-गान करने वाली लड़कियों और वेश्याओं के प्रति इसलिए आकर्षित हो जाते हैं, क्योंकि वे इस सन्दर्भों में स्वतन्त्र रूप से सोचने और काम करने की क्षमता खो बैठे हैं। पुरुषों को इस तरह के भ्रमित प्रेम से बचाने के लिए लेखक स्त्रियों को यह निर्देश देते हैं कि वे खुद को संगीत में पारंगत बनाये, और पुरुषों को घर में ही मनोरंजन उपलब्ध कराकर उन्हें फिर से आत्म-निर्भर बनायें (दास 1912, 107)।

हमने पहले इस बात का ज़िक्र किया है कि घर के दायरे के आदर्श ने महिलाओं को परिवार, जाति, समुदाय और राष्ट्र जैसी 'स्वाभाविक' इकाईयों से 'बाँधकर' उनके 'व्यक्तिकरण' को सीमित किया। यह माना गया कि स्त्रियाँ इन सामाजिक/सांस्कृतिक समूहों को बुनियादी मुख्य-आधार उपलब्ध कराती हैं। इन अहम सीमा-रेखाओं को अंकित करने और क़ायम रखने की ज़िम्मेदारी औरतों को दी गयी है। अर्थात् उनसे यह उम्मीद की गयी कि वे अपनी पूरी व्यक्तिपरकता (सबजेक्टिविटी) इस काम के लिए समर्पित कर दें। लेकिन यह भी याद रखने की ज़रूरत है कि इनकी व्यक्तिपरकता पुरुषों की व्यक्तिकता से अलग तरीक़े से निर्मित हुई है। पुरुषों की व्यक्तिपरकता राजनीतिक-सार्वजनिक दायरे में निर्मित हुई है। इसलिए इन सार्वजनिक वृतान्तों में परिवार के सामाजिक जीवन के बारे में यह विषय बार-बार सामने आया कि 'व्यक्तित्व का सर्वोच्च रूप' वह है, जो आत्म के नकार और निषेध से निर्मित होता है। पुरुषों की व्यक्तिपरकता (सब्जेक्टिविटी) का निर्माण नागरिक सद्गुण की सेकुलर चेतना से हुआ। इसके विपरीत, महिलाओं की व्यक्तिपरकता धर्म के सिद्धान्तों के प्रति उनकी अधीनता के आधार पर तैयार हुई। ये सिद्धान्त बन्धुता और समानता पर आधारित होने के बजाय एक पदसोपानीय एकता के रूप में सामने आए। ये शक्ति और प्रभुत्व का प्रतीक थे तथा अमूमन इनकी अभिव्यक्ति क्रूरता और हिंसा के रूप में हुई। पुरुषों के लिए राजनीतिक आज़ादी (स्वाधीनता) का अर्थ यह था कि उन्हें सार्वजनिक-राजनीतिक दायरे में नागरिकता का अधिकार मिलेगा। अर्थात् वे व्यवस्था में समान और स्व-शासित भागीदार होंगे। वहीं महिलाओं की आज़ादी इस बात में निहित थी कि वे घर के दायरे—परिवार और समुदाय (परिवार, कुल, कुटुम्ब) से अपना अभिन्न जुड़ाव क़ायम रखें। परिवार और समुदाय ऐसे स्थान के रूप में सामने आते हैं, जहाँ स्त्री की पहचान (सार्वजनिक) पुरुषों से उनके सम्बन्ध के विविध आयामों को सामने लाती है। अर्थात् वह माँ, पत्नी या बेटी होती है। इस तरह का प्रत्येक सम्बन्ध उसकी जैविक विशिष्टता, 'प्राकृतिक' प्रवृत्तियों और भावनात्मक असमर्थताओं पर निर्भर होता है। इसलिए *वनिता विनोद* के पंद्रहवें अध्याय गृहचर्या (घर के मानक/दैनिक कार्य) में औरतों के चरित्र के

उन विशेष गुणों को रेखांकित किया गया है, जो उन्हें (सिर्फ़) घरेलू कार्य के लिए उपयुक्त बनाती हैं। साथ ही, इस अध्याय में यह भी उल्लेख है कि इस तरह का काम करना ही स्त्रियों के लिए मानक आदर्श है। इस अध्याय में यह रेखांकित किया गया है कि महिला और उनके काम प्राकृतिक रूप से हीन हैं तथा वे पुरुषों के अधीन होती हैं। इसके बाद, पुरुषों से यह आग्रह किया गया है कि वे औरतों की अवमानना करने के बजाय उनके साथ उदार और हमदर्दी भरा व्यवहार करें। महिलाओं को यह सलाह दी गयी कि वे निराश न हों, बल्कि पुरुषों की सेवा करते हुए अपना उद्धार करने का प्रयास करें :

> यदि ईश्वर ने स्त्रियों को नहीं बनाया होता तो शायद इस दुनिया में दया, स्नेह, प्यार, हमदर्दी और समर्पण का नामोनिशान नहीं होता। वे माताओं, पत्नियों और बेटियों के रूप में इस दुनिया को खुशनुमा भावनाओं से ओत-प्रोत रखती हैं...आज दुनिया की अन्य सभी भौतिक वस्तुएँ पुरुषों द्वारा बनाई गयी हैं, और स्त्रियाँ सिर्फ़ पुरुषों का अनुपालन कर सकती हैं। ईश्वर ने स्त्री जाति को शारीरिक और भावनात्मक-दोनों ही स्तरों पर नाजुक और कमज़ोर बनाया है, जो आत्म-सुरक्षा करने में दयनीय रूप से असमर्थ हैं। इसलिए यह ईश्वर द्वारा रचित विधान है कि वे अपने सम्पूर्ण जीवन में पिता, पति और पुत्र के रूप में पुरुष की सुरक्षा में रहें। इसलिए महिलाओं को निराश नहीं होना चाहिए, बल्कि उन्हें इस बात से खुश होना चाहिए कि वे अपना जीवन आदमियों की सेवा में समर्पित कर सकती हैं (दास 1912, 166)।

कुटुम्ब/परविार गृह-आचरण और गृहचर्या के मानकीय संहिता से बँधा हुआ था। यह औरत और पुरुष के क्रमशः जीवन के सामाजिक/सांस्कृतिक और राजनीतिक आयामों की स्वाभाविक उपयुक्तता पर आधारित था। गृह संविदाओं का अनुपालन कराने के लिए राष्ट्र के प्रभावकारी शब्दाडम्बर पर बल दिया गया। अक्सर खुद महिलाओं ने गृह-आचरण के प्रति अपनी सहमति व्यक्त की और उसे अपनाया। इस तरह उन्होंने उस विचारधारा को अपनाया जिसे 'कुल के पितृसत्ता की विचारधारा' की संज्ञा दी जा सकती है।[22] *बामाबोधिनी* पत्रिका के महिला लेखन में यह स्वीकार किया गया कि स्त्रियों का ज्ञान तभी गरिमामय होता है, जब वे इस ज्ञान के साथ-ही-साथ हिन्दू नारी में पाई जाने वाली लज्जा, विनम्रता, कोमलता, धैर्य और आत्म-त्याग जैसे अच्छे गुण भी अपनायें और क़ायम रखें (बोर्थविक 1984, 55-6)। पुरुषों और महिलाओं द्वारा लिखे गये बहुत सारे लेखों में इन गुणों को गृह-आचरण का बुनियादी तत्त्व माना गया। मसलन, *वनिता विनोद* के लेखक श्यामसुन्दर दास ने इन पहलुओं की ज़ोरदार तरफ़दारी करते हुए लिखा कि लज्जा और नम्रता स्त्रियों के आभूषण हैं और इनके बग़ैर कोई भी महिला स्त्री-पद की अधिकारी नहीं होती है। महिलाओं को यह निर्देश दिया गया कि वे कम बोलें, ज़ोर-ज़ोर से न हँसे और तर्क-वितर्क के झमेले में

न पड़ें (दास 1912, 170)। वे सिर्फ़ गृहचर्या के मानकों का पालन करके ही सतीत्वधर्म हासिल कर सकती हैं। यशोदा देवी ने भी अपनी किताब *नारी धर्म शिक्षा* में इसी तरह के विचार व्यक्त किये। वे आयुर्वेदिक चिकित्साशास्त्र की प्रतिपादक थीं और उन्होंने महिलाओं की सेहत के बारे में कई किताबें लिखीं। यह किताब *पतिव्रत धर्म माला* शृंखला में छपी कई किताबों में से एक थी। इसमें इस बात पर ज़ोर दिया गया कि पतिव्रत धर्म का पालन करना ही नारी धर्म है। पतिव्रत धर्म का पालन करने वाली स्त्रियों की विशेषता बताने के लिए किताब में सीता की तस्वीर लगाई गयी थी, जो सर्वोत्कृष्ट पौराणिक-धार्मिक और अनुकरणीय पत्नी मानी जाती हैं। ऐसी नारी का पतिव्रता नारी के रूप में वर्णन किया जाता है जो कभी भी अपने पति को गुस्से से नहीं देखती है, जिसके मस्तिष्क, वाणी और शरीर निष्कलंक और शुद्ध होते हैं और वह अपने पति के आदेशों का पालन करती है। स्त्री आत्म को नकारने का उपदेश उस वक़्त पूरा हो जाता है, जब यह कहा जाता है कि उसे अपने पति की छाया की तरह होना चाहिए, उसका दोस्त और साथी बनने के लिए तैयार होना चाहिए और जब कभी भी आवश्यक हो, उसे अपने पति की दासी और अनुचरी के रूप में भी काम करना चाहिए।[23] यह बात उल्लेखनीय है कि यह किताब आरम्भ में ही यह घोषणा करती है कि इसका बुनियादी लक्ष्य *स्त्री जाति का उपकार* करना है। किताब में प्रस्तुत की गयी सुधार की रूपरेखा को प्रामाणिक बनाने के लिए बार-बार दुहराया गया है कि इसके सिद्धान्त धर्मशास्त्र से लिए गये हैं। प्रामाणिकता के दावे पर ज़्यादा और लगातार बल देने के लिए सीता, सावित्री, अनुसूया, कौशल्या आदि जैसे उत्कृष्ट धार्मिक-पौराणिक पत्नियों के माध्यम से पतिव्रत-धर्म के सिद्धान्त प्रस्तुत किये गये हैं। पतिव्रत-धर्म के अधिकांश सिद्धान्तों को प्रभावशाली धार्मिक-पौराणिक स्त्री चरित्रों के माध्यम से पेश किया गया। इस बात पर बल दिया गया कि इन सिद्धान्तों का पालन होना चाहिए और परम्परा की निरन्तरता क़ायम रखी जानी चाहिए। इसमें यह बताया गया है कि जब राम को चौदह वर्षों का वनवास मिला, तो उन्होंने सीता को अपने साथ जंगल ले जाने से इंकार कर दिया। लेकिन सीता ने उन्हें अपने पतिव्रत-धर्म की याद दिलाते हुए इस बात के लिए फटकार लगाई कि वे उनके धर्म के पालन के रास्ते में खड़े हैं। हमें यह बताया जाता है कि सीता ने खुद अपनी माता से पतिव्रत-धर्म की शिक्षा हासिल की थी। फिर, उन्हें विवाह के बाद राम की माता कौशल्या से भी इसकी शिक्षा मिली, जो खुद आदर्श पत्नी का प्रतिरूप थीं। वन निवास के दौरान महर्षि वशिष्ठ की पत्नी अनुसूया उन्हें पतिव्रत-धर्म की शिक्षा देती है। वे सीता को बताती हैं कि एक स्त्री के लिए उसका पति ही पृथ्वी पर एकमात्र पुरुष है जिसके पवित्र चरणों की उसे पूजा करनी चाहिए।

यह स्वीकार किया गया कि नारी-सुलभ सद्‌गुण पवित्र नारी के मूल भाव

होते हैं। लेकिन परिवार को स्थिरता देने के लिए जिन मानकों की तरफ़दारी की गयी, उन्होंने महिलाओं के आत्म और सेक्शुअलिटी को सीमित किया। मिसाल के तौर पर, *नारी धर्म शिक्षा* यह सलाह देती है कि भले ही नारी का पति कुरूप, व्यभिचारी, अविश्वसनीय, अस्वस्थ, राक्षस जैसा गुस्सैल, शराबी, बूढ़ा, मूर्ख, गूँगा, बहरा, अन्धा, लूला या कायर हो, तो भी पतिव्रता नारी को उसे ईश्वर मानते हुए उसकी पूजा करनी चाहिए। किताब में यह सुझाव दिया गया है कि एक स्त्री को घमण्ड या पुरस्कार की इच्छा के बग़ैर अपने पति को खुश रखना चाहिए, उसे दूसरे पुरुषों से हँसी-मज़ाक करने से या उनके साथ उठने-बैठने से भी बचना चाहिए (*नारी धर्म शिक्षा,* 69-70)। उसे अपने पति द्वारा छोड़े गये जूठन को भगवान का प्रसाद मानते हुए खाना चाहिए; जब पति घर में आए तो पत्नी को खड़ा हो जाना चाहिए, वह जो कुछ भी कहे उसे श्रद्धा से सुनना चाहिए और उसकी आँखे अपने पति के पैरों पर होनी चाहिए, उसे अपने पति की सेवा करनी चाहिए, पति के सोने के बाद ही सोना चाहिए तथा सुबह उसके जगने से पहले जग जाना चाहिए। भले ही पति दोपहर तक सोता रहे, पत्नी को बहुत ही विनम्रता से निम्नलिखित निवेदन करते हुए उसे उठाना चाहिए :

> हे स्वामी, आपके स्नान का सामान तैयार है, आपके भोजन और दैनिक कार्य की तैयारी भी पूरी हो गयी है, दिन के लिए आपका उपयुक्त वस्त्र भी तैयार है, आगन्तुक आपका इन्तज़ार कर रहे हैं (*नारी धर्म शिक्षा,* 87)।

इसके बाद, पत्नी यह कहते हुए बात ख़त्म करती है कि, *'कोई ख़ास ज़ल्दबाज़ी नहीं है'* (शब्द पर ज़ोर दिया गया है)। यह उल्लेखनीय है कि किसी भी लेखन में स्त्री पति से अपने लिए समय की माँग नहीं करती है। उसे यह निर्देश दिया जाता है कि वह ख़ुद को पति और उसके बाद परिवार की माँगों और आवश्यकताओं के प्रति समर्पित कर दे। उसकी दुनिया की सीमा उसके शयनकक्ष से तय होती है; वह सिर्फ़ उतने ही ज़ोर से बोल सकती है, जिससे उसका पति उसकी आवाज़ सुन सके; उसकी खुशी उसके पति की खुशी से तय होती है और उसकी हँसी अपने पति की मंजूरी पर निर्भर होती है। उसे यह निर्देश दिया गया है कि वह प्रतिदिन स्नान करे, ख़ुद को सुगन्धित रखे, प्यार से बोले और कम खाना खाए और कम हँसे। यदि उसके मन में तीर्थयात्रा पर जाने की इच्छा जगती है, तो उसे अपने पति के चरणों को धोकर उस पानी को पी जाना चाहिए। यदि किसी औरत का पति विदेश चला जाता है तो एक कर्त्तव्यनिष्ठ पत्नी के रूप में वह सजना-सँवरना बन्द कर देती है तथा पुराने कपड़े पहनती है। अतीत में महिलाओं की व्याख्या करने और उनके गुणों को बताने के लिए साध्वी (जो संन्यासी हो), शीलवती (जो पवित्र हो), वसुमति (जिसमें धैर्य हो), लज्जावती (जिसमें शर्म एवं संकोच हो), तन्वी (जो पतली हो) स्मितिवती (जो

मुस्कान बिखेरती हो), कुलीन स्त्री (इज़्ज़तदार महिला) जैसे बहुत से शब्दों का प्रयोग किया गया (*नारी धर्म शिक्षा*, 79–87)।

पतिव्रता नारी के उदात्त गुण 'नीच नारी' की चारित्रिक विशेषताओं से बिल्कुल अलग होते हैं। जहाँ पतिव्रता नारी स्वभाव की समचित्तता और दक्षता जैसे उदात्त गुणों का प्रदर्शन करती हैं, वहीं नीच नारी आलसी होती है और वह अपने बच्चों की उपेक्षा करती है। वह इस अर्थ में भी अनैतिक होती है कि वह सभी मर्दों को आकर्षण की नज़र से देखती है। इस नीच नारी पर भरोसा भी नहीं किया जा सकता है क्योंकि उसके फ़ैसले मनोविकार से प्रभावित होते हैं। वह दूसरे मर्दों को लुभाती है और खिड़की से अनजाने मर्दों को देखती रहती है (*नारी धर्म शिक्षा*, 43–44)। अमूमन नीच नारियों के वर्णन में उनके अमानवीयकरण को उजागर किया गया और यह चेतावनी दी गयी कि वे मृत्यु के बाद कठोर दंड की भागी बनती हैं। *नारी धर्म शिक्षा* में यह उल्लेख किया गया है कि जो औरत अपने पति की बातों का पलटकर ज़वाब देती है या उससे तर्क-वितर्क करती है, वह गाँव के कुत्ते की तरह होती है। किसी महिला का पति कितना भी बेवकूफ़ और दरिद्र क्यों न हो, यदि यह वह महिला अपने पति की आज्ञा का उल्लंघन करती है, तो वह अपनी मौत के बाद साँप बन जाती है और आने वाले कई जन्मों तक उसे विधवा होने का दुःख सहना पड़ता है। दूसरी ओर, जो औरत पतिव्रत-धर्म के नियमों का पालन करती है, वह साढ़े तीन करोड़ वर्षों तक स्वर्ग में रहती है। एक अन्य किताब *नीतिज्ञान* (संवत् 1982) में लेखिका यशोदा देवी अपने पति की बातों की अवज्ञा करने वाली स्त्रियों को चेतावनी देती हैं। यदि कोई दुष्ट स्त्री अपने पति की अवज्ञा करती है, तो उसका जीवन अल्प होता है। ऐसी औरतों को मौत के बाद नरक नसीब होता है। इस किताब में हज़ारों तरह के नरकों का वर्णन किया गया है और आगे यह बताया गया है कि महिलाएँ अपनी अवज्ञा के स्तर के आधार पर मौत के बाद उनत्तीस श्रेणियों के नरक में जा सकती हैं। दूसरे मर्दों या पैसे का लोभ रखने वाली औरतें *नमिस्त्रा* नरक जाती है, जहाँ उन्हें प्यास, आँखों में दर्द और अन्धेपन का सामना करना पड़ता है। पति की आज्ञा न मानना वेदों और शास्त्रों का अपमान है और ऐसा करने वाली सख़्त मिज़ाज औरतों को *असीपत्रावन* नरक भोगना पड़ता है। यहाँ यमदूत कोड़ों से इनकी पिटाई करते हैं और इनके शरीर पर तीखे नोक और धार वाले पत्ते गिरते है। नरक का वर्णन ऐसे स्थान के रूप में किया गया है जहाँ किसी को कोई राहत नहीं मिलती।[24]

एक अन्य सूत्रीकरण में यह माना गया है कि स्त्रियों को पतिव्रत-धर्म के सिद्धान्तों से नियन्त्रित करने और उन्हें सार्वजनिक जीवन के लिए अनुपयुक्त मानने का कारण यह नहीं है कि उनके पास नारी-सुलभ सद्गुण और संवेदनाएँ होती

हैं (प्यार, भावनाएँ, दया आदि); इसका कारण यह नहीं है कि वे शारीरिक और भावनात्मक स्तर पर कमज़ोर होती हैं; असल में, इसके लिए उनके चरित्र में निहित बाधक गुण ज़िम्मेदार हैं। इसलिए जयदयाल गोयनदेका ने अपनी किताब *नारी धर्म*[25] में 'स्वतन्त्रता के लिए स्त्रियों की अयोग्यता' शीर्षक अध्याय में यह तर्क दिया है कि सामान्य रूप से मानव समाज, राष्ट्र और मानव जाति की भलाई के लिए यह आवश्यक और उचित है कि महिलाएँ स्वतन्त्र न हों। गोयनदेका के अनुसार, उनमें कुछ निश्चित 'ख़ास कुदरती बुराइयाँ' होती हैं, जो उन्हें स्वतन्त्रता के लिए अनुपयुक्त बना देती हैं। इस तरह की बुराइयों में काम, क्रोध, दुस्साहस, हठ, बुद्धिहीनता, झूठ, कपट, कठोरता, द्रोह, छोटापन और अशौच शामिल हैं। यदि इनका इलाज नहीं किया जाता है, तो इन सबका राष्ट्र और समाज के लिए गम्भीर नतीजा होगा। इसलिए महर्षि मनु ने कहा है, महिलाओं को कभी भी स्वतन्त्र नहीं किया जाना चाहिए और उन्हें बचपन में पिता, जवानी में पति तथा बुढ़ापे में पुत्र के नियन्त्रण में रखना चाहिए (गोयनदेका, 6)।

यह बात भी याद रखने की आवश्यकता है कि इन किताबों में पतिव्रत-धर्म के माध्यम से कुछ ख़ास तरह के गुणों को नारी-सुलभ सद्‌गुण की संज्ञा दी गयी है। इस लिहाज़ से, इन सद्‌गुणों की सीमा भी तय कर दी गयी है। ये नारी-सुलभ सद्‌गुण और कर्त्तव्य, पुरुषवादी कर्म की अवधारणा से अलग हैं। कर्म की अवधारणा काम करने का एक विशिष्ट निर्धारणवादी तरीक़ा है जो जीवित वस्तुओं के भविष्य की स्थिति में बदलाव कर सकता है। इसलिए पुरुषों को भौतिक विश्व के सृजनकर्त्ता के रूप में चित्रित किया गया है। वे आदर्श रूप में इस विश्व के कार्यों को संचालित करने वाले नियम और मानक तैयार करते हैं। श्यामसुन्दर दास ने *वनिता विनोद* में और यशोदा देवी ने *नारी धर्म शिक्षा* में आदमियों के कार्य के इन विशेष आयामों को स्वीकार किया है। ये कार्य मनुष्यों की 'दुनिया' निर्मित करते हैं। जहाँ महिलाओं की गतिविधियाँ सर्वव्यापी पतिव्रत-धर्म के प्राकृतिक और भावनात्मक सम्बन्धों से निर्देशित होती हैं, वहीं पुरुषों द्वारा किये जाने वाले काम भौतिक, सांसारिक और संविदात्मक दायित्वों से निर्देशित होते हैं। *नारी धर्म शिक्षा* में यह प्रदर्शित करने के लिए राजा हरिश्चन्द्र की कहानी का वर्णन किया गया है। मुख्य रूप से सत्य धर्म ने ही राजा हरिश्चन्द्र के कार्यों का मार्गदर्शन किया। परिस्थितियों के कारण राजा हरिश्चन्द्र को अपना राजपाट छोड़ना पड़ा था और वे एक श्मशान घाट में 'डोम' (एक 'अछूत' जाति जो शव जलाने का काम करती है) के रूप में काम कर रहे थे। अपने काम के प्रति पूरी ईमानदारी और स्वामी भक्ति बरतते हुए उन्होंने अपनी पत्नी की भावुक प्रार्थना के बावजूद निर्धारित राशि के बग़ैर अपने पुत्र का अन्तिम संस्कार करने से भी मना कर दिया (देवी 1934, 59-64)। बहरहाल, स्त्रियों को सिर्फ़ कर्म करने में ही असमर्थ

नहीं माना गया, बल्कि उनसे यह उम्मीद भी की गयी कि वे कुटुम्ब या घर से जोड़ने वाली भावनाओं और कर्त्तव्यों की भी अवहेलना न करें। यह अपेक्षित है कि स्त्रियों को बचपन से ही पतिव्रत-धर्म का प्रशिक्षण दिया जाना चाहिए। उन्हें गृहचर्या और गृह-आचरण से पूरी तरह बाँध देना चाहिए। गृहचर्या विशेष रूप से 'घर' से जुड़े दैनिक काम होते हैं। गृह-आचरण घर से जुड़े व्यावहारिक मानकों का एक अलग समूह होता है।

इसलिए तक़रीबन सभी किताबों में यह चिन्ता बार-बार सामने आती है कि औरतों को गृहचर्या और गृह-आचरण की शिक्षा दी जानी चाहिए। आमतौर पर महिलाओं की शिक्षा का औचित्य साबित करने के लिए उनके 'प्राकृतिक' घरेलू दक्षताओं को आधार बनाया जाता है और इस शिक्षा का मक़सद बेहतर घरेलू श्रम हासिल करना होता है। श्रीमति मनव्रता देवी ने 1928 में *नारी धर्म शिक्षा* में यह दावा किया कि उनकी किताब में 'भारत की सभी माताओं और बहनों के लाभ' से सम्बन्धित सभी विषय शामिल किये गये हैं।[26] किताब की सूची में निम्नलिखित विषय शामिल थे : बाल शिक्षा, गृहकार्य, घरवालों के साथ बरताव, संतान पालन, रोग चिकित्सा, व्यंजन बनाने की विधियाँ। आँकड़ों से ऐसा प्रतीत होता है कि इस किताब के सभी संस्करणों की ज़ोरदार बिक्री हुई : 1928 में पहला (2000 प्रतियाँ), 1931 में दूसरा (2000 प्रतियाँ), 1932 में तीसरा (2000 प्रतियाँ), 1933 में चौथा (2000 प्रतियाँ), 1934 में पाँचवाँ (2000 प्रतियाँ), 1938 में छठा (2000 प्रतियाँ)...। सातवें संस्करण में एक हज़ार किताबों का प्रकाशन हुआ था। इस किताब के आख़िरी कुछ पन्नों पर शिक्षकों, प्रधानाध्यापिकाओं, समाचार-पत्रों और पत्रिकाओं द्वारा इस किताब के बारे में अनुमोदन और सिफ़ारिश प्रकाशित किये गये। पार्वती देवी नाम की एक महिला ने इसकी अनुशंसा करते हुए यह लिखा है कि यह किताब कन्या विद्यालयों के उच्चतर कक्षाओं के पाठ्यक्रम का भाग होना चाहिए। हाथरस के कन्या गुरुकुल की मुख्य प्रशासिका लक्ष्मी देवी ने भी से सहमति जताई। संयुक्त प्रान्त के आर्य प्रतिनिधि सभा के अख़बार *आर्यमित्र* में यह विचार व्यक्त किया गया कि विवाह से पहले प्रत्येक लड़की को इसके अनुसार शिक्षा दिये जाने की आवश्यकता है। महिला पत्रिका *मनोरमा* ने यह सिफ़ारिश की कि प्रत्येक घर में इस किताब की एक प्रति होनी चाहिए (मनव्रता देवी 1942, 113)। अपनी इस किताब में मनव्रता देवी ने यह प्रस्तावित किया है कि पुरुषों और स्त्रियों-दोनों के लिए शिक्षा समान रूप से आवश्यक है। हालाँकि महिलाओं के लिए अलग और विशेष तरह की शिक्षा होनी चाहिए, क्योंकि गृहस्थी के देखभाल की मुख्य ज़िम्मेदारी स्त्री-समाज पर होती है। इन्होंने भी अपने संदेश का प्रचार करने के लिए धार्मिक-पौराणिक नारी चरित्रों का प्रयोग किया। उन्होंने औरतों को यह

याद दिलाया कि विवाह इंद्रियों की आवश्यकताओं और आवेगों की सन्तुष्टि का साधन नहीं है, बल्कि यह समाज का अस्तित्व क़ायम रखने का महायज्ञ है। यह विचार पंडित बलदेव प्रसाद मिश्रा द्वारा *नारीरत्नमाला* में महिलाओं को दिये गये उपेदश की तरह ही था। उन्होंने यह कहा था कि विवाह स्वस्थ प्रजाति जनन करने का साधन है। स्त्रियों को यह बताया गया कि विवाह करने से ब्रह्मचर्य का अन्त नहीं होता है, बल्कि उन्हें ब्रह्मचर्य के मानकों का पालन करते रहना चाहिए (मिश्रा, संवत् 1965)। औरतों को शिक्षा देने का मक़सद यह था कि वे इसकी मदद से ज़्यादा बेहतर तरीक़े से घर का प्रबन्धन कर पाएँ। इसका उद्देश्य यह क़तई नहीं था कि 'स्वामी सेवा' की बुनियाद पर आधारित पतिव्रत-धर्म के पालन में किसी तरह का खलल पड़े। इस सन्दर्भ में मनव्रता देवी ने द्रौपदी की मिसाल दी है, जिन्होंने सत्यभामा को यह शिक्षा दी थी कि वे किस तरह अपने पाँचों पतियों को प्रसन्न रखती हैं : 'मैंने अपने मनोभावों, गुस्से, अहंकार और आत्म-सम्मान का त्याग कर दिया है और मैं पूरी ईमानदारी से अपने पाँचों पतियों और उनकी पत्नियों की देखभाल करती हूँ।'[27] यह ईमानदारी और गम्भीरता एक श्रम-साध्य दैनिक नित्यकर्म के रूप में सामने आयी, जिसमें घर और बर्तनों की साफ़-सफ़ाई, खाना पकाना, परिवार को खाना खिलाना आदि शामिल था। कलकत्ता के अज्ञात 'स्कूल बुक सोसायटी' की खड़ी बोली में किताब *स्त्री शिक्षा विधायक* (1823) के मुताबिक़ शिक्षा का घर के काज-काम में कोई हस्तक्षेप नहीं था और आदर्श रूप में दैनिक कार्यों के बाद ख़ाली बचे समय में ही महिलाओं शिक्षा दी जाती थी।[28] महेन्द्रलाल गर्ग ने अपनी किताब *स्त्री शिक्षा* में उन स्कूलों के बारे में बताया है जिनकी स्थापना 'महिलाओं' और 'लड़कियों' के लिए की गयी थी। इस सन्दर्भ में वनिता आश्रम का नाम उल्लेखनीय है। 1909 में इसकी स्थापना सूरत के पास लड़कियों की शिक्षा के लिए की गयी थी (इसके पहले बैच में सिर्फ़ 9 'लड़कियाँ' थीं)। इसका मक़सद यह था कि घर के काम के बाद *ख़ाली बचे समय में* उन्हें शिक्षा दी जाए। गर्ग यह बताते हैं कि वनिता आश्रम में अध्ययन करने वाली लड़कियों को अपने घर का काम करने के लिए काफ़ी समय मिलता था। वे सुबह का काम ख़त्म करने के बाद आश्रम आती थीं और स्कूल के बाद शाम का काम आरम्भ होने से पहले अपने घर पहुँच जाती थीं'।[29] अपनी किताब में गर्ग यह उम्मीद जताते हैं कि आने वाले कुछ वर्षों में महिलाओं की शिक्षा में इतनी प्रगति हो जाएगी जिससे शिक्षा प्राप्त करने वाली लड़कियाँ आगे चलकर अपने पतियों की *सच्ची सह-धर्मिणी* साबित होंगी (गर्ग 1912, 152)।

दरअसल नारी शिक्षा का उद्देश्य बिल्कुल ही अलग था। उन्हें एक व्यक्ति के रूप में शिक्षा देने पर विचार नहीं किया गया, बल्कि उन्हें (हिन्दू) राष्ट्र

की ख़ातिर शिक्षा दी गयी। महिला शिक्षा के सन्दर्भ में चल रहे वाद-विवाद में हस्तक्षेप करते हुए एक बंगाली अख़बार ने 1889 में यह घोषणा की कि,

> हिन्दू स्त्रियों के लिए शिक्षा की सबसे अच्छी व्यवस्था वह होगी जो उनके चरित्र, क्षमताओं और जीवन से जुड़े कार्यों पर ध्यान दे तथा उनके मस्तिष्क में वे अमूल्य घरेलू सद्‌गुण डाले, जो हिन्दू पत्नियों के लिए आवश्यक होते हैं। इसलिए, हिन्दू लड़कियों को हिन्दू लड़कों की तरह शिक्षा देने की आवश्यकता नहीं है क्योंकि इससे उनका विराष्ट्रीयकरण हो सकता है (बोर्थविक, 92-93)।[30]

इसी अध्याय में पीछे उल्लेख किया गया है कि घरेलू शिक्षा के माध्यम से घर के काम-काज में महिलाओं को कुशल बनाने का प्रयास किया गया। लेकिन इसके साथ ही, घर के दायरे में सुधार करना भी राष्ट्रीय मुक्ति की एक प्रमुख मुद्दा था। राष्ट्र की आज़ादी का विषय इस अर्थ में पारिवारिकता से बँधा हुआ था कि घर ऐसे स्थान के तौर पर सामने आया, जहाँ भारतीय परम्परा में आज़ादी के विविध अर्थों को अभिव्यक्ति मिली। यह कहा गया कि आज़ादी की पश्चिमी अवधारणा स्वामित्व, स्वार्थ और निश्चयात्मक अहम के विचार पर आधारित है। भारतीय परम्परा इससे अलग है। यह अहम से आज़ादी और आत्म के स्वैच्छिक निषेध पर आधारित है। घर में सुधार करके और महिलाओं को घरेलू सद्‌गुणों की शिक्षा देकर इस तरह की आज़ादी को बढ़ावा दिया जा सकता है। घर के दायरे सम्बन्धी लेखन में इस बात पर बल दिया गया कि महिला शिक्षा में घरेलू सद्‌गुणों को शामिल करने के कारण इसकी प्रकृति मुक्तिदायी हो जाती है। इसने यह दावेदारी करने का प्रयास किया कि इसकी ग़ैर-भौतिक और आध्यात्मिक प्रकृति होती है। *वनिता विनोद* में शामिल 'विद्या के लब्ध' (शिक्षा के फ़ायदे) शीर्षक अध्याय में यह स्पष्ट किया गया कि महिला शिक्षा माताओं और पत्नियों की भूमिका में सामने आने वाली सेवा और निस्वार्थ भावना को मजबूती देती है। एक पिता अपने पुत्री से (धात्री शिक्षा) बातचीत करते हुए बताता है कि शिक्षा एक सर्वोच्च मूल्य है क्योंकि यह क्रमिक रूप से बढ़ती जाती है, जब दूसरे लोगों को इसके बारे में बताया जाता है, तो इसमें वृद्धि होती है और इसे चुराया नहीं जा सकता है। पिता यह मानते हैं कि परिवार और घर के भीतर शिक्षा के इन गुणों की अधिकतम अभिव्यक्ति होती है (दास 1912, 47-50)। इसी तरह, महेन्द्रलाल गर्ग स्त्री शिक्षा के निस्वार्थ पहलुओं का उल्लेख करते हुए पूना और बॉम्बे में सेवा सदन में शिक्षा व्यवस्था का उल्लेख करते हैं, जहाँ महिलाओं को करुणा के सद्‌गुणों के सम्बन्ध में प्रशिक्षण दिया गया था। गर्ग यह बताते हैं कि चूँकि औरतें स्वाभाविक रूप से पुरुषों की तुलना में ज़्यादा करुणामयी होती हैं, इसलिए उन्होंने सेवा व्रत अर्थात् (करुणा के साथ सेवा करने) की शपथ ली। इन *सेवा व्रत धरणियों* (अर्थात् सेवा की शपथ लेने वाली स्त्रियों) ने अस्पतालों

में बीमार लोगों की सेवा की, उनकी पीड़ा से खुद को जोड़ा तथा उनके दर्द और दुःख को हल्का किया (गर्ग 1912, 155–57)। जैसा कि हमने पहले पतिव्रत-धर्म की विवेचना में देखा है, अधिकांश मामलों में निर्देशात्मक मानकों के माध्यम से घर के दायरे के भीतर नारी-सुलभ सद्‌गुणों का प्रयोग सुनिश्चित करने का प्रयास किया गया।

राष्ट्रवादी नज़रिये में इस विचार को महत्त्वपूर्ण स्थान मिला कि घर में सुधार करना आवश्यक है। ऐसा करके, विशेष रूप से स्त्रियों के माध्यम से राष्ट्र के वर्तमान दोष से मुक्ति पायी जा सकती है। घर के सुधार ने राष्ट्रवादी रूपरेखा के भीतर काम किया, जिसने दुर्बल (राष्ट्रीय) शरीर में नयी ऊर्जा भरकर उसे सेहतमंद और हिन्दू-राष्ट्रीय बनाया।[31] ग़ौरतलब है कि राष्ट्रवादी चिकित्सा विमर्श एक (बीमार) शरीर की अवधारणा के आस-पास बुनी गयी थी और इसमें स्त्रियों पर ध्यान केन्द्रित किया गया था।[32] उन्हें वैदिक सद्‌गुणों और हिन्दू राष्ट्र के प्रतीक रूप में स्थापित किया गया और उनके आचरण के सम्बन्ध में एक नियन्त्रक आदर्श तय किया गया। पीछे एक अलग सन्दर्भ में यशोदा देवी का उल्लेख किया गया है। वे इलाहाबाद में एक आयुर्वेदिक क्लिनिक चलाती थीं। 1908 में उन्होंने महिलाओं के लिए एक जर्नल की शुरुआत की और दो वर्षों तक इसे प्रकाशित करती रहीं और फिर 1930 के दशक में एक अन्य जर्नल का प्रकाशन शुरू किया।[33] यशोदा देवी की किताब *गृहिणी कर्त्तव्यशास्त्र, आरोग्यशास्त्र अर्थात् पाकशास्त्र* (1924) से महिलाओं के 'सुधार' और अनुशासनात्मक रहन-सहन तथा आहार सम्बन्धी नियमों का काफ़ी हद तक अन्दाज़ा मिल जाता है।[34] यह किताब भोजन से सम्बन्धित है तथा यह सेहत और स्वच्छता के आधार पर खाना बनाने के दिशा-निर्देश देती है। दूसरे शब्दों में यह जीभ को सुख देने के बजाय शरीर में नयी ऊर्जा भरने पर ज़्यादा बल देती है। सेहत और स्वच्छता से सम्बन्धित दिशा-निर्देश एक आदमी की काल्पनिक कहानी के माध्यम से सामने आते हैं, जो खान-पान की अपनी लापरवाह आदतों के कारण बुरी तरह से बीमार हो जाता है। मौत के मुँह में खड़े इस इंसान को आधार बनाकर दो औरतें आपस में बातचीत करती हैं। इस घटना से प्रेरणा लेते हुए वे यह चर्चा करती हैं कि खाने के विभिन्न सामानों में किस तरह के पोषक तत्त्व होते हैं तथा खाना बनाने और घर का प्रबन्धन करने में किस तरह के नियमों का पालन किया जाना चाहिए। चूँकि यह पूरी बातचीत इन मसलों के बारे में औरतों की अज्ञानता पर आधारित होती है, इसलिए इसकी मदद से लेखिका भारतीय नारीत्व के मुख्य तत्त्वों की रूपरेखा भी प्रस्तुत करती हैं। स्वास्थ्य, स्वच्छता, नैतिक शिक्षा और सामाजिक संस्थाओं के बीच की सीमा-रेखाएँ धुँधली हो जाती हैं क्योंकि सेहतमंद भोजन से सम्बन्धित दिशा-निर्देशों के साथ यह शर्त भी जुड़ जाती है कि महिलाओं को

परिवार को तंदुरुस्त रखने की पूरी ज़िम्मेदारी लेनी चाहिए। यह किताब बताती है कि एक ज़िम्मेदार भारतीय स्त्री भोर में ही उठकर घर का काम-काज सँभाल लेती है तथा प्रकृति और मौसम के नियमों के अनुरूप खाना तैयार करती है। किताब यह निर्देश देती है कि ज़िम्मेदार औरत को खाना बनाने में उन नौकरों की मदद नहीं लेनी चाहिए, जिन्हें सभी आवश्यक नियमों के बारे में जानकारी नहीं होती है। दरअसल, महिलाओं को यह भी बताया गया है कि उन्हें उन नौकरों को पूरी तरह त्याग देना चाहिए जिनकी मौजूदगी से आलस्य को प्रोत्साहन मिलता है और उन्हें अपनी ज़िम्मेदारी निभाने में मुश्किलें आती हैं। इसमें स्पष्ट रूप से यह कहा गया है कि औरतों को देर तक नहीं सोना चाहिए, आलस नहीं करना चाहिए, पति के काम पर और बच्चों के स्कूल चले जाने के बाद पड़ोसियों से फालतू बातचीत नहीं करनी चाहिए; उन्हें घर का बिस्तर ठीक करने, स्नान करके मौसम के अनुरूप भोजन तैयार करने, घर के बही-खाते को देखने जैसे काम करने चाहिए तथा घर के अन्य कामों को निपटाना चाहिए। किताब के अनुसार, इनकी सांध्यकालीन दैनंदिनी भी कमोबेश एक जैसी ही है—खाना पकाना और घर के अन्य कामों का प्रबन्धन करना (यशोदा देवी 1924, 47-66, प्रकाश 2000 में उद्धृत)। यशोदा देवी द्वारा महिलाओं के लिए प्रस्तुत किये गये असाधारण नुस्खे इस काल्पनिक किन्तु प्रतीकात्मक कथा से सामने आए कि पत्नी द्वारा पोषण के नियमों की उपेक्षा के कारण एक हिन्दू पुरुष की मृत्यु हो गयी। बहरहाल, शरीर को उपयोगी, सेहतमन्द और उत्पादक बनाने वाले नियमों और दैनंदिनी के सूत्रीकरण को इस आधार पर सही ठहराया गया कि यह शरीर की देखभाल और उसके इलाज के लिए आवश्यक है।[35]

इस तरह, घर के दायरे के विमर्श में इस राष्ट्रवादी विचार को स्थान मिला कि घर में सुधार होना चाहिए। इसमें घर में अनुशासन/व्यवस्था/स्वच्छता द्वारा सामने आने वाली 'दिनचर्या', 'आज्ञा-पालन', 'समय की पाबन्दी' और 'समय का महत्त्व' रेखांकित किया गया। नारी धर्म शिक्षा का आवरण-पृष्ठ लोगों को इस पुस्तक के अन्दर आदर्श गृहिणी की तस्वीर देखने के लिए आमन्त्रित करता है। इस तस्वीर में तीन औरतों को दिखाया गया है। इनमें से एक करीने से साफ़ की गयी रसोई में बैठकर काम कर रही है। दूसरी बैठक वाले कमरे में एक टेबल पर बैठकर एक किताब पढ़ रही है, और तीसरी महिला उसी कमरे में एक चटाई पर बैठकर एक गोलमटोल और प्रसन्नचित्त बालक के साथ खेल रही है। इस बात पर ग़ौर किया जा सकता है कि आदर्श घर की शान्त तस्वीर एक संदेश देती है। यह तस्वीर एक सतर्क व्यवस्था, अनुशासन, सहजता और अवकाश को प्रदर्शित करते हुए नियमावलियों में उलझे हुए महिलाओं के आचरण से सम्बन्धित रोजना की नीरसता पर आवरण डालती हैं (*नारी धर्म शिक्षा*, 1942)। मसलन,

जयदयाल गोयनदेका नारी धर्म में अठारह नियमों की एक सूची प्रस्तुत करते हैं। पृष्ठ के ऊपर श्री राम शब्द अंकित किया गया है, जो इसमें लिखे नियमों को एक धार्मिक वैधता देता है। इसका शीर्षक है : स्त्रियों के पालने योग्य साधारण नियम। ये नियम इस प्रकार हैं : (i) सुबह बिस्तर से उठते वक़्त ईश्वर को याद करना और फिर दुबारा सोने जाने से पहले भी ऐसा ही करना; (ii) सूर्योदय से पहले उठना, ऐसा न होने पर उपवास करना; (iii) स्नान के बाद कर्मकांड के अनुरूप सूर्य की पूजा-अर्चना (iv) हरे राम मन्त्र का एक हज़ार पाँच सौ बारह बार जाप; (v) प्रत्येक घंटे कम-से-कम एक बार ईश्वर का स्मरण; (vi) बड़ों का चरण स्पर्श; (vii) क्रोध न करना; (viii) ईश्वर से प्रार्थना; (ix) कभी शिकायत न करना; (x) कभी आलोचना न करना; (xi) भोजन देते हुए निष्पक्ष रहना; (xii) कभी भी रूखा बरताव न करना; (xii) कभी व्यंग्यात्मक न होना; (xiv) कभी भी दूसरों की भावनाओं को चोट न पहुँचना; (xv) सत्य बोलना; (xvi) कभी कुछ न छिपाना; (xvii) कभी भी कोई नियम तोड़ने पर सौ बार हरे राम मन्त्र का जाप करना (गोयनदेका संवत् 2002, पीछे का पृष्ठ)। ये नियम महिलाओं के मानसिक और आध्यात्मिक अनुशासन और ताक़त से सम्बन्धित थे। लेकिन उनकी शारीरिक ताक़त के लिए उन्हें किसी तरह का व्यायाम या शारीरिक खेल अपनाने की सलाह नहीं दी गयी। इसकी जगह, उन्हें बर्तन साफ़ करने, घर को स्वच्छ रखने, गेहूँ की घिसाई, चावल से कंकड़ बीनने और पानी लाने आदि जैसे काम करने का निर्देश दिया गया (गोयनदेका संवत 2002, 29)। इस बात पर ग़ौर करने की आवश्यकता है कि चक्की और चरखा से जुड़े काम पूरी तरह एकरस हैं। इन दोनों से जुड़े कामों को सिर्फ़ औरतों की सेहत और ख़ाली समय के काम के तौर पर प्रस्तुत नहीं किया गया, बल्कि उन्हें राष्ट्र की ताक़त और ओज की पुनःस्थापना के साधन के रूप में भी देखा गया। मनव्रता देवी *नारी धर्म शिक्षा* में यह बताती हैं कि महिलाओं द्वारा इन दोनों (चक्की और चरखे) का कम उपयोग राष्ट्र को कमज़ोर करता है तथा उसे भोजन और कपड़े के लिए बाहरी देशों पर निर्भर बनाता है (1942, 53, 82)।

ऐसा लगता है कि महिलाओं के श्रम की इस रूपरेखा का नारी सेक्शुअलिटी के नियन्त्रण से काफ़ी क़रीबी रिश्ता रहा है। यह एक प्रकार के निगरानी की तरह भी सामने आता है, क्योंकि पति अपनी पत्नियों को सिर्फ़ हिंसक साधनों से ही पूरी तरह नियन्त्रित नहीं कर सकते थे। घरेलू दिनचर्या पूरी तरह समय से बँधी हुई थी। हर पत्नी को अपने पति से पहले उठ जाना होता था। इसके बाद वह बर्तन और घर की सफ़ाई करने, बड़े-बुजुर्गों का आशीर्वाद लेने, खाना बनाने आदि जैसे काम करती थी। पंडरीनाथ प्रभु इस बात का अनुमोदन करते हैं कि 'औरतों को घर के काम में ही लगाये रखना चाहिए, ताकि उन्हें अनइच्छित या शर्मनाक

काम के बारे में सोचने या उन्हें करने का कोई मौक़ा ही न मिले'।[36] मिसाल के तौर पर, हम यशोदा देवी द्वारा लिखित एक हिन्दी किताब *आरोग्य विधान : विद्यार्थी जीवन* (1929) पर विचार करते हैं। इसमें सेक्शुअल अनुशासन को ध्यान में रखते हुए कुछ सुझाव दिये गये हैं।[37] इन ग्रन्थों में राष्ट्रवादी अनुशासन के माध्यम से शरीर को सेहतमंद बनाने के उपाय बताए गये थे। सेक्शुअल अनुशासन के बारे में लिखी गयी किताब विद्यार्थियों को सम्बोधित की गयी थी। इसमें लेखिका ने उन्हें यह सुझाव दिया कि वे किस तरह राष्ट्र की संस्कृति और सेहत से जुड़े स्वस्थ शरीर और मनोवृत्तियों को क़ायम रखें। यह माना गया कि ऐंद्रिक सुख के सामने घुटने टेकना सांस्कृतिक/राष्ट्रीय दुर्बलता का चिह्न है। यशोदा देवी ने सांस्कृतिक आत्म-अनुशासन की रूपरेखा के भीतर युवा पुरुषों और महिलाओं के आचरण का दिशा-निर्देश प्रस्तुत किया। इसलिए विषय आसक्ति त्यागने और इसके बाद ब्रह्मचर्य की स्थापना करने की अनुशंसा की गयी।[38] इस तरह के अधिकांश लेखन में विवाह का एक ख़ास मक़सद रेखांकित किया गया है। विवाह का लक्ष्य है एक स्वस्थ भारतीय राष्ट्र के लिए प्रजनन करना, जिससे भारतीय नस्ल को क़ायम रखा जा सके। मनव्रता देवी ने *नारी धर्म शिक्षा* में स्त्री ब्रह्मचर्य के मानकों के बारे में लिखा है। वे यह बताती हैं कि एक ब्रह्मचारिणी ऐसी महिला होती है जो सोलह साल की आयु तक विवाह नहीं करती है तथा विवाह होने तक जीवन के सेक्शुअल आयामों से पूरी तरह अनभिज्ञ रहती है। हालाँकि यह माना गया कि ब्रह्मचर्य की अवधारणा विवाहित जीवन से पूरी तरह सुसंगत है। एक विवाहित स्त्री के लिए ब्रह्मचर्य का अर्थ है (पतिव्रत-धर्म का पालन करते हुए) एक दिनचर्या के अनुरूप अनुशासित जीवन व्यतीत करना। ऐसी स्त्री अपने पति से आनन्द के लिए नहीं बल्कि सिर्फ़ वैवाहिक कर्त्तव्य का पालन करने के लिए सम्भोग करती है (1942, 155-56)।

स्पष्टत: इन किताबों में यह निर्देश दिया गया कि औरतों को नारी सेक्शुअलिटी और अपने शरीर के बारे में सोलह साल से पहले जानकारी हासिल नहीं करनी चाहिए। साथ ही, स्त्रियों से सम्बन्धित किताबों ने नारी-सुलभ/घरेलू सद्गुणों की शिक्षा पर ध्यान केन्द्रित किया। सात वर्ष की उम्र से लेकर विवाह तक लड़कियों को पहले घर के प्रबन्धन से जुड़े इन सद्गुणों को सीखना था और फिर इन्हें व्यवहार में उतारना था। इस तरह की अधिकांश पुस्तिकाओं की प्रकृति काफ़ी व्यापक थी और इनमें विस्तार से घरेलू श्रम के विभाजन, दिनचर्या और समय के प्रबन्धन के तरीक़ों के बारे में बताया गया। इनमें आमतौर पर ऐसी 'आलसी' और 'पतित' औरतों की कड़ी निन्दा की गयी है, जो अपने बच्चों और घर के काम-काज की उपेक्षा करती हैं। ख़ास बात यह है कि लेखकों ने इस बात पर बल दिया कि वैज्ञानिक और अनुशासित घरेलू श्रम शिक्षित मध्य-वर्गीय महिला

के साथ जुड़ा होता है। इस कारण ऐसे वर्णन में इन्होंने 'निरक्षर' महिलाओं को उचित स्थान नहीं दिया। अनुशासनात्मक किताबों ने निरक्षर महिलाओं के घरेलू श्रम को पूरी तरह मिटा दिया और नये पारिवारिक रूप तथा 'नारीत्व' के निर्मिति में उनके प्रवेश को रोक दिया। इन किताबों ने घर के भीतर एक तरह की ऊँच-नीच अपनाने पर बल दिया। साथ ही, इन्होंने घर के अन्दर महिलाओं के बीच के श्रम में भी पदसोपान क़ायम रखा।[39] यह बताया गया कि एक अच्छी बहू को घर का पूरा काम करना चाहिए और एक अच्छी सास से यह अनुरोध किया गया कि वे उदार तरीक़े से अपनी बहू को शिक्षा दें या उसके कामों का पर्यवेक्षण करें। जैसा कि हमने स्त्री ब्रह्मचर्य की विवेचना में देखा है, इनमें से किसी पुस्तक में यह परिकल्पना नहीं की गयी कि एक औरत अपने जीवन के किसी भी मोड़ या उम्र पर घर के काम-काज से मुक्त हो सकती है। इनमें कभी भी इस सम्भावना या हक़ीक़त पर विचार नहीं किया गया है कि एक स्त्री घर से बाहर भी काम कर सकती है। ऐसा लगता है कि महिलाओं के पास सिर्फ़ विवाह करने और घर का काम-काज करने का ही विकल्प है। विवाह को शाश्वत सत्य के रूप में प्रस्तुत किया गया है। यहाँ तक कि विधवा स्त्रियों को भी घर के काम-काज का परित्याग करने का विकल्प नहीं दिया गया है। विधवा स्त्री को यह सुझाव दिया गया है कि वे शान्तिपूर्ण जीवन व्यतीत करें, अपना एक क्षण भी बर्बाद न करे, अपने पति का स्मरण करके अपने दिन का आरम्भ करें, पुरुषों के सान्निध्य से बचें, शुद्ध भोजन करें और अपनी सभी इच्छाओं का दमन करें।[40]

निष्कर्ष

औपनिवेशिक दौर के प्रौढ़ावस्था में घर के दायरे के बारे में काफ़ी बड़ी तादाद में किताबों का प्रकाशन हुआ, जिसमें पारिवारिकता के आदर्श पर ज़ोर दिया गया। असल में, इस पूरी परिघटना को इस दौर के विचारधारात्मक और सामाजिक-राजनीतिक शक्तियों की जटिल रूपरेखा में ही समझा जा सकता है। ख़ासतौर पर महिलाओं की नागरिकता के सन्दर्भों और शर्तों को स्पष्ट करने के लिए घर के दायरे को निर्मित करने वाली विचारधारात्मक और सामाजिक-राजनीतिक शक्तियों को समझना आवश्यक है। उल्लेखनीय है कि दीपेश चक्रवर्ती यह मानते हैं कि नियमावलियों में घरेलू कर्त्तव्यों का प्रयोग करना 'एक रहस्यमय सांस्कृतिक संविदा' की तरह है; 'यह आचरण के सांस्कृतिक रूप में ऐसे सहभागी संविदा के बारे में बताता है जो गरिमा/लज्जा और आज्ञापालन के गुणों से सम्बन्धित है'।[41] वहीं, इस अध्याय की विवेचना में हमने यह देखा है कि सांस्कृतिक संविदा का प्रतिनिधित्व करने वाला अनुशासनात्मक शासन भावनात्मक आनन्द की तस्वीर

प्रस्तुत नहीं करता है। इसके बजाय, यह ऊँची जाति की महिलाओं के जीवन में शामिल दैनिक नीरसता, घरेलू कठिन परिश्रम, हिंसा तथा दमन की तस्वीर पेश करता है। कुमकुम संगारी यह मानती हैं कि पारिवारिकता का मुहावरा राष्ट्रवादियों की स्पष्ट वर्ग चिन्ताओं का प्रतिनिधित्व करता है। इसमें मौजूदा व्यवहारों और प्रथाओं को मूल्यांकन की नयी व्यवस्थाओं में 'फिर से शामिल करने' (और इस तरह उन्हें क़ायम रखने और बढ़ावा देने) तथा महिलाओं के विस्तृत होते सामाजिक एजेंसी को फिर से 'मानकीय संविदाओं' में समेटने से सम्बन्धित तनाव शामिल है। ऐसा लगता है कि पारिवारिकता का मुहावरा महिलाओं की शिक्षा और परिवार (और इसका निहितार्थ राष्ट्र भी है) के भीतर कर्त्तव्यों (श्रम) के 'ग़ैर-विरोधाभासी', 'प्रतीकात्मक' सम्बन्धों को जोड़कर यह तनाव दूर करता है।[42] यह एक तथ्य है कि घर के दायरे से सम्बन्धित नियमावलियों में लगातार यह रेखांकित करने की आवश्यकता महसूस की गयी कि महिलाओं को विशेष ऐतिहासिक भूमिका और हैसियत प्रदान की गयी है, ये उन स्त्रियों से नैतिक रूप से ज़्यादा अच्छी हैं जो अपने घरेलू कर्त्तव्यों की उपेक्षा करती हैं। इस बात पर भी बल दिया गया कि घर का काम-काज करने से औरतें दास या नौकर की स्थिति में नहीं आ जाती हैं, बल्कि ये काम उन्हें (मृत्यु के बाद) बेहतर ज़िन्दगी के लायक़ बनाते हैं। इन नियमावलियों में यह भी कहा गया कि जो महिलाएँ इन कर्त्तव्यों का पालन नहीं करती हैं, उन्हें भयंकर नतीजे भुगतने पड़ते हैं। इस तरह, यह शिक्षित महिलाओं के व्यक्तित्व के आस-पास सहमति और सामंजस्य के बजाय तनाव के एक क्षेत्र की ओर संकेत करता है। महिला राष्ट्रवादियों के लेखन में इस तरह के तनाव सामने आते हैं। इस किताब में इस तरह के कई उदाहरणों की विवेचना की गयी है। मिसाल के तौर पर, सरोजिनी नायडू के लेखन में यह दुविधा सामने आती है। वे यह मानती थीं कि उनके लेखन में शामिल नारी की छवि की जड़ता से उनके भीतर एक निराशा भर गयी। लेकिन राजनीतिक क्षेत्र में प्रवेश करने से उनके 'अत्यंत दुखी आत्म' को 'मुक्ति' मिली है। *सुधा मजूमदार* के संस्मरणों में भी इसी तरह के कटु अनुभव सामने आते हैं। उन्हें अपने आस-पास की राजनीतिक घटनाओं के अनुभव के कारण 'अन्तरिक्ष में उड़ने जैसे आश्चर्यजनक सपने आते थे, जो उन्हें 'उदासीन और थका-माँदा' बना देते थे। मिसाल के तौर पर, श्रीमति हरदेवी पुरुषों को यह सलाह देती हैं कि उन्हें सबसे पहले अपने घर के निकट रहने वाली स्त्रियों की दशा पर ध्यान देना चाहिए, और फिर खुद से यह पूछना चाहिए कि क्या वे सचमुच सभ्य और समर्थ कहे जाने लायक़ हैं। अगले अध्याय में हम यह देखेंगे कि किस प्रकार मतदान अधिकार के लिए महिलाओं के संगठित संघर्ष ने 'घर' और 'भारतीय नारीत्व' के मुद्दे को सार्वजनिक जाँच-पड़ताल के लिए खोला। विशेष रूप से,

हम इस पर ध्यान देंगे कि किस प्रकार 'घर के दायरे' के मसले की तरह ही महिलाओं के मतदान अधिकार का मुद्दा भी अंग्रेज़ी साम्राज्य में भारत/भारतीयों की हैसियत और प्रजाजनों के अधिकारों के चरित्र और उसकी सीमा के प्रश्न में समाहित कर दिया गया।

सन्दर्भ

1. मारिया मीज़ ने यह दिखाया है कि पूँजी संचय की प्रक्रिया में 'ग़ैर-पूँजीवादी' क्षेत्रों का शोषण होता है। इस प्रक्रिया का आरम्भ करने के लिए ज़्यादा श्रम, ज़्यादा कच्चे माल, और ज़्यादा बाज़ार पर क़ब्ज़ा करना आवश्यक होता है। इसमें तीसरी दुनिया के देश, महिलाएँ और प्रकृति पूँजीवाद के मुख्य उपनिवेश होते हैं। ये उपनिवेश आर्थिक व्यवस्था के गुप्त भूमिगत-क्षेत्र का निर्माण करते हैं, जिनकी तुलना एक हिमखंड से की जा सकती है। पानी के ऊपर का दृश्य भाग पूँजी और वेतन श्रम का निर्माण करता है; पानी के नीचे का अदृश्य भाग ग़ैर-वेतन श्रम, विशेषकर महिला श्रम, प्रकृति और तीसरी दुनिया का प्रतिनिधित्व करता है। मीज़ यह दावा करती हैं कि पूँजीवाद एक ऐसा व्यापक दृष्टिकोण तैयार करता है जिसमें पुरुष पूरी तरह से प्रकृति (या ईश्वर) से स्वतन्त्र होता है। पुरुष आधुनिक विज्ञान और तकनीक के साथ-साथ 'पैसे' या पूँजी की शक्ति से मिलकर अपने नयी शक्ति के माध्यम से ख़ुद को प्रकृति-और स्त्री- के ऊपर स्थापित करता है। यहाँ पूँजी से तात्पर्य 'पैसे' से है जो ज़्यादा पैसे को जन्म देने में समर्थ होता है, 'पैसा पैसे को पैदा करता है'। पैसा ही पूँजीवाद का वास्तविक ईश्वर होता है, हर प्रकार के जीवन का निर्माता और रक्षक होता है। पैसे की यह नयी जीवनदायी शक्ति महिला और पृथ्वी की जीवनदायी क्षमता का स्थान ग्रहण कर लेती है। मारिया मीज़, 'वर्ल्ड इकोनॉमी, पैट्रिआर्की ऐंड एक्यूम्यूलेशन', संकलित *वीमेन इन द थर्ड वर्ल्ड,* सम्पा. नेली पी. स्टॉर्मक्वीस्ट (1998, 37-45)।
2. वही। यूरोप में चौदहवीं से सत्रहवीं सदी तक यह 'विच हंट' चला था, जो आधुनिक इतिहास में महिलाओं का सबसे बड़ा जनसंहार है। यह अनुमान व्यक्त किया जाता है कि इसमें 500,000 से ज़्यादा स्त्रियों की हत्या की गयी थी।
3. इस तरह के कुछ लेखन इस प्रकार हैं—बी. एहरेनरीख और डी. इंग्लिश, *फॉर हर ऑन गुड : 150 इयर्स ऑफ़ एक्सपर्टस एडवायस टु वीमेन* (1979); कैरोलीन मर्चेंट, द डेथ ऑफ़ नेचर : वीमेन, इकॉलजी ऐंड द साइंटिफिक रेवोल्यूशन (1983)।
4. देखें मारिया मीज़, *पैट्रियार्की ऐंड एक्यूम्यूलेशन ऑन अ वर्ल्ड स्केल : वीमेन इन द इंटरनैशनल डिविजन ऑफ़ लेबर,* (1986)।
5. यूरोपीय श्रमिक वर्ग ने पूँजीवाद के ख़िलाफ़ संघर्ष करते हुए भी महिला की यही छवि अपनायी और बूर्ज्वा परिवार को प्रगति का मॉडल माना। ट्रेड यूनियनों के संघर्षों का एक महत्त्वपूर्ण लक्ष्य यह था कि 'सर्वहारा पुरुष' भी एक 'पारिवारिक वेतन' (फैमिली वेज) अर्जित करे, ताकि वह घर में एक 'काम न करने वाली' गृहिणी को रख सके (मीज़ 1986, 107-8)।
6. मिशनरियों और उपनिवेशवादियों ने आदर्श गृहिणी की छवि को 'सभ्यता और प्रबोधन' के मॉडल के तौर पर पूरी दुनिया में फैला दिया। कुछ हद तक 'गोरे पुरुष' का उभार घरेलू औरत के दैवीकरण यानी उसे 'घर की देवी' बना देने पर निर्भर था। इस तरह गृहिणीकरण

की प्रक्रिया एशिया, अफ्रीका, और दक्षिणी अमेरीका के दूरस्थ क्षेत्रों के उपनिवेशीकरण की प्रक्रिया से जुड़ी हुई थी। ये दोनों प्रक्रियाएँ प्रत्यक्ष और कारणात्मक रूप से जुड़ी हुई थीं। उपनिवेशवाद ने मानव श्रम की उत्पादकता बढ़ाने के लिए भौतिक स्रोत उपलब्ध कराया, जिसने औद्योगिक विस्तार में ज़बरदस्त बढ़ोतरी की। उपनिवेशीकरण की इस प्रक्रिया में 'गोरा पुरुष' यह भरोसा कर सकता था कि स्थानीय पितृसत्तात्मक मूल्य और संस्थाएँ आधुनिकीकरण और पूँजी संचय के आधार के रूप में काम करेंगी।

7. देखें कैरॉल पेटमन, 'फ़ेमिनिस्ट क्रिटीक ऑफ़ द पब्लिक/प्राइवेट डायकॉटोमी', संकलित *द डिस्ऑर्डर ऑफ़ वीमेन : डेमॉक्रेसी, फ़ेमिनिस्ट ऐंड पॉलिटिकल थियरी* (1989, 118-40); जीन बेथके एलस्टेन, *पब्लिक मैन, प्राइवेट वीमेन : वीमेन इन सोशल ऐंड पॉलिटिकल थॉट* (1981); नैंसी सी. एम. हार्टसॉक, *मनी, सेक्स ऐंड पॉवर : टुवर्ड्स अ फ़ेमिनिस्ट हिस्टॉरिकल मैटेरियलिज़म* (1983); सुजेन मोलर ओकिन, *वीमेन इन वेस्टर्न पॉलिटिकल थॉट* (1979); कैरॉल पेटमन, *द सेक्शुअल कॉन्ट्रैक्ट* (1988)।
8. इसलिए यह अचरज की बात नहीं है कि 1792 में फ्रेंच कनवेंशन ने यह घोषणा की कि महिलाएँ नागरिक नहीं हैं। लिटेके वान वुच्ट टिजेसेन का मानना है कि इस दौर में श्रम बाज़ार में महिलाओं की भागीदारी सीमित करने की प्रवृत्ति बढ़ी। लिटेके वान वुचट टिजेसेन, 'वीमेन बिटविन मॉडर्निटी ऐंड पोस्ट मॉडर्निटी', संकलित, *थियरीज ऑफ़ मॉडर्निटी ऐंड पोस्टमॉडर्निटी*, सम्पा. ब्रायन एस. टर्नर (1990)।
9. एंथोनी गिडेन्स महिलाओं की भूमिकाओं को सिद्धान्त और व्यवहार के बीच अन्तर या महिलाओं द्वारा स्वयं पर थोपे गये अतिक्रमण के रूप में नहीं देखते हैं। वे मानते हैं कि यह इस बात का प्रमाण है कि औपचारिक और अभिव्यक्त तर्कमूलक चेतना तथा गत्यात्मक चेतना के बीच सख़्त विभेद का अभाव होता है। गत्यात्मक चेतना अमूमन परोक्ष व्यवहारिक चेतना होती है। दूसरे शब्दों में, विभेद इसमें है कि कौन-सी बात सिर्फ़ कही गयी है और वास्तव में क्या किया गया है। एंथोनी गिडेन्स, *द कॉन्स्टीट्युशन ऑफ़ सोसायटी : आउटलाइन ऑफ़ द थियरी ऑफ़ स्ट्रक्चरेशन* (1984, xxiii, 3-7, 15-16, 21-25)। हालिया नारीवादी ज्ञानमीमांसा और समाजशास्त्र में 'क्या किया गया है' पर विचार करते हुए औरतों के दृष्टिकोण को प्राथमिकता दी गयी है। हालाँकि यह दृष्टिकोण कुछ हद तक तर्कमूलक चेतना के औपचारिक और ग्रन्थ-आधारित रूपों से प्रभावित होते हैं, लेकिन इसके बावजूद ये काफ़ी हद तक स्वायत्त भी होते हैं। इस कारण, ये विभेद के ऐसे स्थानों के रूप में सामने आते हैं जहाँ हेजेमॉनिक (वर्चस्वशाली) पैराडाइम और सिद्धान्त का विरोध किया जा सकता है। डोरोथी स्मिथ, *द ऐवरीडे वर्ल्ड ऐज प्रॉब्लेमेटिक : अ फ़ेमिनिस्ट सोशियोलॉजी* (1987, 105-11); पैट्रिशिया हिल्स कॉलिन्स, *ब्लैक फ़ेमिनिस्ट थॉट* (1991, 21-33); जोन वॉलेच स्कॉट, 'द इविडेन्स ऑफ़ एक्सपीरियन्स', *क्रिटिकल इंक्वायरी* (1991, 773-97)। क्लाइन ने यह तर्क दिया है कि अमूमन 'सार्वजनिक' और निजी की विवेचना में इन शब्दों के अर्थ के सामान्य ज्ञान को स्वीकार कर लिया गया है। इस सदर्भ में कोई गहरी जाँच-पड़ताल नहीं की गयी है। यहाँ मुख्य बात यह है कि सिद्धान्त के अपने ख़िलाफ़ होने के बावजूद महिलाओं की एक सार्वजनिक ज़िन्दगी थी और सार्वजनिक व्यवहारों से उनका जुड़ाव हुआ। लॉरेंस ई. क्लाइन, 'जेण्डर ऐंड द पब्लिक/प्राइवेट डिस्टिंक्शन इन द एटिंथ सेंचुरी : सम क्वेश्चन्स अबाउट इविडेन्स ऐंड एनालिटिकल प्रोसिजर', *एटिंथ सेंचुरी स्टडीज़*, (1995, 102)।
10. देखें लॉरेंस ई. क्लाइन।
11. जोन वॉलेच स्कॉट, 'वीमेन्स हिस्ट्री' ऐंड जेण्डर : अ यूजफुल कैटेगरी ऑफ़ हिस्टॉरिकल

एनालिसिस', संकलित, *जेण्डर ऐंड द पॉलिटिक्स ऑफ़ हिस्ट्री*, (1988, 15-20); डेनिस राइले, 'एम आयी दैट नेम?' *फ़ेमिनिज़म ऐंड द कैटेगरी ऑफ़ 'वीमेन' इन हिस्ट्री* (1988)।

12. अलेक्जेण्डर डॉउ, दीपेश चक्रवर्ती द्वारा अपने इस लेख में अलेक्जेण्डर डॉउ के काम का उद्धरण दिया गया है : 'पोस्टकॉलोनियैलिटी ऐंड द आर्टीफ़िस ऑफ़ हिस्ट्री : व्हू स्पीक्स फॉर द इण्डियन पास्ट' (1992, 1-26) (शब्दों पर ज़ोर मेरे द्वारा जोड़ा गया है)।
13. औपनिवेशिक राज्य ने मापन की तकनीक अपनाकर अपनी प्रजा को शासित करने का प्रयास किया। बरनार्ड कोहन और निकोलस बी. डर्क्स ने यह टिप्पणी की है कि पूर्व-आधुनिक राज्य के विपरीत आधुनिक (यूरोपीय) राज्य ने अनेक तरीक़ों से अपनी शक्ति का प्रदर्शन किया। इसके लिए इसने अपने स्थान को सीमित और चिह्नित करने, सम्पत्ति बेचने जैसे लेन-देन को रेकार्ड करने, अपनी जनसंख्या की गणना और वर्गीकरण करने तथा जन्म, विवाह और मृत्यु जैसे जीवन-चक्र के तथ्यों को दर्ज करने का काम धार्मिक संस्थाओं से धीरे-धीरे अपने हाथ में ले लिया। राज्य ने इनके माध्यम से आधिकारिक प्रक्रियाओं और रोज़मर्रा की गतिविधियों पर सरकारी नियन्त्रण का विस्तार किया...।' बरनार्ड एस. कोहन और निकोलस बी. डर्क्स, 'बियोंड द फ्रिंज : द नेशन स्टेट, कॉलोनियलिज़म ऐंड टेक्नोलॉजीज ऑफ़ पॉवर', *जर्नल ऑफ़ हिस्टॉरिकल सोशियोलॉजी*, 1, नंबर 2, (जून 1988)। सुदीप्त कविराज ने अंग्रेज़ों के पहले और अंग्रेज़ों के शासन के दौर के भारत का अध्ययन करते हुए यह विचार व्यक्त किया है कि अंग्रेज़ों के आगमन के पहले के भारत में 'समुदायों' का सीमा-क्षेत्र 'धुँधला' था। अर्थात् यह सीमा-क्षेत्र ऐसा था जिसके आधार पर कोई ठोस विभाजन नहीं किया जा सकता था। अंग्रेज़ों के शासन वाले भारत में इन 'धुँधले' पहचानों की गणना की गयी। इस प्रक्रिया में इनका मानिकीकरण हुआ और इन्होंने ऐसा ठोस रूप धारण किया जिससे प्रशासकीयता (गवर्नमैंटैलिटी) सुनिश्चित हुई। सुदीप्त कविराज, 'ऑन द कंस्ट्रक्शन ऑफ़ कॉलोनियल पॉवर : स्ट्रक्चर, डिस्कोर्स, हेजिमनी', सम्पा. डैगमर एंगेल्स और शुला मार्क्स (1994)।
14. धुँधले समुदायों का स्थान गणना किये समुदायों (बरनार्ड कोहेन इसे समुदायों का संख्यात्मक वर्णन कहते हैं) ने ले लिया। इसने औपनिवेशिक राज्य में उपनिवेशितों को 'जानने' और फिर उन्हें शासित करने के तरीक़ों के बारे में बताया। लेकिन इसके साथ ही, इसने लोगों के खुद को समझने के तरीक़ों को भी महत्त्वपूर्ण रूप से प्रभावित किया। बरनार्ड एस. कोहेन और निकोलस बी. डर्क्स, 'बियोंड द फ्रिंज', *जर्नल ऑफ़ हिस्टॉरिकल सोशियोलॉजी*, (जून 1988)। कविराज ने भी फिर से यह रेखांकित किया है कि समुदायों (निश्चित रूप से सामाजिक अन्त:क्रिया के लिए ये महत्त्वपूर्ण थे) के धुँधलेपन के कारण इसके सदस्यों को यह पूछने की आवश्यकता नहीं थी कि उनके समुदाय के कितने लोग इस दुनिया में हैं। कोहन यह बताते हैं कि उपनिवेशित लोगों का यह संख्यात्मक विवरण–उनका विशिष्ट धार्मिक या जाति समुदायों या आपराधिक समुदायों में वर्गीकरण–विशिष्ट रूप से सिर्फ़ औपनिवेशिक कल्पना तक ही सीमित नहीं था। इसके बजाय, इसने विशिष्ट जाति या धर्म से जुड़े लोगों के भीतर यह चाह भी पैदा की कि राज्य के क्षेत्र में उनका सुनिश्चित प्रतिनिधित्व होना चाहिए। लोगों ने इन्हीं वर्गीकरणों के आधार पर अपने प्रतिनिधित्व के लिए गोलबन्दी की। हालाँकि इस तरह की जनगणना के माध्यम से औपनिवेशिक राज्य ने स्पष्ट किया कि वह उपनिवेशितों से पूरी तरह अलग है। असल में, मानकीकरण के अलावा खुद पहचानों के निर्माण और उनकी परिभाषा ने विभेद के नियम को वैधता प्रदान की। विभेद के नियम के आधार पर ही उपनिवेशिकों ने अपनी ख़ास हैसियत का दावा किया था। इस पूरी प्रक्रिया में उपनिवेशित

लोगों को ग़ैर-तार्किक व्यक्तियों के रूप में प्रस्तुत किया गया। यह कहा गया कि ये लोग उपनिवेशकों से पूरी तरह अलग हैं। सुदीप्त कविराज, 'ऑन द कंस्ट्रक्शन ऑफ़ कॉलोनियल पॉवर', संकलित, *कॉन्टेस्टिंग कॉलोनियल हेजिमनी*, सम्पा. एंगेल्स और मार्क्स (1994)।

15 इन बहिष्करणों के सामने आने के विविध तरीक़ों की समझ के लिए देखें सुमन्ता बनर्जी, 'मार्जिनलाइजेशन ऑफ़ वीमेन्स पॉपुलर कल्चर इन नाइनटिंथ सेंचुरी बंगाल'; निर्मला बनर्जी, 'वर्किंग वीमेन इन कॉलोनियल बंगाल : मॉर्डनाइजेशन ऐंड मार्जिनलाइजेशन'; और उमा चक्रवर्ती, 'व्हाटएवर हैपेन्ड टू द वैदिक दासी? ओरियन्टलिज़म, नैशनलिज़म ऐंड अ स्क्रिप्ट फॉर द पास्ट', संकलित, *रिकास्टिंग वीमेन : ऐसेज इन कॉलोनियल हिस्ट्री,* सम्पा. कुमकुम संगारी और सुदेश वैद (1989)।

16. मुक्ति/आज़ादी/खुशी के वृतान्त के साथ-ही-साथ पतन या कलियुग के विपरीत आख्यान का भी वृतान्त था। बंगाली औरतों के चित्रण में यह बात सामने आयी कि किसी समय की गुणवत्ता के चित्रण के लिए 'शब्द-रूप के तौर पर औरतों' का उपयोग किया जाता है। पुरुषों का चित्रण करते हुए यह कहा गया कि वे बल-प्रयोग पर आधारित सार्वजनिक दायरे में दबाव का सामना कर रहे हैं। महिलाओं के चित्रण में उनकी अज्ञानता और ऐसी ही अन्य निर्बलताओं पर बल दिया गया है। देखें, सुमित सरकार, 'द कलकी अवतार ऑफ़ विक्रमपुर : अ वीलेज सैकण्डल इन अर्ली ट्वेंनटिएथ सेंचुरी बंगाल', संकलित *सबॉल्टर्न स्टडीज़,* वोल्यूम VI, सम्पा. रणजीत गुहा (1989)।

17. देखें रणजीत गुहा, 'डॉमिनेन्स विदाउट हेजेमनि ऐंड इट्स हिस्ट्रियोग्राफी' संकलित *सबॉल्टर्न स्टडीज़,* वोल्यूम VI, सम्पा. रणजीत गुहा (1989)।

18. बंगाली साहित्य में इन सूत्रीकरणों में घर के दायरे की प्रकृति की विवेचना के लिए देखें, दीपेश चक्रवर्ती, 'पोस्टकॉलोनियैलिटी ऐंड द आर्टीफिस ऑफ़ हिस्ट्री', *रिप्रेज़ेंटेशन्स* (1992)।

19. कर्म की अवधारणा इस बात पर आधारित है कि कार्यों की गुणवत्ता, जिसमें उसकी अच्छाइयाँ और कमियाँ दोनों शामिल हैं, सभी जीवों का भविष्य तय करती हैं। यह अनिवार्य परिणामों का सिद्धान्त हैं।

20. श्यामसुन्दर दास, सम्पा. *वनिता विनोद,* (काशी : नागरी प्रचारिणी सभा, 1906; 1912)।

21. पंडित बलदेव प्रसाद मिश्रा, *नारीरत्नमाला,* (बॉम्बे : श्री वेंकटेश्वरा स्टीम यन्त्रालय सम. 1965)।

22. यह अभिव्यक्ति दीपेश चक्रवर्ती से ली गयी है। देखें दीपेश चक्रवर्ती, 'डिफरेंस-डेफेरल ऑफ़ (ए) कॉलोनियल मॉडर्निटी', *हिस्ट्री वर्कशॉप जर्नल* (1993, 27)।

23. देखें यशोदा देवी, *पतिव्रतधर्म माला-नारी धर्म, शिक्षा,* तीसरा संस्करण, (कर्नलगंज, इलाहाबाद : वनिता हितैषिणी प्रेस, 1934), 8।

24. देखें यशोदा देवी, *नीतिज्ञान,* (प्रयाग : वनिता हितैषिणी प्रेस, संवत 1892), 39-45।

25. जयादयाल गोयनदेका, *नारी धर्म,* आठवाँ संस्करण (गोरखपुर : गीता प्रेस, संवत 1994), 5।

26. देखें मनव्रता देवी, *नारी धर्म शिक्षा,* सातवाँ संस्करण (काशी पुस्तक भंडार 1942), 18-19।

27. मनव्रता देवी, नारी धर्म शिक्षा, सातवाँ संस्करण (काशी पुस्तक भंडार 1942), 18-21।

28. देखें कुमकुम सारंगी, 'अमेनीटीज ऑफ़ डॉमेस्टिक लाइफ : क्वेश्चन्स ऑन लेबर', *सोशल साइंटिस्ट 21*, नंबर 9-11 (1993): 20।

29. महेन्द्रलाल गर्ग, *स्त्री शिक्षा* (1912, 106)।

30. मेरेडिथ बोर्थविक, द *चेंजिंग रोल ऑफ़ वीमेन इन बंगाल* (1849-1905 (1984, 92-93)। सुचेता मजूमदार यह बताती हैं कि 1830 के दशक में नारी शिक्षा के बारे में काफ़ी ज़ोश-खरोश से वाद-विवाद हुआ। 1880 का दशक आते-आते ब्रह्म समाज का सुधारवादी

प्रभाव कमज़ोर पड़ने लगा था। इसके कारण, अधिकांश महिला स्कूलों में राष्ट्रवादी शिक्षा के पाठ्यक्रम में संस्कृत, बंगाली, अंकगणित, नैतिक पुस्तकें, खाना बनाने तथा विविध तरह के पूजा के कर्मकांड सीखने जैसे विषय स्थापित हो चुके थे। सबसे अच्छी तरह से पूजा करने वाली लड़की को पुरस्कार दिया जाता था। महाकाली पाठशाला में हिन्दू बूर्ज्वा वर्ग ने यह पाठ्यक्रम स्वीकार किया। स्पष्टतः इससे यह संकेत मिलता है कि बंगाल और थोड़े-बहुत फेरबदल के साथ पूरे भारत में, नारी शिक्षा को सामान्य रूप से स्वीकार किया गया। यह शिक्षा महिलाओं की नयी वर्ग जाति रेखांकित करने वाली संकेत चिह्न बनी और साथ ही उनको विराष्ट्रीकरण से भी बचाया। देखें सुचेता मजूमदार, 'वीमेन, कल्चर ऐंड पॉलिटिक्स : इनजेंडरिंग द हिन्दू नेशन', *साउथ एशिया बुलेटिन* (1992): 7।

31. संस्कृति की एक ऐसी धारा सामने आयी, जिसमें शारीरिक रूप से ताक़तवर और ओजस्वी मनुष्य के निर्माण की तरफ़दारी की गयी। इसमें कुश्ती, जिमनास्टिक और अन्य खेलों के पारम्परिक रूपों को भी स्थान दिया। गाँधी ने अपने कमज़ोर और बीमार के बेबस शरीर में बदलाव करने के लिए ही अपनी युवावस्था में गुप्त रूप से माँसाहार करने का प्रयोग किया था। इस सन्दर्भ में सेक्सुअलिटी पर भी ध्यान केन्द्रित किया गया, क्योंकि बहुत से भारतीय बुद्धिजीवियों ने यह तर्क पेश किया कि भारत पर विदेशियों का इसलिए क़ब्ज़ा हो गया क्योंकि भारतवासी अपनी भोगासक्ति के कारण दुर्बल और निष्क्रिय बन गये थे। उन्नीसवीं सदी के आख़िरी भाग में स्वामी विवेकानन्द और स्वामी दयानंद ने इस तरह के विचार व्यक्त किये। उन्होंने इस बात की वकालत की कि राष्ट्रीय पुनरुत्थान के लिए सेक्शुअल अनुशासन का व्यवहार अपनाया जाना चाहिए। भारत को ताक़तवर राष्ट्र बनाने के लिए आत्म-अनुशासन की शिक्षा दी गयी, जिसमें परम्परा से नवाचारों को अपनाया गया और मध्य-वर्ग की संस्कृति में इसका व्यापक रूप से प्रयोग किया गया। ज्ञान प्रकाश ने महिलाओं की एजेंसी के माध्यम से राष्ट्रवादी चिकित्सा विमर्श पर आधारित शरीर और मुक्तिदायी विचारधारा की विवेचना की है। देखें ज्ञान प्रकाश, *अनदर रीजन : साइंस ऐंड द इमैजिनेशन ऑफ़ मॉडर्न इण्डिया*, (2000, 143-44)।
32. आर्य समाज ने स्त्री शिक्षा को बढ़ावा देने के साथ-ही-साथ ऐसे जर्नल भी प्रकाशित किये, जिनमें महिलाओं को सम्बोधित किया गया था और चिकित्साशास्त्रीय अनुशासन लागू करने का निर्देश दिया गया था। इस तरह का एक उल्लेखनीय जर्नल *पंचाल पंडिता* था, जिसका प्रकाशन 1897 में अंग्रेज़ी और हिन्दी- दोनों भाषाओं में आरम्भ हुआ। लेकिन 1901 आते-आते यह विशिष्ट रूप से हिन्दी प्रकाशन ही बन गया। इसने वेदों के माध्यम से मान्यता प्राप्त आधुनिक ज्ञान के प्रसार पर ध्यान केन्द्रित किया। इसके साथ ही, इसने सेहतमंद आहार, स्वच्छता, बच्चों की देखभाल तथा ज्योतिषशास्त्र की कमियाँ और इस जैसे अन्य विषयों पर नियमित रूप से लेख प्रकाशित किया (ज्ञान प्रकाश 2000, 143-44)।
33. इन पहलुओं को शालीग्राम श्रीवास्तव की किताब में रेखांकित किया गया है। देखें शालीग्राम श्रीवास्तव, *प्रयाग प्रदीप* (इलाहाबाद : हिन्दुस्तानी एकेडेमी, 1937, 161)।
34. देखें यशोदा देवी, *गृहिणी कर्त्तव्यशास्त्र, आरोग्यशास्त्र अर्थात् पाकशास्त्र*, तीसरा संस्करण (इलाहाबाद : हितैषी यन्त्रालय, 1924)।
35. शासन से जुड़े मुद्दों ने जेण्डर के पुनर्निर्माण की भाषा को एक आकार दिया और इसके लिए एक क्षेत्र उपलब्ध कराया। यह उन्नीसवीं सदी के दूसरे भाग में विकसित हुए जनसंख्या के सेहत की चिन्ता से सम्बन्धित था। मध्य-वर्ग में इस बात पर काफ़ी वाद-विवाद हुआ कि भारत के लिए उपयुक्त चिकित्सा-पद्धति क्या है। इस सन्दर्भ में पश्चिमी चिकित्साशास्त्र,

होम्योपैथी, आयुर्वेद और यूनानी की स्थिति और प्रासंगिकता पर काफ़ी वाद-विवाद हुआ। इस खोज में अनुशासित विषय की स्थापना की चाह रखने वाले लोगों ने चिकित्साशास्त्र के कुछ नये और कुछ पुराने रूपों की विविध श्रेणियों और कुछ बिल्कुल ही अलग उद्गम वाले रूपों को अपनाया। इसमें क्रोमोपैथी (रंगों पर आधारित चिकित्साशास्त्र की पद्धति), सम्मोहनशास्त्र, मेकैनो थिरेपी शामिल थे। उन्नीसवीं सदी की मुद्रण संस्कृति (प्रिंट कल्चर) के कारण इन सबका मध्य-वर्ग में काफ़ी प्रसार हुआ था। किताबों, परचों और अख़बारों में अमूमन इन प्रणालियों के विज्ञापन प्रकाशित होते थे और इनके बारे में वाद-विवाद भी होता था। शहरी मध्य-वर्ग की रोज़मर्रा की बातचीत में पेटेंट दवाईयों के प्रभावों पर भी खूब चर्चा होती थी। इस तरह के वाद-विवाद हमेशा व्यवस्थित या विषय के ज्ञान पर आधारित नहीं होते थे और इन्होंने पश्चिमी चिकित्साशास्त्र के प्रभुत्व के लिए कोई बड़ा ख़तरा पैदा नहीं किया। लेकिन ये एक ऐसे अभिजन वर्ग के लिए अहम थे, जो भारत के लिए एक सुनिश्चित और उपयुक्त चिकित्सा-पद्धति स्थापित करना चाहता था। देखें ज्ञान प्रकाश, *अनदर रीजन* (2000, 150)।

36. पंडरीनाथ प्रभु, *हिन्दू सोशल ऑर्गनाइजेशन,* चौथा संस्करण, (बॉम्बे, पॉपुलर प्रकाशन, 1940), 238, कुमकुम संगारी 'द एमीनीटीज ऑफ़ डॉमेस्टिक लाइफ', *सोशल साइंटिस्ट* (1993): 24।
37. यशोदा देवी ने आयुर्वेदिक इलाज करने के लिए बनारस में एक छोटा हस्पताल बनवाया था। इसके अलावा, बनारस, पटना, मुजफ्फरपुर और गया में इनकी क्लिनिक भी थी। इन्हें ख़ासतौर पर बाँझपन का इलाज करने में विशेषज्ञता प्राप्त थी।
38. देखें ज्ञान प्रकाश (2000, 152-53)।
39. विस्तृत चर्चा के लिए देखें कुमकुम संगारी, 'द एमीनीटीज ऑफ़ डॉमेस्टिक लाइफ' (1993)।
40. वही, 160-61।
41. दीपेश चक्रवर्ती, 'रैडिकल हिस्ट्रीज ऐंड क्वेश्चन ऑफ़ एनलाइटेनमेंट रैशनैलिटी', *इकोनॉमिक ऐंड पॉलिटिकल वीकली,* 30, नंबर 14 (1995): 751-68।
42. कुमकुम संगारी मानती हैं कि उन्नीसवीं सदी की वर्ग निर्माण की प्रक्रिया के कारण ही घर के दायरे के भीतर स्त्रियों की भूमिका से सम्बन्धित विचारधाराओं का उभार हुआ। खुद सुधार एजेंडा भी वर्ग निर्माण, घरेलू श्रम और असामनता के इस अन्य इतिहास के आधार पर संहिताबद्ध करने की प्रक्रिया का भाग था। सुधार के लिए जो एजेंडा बनाया गया, उसमें श्रम के जेण्डर आधारित विभाजन के विरोध की बात शामिल नहीं थी। इसी प्रकार, इसमें इस तरह के श्रम विभाजन को नियन्त्रित करने वाली विवाह संस्था का विरोध करने की भावना या इच्छा नहीं थी। साथ ही, इसे उभरते वर्ग समूहों और घरेलू श्रम के बीच सामंजस्य क़ायम करने में भी दिक़्क़तें आ रही थीं। इसलिए सुधार एजेंडा में तात्त्विक सामाजिक समानता की विविध सम्भावनाओं को रोक दिया गया। कुमकुम संगारी, 'एमीनीटीज ऑफ़ डॉमेस्टिक लाइफ' (1993, 22-23), और कुमकुम संगारी और सुदेश वैद, 'इंट्रोडक्शन', संकलित *रीकास्टिंग वीमेन,* सम्पा. संगारी और वैद (1989, 9-10)।

'नारी मत' और महिला नागरिक : औपनिवेशिक भारत के उत्तरार्द्ध में महिला मताधिकार पर वाद-विवाद

इस अध्याय में 1917 से 1940 के दशक के बीच भारत में मताधिकार के वाद-विवाद का परीक्षण किया गया है और नागरिकता के भारतीय राष्ट्रवादी विचारधाराओं के निर्माण और जेण्डरीकरण की जाँच-पड़ताल की गयी है। इसका आरम्भ इस आधार-वाक्य से होता है कि भारत में नागरिकता को परिभाषित करने वाली कसौटियों का उभार एक ख़ास ऐतिहासिक पृष्ठभूमि में हुआ। यह पृष्ठभूमि उपनिवेश-विरोधी आन्दोलन और राष्ट्रीय स्व-पहचान की दावेदारी से सम्बन्धित थी। यह दिखाता है कि कैसे इस सन्दर्भ में वोट या मत ने समानता और नागरिकता के उन राजनीतिक अधिकारों के दावों का रूप अख़्तियार कर लिया, जिनसे उपनिवेशी प्रजा को वंचित रखा गया था। इन दावों में मतदान के अधिकार को समानता की ओर एक क़दम के रूप में देखा गया। इससे सम्बन्धित वाद-विवाद के कारण राष्ट्रवादी, उपनिवेशवादी, नारीवादी, पौरुषवादी और रूढ़िवादी सामाजिक-राजनीतिक शक्तियों के पेचीदा स्तर सामने आए। इस अध्याय में महिलाओं के मताधिकार और 'मत' के साथ जेण्डर-आधारित अर्थ जोड़ने के तरीक़ों पर ग़ौर किया गया है और उपनिवेशवाद और राष्ट्रवाद की विचारधाराओं में 'मत' और 'महिला' से जुड़े विविध अर्थों को सुस्पष्ट करने की कोशिश की गयी है। इसमें यह परीक्षण भी किया गया है कि किन सामाजिक और राजनीतिक शक्तियों तथा व्यवहारों ने ये अर्थ निर्धारित किये तथा नागरिक के रूप में 'महिलाओं' की अभिव्यक्ति के सन्दर्भ में इनके क्या निहितार्थ थे। इस अध्याय में यह प्रस्तावित किया गया है कि मताधिकार के लिए औरतों का संघर्ष अन्य संघर्षों का भाग था, लेकिन इसकी कुछ ख़ास विशेषताएँ भी थीं। दरअसल, स्त्रियों के राजनीतिक अधिकारों और समानता के संघर्ष का हमेशा ही अन्य संघर्षों से संवाद हो रहा था। इसके विविध रूपों तथा अभिव्यक्तियों को तय करने में इस संवाद की रूपरेखा ने ख़ास भूमिका अदा की।

उपनिवेश-विरोधी राष्ट्रवादी विचारधाराएँ राष्ट्रीय आत्म-निर्णय, लोकप्रिय सम्प्रभुत्ता, समानता और आज़ादी की भाषा में सामने आयीं। इस सन्दर्भ में समानता और राष्ट्रीय सम्प्रभुत्ता पर आधारित नागरिकता के आदर्श का भी उभार हुआ। इसने उपनिवेशकों के ख़िलाफ़ प्रतिरोध की शक्तिशाली विचारधारा की भूमिका अदा की। राष्ट्रीय मुक्ति के संघर्ष में इस बात को भी ख़ासी तरजीह मिली कि लोगों को नागरिकों के रूप में संवैधानिक हैसियत मिलनी चाहिए। वहीं, एक ऐतिहासिक-सांस्कृतिक इकाई के रूप में राष्ट्र ने नागरिकों की राजनीतिक पहचान परिभाषित की। इसलिए यह अचरज की बात नहीं है कि मताधिकार राष्ट्रीय आन्दोलन में राष्ट्र से जुड़ाव क़ायम करने और उपनिवेशकों के साथ समानता का दावा करने का सार्थक साधन बन गया। मताधिकार वाद-विवाद या मताधिकार आन्दोलन के रूप में चिह्नित की जाने वाली घटनाओं और वाद-विवाद को सुव्यवस्थित रूप में प्रस्तुत करना काफ़ी मुश्किल काम है। यह किसी भी व्यक्ति को हैरान-परेशान कर सकता है।[1] बार-बार यह दलील भी दी जाती रही है कि भारत में कोई मताधिकार आन्दोलन नहीं था। बहरहाल, इस अध्याय का उद्देश्य इस दलील को ख़ारिज करना या उसके पक्ष में तर्क देना नहीं है, बल्कि यह दिखाने का प्रयास है कि बीसवीं सदी के आरम्भिक भाग में चल रहे अनेक 'संवादों' के बीच एक संवाद स्त्रियों के मताधिकार से सम्बन्धित था। हर संवाद की तरह ही स्त्रियों द्वारा समानता और आज़ादी का संघर्ष भी अन्य कई संवादों से अन्तःक्रिया करते हुए सामने आया, और विभिन्न तरह की अन्य अभिव्यक्तियों से जुड़ा भी रहा।[2]

महिलाओं के लिए मताधिकार का मुद्दा ब्रिटिश साम्राज्य में भारत/भारतीयों के हैसियत के सवाल से जुड़ा था। इसमें यह प्रश्न भी शामिल था कि प्रजा किन अधिकारों की हक़दार है और इन अधिकारों का स्वरूप और इनकी सीमा क्या होनी चाहिए। नस्लीय, सभ्यतामूलक और *जेण्डर विभेद* साम्राज्यवादी विचारधारा के अभिन्न भाग थे। इन विभेदों के आधार पर ही यह तय किया गया कि उपनिवेशित उपनिवेशकों से *स्थानिक* और *सांसारिक* रूप से कितने पिछड़े हुए हैं और इन्हें उन अधिकारों से वंचित किया गया जिन्हें मेट्रोपोल के लोगों (उपनिवेशकों) को हासिल थे। इस तरह नागरिक अधिकारों पर वाद-विवाद की प्रकृति और प्रक्रिया मोटे तौर पर भारत और ब्रिटेन के बीच औपनिवेशिक सम्बन्धों से तय हुई। राष्ट्रीय आत्म-निर्णय के एक लोकप्रिय आन्दोलन के सामने आने पर औपनिवेशिक सरकार के सामने वैधता का संकट पैदा हो गया। वाद-विवाद की विविध धाराओं में प्रभुत्व और अधीनता के बहुआयामी सम्बन्धों पर ध्यान दिया गया, जिन्होंने 'नारीत्व' के आख्यानों को एक संरचना प्रदान की। इसके अलावा, इनमें औपनिवेशिक प्राधिकार की प्रकृति, जटिल सामाजिक-राजनीतिक शक्तियों

तथा विचारधारात्मक सूत्रीकरणों पर भी ध्यान दिया गया। इस तरह, इस दौर में, 'वोट' के माध्यम से उपनिवेशित प्रजा ने नागरिकता के राजनीतिक अधिकारों की दावेदारी की। इन अधिकारों से उपनिवेशित प्रजा को वंचित रखा गया था। इसके साथ ही, इसने एक ऐसे प्रतीक के रूप में भी काम किया, जिसमें बहुत सी सामाजिक और राजनीतिक शक्तियाँ टकराव और बन्धुता के एक अनोखे मिश्रण के रूप में मौजूद थीं।

मताधिकार और महिला 'नागरिक'

1917 में हुए सुधारों में स्वशासन की संस्थाओं के क्रमिक विकास का वायदा किया गया था। इसी सन्दर्भ में मताधिकार और प्रतिनिधित्व के लिए महिलाओं की सक्रियता काफ़ी बढ़ी। बाद की सुधार घोषणाओं और अन्य गतिविधियों ने इसे गति प्रदान की। लेकिन 1940 का दशक आते-आते यह सक्रियता पूरी तरह ग़ायब हो गयी। 1940 के दशक में इसका पतन यह इंगित करता है कि असल में इस समय तक राजनीतिक स्वतन्त्रता ही सबसे ख़ास मुद्दा बन चुका था। आरम्भ में ही यह स्पष्ट कर देना आवश्यक है कि इस समय पुरुषों के एक छोटे समूह के पास सम्पत्ति के आधार पर मत देने का अधिकार था, लेकिन भारतीय स्त्रियों को किसी तरह का मताधिकार प्राप्त नहीं था।[3] हालाँकि महिला मताधिकार के पक्ष में महिलाओं द्वारा दिया गया बुनियादी तर्क यही था कि लैंगिक अपात्रता पूरी तरह बेमानी है, लेकिन औपनिवेशिक सरकार के सामने इस मुद्दे को उठाने वाले महिला संगठनों ने सार्वभौमिक मताधिकार की व्यवस्था लागू करने पर ही बल दिया। इस समय इस नारे की ज़ोरदार तरफ़दारी की गयी कि 'कोई पक्षपात नहीं, कोई भेदभाव नहीं।' स्त्रियों का एक प्रतिनिधिमंडल इसी माँग के साथ मॉन्टेग्यु से मिला था। इसने यह कहा कि मताधिकार देते वक़्त साम्राज्य के भीतर स्व-शासित राष्ट्र में एक 'जन' (पीपॅल) के रूप में स्त्रियों को भी पुरुषों की तरह ही नुमाइंदगी का मौक़ा 'मिलना चाहिए'।[4] स्पष्टतः इन महिला संगठनों द्वारा सिर्फ़ महिला मताधिकार के बजाय सार्वभौमिक मताधिकार पर बल देना काफ़ी महत्त्वपूर्ण क़दम था। इसने महिलाओं की माँगों और 'राष्ट्रीय' नागरिकता और सम्प्रभुत्ता की राष्ट्रवादी माँगों के बीच सामंजस्य स्थापित किया। ग़ौरतलब है कि इन संगठनों ने अपने अभियान में सावधानीपूर्वक उपनिवेशकों से अपील करने की रणनीति में 'अपने' आदमियों के ख़िलाफ़ आलोचनात्मक रवैया नहीं अपनाया। इस प्रकार, लैंगिक समानता के संघर्ष में उपनिवेशक ऐसा माध्यम या फोरम नहीं बन सके जिनसे ये अपने पुरुषों के ख़िलाफ़ शिकायत करतीं और उनका निपटारा होने की आशा रखतीं।[5]

ग़ौरतलब है कि भारतीय राष्ट्रीय कांग्रेस ने 1931 में अपने कराँची अधिवेशन

में अधिकारों का चार्टर अपनाया था। इसमें 'सार्वभौमिक वयस्क मताधिकार' का प्रावधान भी शामिल था। दरअसल, पश्चिम में 'सेक्स युद्ध' के बाद स्त्रियों को भी पुरुषों की भाँति मताधिकार प्राप्त हुआ। ऐसा माना जाता है कि भारत में किसी कड़वे लैंगिक संघर्ष के बिना ही समानता स्थापित हो गयी। वस्तुतः आम-सहमति की यह मान्यता एक ऐसे मुलम्मे की तरह थी जिसने महिलाओं के मताधिकार द्वारा उठाए गये बुनियादी और विवादास्पद मुद्दों पर एक तरह से परदा डाल दिया। वाद-विवाद की रूपरेखा आम-सहमति में तब्दील हो गयी। इसने औरतों के समुचित स्थान और उनके लिए उपयुक्त अधिकारों की सीमा/प्रकृति के बारे में उपनिवेशवादी, राष्ट्रवादी, पुरुषवादी और नारीवादी तथा अन्य कई विचाराधारात्मक सूत्रीकरणों के बीच एक पेचीदा जुड़ाव क़ायम किया। इस वाद-विवाद ने जेण्डर, वर्ग और समुदाय के सम्बन्ध में आलोचनात्मक सामाजिक तनावों को अभिव्यक्ति दी। उपनिवेशवाद के सन्दर्भ में ये तनाव बहुस्तरीय तरीक़े से सामने आए।

सबसे पहले हम महिलाओं के राजनीतिक अधिकारों की माँग को एक आकार देने वाली सामाजिक-राजनीतिक शक्तियों पर विचार करेंगे। इन शक्तियों ने ही इस माँग की अन्तर्वस्तु, रूप और नतीजे को प्रभावित किया। मताधिकार से सम्बन्धित अधिकांश एक्टिविज़म में विधि-निर्माताओं, औपनिवेशिक अधिकारियों और राष्ट्रवादी जनमत को प्रभावित करने का प्रयास किया गया। इसमें मुख्य तौर पर, मध्य वर्ग की महिलाओं का एक तबक़ा ही शामिल था। पार्थ चटर्जी के शब्दों में, इसने 'औपनिवेशिक भारत के उत्तरार्द्ध में प्रभावकारी तरीक़े से राष्ट्र का निर्माण किया' (चटर्जी 1994, 119)। वाद-विवाद की प्रक्रिया में नुमाइंदगी और 'असली औरत' का मुद्दा रह-रहकर बार-बार सामने आता रहा। इसके साथ ही, मताधिकार के पक्ष और विपक्ष में तरह-तरह की दलीलें सामने आयीं। इसमें सच्चे भारतीय नारीत्व और भारतीय परम्परा के प्रतीक के रूप में अमूर्त नारी का सार्वभौमीकरण किया गया।

इस तरह, परम्परा और नारीत्व की राष्ट्रवादी और औपनिवेशिक निर्मितियों ने पैराडाइम (प्रतिमान) का एक समूह बनाया। इसी से जुड़कर महिलाओं के मताधिकार की माँग का सूत्रीकरण सामने आया। इसलिए मताधिकार आन्दोलन में भाग लेने वाली महिलाओं ने 'भारतीय नारीत्व' को एक विशिष्ट अवधारणा माना, जो उनके लिए पहले से ही तैयार की गयी थी। उन्होंने इसे भारतीय परम्परा का प्रतीक माना।[6] इससे यह बात सामने आती है कि उपनिवेशकों के साथ/ख़िलाफ़ समानता के लिए महिलाओं का (पुरुष) राष्ट्रवादियों के साथ संयुक्त संघर्ष था। बहरहाल, महिलाओं ने भारतीय नारीत्व की अभिव्यक्ति के माध्यम से रूढ़िवादी राजनीतिक जनमत की आलोचना की। यह जनमत महिलाओं के राजनीतिक

अधिकारों के ख़िलाफ़ रहता था। साथ ही, इन महिलाओं ने भारतीय नारीत्व के माध्यम से परिवार तथा पारिवारिक क़ानून के बारे में राष्ट्रवादी नीतियों और व्यवहारों की आलोचना भी की। दरअसल, स्त्रियों के मुद्दे पर एक तरह गहरी ख़ामोशी थी। पार्थ चटर्जी ने इस ख़ामोशी को महिला प्रश्न के राष्ट्रवादी समाधान के रूप में देखा था। स्त्रियों के संगठित संघर्ष और सार्वजनिक/निर्वाचित निकायों में होने वाले मताधिकार सम्बन्धी वाद-विवादों ने इस ख़ामोशी को तोड़ने का काम किया। हम बाद के भागों में यह देखेंगे कि महिलाओं ने इस तथाकथित राष्ट्रीय समाधान का गहन परीक्षण किया तथा इसे नये सिरे से समझौते और विरोध के लिए फिर से खोला।[7]

इस चरण में मतदान के मुद्दे के आस-पास महिलाओं की सक्रियता का एक पहलू यह भी था कि उनका अन्य देशों की मताधिकारवादी नारीवादियों से एक जुड़ाव क़ायम हुआ। इस जुड़ाव ने उनके विचारों और माँगों को एक सुनिश्चित आकार देने में अहम भूमिका अदा की। भारत में इस मुद्दे पर काम करने वाली स्त्रियाँ यहाँ सक्रिय आयरिश और ब्रिटिश मताधिकारवादियों से प्रभावित थीं।[8] आयरिश नारिवादियों ने भारत को एक ऐसे स्थान के रूप में देखा जिसके माध्यम से वे राष्ट्रवादी और नागरिकता के मताधिकारवादी माँगों को एक साथ ला सकती थीं। इसकी मदद से वे भारत और आयरलैण्ड में ब्रिटिश औपनिवेशिक नीतियों की ज़्यादा तीखे तेवर के साथ आलोचना कर सकती थीं। वहीं, ब्रिटिश मताधिकारवादियों ने 'सार्वभौमिक बहनापा' (युनिवर्सल सिस्टरहुड) के आधार पर राजनीतिक अधिकारों के लिए अपनी गतिविधियों का दायरा बढ़ाने का प्रयास किया।[9] भारतीय नारीवादियों ने महिला नागरिकता के सृजन का लक्ष्य पाने के लिए ब्रिटिश और आयरिश नारीवादियों के साथ मिलकर काम किया। परिवार और परिवार के क़ानूनों के सन्दर्भ में भारतीय राष्ट्रवादियों और भारतीय नारीवादियों के बीच हुआ विवाद सार्वभौमिक बहनापे को दर्शाता है। वहीं ऐसी भी बहुत सी मिसालें हैं जहाँ भारतीय नारीवादियों की राष्ट्रवादी बेचैनियों के कारण इस बहनापे में दरारें आ गयीं। इसका प्रमाण यह है कि भारतीय नारीवादियों ने बार-बार अपनी पश्चिमी बहनों द्वारा भारतीय सामाजिक संरचना को दमनकारी बताने का विरोध किया। उन्होंने इनके द्वारा भारतीय महिलाओं को 'अतार्किक पितृसत्तात्मक व्यवस्था की जेण्डर-आधारित प्रजा' बताये जाने पर भी आपत्ति जताई।[10]

भारत में औपनिवेशिक सम्बन्ध प्रभुत्व और अधीनता पर आधारित थे। इसमें उपनिवेश के लोगों को नस्ल और सभ्यता के आधार पर अलग मानने की गहरी प्रवृत्ति मौजूद थी। इसने भारत में महिलाओं के मतदान सम्बन्धी वाद-विवाद की प्रकृति और शर्तें तय करने में काफ़ी प्रभावकारी भूमिका अदा की। हक़ीक़त यह है कि राजनीतिक अस्तित्व के लिए हुआ चार्टिस्ट आन्दोलन और महिलाओं

को मताधिकार देने के आन्दोलन के बावजूद पुरुषत्व (जो कि तर्कबुद्धि पर आधारित बुनियादी मानवाधिकारों से अलग था) ब्रिटेन में नागरिकता का बुनियादी आधार बना था। महिला/परिवार, औपनिवेशिक प्रजा और श्रमिक वर्ग पर पैतृक/राजनीतिक/मालिकाना प्राधिकार के रूप में पुरुषत्व की पुष्टि की गयी थी। उन्नीसवीं सदी के एक बड़े हिस्से में ब्रिटेन में महिलाओं और श्रमिक वर्ग के मताधिकार सम्बन्धी वाद-विवाद का अध्ययन करने पर यह बात सामने आती है कि मत के आधिकार को राष्ट्रीय साम्राज्यवादी वर्ग और जेण्डर के सन्दर्भों में परिभाषित किया गया। सार्वभौमिक मताधिकार के विरोधियों ने श्रमिक वर्ग की तुलना औपनिवेशिक 'मूल-निवासियों' से की। यह माना गया कि ये दोनों ऐसे तबक़े हैं जिन्हें सख़्त, निर्भीक और असंवेदनशील तरीक़े से नियन्त्रित करने की आवश्यकता है (हॉल 1992, 285)। गोरे सम्पत्तिशाली पुरुषों द्वारा जनसंख्या के इन तबक़ों की अधीनता क़ायम रखने के लिए यह आवश्यक था कि इस प्राधिकार को बार-बार दुहराया जाए। ब्रिटेन में स्त्रियों के मताधिकार का विरोध करने वाले लोगों ने न्यायविद् जेम्स फिट्जेम्स स्टीफेन्स के दर्शन की मदद से अपने तर्कों को धारदार बनाया। स्टीफेन्स ने 'भारत पर क़ानून की संचित संहिता' थोपने के अपने अनुभवों के आधार पर यह कहा कि सरकार की सत्ता घर में सख़्त पित्तृसत्ता से जुड़ी होती है। उन्होंने महिलाओं की तुलना 'देशज' या 'मूल निवासियों' से करते हुए कहा कि ये दोनों ही अपनी इच्छा के अनुरूप काम करवाने में असमर्थ होते हैं। उन्होंने यह दावा भी किया कि मर्दानगी शारीरिक पौरुष पर निर्भर होती है (स्टीफेन्स 1874, 284)।[11] उपनिवेशकों और उपनिवेशितों के बीच यह प्रचण्ड और असीम नस्लीय और सभ्यतामूलक विभेद एक प्रभावशाली विचारधारा के रूप में सामने आया। अन्य लोगों के अलावा जरनल स्मट्स भी इस विचार को मानते थे कि समान मताधिकार के दावे को ख़ारिज करना पूरी तरह सही है। उन्होंने यह विचार व्यक्त किया कि,

> ...ब्रिटिश नागरिकता की प्रकृति की ग़लत समझ के कारण...इस तरह के दावे का उभार होता है...। यह किसी तथ्य के कारण नहीं, बल्कि इस मान्यता के कारण सामने आता है कि राजा के सभी प्रजाजन समान है, एक साम्राज्य में जहाँ एक सामान्य राजा है, वहाँ एक सामान्य और समान नागरिकता होनी चाहिए, तथा नागरिकों के अधिकारों में सिद्धान्त रूप में किसी तरह का विभेद और अन्तर ग़लत है....। इसके विपरीत यहाँ (नागरिकों के बीच) जितने विभेदों की कल्पना की जा सकती है, वे सभी मौजूद हैं। सामान्य राजा सभी को जोड़ने वाला एक कड़ी है। यह कोई ऐसा स्रोत नहीं है जिससे निजी नागरिक अपने अधिकार हासिल करते हैं।[12]

घटनाओं का कालक्रम

20 अगस्त 1917 को भारत सचिव एडविन मॉन्टेग्यु ने एक ऐसी ऐतिहासिक घोषणा की जिसने भारत में महिला मताधिकार से सम्बन्धित वाद-विवाद को बल प्रदान करने में महत्त्वपूर्ण भूमिका निभाई। इसमें यह कहा गया कि 'भारत में ज़वाबदेह सरकार प्राप्ति के लिए धीरे-धीरे स्व-शासन की संस्थाओं का विकास किया जाएगा'। राजनीतिक सुधारों के वायदे के इस सन्दर्भ में ही भारतीय महिलाओं के लिए मताधिकार की माँग उभरकर सामने आयी। मॉन्टेग्यु ने हाउस ऑफ़ कॉमन्स में अपनी उद्घोषणा के बाद राजनीतिक सुधारों के विविध पहलुओं के सन्दर्भ में भारतीय जनमत की समझ बनाने के लिए नवम्बर 1917 में भारत का भ्रमण किया।[13] आयरिश नारीवादी मार्गरेट कज़िन्स और सरलादेवी चौधुरानी द्वारा संगठित भारतीय महिलाओं के एक समूह ने क्रमश: *वीमेन्स इण्डियन एसोसिएशन* (यहाँ के बाद से वीमेन्स एसोसिएशन) और *भारत स्त्री महामण्डल* के सदस्यों की ओर से मॉन्टेग्यु से मिलने का वक़्त माँगा। इस बैठक का मुख्य उद्देश्य शिक्षा और सामाजिक सुधार पर चर्चा करना था। मॉन्टेग्यु के साथ बैठक का अनुरोध करने वाले महिलाओं के प्रतिनिधि-मंडल से यह कहा गया कि केवल राजनीतिक मुद्दों से सम्बन्धित प्रतिनिधि-मंडल को ही मिलने का अवसर दिया जाएगा। इस तरह, इस चरण में महिलाओं के एक्टिविज़म की तुलना में राजनीतिक अधिकारों को पूर्वता हासिल हुई। माग्ररेट कज़िन्स यह बताती हैं कि किस तरह इसके ठीक बाद औरतों के मताधिकार की माँग पहली बार सामने आयी : 'इसके बाद मैंने ज्ञापन के मसौदे में राजनीतिक अधिकारों या फिर कहें, 'अवसरों' के बारे में एक-अतिरिक्त वाक्य जोड़ने का प्रस्ताव रखा। मुझे यह मालूम था कि इस प्रतिनिधि-मंडल में रुचि रखने वाली महिलाएँ देश का नागरिक बनने में विश्वास रखती हैं, और उन्होंने मेरे द्वारा जोड़े गये अतिरिक्त वाक्य से सहमति भी जताई, और इस तरह महिलाओं के मताधिकार की माँग का जन्म हुआ' (कज़िन्स 1941, 33)।[14] 15 दिसम्बर 1917 को सरोजिनी नायडू के नेतृत्व में महिलाओं के एक 14 सदस्यीय प्रतिनिधि-मंडल ने मॉन्टेग्यु और चेम्सफोर्ड से मुलाकात करके राजनीतिक अधिकारों की अपनी माँग प्रस्तुत की। मॉन्टेग्यु ने अपनी उस दिन की डायरी प्रविष्टि में यह लिखा कि '[महिला प्रतिनिधि-मंडल ने उन्हें] आश्वासन दिया कि कांग्रेस स्वेच्छापूर्वक आम-सहमति से औरतों को मताधिकार देने का अनुरोध पारित करेगी।' हालाँकि ग़ौरतलब है कि मॉन्टेग्यु ने इस प्रतिनिधि-मंडल को केवल एक रोचक घटना के तौर पर ही देखा और मॉन्टेग्यु-चेम्सफोर्ड सुधारों में इसका कोई उल्लेख नहीं किया गया। उनके नोट्स में 'बम्बई की एक बहुत ही अच्छी दिखने वाली महिला डॉ. जोशी', 'एक कवयित्री तथा बहुत ही आकर्षक और चतुर, किन्तु दिल से

क्रान्तिकारी (ऐसा वे मानते हैं) महिला' सरोजिनी नायडू तथा 'बम्बई की एक प्रसिद्ध मताधिकारवादी और मिसेज बेसेंट के जमात की एक महिला' मिसेज कज़िन्स का उल्लेख है (मोरेस 1958, 91)। कई वर्षों बाद वीमेन्स एसासिएशन के प्रकाशन में यह बात दर्ज की गयी कि सरोजिनी नायडू ने उस दौर को याद करते हुए यह कहा कि अब ऐसा लगता है कि प्रतिनिधि-मंडल द्वारा भारत के वायसराय जैसे ख़ास लोगों से मिलने का विचार बहुत ही 'साहसिक और जोख़िम भरा था'। प्रतिनिधियों ने अचेतन रूप से 'अपने पहनावे की चिन्ता में काफ़ी समय खपाया। शायद उन्हें ऐसा लगता था कि वे अपने रंग-बिरंगे और आकर्षक पहनावे से अपनी दलीलों को ज़्यादा धारदार तरीक़े से रख पाएँगी' (रेड्डी 1956, 8)।[15]

यह बात ग़ौरतलब है कि उस वक़्त तक महिला संगठन राजनीतिक नहीं हुए थे, इसलिए उनकी माँगों की वैधता के लिए आवश्यक था कि उसे भारतीय राष्ट्रीय कांग्रेस (यहाँ के बाद से कांग्रेस) का आशीर्वाद प्राप्त हो। इन नारी कार्यकर्त्ताओं ने समर्थन हासिल करने के लिए औरतों की बैठकें आयोजित की और कांग्रेस तथा अन्य राजनीतिक दलों से समर्थन देने की अपील की। महिलाओं के लिए यह आवश्यक था कि वे अपनी माँगों को इस तरह प्रस्तुत करें कि पुरुष राष्ट्रवादी भी यह मान लें कि स्त्री मताधिकार राजनीतिक क्षेत्र में समानता की भाषा और 'परम्परा'- दोनों के ही अनुरूप है; या यह इसीलिए तार्किक है क्योंकि इसका परम्परा से सामंजस्य है। उल्लेखनीय है कि अगस्त 1918 में बम्बई में कांग्रेस का विशेष अधिवेशन हुआ जिसमें तक़रीबन 5000 प्रतिनिधियों ने भाग लिया था। इसे सम्बोधित करते हुए सरोजिनी नायडू ने अपने श्रोताओं को यह आश्वासन दिया कि औरतों को मताधिकार देना तार्किक, वैज्ञानिक और राजनीतिक रूप से सही है। उन्होंने कहा कि यह हमारी परम्परा के अनुरूप है और मानवाधिकारों से सुसंगत है (फ़ोर्ब्स 1998, 94)। यह प्रस्ताव 75 प्रतिशत बहुमत से पारित किया गया।[16] दिल्ली में दिसम्बर 1918 में आयोजित कांग्रेस के तैंतीसवें अधिवेशन में सरलादेवी चौधुरानी ने महिला मताधिकार के समर्थन में प्रस्ताव प्रस्तुत किया।[17] प्रान्तीय और ज़िला कांग्रेस अधिवेशनों तथा महिला संगठनों की बैठकों में औरतों को मताधिकार देने की तरफ़दारी की गयी। इसके बाद पूरे देश में इसी तरह के प्रस्ताव पारित किये गये।[18] इसी साल, द इण्डिया होम रूल लीग और मुस्लिम लीग ने भी महिला मताधिकार का समर्थन करने वाले प्रस्ताव पारित किये (एग्न्यु 1979, 109)।

भारत और ब्रिटेन की महिला समूहों के साथ-ही-साथ भारत के राजनीतिक दलों ने भी मॉन्टेग्यु-चेम्सफोर्ड सुधारों को विस्तृत रूप से तैयार करने के लिए गठित समितियों के सामने याचिकाएँ प्रस्तुत कीं। जब विशेष रूप से मताधिकार के मुद्दे पर विचार के लिए गठित साउथबरा कमिटी ने भारत की यात्रा की तो ऐनी बेसेंट

के नेतृत्व में महिलाओं के एक प्रतिनिधि-मंडल ने इससे मुलाकात की। सरोजिनी नायडू भी इस प्रतिनिधि-मंडल की सदस्य थीं। इसने औरतों को मताधिकार देने पर बल दिया।[19] अप्रैल 1919 में प्रकाशित अपनी अन्तिम रिपोर्ट में साउथबरा कमिटी ने यह स्वीकार किया कि शिक्षित भारतीय और कांग्रेस तथा मुस्लिम लीग सहित प्रमुख राजनीतिक दल औरतों को मताधिकार देने का समर्थन कर रहे हैं। इसके बावजूद, इस कमिटी ने औरतों को मताधिकार न देने का फ़ैसला किया। कमिटी ने यह निष्कर्ष निकाला कि भारत में महिलाओं को मताधिकार देने की माँग एक 'सीमित' माँग है जो कि शिक्षित स्त्रियों के एक छोटे समूह तक सिमटी हुई है। इसने यह दावा भी किया कि 'सामान्य तौर पर' भारतीय महिलाएँ मताधिकार नहीं चाहती हैं और यदि वे ऐसा चाहती भी, तो भारत में औरतों को मताधिकार देने में काफ़ी मुश्किलें आतीं, क्योंकि भारतीय प्रथाओं के अन्तर्गत महिलाओं पर बहुत सी सामाजिक पाबन्दियाँ लगाई गयी हैं।[20] यह तर्क भी दिया गया कि भारत में महिला साक्षरता काफ़ी कम है और यहाँ पर्दा प्रथा का प्रचलन है, जिसके कारण औरतों को मतदान करने में कई व्यावहारिक प्रशासनिक अड़चनों का सामना करना पड़ेगा।[21] भारत शासन विधेयक (गवर्नमेंट ऑफ़ इण्डिया बिल) पर विचार करने के लिए गठित हाउस ऑफ़ लार्ड्स और हाउस ऑफ़ कॉमन्स की संयुक्त चयन समिति (ज्वाइंट सेलेक्ट कमिटी) ने भी, बेसेंट और नायडू द्वारा प्रभावकारी प्रमाण प्रस्तुत करने के बावजूद, स्त्री मताधिकार का प्रस्ताव ख़ारिज कर दिया।[22] ग़ौरतलब है कि इसी समय ब्रिटेन में महिलाओं के मताधिकार के पक्ष में रुझान और दुनिया के दूसरे भागों में इसी तरह की मिसालें सामने आ रही थीं। ऐसे में, अंग्रेज़ों के लिए इन याचिकाओं की उपेक्षा करना काफ़ी मुश्किल था। लेकिन उन्हें यह डर भी था कि भारत में महिलाओं की भूमिका में ज़रा-सा भी बदलाव करने से उनके पारम्परिक सहयोगियों अर्थात् प्रभावशाली (सम्पत्तिशाली) वर्गों की रूढ़िवादी संवेदनाएँ आहत होंगी। आख़िरकार अंग्रेज़ों के इस डर की ही जीत हुई। मॉन्टेग्यु ने यह लिखा कि महिला मताधिकार का रूढ़िवादी विरोध तक़रीबन एक 'धार्मिक भावना' की तरह था और उसे उकसाना काफ़ी 'ख़तरनाक' होता। उन्होंने हाउस ऑफ़ कॉमन्स से यह आग्रह किया कि वह इण्डिया बिल में सिर्फ़ एक नया उपबन्ध जोड़कर उसे उसके मौजूदा रूप में पारित कर दें। इस उपबन्ध के मुताबिक़ प्रान्तीय विधायिका परिषदों को पंजीकृत मतदाताओं की सूची में महिलाओं को जोड़ने का अधिकार होना चाहिए।[23] 1919 में एक ब्रिटिश संसदीय समिति ने यह सिफ़ारिश की कि महिला मताधिकार को 'घर के दायरे' का विषय मानना चाहिए और इस मसले पर फ़ैसला करने की ज़िम्मेदारी प्रान्तीय विधायिकाओं पर छोड़ देनी चाहिए।[24] इसलिए 1920 के दशक में नारी मताधिकार के संघर्ष के केन्द्र में बदलाव आया। अब प्रान्तीय स्तर पर संगठन और आन्दोलन पर ध्यान दिया जाने लगा।

1929–30 तक अपनी प्रान्तीय विधायिकाओं में सदस्यों का निर्वाचन करने वाले नौ प्रान्तों ने उम्र और सम्पत्ति की कसौटी के आधार पर महिलाओं को मताधिकार दे दिया। बम्बई और मद्रास विधायिका परिषदों ने 1921 में, संयुक्त प्रान्त ने 1923 में, पंजाब, बंगाल और असम ने 1926 में, केन्द्रीय प्रान्त तथा बिहार और उड़ीसा ने 1929 में महिलाओं को मताधिकार दिया।[25] प्रान्तीय स्तर पर महिलाओं की अपात्रता हटाने का अर्थ यह था कि मताधिकार प्राप्त महिलाएँ केन्द्रीय विधायिका सभाओं के लिए भी मतदान कर सकती थीं। हालाँकि, यह मताधिकार प्रतीकात्मक ही था क्योंकि केवल महिलाओं के एक छोटे अल्पसंख्यक तबक़े को ही मताधिकार दिया गया था। इसमें से भी सिर्फ़ कुछ महिलाओं ने ही अपने मताधिकार का प्रयोग किया।[26]

निम्नलिखित सारणी महिला और पुरुष मतदाताओं के सापेक्षिक अनुपात को दर्शाती है।[27]

प्रान्त	जनसंख्या में मतदाताओं का अनुपात	वयस्क पुरुष जनसंख्या में वयस्क पुरुष मतदाता	वयस्क महिला जनसंख्या में महिला मतदाता
मद्रास	3.2	11.6	1.0
बम्बई	3.9	13.4	0.8
बंगाल	2.5	9.7	0.3
संयुक्त प्रान्त	3.5	12.4	0.4
पंजाब	3.4	11.9	0.5
बिहार और उड़ीसा	1.1	4.6	–
असम	3.7	14.2	0.2
केन्द्रीय प्रान्त और बरार	1.3	5.2	–

'सम्पत्तिशाली महिलाओं' को वोट देने का अधिकार तो मिल गया, लेकिन अभी भी उन्हें विधायिकाओं में बैठने का हक़ नहीं मिला था। महिला संगठनों, विशेष रूप से वीमेन्स ऐसोसिएशन ने राज्य सचिव और रिफॉर्म्स इंक्वायरी (मुडिमन) कमिटी को कई चिट्ठियाँ भेजीं। इन संगठनों ने शिमला में मुडिमन कमिटी से मुलाकात करके यह माँग की कि विधायिकाओं के चुनावों में लैंगिक अपात्रता को हटाया जाए। मुडिमन कमिटी ने यह अनुशंसा की कि भारतीय विधायिका के किसी भी सदन या प्रान्तीय परिषदों से प्रस्ताव पारित हो जाने के बाद इनमें स्त्रियों के चयन या मनोनयन पर लगे हर तरह की रोक ख़त्म कर दी जानी चाहिए।[28] एक साल बाद अप्रैल 1926 में गवर्नर जनरल की परिषद ने यह निर्देश दिया कि ऐसा प्रस्ताव पारित हो जाने के बाद चुनावी नियमों में

इसके अनुरूप बदलाव किया जा सकता है। बम्बई के 1926 के चुनावों में किसी भी महिला उम्मीदवार ने चुनाव नहीं लड़ा। हालाँकि मद्रास में दो औरतें चुनाव में खड़ी हुईं लेकिन वे नाकाम रहीं। इसके बाद महिलाओं ने यह प्रयास शुरू किया कि प्रान्तीय और केन्द्रीय विधायिका निकायों में महिलाओं को मनोनीत किया जाए। 1926 में द ऑल इण्डिया वीमेन्स कॉन्फ्रेंस ऑन एडुकेशन ऐंड सोशल रिफॉर्म (यहाँ के बाद से वीमेन्स कॉन्फ्रेंस) का गठन किया गया। इसने इस मुद्दे पर ज़्यादा दबाव बनाने के लिए वीमेन्स एसोसिएशन के साथ मिलकर काम करने का फ़ैसला किया।[29]

1927 में नये इण्डिया ऐक्ट (भारत अधिनियम) बनाने से सम्बन्धित संवैधानिक मसलों पर विचार करने के लिए साइमन कमीशन का गठन किया गया। इससे महिलाओं के मताधिकार के संघर्ष ने एक बार फिर ज़ोर पकड़ा। वीमेन्स एसोसिएशन ने यह इच्छा जताई कि वह कमीशन से सहयोग करने के लिए तैयार है। इसने यह माँग भी रखी कि कमीशन में एक महिला सदस्य शामिल की जानी चाहिए। वीमेन्स कॉन्फ्रेंस ने भी वीमेन्स ऐसोसिएशन की इस माँग का समर्थन किया।[30] ग़ौरतलब है कि 1928 आते-आते वीमेन्स कॉन्फ्रेंस महिलाओं के राजनीतिक अधिकारों के लिए अभियान चलाने वाला सबसे मजबूत संगठन बन चुका था। बहरहाल, साइमन कमीशन की ख़ासियत यह थी कि इसमें कुल सात सदस्य थे और वे सभी 'गोरे' (पुरुष) थे। इस कमीशन का फ़रवरी 1929 में भारत आगमन हुआ। राष्ट्रवादियों ने साइमन कमीशन का बहिष्कार किया। वीमेन्स एसोसिएशन और वीमेन्स कॉन्फ्रेंस ने इस बहिष्कार का समर्थन किया। लेकिन प्रमुख संगठनों के दायरे से बाहर काम करने वाली अन्य महिलाओं ने कमीशन से मुलाकात की और यह सुझाव दिया कि साक्षर औरतों को मताधिकार मिलना चाहिए तथा उनके लिए सीटें आरक्षित होनी चाहिए।[31]

साइमन कमीशन की रिपोर्ट प्रकाशित होने के पहले उस समय के गवर्नर जनरल लॉर्ड इरविन ने नवम्बर 1929 में एक बहुत ही महत्त्वपूर्ण घोषणा की। इसमें यह कहा गया कि भारत को डॉमिनियन स्टेटस देने के अगले क़दम पर विचार करने के लिए लंदन में गोलमेज़ सम्मेलन (राउंड टेबल कॉन्फ्रेंस) का आयोजन किया जाएगा। वीमेन्स एसोसिएशन ने यह कहा कि इसमें तीन स्त्रियों- सरोजिनी नायडू, मुथुलक्ष्मी रेड्डी और रामेश्वरी नेहरू को शामिल किया जाना चाहिए।[32] बहरहाल, कांग्रेस ने गोलमेज़ सम्मेलन का बहिष्कार करने का फ़ैसला किया क्योंकि इरविन की घोषणा में 'लागू करने' के बजाय सिर्फ़ चर्चा करने की बात कही गयी थी। वीमेन्स एसोसिएशन ने भी मताधिकार के मसले पर ख़ूब जमकर काम करने के बावजूद इस सम्मेलन में भाग न लेने का फ़ैसला किया।[33] इस बीच स्टैट्युटरी (साइमन) कमीशन ने तत्काल वयस्क मताधिकार देने की

माँग को असम्भव मानते हुए नकार दिया। इसने एक ऐसी योजना तैयार करने की वकालत की जो तक़रीबन 20 प्रतिशत वयस्क जनसंख्या को मताधिकार देती। महिलाओं की स्थिति सुदृढ़ करने के प्रयास के रूप में इसने यह प्रस्तावित किया कि सम्पूर्ण मतदाताओं में महिला मतदाताओं का अनुपात बढ़ाकर 33.5 प्रतिशत कर दिया जाए। यह प्रस्ताव काफ़ी महत्त्वपूर्ण था क्योंकि उस समय तक सम्पूर्ण मतदाता-सूची में महिलाओं का अनुपात केवल 5.59 ही था।[34] लेकिन राष्ट्रवादी आन्दोलन से जुड़ी महिलाएँ लंदन में प्रस्तावित गोलमेज़ सम्मेलन या स्टैट्युटरी कमीशन के प्रस्तावों से कोई ख़ास उत्साहित नहीं हुईं।

लंदन सम्मेलन की बैठक नवम्बर 1930 को प्रारम्भ हुई। सरकार द्वारा मनोनीत दो महिलाओं बेगम शाह नवाज और राधाबाई सुब्बारायन ने भारतीय औरतों का प्रतिनिधित्व किया। उन्होंने इस बात पर बल दिया कि भारतीय महिलाओं में 'जागरूकता' आयी है और वे सामाजिक बदलाव को बढ़ावा देने में अहम भूमिका अदा कर सकती हैं। उन्होंने यह दावा किया कि यदि स्त्रियों को मताधिकार दिया जाता है तो उन्हें कमज़ोर बनाने वाली पर्दा जैसी अनेक प्रथाओं में कमी आएगी।[35] साथ ही, महिला संगठनों के पहले के नज़रिये से अलग हटते हुए उन्होंने यह इच्छा जताई कि महिलाओं के लिए विशेष आरक्षण का प्रावधान किया जाना चाहिए। वीमेन्स एसोसिएशन की मार्गरेट कज़िन्स और मुथुलक्ष्मी रेड्डी, वीमेन्स कॉन्फ्रेंस की मिसेज हामिद अली और रानी राजवाड़े तथा नैशनल कौंसिल फॉर वीमेन इन इण्डिया (यहाँ के बाद से नैशनल कौंसिल फॉर वीमेन या एन.सी.डब्ल्यू.आई.)[36] ने सरोजिनी नायडू के साथ मिलकर एक संयुक्त विज्ञप्ति जारी करके राधाबाई सुब्बारायन और बेगम शाह नवाज के विचारों से अपनी असहमति व्यक्त की। महिलाओं के लिए पहले मनोनयन और सीटों के आरक्षण की माँग करने वाली कई महिलाएँ भी सार्वभौमिक वयस्क मताधिकार का समर्थन करने लगीं। उन्होंने इस बात पर बल दिया कि ये अधिकार 'समान और विशेषाधिकार रहित' होना चाहिए तथा 'बिना किसी भेदभाव के हर किसी को बराबर मौक़ा मिलना चाहिए'।[37] यह बात काफ़ी हद तक स्पष्ट है कि महिला संगठनों ने मताधिकार के प्रति अपनी वचनबद्धता का त्याग नहीं किया। लेकिन उन्होंने महिलाओं को व्यापक मताधिकार दिलाने की इच्छा के ऊपर राष्ट्रवादी दृष्टिकोण को वरीयता दी। राष्ट्रवादियों की तरह उन्होंने भी यह स्पष्ट किया कि ब्रिटिश शासन को ख़त्म करने की ठोस वचनबद्धता के बग़ैर वे अंग्रेजों के साथ सहयोग करने के लिए तैयार नहीं हैं।[38] 1931 में कांग्रेस के कराँची अधिवेशन ने मौलिक अधिकारों का प्रस्ताव पारित किया तथा सार्वभौमिक वयस्क मताधिकार के प्रति अपने समर्थन की पुष्टि की।[39] इससे पुरुषों की तरह ही समान मताधिकार हासिल करने की महिलाओं की माँग को और ज़्यादा मजबूती मिली। महिला

संगठनों ने सार्वभौमिक वयस्क मताधिकार और मिश्रित सामान्य मतदाता-मंडल में अपनी आस्था दुहराई। साथ ही, उन्होंने औरतों के लिए आरक्षण, मनोनयन और सहयोजन (को-ऑप्शन) का विरोध किया। मार्च 1931 में गाँधी-इरविन समझौते के साथ ही कांग्रेस द्वितीय गोलमेज़ सम्मेलन में भाग लेने के लिए तैयार हो गयी। इसका मक़सद संघीय व्यवस्था का निर्माण करना था। इसके अलावा, इसमें कुछ समुदायों के लिए आरक्षण की व्यवस्था करने के मसले पर भी विचार करना था। मोटे तौर पर, इसका मुख्य लक्ष्य ज़वाबदेह सरकार की स्थापना करना था। कांग्रेस का अनुसरण करते हुए महिला संगठनों ने भी इस सम्मेलन में भाग लेने का फ़ैसला किया। उन्होंने सरोजिनी नायडू को अपने प्रतिनिधि के रूप में भेजा। गाँधी इस सम्मेलन में कांग्रेस के एकमात्र नुमाइंदे थे। अंग्रेज़ों ने दोबारा बेगम शाह नवाज और मिसेज सुब्बारायन को मनोनीत किया। इस वक़्त तक आरक्षण के मसले पर बेगम शाह नवाज के विचार बदल चुके थे। उन्होंने सार्वभौमिक वयस्क मताधिकार के कांग्रेस की माँग का पूरी तरह समर्थन किया। लेकिन वीमेन्स एसोसिऐशन के अपनी दोस्तों के दबाव के बावजूद राधाबाई सुब्बारायन अपने पुराने विचारों पर जमी रहीं। उन्होंने पहले की तरह ही महिलाओं के लिए सीटों के आरक्षण की तरफ़दारी की।[40]

दूसरे गोलमेज़ सम्मेलन की समाप्ति पर संसद के दोनों ही सदनों में एक श्वेत पत्र प्रस्तुत किया गया। इसमें महिलाओं के मताधिकार में वृद्धि की सिफ़ारिश की गयी थी। दरअसल, मताधिकार का सवाल काफ़ी पेचीदा था जिसने गोलमेज़ सम्मेलन की मताधिकार उप-समिति को एक अन्य समिति के गठन के लिए विवश किया। समिति का उद्देश्य विविध समूहों की माँगों और खुद भारत के प्रान्तीय सरकारों के विचारों की जाँच-पड़ताल करना था। लिहाज़ा, दिसम्बर 1931 में मार्केज ऑफ़ लोथियन की अध्यक्षता में भारतीय मताधिकार कमिटी (इण्डियन फ्रेंचाइज कमिटी) का गठन किया गया। इसने फ़रवरी 1932 में अपना काम आरम्भ किया। इस समिति ने 1932 में भारत भ्रमण करने की योजना बनाई। यह विभिन्न प्रमाण और लोगों के विचार एकत्रित कर नये भारतीय अधिनियम के लिए ठोस प्रस्ताव प्रस्तुत करना चाहती थीं। लोथियन कमिटी में दो महिलाओं राधाबाई सुब्बारायन और मैरी अडा पिकफोर्ड को सदस्य मनोनीत किया गया।[41]

मार्च 1932 में लोथियन कमिटी ने बम्बई की यात्रा की। उस समय वहाँ लोथियन-विरोधी हड़ताल आयोजित की गयी थी। साथ ही, सविनय अवज्ञा आन्दोलन की सिफ़ारिश के कारण कांग्रेस ने इसकी जाँच-पड़ताल में सहयोग करने से मना कर दिया। हालाँकि बहुत-सी ग़ैर-कांग्रेसी औरतों ने कमिटी के कामकाज में सक्रियता से भाग लिया।[42] ख़ास बात यह है कि कमिटी ने ज़्यादा औरतों को मताधिकार देने की सिफ़ारिश की। असल में, इस बारे में बुनियादी

सहमति थी कि आने वाले समय में महिलाओं को कभी-न-कभी अनिवार्य रूप से मताधिकार देना ही होगा। इस चरण में महिला मतदाताओं की संख्या में इसीलिए बढ़ोतरी की गयी। इसका मक़सद यह था कि भविष्य में सरकार को मताधिकार-प्राप्त पुरुषों और मताधिकार-प्राप्त औरतों की संख्या के बीच की भेद को ठीक करने के लिए परेशानी का सामना न करना पड़े। इस तरह, कमिटी ने महिला मतदाताओं की संख्या में बढ़ोतरी करने की अनुशंसा की। इस सम्बन्ध में उम्र और सम्पत्ति की मौजूदा पात्रताओं के अलावा, तीन अन्य पात्रताएँ भी जोड़ी गयीं : किसी सम्पत्तिशाली पुरुष की 25 वर्ष से ज़्यादा उम्र वाली पत्नी मतदान कर सकती है; यदि किसी पुरुष के पास मृत्यु के वक़्त मताधिकार था, तो उसकी विधवा 25 साल से ज़्यादा उम्र की होने की स्थिति में मतदान कर सकती है; 21 वर्ष से ज़्यादा उम्र की स्नातक महिलाएँ मतदान कर सकती हैं।[43] कमिटी को यह उम्मीद थी कि इन शर्तों को जोड़ने के बाद हर चार पुरुष पर एक औरत को मताधिकार प्राप्त होगा। इसने यह अनुमान भी लगाया कि उसके प्रस्तावों से बम्बई में कुल महिला जनसख्या के 14.3 प्रतिशत हिस्से को और कुल वयस्क जनसंख्या के 33.5 प्रतिशत हिस्से को मताधिकार प्राप्त हो जाएगा।[44] लोथियन कमिटी ने यह सुझाव भी दिया कि प्रान्तीय परिषदों में 2 से 5 प्रतिशत तक सीटों को 10 वर्षों की समयावधि तक महिलाओं के लिए आरक्षित रखा जाना चाहिए। महिला संगठनों ने लोथियन कमिटी की रिपोर्ट को नकार दिया। उन्होंने यह दलील दी कि यह उन्हें एक नागरिक और 'पूरी शासन-व्यवस्था का जीवन्त और अभिन्न भाग' नहीं मानता है। इस कारण, उन्होंने इसे अपने बुनियादी मानवाधिकारों का उल्लंघन करने वाला माना।[45]

कम्युनल अवार्ड में मुस्लिमों के लिए पृथक् मतदाता-मंडल की पुष्टि की गयी थी। इसमें वंचित वर्गों के लिए भी इसका प्रावधान किया गया। इससे स्त्रियों के मताधिकार और उनके लिए सीटों के आरक्षण का मसला फिर से सामने आया। गाँधी का यह मानना था कि निम्न जातियाँ, 'अछूत' या 'हरिजन' हिन्दू हैं। इसलिए उनके साथ पृथक् समूह के रूप में बरताव नहीं किया जाना चाहिए। उन्होंने 'कम्युनल अवार्ड' के ख़िलाफ़ आमरण अनशन शुरू कर दिया। इसके बाद सितम्बर 1932 में समझौता हुआ और 'पूना पैक्ट' सामने आया। इसमें कुल हिन्दू निर्वाचन क्षेत्रों में वंचित तबक़ों के लिए आरक्षण की व्यवस्था की गयी। बहुत सी महिलाओं ने 'कम्युनल अवार्ड' और 'पूना पैक्ट' को इस आधार पर ख़ारिज किया कि यह औरतों के बीच विभाजन पैदा करता है। उनका मानना था कि इसे स्वीकार करके कांग्रेस ने सार्वभौमिक मताधिकार का अपना पुराना दृष्टिकोण त्याग दिया है।[46] ग़ौरतलब है कि इस 'अवार्ड' में मुस्लिम महिलाओं का पक्ष लिया गया था। इसलिए बेगम शाहनवाज और बहुत सी अन्य मुस्लिम

औरतों ने महिला संगठनों को यह सुझाव दिया कि वे धार्मिक समरसता को बढ़ावा देने के लिए इस फ़ैसले को स्वीकार कर लें।[47]

इस बीच, सविनय अवज्ञा आन्दोलन की घोषणा कर दी गयी। इस आन्दोलन के दौरान यह उम्मीद करना बेकार था कि कांग्रेस का कोई नुमाइंदा संयुक्त संसदीय चयन समिति (ज्वाइंट पार्लियामेंटरी सेलेक्ट कमिटी) के सामने संविधान के लिए श्वेत-पत्र प्रस्तावों पर चर्चा के लिए आएगा। ग़ौरतलब है कि इस दौर में अंग्रेज़ महिलाओं का भी आन्दोलन चल रहा था। इसके बावजूद संयुक्त संसदीय चयन समिति के भारतीय प्रतिनिधि-मंडल में नामित भारतीय सदस्यों में कोई भी औरत शामिल नहीं थी। तीन प्रमुख महिला संगठनों, वीमेन्स कॉन्फ्रेंस, वीमेन्स ऐसोसिएशन और नैशनल कौंसिल फॉर वीमेन (भगिनी समाज और गुजरात स्त्री मंडल द्वारा समर्थित) ने एक संयुक्त ज्ञापन तैयार किया। साथ ही, समिति को ज्ञापन और इसके पक्ष में प्रमाण देने के लिए तीन महिलाओं का भी चुनाव किया।[48] बेगम हामिद अली, मुथुलक्ष्मी रेड्डी और राजकुमारी अमृत कौर को अपना बयान दर्ज करवाने के लिए लंदन आमन्त्रित किया गया। ग़ौरतलब है कि राजकुमारी अमृत कौर पहले ही लाहौर में लोथियन कमिटी के सामने अपना बयान दर्ज करा चुकी थीं। आगे चलकर 1933 में श्वेत पत्र सामने आया और इसमें अनुशंसा की गयी कि मतदान करने वाली महिलाओं की संख्या में कुछ हद तक बढ़ोतरी की जानी चाहिए। लेकिन यह उन महिला संगठनों की उम्मीदों के अनुरूप नहीं था, जिन्होंने यह माँग रखी थी कि पुरुषों और औरतों के बीच मतदान के पात्रता की शर्त में कम-से-कम अन्तर रखा जाना चाहिए तथा ज़्यादा-से-ज़्यादा महिलाओं को मतदाता-सूची में शामिल किया जाना चाहिए। काफ़ी वाद-विवाद के बाद तीन महिला संगठनों ने एक संयुक्त ज्ञापन तैयार किया। इसमें उन्होंने सार्वभौमिक वयस्क मताधिकार की अपनी माँग दुहराई तथा उन्होंने पृथक् मतदाता-मंडल और सीटों के आरक्षण की विविध योजनाओं पर अपनी आपत्ति भी दर्ज की। ख़ासतौर पर इस ज्ञापन ने महिला मताधिकार के लिए 'पत्नी होने' की शर्त को पूरी तरह नकार दिया। जहाँ महिला संगठनों ने श्वेत पत्र में पुरुषों और औरतों के लिए तय की गयी सम्पत्ति की अर्हता को स्वीकार किया, वहीं उन्होंने शैक्षिक होने की शर्त को ख़ारिज किया और उसके स्थान पर साक्षरता की शर्त लाने की सिफ़ारिश की। उन्होंने एक अस्थायी और अल्पकालिक उपाय के रूप में साक्षर और शहरी महिलाओं के मताधिकार को स्वीकार करने पर सहमति व्यक्त की तथा यह फ़ैसला किया कि वे पाँच पुरुषों पर एक महिला को मताधिकार दिलाने के लिए काम करेंगी।[49]

भारत अधिनियम (इण्डिया ऐक्ट) की तैयारी आख़िरी चरण में थी, तो लिनलिथगो की संयुक्त चयन समिति ने भारतीय महिला संगठनों के बयानों पर

विचार करने का फ़ैसला किया। राजकुमारी अमृत कौर, मुथुलक्ष्मी रेड्डी और बेगम हामिद अली ने क्रमश: नैशनल कौंसिल फॉर वीमेन, वीमेन्स एसोसिएशन और वीमेन्स कॉन्फ्रेंस की ओर से विचार रखें। इसी तरह, श्रीमती सुषमा सेन, श्रीमती एल. मुखर्जी ने कलकत्ता महिला समिति की ओर से बात रखी। मद्रास की नगरपालिकाओं, ज़िला बोर्डों और तालुक़ बोर्डों की 450 महिला सदस्यों द्वारा भी एक ज्ञापन दिया गया, जिसे राधाबाई सुब्बारायन ने तैयार किया था। मंगलोर की 100 प्रमुख महिलाओं ने श्रीमती सुब्बारायन की बहन श्रीमती एन.एल. सुब्बा राव द्वारा तैयार ज्ञापन दिया।[50] लेडी लिटन, सर फिलिप हरटोग और मिसेज ओ. स्ट्रैची ने भारतीय महिलाओं के मताधिकार के बारे में ब्रिटिश समिति का दृष्टिकोण प्रस्तुत किया। इन सभी ने मताधिकार-प्राप्त महिलाओं की संख्या में इज़ाफ़ा करने पर बल दिया। इस समिति के सामने एक ज्ञापन प्रस्तुत किया गया। इसमें यह बताया गया कि किस प्रकार सभी महिलाओं को मताधिकार देने के मसले पर वाद-विवाद और प्रगति हुई है। इसमें संघीय सभा में महिलाओं के लिए सीटें आरक्षित करने और उनके लिए अप्रत्यक्ष प्रतिनिधित्व की व्यवस्था करने का विरोध किया गया। यह माँग रखी गयी कि शहरी क्षेत्रों में 21 वर्ष के ऊपर के सभी पुरुषों और औरतों को मताधिकार दिया जाए। राज्य सचिव ने इस बात पर सहमति जताई कि ये सारे प्रमाण काफ़ी दमदार हैं। लिनलिथगो समिति ने यह टिप्पणी की कि 'भारत दुनिया में अपना इच्छित स्थान तब तक हासिल नहीं कर सकता है जब तक यहाँ की महिलाएँ शिक्षित नागरिकों के रूप में अपनी नियत भूमिका न निभायें।' लेकिन उन्होंने प्रशासनिक कारणों का हवाला देते हुए महिलाओं (और भारत) को यह अवसर प्रदान नहीं किया। प्रान्तीय प्रशासकों ने यह शिकायत की कि ख़ासतौर पर महिला मतदाताओं द्वारा अत्यधिक वोट पूरी प्रक्रिया को अनावश्यक रूप से पेचीदा बना देगा। इसके अलावा, उन्होंने यह भी कहा कि महिला मतदाताओं की संख्या बढ़ाने वाली योजनाएँ पूरी प्रक्रिया को बोझिल बना देंगी और उन्हें लागू करना काफ़ी मुश्किल होगा। आख़िरी योजना में महिला मतदाताओं की संख्या बढ़ाने वाली बहुत सी योजनाओं को मंजूरी दी गयी : कुछ प्रान्तों में पत्नियों को वोट डालने का अधिकार दिया गया, कुछ में साक्षर महिलाओं को और बहुत से अन्य प्रान्तों में सैन्य अधिकारियों की पत्नियों को मताधिकार दिया गया।[51]

जब संयुक्त चयन समिति (ज्वाइंट सेलेक्ट कमिटी) की रिपोर्ट प्रकाशित हुई, तो ऐसा लगा कि यह समिति महिलाओं के प्रस्तावों से कोई ख़ास प्रभावित नहीं हुई है। हालाँकि इसमें कुछ प्रस्तावों को स्वीकारा भी गया। बम्बई को छोड़कर बहुत से प्रान्तों में यह प्रावधान किया गया कि पत्नी होने की शर्त अनिवार्य नहीं है। इसी तरह, बम्बई सहित बहुत से प्रान्तों में यह प्रावधान भी किया गया कि

शैक्षिक पात्रता के बजाय साक्षरता पात्रता आवश्यक है। सरोजिनी नायडू ने बहुत ही ज़ोरदार तरीक़े से इस रिपोर्ट को नकारा। वीमेन्स कॉन्फ्रेंस ने भी इसे ख़ारिज कर दिया। बम्बई प्रेसीडेंसी में वीमेन कौंसिल की एक विशेष बैठक हुई। इसमें इसने नैशनल कौंसिल ऑफ़ वीमेन के लिए विस्तृत आलोचना तैयार की। सविनय अवज्ञा आन्दोलन को वापस लिए जाने के काफ़ी समय बाद जनवरी 1935 में सरोजिनी नायडू की अध्यक्षता में तीन अखिल भारतीय महिला संगठनों की बैठक हुई। इसमें इन संगठनों ने संयुक्त रूप से इस रिपोर्ट की निन्दा की। इन्होंने पत्नी होने की शर्त, सीटों के आरक्षण तथा प्रान्तीय विधायिकाओं से केन्द्रीय विधायिका के लिए अप्रत्यक्ष चुनाव के प्रावधानों को ख़ारिज किया। इसमें इस बात की तरफ़दारी की गयी कि साक्षरता की शर्त का विस्तार किया जाना चाहिए और सभी प्रान्तों से आवेदन करने की आवश्यकता को हटा देना चाहिए।[52]

भारत शासन अधिनियम 1935 में सार्वभौमिक वयस्क मताधिकार को स्वीकर नहीं किया गया। इसने महिलाओं के लिए विशेष निर्वाचक मंडल की स्थापना की। इसमें प्रान्तीय विधायिकाओं में महिलाओं के लिए 41 सीटों को आरक्षित करने का प्रावधान किया गया। निर्वाचन क्षेत्रों की प्रकृति को तय करने का काम परीसीमन समिति को दे दिया। 1935 के अधिनियम के अन्तर्गत 35 मिलियन मतदाताओं में पाँच पुरुष मतदाताओं पर एक महिला मतदाता का अनुपात रखा गया था। 21 वर्ष की ऊपर की महिलाएँ निम्नलिखित में से किसी भी शर्त को पूरा करने पर मतदान कर सकती थीं : वे साक्षर हों, सम्पत्ति की मालिक हों, या फिर सम्पत्तिशाली व्यक्ति की पत्नी या विधवा हों। इस तरह, केवल 21 वर्ष के ऊपर की साक्षर और विवाहित महिलाएँ ही मतदान करने के योग्य मानी गयीं। लेकिन शर्त यह थी कि उनके पास भी पुरुषों जिनती सम्पत्ति हो और वे उन्हीं की तरह कर अदा करती हों। लेकिन उस समय बहुत कम महिलाओं के पास सम्पत्ति अधिकार थे। वे बड़े पैमाने पर निरक्षर थीं। इसलिए महिलाओं का एक बहुत छोटा हिस्सा ही निर्वाचक मंडल का सदस्य बन पाया।[53] जैसा कि ऊपर उल्लेख किया गया है महिलाओं का विधायिका के लिए निर्वाचन हो सकता था। सामुदायिक (कम्युनल) आधार पर उनके लिए 41 सीटें आरक्षित की गयी थीं। हालाँकि वे किसी सामान्य सीट से भी चुनाव लड़ सकती थीं। यह तय किया गया कि निर्वाचन क्षेत्र के रूप में छोटे और चुनिन्दा क्षेत्र होंगे। इससे ग्रामीण क्षेत्रों में चुनाव प्रचार करने की मुश्किलें कम की गयीं। महिलाओं के लिए आरक्षित सीटों पर पुरुष और स्त्री– दोनों ही चुनाव प्रचार कर सकते थे। लेकिन मुस्लिम निर्वाचन क्षेत्रों में सिर्फ़ औरतें ही प्रचार कर सकती थीं।[54] 1935 के भारत शासन अधिनियम ने महिलाओं का प्रतिनिधित्व बढ़ाया। लेकिन यह बदलाव संगठित स्त्रियों की आशा के अनुरूप नहीं था। इससे यह साफ़

हो गया कि अंग्रेज़ों के साथ सहयोग करने की रणनीति से सीमित सफलता ही मिल सकती थी। साथ ही, यह भी स्पष्ट हुआ कि महिला अधिकारों के मसले को राष्ट्रवादी आन्दोलन से जोड़ने से अधिकांश मौक़ों पर राष्ट्रवादी आन्दोलन के नज़रिये को ही वरीयता मिलती थी।

वीमेन्स कॉन्फ्रेंस ने महिला उम्मीदवारों के लिए विशेष निर्वाचन-क्षेत्रों के गठन का समर्थन नहीं किया। इसका यह मानना था कि महिलाओं को समान नागरिकों के तौर पर मान्यता दी जाए और उन्हें किसी तरह की विशेष सुविधा या विशेषाधिकार न दिया जाए। इस संगठन के मुताबिक़, तरजीही बरताव (प्रिफ़ेरेंशियल ट्रीटमेंट) से महिलाओं को ऐसे नागरिक की हैसियत नहीं मिलेगी जिसके पास अन्य नागरिकों की तरह ही समान अधिकार हों और जो उन्हीं की तरह ज़वाबदेह हों। एक बहुसदस्यीय निर्वाचन-क्षेत्र वाले सामान्य सीट से चुनाव लड़ने वाली स्त्री उम्मीदवार एक आरक्षित सीट और विशेष निर्वाचन क्षेत्र से चुनाव लड़ने वाली उम्मीदवार से ज़्यादा ख़ास और असरदार होगी। इससे उनके विश्वास और आत्म-बल में भी फ़र्क़ आएगा। 1935 के मध्य में वीमेन्स कॉन्फ्रेंस ने महिला मतदाताओं के लिए किये गये प्रावधानों को नकारने की एक आख़िरी कोशिश की। इसकी स्थायी समिति ने यह कहा कि पत्नी होने की शर्त से पैदा होने वाली दिक़्क़तों को दूर किया जाना चाहिए। इसने महिलाओं के लिए सीटों का आरक्षण ख़त्म करने की भी माँग की। इसने यह घोषणा की कि जब तक ऐसा नहीं होता, तब तक वे नये संविधान के कामकाज में भागीदारी नहीं करेंगी। त्रिवेन्द्रम में वीमेन्स कॉन्फ्रेंस के दसवें अधिवेशन में पत्नी होने की कसौटी और आवेदन की प्रक्रियाओं का तीखा विरोध हुआ। इस अधिवेशन में डॉ. सुकथंकर ने इस मक़सद से एक स्पष्ट प्रस्ताव भी प्रस्तुत किया। लेकिन इसके साथ ही गुलबानो डॉक्टर द्वारा प्रस्तुत एक अन्य प्रस्ताव भी पारित किया गया। इसमें यह कहा गया कि नये भारत शासन अधिनियम के प्रस्ताव नाकाफ़ी हैं, लेकिन इसमें औरतों को जो शक्तियाँ मिली हैं, उन्हें उसका फ़ायदा उठाना चाहिए। इस तरह विशेष प्रतिनिधित्व को मौन स्वीकृति देने का रास्ता साफ़ हुआ। यह बात स्पष्ट रूप से अभिव्यक्त तो नहीं की गयी, लेकिन इसका विरोध में पहले जैसा तीखापन नहीं रहा।[55]

'नारी मत' : मत का जेण्डरीकरण

ऊपर के विवरण के आधार पर यह मानना एक भूल होगी कि नारी मताधिकार प्रश्न ने औपनिवेशिक/सरकारी या राष्ट्रवादी जनमत को बीसवीं सदी के आरम्भिक दौर के समाज सुधारकों की तरह ही जोश में ला दिया। बहरहाल, मतदान आन्दोलन की महत्ता इस बात में निहित है कि इसने महिलाओं को सक्रिय बनाने में अपूर्व

भूमिका निभाई। साथ ही, परिवार में औरत की भूमिका और राष्ट्र और शासन व्यवस्था में उसकी स्थिति के मुद्दे पर सार्वजनिक वाद-विवाद और छानबीन का आगाज़ किया। जैसा कि पहले उल्लेख किया गया है कि मतदान और प्रतिनिधित्व के मसले पर महिलाओं की संगठित सक्रियता का उभार 1919 के सुधारों की पृष्ठभूमि में हुआ। इन्हीं सुधारों में स्वशासन की संस्थाओं के क्रमिक विकास का वायदा किया गया था। इसे बाद की सुधार घोषणाओं से और ज़्यादा गति मिली तथा 1940 का दशक आते-आते महिलाओं की संगठित सक्रियता समाप्त प्रायः हो गयी। अधिकांश मामलों में महिला संगठनों का राष्ट्रवादी आन्दोलन से काफ़ी नज़दीकी सम्बन्ध था। ये संगठन किसी भी क़ीमत पर कांग्रेस से अपना सम्बन्ध ख़राब नहीं करना चाहते थे। इस कारण मताधिकार का मुद्दा राष्ट्रीय आन्दोलन की एक अधीनस्थ धारा बन गया। अमूमन यह कहना काफ़ी मुश्किल था कि यह आज़ादी के 'राष्ट्रीय' आन्दोलन से अलग कोई आन्दोलन था। 1917 के बाद के दौर में मताधिकार आन्दोलन में बढ़ोतरी हुई और इसे गहनता मिली। इससे यह बात सामने आयी कि जब तक राष्ट्रवादी जनमत संवैधानिक सुधारों को स्वीकार करता था, तब तक मताधिकार आन्दोलन भी इस पर ज़ोर देता था। नारी मताधिकार की माँग और राष्ट्रवादी दृष्टिकोण के बीच एक तरह की 'सार्वजनिक' समरसता थी। यह औपनिवेशिक सन्दर्भ में वाद-विवाद की विशिष्ट स्थिति पर निर्भर थी। दरअसल, 1940 के दशक में आन्दोलन के धीरे-धीरे लुप्त हो जाने में इस समरसता ने महत्त्वपूर्ण भूमिका अदा की। कांग्रेस ने 1931 के कराँची अधिवेशन में अधिकारों का चार्टर अपनाया था जिसमें 'सार्वजनिक वयस्क मताधिकार का प्रावधान' भी शामिल था। यह एक तरह से, इस समरसता की सर्वोच्च सार्वजनिक अभिव्यक्ति थी। ख़ास बात यह थी कि इसे पश्चिम की तरह 'सेक्स युद्ध' छेड़े बग़ैर ही हासिल कर लिया गया था।

हालाँकि मताधिकार के मुद्दे पर यह आम-सहमति एक दिखावे की तरह ही थी। इसने 'महिलाओं के मताधिकार' की माँग द्वारा उठाए गये बुनियादी और विवादास्पद मुद्दों पर परदा डालने का काम किया। साथ ही, इसने इन मुद्दों के पक्ष और विपक्ष में काम करने वाली सामाजिक-राजनीतिक ताक़तों की पेचीदा रूपरेखा सामने नहीं आने दी। इस वाद-विवाद को ढकने वाले आवरण को हटाने पर कई अनछुए पहलू सामने आ सकते है। मसलन, इससे यह बात स्पष्ट हो सकती है कि स्त्रियों के 'समुचित' स्थान और उससे सम्बन्धित 'उपयुक्त' अधिकारों की सीमा/प्रकृति के बारे में कई तरह के सूत्रीकरण प्रस्तुत हुए थे। इसमें विचारधारात्मक, उपनिवेशवादी, राष्ट्रवादी, पुरुषवादी, मताधिकारवादी सूत्रीकरणों को शामिल किया जा सकता है। इन सूत्रीकरणों में बहुत ही पेचीदा अन्तरसम्बन्ध हैं। इससे यह भी स्पष्ट होता है कि समाज में जेण्डर, वर्ग और समुदाय के बारे

में आलोचनात्मक तनाव मौजूद रहा है। उपनिवेशवाद के सन्दर्भ में इन तनावों ने खुद को बहु-स्तरीय तरीक़े से अभिव्यक्त किया। यह बात सच है कि कांग्रेस के अधिकारों के चार्टर में और फिर स्वतन्त्र भारत के संविधान में महिलाओं के अधिकारों का समावेशन किया गया। लेकिन इससे इस वाद-विवाद के केन्द्र में स्थित 'नारीत्व' और 'नागरिकता' का मुद्दा पूरी तरह खत्म नहीं हुआ। मसलन, सती, मुस्लिम महिलाओं के अधिकारों, समान नागरिक संहिता, संसद में महिलाओं के 'विशेष' अधिकारों की नुमाइंदगी, महिलाओं के खिलाफ़ होने वाली हिंसा आदि जैसे मसलों पर 'नारीत्व' और 'नागरिकता' के मुद्दे बार-बार सामने आए। लेकिन इन मुद्दों को छिपा लिया गया।

उपर्युक्त तर्कों को ध्यान में रखते हुए हम 'नारीत्व' और 'नागरिक अधिकारों' की विविध अवधारणाएँ तैयार करने वाले अर्थों की छानबीन का प्रयास करेंगे। इन अर्थों ने महिलाओं के मताधिकार के मुद्दे पर होने वाले वाद-विवाद के उपनिवेशवादी, राष्ट्रवादी और मताधिकारवादी जैसे विविध परिप्रेक्ष्यों को प्रभावित किया। औरतों को मताधिकार देने का समर्थन करने वालों और इसका विरोध करने वालों के बीच एक विभाजक रेखा खींची जा सकती है। लेकिन यह भी देखा जा सकता है कि इस विभाजन से परे एक पौरुषवादी बन्धुता का अस्तित्व है। ग़ौरतलब है कि औरतों ने मताधिकार सुधार की समितियों और संवैधानिक सुधारों के गोलमेज़ सम्मेलनों में याचिकाएँ प्रस्तुत कीं, अपील किया और अपनी नुमाइंदगी के लिए संघर्ष किया; वहीं प्रान्तीय विधायिका परिषदों जैसी 'प्रतिनिधिमूलक' निकायों और अन्य समितियों के कामकाज से यह बात उजागर होती है कि पुरुष 'अपनी' औरतों के बारे में किस तरह संवाद कर रहे थे। यह बात सच है कि महिलाओं के मताधिकार के मुद्दे के समर्थन और विरोध में काफ़ी आक्रामक और भावनात्मक दलीलें प्रस्तुत की गयीं। लेकिन इसमें नारीत्व को जिस तरह परिभाषित किया गया, उससे यह स्पष्ट है कि इस मुद्दे पर प्रत्यक्ष टकरावों के बावजूद एक (पुरुष-केन्द्रित) 'हम' कारक भी काम कर रहा था। इससे इंकार नहीं किया जा सकता है कि औपनिवेशिक वृतान्त में राष्ट्रवादी नेताओं का नारीकरण किया गया था और उन्हें चिर-शैशव (आजीवन शिशु) के रूप में वर्णित किया गया। इसके बावजूद महिलाओं के मताधिकार के पक्ष और विपक्ष में ऐसे बहुत से तर्क प्रस्तुत किये गये, जिनमें स्त्रियों के साथ वही सारे अर्थ जोड़े गये, जो नारीकरण और शैशवीकरण के औपनिवेशिक आख्यानों की तरह ही थे। इसमें यह माना गया कि महिलाओं को सुरक्षा और समर्थन की आवश्यकता है। वे बच्चों का गर्भधारण और उनका पालन-पोषण करके समुदाय/राष्ट्र की बुनियादी सेवा कर रही हैं। नारीत्व की परिभाषा और इस पर आधारित नागरिकता अधिकारों के वर्णन में विविध विभाजनों (उपनिवेशित/उपनिवेशक, मताधिकार-समर्थक/

मताधिकार-विरोधी) से परे एक पौरुषवादी आत्मीयता सामने आती है। यहाँ पुरुष (हम) पुरुष से औरतों के (उनके) बारे में बात करते हैं। पुरुषों के बीच होने वाले इस संवाद में अमूमन 'औरत' को परिवार के साथ उसके (निर्भर) सम्बन्ध के सन्दर्भ में देखा गया। फिर इसके आधार पर उसे सम्मान, सम्पत्ति, शिक्षा, देशभक्ति और राष्ट्रवाद के सन्दर्भ में परिभाषित किया गया। इस परिभाषा की शर्तों से यह बात सामने आती है कि 'सम्माननीय' और 'सही' महिला और इन परिभाषाओं के दायरे से बाहर रखी गयी महिलाओं के बीच एक स्पष्ट अन्तर किया गया। इस कारण, सभी सामाजिक वर्गों और धार्मिक समुदायों के बीच सेतु बनाने का वायदा काफ़ी हद तक बेमतलब हो गया। ये सभी विरोधाभास अत्यधिक जटिल तरीक़े से सामने आए। इसका कारण यह है कि आमतौर पर एक-दूसरे का विरोध करने वाले समूहों ने स्त्री मताधिकार के पक्ष और विपक्ष में मजबूती से अपने तर्क पेश करने के लिए आख़िरकार एक ही तरह का वृतान्त अपनाया। इसमें मुख्य रूप से पारिवारिक विचारधाराओं और मातृत्व के अलंकारों को अपनाया गया। जैसा कि इस अध्याय के आरम्भ में उल्लेख किया गया है कि इन अलंकारों ने नारीत्व को पहले से ही मौजूद माना और इसे औरत के लिए पहले से ही निर्मित समस्या के रूप में देखा। इस तरह, औरतें 'नारी' और 'नारीत्व' के आस-पास मौजूद कुछ ख़ास तरह की मान्यताओं से पहले से ही घिरी हुई थीं। इसलिए या तो 'विरासत में मिली इस बुनियाद' पर ही महिला का 'राजनीतिक प्रयोग' निर्मित हुआ या फिर उसने इसे नकारने का प्रयास किया। यह वृतान्त उन्हें बिल्कुल नये तरीक़े से प्रस्तुत नहीं कर सकता था।[56]

जैसा कि पहले उल्लेख किया जा चुका है कि बहुआयामीय परिप्रेक्ष्यों और विभिन्न प्रकार के विमर्शों ने भारत में औरतों के मताधिकार के वाद-विवाद को प्रभावित किया। आरम्भ में यह बताया गया है कि भारत में मौजूद औपनिवेशिक सम्बन्ध प्रभुत्व और अधीनता पर आधारित थे। इसके साथ काफ़ी मजबूत और सभ्यतामूलक निहितार्थ जुड़े हुए थे। इसने भारत में महिलाओं के मताधिकार के वाद-विवाद की प्रकृति और सन्दर्भ तय करने में काफ़ी प्रभावशाली भूमिका अदा की। बहिष्करणीय सिद्धान्तों की एक श्रृंखला के माध्यम से उपनिवेशित जनसंख्या के विभेद को रेखांकित किया गया। फिर इस आधार पर उसके राजनीतिक अधिकारों को नकारने और निलंबित रखने का फ़ैसला प्रभावकारी तरीक़े से लागू किया गया। उपनिवेशकों द्वारा उपनिवेशित लोगों के नारीकरण और शैशवीकरण तथा नस्लीय और जेण्डर-आधारित श्रेणियों के प्रयोग ने प्रजाजनों को नागरिकों की श्रेणी से बाहर कर दिया। यह कहा गया कि उनके पास इसके लिए कम पात्रता है, वे आदमी नहीं हैं या कमतर आदमी हैं। शासकों के ख़ास व्यवहारों के रूप में एक औपनिवेशिक व्यवस्था का उभार हुआ। इसमें अंग्रेज़ों की नस्लीय

विशिष्टता के साथ-ही-साथ उपनिवेशित लोगों की निर्बलता पर बल दिया गया। औपनिवेशिक शासकों ने पौरुषता की पदसोपानीय (हायरार्कीकल) व्यवस्था निर्मित की और उन्होंने उपनिवेशितों से एक विशेषाधिकारयुक्त सम्बन्ध स्थापित किया। इस आधार पर उन्होंने 'अपने होने' का एक अर्थ भी तैयार किया। इसके अलावा, उन्होंने उपनिवेशित प्रजाजनों, ख़ासतौर पर राजनीतिक रूप से आत्म-जागरूक, पश्चिम शिक्षित भारतीयों पदसोपान में स्थान तो दिया, किन्तु उनकी पौरुष को अप्राकृतिक और विकृत मानकर उनका विराजनीतीकरण किया।[57]

इंग्लैण्ड में मताधिकार वाद-विवाद के पूरे दौर में ब्रिटेन में नागरिकता की पौरुषवादी हैसियत को सम्पत्ति रखने, विवाह करने और घर बसाने के बदलते सन्दर्भों में परिभाषित किया गया। इसका मक़सद हिंसायुक्त साम्राज्य की तरफ़दारी करना था। हालाँकि आमतौर पर यह माना गया कि निर्वाचक सम्पत्तिधारी होंगे क्योंकि यह विश्वास प्रचलित था कि संसद का काम सम्पत्ति की सुरक्षा करना है (क्लार्क 1996, 230-31)। भारत में मताधिकार को सम्पत्तिशाली वर्गों तक सीमित रखना सिर्फ़ उपनिवेश के सिद्धान्त का विस्तार था। लेकिन इसने यह भी सुनिश्चित किया कि सम्पतिशाली वर्गों और औपनिवेशिक शासकों के बीच निरन्तर गठजोड़ क़ायम रहे। भारत में औपनिवेशिक शासकों को यह चिन्ता भी थी कि उनके क़दमों से प्रभावशाली (सम्पत्तिशाली) समूहों की रूढ़िवादी संवेदनाएँ आहत न हों। इसी कारण यहाँ औरतों को पुरुषों की भाँति मताधिकार नहीं दिया गया। ग़ौरतलब है कि मॉन्टेग्यु-चेम्सफोर्ड सुधारों के सूत्रीकरण के दौरान विशेष रूप से मताधिकार के मुद्दे पर विचार करने के लिए साउथबरा कमिटी का गठन किया गया था। शिक्षित स्त्रियों ने इस कमिटी को बहुत सी याचिकाएँ दीं। लेकिन इस कमिटी ने यह निष्कर्ष निकाला कि औरतों को मताधिकार देना देश की रूढ़िवादी (या अनुदारवादी) भावनाओं के अनुरूप नहीं होगा।[58] खुद मॉन्टेग्यु ने इस मुद्दे पर रूढ़िवादी विरोध की उपेक्षा करने में झिझक दिखाई। उन्होंने यह आग्रह किया कि इस मुद्दे पर 'धार्मिक भावनाओं' को भड़काना 'ख़तरनाक' होगा।[59]

यह बात ग़ौरतलब है कि साउथबरा कमिटी का गठन वयस्क मताधिकार का 'दायरा' तय करने के लिए किया गया था। इसने मताधिकार की शर्तों को स्पष्ट करते हुए चार समूहों को इससे बाहर रखा : महिलाएँ; 21 वर्ष से कम उम्र वाले लोग; एक विदेशी राज्य की प्रजा; और दिमाग़ी असन्तुलन वाला व्यक्ति। इस तरह, औरत होने को एक अक्षमता (कम उम्र और दिमाग़ी असन्तुलन की तरह) और असंवेदनशीलता (विदेशी होने की तरह) माना गया। इसलिए उन्हें मतदान के लिए अनुपयुक्त माना गया। इस अक्षमता को एक सभ्यतामूलक गुण के रूप में देखा गया। यह गुण उन सामाजिक स्थितियों से सामने आता है जो मानकीय (पश्चिमी) स्थितियों के अनुरूप नहीं हैं। इसलिए यह अचरज की

बात नहीं है कि साउथबरा कमिटी ने यह विचार व्यक्त किया कि असल में 'पुरुष मतदाताओं के एक बड़े हिस्से को ज़िम्मेदार तरीक़े से मतदान करने के लिए शिक्षित करने की आवश्यकता है। इसलिए महिलाओं को मताधिकार देना एक अपरिपक्व क़दम होगा' (रिपोर्ट ऑफ़ द फ्रेंचाइज कमिटी, 1918-19, 4)।

स्त्रियों को सामूहिक रूप से ग़ैर-ज़िम्मेदार, अपरिपक्व, अतार्किक, विक्षिप्त और असंवेदनशील लोगों की श्रेणी में रखकर उन्हें मताधिकार से वंचित किया गया। इसके साथ ही, यह भी स्वीकार किया गया कि सम्पत्ति स्वामित्व के कारण पुरुषों में जिम्मेदार मतदाता बनने हेतु आवश्यक चिन्तन-क्षमता आ जाती है। इस प्रकार, सम्पत्ति रखने की शर्त पूरी करने की वजह से कुछ पुरुष मतदाता बन सकते थे। उन्हें इसके प्रमाण के तौर पर भूमि राजस्व, ग्रामीण क्षेत्रों का लगान या स्थानीय कर, या आय कर की अदायगी की पर्ची प्रस्तुत करना था (रिपोर्ट ऑफ़ द फ्रेंचाइज कमिटी, 1918-19)। बहुत से लोगों ने सम्पत्ति स्वामित्व को मताधिकार की बुनियादी कसौटी बनाने की आलोचना की। उनके अनुसार, एक ओर 'निरक्षरता' और 'अज्ञानता' को वयस्क मतदान की बाधाओं के रूप में रेखांकित करना और दूसरी ओर सम्पत्ति स्वामित्व को मताधिकार की एकमात्र कसौटी मानना पूरी तरह ग़लत है। 1930-31 में लंदन में हुए गोलमेज़ सम्मेलन के एक प्रतिनिधि एन.एम. जोशी ने यह कहा कि,

> यदि निरक्षरता और अज्ञानता एक अयोग्यता है, तो यह उन सभी लोगों के लिए है जो निरक्षर और अज्ञानी हैं। बदक़िस्मती से हमारे मुल्क में आज इसे एक अयोग्यता नहीं माना जा रहा है। साक्षर या निरक्षर हर तरह के लोगों को मताधिकार दिया गया है...उन्हें मताधिकार देने का एकमात्र कारण यह है कि उनके पास सम्पत्ति है।[60]

ब्रिटिश विधि-निर्माताओं ने इस वाद-विवाद पर तटस्थ रुख़ अपनाया। उन्होंने बंगाल के अलावा किसी भी प्रान्तीय विधायिका में स्त्री मताधिकार देने के मुद्दे पर मतदान नहीं किया। जैसा कि बारबरा साउथार्ड का मानना है कि 'अघोषित सरकारी नीति' औरतों को मताधिकार देने के विरुद्ध थी।[61] मतदान सुधारों की सम्भाव्यता का मूल्यांकन करने के लिए सुविधाजनक कसौटियों के रूप में परम्परा के साथ-ही-साथ सामाजिक स्थितियों का भी प्रयोग किया गया। 1921 के बंगाल विधान परिषद के वाद-विवाद में इस प्रस्ताव के पक्ष में बोलने वाले ब्रिटिश अधिकारी ने औरतों को मताधिकार देने की 'व्यावहारिक दिक़्क़तों' पर प्रकाश डाला (साउथार्ड 1995: 118)। इसके पहले साउथबरा कमिटी ने विभिन्न वर्गों और समुदायों में मौजूद 'अलग-थलग रहने की प्रथा' को उद्धृत किया था। उसने यह दलील दी थी कि इस तरह की प्रथाएँ महिला मताधिकार को एक हक़ीक़त बनने से रोक सकती हैं।[62]

ग़ौर करने वाली बात यह है कि उन्नीसवीं सदी के दूसरे भाग में उपनिवेशवादियों और राष्ट्रवादियों–दोनों ने ही महिला की पहचान ऐसी वस्तु के रूप में की, जिसे विकृत सभ्यता के प्रभावों से बचाने की आवश्यकता थी। राष्ट्रवादी उन्हें राष्ट्रीय परम्परा के प्रतीक और धारक के रूप में स्थापित करना चाहते थे। इस प्रक्रिया में उपनिवेशित महिला के चरित्र को मोनोलिथ (या एकाश्म) रूप में प्रस्तुत किया गया। बहरहाल, इस दौर में यह बात सामने आयी कि उपनिवेशवादी सभ्य बनाने के अपने मिशन को अलग तरीक़े से देखते थे। ग़ौरतलब है कि यह माना गया कि राष्ट्रवादी आधुनिकता के उत्पाद के रूप में 'नयी भारतीय नारी' की अवधारणा वास्तविक महिला का प्रतिनिधित्व नहीं करती थी। इसे 'बंगाली बाबू' की तरह की एक विशिष्ट निर्मिति के तौर पर देखा गया। 'बंगाली बाबू' को औपनिवेशिक आधुनिकता में शिक्षित व्यक्ति और पथभ्रमित पौरुष के प्रतिनिधि के रूप में देखा जाता था। औपनिवेशिक विवरण में आदर्श और सर्वोत्कृष्ट भारतीय नारी का स्थान 'ग़रीब औरत' ने ले लिया। यह गाँवों में रहने वाली और मध्य वर्ग द्वारा उपेक्षित लाखों अज्ञानी भारतीयों का प्रतिनिधित्व करती थी। 1932 में भारत का भ्रमण करने वाले मताधिकार समिति (लोथियन कमिटी) ने गाँवों की यात्रा की और 'आम लोगों' से बातचीत की। इसने खुद यह समझने का प्रयास किया कि वास्तविक महिला क्या चाहती है। जब यह समिति अपने दस कारों के काफ़िले के साथ एक गाँव में पहुँची तो उससे ग्रामीणों के बीच डर और तमाशे का माहौल बन गया। इसके बाद, इस समिति के व्याख्याकारों ने लोगों को यह आदेश दिया कि वे सवाल–ज़वाब के लिए सामने आए। अमूमन महिलाएँ भाग गयीं, लेकिन एक बुज़ुर्ग महिला आगे आयी जिसके पास विरासत में मिली सम्पत्ति थी। उसने कहा कि वह हमेशा अपने बेटे से पूछकर ही मतदान करती है। महिला के इस कथन ने समिति के इस विचार की पुष्टि की कि ग्रामीण लोग पिछड़े हैं और किसी भी तरह के प्रत्यक्ष मताधिकार के लायक़ नहीं हैं (फ़ोर्ब्स 1998, 109)।

बहरहाल, इस समिति ने यह अनुशंसा की कि सामाजिक सुधारों में मदद के लिए ज़्यादा महिलाओं को मताधिकार दिया जाना चाहिए। लेकिन यह भी ग़ौर करने वाली बात है कि ऊपर वर्णित अनुभव से समिति को मताधिकार के मौजूदा सिद्धान्त (सम्पत्ति के स्वामित्व) के बेतुकेपन का अहसास नहीं हुआ, बल्कि उन्हें यह भरोसा हो गया कि मताधिकार के आधार को ज़्यादा व्यापक करना सही क़दम नहीं होगा। बुज़ुर्ग सम्पत्तिशाली महिला ग्रामीणों के पिछड़ेपन को रेखांकित करती थी और उससे बातचीत के आधार पर बड़ी संख्या में लोगों को मताधिकार के दायरे से बाहर रखने फ़ैसला कर लिया गया। कोरनिलिया सोराबजी ने भी उस वर्णन को स्वीकार किया था, जिसके मुताबिक़ 'प्रगतिशील

स्त्रियों' की छवि ऐसी उदासीन महिलाओं के रूप में अंकित की गयी जो 'आम औरतों' की समस्याएँ नहीं समझ सकती हैं। सोराबजी के विचार स्त्री अधिकार के मुद्दे पर सम्मानित नारी वर्ग के भीतर 'दरार' का प्रतिनिधित्व करते हैं। उन्होंने प्रस्तावित मॉन्टेग्यु-चेम्सफोर्ड सुधारों के बारे में सरकार को दिये एक गोपनीय ज्ञापन में लिखा : 'हम (भारतीय स्त्रियाँ) अभी समान नागरिकता और समान अवसरों की माँग नहीं कर सकती हैं—हमारा इतिहास हमें ऐसा करने से रोकता है।' सोराबजी ने यह बताया कि जहाँ प्रगतिशील स्त्रियाँ आगे बढ़ी हैं, वहीं अधिकांश औरतें अभी भी निरक्षर और अज्ञानी हैं। उन्होंने यह दलील दी कि 'पीछे छूट चुकी' इन औरतों को मताधिकार देना ख़तरनाक होगा (फ़ोर्ब्स, 99)।

शायद इसी दौर में असली औरत की छवि का उभार हुआ था, जो बाद के वर्षों में भी महिला एक्टिविस्टों को परेशान करती रहीं। इस असली औरत की ख़ासियत यह थी कि यह ग़रीब, ग्रामीण और परम्परावादी थी। राष्ट्रवादियों ने असली औरत के बारे में अपनी इस समझ के कारण ही पर्सनल क़ानूनों में बदलाव करने में हिचक दिखाई। हालाँकि उन्नीसवीं सदी के आख़िर में जिस नयी महिला का उभार हुआ, उसने राष्ट्रवादी पुरुषों से अपने पारिवारिक क़ानूनों में बदलाव की माँग की। इसने बाहरी उपनिवेशकों के सामने इन राष्ट्रवादी पुरुषों के लिए शर्मिंदगी का ख़तरा उत्पन्न कर दिया।[63] यह एक ऐसा ख़तरा था, जिसे मताधिकार की माँग करने वाली नयी महिला कमज़ोर करने का प्रयास भी कर रही थीं। इसके लिए नयी महिला उन्नीसवीं सदी के आख़िर में सामने आए भारतीय नारीत्व की निर्मितियों को अपनाया और पश्चिमी महिलाओं से अपने अन्तर पर बल दिया।

असली औरत के विपरीत, नयी महिला बाज़ारू औरत, सड़क की औरत या 'मरदाना औरत' घोषित किये जाने के ख़तरे का सामना कर रही थी। बंगाल की विधायिका में 'कुलीनतन्त्र के भद्रजनों' ने यह डर पैदा किया कि 'परम्परा ख़तरे' में है। उन्होंने यह चेतावनी दी कि ऐसा होने पर सामाजिक व्यवस्था तहस-नहस हो जाएगी। उनके मुताबिक़ पर्दा के कारण इज़्ज़तदार औरतों की गतिशीलता में रूकावट आती है। लेकिन तवायफ़ों/पर्दे से बाहर रहने वाली औरतों को ऐसे किसी ख़तरे का सामना नहीं करना पड़ता है। इसलिए मताधिकार में होने वाले किसी भी बदलाव का फ़ायदा इन तवायफ़ों/पर्दे से बाहर रहने वाली औरतों को ही मिलेगा :

> हर बाज़ार में औरतों का एक बड़ा तबक़ा है, जो (मतदान की) योग्यता हासिल करने के लिए आवश्यक दर या कर अदा करती है या कर सकती है और मैं यह कहने की जुर्रत करता हूँ कि वह ऐसा ज़रूर करेंगी...हमारी इज़्ज़तदार बहनें उनके सामने कहीं नहीं टिक पाएँगी, वे इन औरतों की संख्या

की भीषण ताक़त के सैलाब में बह जाएँगी...उनकी घुसपैठ (व्यवस्था को) भ्रष्ट बनायेगी और उसे हतोत्साहित करेगी।[64]

हालाँकि अन्य विधि-निर्माताओं ने ऐसी टिप्पणियों को तुच्छ मानते हुए नकार दिया और कहा कि यह कोई मसला नहीं है। लेकिन सच्चे नारीत्व की परिभाषा तथा राष्ट्रीय और सांस्कृतिक पहचान तथा नागरिकता के चित्रण में यह मान्यता मजबूती से जमी रही कि सार्वजनिक रूप से सक्रिय औरतें तवायफें हैं। इसमें यह भी माना गया कि तवायफें औरत नहीं होती हैं बल्कि वे बस जीवित वस्तु मात्र होती हैं।

मताधिकार सम्बन्धी वाद-विवाद के दौर में इस प्रश्न को सबसे प्रमुखता मिली कि महिला अधिकारों के लिए कौन बोल रहा है। इसे ध्यान में रखते हुए भारतीय नारी के एकाश्मी रूप को सुविधा के अनुसार अभिजन औरत, शिक्षित औरत, असली औरत, ग़रीब औरत और बाज़ारू औरत में बाँट दिया गया। दरअसल, उपनिवेशिकों ने औरतों के ग्रामीण और अशिक्षित होने के आधार पर बड़ी संख्या में महिलाओं को राजनीतिक दायरे से बाहर रखा। लेकिन लोथियन कमिटी के सामने मताधिकार के आधार को व्यापक बनाने की बाध्यता थी, जिसने उसे इस बात के लिए विवश किया कि वह उम्र और सम्पत्ति की मौजूदा शर्तों के साथ-ही-साथ 'पत्नी होने' और 'शिक्षा' की शर्तें भी जोड़ें। विडम्बना यह है कि जिस आधार पर ज़्यादा महिलाओं को मताधिकार दिया गया, उससे मतदाताओं की प्रकृति में कोई ख़ास तब्दीली नहीं आयी। दूसरे शब्दों में, इससे उपनिवेशकों के मन में दया भाव जगाने वाले ग़रीबों को कोई फ़ायदा नहीं हुआ। असल में, इन बदलावों से सम्पत्तिशाली तबक़ों की राजनीतिक शक्ति में वृद्धि हुई और ग़रीबों की हालत पहले से भी बदतर हुई। महिला एक्टिविस्टों ने सैद्धान्तिक तौर पर 'पत्नी होने' और 'सम्पत्ति होने' के कसौटियों की आलोचना की, क्योंकि ये स्त्रियों को व्यक्ति के रूप में मान्यता नहीं देती थीं। बहुत से महिला संगठनों ने यह कहते हुए लोथियन कमिटी की सिफ़ारिशों को नकार दिया कि यह नागरिक और 'शासन व्यवस्था के जीवन्त अभिन्न भाग' के रूप में उनके बुनियादी मानवाधिकारों का उल्लंघन करती हैं।[65] वीमेन्स एसोसिएशन ने एक महिला की नागरिकता को अतीत या वर्तमान में किसी पुरुष से उसके सम्बन्धों पर निर्भर बनाने का विरोध किया। उसने यह माँग रखी कि नये संविधान की उद्घोषणा में यह उपबन्ध भी जोड़ा जाना चाहिए कि 'पुरुष और महिलाओं के पास समान नागरिक अधिकार है', तथा 'सेक्स (या लिंग) के आधार पर किसी भी नागरिक के साथ कोई भेदभाव नहीं किया जाना चाहिए।' एसोसिएशन का मानना था कि यह बात पूरी तरह ग़लत है कि किसी औरत को इसलिए मताधिकार दिया जाए कि वह मताधिकार का शर्त पूरा करने वाले किसी पुरुष की पत्नी या विधवा है।

इसके मुताबिक़ यह नागरिकता और नागरिकों के रूप में महिलाओं की समानता से पूरी तरह विसंगत है (विश्वेश्वरन 1990, 39)।

अब तक की विवेचना के आधार पर हम यह कह सकते हैं कि महिला मताधिकार की माँग को मोटे तौर पर दो आधार-वाक्यों ने प्रभावित किया : (i) इसकी बुनियाद सार्वभौमिक वयस्क मताधिकार की व्यापकता में निहित थी। यहाँ मार्गदर्शक सिद्धान्त था–'निष्पक्ष क्षेत्र और कोई भेदभाव नहीं' तथा आत्म-निर्णय और गरिमा का मानवाधिकार; और (ii) पुरुष राष्ट्रवादियों के साथ किसी भी तरह के विवाद से बचना। इस तरह, नागरिकता की रूपरेखा और शासन व्यवस्था में अपनी भूमिका के बारे में स्त्रियों के नज़रिये में एक द्वंद्व था। इसकी बुनियाद महिला संगठनों की वह विवशता थी, जिसमें उन्हें 'महिलाओं की माँग' को राष्ट्रीय सम्प्रभुत्ता की व्यापक चिन्ता में अवस्थित करना था। महिलाओं द्वारा आत्म-निर्णय और सम्प्रभुत्ता के मुद्दों को अक्सर बुनियादी मानवाधिकारों की गणतन्त्रवादी रूपरेखा में अभिव्यक्त किया गया। बंगीय नारी सभा की कुमुदिनी बोस ने बुनियादी मानवाधिकारों के आधार पर महिलाओं के लिए मताधिकार की माँग की। उन्होंने यह कहा कि तार्किकता और निर्णय की क्षमता रखने वाले मुनष्यों के रूप में उन्हें यह हक़ मिलना चाहिए। उन्हें यह बुनियादी हक़ न देना एक जीव के रूप में उनकी अक्षमता को रेखांकित करता है। इसे सिर्फ़ मताधिकार देकर ही दूर किया जा सकता था :

> विदेशी, पागल, मूर्ख, बच्चा, मुज़रिम और महिला ऐसी श्रेणियाँ हैं, जिन्हें मताधिकार से वंचित रखा गया है। मैं यह फ़ैसला अपने हमवतन लोगों पर छोड़ती हूँ कि वे यह तय करें कि उनके मुल्क़ की औरतों को किसके साथ रखा गया है। छोटे बच्चे एक दिन बड़े हो जाएँगे, पागल ठीक हो जाएँगे और मुज़रिम अपना चाल-चलन सुधार लेंगे। लेकिन मौजूदा व्यवस्था में एक महिला हमेशा के लिए निन्दा और उपेक्षा की शिकार है, और उसके लिए उम्मीद की कोई किरण नहीं है। जो एक बार औरत बन गयी, वो हमेशा के लिए औरत हो जाती है।[66]

महिला संगठनों को अपनी माँग को एक ख़ास तरीक़े से प्रस्तुत करना था। उन्हें यह ख़्याल रखना था कि राष्ट्रवादी जनमत इस दलील से सहमत हो जाए कि महिलाओं को मताधिकार देना राजनीतिक क्षेत्र में समानता की भाषा और परम्परा- दोनों से ही सुसंगत है; या उल्टे ढंग से कहें, तो उनकी माँग इसलिए तार्किक है, क्योंकि यह परम्परा के अनुरूप है। अगस्त 1918 में बम्बई में कांग्रेस के विशेष सत्र में सरोजिनी नायडू ने वहाँ उपस्थित प्रतिनिधियों से महिलाओं के मताधिकार सम्बन्धी प्रस्तावों को मंजूरी देने की पुरज़ोर अपील की। उन्होंने यह दावा किया कि महिलाओं को मताधिकार देना तार्किक, वैज्ञानिक और राजनीतिक रूप से बेहतर क़दम है। यह परम्परा के अनुरूप है और मानवाधिकारों से सुसंगत

है। दिसम्बर 1918 में कांग्रेस के तैंतीसवें अधिवेशन में सरलादेवी रायचौधुरी महिलाओं के मताधिकार का प्रस्ताव प्रस्तुत करते हुए नायडू से आगे गयीं। उन्होंने सभी महिलाओं की भलाई का मुद्दा उठाया। उन्होंने इस बात की ज़ोरदार तरफ़दारी की कि मानवाधिकार, आज़ादी और आत्म-निर्णय के युग में पुरुषों की तरह औरतों को भी अपनी नियति तय करने का हक़ है। उन्होंने यह कहा कि दुनिया में कुछ विचारों में बौद्धिकता और भावना के बीच तीखा विभाजन कर दिया गया है। यह माना जाने लगा है कि बौद्धिकता पुरुषों से सम्बन्धित है और भावना महिलाओं से। 'महिलाओं के दायरे में' यह बात भी शामिल है कि वे 'जीवन के रूखे और पतित रास्तों पर पुरुषों का साथ दें तथा राजनीति और अन्य दायरों में उनकी सहकर्मी बनें'।[67] लेकिन महिलाओं के लिए सीटों के आरक्षण के मुद्दे पर मतभेद सामने आ गया। इस कारण अमूर्त्त नागरिकता की रूपरेखा में महिलाओं के राजनीतिक अधिकारों की यह अभिव्यक्ति ख़तरे में पड़ गयी।

आरक्षित सीट और महिलाओं की राजनीति

राजनीतिक अधिकारों के लिए संघर्ष के दौर में एक लम्बे समय तक महिला एक्टिविस्टों ने लगातार इस विचार को नकारा कि महिलाएँ एक अलग समुदाय हैं। एक ऐसा समुदाय जिसकी पुरुषों से अलग विशेष आवश्यकताएँ होती हैं। इसी आधार पर इन्होंने यह मानने से भी इंकार कर दिया कि महिलाओं के लिए विशेष प्रावधान किये जाने की आवश्यकता है। बहरहाल, प्रान्तीय विधायिकाओं में औरतों के लिए सीटों के आरक्षण के मुद्दे पर इनके बीच मतभेद स्पष्ट रूप से सामने आ गये। ग़ौरतलब है कि सरकार ने लंदन में हुए प्रथम गोलमेज़ सम्मेलन में प्रतिनिधि के रूप में दो महिला प्रतिनिधियों बेगम शाह नवाज और राधाबाई सुब्बारायन को मनोनीत किया था। इन्होंने महिला संगठनों के घोषित नज़रिये से खुद को अलग किया। इन दोनों ने ही एक अस्थायी क़दम के रूप में विशेष आरक्षण का समर्थन किया।

धार्मिक अल्पसंख्यकों या भूमिपति कुलीनतन्त्र और उद्योगपतियों जैसे विशेष हित समूहों ने 'सत्ता के व्यापक वितरण' के लिए अपनी माँगे प्रस्तुत की। बेगम शाह नवाज और राधाबाई सुब्बारायन ने ऐसा नहीं किया। उन्होंने 'अधिकारों की उद्घोषणा' के रूप में भी इनकी माँग नहीं की, क्योंकि यह क़दम उन्हें 'अल्पसंख्यक समुदाय के लिए अस्वीकार्य' बना देता।[68] इसके विपरीत, उन्होंने औरतों की संख्यात्मक ताक़त पर बल दिया ('औरतें कुल जनसंख्या का आधा भाग हैं') और सत्ता में भागीदारी के बजाय ज़िम्मेदारी में भागीदारी के सन्दर्भ में अपनी माँगें प्रस्तुत कीं। उन्होंने कहा कि एक बड़े तबक़े [महिलाओं] का राजनीतिक भविष्य और कल्याण 'नये भारत की ज़िम्मेदारी में पूरी भागीदारी

धारण करने में निहित हैं'।[69] इन दोनों ने यह कहा कि मताधिकार की मौजूदा शर्तों के चलते महिलाएँ अपनी ज़िम्मेदारी नहीं निभा पा रही हैं।[70] ख़ास बात यह है कि शाह नवाज और सुब्बारायन–दोनों ने ही खुद को गोलमेज़ सम्मेलन के अल्पसंख्यक उप-समिति की बैठक से दूर रखा। उन्होंने औरतों के प्रतिनिधि रूप में बोलते हुए पुरुषों से यह अनुरोध किया कि वे एक सामान्य नागरिकता के लिए एकजुट हों। भारत की औरतों की ओर से बेगम शाह नवाज ने उन पर यह दबाव डाला कि वे एक समझौते पर पहुँचे : '...बहनों के रूप में हम आपसे यह उम्मीद करते हैं, बेटियों के रूप में हम आप से यह याचना करते हैं और माताओं के रूप में हम आप से यह माँग करते हैं...।'[71] उन्होंने इस बात पर बल दिया कि वर्तमान समय में अलग तरह की मुश्किलें और मतभेद हैं। उनके मुताबिक़ पुरुषों को यह चाहिए कि वह वर्तमान को एक ऐसी दिशा दें जिससे एक खूबसूरत भविष्य का निर्माण हो सके। ऐसा होने पर ही एक सामान्य भारतीय नागरिकता और भारतीय राष्ट्रत्व का विकास हो सकता है।[72]

लोथियन कमिटी ने यह सिफ़ारिश की कि प्रान्तीय विधायिकाओं में कम-से-कम 10 वर्षों तक महिलाओं के लिए 2 से 10 प्रतिशत तक सीटें आरक्षित होनी चाहिए। ऐसा करके इसने राष्ट्रवादी महिला संगठनों के विरोध पर प्रभावकारी तरीक़े से रोक लगाई।[73] ग़ौरतलब है कि कम्युनल अवार्ड में महिलाओं के लिए भी समुदाय (सम्प्रदाय) के आधार पर मतदाताओं के विभाजन का प्रावधान था। इसने महिला संगठनों की सार्वजनिक एकजुटता में दरार पैदा कर दी।[74] इस मुद्दे पर इन संगठनों के विचारों के कम-से-कम तीन स्तरों की पहचान की जा सकती है : (i) राष्ट्रवादी देशभक्त, जो यह मानती थीं कि एक औरत के रूप में उनकी पहचान राष्ट्र को एकजुट रखने वाली 'सामान्य' और 'समान' नागरिकता से उत्पन्न होती है[75], (ii) एक 'हम' को निर्मित करने वाली महिलाएँ–जिनकी पहचान एक विशिष्ट समूह के रूप में की गयी जिनके विशेष महिला केन्द्रित हित थे जिन्हें पूरा करने के लिए विशेष प्रावधानों की आवश्यकता थी[76], (iii) अल्पसंख्यक महिलाएँ, जिन्होंने महिला श्रेणी के भीतर अपने विशिष्ट हितों पर बल दिया। यह याद रखने की आवश्यकता है कि 1930 के बाद गाँधी और राष्ट्रीय आन्दोलन के ज़बरदस्त प्रभाव के कारण महिला 'हम' का उभार हुआ और सीटों के आरक्षण के साथ उनका जुड़ाव फीका पड़ गया। मताधिकार की माँग के पीछे नागरिकता का आदर्श काम कर रहा था। लेकिन महिला संगठनों द्वारा आरक्षण के रूप में विशेष प्रावधानों की वकालत करने के कारण यह माँग कमज़ोर हुई। अल्पसंख्यक औरतों द्वारा खुद को विभेदीकृत महिलाओं के रूप में प्रस्तुत करने से महिलाओं की एकात्म पहचान और महिला नागरिकों की राष्ट्रवादी देशभक्ति प्रभावित हुई।

इस मोड़ पर, आरक्षित सीटों के मुद्दे के कारण सीटों के आरक्षण का विरोध

करने वाले संगठनों में एक अद्‌भुत स्थिति सामने आयी। इस मुद्दे पर राष्ट्रवादी आदमियों और प्रभावशाली औरतों के एक समूह के बीच विरोध खुलकर सामने आ गया। गाँधी ने पृथक् निर्वाचक मंडल और महिलाओं के लिए आरक्षित सीटों का प्रावधान करने वाले कम्युनल अवार्ड का विरोध किया। उन्होंने यह दलील दी कि यह अंग्रेज़ों की समाज में विभाजन पैदा करने की साज़िश है। हालाँकि महिलाओं के एक तबक़े को यह पक्का यक़ीन था कि इस तरह के प्रावधानों के बग़ैर उनके लिए सफलतापूर्वक चुनाव लड़ना मुश्किल होगा। लेकिन उन्होंने भी गाँधी का समर्थन किया क्योंकि वे राष्ट्रवादी माँग को कमज़ोर नहीं करना चाहती थीं। ग़ौरतलब है कि गाँधी सहित तमाम कांग्रेसी नेताओं ने सितम्बर 1932 में पूना पैक्ट में हिन्दू निर्वाचन क्षेत्रों में वंचित तबक़ों के लिए आरक्षित सीटों का प्रावधान स्वीकार कर लिया। महिला एक्टिविस्टों ने इस क़दम को विश्वासघात माना। उन्होंने पूना पैक्ट और कम्युनल अवार्ड के अन्य प्रावधानों की तीखी आलोचना की। उनकी मुख्य दलील यह थी कि ये औरतों में फूट पैदा करने वाले क़दम हैं।[77] दिसम्बर 1932 में वीमेन्स कॉन्फ्रेंस ने अपने वार्षिक अधिवेशन में महिलाओं की एकता के प्रति अपना समर्थन व्यक्त किया : 'हमारा अधिवेशन हमेशा ही एकजुट रहा है। कम्युनल अवार्ड भारत की औरतों में विभाजन पैदा करेगा। लेकिन हम कुछ बुनियादी उसूलों पर खड़े हैं, जिनसे हम कभी भी पीछे नहीं हटेंगे। कोई पृथक् निर्वाचक-मंडल या अवार्ड हमें अलग-थलग नहीं कर सकता हैं।'[78] बेगम हामिद अली जैसी कुछ मुस्लिम औरतों ने महिला संगठनों का सामूहिक दृष्टिकोण स्वीकार किया, वहीं बेगम शाह नवाज जैसी अन्य मुस्लिम महिलाओं ने मुस्लिम पुरुषों से किसी भी टकराव से बचने का प्रयास किया। इन्होंने सामूहिक दृष्टिकोण से एतराज जताते हुए यह आग्रह किया कि सामान्य हित अर्थात् साम्प्रदायिक समरसता के लिए महिलाओं की एकता की क़ुर्बानी देनी होगी। मुस्लिम महिलाओं ने पृथक् निर्वाचक मंडल की पुरज़ोर तरफ़दारी की, जिससे यह पता चलता है कि मुस्लिम जनमत में इसके लिए काफ़ी समर्थन था।[79] इस मुद्दे पर महिलाओं की एकता का दावा एक मुखौटा था, जिसने जानबूझकर असहमति के स्वरों को दबाने और छिपाने का काम किया।[80] हालाँकि वीमेन्स कॉन्फ्रेंस ने इस 'अवमाननाकारी व्यवस्था' की तीखी आलोचना की और कहा कि यह 'हर तरह की असली प्रगति को उल्टी दिशा' में ले जाएगी।[81] राधाबाई सुब्बारायन जैसी स्त्रियों ने व्यक्तिगत रूप से इस बात पर गहरा एतराज जताया कि महिलाओं के लिए सीटों के आरक्षण के मुद्दे पर सांप्रदायिक सिद्धान्त का प्रयोग किया जा रहा है। उन्होंने यह बात दोहराई कि जिस तरह श्रमिक, ज़मींदार और वाणिज्य को आवंटित सीटें असाम्प्रदायिक हैं, उसी तरह महिलाओं के लिए आरक्षित सीटें भी असाम्प्रदायिक होनी चाहिए। उन्हें यह यक़ीन था कि

'...साम्प्रदायिक दरवाज़े से या साम्प्रदायिक दृष्टिकोण के साथ राजनीतिक जीवन में प्रवेश करने वाली कोई भी औरत एक शिक्षित और प्रभावशाली नागरिक के रूप में अपनी भूमिका नहीं निभा सकती है'।[82]

यह हैरत की बात नहीं है कि साम्प्रदायिक आधार पर महिला निर्वाचक मंडल का विरोध करने वाले पुरुष यह मानते थे कि यह 'महिलाओं के दायरे में एक ग़लत सिद्धान्त का विस्तार करने जैसा है।'[83] राष्ट्रवादी कल्पना में महिला का दायरा राष्ट्र की पवित्र एकता का प्रतीक था। यह ऐसा अपरिवर्तित क्षेत्र था जो राजनीतिक दुनिया के विभाजनों और टकरावों से परे था। जैसा कि हम आगे ज़ल्द ही देखेंगे कि राजनीतिक अधिकारों के अपने संघर्ष में महिला संगठनों ने इस तरह की निर्मितियों का विरोध नहीं किया। इसके बजाय, उन्होंने ऐसे सूत्रीकरणों की तरफ़दारी ही की जिसमें नारीत्व/परिवार को राष्ट्र के साथ मिला दिया गया।

विखण्डित महिला और जेण्डर-आधारित नागरिक

अभी तक की चर्चा से दो बिन्दु उभरकर सामने आती हैं। एक ओर, वर्ग और साम्प्रदायिक पहचानों के कारण ऐसा लगा कि महिला को एक एकीकृत श्रेणी के रूप में प्रस्तुत करना मुश्किल है। दूसरी ओर, वर्ग और समुदाय की विचारधाराओं ने यह सुनिश्चित किया कि अधिकांश मामलों में महिला श्रेणी में बहुसंख्यक समुदाय के सम्पत्तिशाली और शिक्षित महिलाओं का ही वर्चस्व हो। दरअसल, महिला श्रेणी का चाहे जिस भी अर्थ में उपयोग किया जाए, यह एक विखण्डित या असमान श्रेणी के रूप में ही सामने आती है। इसलिए इस सदी के आरम्भ में महिलाओं के मताधिकार और उनके राजनीतिक प्रतिनिधित्व का अध्ययन एक खण्डित भाग का अध्ययन ही होता है। यह इस बात पर भी प्रकाश डालता है कि कैसे यह खण्डित तबक़ा महिलाओं का प्रतिनिधित्व करने लगा। इसलिए जब कोई यह कहता है कि औरतों को 1921 और 1929 के बीच मताधिकार मिला, तो दरअसल, इसका अर्थ होता था कि सम्पत्तिशाली महिलाओं को मताधिकार मिला। बाद के वर्षों में महिलाओं के मताधिकार का दायरा विस्तृत हुआ और इसमें सम्पत्तिशाली महिलाओं के साथ-ही-साथ शिक्षित विवाहित (विशिष्ट शर्तों को पूरा करने वाली) महिलाएँ शामिल हुईं। स्त्री मताधिकार के लिए चलने वाले अधिकांश संघर्षों में यह बात सामने आयी कि नारी को एक एकीकृत श्रेणी के रूप में प्रस्तुत करना नामुमकिन है। इसके साथ ही, स्त्री मताधिकार के संघर्ष में यह स्पष्ट हुआ कि औरतों द्वारा अपनी श्रेणी की बहुलता नकारने के हर प्रयास नाकाम हुए। आख़िरकार इस प्रक्रिया में उसके भीतर का वर्चस्वशाली समूह सामने आया। साथ ही, उसे मजबूरन इससे उत्पन्न होने वाले महिला और पुरुष के बीच के बुनियादी विभेदों को रेखांकित करना पड़ा।

भारत में मताधिकार के वाद-विवाद से यह बात सामने आयी कि महिला एक्टिविस्ट अपनी सामूहिक विशिष्टता का दावा कर रही थीं। उन्होंने इस विशिष्टता का उपयोग औरतों को मतदाता और नागरिक श्रेणी की अज्ञात सामान्यता की ओर ले जाने के लिए भी किया। कुमुदिनी बोस ने औरतों की राजनीतिक भागीदारी बढ़ाने पर ज़ोर दिया। उन्होंने यह स्पष्ट करने का प्रयास किया कि महिलाओं का उचित स्थान क्या है। उन्होंने घर को महिलाओं का उचित स्थान बताया और वे इस डर को भी नकारती हैं कि पुरुषों और औरतों के बीच के आपसी टकराव हो सकते हैं।

> ....सबसे पहले यह कहा जाता है कि औरतों का स्थान उनका घर है। मैं इससे इंकार नहीं करती हूँ। कोई औरत कभी इससे इंकार नहीं करती है। इसके विपरीत, हर महिला ज़ोरदार तरीक़े से यह दावा करती है कि यह उसकी अपनी दुनिया है, जहाँ उसका स्थान सबसे ऊपर होता है और हर वस्तु को वह एक साम्राज्ञी की नज़र से देखती है। मताधिकार हासिल करके वह अपना घर छोड़कर कहीं नहीं जा रही है; दूसरी ओर, वह अपने मत के माध्यम से अपने घर पर प्रभाव डालने वाले विधायिका के क़ानूनों को नियन्त्रित करेगी। राजनीति को खानों में बाँटना और यह कहना नामुमकिन है कि 'ये बातें महिलाओं के दायरे से बाहर हैं।' कौंसिलों (परिषदों) में कभी भी कोई ऐसा काम नहीं किया जा सकता जिससे केवल पुरुष या केवल औरत ही प्रभावित हों। निश्चित तौर पर, पुरुषों और औरतों को एक साथ काम करना चाहिए तथा प्रत्येक दृष्टिकोण का इस्तेमाल हर किसी की अच्छाई और भलाई के लिए करना चाहिए।[84]

इसी तरह, सरोजिनी नायडू ने भी 'भारतीय महिलाओं' को मताधिकार देने के बारे में पुरुषों का डर दूर करने का प्रयास किया। उन्होंने यह आश्वासन दिया कि औरतों की मंशा 'पुरुषों की सत्ता छीनने की नहीं है।' 'ऐसा कभी भी नहीं हो सकता है क्योंकि हम इस बात से वाक़िफ़ हैं कि पुरुष और औरत के अलग-अलग लक्ष्य हैं और उनकी अलग-अलग नियति है; और जिस तरह एक पुरुष कभी भी औरत की ज़िम्मेदारी पूरी नहीं कर सकता है, उसी तरह एक औरत भी पुरुष की ज़िम्मेदारी पूरी नहीं कर सकती है।' जब तक पुरुष और औरत अपने लिए नियत जिम्मेदारियाँ पूरी नहीं करेंगे, तब तक 'राष्ट्रीय जीवन' में पूर्णता नहीं आ सकती है।[85] और यहाँ सरोजिनी नायडू लैंगिक रूप से विभेदीकृत दो 'क्षितिजों' की अनुपूरकता की ओर संकेत करती हैं। यह ग़ौर करने की आवश्यकता है कि अधिकार को कर्त्तव्य करने में समर्थ बनाने वाली स्थिति के रूप में नहीं देखा गया। इसके बजाय, यह माना गया कि कर्त्तव्य पूरा करने के आधार पर ही अधिकार का दावा किया जा सकता है।

सामाजिक नारीवाद के साथ परोक्ष रूप से लैंगिक आधार पर परिभाषित

और विभेदीकृत दायरों की अवधारणा निहित थी। इनके साथ ही ऐतिहासिक रूप से, पूरी दुनिया के मताधिकार आन्दोलनों की पहचान की जाती रही है। भारतीय महिलाओं ने भी इस आधार पर राजनीतिक अधिकारों का दावा किया कि वे राष्ट्र के जीवन के लिए उपयोगी हैं। लेकिन उनकी माँग उपनिवेश-विरोधी राष्ट्रवादी देशभक्ति के साथ अन्तःक्रियात्मक सम्बन्ध के माध्यम से तैयार हुई। इस कारण, वे परिवार की संरचना की रैडिकल समीक्षा प्रस्तुत करने में नाकाम रहीं। भारत की महिला एक्टिविस्टों ने अपनी अपील या माँग प्रस्तुत करते वक़्त यह ख़्याल रखा कि उनकी बातों से किसी को भी सामाजिक अराजकता, भारतीय महिलाओं के पश्चिमीकरण और भारतीय परिवार (इसे राष्ट्र पढ़ें) के बुनियाद में बिखराव का डर न हो। इन्होंने अपने सार्वजनिक वक्तव्यों में पश्चिमी मताधिकारवादियों से अपनी दूरी दिखाने के लिए यह स्पष्ट किया कि भारतीय और पश्चिमी स्त्रियों के लक्ष्य, और पद्धति में काफ़ी फ़र्क़ है। मसलन, रामेश्वरी नेहरू ने इंग्लैण्ड के एक महिला कॉलेज में अपने सम्बोधन में इस बात पर बल दिया कि इंग्लैण्ड के मताधिकार आन्दोलन के विपरीत भारत का आन्दोलन पुरुषों से लड़ने के बजाय रूढ़िवाद, अज्ञानता और प्रतिक्रिया से संघर्ष कर रहा है। भारत की स्त्रियाँ आत्म-संवर्धन के लिए मताधिकार नहीं चाहती हैं, बल्कि वे इसके माध्यम से सार्वजनिक जीवन के अपने कर्त्तव्यों और जिम्मेदारियों को पूरा करना चाहती हैं।[86] पीछे यह उल्लेख किया गया है कि सरोजिनी नायडू ने 1918 में कांग्रेस के विशेष अधिवेशन में ज़ोरदार तरीक़े से यह कहा था कि नारी मताधिकार और परम्परा एक-दूसरे से सुसंगत हैं। उन्होंने 1935 में महिलाओं की एक बैठक में भारत और पश्चिम में मताधिकारवादी आन्दोलन की अलग-अलग नियति का चित्रण किया। उनके मुताबिक़, भारतीय स्त्री को पश्चिमी महिलाओं की तरह 'लम्बा और कटु संघर्ष' नहीं करना पड़ेगा, क्योंकि भारतीय संस्कृति और परम्परा में स्त्री समानता को मान्यता दी गयी है। अतः इस मसले पर पुरुषों और कांग्रेस के सहयोग को भारतीय परम्परा के लक्षण के रूप में चित्रित किया गया।[87]

पुरुषों का एक ख़ास तबक़ा यह मानता था कि हिन्दू धर्म पर आधारित भारतीय परम्परा में स्त्रियों को ऊँचा स्थान दिया गया है और समाज में औरतों को फिर से इसी हैसियत में लाने की आवश्यकता है। मसलन, प्रो. हीरेन्द्रनाथ दत्त ने 23 अगस्त 1921 को कलकत्ता की एक सार्वजनिक बैठक में अपने सम्बोधन में वेदों और उपनिषदों को व्यापक रूप से उद्धृत किया। इसके माध्यम से इन्होंने यह तर्क दिया कि भारत में आधुनिक महिलाओं को प्राचीन भारत की तरह ही हैसियत मिलनी चाहिए।[88] इस तरह, इतिहास से चुनिन्दा रूप छानकर भारतीय आधुनिकता तैयार की गयी। इसमें स्त्रियों को फिर से अतीत के 'स्वर्णिम युग' की तरह स्थान देने की वकालत की गयी। यह माना गया कि यह स्वर्णिम

युग मध्यकालीन (मुस्लिम) युग और वर्तमान (गुलामी) के 'सख़्त रूढ़िवाद' से बिल्कुल अलग था।

अतः पश्चिमी मताधिकारवादियों के साथ भारतीय नारीत्व के सामान्य जुड़ाव की दावेदारी की गयी लेकिन इसकी एक सीमा भी थी। अर्थात् भारतीय औरतों की यह मजबूरी थी कि वे 'अपने' पुरुष के साथ एक तरह का गठजोड़ क़ायम रखें। 1930 में सरोजिनी नायडू और बेगम शाह नवाज- दोनों ने ही यह घोषणा की कि वे नारीवादी नहीं हैं और भारत में नारीवादी आन्दोलन जैसी कोई चीज़ नहीं है। उनके मुताबिक़ भारत में इस तरह के किसी आन्दोलन की आवश्यकता भी नहीं है क्योंकि भारत में पुरुषों और औरतों के बीच काफ़ी उच्च कोटि का सहयोग मौजूद है।[89] बेगम शाह नवाज ने गोलमेज़ कांफ्रेंस के मताधिकार उप-समिति की अध्यक्ष डब्ल्यू. ए. जोविट को भारत की ख़ासियत के बारे में बताया। उन्होंने यह कहा कि 'मेरे मुल्क में नारीवादी आन्दोलन जैसी कोई चीज़ नहीं है। यहाँ पुरुष और औरत एक साथ काम करते हैं और एक-दूसरे की मदद करते हैं। हमारे पुरुष हर मामले में संवेदनशील हैं...।'[90] यहाँ इस बात पर ग़ौर करने की ज़रूरत है कि बेगम शाह नवाज और राधाबाई सुब्बारायन–दोनों ही महिलाओं के आरक्षित सीटों की पैरोकार थीं। उन्होंने आरक्षित सीटों के लिए औपनिवेशिक प्रशासक से अपील की। लेकिन यह भी कहा कि कि मताधिकार और आरक्षित सीटों की माँग नारीवादी माँग नहीं है क्योंकि भारत में स्त्रियों की पुरुषों के साथ कोई शत्रुता नहीं है। इसी प्रकार, काफ़ी साल बाद कुमुदिनी बोस ने अपने देशवासियों से महिलाओं को मताधिकार देने का अपील करते हुए यह कहा कि उन्हें यह तय करने की आवश्यकता है कि '(इस अयोग्यता के कारण) उनके देश की औरतें किस श्रेणी में रखी जानी चाहिए।'[91] अनुसूयाबेन साराभाई ने भी अपने देशवासियों के आत्म-सम्मान का हवाला देते हुए इस बात की पुरज़ोर हिमायत की कि पुरुषों की तरह ही महिलाओं को भी मताधिकार मिलना चाहिए। यह प्रस्ताव 1918 के कांग्रेस के विशेष अधिवेशन में पारित किया गया था। इस अधिवेशन में उन्होंने यह विचार व्यक्त किया कि,

> आप स्त्रियों के लिए हमदर्दी रखते हैं, क्या आप उन्हें अधिकारों के बग़ैर अधीनता की स्थिति में रखेंगे, जिससे वे आख़िरकार बाग़ी बन जाएँ? यहाँ आप सब अपने आत्म-सम्मान की हिफ़ाज़त और गुलामी की ज़ंजीर तोड़ने के लिए आए हैं...इसलिए मैं आपसे यह कहूँगी कि आप इसे एक अपमान के रूप में देखिए। इसलिए मैं अपने देश के लोगों से यह पूछना चाहती हूँ कि आप अपने लिए जिन अधिकारों की माँग कर रहे हैं, क्या आप वे अधिकार अपनी बहनों को नहीं देना चाहते?[92]

पुरुषों के एक हिस्से द्वारा भी यह विचार स्वीकार किया गया कि भारत में

महिलाओं का संघर्ष पश्चिम से अलग था। इसमें 'लैंगिक युद्ध' या 'एक-दूसरे का सिर काटना' शामिल नहीं था :

> यह देखना काफ़ी सुखद है कि ऐसे देश में जहाँ पुरुषों पर यह आरोप लगता है कि उन्होंने औरतों को अपनी सम्पत्ति के रूप में प्रयोग किया है, वहाँ औरतों ने इंग्लैण्ड से ज़्यादा तेज़ गति से राजनीतिक प्रगति की है। यह भी राहत की बात है कि यहाँ का अनुभव इंग्लैण्ड से अलग रहा है। इंग्लैण्ड में महिलाओं को मताधिकार देने से पहले होने वाले लैंगिक युद्ध हुआ और एक-दूसरे का सिर काटने की नौबत आ गयी। लेकिन भारत ऐसे संघर्ष से मुक्त रहा है।[93]

भारतीय मताधिकारवादियों ने बहुत ही सावधानी और सूक्ष्म तरीक़े से ख़ुद को ब्रिटिश नारीवादियों से दूर रखा। कैरी चैपमन कैट ने 1913 में इंटरनैशनल वीमेन्स सफ़रेज अलायंस की बैठक की अध्यक्षता की थी। अपने अध्यक्षीय सम्बोधन में उन्होंने काफ़ी 'गहरे उत्साह' से एशिया के अपने हाल के दौरे के बारे में बताया था। उनके मुताबिक़, उनके दौर? ने उन्हें आश्वस्त किया कि 'महिला के मुद्दे पर एकता की समझ रखने वाली' अन्य महिलाएँ, एशिया के महिलाओं के आन्दोलन की प्रेरणा का काम करेंगी और इनके बीच एकता को बढ़ाएँगी। उनके अनुसार एशिया की ये महिलाएँ चाहती थीं कि उन्हें पश्चिम की महिलाओं से प्रोत्साहन और 'व्यावहारिक सुझाव' मिलता रहे। हालाँकि आन्दोलन की घोषणा में परोक्ष रूप से यह बात भी शामिल थी कि इसमें बहनापा (सिस्टरहुड) दरअसल पीठ-थपथपाने और सतही उत्साहवर्धन तक ही सीमित था। इसमें वंचित स्थिति में रहने वाली एशियाई बहनों को अपने जितना वयस्क या प्रौढ़ नहीं माना गया। कैट के मुताबिक़ पश्चिमी औरतों ने ख़ुद को परम्परा के अधिकांश तीखे नियमों से मुक्त कर लिया है। लेकिन इन्होंने यह स्वीकार किया कि एशियाई औरतों को 'निश्चित रूप से उस स्थिति में पहुँचने के लिए संघर्ष करना होगा, जिसे हमारी पश्चिमी दुनिया ने कुछ पीढ़ी पहले ही हासिल कर लिया था'। अन्तर्राष्ट्रीय स्तर के इस विशेषाधिकारयुक्त विमर्श ने इस ज्ञान को ही आगे बढ़ाया कि एशियाई महिलाएँ ऐसे समाज में रह रही हैं, जो उनके समाज से कई पीढ़ी पीछे हैं। लेकिन इसमें यह बात भी जोड़ी गयी कि इन महिलाओं को लगातार संघर्ष करते रहना चाहिए। इसने यह विश्वास पैदा करने का प्रयास किया कि ये औरतें 'अपने दिल में बगावत की आग को दबाये हुए' हैं। अभी ये जड़ता की अवस्था में हैं और उन्हें एक मुक्तिदाता का इन्तज़ार है। ज्ञान और व्यावहारिक सुझावों से युक्त आज़ाद पश्चिमी महिला ऐसे मुक्तिदाता के रूप में सामने आयी।

> भारत में पर्दे के पीछे हरमों में और घरों के भीतर रहने वाली महिलाओं के दिल में पिछली कई सदियों से बग़ावत की चिंगारी जल रही है। उन्हें बेबस रहने के लिए विवश किया गया है। वे लगातार एक मुक्तिदाता का इन्तज़ार कर रही हैं।[94]

मार्गरेट कज़िन्स के संस्मरण में भी ऐसे कई क्षण आते हैं, जब वे इसी तरह के विशेषाधिकारयुक्त ज्ञान व्यक्त करती हैं और ज्ञान से ही एक आवश्यक दूरी भी बनाकर रखती हैं।

> ...सिर्फ़ मैं ही बता सकती हूँ कि जब 1923 में संयुक्त प्रान्त की प्रान्तीय विधायी परिषद में स्त्री मताधिकार के मसले पर मतदान हुआ, तो कैसा लगा... वहाँ बैठना और कुछ भारतीय राजनेताओं को सुनना और यह देखना अपने आप में अनुपम था कि किस तरह ग्रेट ब्रिटेन जितने बड़े प्रान्त में औरतों के पक्ष में सर्वसम्मति से निर्णय लिया गया। मैं अपनी सम्मानित भारतीय बहनों के साथ कितनी खुश थी! वहाँ जमा हुए हम सभी लोग कितने खुश थे (कज़िन्स 1947)।

पश्चिमी महिलाओं द्वारा अपनी 'छोटी भूरी बहनों' (कैथरीन मेयो की मदर इण्डिया को याद करें) को बचाने के प्रयासों के बारे में यह प्रतिक्रिया सर्वप्रमुख रूप से सामने आयी कि भारतीय घरों में औरतों की हैसियत काफ़ी ऊँची रही है। ऐसी प्रतिक्रियाओं में घर में महिलाओं की भूमिका को आदर्श रूप में प्रस्तुत किया गया। बेगम शाह नवाज ने यह टिप्पणी की कि : 'इस छोटे साम्राज्य (घर) में वह सिर्फ़ वित्त, गृह और विदेश मामलों की ही प्रभारी नहीं होती है, बल्कि भविष्य की पीढ़ियों की संरक्षक भी होती है'।[95] सरोजिनी नायडू ने एक औरत का वर्णन 'घर की सर्वोच्च पुजारी' के रूप में किया है (नायडू 1925, 199)। बेगम शाह नवाज और सरोजिनी नायडू–दोनों ने ही स्त्रियों को मताधिकार देने के पक्ष में एक अनूठा तर्क दिया। इनके मुताबिक़ स्त्रियों को घर में उनकी विशेष और प्रमुख भूमिका के कारण मताधिकार देना चाहिए। बेगम शाह नवाज यह मानती थीं कि औरतें मताधिकार और राष्ट्र के मामलों को सँभाल सकती हैं क्योंकि उन्हें घर से ही प्रशासनिक दक्षता हासिल हो जाती है। उन्होंने यह लिखा कि 'मैं यह मानती हूँ कि एक स्त्री जन्मजात प्रशासक होती है, क्योंकि भले ही पुरुष रोजी-रोटी कमाता हो, लेकिन घर में तो स्त्री ही वास्तविक शासक होती है'।[96] इसी प्रकार, नायडू यह मानती थीं कि स्त्रियों के लिए मताधिकार इसलिए भी आवश्यक है ताकि वह अपने बच्चों में राष्ट्रवाद का आदर्श भर सके (नायडू 1925, 199)। अगस्त 1933 में पूना में इण्डियन वीमेन्स युनिवर्सिटी के दीक्षांत समारोह के अपने सम्बोधन में राधाबाई सुब्बारायन के आरम्भिक वाक्यों का निहितार्थ यही था कि घर में भारतीय औरतों की हैसियत काफ़ी ऊँची है क्योंकि भारतीय पुरुष भी उन्हें सम्मान देते हैं। दरअसल, महिलाओं को सम्मान देना 'हमारे राष्ट्रीय चरित्र के सबसे ख़ास गुणों में से एक है'। इसे 'पश्चिमी औरतें नहीं समझ सकती हैं क्योंकि हमारी और उनकी संस्कृति में काफ़ी अन्तर है'।[97]

राष्ट्रवादी महिलाओं के अनुसार, ऐसे कई 'अप्रिय उदाहरण' मौजूद हैं, जब पश्चिम के 'लापरवाह' आगंतुकों ने जल्दबाज़ी में भारत की यात्रा की। इसके

बाद उन्होंने अपने संस्मरण प्रकाशित किये और 'पूरी दुनिया में उसे भारतीय सभ्यता की कहानी के तौर पर प्रस्तुत किया' (सुब्बारायन 1933, 491)। इसी तरह, सरोजिनी नायडू ने लंदन में अपने एक सम्बोधन में ब्रिटिश नारीवादियों के सभ्य बनाने के मिशन की मुखालफत की : 'एक नस्ल की औरतें दूसरे नस्ल की औरतों को श्रद्धा, साहस, आत्म-बलिदान, रोज़-ब-रोज़ के कठिन परिश्रम तथा संकट सहने का साहस जैसे सद्‌गुण नहीं सिखा सकती हैं...।' लेकिन इसके साथ उन्होंने महिला के रूप में उनके साथ एकजुटता भी व्यक्त की :

> पूर्वी औरतों और पश्चिमी औरतों के बीच कोई अन्तर नहीं है। नस्ल, पंथ और रंग के सभी अन्तरों के नीचे एक ऐसा बन्धन है जो सभी औरतों को जोड़ता है। यह एक सच्चा अन्तर्राष्ट्रीय बहनापा है, जो हर तरह के नारीत्व को एक बनाता है। एक राष्ट्र के नारीत्व का दूसरे राष्ट्र के नारीत्व पर कर्ज़ की बात करना एक भूल है, क्योंकि नारीत्व अविभाज्य है (नायडू 1931, 86)

स्पष्टतः नायडू यह मानती है कि इस अन्तर्राष्ट्रीय बहनापे का आधार यह है कि सभी औरतें एक तरह के दमन का शिकार हैं। वे यह भी रेखांकित करती है कि इस बहनापे में पश्चिमी महिलाओं की तुलनात्मक रूप से प्रभुत्वशाली स्थिति होती है और इसके भीतर ऊँच-नीच मौजूद होता है। इस तरह, वे नस्लीय/औपनिवेशिक असमानताओं का पर्दाफ़ाश करने के लिए एकाश्मी (मोनोलिथ) महिला का वर्णन करती हैं। लेकिन वे इस बात पर ज़ोर देती हैं कि सभी महिलाओं में सामान रूप से 'श्रद्धा, साहस और आत्म-बलिदान' जैसे सकारात्मक गुण मौजूद होते हैं, वे पुनः प्रतीकात्मक महिला को सम्बोधित करती है।

इस सम्बोधन में घर की ज़िम्मेदारियों में महिलाओं की प्राचीन, प्रभुत्वशाली और अनिवार्य स्थिति के बारे बताया गया। फिर, इस बात पर बल दिया गया और राष्ट्र के जीवन में इस ज़िम्मेदारी का न्यायपूर्ण तरीक़े से पालन करना काफ़ी महत्त्वपूर्ण है। इस प्रकार, घर को एक ऐसे स्थान के रूप में पुनःस्थापित किया गया, जहाँ राष्ट्र को निर्मित और मजबूत बनाया जाता है। घर को राष्ट्र के आर्गेनिक (सावयवी) इकाई के तौर पर स्थापित किया गया। यह माना गया कि इसके घटक (मानकीय) तत्त्व (एक आदमी और एक औरत तथा उनके बीच के सम्बन्ध) राष्ट्र की समरसता और एकता को प्रदर्शित करते हैं। परिवार में माता के रूप में महिला की भूमिका और इस केन्द्रीय भूमिका से सम्बन्धित उसके विविध विशेष कार्यों को राष्ट्र में उनकी भागीदारी की तरफ़ एक क़दम के रूप में देखा गया। 'परिवार एक इकाई है और देश या राष्ट्र ऐसी बहुत सी इकाईयों से मिलकर संघटित हुआ है। इसलिए एक माता अच्छे क़ानूनों और अच्छी सरकारों के निर्माण का हिस्सा होती है'।[98] हम यह देखते हैं कि महिलाओं के राजनीतिक अधिकारों से सम्बन्धित वाद-विवाद के दौरान परिवार और राष्ट्र का प्रयोग अनूठे

तरीक़े से होता है। इसमें राष्ट्र परिवार का प्रक्षेपण (प्रोजेक्शन) बन जाता है। फिर, तेज़ी से राष्ट्र को पारिवारिक सन्दर्भों में परिभाषित किया जाने लगता है।

यह एक रोचक बात है कि अक्सर पारिवारिक राष्ट्र की अवधारणा से ही महिलाओं के मताधिकार से सम्बन्धित विविध विचारधारात्मक दृष्टिकोणों के केन्द्रीय विचार लिए गये। महिलाओं को मताधिकार देने के पक्ष और विपक्ष के पौरुषवादी वृतान्त ने एक सामान्य रूपरेखा के भीतर अपने तर्क तैयार किये। इसमें परिवार और राष्ट्र तथा नारीत्व और मातृत्व को एक साथ मिला दिया गया। इसने इस बात की पुष्टि की कि स्त्री मताधिकार के सवाल पर तत्कालीन असहमतियों के बावजूद महिलाओं को उचित स्थान देने के बारे में विविध समूहों के बीच व्यापक आम-सहमति थी। विभिन्न विधायी परिषदों में हुए वाद-विवाद तथा विधायिका के सदस्यों का समर्थन हासिल करने के लिए महिलाओं के अभियानों से इस बात की फिर से पुष्टि हुई कि इस पूरी प्रक्रिया में नारीत्व को मातृत्व से और घर को राष्ट्र से मिला दिया गया। इसमें महिलाओं की विशिष्ट सामाजिक गतिविधियों को पुरुषों की राजनीतिक गतिविधियों से दूर कर दिया गया। मताधिकार के पक्षधर लोगों ने यह दलील दी कि स्त्रियाँ माता के रूप में अपने बच्चों का मार्गदर्शन करती हैं। इसलिए वे पूरी जनसंख्या के लिए क़ानून तय करने में भी समर्थ हैं। लेकिन जो लोग महिलाओं को मताधिकार देने के ख़िलाफ़ थे, उन्होंने इस तर्क को उलट दिया। उन्होंने यह कहा कि सार्वजनक जीवन में औरतों की भागीदारी से पारिवारिक जीवन को नुक़सान होगा। इसके कारण ज़िम्मेदार माताओं का अपने घरेलू कर्त्तव्यों से ध्यान बँटेगा। मताधिकार समर्थक विधि-निर्माताओं ने महिलाओं के विशेष नैतिक गुणों की तारीफ़ की। उनके मुताबिक़ ये गुण राजनीतिक क्षेत्र का शुद्धीकरण कर सकते थे। इस प्रकार, भारतीय नारीत्व के आध्यात्मिक गुणों पर प्रकाश डाला गया :

> यह भी कहा जाता रहा है कि राजनीति एक गंदा खेल है और इसलिए औरतों को इसके नज़दीक नहीं आना चाहिए। किन्तु क्या यह सच नहीं है कि हम जिस तरह इस खुशहाल दुनिया में अपनी ज़िन्दगी पाते हैं, वह भी एक गंदे खेल की तरह ही है। हम अपने रोज़मर्रा की ज़िन्दगी के शुद्धीकरण के लिए किसकी ओर देखें? निःसंदेह हमें इसके लिए स्त्रियों पर भरोसा करना होगा। इसलिए हमारे देश के नारीत्व में जो कुछ भी सर्वोत्तम और पवित्र है, उसकी मदद से हमें अपनी राजनीति का शुद्धीकरण करना चाहिए।[99]

अतः यह प्रयास किया गया कि पुरुषों से औरतों के बीच अन्तर होने के तर्क की मदद से ही दोनों के बीच समानता का आधार तैयार किया जाए। महिला मताधिकारवादियों ने खुद को इस विचार से दूर नहीं किया। इसमें औरतों को

एक विशिष्ट समूह के रूप में चित्रित किया गया। उन्हें शैक्षिक और सामाजिक सुधारों को आगे बढ़ाने के लिए मताधिकार की आवश्यकता थी, जो दीर्घकालिक रूप से देश को फ़ायदा पहुँचाती। रोचक बात यह है कि स्त्री मताधिकार का विरोध करने वालों ने भी सार्वजनिक जीवन में महिलाओं की उपयुक्तता के खि़लाफ़ यही तर्क दुहराए। उनके मुताबिक़ औरत का 'विनम्र गुण', 'व्यक्तित्व की गरिमा', 'उसके शरीर की निर्मिति और निश्चित अवधि पर सामने आने वाली असमर्थताएँ' उनके भीतर एक उपयोगी पत्नी और वात्सल्ययुक्त माता बनने की प्रवृत्ति' पैदा करती हैं। हालाँकि यही गुण उन्हें 'घर के बाहर के काम के लिए या सीधे तौर पर कहें तो देश के प्रशासन और सुरक्षा के लिए पूरी तरह से अनुपयुक्त बना देते हैं...[और इसी कारण] मताधिकार उनका जन्मसिद्ध अधिकार नहीं होना चाहिए'।[100]

इसलिए यह अचरज की बात नहीं है कि मताधिकार के लिए महिलाओं के संघर्ष और चुनावी प्रक्रिया का भाग बनने के उनके प्रयास को सामाजिक (सार्वजनिक/राजनीतिक) के साथ 'लैंगिक' (निजी) को जोड़ने की कोशिश के रूप में देखा गया। कई लोगों द्वारा यह माना गया कि यह लैंगिक भूमिका और वर्गीय शुचिता में एक तरह का हस्तक्षेप है। कुछ हल्कों में सम्भावित ख़तरे को लेकर नैतिक मुद्दा भी उठाया गया। पीछे मताधिकार को भ्रष्ट करने वाले प्रभावों के खि़लाफ़ कुमार शिब शेखरेश्वर रे के आक्रोश का उल्लेख किया गया है। इसी प्रकार, बंगाल कौंसिल के एक सदस्य सैयद नसीम अली ने ज़ोरदार तरीक़े से कौंसिल के हर मुसलमान सदस्य से कहा कि वे अपने छाती पर हाथ रखकर यह क़बूल करें कि वे यह चाहते हैं कि 'उनकी जनाना को पर्दे से खींचकर बाहर लाया जाए।' बंगाल में प्रस्ताव के पराजित हो जाने के बाद मार्गरेट कज़िन्स ने पुरुषों के भय के बारे में यह लिखा कि 'उन्होंने तथ्यों को खींचतान कर कल्पना में बदल दिया'।

> तथ्य यह है कि हर आठ पुरुषों पर एक औरत (यह भी आवश्यक नहीं है) हर तीन साल में एक बार मत डालेगी, उन्होंने इसे खींचतान कर एक ऐसी कल्पना में बदल दिया जिसमें हर महिला मजबूरन हर वक़्त मतदान ही करेगी और घर में खाना नहीं पकाया जाएगा। उन्होंने इस तथ्य की पूरी तरह उपेक्षा कर दी कि महिलाओं के लिए पर्दायुक्त मतदान केन्द्रों की व्यवस्था की जाएगी, जिसमें वे रेल के महिला डब्बों की तरह ही, अनदेखे रूप में प्रवेश कर पाएँगी। इसके बजाय, उन्होंने यह आतंक फैला दिया है कि 'विपरीत लिंग के लोग असंयमित तरीक़े से एक-दूसरे से मिलेंगे' और 'इस्लाम यह नहीं चाहता है कि मुसलमान औरतें आदमियों के साथ हाथों में हाथ डालकर बाज़ारों, कौंसिलों और अदालतों में जाएँ' (देखें रेड्डी 1956, v-vi)।

इसलिए, महिला एक्टिविस्ट सार्वजनिक दायरे में महिलाओं की हिस्सेदारी बढ़ाना चाहती थीं। लेकिन वे पुरुषोचित महिला या सड़क छाप औरत जैसी पीड़ादायक पहचान से भी बचना चाहती थीं। वे यह भी नहीं चाहती थीं कि उन पर सामाजिक अव्यवस्था फैलाने का आरोप लगे। इस दुविधा से बचने के लिए नारीत्व की परिभाषा का सहारा लिया गया। साथ ही, इस बात पर बल दिया गया कि कुछ सन्दर्भों में महिलाओं को सार्वजनिक-राजनीतिक दायरे में भाग लेना चाहिए। महिला मताधिकारवादियों ने पौरुषवादी/राष्ट्रवादी रूपरेखा द्वारा निर्देशित बाध्यताओं के कारण आध्यात्मिक सन्दर्भ का सहारा लिया। उन्होंने सार्वजनिक-राजनीतिक क्षेत्र के काम की तुलना घर के अपने काम से करते हुए अपनी भूमिका का सीमांकन किया। सार्वजनिक-राजनीतिक दायरे में नारी सुलभ 'सामाजिक' गतिविधि के क्षेत्र की रूपरेखा तैयार की गयी। इसके साथ नैतिक ज़िम्मेदारी और सम्मान को भी जोड़ा गया। सामाजिक को घर के निजी स्थान के साथ-ही-साथ पुरुष भागीदारी के क्षेत्र के रूप में परिभाषित करके इसे सार्वजनिक-राजनीतिक स्थानों से भी अलग किया गया। इससे सड़क-छाप या बाजारू औरत के साथ जोड़े जाने वाले बाज़ार जैसे 'सार्वजनिक स्थानों' को भी बाहर किया गया। सामाजिक का वर्णन एक ऐसे जीवन के रूप में किया गया जिसमें सम्मानित स्त्रियाँ परोपकार, संयम और बलिदान का प्रदर्शन करती थीं। इसमें सामाजिक समस्याओं को हल करने के लिए उनका उच्चतर नैतिक हस्तक्षेप होता था। इसके द्वारा ये स्त्रियाँ सामाजिक और राजनीतिक के बीच के अन्तर को पाटती थीं। इस तरह इन दोनों की आपस में मिली हुई दुनिया में स्त्रियों ने आध्यात्मिक सन्दर्भों में अपने योगदान पर बल दिया। (जिमनेज-मुनोज 1993)। इस प्रकार, स्त्री मताधिकार समर्थकों ने महिलाओं की आध्यात्मिक भागीदारी और चुनावी क्षेत्र में भागीदारी के बीच के धुँधले अन्तः का प्रतीकात्मक रूप से उपयोग किया। मिसाल के तौर पर, मार्गरेट कज़िन्स ने इस बात पर ज़ोर दिया कि यदि महिलाओं से सम्बन्धित विशिष्ट मसलों जैसे कि शिक्षा, स्वास्थ्य, नैतिकता, निषेध, बच्चों का बिल आदि के लिए महिला संगठनों द्वारा औरतों का मत गोलबन्द किया जाता है, तो 'यह आसानी से चुनावी नतीजों को तय करने वाला कारक साबित हो सकता है' (कज़िन्स 1921, 328-30)। यह माना गया कि भागीदारी का यह विशिष्ट रूप विधायी गतिविधि के नैतिक स्तर और उपयोगिता को बढ़ा सकता है। यह दावा भी किया गया कि इससे सामाजिक और सार्वजनिक उत्तरदायित्व में बढ़ोतरी हो सकती है।

निष्कर्ष

इस अध्याय में हमने बीसवीं सदी के आरम्भिक भाग में महिलाओं को मताधिकार-सम्पन्न बनाने के प्रयासों के व्यापक सामाजिक और राजनीतिक अर्थ और सन्दर्भ का विश्लेषण किया है। भारतीय महिलाओं को मताधिकार देना एक ऐसा मुद्दा था, जो ब्रिटिश साम्राज्य में भारत/भारतीयों की हैसियत तथा प्रजा के बुनियादी अधिकारों, उनकी सीमा और चरित्र के प्रश्न से गुँथा हुआ था। नस्लीय, सभ्यतामूलक और जेण्डर विभेदों की साम्राजीय विचारधारा ने उपनिवेशित लोगों की स्थानिक और सामयिक दूरी का आधार तैयार किया। साथ ही, इसने उपनिवेशित लोगों को वे अधिकार नहीं दिये, जो उपनिवेशकों के वैध अधिकार माने जाते थे। वाद-विवाद की प्रकृति और प्रक्रिया मोटे तौर पर, भारत और ब्रिटेन के बीच (औपनिवेशिक) सम्बन्ध से तय हुई। आत्म-निर्णय के पॉपुलर राष्ट्रीय आन्दोलन के कारण औपनिवेशिक सरकार की वैधता का संकट बढ़ा, जिस कारण उसे उपनिवेशितों की माँगों पर ग़ौर करना पड़ा। इस ऐतिहासिक मोड़ पर मताधिकार के मसले ने नागरिकता के राजनीतिक अधिकारों के प्रयोग के दावे को रेखांकित किया। ये वे अधिकार थे जिनसे उपनिवेशित प्रजाजनों को वंचित रखा गया था।

मताधिकार आन्दोलन का मुक्तिकारी वायदा यह था कि इसने संवैधानिक प्रक्रियाओं में महिलाओं का एकीकरण करने और नागरिक के रूप में उनकी राजनीतिक पहचान निर्मित करने का प्रयास किया। हालाँकि महिला मताधिकारवादियों को सार्वजनिक दायरे में महिला के रूप में अपने आरोपित पहचान का बोझ भी उठाना पड़ा। दूसरे शब्दों में, राजनीतिक भागीदारी के लिए ख़ुद को उपयुक्त बताने की प्रक्रिया में उन्होंने ख़ुद को सेक्शुलाइज्ड (लैंगिकीकृत) भूमिकाओं के दायरे में बाँध लिया। मताधिकार के संघर्ष पर आधारित महिलाओं के मुक्तिदायी एजेंडे से एक दुविधा सामने आयी। यह दुविधा हर ऐसे ऐतिहासिक क्षण में सिर उठाती रही, जब महिलाओं ने अपने अधिकारों का विस्तार करने के मक़सद से ख़ुद को एकीकृत निकाय के रूप में प्रस्तुत किया। महिलाओं ने यह प्रयास किया कि उन्हें भी सामान्य अमूर्त्त नागरिकता की रूपरेखा में स्थान मिले, लेकिन इसके साथ ही उन्होंने स्त्री के रूप में अपनी पृथक् पहचान का भी दावा किया। जैसा कि हमने मताधिकार के वाद-विवाद में देखा है, ख़ुद नारीत्व की परिभाषा ही असमान था और उसमें केवल सम्पत्तिशाली शिक्षित अभिजनों को शामिल किया गया था। इसके अलावा, यह एक तथ्य है कि मताधिकार के संघर्ष में परिवार में महिलाओं के स्थान का विरोध नहीं किया गया। लेकिन यह उपनिवेश-विरोधी आन्दोलन के सन्दर्भ में समानता और राजनीतिक क्षेत्र में महिलाओं के हिस्सेदारी

की रैडिकल माँग के रूप में भी सामने आया। पार्थ चटर्जी मानते हैं कि राष्ट्रवादी समाधान के कारण महिला प्रश्न पर ख़ामोशी अख़्तियार कर ली गयी और बाद में इसका विराजनीतीकरण कर दिया गया। हालाँकि महिलाओं के संगठित संघर्षों और सार्वजनिक/राजनीतिक/निर्वाचित निकायों में वाद-विवाद से इस ख़ामोशी और विराजनीतीकरण में खलल पड़ा। औरतों ने अपने संघर्ष द्वारा महिला प्रश्न के राष्ट्रवादी समाधान को पुनःपरीक्षण करने के लिए बलपूर्वक खोला। महिला प्रश्न के इस तरह खोले जाने से ऐसे बहुत से संघर्ष सामने आए जिन्होंने उभरते राष्ट्रीय राज्य में नागरिक के रूप में महिलाओं के समावेशन की शर्तों को प्रभावित किया। अगले अध्याय में हम यह जाँच-पड़ताल करेंगे कि किस प्रकार राष्ट्रीय समुदाय और सांस्कृतिक धार्मिक समुदाय में स्त्रियों के सन्निहित होने से उनकी नागरिकता और राजनीति के सन्दर्भ में महत्त्वपूर्ण निहितार्थ सामने आए। इसमें भारत में उपनिवेश विरोधी संघर्ष के दौर में उत्पन्न हुए नागरिकता की भाषा की प्रकृति की छानबीन की गयी है। साथ ही, इसमें राष्ट्र और सांस्कृतिक-धार्मिक समुदाय के प्रतिरोधी पहचान के संगठक सिद्धान्तों, आत्म-निर्णय, प्रभुसत्ता और नागरिकता के आधार के रूप में उभरकर सामने आने के विविध तरीक़ों का भी विश्लेषण किया गया है।

सन्दर्भ

1. हालाँकि पिछले कई वर्षों में भारत में औरतों के मताधिकार के संघर्ष के संगठनात्मक पहलुओं, इनमें नेतृत्वकारी भूमिका निभाने वाली महिलाओं की जीवनियों तथा राष्ट्रीय आन्दोलन के साथ संघर्ष और सहयोग के इसके सम्बन्ध पर काफ़ी अनुसंधान किया गया है। अपर्णा बसु और भारती रे, *वीमेन्स स्ट्रगल्स : अ हिस्ट्री ऑफ़ ऑल इण्डिया वीमेन्स कॉन्फ्रेंस* 1927-1990 (1990); *हाना पेपनेक और गेल मिनॉल्ट, सेपरेट वर्ल्ड्स : अ स्टडी ऑफ़ पर्दा इन साउथ एशिया* (1982); गेल पियर्सन, *रिजर्वड सीट्स : वीमेन ऐंड द वोट इन बॉम्बे* (1983, 47-65); बारबरा साउथार्ड, द *वीमेन्स मूवमेंट ऐंड कॉलोनियल पॅलिटिक्स इन बंगाल* (1995); जेरल्डीन फ़ोर्ब्स (पहला भारतीय संस्करण), *वीमेन इन मॉडर्न इण्डिया* (1996); विजय ऐग्न्यु, *इलीट वीमेन इन इण्डियन पॉलिटिक्स* (1979)।
2. एल्सा बार्कले-ब्राउन के अनुसार, इतिहास एक ऐसी स्थिति की तरह है, जिसमें हर कोई एक ही समय में एक-दूसरे से बात कर रहा होता है। इसमें एक साथ बहुस्वर बजता रहता है। जिन घटनाओं या लोगों के बारे में लिखा जाता है, उनका कोई पृथक् अस्तित्व नहीं होता है। इसके बजाय, वे अनगिनत अन्य लोगों और घटनाओं के साथ निरन्तर संवाद की स्थिति में रहते हैं। असल में, किसी भी क्षण लाखों लोग एक ही साथ कुछ-न-कुछ बात कह रहे होते हैं। एक इतिहासकार के रूप में कोई भी व्यक्ति किसी एक संवाद को अलग-थलग करने और उसकी छानबीन करने का प्रयास करता है। ऐसे में, इतिहासकार का कौशल यह है कि इस संवाद को किस तरह ऐसे सन्दर्भ में रखा जाए, जिससे अन्य बहुत से लोगों से उसकी बातचीत भी स्पष्ट हो पाए। चुनौती यही है कि किस तरह इस एक गीत को अकेले रखा

जाए और इसके साथ ही इसे उस समय गाए जाने वाले अन्य गीतों से भी जोड़ा जाए। एल्सा बार्कले-ब्राउन, 'पॉलीरिदम्स ऐंड इमप्रोवाइजेशन्स : लेसन्स फॉर वीमेन्स हिस्ट्री' (1991)।

3. सम्पत्ति के साथ नागरिकता के सम्बन्ध की बुनियाद अरस्तुवादी परम्परा तक जाती है, जिसमें एक 'ठोस नागरिक' होने के लिए सम्पत्ति के स्वामित्व को आवश्यक माना जाता था। आधुनिक समय में यह नज़रिया नये रूप में सामने आया। इसमें कुछ निश्चित हैसियत वाले आदमियों को मताधिकार दिया गया और समाज के कई तबक़ों के मताधिकार पर पाबन्दी लगाई गयी। सम्पत्तिशाली आदमियों को मताधिकार देने का मतलब यह स्वीकार करना है कि कुछ लोग अन्य लोगों की तुलना में ज़्यादा बेहतर या उच्च हैं।
4. 'अ लेडीज डेपुटेशन टू मिस्टर मॉन्टेग्यु', *न्यू इण्डिया* (25 अक्टूबर 1917, 5); 'वीमेन्स डेपुटेशन टू मिस्टर मॉन्टेग्यु', *न्यू इण्डिया* (13 दिसम्बर 1917, 5); जे. एच. और मिसेज कज़न्स, (एन. डी), *वी टु टुगेदर* (मद्रास : गणेश ऐंड कम्पनी, 310); 'अ कॉपी ऑफ़ द अड्रेस प्रेजेंनटेड बाई द ऑल इण्डिया वीमेन्स डेपुटेशन टू लॉर्ड चेम्सफोर्ड (वायसराय) ऐंड रिटायर्ड ऑनेबल ई. एस. मॉन्टेग्यु (सेक्रेटरी ऑफ़ स्टेट)', पैम्फलेट, सफरेज-इण्डिया, फॉसेट कलेक्शन। साथ ही देखें फ्रैंक मोरेज 'इन पॉलिटिकल लाइफ', संकलित, *वीमेन इन इण्डिया,* सम्पा., तारा अली बेग (1958).
5. हालाँकि एक प्रभावशाली समूह, जिसमें एलीयनोर रॉथबोन सहित कुछ अंग्रेज़ महिलाएँ शामिल थीं, भारतीय महिलाओं का एक तबक़ा और सरकारी विचार इस बात के पक्ष में था कि मताधिकार-प्राप्त पुरुष जनसंख्या के एक विशिष्ट अनुपात में महिलाओं को सीमित मताधिकार प्रदान किया जाए।
6. देखें फ़ोर्ब्स 'केज़्ड टाइगर्स' (1979)। संगारी और वैद (1989) ने इस बात की जाँच-पड़ताल की है कि किस प्रकार राजनीतिक प्रक्रियाओं के माध्यम से चुनिन्दा तरीक़े से परम्परा निर्मित की गयी और पितृसत्ताओं का पुनर्निर्माण हुआ। अपने अध्ययन में उन्होंने यह विश्लेषण किया है कि एक श्रेणी के रूप में महिला की परिभाषा और जीवन्त अनुभवों पर इसका क्या प्रभाव पड़ा।
7. कमला विश्वेश्वरन ने अपने पीएच.डी. शोध-प्रबन्ध (1990, 32) में यह बताया कि यह कोई संयोग नहीं है कि राष्ट्रवादी विमर्श में सामाजिक और ऐतिहासिक सुधार के बीच विभाजन हो जाने के बाद यह समाधान सामने आया। भारतीय राष्ट्रीय कांग्रेस की स्थापना के दो साल बाद, 1887 में भारतीय सोशल कॉन्फ्रेंस की स्थापना हुई। 1895 तक इन दोनों संस्थाओं की संयुक्त बैठकें होती थीं। लेकिन 1895 में तिलक के ज़ोर देने के कारण इण्डियन सोशल कॉन्फ्रेंस को बाहर का रास्ता दिखा दिया गया। इसलिए विश्वेश्वरन यह मानती हैं कि बहुत आरम्भिक स्तर पर ही राष्ट्रवादी विमर्श महिलाओं के प्रश्न पर कुछ भी नहीं 'कहता है'। इसका कारण यह है कि इसने अपने उप-समूह के रूप में बहुत ही छोटा, लेकिन आवश्यक विरोधी विमर्श पैदा किया। यह सामाजिक सुधार की भाषा है, जो राष्ट्रवादी 'राजनीतिक' विमर्श से जुड़ा रहता है। लेकिन यह इसके निर्देशों का बुनियादी भाग नहीं है। हालाँकि, यह एक संयोग नहीं है कि यह 'समाधान' ठीक उसी समय विवादित हो जाता है, जब 1917 में भारतीय राष्ट्रीय कांग्रेस के मंच पर सामाजिक सुधार के मुद्दे शामिल किये जाते हैं। इसी साल वीमेन्स इण्डियन एसोसिएशन (यहाँ बाद में वीमेन्स ऐसोसिएशन) की भी स्थापना हुई और सामाजिक सुधार के विमर्श का फिर से जेण्डरीकरण हुआ।
8. युद्ध के दौरान राष्ट्रवाद की उथल-पुथल ने बहुत से राष्ट्रों में मताधिकार के विस्तार के लिए दबाव बनाया। पूरी दुनिया में महिला मताधिकार के लिए आन्दोलनों के उभार हुआ और

महिलाओं को मताधिकार देने का रुझान बढ़ा तथा प्रथम विश्व युद्ध के अन्त तक ब्रिटेन, संयुक्त राज्य अमेरीका और अन्य यूरोपीय देशों में मताधिकारवादियों को सफलता मिली। इसने भारतीय महिलाओं को प्रोत्साहित किया। 1917 में ब्रिटिश पार्लियामेंट में एक विधेयक प्रस्तुत किया गया और 1918 में इसे क़ानून के रूप में पारित किया गया। इस क़ानून के माध्यम से ब्रिटेन में पुरुष मतदाताओं की संख्या बढ़ाई गयी और महिलाओं को भी सीमित संख्या में मताधिकार दिया गया। 1917 और 1919 के बीच रूस, जर्मनी और पोलैण्ड जैसे बहुत से देशों ने महिला मताधिकार को अपनाया। स्कॉटलैण्ड, वेल्स तथा कनाडा, आयरलैण्ड, ब्रिटिश ईस्ट अफ्रीका और रोडेशिया जैसे ब्रिटेन से सम्बद्ध अन्य राज्यों ने भी महिलाओं के मताधिकार की पुष्टि की। देखें बारबरा साउथार्ड (1995, 71)।

9. मृणालिनी सिन्हा (1990) ने साम्राज्यीय सामाजिक और राजनीतिक संरचनाओं की रूपरेखा के अन्तर्गत ब्रिटिश और भारतीय मताधिकारवाद के बीच सम्बन्ध का शानदार विवरण प्रस्तुत किया है।
10. कमला विश्वेश्वरन सहमति और टकराव के इन क्षणों को भारतीय और पश्चिमी नारीवाद की विषयवस्तु और समस्या के रूप में प्रस्तुत करती हैं। अपने काम में वे डॉ. मुथुलक्ष्मी रेड्डी (मद्रास प्रेसीडेंसी की पहली महिला विधि-निर्माता) के लेखन की छान-बीन करती हैं। इसके अलावा, उन्होंने नारीवाद की पहली धारा द्वारा एक ओर राष्ट्रवाद और दूसरी ओर पश्चिमी नारीवाद से किये गये समझौतों का अध्ययन किया है। उन्होंने इसके लिए वीमेन्स ऐसोसिएशन द्वारा जारी जर्नलों की भी जाँच-पड़ताल की है (1990, 32)।
11. ग़ौरतलब है कि इस दौर में ब्रिटिश साम्राज्यवाद को बोअर्स से चुनौतियाँ मिल रही थीं। उसे जर्मनी से भी प्रतियोगिता का सामना करना पड़ रहा था। कई लोगों ने इसी आधार पर महिला मताधिकार का विरोध किया। उन्होंने दावा किया कि साम्राज्य की हिफ़ाज़त के लिए यह आवश्यक है कि पौरुषयुक्त आदमी हों और आज्ञाकारी, जननक्षम महिलाएँ हों। ग़ौरतलब है कि 1867 में कामगार आदमियों की इसलिए आलोचना की गयी कि उनका परिवार काफ़ी बड़ा होता है। वहीं, बीसवीं सदी के प्रारम्भ में सुधार के विरोधियों ने मताधिकारवादी महिलाओं को इसलिए तीखी फटकार लगाई कि वे साम्राज्य के लिए बच्चों का पालन-पोषण करने के बजाय राजनीति पर ध्यान केन्द्रित कर रहे हैं। जेम्स फिट्जमैन स्टीफेन्स के नज़रिये की विस्तृत जानकारी के लिए देखें अन्ना क्लार्क, (1996, 249)।
12. श्रीनिवास शास्त्री, द *इण्डियन सिटीजन* (1948, 249) में जरनल स्मट्स का उद्धरण।
13. मॉन्टेग्यु ने 20 अगस्त को हाउस ऑफ़ कॉमन्स में ब्रिटिश सरकार के नीति की घोषणा की। इसके बाद नवम्बर 1917 में उन्होंने भारत के गवर्नर जनरल लॉर्ड चेम्सफोर्ड के साथ पाँच महीने तक पूरे भारत की यात्रा की।
14. अडयार में थियोसोफिकल सोसायटी के मुख्यालय में डोरोथी जिनाराजदासा द्वारा 8 मई 1917 को वीमेन्स एसोसिएशन का आरम्भ किया गया था। इन दोनों ही संगठनों ने इस प्रतिनिधि-मंडल को तैयार करने और बाद के वर्षों में इस मुद्दे पर समर्थन जुटाने में अहम भूमिका निभाई। कज़िन्स के प्रभाव के चलते इस प्रतिनिधि-मंडल में दो धाराओं का मिलन सामने आया। पहली धारा इण्डियन वीमेन्स युनिवर्सिटी से सम्बन्धित थी। कज़िन्स इसके सीनेट की सदस्य थीं। दूसरी धारा वीमेन्स एसोसिएशन से सम्बन्धित थी। वे इसकी संयुक्त सचिव थीं। अन्य महिला संगठनों का समर्थन हासिल करने का प्रयास भी किया गया। बम्बई की गुजराती स्त्री मण्डल ने, जिसके संरक्षक कुछ पुरुष थे (मसलन, पुरुषोतमदास ठाकुरदास), वीमेन्स एसोसिएशन का समर्थन किया। इसने ऐनी बेसेंट (थियोसोफिकल सोसायटी और

होमरूल लीग–दोनों ने ही अपने प्रभाव का इस्तेमाल किया) के लिए एक बैठक का आयोजन किया। आख़िरकार जो प्रतिनिधि-मंडल मॉन्टेग्यु से मिला उसमें सेवा सदन, महिला सेवा समाज, पूना की इण्डियन वीमेन्स युनिवर्सिटी और होम रूल लीग की महिला शाखा जैसे संगठन शामिल थे। देखें गेल पियर्सन, 'रिजर्वड सीट्स', (1983), 49–50; फ्रैंक मोरेस 'इन पॉलिटिकल लाइफ', संकलित *वीमेन ऑफ़ इण्डिया*, सम्पा. तारा अली बेग (1958, 91–92); जेराल्डीन फ़ोर्ब्स, *वीमेन इन मॉडर्न इण्डिया*, (1998, 92); बारबरा साउथार्ड, *द वीमेन्स पॉलिटिकल मूवमेंट ऐंड कॉलोनियल पॉलिटिक्स इन बंगाल*, (1995, 70); 'लेडिज डेपुटेशन', *इण्डियन सोशल रिफॉर्मर* (1917, 121); विजय एग्न्यु, *इलीट वीमेन इन इण्डियन पॉलिटिक्स*, (1979, 108); मुथुलक्ष्मी रेड्डी सम्पा. *वन हू नोज, मिसेज माग्ररेट कज़िन्स ऐंड हर वर्क इन इण्डिया*, (1956, 4)।

15. मुथुलक्ष्मी रेड्डी, एग्नेयु (1979, 108) में उद्धृत।
16. *रिपोर्ट ऑफ़ द स्पेशल सेशन ऑफ़ द इण्डियन नैशनल कांग्रेस*, बॉम्बे, अगस्त 19–31 और 1 सितम्बर 1918, 109–10।
17. *रिपोर्ट ऑफ़ द थर्टी-थर्ड सेशन ऑफ़ आईएनसी*, दिल्ली, दिसम्बर 26–31, 1918, 118–21।
18. 1918 में बम्बई, मद्रास और आंध्र प्रदेश के प्रान्तीय अधिवेशनों में सुधार विधेयक से लैंगिक अयोग्यता को हटाने के लिए प्रस्ताव पारित किये गये थे।
19. इस कमिटी से मिलने वाले संगठनों में वीमेन्स इण्डियन एसोसिएशन, जिसमें इसकी पचास शाखाओं के सदस्य शामिल थे, वीमेन्स ग्रेजुएट यूनियन ऑफ़ बॉम्बे और होम रूल लीग का वीमेन्स ब्रांच शामिल था। इसके अलावा, बम्बई की महिलाओं ने एक याचिका भी तैयार की, जिस पर 800 'भद्र महिलाओं' (लेडीज) ने हस्ताक्षर किये। इसमें उन्होंने मताधिकार की माँग दुहराई। मुथुलक्ष्मी रेड्डी, (1958, 14) विजय एग्न्यु (1979, 109) में उद्धृत।
20. मिसेज हीराबाई टाटा, 'अ शॉर्ट स्केच ऑफ़ इण्डियन वीमेन्स फ्रेंचाइस वर्क', पैम्फलेट (एन. डी.), सफरेज इण्डिया, फॉसेट कलेक्शन (यहाँ के बाद से एफसी)।
21. यह भी रेखांकित किया जा सकता है कि 1935 के गवर्नमेंट ऑफ़ इण्डिया ऐक्ट (भारत शासन अधिनियम) के बाद मताधिकार लागू करने में ज़्यादा 'व्यावहारिक प्रशासनिक समस्याएँ' सामने आने लगीं। इस अधिनियम द्वारा महिला मतदाताओं को पंजीकृत करने की प्रक्रिया में कई तरह की बन्दिशें थोपने के कारण यह समस्या और भी पेचीदा हो गयी। सम्पत्तिशाली महिलाओं का नाम मतदाता सूची में अपने-आप शामिल हो गया। किन्तु साक्षरता धारा के अन्तर्गत पात्रता हासिल करने वाली महिलाओं को अपना नाम पंजीकृत कराना था। विभिन्न प्रान्तों में इनके पंजीकरण की अलग-अलग प्रक्रिया अपनाई गयी थी। बंगाल में सरकार ने प्रमुख आदमियों के पास आवेदन-पत्र भेजकर उनसे यह अनुरोध किया कि वे यह सूची तैयार करें। बम्बई में गाँव के अधिकारियों द्वारा आवेदन-पत्र का वितरण किया जाना था। संयुक्त प्रान्त में महिलाएँ पत्र भेजकर या अपने पति के माध्यम से पंजीकरण करवा सकती थीं। मद्रास में यह प्रावधान किया गया कि उन्हें अपना आवेदन-पत्र लेकर व्यक्तिगत रूप से पंजीकरण अधिकारी के पास आना होगा, इसने पर्दे में रहने वाली औरतों को कुछ हद तक असमंजस में डाल दिया। बहुत-सी औरतें अन्य कारणों से यह मानती थीं कि यह प्रावधान परेशानी पैदा करने वाला है। *स्त्री धर्म*, मई और जून 1936, तथा अरुणा आसफ अली, 'वीमेन्स सफरेज इन इण्डिया', संकलित, श्याम कुमारी नेहरू, (एन. डी. 358) और विजय एग्न्यु, (1979, 125)।
22. वीमेन्स एसोसिएशन की स्थानीय शाखाओं ने बैठकें आयोजित की, प्रस्ताव पारित किये और

अपनी टिप्पणियों को लंदन प्रेषित किया। लेटर फ्रॉम एम कज़िन्स टू 'माई डियर सिस्टर्स', 28 मई 1919, ए आइ डब्ल्यू सी फाइल्स। बम्बई में महिलाओं ने एक विरोध बैठक का आयोजन किया और संसद सदस्यों को चिट्ठियाँ और टेलीग्राम भेजीं। बम्बई वीमेन्स कमिटी फॉर वीमेन्स सफरेज की अध्यक्षा मिसेज जैजी जहाँगीर पेटीट ने लंदन यह तार भेजा : 'औरतें किसी अनुग्रह की माँग नहीं कर रही हैं, बल्कि वे अधिकार और न्याय का दावा कर रही हैं। यदि मत देने के अधिकार को नकारा जाता है, तो यह भारत में महिलाओं की प्रगति में एक गम्भीर रुकावट साबित होगा', देखें फ़ोर्ब्स (1996, 95)।

23. एच. टाटा द्वारा जे.जे. पेटीट को 7 दिसम्बर 1919 को लिखी चिट्ठी, ए.आई.डब्ल्यू.सी. फाइल्स, ज्वाइंट सेलेक्ट कमिटी टू गवर्नमेंट ऑफ़ इण्डिया बिल, वोल्यूम I, रिपोर्ट ऐंड प्रोसिडिंग्स ऑफ़ कमिटी, पार्लियामेंटरी पेपर्स 1919, वोल्यूम IV, पार्ट I ऑफ़ द प्रियेम्बल।
24. देखें बारबरा साउथार्ड (1995, 71-2)।
25. विजय एग्न्यु यह बताते हैं कि केन्द्रीय प्रान्त ने 1926 में इस सम्बन्ध में प्रस्ताव पारित कर दिया था। फ़ोर्ब्स यह मानती हैं कि असम, केन्द्रीय प्रान्त तथा बिहार और उड़ीसा ने 1930 में इस तरह के प्रस्ताव स्वीकार किये थे।
26. 1923 के चुनावों में बम्बई में मताधिकार के लिए योग्य महिलाओं में से सिर्फ़ 18.3 प्रतिशत महिलाओं ने मत देने के अपने अधिकार का प्रयोग किया। 1926 के चुनावों में कुल वयस्क महिला जनसंख्या में से सिर्फ़ 0.8 प्रतिशत ही मताधिकार के योग्य थीं और इनमें से भी सिर्फ़ 20.1 प्रतिशत महिलाओं ने वास्तव में अपने मताधिकार का प्रयोग किया। *रिपोर्ट शोईंग द रिजल्ट्स ऑफ़ इलेक्शन्स इन इण्डिया* (1923), 8; *रिपोर्ट शोईंग द रिजल्ट्स ऑफ़ इलेक्शन्स इन इण्डिया* (1925 और 1926, सी एम डी, 2923), संकलित गेल पियर्सन (1983, 51)।
27. *इण्डियन स्टैट्युटरी कमीशन, अ सर्वे रिपोर्ट,* गवर्नमेंट ऑफ़ इण्डिया, (1930, 191)। एग्न्यु के अनुसार, मद्रास और बम्बई में महिला मतदाताओं के उच्च प्रतिशत के लिए कई कारणों को रेखांकित किया जा सकता है। इस सन्दर्भ में महिला जनसंख्या की साक्षरता दर, इन प्रान्तों में सरकार द्वारा स्त्री शिक्षा के लिए आवंटित पैसे का सकारात्मक प्रभाव और सामाजिक सुधार की तरफ़ उनके रुझान जैसे प्रमुख कारणों का उल्लेख किया जा सकता है। सामाजिक सुधारों के बारे में बंगाल का रुख़ उदारवादी था। लेकिन इसके अभिजनों (मोटे तौर पर भूमिपति कुलीन वर्ग) और राष्ट्रवादियों ने राजनीतिक सुधारों का विरोध किया। देखें विजय एग्न्यु (1979, 113)।
28. *रिपोर्ट ऑफ़ मुडिमन रिफॉर्म्स कमिटी* (1924-25, 119)।
29. वीमेन्स कॉन्फ्रेंस की स्थापना कुछ प्रमुख महिलाओं द्वारा की गयी थी। उनका मक़सद यह था कि विविध महिला संगठनों को जोड़कर शिक्षा व्यवस्था में सुधार किया जाए। मार्गरेट कज़िन्स ने समाचार-पत्रों में एक अपील जारी की। साथ ही, उन्होंने ऐसी तक़रीबन 500 स्त्रियों को चिट्ठी लिखी, जो प्रसिद्ध शिक्षाशास्त्री और समाज-सुधारक थीं, या महत्त्वपूर्ण संगठनों से जुड़ी हुई थीं। यह सुझाव दिया गया कि प्रान्तीय स्तर पर महिलाओं को विविध स्थानीय संगठनों और समाज के विभिन्न तबक़ों के प्रतिनिधियों को मिलाकर समितियों का गठन करना चाहिए। वीमेन्स कॉन्फ्रेंस के लिए मुख्य मुद्दा शिक्षा में सुधार था। लेकिन इसने बाल विवाह पर रोक लगाने के लिए राय हरि बिलास शारदा बिल पारित करने के लिए अभियान चलाया। साथ ही, इसने इस बात की भी पुरज़ोर तरफ़दारी की कि विवाह और विरासत के मसलों में औरतों को बराबरी का दर्जा मिलना चाहिए। इसने स्त्री मताधिकार के मुद्दे को ज़्यादा लोकप्रिय बनाने का प्रयास किया। वीमेन्स कॉन्फ्रेंस राजनीतिक अधिकारों के

संघर्ष में शामिल हुई, किन्तु इसने खुद को किसी ख़ास राजनीतिक दल से नहीं जोड़ा। इसके सदस्यों में विभिन्न राजनीतिक दलों की महिलाएँ शामिल थीं। इसने एक मजबूत राष्ट्रवादी दृष्टिकोण अपनाया और सभी क्षेत्रों में औरतों के लिए समान अधिकारों की माँग की। देखें ऑल इण्डिया वीमेन्स कॉन्फ्रेंस, सोवेनियर, (1927-70, 12)। वीमेन्स कॉन्फ्रेंस की सचिव और अध्यक्ष ने नेहरू को लिखी चिट्ठी में यह स्वीकार किया कि इस संगठन के सदस्यों में बड़े शहरी केन्द्रों की धनाढ्य शिक्षित महिलाएँ शामिल हैं। 'हमारे सदस्यों में सभी वर्गों की बुद्धिजीवी या पश्चिमी शिक्षा प्राप्त महिलाएँ शामिल हैं। अज्ञानी और अशिक्षित औरतें हमारी बैठकों में शामिल होती हैं, लेकिन वे अक्सर ख़ामोश रहती हैं'। *जवाहरलाल नेहरू पेपर्स,* वोल्यूम I, 47, संकलित विजय एग्न्यु (1979, 118)।

30. वीमेन्स कॉन्फ्रेंस ने यह प्रस्ताव किया कि महिलाओं को उनकी 'बेड़ियों' से आज़ाद कराने की ओर पहला महत्त्वपूर्ण क़दम यह है कि उन्हें राजनीतिक मुक्ति प्रदान की जाए। *एनुअल रिपोर्ट,* ए.आई.डब्ल्यू.सी., सेवेंथ सेशन, (1933, 30)।
31. 'इण्डियन स्टैट्युटरी कमीशन', *इण्डियन ऐनुअल रजिस्टर,* वोल्यूम 1, नंबर 1 और 2 (जनवरी-जून 1929, 54-56)। महिलाओं का एक प्रतिनिधि-मंडल कमीशन के सदस्यों से मिला और उन्हें यह बताया कि बहुत कम औरतों को मताधिकार प्राप्त है। उन्होंने यह दलील भी दी कि आरक्षित सीटों के माध्यम से महिलाओं की भागीदारी सुनिश्चित की जानी चाहिए।
32. मुथुलक्ष्मी रेड्डी (1956, 79)।
33. डब्ल्यू.आई.ए. रिपोर्ट, (1931-33, 3-4)।
34. गेल पियर्सन (1983, 52)।
35. बेगम जहाँ आरा शाह नवाज अपने अब्बा (श्री मोहम्मद शफ़ी) के निजी सचिव के तौर पर पहले से ही इस सम्मेलन में भाग ले रही थीं। श्रीमती राधाबाई सुब्बारायन ने सोमरविल कॉलेज, ऑक्सफ़र्ड से शिक्षा प्राप्त की थी। वे ब्रिटिश मताधिकारवादियों से सुपरिचित थीं। ये दोनों ही लम्बे समय से महिला संगठनों से जुड़ी हुई थीं। लेकिन अंग्रेज़ों ने इन संगठनों से कोई सलाह-मशविरा किये बग़ैर ही इन दोनों को मनोनीत किया था।
36. भारत के भीतर और बाहर के विविध संगठनों के बीच जुड़ाव क़ायम करने के मक़सद से 1925 में नैशनल कौंसिल फॉर वीमेन की स्थापना की गयी थी। यह संस्था भारत में महिलाओं के कल्याण के मक़सद से काम करती थी।
37. 'रिजर्वेशन ऑफ़ सीट्स फॉर वीमेन', द *हिन्दू* (17 नवम्बर 1931, 5)।
38. लेटर्स फ्रॉम मिसेज पी. एन. सिरूर टू आर. सुब्बारायन (22 अप्रैल 1931, 5), आर. सुब्बारायन टू ई. रॉथबोन (1 मई 1931), फोल्डर नंबर 5, *रॉथबोन पेपर्स,* फॉसेट लाइब्रेरी; लेटर फ्रॉम ई. रॉथबोन टू एम. रेड्डी (12 मार्च 1931), एम. रेड्डी टू ई. रॉथबोन (9 मार्च 1931), एम. रेड्डी टू ई. रॉथबोन (1 मई 1931), एम. रेड्डी टू ई. रॉथबोन (6 मई 1931), फोल्डर नंबर 1, *रॉथबोन पेपर्स,* फॉसेट लाइब्रेरी।
39. मार्च 1931 में कांग्रेस ने अपने कराँची अधिवेशन में मौलिक अधिकार और राष्ट्रीय आर्थिक कार्यक्रम का प्रस्ताव पारित किया था। इसे प्रस्तुत करते हुए गाँधी ने यह कहा कि 'यह उन लोगों के लिए है जो विधि-निर्माता नहीं हैं, जो संविधान के पेचीदा सवालों में रुचि नहीं रखते हैं और जो देश के प्रशासन में सक्रिय रूप से भाग नहीं लेंगे'। सार्वभौमिक वयस्क मताधिकार के आधार पर मताधिकार का वायदा, आज़ादी के चार्टर के सत्रह विषयों में से एक था। देखें, मिहिर कुमार सेन, *एलीमेंट्स ऑफ़ सिविक्स* (हिन्दुस्तान पब्लिकेशन्स, 1946)।

40. राधाबाई सुब्बारायन, द *पॉलिटिकल स्टेटस ऑफ़ वीमेन अंडर द न्यू कॉन्स्टीट्युशन,* (मद्रास : ए. पी., एन. डी., 16); लेटर फ्रॉम एम. रेड्डी टू 'डियर मैडम' (16 नवम्बर 1936), ए.आई.डब्ल्यू.सी. फाइल्स, नंबर 135.

41. ऐलीनोर रॉथबोन, 1929 से कॉम्बाइन्ड इंग्लिश युनिवर्सिटीज से हाउस ऑफ़ कॉमन्स की एक सदस्य थीं। लम्बे समय से महिलाओं से सम्बन्धित विविध मसलों में उनकी रुचि थी। उन्होंने कैथरीन मेयो की *मदर इण्डिया* पढ़ने के बाद एक तरह से अपने लिए भारत की 'खोज' की। उनकी अपनी किताब द *चाइल्ड मैरिज : द इण्डियन मिनोटॉ* में शारदा ऐक्ट को एक 'सजावटी क़ानून' के रूप में वर्णित किया गया है। कुछ भारतीय औरतों ने भी इस किताब की खूब तारीफ़ की। लोथियन कमिटी से बाहर रखे जाने के बावजूद उन्होंने भारत का भ्रमण करने और भारतीय महिलाओं से मिलने का फ़ैसला किया। उनकी रुचि इन औरतों का विचार जानने में नहीं थी। असल में, वे उन्हें यह बताना चाहती थी कि भारतीय महिलाएँ मताधिकार के लिए कैसे संघर्ष करें। बारबरा एन. रामुसेक, 'कल्चरल मिशनरीज, मैटरनल इम्पीरियलिस्ट्स, फ़ेमिनिस्ट्स अलाइज : ब्रिटिश वीमेन एक्टिविस्ट्स इन इण्डिया, 1865-1945', संकलित नुपुर चौधुरी और मार्गरेट स्ट्रोबेल, (1992, 126-28) और गेल पियर्सन, (1983, 53-54)।

42. गेल पियर्सन (1983, 56)।

43. *रिपोर्ट ऑफ़ द फ्रेंचाइज सब-कमिटी ऑफ़ द राउंड टेबल कॉन्फ्रेंस* (1931, 80-81)।

44. गेल पियर्सन (1983, 57)।

45. *ऐनुअल रिपोर्ट ऑफ़ द ऑल इण्डिया वीमन्स कॉन्फ्रेंस,* (1933-34, 252)।

46. डब्ल्यू.आई.ए., 1932, ए.आई.डब्ल्यू.सी. फाइल्स नंबर 20।

47. 'वीमेन ऐंड कम्युनल डिसिजन', *इण्डियन लेडिज्य* मैगजीन, वोल्यूम 5, (सितम्बर-अक्तूबर 1932, 510)।

48. वीमेन्स कॉन्फ्रेंस, नैशनल कौंसिल फॉर वीमेन और वीमेन्स एसोसिएशन द्वारा दिये गये ज्ञापन II में यह सुझाव दिया गया कि शिक्षित होने की पात्रता में संशोधन किया जाना चाहिए। इसमें ऐसी औरतों को शामिल करने की माँग की गयी, जो किसी भी एक भाषा में पढ़ या लिख सकती हैं। इसमें सम्पत्ति शर्त को स्वीकार किया गया। लेकिन यह भी सुझाया गया कि इसे प्रान्तीय और संघीय विधायिकाओं पर समान रूप से लागू किया जाना चाहिए; मताधिकार के लिए न्यूनतम उम्र सीमा बीस वर्ष होनी चाहिए; तथा शहरी केन्द्रों के आस-पास रहने वाले आदमियों और औरतों को मताधिकार दिया जाना चाहिए। उन्होंने सांप्रदायिक मतदाता-मंडल के ख़िलाफ़ अपने विरोध को दोहराते हुए इसे महिलाओं की एकता को तोड़ने की कोशिश करार दिया। *रिपोर्ट ऑफ़ द ऑल इण्डिया वीमेन्स कॉन्फ्रेंस* (1933-34, 19)। साथ ही देखें, स्त्री धर्म (16 सितम्बर 1933, 549); 'मेमोरेंडम II ऑन द स्टेटस ऑफ़ वीमेन इन द प्रपोज्ड न्यू कॉन्स्टीट्युशन ऑफ़ इण्डिया' एड्रेस्ड टू द मेम्बर ऑफ़ ज्वाइंट सेलेक्ट कमिटी (जून 1933), पैम्फलेट, *सफरेज,* एफ सी; मिनट्स ऑफ़ द इविडेंस गिवेन बिफोर द ज्वाइंट सेलेक्ट कमिटी ऑन इण्डियन कॉन्स्टीट्युशनल रिफॉर्म (1934), *पार्लियामेंटरी पेपर्स,* वोल्यूम VIII (आई.आई.सी.) (1932-3, 1617-22)।

49. हालाँकि सभी महिलाएँ इस ज्ञापन से सहमत नहीं थीं। ख़ासतौर पर एलीनोर रॉथबोन ने महिला संगठनों को यह हिदायत दी कि वयस्क मताधिकार पर बल देने और पत्नीत्व की शर्त नकाराने से मताधिकार प्राप्त स्त्रियों की तादाद बढ़ाने की सारी योजनाएँ विफल हो सकती हैं। यह सलाह इस सोच पर आधारित थी कि आने वाले कुछ वर्षों में सार्वभौमिक

वयस्क मताधिकार मिल जाएगा। इसलिए उन्होंने भारतीय महिलाओं को यह सुझाव दिया कि वे इसकी माँग छोड़ दें तथा आरक्षण और अन्य विशेष योजनाओं को स्वीकार कर लें क्योंकि विधायिका में महिलाओं की संख्या में होने वाली किसी भी बढ़ोतरी से सामाजिक सुधार में मदद मिलेगी। *रॉथबोन पेपर्स* (यहाँ के बाद से आर.पी.), फ़ाइल नंबर 311, प्रेस एजेंसी (22 अप्रैल 1933), रॉथबोन टू रेड्डी (9 फ़रवरी 1933), आर पी, फ़ाइल नंबर 11।

50. ई. रॉथबोन टू आर. सुब्बारायन, 27 मई 1933 और 23 जून 1933, आर पी, फ़ाइल नंबर 5, श्रीमती पी. के. सेन, एफ सी 'सप्लिमेंटरी मेमोरेंडम ऑन द फ्रेंचाइज ऑफ़ वीमेन', पैम्फलेट, *सफरेज।*
51. ज्वाइंट कमिटी ऑन इण्डियन कॉन्स्टीट्युशनल रिफॉर्म, सेशन 1933-34, वोल्यूम I, रिपोर्ट 1934; पार्लियामेंटरी पेपर्स, 1933-34, वोल्यूम VI।
52. गेल पियर्सन (1983, 61)।
53. इस अधिनियम ने 6 मिलियन महिलाओं और 29 मिलियन पुरुषों को मताधिकार दिया, अर्थात् हर पाँच पुरुष पर एक महिला को मताधिकार मिला। राजकुमारी अमृत कौर, *वीमेन अंडर द न्यू कॉन्स्टीट्युशन* संकलित श्याम कुमारी नेहरू (एन. डी. 372)।
54. वही, 372।
55. गेल पियर्सन (1983, 61)।
56. यह आधार-वाक्य डेनिस राइले (1988), ग्लैडिस एम. जिमेंज-मुनोज (1993) से लिया गया है।
57. मृणालिनी सिन्हा ने उन्नीसवीं सदी के आख़िर में एफिमिनेट बाबू (स्त्रैण बाबू) का निर्माण करने वाली ऐतिहासिक प्रक्रिया का वर्णन किया है। देखें मृणालिनी सिन्हा (1995, 16-17)। तनिका सरकार यह मानती हैं कि औपनिवेशीकरण के माध्यम से ही उपनिवेशितों को निर्बल बनाया गया। पुरुषत्व को सम्पत्ति के स्वामित्व के सम्बन्ध में देखा गया। उन्नीसवीं सदी के दूसरे भाग में मध्य वर्ग और सम्पत्ति के बीच सम्बन्ध का धीरे-धीरे क्षरण होता गया। देखें तनिका सरकार (1992, 213-35)।
58. 'रिपोर्ट्स ऑफ़ द फ्रेंचाइज कमिटी ऐंड द कमिटी ऑन डिविजन ऑफ़ फंकशन्स', *इण्डियन कॉन्स्टीट्युशनल रिफॉर्म्स* (1918-1919, 3)।
59. एच. टाटा द्वारा जे. पेटीट को लिखी गयी चिट्ठी (7 दिसम्बर 1919), ए.आई.डब्लयू.सी. फाइल्स, ज्वाइंट सेलेक्ट कमिटी ऑन गवर्नमेंट ऑफ़ इण्डिया बिल, वोल्यूम I; 'रिपोर्ट ऐंड प्रोसिडिंग्स ऑफ़ द कमिटी', *पार्लियामेंटरी पेपर्स* (1919), वोल्यूम IV, पार्ट I *ऑफ़ द प्रिएम्बल।*
60. इण्डियन राउंड टेबल कॉन्फ्रेंस, 1930-31 में मताधिकार उप-समिति के सम्मुख एन.एम. जोशी का बयान (उप-समिति नंबर VI, जो मताधिकार से सम्बन्धित थी)। इण्डियन राउंड टेबल कॉन्फ्रेंस (12 नवम्बर 1930-19 जनवरी 1931) *प्रोसिडिंग्स ऑफ़ सब-कमिटी,* पार्ट II, 223।
61. 1921 में बंगाल विधान परिषद (लेजिस्लेटिव कौंसिल) में मताधिकार प्रस्ताव को निरस्त कराने में हिन्दू और मुस्लिम—दोनों ही समुदायों के ज़मींदारों और मालिकाना हक़ रखने वाले किसानों तथा ब्रिटिश अधिकारियों ने ज़बरदस्त भूमिका निभाई। बाद में कई विरोध बैठकों में तथा कमोबेश बंगाली प्रेस में भी इसकी खूब आलोचना हुई। 13 अगस्त 1921 को बंग नारी सभा (बीएनएस) का गठन हुआ था, जिसका मक़सद बंगाल कौंसिल में विचाराधीन महिलाओं के मताधिकर के प्रस्ताव पर चर्चा करना था। इसकी उपाध्यक्ष मृणालिनी सेन

ने निम्नलिखित तरीक़े से इस प्रस्ताव के पराजित होने का विश्लेषण किया : '....मुस्लिम मन्त्रियों के निर्देशन पर अधिकांश मुस्लिम सदस्यों, और तक़रीबन सभी ब्रिटिश सरकारी और ग़ैर-सरकारी सदस्यों, और आदतन सरकार के पक्ष में मतदान करने वाले चार या पाँच हिन्दू ज़मींदारों ने मिलकर इस प्रस्ताव के ख़िलाफ़ मतदान किया...।' साउथार्ड का यह मानना है कि यह विश्लेषण 'मोटे तौर पर सही है', लेकिन इसमें दो बुनियादी कमियाँ हैं : (i) ब्रिटिश ग़ैर-सरकारी वोटों का विश्लेषण और (ii) यह अवलोकन कि हिन्दू ज़मींदार आदतन सरकार के समर्थक थे। बंगाल विधान परिषद की कार्यवाही का विवरण उद्धृत करते हुए वे यह दिखाती हैं कि 15 बड़े ज़मींदारों या भूस्वामी कुलीनों में से 10 ने महिला मताधिकार का विरोध किया, 11 ब्रिटिश विधि-निर्माताओं में से 6 ने इसके ख़िलाफ़ तथा 5 ने इसके पक्ष में मत दिया। इनमें से कुल 7 मनोनीत सरकारी सदस्य थे, जिनमें से 6 ने इसके विरुद्ध मतदान किया और सभी निर्वाचित (ग़ैर-सरकारी) सदस्यों (4) ने इसके पक्ष में मतदान किया। साउथार्ड के अनुसार यह मानना मुश्किल है कि ब्रिटिश सरकारी और ग़ैर-सरकारी सदस्यों के निजी विचारों में अत्यधिक अन्तर था। यह मानना ज़्यादा सही है कि सरकारी सदस्यों ने अपनी व्यक्तिगत निष्ठा के बजाय सरकार की अघोषित नीति के अनुरूप मतदान किया। इसी प्रकार, हिन्दू ज़मींदारों के मतदान में उनका सामाजिक रूढ़िवाद सामने आता है। लेकिन ऐसा नहीं है कि उन्होंने हमेशा और हर मुद्दे पर सरकार का ही साथ दिया। मिसाल के तौर पर, कुमार शिब शेखरेश्वर रे ने महिला मताधिकार का तीखा विरोध किया, लेकिन उन्होंने कई अन्य सरकारी नीतियों पर भी अपना एतराज जताया। दूसरी ओर, ज़मींदार निर्वाचन-क्षेत्र से निर्वाचित प्रतिनिधि और शिक्षा मन्त्री पी. सी. मित्तर ने 1921 में परिषद में प्रस्तुत सभी विधेयकों पर लगातार सरकारी सदस्यों का अनुसरण करते हुए ही मतदान किया। किन्तु उन्होंने महिला मताधिकार के पक्ष में मतदान किया। बंगाल विधान परिषद में मतदान के पैटर्न की विस्तृत समझ के लिए देखें बारबरा साउथार्ड (1995, 113-24)।

62. 'रिपोर्ट ऑफ़ द फ्रेंजाइज कमिटी ऐंड द कमिटी ऑन डिविजन ऑफ़ फंक्शन्स', *इण्डियन कॉन्स्टीट्युशनल रिफॉर्म्स* (1918-19, 4)।
63. महिलाओं द्वारा राष्ट्र की अर्थव्यवस्था के नियोजन में अपने लिए भूमिकाओं की परिकल्पना की गयी। इसमें उनके द्वारा उभरते शासन में अपनी नागरिकता परिभाषित करने की कोशिश देखी जा सकती है। देखें चौधुरी (1996)।
64. एक हिन्दू कुलीन कुमार शिब शेखरेश्वर रे ने बंगाल विधान परिषद में यह टिप्पणी की। *बंगाल लेजिस्लेटिव कौंसिल प्रोसिडिंग्स* (यहाँ के बाद से बी.एल.सी.पी.), वोल्यूम IV (1 सितम्बर 1921, 324-25)।
65. *एनुअल रिपोर्ट ऑफ़ द ऑल इण्डिया वीमेन्स कॉन्फ्रेंस* (1933-34, 252)।
66. कुमुदिनी बोस द्वारा लिखे गये लेखों की एक शृंखला में महिलाओं के मताधिकार के बारे में बंगीय नारी सभा के दृष्टिकोण को स्पष्ट किया गया है। ये लेख द *सर्वेंट जर्नल* में प्रकाशित हुए थे। बाद में इन तर्कों को एक परचे में शामिल किया गया, जिसे मताधिकार का समर्थन करने वाले विधि-निर्माताओं को दिया गया और उन्होंने इसका उपयोग भी किया। इस परचे को अख़बारों में भी उद्धृत किया गया। ऊपर उद्धृत अंश *स्टेट्समैन* (7 सितम्बर 1921) से लिया गया है।
67. *रिपोर्ट ऑफ़ द थर्टी थर्ड सेशन ऑफ़ द आईएनसी* (दिल्ली 26-31 दिसम्बर 1918, 118-21)।

68. देखें, राउंड टेबल कॉन्फ्रेंस (गोलमेज़ सम्मेलन) के सब-कमिटी नंबर III में वाद-विवाद। देखें, इण्डियन राउंड टेबल कॉन्फ्रेंस (12 नवम्बर 1930 से 19 जनवरी 1931), प्रोसिडिंग्स ऑफ़ सब-कमिटी (लंदन 1931, 8)।
69. मिसेज सुब्बारायन द्वारा फ्रेंचाइज सब-कमिटी के सामने दिया गया बयान। देखें इण्डियन राउंड टेबल कांफ्रेंस (12 नवम्बर 1930 से 19 जनवरी 1931), *प्रोसिडिंग्स ऑफ़ सब-कमिटीज* (लंदन 1931, 231)।
70. 'मेमोरेंडम ऑन द पॉलिटिकल स्टेटस ऑफ़ वीमेन अंडर द न्यू कॉन्स्टीट्युशन' बाई मिसेज सुब्बारायन और बेगम शाह नवाज, अपेंडिक्स VII, इण्डियन राउंड टेबल कांफ्रेंस (12 नवम्बर से 19 जनवरी 1931), प्रोसिडिंग्स ऑफ़ सब-कमिटीज (लंदन 1934, 290)।
71. अल्पसंख्यक उप-समिति (माइनॉरिटी सब-कमिटी) की बैठक में बेगम शाह नवाज द्वारा दिया गया बयान। इण्डियन राउंड टेबल कॉन्फ्रेंस (12 नवम्बर 1930 से 19 जनवरी 1931), *प्रोसिडिंग्स ऑफ़ सब-कमिटीज* (लंदन 1931, 290, 81)।
72. अल्पसंख्यक उप-समिति के बारे में राधाबाई सुब्बारायन का वक्तव्य, इण्डियन राउंड टेबल कॉन्फ्रेंस (12 नवम्बर 1930 से 19 जनवरी 1931), *प्रोसिडिंग्स ऑफ़ सब-कमिटीज* (लंदन 1931, 290, 80-1)।
73. *रिपोर्ट ऑफ़ द इण्डियन फ्रेंचाइज कमिटी* (1932, सी.एम.डी. 4086), वोल्यूम I, 86; कमिटी के सामने प्रस्तुत अपने प्रमाणों में वीमेन्स कॉन्फ्रेंस ने 'वयस्क मताधिकार' तथा 'निष्पक्ष क्षेत्र और कोई भेदभाव न होने' की माँग दोहराई। लेकिन वीमेन्स एसोसिएशन के प्रतिनिधि के रूप में जी. जे. बहादुरजी ने यह स्वीकार किया कि यदि सार्वभौमिक वयस्क मताधिकार सम्भव नहीं है, तो सीमित मताधिकार स्वीकार किया जा सकता है। कई अन्य प्रमाणों ने भी महिलाओं के लिए आरक्षित सीटों का समर्थन किया। उन्होंने महिलाओं के सहयोजन (को-ऑप्शन) या मनोनयन का विरोध किया। इसके बजाय, उन्होंने इस बात की तरफ़दारी की कि महिलाओं को निर्वाचन क्षेत्रों में अपने चुनाव लड़ने की इज़ाज़त होनी चाहिए। गेल पियर्सन (1983, 57)।
74. लोथियन कमिटी ने भारत में बहुत कम महिलाओं से मुलाकात की, किन्तु उसने अखिल भारतीय महिला संगठनों से एक ज्ञापन स्वीकार किया। महिलाओं ने अपने दस्तावेज़ में सभी विचाराधीन प्रस्तावों की आलोचना की। इनमें मनोनयन, शिक्षित महिलाओं को मताधिकार देना, और शहरी महिलाओं के एक प्रतिशत को मताधिकार देने जैसे प्रस्ताव शामिल थे। यह उनका आधिकारिक दृष्टिकोण था। लेकिन विशेष निर्वाचक-मंडल और मनोनीत सीटों के लिए भी ज़बरदस्त समर्थन था। 1932 में वीमेन्स कॉन्फ्रेंस की अध्यक्ष अमृत कौर ने बिहार और उड़ीसा की एक सदस्य मिस दास को कड़ी फटकार लगाई क्योंकि वे पृथक् निर्वाचक मंडल के लिए महिलाओं का समर्थन जुटाने का प्रयास कर रही थीं। कौर ने यह चेताया कि 'स्थायी समिति (स्टैंडिंग कमिटी) के सदस्यों को निष्ठावान होना चाहिए'। लेटर फ्रॉम अमृत कौर टू मिस दास, *ए.आई.डब्ल्यू.सी. फाइल्स,* नंबर 95 (जनवरी 23, 1932).
75. मिसाल के तौर पर, सरोजिनी नायडू ने यह दलील दी कि भारतीय राष्ट्र को अपने संविधान की हर छोटी-बड़ी बात का चुनाव करने का हक़ होना चाहिए। साथ ही, ऐसा कोई भी संविधान भारत को आज़ादी नहीं दे सकता है जिसमें अल्पसंख्यकों के लिए विशेष प्रावधान हों। मुथुलक्ष्मी रेड्डी ने यह स्पष्ट किया कि : '...महिलाओं तथा वंचित वर्गों को अन्य लोगों के साथ सामान्य शर्तों पर मताधिकर देकर ही ब्राह्मणों, महिलाओं और परिया को एक साथ साझा मंच पर लाया जा सकता है। मुझे पक्का यक़ीन है कि यदि महिलाओं और वंचित

वर्गों को आज़ादी, शक्ति और ज़िम्मेदारी दी जाती है, तो वे बहुत जल्द यह सीख लेंगे कि मौजूदा सामाजिक बुराइयों को कैसे ठीक किया जाए।' मुथुलक्ष्मी रेड्डी टू एलीनोर रॉथबोन, 29 जुलाई 1931, आर पी.

76. विधायिका में वाद-विवाद के लिए आने वाले सामाजिक सुधार के बहुत से क़दमों को ध्यान में रखते हुए वीमेन्स एसोसिएशन और वीमेन्स कांफ्रेंस ने प्रान्तीय विधायिकाओं में महिलाओं के विशेष प्रतिनिधित्व के पक्ष में दलील दी। सुब्बारायन और शाह नवाज ने यह सोचा कि 'निष्पक्ष मौक़ा और कोई भेदभाव नहीं' का नारा एक छलावा है। उन्हें इस बात में गहरा संदेह था कि पुरुषों के समान मताधिकार मिलने से 'राजनीतिक क्षेत्र में महिलाओं को असली समानता मिलेगी'। मिसेज सुब्बारायन और बेगम शाह नवाज द्वारा नये संविधान के अन्तर्गत महिलाओं की राजनीतिक हैसियत से सम्बन्धित ज्ञापन', एपेंडिक्स VII, इण्डियन राउंड टेबल कॉन्फ्रेंस (12 नवम्बर 1930 से 19 जनवरी 1931), *प्रोसिडिंग्स ऑफ़ सब-कमिटीज* (लंदन 1931, 290)।
77. *डब्ल्यू.आई.ए, ए.आई.डब्ल्यू.सी. फाइल्स,* नंबर 20, 1932।
78. ए.आई.डब्ल्यू.सी. (वीमेन्स कॉन्फ्रेंस के सातवें अधिवेशन (लखनऊ 1932) में हंसा मेहता द्वारा व्यक्त विचार, *इण्डियन ऐनुअल रजिस्टर* (1932, 358)।
79. ऑल इण्डियन मुस्लिम कॉन्फ्रेंस और ऑल इण्डिया मुस्लिम लीग ने सपंत्तिशाली व्यक्तियों की पत्नियों या विधवाओं के बजाय व्यक्तिगत आधार पर महिलाओं को मताधिकार देने के वीमेन्स कॉन्फ्रेंस की माँग का समर्थन किया। लेकिन वे साम्प्रदायिक (पृथक्) निर्वाचक-मंडल पर उसके विचारों से सहमत नहीं थीं। ज्वाइंट कमिटी ऑन इण्डियन कॉन्स्टीट्युशनल रिफॉर्म्स (भारतीय संविधान सुधारों की संयुक्त समिति) के सम्मुख प्रस्तुत प्रमाणों में इन दोनों ने साम्प्रदायिक निर्वाचक मंडल में महिलाओं की स्थिति पर भी अपने विचार रखें। इस समय यह एक सामान्य विचार था कि हिन्दुओं के जनसंख्यात्मक प्रभुत्व के कारण मुस्लिम समुदाय चुनावों में नुक़सान की स्थिति में रहेगा। मुस्लिम महिलाओं के बारे में भी यही बात मानी गयी। इसी सन्दर्भ में यह माना गया कि सांप्रदायिक फ़ैसला मुस्लिम जनमत के साथ-ही-साथ मुस्लिम महिलाओं की नुमाइंदगी को भी सुनिश्चित करेगा (विजय एग्न्यु 1979, 123)।
80. मिसाल के तौर पर, वीमेन्स कॉन्फ्रेंस की फ्रेंचाइज कमिटी (मताधिकार समिति) की अन्तिम रिपोर्ट में बेगम शाह नवाज की असहमति दर्ज नहीं की गयी। इसका कारण यह था कि उन्होंने खुद अपनी असहमति दर्ज करने के लिए नहीं कहा था। वीमेन्स कॉन्फ्रेंस की कराँची शाखा की मुस्लिम महिलाओं की असहमतियों को भी इसी आधार पर नज़रअन्दाज़ किया गया। इसके अलावा, केवल बहुमत के वोट की ही गणना करने के फ़ैसले का अर्थ यह था कि लखनऊ में पाँच मुस्लिम महिलाओं द्वारा पृथक् निवार्चक मंडल को दी गयी मंजूरी संख्यात्मक रूप से अप्रासंगिक थी (फ़ोर्ब्स 1979)।
81. *रिपोर्ट ऑफ़ द ऑल इण्डिया वीमेन्स कॉन्फ्रेंस* (1933-34, 182)।
82. *बॉम्बे क्रॉनिकल* (22 अगस्त 1932, 12)।
83. मिनट ऑफ़ डाइसेंट बाई एस. बी. थाम्बे, सी. वाई. चिन्तामणि और आर.आर. बखले. *रिपोर्ट ऑफ़ द इण्डियन फ्रेंचाइज कमिटी,* वोल्यूम I, 227।
84. *अमृत बाज़ार पत्रिका* (1 सितम्बर 1921)।
85. सरोजिनी नायडू, *स्पीचेस ऐंड राइटिंग्स,* (1925, 200)।
86. *रामेश्वरी नेहरू पेपर्स,* नेहरू मेमोरियल म्यूजियम ऐंड लाइब्रेरी।
87. सरोजिनी नायडू (1925, 194-97)।

88. लेटर्स टू एडीटर, *अमृत बाज़ार पत्रिका* (1 सितम्बर 1921)।
89. सरोजिनी नायडू, 'प्रेसीडेंसियल एड्रेस', ए.आई.डब्ल्यू.सी., *इण्डियन ऐनुअल रजिस्टर* (20 जनवरी 1930, 363)।
90. बेगम शाह नवाज, फ्रेंचाइज सब-कमिटी मीटींग (30 दिसम्बर 1980), इण्डियन राउंड टेबल कॉन्फ्रेंस (12 नवम्बर 1930 से 19 जनवरी 1931, 260), *प्रोसिडिंग्स ऑफ़ सब-कमिटीज* पार्ट II।
91. कुमुदिनी बोस, द *स्टेट्समैन* (7 सितम्बर 1921)।
92. *रिपोर्ट ऑफ़ द स्पेशल सेशन ऑफ़ इण्डियन नैशनल कांग्रेस,* सितम्बर 1918, 112।
93. एन.एम. डुमासिया, विधान मंडल के सदस्य, फ़ोर्ब्स 'वोट्स फॉर वीमेन', संकलित वीणा मजूमदार (1979, 6) में उद्धृत।
94. कैरी चैपमन कैट, कमला विश्वेसवरन में उद्धृत (1990, 42)।
95. बेगम शाह नवाज, फ्रेंचाइज सब-कमिटी मिटींग (30 दिसम्बर 1930), इण्यिन राउंड टेबल कॉन्फ्रेंस (12 नवम्बर 1930 से 19 जनवरी 1931, 260), *प्रोसिडिंग्स ऑफ़ सब-कमिटीज* पार्ट II।
96. बेगम शाह नवाज, फ्रेंचाइज सब-कमिटी मिटींग (30 दिसम्बर 1930), इण्डियन राउंड टेबल कॉन्फ्रेंस (12 नवम्बर 1930 से 19 जनवरी 1931, 260), *प्रोसिडिंग्स ऑफ़ सब-कमिटीज* पार्ट II।
97. देखें राधाबाई सुब्बारायन, *स्त्री धर्म,* (अगस्त 1933), 491.
98. मुथुलक्ष्मी रेड्डी, पार्ट II, 'वीमेन्स रोल इन सोसायटी', कमला विश्वेश्वरन (1990, 46) में उद्धृत।
99. मन्मथ नाथ रे चौधुरी, बी एल सी पी, वोल्यूम IV (2 सितम्बर 1921, 385)।
100. ख़ान बहादुर मौलवी वसीमुद्दीन अहमद, बी.एल.सी.पी. (449)।

राष्ट्र, संविधान और नागरिकता

भारत का संविधान दो सम्प्रभुओं से परिचय कराता है–पहला, भारत का सम्प्रभु गणतन्त्र, जिसे औपचारिक रूप से संविधान अपनाने के बाद निर्मित किया गया और दूसरा, 'हम' 'भारत के लोग' भारत के सम्प्रभु नागरिक, जिन्होंने खुद को संविधान अर्पित किया। संविधान में आज़ादी, न्याय और समानता के विचारों को स्वीकार किया गया है। ये सभी एक लोकतान्त्रिक समाज के बुनियादी सिद्धान्त हैं और इन्होंने भारत के आत्म-निर्णय के संघर्ष को भी प्रेरित किया। यह उम्मीद की गयी कि संविधान इस बुनियाद पर एक लोकतान्त्रिक समाज का निर्माण करेगा। यह माना जाता रहा है कि राष्ट्रवादी परियोजना के गर्भ से ही इस 'गणतन्त्रवादी लोकतान्त्रिक परियोजना' का जन्म हुआ। 1947 के बाद कांग्रेस संस्कृति, नागरिकता की गणतन्त्रवादी अवधारणा और सेकुलरवाद की अवधारणा के बीच कथित रूप से सन्तुलन क़ायम हुआ। यह सन्तुलन उल्लेखनीय है क्योंकि इन तीनों अवधारणाओं की अलग-अलग विशेषताएँ थीं। आज़ादी के बाद कांग्रेस संस्कृति में मुख्य रूप से उच्च जातियों का वर्चस्व था; नागरिकता की गणतन्त्रवादी अवधारणा वंचित जातियों के पक्ष में कई प्रावधान करती है; तथा सेकुलरवाद की अवधारणा बहुल सांस्कृतिक पहचानों को मान्यता देती है और उनकी हिफ़ाज़त करती है। संविधान ने एक ओर राष्ट्रीय-राजनीतिक समुदाय और सामाजिक-सांस्कृतिक समुदायों तथा दूसरी ओर अमूर्त्त व्यक्तिगत नागरिकता के बीच सुंतलन निर्मित करने का प्रयास किया जिसे लगातार चुनौतियों का सामना करना पड़ा। आज़ादी से पहले दमन के बहुआयामी संरचनाओं के ख़िलाफ़ विभिन्न तरह के संघर्ष सामने आए। इसके कारण लोगों की रैडिकल आकांक्षाएँ भी सामने आयीं। इन्हें पूरा करने की नाकामी संविधान में नागरिक की अवधारणा तथा राष्ट्र-निर्माण की वर्चस्वशाली परियोजना के बीच तनाव के रूप में अभिव्यक्त हुई। अक्सर इस तनाव का समाधान राष्ट्र की सदस्यता को संकुचित परिभाषा देकर किया गया। ऐसा कहा जा सकता है कि भारतीय अभिजन स्वतन्त्रता के संघर्ष में साम्राज्यवाद-विरोधी लहर पर सवार थे, जिसमें सभी वर्गों को संयुक्त किया गया था। इस संघर्ष में मौजूद विरोधाभास आगे चलकर जाति, वर्ग, धर्म, पर्यावरण, महिला आदि असंख्य

आन्दोलनों में अभिव्यक्त हुए। इस अध्याय में भारत में उपनिवेश-विरोधी आन्दोलन के दौरान सामने आयी नागरिकता की प्रकृति और भाषा तथा नये संविधान के भीतर शामिल नागरिकता के स्वरूप का परीक्षण किया गया है। इसमें यह भी विश्लेषण किया गया है कि संविधान में सामूहिक अधिकारों को प्राथमिकता देने से, नागरिकता के द्वैत रूप से परिभाषित पहचानों के सन्दर्भ में, महिलाओं के अधिकारों पर क्या प्रभाव पड़ा।

राष्ट्र, समुदाय और नागरिक

भारतीय संविधान में नागरिकता का क़ानूनी दर्जा एक सम्प्रभु राष्ट्र और लोकतान्त्रिक राजनीतिक समाज के संगठक सिद्धान्त के रूप में शामिल किया गया है। दरअसल, उपनिवेश-विरोधी संघर्ष बहुस्तरीय दमनकारी संरचनाओं तथा नस्लीय और जाति सर्वोच्चता के ख़िलाफ़ लड़ाई भी था। इसलिए यह लोगों के आत्म-निर्णय का संघर्ष भी था। भारतीय संविधान में नागरिकता इन्हीं संघर्षों की देन है। यह ध्यान देने की बात है कि भारत के सभी क्षेत्रों में दमन के विरुद्ध संघर्ष चला था तथा यह विविध रूपों और विभिन्न स्थानों पर सामने आया। सरलीकरण का ख़तरा होते हुए भी यह कहा जा सकता है कि यह संघर्ष 'सामूहिक' गुलामी के दो व्यापक 'परतों'[1] पर दमनकारी संरचनाओं को उलटना चाहता था : पहला, जन्म से आरोपित असमानताओं वाले और पदसोपानीय रूप से संगठित सामाजिक सम्बन्धों की व्यवस्था; और दूसरा, उपनिवेशक और उपनिवेशित के बीच प्रभुत्व-अधीनता के सम्बन्ध। सामूहिक दमन के अनुभव के इन दोनों ही स्तरों पर यह प्रयास किया गया कि राष्ट्र/समुदाय को एक प्रतिरोधी पहचान के रूप में पेश किया जाए। इसके साथ ही, यह पहचान आत्म-निर्णय, सम्प्रभुत्ता और नागरिकता के आधार के रूप में भी सामने आयी। इस प्रक्रिया में एक ओर, सांस्कृतिक/धार्मिक समुदाय और दूसरी ओर राष्ट्रीय-राजनीतिक समुदाय- दोनों को ही प्राथमिकता दी गयी।

भारत में सामाजिक सम्बन्ध जन्म से आरोपित असमानताओं पर आधारित थे जिन्हें असमान सत्ता वितरण द्वारा क़ायम रखा जाता था। इन असमानताओं को धार्मिक विश्वासों, पाबन्दियों और व्यवहारों के माध्यम से मान्यता प्रदान की जाती थी। इसके ख़िलाफ़ प्रतिरोध ने गहरे तक जड़ जमाए सामंती-ब्राह्मणवादी-कर्मकांडीय प्राधिकार को चुनौती दी। लेकिन इसके साथ ही इसने औपनिवेशिक प्रशासक के प्रभुत्व के विरुद्ध भी जमकर संघर्ष किया।[2] दमन और अवमानना के सामूहिक रूपों के ख़िलाफ़ अनगिनत संघर्ष हुए। इन संघर्षों में शिक्षा, सामाजिक हैसियत और सम्मान, रोज़गार और उर्ध्व गतिशीलता तथा आर्थिक स्थिति में सुधार जैसे मुद्दों पर ध्यान केन्द्रित किया गया। इन जाति-विरोधी और सामंत-विरोधी संघर्षों को एक ऐसे नागरिक समाज के सृजन की आकांक्षा के रूप में देखा जा सकता

है। जिससे सत्ता सम्बन्धों द्वारा निर्धारित असमानताओं को 'सत्ता और शक्ति के समतावादी प्रसार द्वारा' विखण्डित किया जा सके। इन आन्दोलनों ने 'राष्ट्र के बनने की प्रक्रिया' में एक राष्ट्रीय-राजनीतिक समुदाय के उभार को रेखांकित किया। यह समुदाय सम्प्रभु व्यक्तित्व (परसनहुड) और लोकत्व (पीपलहुड) के विचार में निहित था। साथ ही, नागरिकता और भू-क्षेत्रीयता की अवधारणाओं के माध्यम से राष्ट्र-राज्य के भीतर इसकी औपचारिक 'पुष्टि' की गयी।[3]

गुलामी के सामूहिक अनुभव की दूसरी मिसाल 'भारतीयों' और 'अंग्रेज़ों' अर्थात् उपनिवेशितों और उपनिवेशकों के बीच प्रभुत्व-अधीनता के सम्बन्ध के रूप में सामने आयी। इस 'सामूहिक गुलामी' को ख़त्म करने के संघर्ष ने आत्म-निर्णय और सम्प्रभुत्ता के लिए एक राष्ट्रव्यापी आन्दोलन का रूप धारण किया। हालाँकि औपनिवेशिक शासन के विरुद्ध सक्रिय राष्ट्रीय आन्दोलन द्वैत तरीक़े से अभिव्यक्त हुआ। ऐसा लगता है कि एक ओर इसमें देश के शासन में ज़्यादा भागीदारी करने की आकांक्षा थी। यह आकांक्षा केन्द्रीय और प्रान्तीय विधायिकाओं और कार्यपालिका परिषदों में ज़्यादा हिस्सेदारी की माँग के रूप में सामने आयी। बीसवीं सदी के आरम्भिक दशकों में उदारवादियों और स्वाराजवादियों ने इस तरह की माँग को मुखर आवाज़ दी। दूसरी ओर, स्वशासन और आत्म-निर्णय की उम्मीदों के पूरा न होने की स्थिति में इस संघर्ष ने असहयोग और सविनय अवज्ञा का रूप भी धारण किया। मसलन, भारतीय राष्ट्रीय कांग्रेस ने संवैधानिक 'सुधारों' के अधिकांश प्रस्तावों से नाखुश होने पर इस तरह के आन्दोलन चलाए। यह उल्लेखनीय है कि गाँधी के सविनय अवज्ञा आन्दोलनों में यह विश्वास निहित था कि आधुनिक राज्य की संस्थाएँ दमनकारी होती हैं। दरअसल, दक्षिण अफ्रीका और भारत में गाँधी को औपनिवेशिक राज्य का जैसा अनुभव हुआ, उससे उन्हें यह पक्का यक़ीन हो गया कि ये संस्थाएँ बुनियादी दमनकारी ही होती हैं।[4] वे यह मानते थे कि प्रत्येक व्यक्ति को ऐसी संस्थाओं के विरुद्ध विद्रोह करने का नैतिक अधिकार है।

सामूहिक गुलामी की इन दोनों ही परतों पर यह प्रयास किया गया कि राष्ट्र को आत्म-निर्णय, सम्प्रभुत्ता और नागरिकता के आधार के रूप में प्रस्तुत किया जाए। बराबरी और सत्ता के समान वितरण की दावेदारी की बुनियाद के रूप में एक विशिष्ट पहचान संघटित की गयी, जो मुक्तिदायी बदलाव के लिए एक निर्माणकारी सन्दर्भ बन गयी। इस ऐतिहासिक मोड़ पर राष्ट्र द्वारा निर्मित विशिष्ट अतीत प्रतिरोधी/मुक्तिदायी पहचान के निर्माण का एक महत्त्वपूर्ण संसाधन बन गया। राष्ट्र के रूप में एक विशिष्ट पहचान के निर्माण में सिर्फ़ अन्य संस्कृतियों से 'अपनी' संस्कृति की 'मुक्ति' ही नहीं, बल्कि यह बात भी शामिल थी कि सत्ता का असमान और पदसोपानीय वितरण ख़त्म होना चाहिए। इस प्रकार, एक

राष्ट्र बनने में समानता के लिए संघर्ष शामिल था। इसमें यह माना गया कि राष्ट्रीय समुदाय (या सांस्कृतिक सामूहिकता) और इसके सभी घटक सदस्य सहभागी अतीत के आधार पर ही आत्म-निर्णय का दावा करते हैं।[5]

इस प्रकार राष्ट्र बड़े पैमाने पर आम जनता को जीवन्तता प्रदान करने वाला स्रोत बन गया। सहभागी अतीत और संयुक्त राजनीतिक मक़सद और नियति होने की भावना से सिर्फ़ साझे अतीत से ही जुड़ाव नहीं बढ़ा, बल्कि लोगों में एक 'लोक' के रूप में एकता की भावना बढ़ी। यह एकता, नागरिक और राजनीतिक समुदाय के सदस्य के रूप में उनके राजनीतिक पहचान की संघटक बन गयी। इस पहचान से राजनीतिक समुदाय के अतीत पर ही नहीं बल्कि इसके भविष्य पर भी इनका दावा अन्य लोगों के बराबर हो गया। अभी तक पुरुषों और औरतों का एक बड़ा तबक़ा समाज में जन्म से आरोपित, पदसोपानीय संरचनाओं और वंशवादी शासन के कारण सार्वजनिक सत्ता के क्षेत्र से बहिष्कृत था। अब यही तबक़ा राष्ट्र में शामिल हुआ और इसने समान अधिकार और उत्तरदायित्व वाले नये राजनीतिक-नागरिक समाज का निर्माण किया (एलोसियस 1997, 52-92)।

हालाँकि यह बात याद रखने की आवश्यकता है कि जहाँ ऊपर-वर्णित दोनों परतों के संघर्ष एक साथ खुलकर सामने आए, वहीं उनके सामाजिक आधार और आकांक्षाएँ एक-दूसरे से तक़रीबन विपरीत थे। उनके द्वारा अतीत को अलग-अलग तरीक़े से निर्मित किया गया। यह अतीत आगे चलकर गर्व का स्रोत और समानता के लिए प्रतिरोधक पहचान बन गया। उनके प्रतिरोध के तरीक़े भी जुदा थे तथा भविष्य की कल्पना भी पृथक् थी। दूसरे शब्दों में, संघर्ष के इन परतों में केवल राष्ट्र के अतीत की ही विभिन्न तरीक़े से कल्पना नहीं की गयी, बल्कि इनके राष्ट्रीय समुदाय के भविष्य की कल्पना में भी काफ़ी अन्तर था। मिसाल के तौर पर, एक परत में निर्मित राष्ट्रीय समुदाय में यह माना गया कि सत्ता के लोकतन्त्रीकरण के लिए पुरानी (सामंती-ब्राह्मणवादी-पितृसत्तात्मक) व्यवस्था की प्रभुत्वशाली संरचनाओं को हटाने की आवश्यकता है। परन्तु पुरानी व्यवस्था प्रभुत्वशाली शक्ति संरचना के दायरे में इतनी मजबूती से जुड़ी हुई थी कि इसने इन परिवर्तनकारी शक्तियों को सत्ता के पारम्परिक क्षेत्र के क्षरण करने से रोका। पुरानी व्यवस्था में शक्तिशाली वर्गों की उपनिवेशक के साथ सौदेबाज़ी करने की क्षमता को बरकरार रखने के मक़सद से भी यह अवरोध किया गया। इसलिए संघर्ष की इस परत को निर्मित करने वाले प्रतिरोध और संघर्ष के अधिकांश मामले 'राष्ट्रवादियों' द्वारा 'अखिल भारतीय' औपनिवेशिक राज्य के ख़िलाफ़ छेड़े गये 'अखिल भारतीय' संघर्ष के दायरे से अक्सर बाहर देखे गये। यह भी उल्लेखनीय है कि अखिल भारतीय संघर्ष की सफलता, उसे सभी लोगों

की समरसतापूर्ण आकांक्षाओं के रूप में प्रस्तुत करने पर निर्भर थी। समरसता का प्रयोग करने के लिए यह आवश्यक था कि 'सूक्ष्म स्तर के विविध संघर्षों' का राष्ट्रीय आज़ादी के लिए सामान्यीकरण किया जाए। किन्तु इसके साथ ही उन्हें 'राष्ट्रीय' और 'राजनीतिक' मानने के बजाय उनके साथ 'साम्प्रदायिक' या 'सामाजिक/सांस्कृतिक' लेबल जोड़कर उन्हें राष्ट्रीय-राजनीतिक से बहिष्कृत/दूर किया गया।

अधूरी नागरिकता और औपनिवेशिक विभेद का नियम

औपनिवेशिक राज्य ने प्रतिरोध की इन व्यापक रूपरेखाओं के मिलन बिन्दु (इंटरफ़ेस) पर अपनी विशिष्ट सम्प्रभुत्ता का दावा पेश किया। उसने शासक होने की हैसियत से अपने प्रजाजनों के जीवन को व्यवस्थित करने का काम अपने हाथों में ले लिया। यह कहा गया कि 'आधुनिक' औपनिवेशिक राज्य पूर्ववर्ती (देशज) शासनों से अलग है। साथ ही, व्यवहारिक स्तर पर आधुनिक क़ानून व्यवस्था और 'लोगों के क़ानून और प्रथाओं के बीच सामंजस्य लाने की कोशिश की गयी।' इसके अलावा औपनिवेशिक शासन को वैधता देने वाला 'सामाजिक आधार-समर्थन' बनाया गया। यह सामाजिक आधार-समर्थन कोई समरूपी इकाई नहीं था। इसमें अपनी विशिष्ट पहचान के साथ कई अलग-अलग और विपरीत धाराएँ शामिल थीं। शायद औपनिवेशिक राज्य की सबसे बड़ी दुविधा और चुनौती 'औपनिबेशिक शासन के लिए एक तार्किक औचित्य' प्रस्तुत करना था। ख़ासतौर पर 'स्वदेश' (ब्रिटेन) में और उपनिवेशों में लागू होने वाले परस्पर-विरोधी नियमों के सन्दर्भ में ऐसा करना आवश्यक था। औपनिवेशिक विभेद (कॉलोनियल डिफ़रेंस) के नियम को पश्चिमी आधुनिकता की सार्वभौमिकता के नियम के अनुरूप साबित करने के लिए यह दर्शाया गया कि औपनिवेशिक स्थितियाँ सार्वभौमिक रूपरेखा के मानक से काफ़ी अलग हैं। इसने मेट्रोपोलिस (उपनिवेशक) और उपनिवेश के विभेदों को 'सामाजिक स्थितियों' के एक स्केल (या पैमाने) पर अन्तर के रूप में प्रस्तुत कर यह व्याख्या की कि उपनिवेश पर शासन करने का मतलब यह नहीं कि ब्रिटेन से आधुनिक राज्य और अर्थव्यवस्था के सभी मानक और व्यवहार पूरी तरह से उपनिवेश में स्थानान्तरित हों। इसका निहितार्थ यह भी था कि सामाजिक स्थितियों के स्केल पर प्रगति ऐसे व्यवहारों को औचित्य प्रदान करेगी जो औपनिवेशिक मानक के निकट हों।[6] औपनिवेशिक राज्य के तार्किक औचित्य के लिए तार्किक नौकरशाही के मानकों के अन्तर्राष्ट्रीयकरण की भी आवश्यकता थी, जिसमें उपनिवेशिक की स्थिति को ही 'प्रगति' का संकेतक माना जाता। इसी मक़सद से औपनिवेशिक राज्य से बाहर एक अंग्रेज़ी शिक्षित मध्य वर्ग का सृजन किया गया जो 'देशज परम्पराओं को तार्किक और वैज्ञानिक रूप

से व्यवस्थित सामाजिक जीवन के सार्वभैमिक रूप में बदले।' इससे सामने आने वाले नतीजे को पार्थ चटर्जी ने 'बुनियादी विरोधाभास' (फ़ंडामेंटल पैराडॉक्स) की संज्ञा दी है (सिंह 1998, 11)। राष्ट्रीय अभिजनों द्वारा औपनिवेशिक राज्य के साथ समानता के संघर्ष में यह विरोधाभास पूरी तरह सामने आया। 'देशज' मध्य वर्ग ने जहाँ तक उपनिवेशकों जैसी भाषा का प्रयोग किया, वहाँ तक वे इस संघर्ष में रणनीतिक रूप से अवस्थित थे। किसान और अन्य निम्नवर्गीय लोग (सबॉल्टर्न) उपनिवेशकों के विरुद्ध चलने वाले पॉपुलर (लोक) संघर्ष का जनाधार थे। लेकिन ये राष्ट्रीय अभिजनों और औपनिवेशिक राज्य के बीच चलने वाले इस संघर्ष से दूर थे और उन्हें दूर रखा भी गया था। अपने निम्नवर्गीय स्थिति के कारण वे विमर्श के प्रभुत्वशाली स्तर तक नहीं पहुँच सकते थे। दअरसल, अभिजन जटिल 'वॉर ऑफ़ पोजिशन्स' (स्थान के लिए युद्ध)[7] में शामिल थे। इनके संघर्ष के अलग तरह की शैली और परोक्ष बारीकियाँ थीं। इसने इस संघर्ष को निम्नवर्गीय लोगों के तात्कालिक संघर्षों से दूर कर दिया।

औपनिवेशिक राज्य वैधता पाने की प्रक्रिया में कई तरह की पब्लिक (जन) को सम्बोधित करता था। ग़ौरतलब है कि ब्रिटिश जनता भी एक अविभेदीकृत समूह नहीं थी। लेकिन वह शायद औपनिवेशिक राज्य की प्राथमिक श्रोता थी। औपनिवेशिक राज्य को ब्रिटिश संसद के प्रतिनिधि के रूप में इसे यह बताना था कि वह उपनिवेशों में विश्वसनीय सुधारवादी कार्य कर रहा है। उपनिवेश में लागू होने वाला सुधारवादी एजेंडा दो भागों में बँटा हुआ प्रतीत होता था–एक 'आधुनिक' जनता की निर्मिति करता था जो कि मेट्रोपोलिस (उपनिवेशक) जनता की प्रतिकृति थी; दूसरा पारम्परिक देशज अभिजन के प्रबन्धन से जुड़ा था। बीसवीं सदी के आरम्भ में औपनिवेशिक राज्य ने 'ग़ैर–राजनीतिक' मसलों से दूर रहने का प्रयास किया। साथ ही, उसने देशज अभिजनों को सन्तुष्ट रखने के लिए छोटे–मोटे संवैधानिक सुधार की भी शुरुआत की। सरकार इन अभिजनों को अपना सहयोगी मानती थी और उसने इन्हें एक सुधार से दूसरे सुधार तक निलंबित सजीवता (निलंबित एनीमेशन) की स्थिति में रखा था। इन अभिजनों का एक बड़ा हिस्सा नागरिक अधिकारों को बढ़ाने के लिए संघर्ष कर रहा था, जिससे आख़िरकार 'स्व–शासन' की स्थापना होती। औपनिवेशिक राज्य को बहुमत–अर्थात् निम्नवर्ग या सबॉल्टर्न–के लिए खुद को रक्षक के रूप में प्रस्तुत करना था। एक ऐसा रक्षक जो औपनिवेशिक प्रशासन की 'देशज' एजेंसियों और तात्कालिक दमन–दोनों से ही उनकी हिफ़ाज़त करता हो। लेकिन इसके साथ ही उसे यह भी ध्यान रखना था कि वह सत्ता के पारम्परिक सन्तुलन और औपनिवेशिक (निष्कर्षक/शोषक) शासन के मुनाफ़े को कोई चोट न पहुँचाए।[8]

इस प्रकार, नागरिकता का विमर्श उपनिवेश और उपनिवेशक के बीच

सम्बन्धों की जाँच-पड़ताल करने के लिए आधार उपलब्ध कराती है। नागरिकता की इस श्रेणी में उपनिवेशित एक बाहरी व्यक्ति के रूप में थे। दरअसल, उनका बहिष्करण सार्वभौमिकता, समानता और अधिकार जैसे इसके तत्त्वों के लिए आवश्यक था। नागरिक के बजाय प्रजा (सब्जेक्टहुड) साम्राज्यवादी विचारधारा की आधारशिला थी, क्योंकि कभी भी देशज लोगों को नागरिक होने लायक़ नहीं माना गया (चक्रवर्ती 1992, 6)। यह बात सही है कि एक 'साम्राज्यीय राज्य एक राष्ट्र-राज्य की भाँति काम नहीं कर सकता है। वह अपनी प्रजा के लिए ऐसी भूमिका तैयार नहीं कर सकता है, जो नागरिकों की भूमिका के आस-पास हो' (फ्रीटैग 1991); फिर भी, औपनिवेशिक अनुभवों के चलते ही 'राष्ट्रीय-सांस्कृतिक/नस्लीय पदसोपान और असमानता' और 'नस्ल', 'राष्ट्रीयता', और 'जातीयता' जैसी श्रेणियों का निर्माण हुआ। ये श्रेणियाँ सामाजिक रूप से उत्पन्न हुई थीं, जिन्हें विविध तरीक़ों से 'स्वाभाविक' बनाया गया था।[9]

उपनिवेशकों ने 'देशज' लोगों की प्रकृति का अर्थ तय करने के लिए नारीकरण और शैशवीकरण के वृतान्तों का प्रयोग किया। उन्होंने इसके माध्यम से इस प्रश्न का भी समाधान निकाला कि उन्हें (या जनसंख्या के विभिन्न भागों मसलन महिलाओं को) किस सीमा तक राजनीतिक ज़िम्मेदारी दी जा सकती है। इस सन्दर्भ में नागरिकता का बहिष्करणीय क्षेत्र महिला, दास, श्रमिक, और सामाजिक श्रेणियों के रूप में सामने आया। प्रश्न यह है कि किस तरह ये श्रेणियाँ नागरिकों के रूप में राष्ट्रीय-सांस्कृतिक और न्यायिक राजनीतिक पहचानों में शामिल या इससे बाहर की जा रही थीं :

> निश्चित रूप से, विजेताओं द्वारा क्रूरता, लोभ और मूर्खता के बहुत से उदाहरण हैं, लेकिन मोटे तौर पर अधीन राज्य को फ़ायदा ही हुआ। पहली बात तो यह है कि हर लॉजिक में, एक नियम के रूप यह कहा जा सकता है कि विजेता राष्ट्र हमेशा ही ज़्यादा सभ्य और निश्चित रूप से ज़्यादा पौरुषयुक्त रहे हैं। अपने प्रभुत्व के दौरान विजेता देश ने हमेशा ही अधीन लोगों तक ऐसा ज्ञान पहुँचाया है जिसके बारे में उन्हें जानकारी नहीं थी। इसने उन्हें शिक्षित और जीवन्त बनाया है।[10]

पौरुषता की पदसोपानीय निर्मिति के कारण उपनिवेशित प्रजाजनों का विराजनीतीकरण हुआ। पुरुषत्व और 'ठोस नागरिकता' को सम्पत्ति के स्वामित्व से जुड़ा माना गया। उन्नीसवीं सदी के दूसरे भाग में मध्य वर्गों के लिए सम्पत्ति और स्वत्व का यह सम्बन्ध धीरे-धीरे कमज़ोर हुआ (सरकार 1992, 213-35)। उपनिवेशीकरण किसी को उसकी सम्पत्ति के उपयोग से वंचित कर उसे निर्बल बनाता है।[11]

निर्बलीकरण 'शासक के एक विशिष्ट व्यवहार' के रूप में उभरकर भी सामने

आया। दरअसल, जिस चीज़ को 'पौरुषता की औपनिवेशिक व्यवस्था' की संज्ञा दी गयी, उसमें उपनिवेशक ने उपनिवेशित के सम्बन्ध में खुद को विशेषाधिकार की स्थिति में रखा। उन्नीसवीं सदी के आख़िर में 'एफिमिनेट बाबू' (स्त्रैण बाबू) के श्रेणी की निर्मिति की ऐतिहासिक प्रक्रिया की जाँच-पड़ताल करने पर कुछ रोचक बातें सामने आती हैं। दरअसल, यूरोपीय लोगों के साथ-साथ कई भारतीय लोग भी यह मानते रहे हैं कि भारत में कुछ क्षेत्रों के निवासियों या कुछ ख़ास भारतीय धर्मों के अनुयायियों का व्यवहार नरम होता है या फिर वे कुदरती रूप से कमज़ोर होते हैं। लेकिन उन्नीसवीं सदी के आख़िरी भाग के राजनीतिक और आर्थिक सन्दर्भ में इस चित्रण ने एक ख़ास अर्थ ग्रहण किया। समय के साथ स्त्रैणता सम्पूर्ण जनसंख्या के गुणों को ढीले-ढाले तरीक़े से परिभाषित करने के बजाय पूरे भारत में राजनीतिक रूप से असन्तुष्ट 'देशज' लोगों को वर्णित करने वाली श्रेणी बन गयी। ख़ासतौर पर इसे पश्चिमी शिक्षा प्राप्त भारतीयों का वर्णन करने के लिए इस्तेमाल किया गया, जिसमें बंगाली हिन्दुओं की संख्या सबसे ज़्यादा थी। इस अवधारणा ने औपनिवेशिक समाज में नये विकास को रेखांकित किया : भारतीय मध्य वर्ग ने राजनीतिक रूप से भारत में अंग्रेज़ों के कुछ विशिष्ट अधिकारों और विशेषाधिकारों को चुनौती दी। इस कारण पश्चिम-शिक्षित भारतीयों के प्रति अंग्रेज़ों के औपनिवेशिक रुझान में बदलाव आया। पहले वे इन्हें औपनिवेशिक प्रशासन और शेष भारतीय जनता के बीच मध्यस्थ मानते थे, लेकिन अब इन्हें एक कृत्रिम अल्पसंख्यक समूह के रूप में देखा जाने लगा। यह कहा गया कि यह ऐसा तबक़ा है जो सिर्फ़ अपने हालात से परेशान है और किसी अन्य समूह की नुमाइंदगी नहीं करता है। उन्नीसवीं सदी के आख़िर में सामने आए 'एफिमिनेट बाबू' (स्त्रैण बाबू) की संकल्पना के माध्यम से इसी ओर संकेत किया गया (सिन्हा 1995, 16-17)। यह भी ग़ौरतलब है कि इस दौरान बड़ी संख्या में भारतीयों ने पश्चिमी शिक्षा प्राप्त की। इन्हें समायोजित करने की समस्या ने एक ऐसी स्थिति पैदा की, जिसे पार्थ चटर्जी उपनिवेशवाद के 'बुनियादी विरोधाभास' की संज्ञा देते हैं। यही विरोधाभास 'एफिमिनेट बाबू' (स्त्रैण बाबू) जैसी श्रेणी के निर्माण के लिए ज़िम्मेदार था। दरअसल, अंग्रेज़ों के लिए तत्कालीन औपनिवेशिक प्रशासन और राजनीतिक संरचनाओं में इन भारतीयों को समायोजित करना बहुत गम्भीर चुनौती थी। औपनिवेशिक अधिकारी और ग़ैर-अधिकारी बहुत-सी सुविधाओं और विशेषाधिकारों का उपभोग करते थे। यह डर था कि भारतीयों को समायोजित करने से ये सुविधाएँ और विशेषाधिकार ख़तरे में पड़ जाएँगे। औपनिवेशिक तार्किकता से पैदा हुए मध्य वर्ग के इन भारतीयों को अप्रभावकारी बनाने का एकमात्र तरीक़ा यही था कि इन्हें स्त्रैण रूप में प्रस्तुत किया जाए। इस प्रकार, मर्दाना और नामर्दाना पुरुषों के बीच जेण्डर पदसोपान

बनाकर औपनिवेशिक शासकों की नस्लीय सर्वोच्चता क़ायम रखी गयी।

यह साबित करने का प्रयास किया गया कि प्रजा जनसंख्या बुनियादी रूप से 'अराजक' और 'हिंसक' प्रकृति की होती है। इसके माध्यम से उपनिवेशक और उपनिवेशित के बीच मौजूद नस्लीय और सभ्यतामूलक समय का अन्तर रेखांकित किया गया। उपनिवेशक और उपनिवेशित की सह-उत्पत्ति को नकारते हुए उपनिवेशितों को अनुशासित करने और उनका दमन करने को सही ठहराया गया। इस प्रकार, पीड़ित और हमलावर के भेद को अस्पष्ट कर दिया गया। 'ग़ैर-ब्रिटिश' औपनिवेशिक क़ानूनों की 'मनमानी प्रकृति' के बारे में ध्यान दिलाये जाने पर होम मेम्बर (गृह सदस्य) ने ऐसी प्रतिक्रिया दी जो कि पीड़ित और दमनकर्त्ता की स्थितियों में उलटाव को प्रदर्शित करती है। 'हम यह मानते हैं कि कोई भी क़ानून मनमानी प्रकृति का नहीं होना चाहिए। हम लोग अपने देश में अधिकतम स्वतन्त्रता का आनन्द उठाते हैं...हमें इस बात पर हैरत है कि इस तरह के क़ानून भी बनाये जाने चाहिए।' यह तर्क दिया गया कि 'हम भले ही इन क़ानूनों से असहमत हों, लेकिन ये आवश्यक हैं, इन क़ानूनों के बग़ैर हमारी व्यवस्था का अस्तित्व क़ायम नहीं रह सकता है। हम कभी भी इंग्लैण्ड में ऐसे क़ानून नहीं देखेंगे। लेकिन इंग्लैण्ड एक सुस्थापित सभ्य देश है। ये क़ानून भारत और उन देशों के लिए हैं, जहाँ मुट्ठी भर गोरे लोगों को अराजक और कई मरतबा हिंसक लोगों से निपटना होता है।'[12]

सम्प्रभु लोगों का प्रतिनिधित्व

उपनिवेशकों से समानता की दावेदारी करने वाली राष्ट्रवादी परियोजना ने किसानों, मज़दूरों और जनसंख्या के कई तबक़ों पर नागरिकता का अधूरा स्वरूप लागू किया जो उपनिवेशकों ने उनके (राष्ट्रवादी अभिजनों) लिए किया था। राजनीतिक प्रतिनिधित्व, नागरिकता और नागरिक अधिकारों की भाषा राष्ट्र-निर्माण की परियोजना का भाग थी। लेकिन यह राष्ट्रवादी अभिजनों का विशेषाधिकार बन गयी। एलोसियस यह मानते हैं कि राष्ट्रवादी आन्दोलन एक अलग तरह के राजनीतिक समुदाय तथा अज्ञात और समान नागरिकों की शासन-व्यवस्था की कल्पना करने में बुरी तरह नाकाम हुआ। राष्ट्रवादियों ने यह दावा किया कि सम्पूर्ण राष्ट्र की नुमाइंदगी पर उनका एकाधिकार है, लेकिन इसके बावजूद उन्होंने लगातार अपना ब्राह्मणवादी-सामंती, संकुचित चरित्र प्रदर्शित किया।[13]

लोगों का एकमात्र और वैध प्रतिनिधि होने के दावे में राजनीतिक/राष्ट्रीय और सामाजिक/सामुदायिक मुद्दों के बीच चुनने की प्रक्रिया भी शामिल थी (सिंह 1998)। एलोसियस यह बताते हैं कि कांग्रेस के भीतर राजनीतिक बनाम सामाजिक वाद-विवाद यह दर्शाता है कि कांग्रेस ने अन्य राजनीतिक ताक़तों के सन्दर्भ में

एक (प्रभुत्वशाली) दृष्टिकोण अपनाया। यह अचरज की बात नहीं है कि बहुत से मुद्दों को 'सामाजिक' करार दिया गया, और आगे चलकर राष्ट्रीय-राजनीतिक एजेंडे से बाहर कर दिया गया। ग़ौरतलब है कि इस पूरे दौर में पारम्परिक ब्राह्मणवादी व्यवस्था के ख़िलाफ़ सामन्त-विरोधी और जाति-विरोधी आन्दोलन हुए। इन आन्दोलनों ने रैडिकल-संरचनात्मक बदलावों की एक पूरी रूपरेखा प्रस्तुत की। लेकिन राष्ट्रवादियों ने इस पूरी परिघटना को 'सामाजिक' की श्रेणी में डाल दिया। राष्ट्रवादियों ने 'मुख्य रूप से नौकरशाही और विधायी सत्ता संरचना में अपनी भागीदारी का विस्तार करने पर' ध्यान केन्द्रित किया। उन्होंने इस बात का ख़ास ख़्याल रखा कि उनके हिस्से में आने वाली सारी शक्ति किसी भी तरह उनके 'अपने संकुचित दायरे' से बाहर न जाए। चूँकि सामाजिक प्रश्नों को विभाजनकारी माना गया, इसलिए यह नियम बनाया गया कि केवल राष्ट्रीय महत्त्व के राजनीतिक प्रश्न ही प्रासंगिक होंगे। इसका अर्थ था कि भारतीय राष्ट्रीय आन्दोलन को कांग्रेस के माध्यम से सत्ता स्थानांतरित करने का प्रश्न ही एकमात्र एजेंडा होगा। किसी भी ऐसे मुद्दे पर चर्चा नहीं होगी जिस पर आम-सहमति न हो। इसका निहितार्थ यह था कि केवल मौजूद और मतदान करने वाले सदस्यों के माध्यम से ही राष्ट्रीय एकता स्थापित करने की कल्पना की गयी। इसलिए, जिन समूहों का आन्दोलन में कोई नुमाइंदा नहीं था, आन्दोलन को उन लोगों के आस्था की कोई परवाह नहीं थी। मिसाल के तौर पर, *बंगाली* पत्रिका ने 1887 में यह लिखा कि,

> यह कभी किसी ने पूछा है क्या कि किसान वर्ग को देश की सरकार और साम्राज्य के मामले में प्रत्यक्ष रूप से भागीदारी करनी चाहिए? यहाँ तक कि हमारे सबसे सपनीले राजनेताओं ने भी सामान्य लक्ष्य के ख़िलाफ़ इस तरह का घातक क़दम उठाकर हमारे लक्ष्य से समझौता नहीं किया है।[14]

कांग्रेस ने 'राजनीतिक' या 'राष्ट्रीय' माँगों को को 'ग़ैर-राजनीतिक' और 'ग़ैर-राष्ट्रीय' मुद्दों को अलग करते हुए अपनी स्थिति मजबूत करने का प्रयास किया। आगे चलकर, किसान और श्रमिक आन्दोलन के साथ-ही-साथ साम्प्रदायिक आन्दोलन को भी 'आर्थिक' या 'सामाजिक' समस्याओं के रूप में परिभाषित किया गया। यह माना गया कि स्वराज का प्राथमिक 'राजनीतिक' लक्ष्य हासिल हो जाने के बाद इन समस्याओं को हल कर लिया जाएगा। 1930 के दशक में एक ऐसा दौर भी आया जब किसान सभाओं, कम्युनिस्टों, मुस्लिम लीग और अन्य सांप्रदायिक संगठनों द्वारा कांग्रेस के प्रसार को चुनौती दी गयी। ज्ञानेन्द्र पाण्डेय यह बताते हैं कि जैसे-जैसे राजनीतिक पदों का रास्ता खुलता गया, वैसे-वैसे सामाजिक क्रान्ति का डर भी बढ़ा। इसने कांग्रेस को इस बात के लिए बाध्य किया कि वह केवल आज़ादी के संघर्ष की दिशा को ही परिभाषित नहीं

करे, बल्कि ऐसे 'ज़िम्मेदार' लोग भी तय करें, जो आम जनता को 'अनुशासित करने' और उन्हें आज़ादी की दहलीज़ तक ले जाने के लिए उनका प्रतिनिधित्व करें (पाण्डेय 1984, 15)। किसान सभा के सदस्य और नेता, औद्योगिक श्रमिक और मुस्लिम लीग तथा हिन्दू महासभा जैसे सांप्रदायिक संगठन भी कांग्रेस की 'अनुशासनिकता' के दायरे में आ गये। जहाँ कांग्रेस के साथ-साथ ग़ैर-कांग्रेसी मन्त्रियों ने भूमि सम्बन्धों में पूर्ण सुधार का विरोध किया, वहीं बातचीत के स्तर पर उन्होंने किसानों को 'नग्न' 'घबराया हुआ', 'अत्यंत दयनीय' 'दमित' और 'भूखे' के रूप में वर्णित किया।[15] इन वर्णनों में सिर्फ़ किसानों के राजनीतीकरण की उपेक्षा ही नहीं की गयी, बल्कि इसमें 1920 के दशक से किसानों द्वारा छेड़े गये उस जीवन्त संघर्ष को भी धुँधला कर दिया गया, जो किसी भी कांग्रेस नेतृत्व से तक़रीबन स्वतन्त्र था। सहजानंद सरस्वती ने किसान संघर्षों के बारे में कांग्रेस नेताओं की विकृत धारणा पर निराशा व्यक्त की थी। पटना में विशाल किसान रैलियों के बाद बिहार के प्रधानमन्त्री (मुख्यमन्त्री) श्रीकृष्ण सिन्हा ने सहजानंद सरस्वती को चेताया कि वे किसानों की 'भीड़' से सावधान रहें। कांग्रेस के मन्त्रियों द्वारा आन्दोलनरत किसानों का 'भीड़' के रूप में उल्लेख करना, उन्हें किसी भी स्वतन्त्र राजनीतिक इच्छा और तर्कबुद्धि से वंचित करने जैसा था। सहजानंद ने यह लिखा कि,

> एक ऐसा भी समय था जब ये किसान 'आम जनता' थे। अब वे भीड़ में तब्दील हो चुके हैं। वे पहले भी 'भीड़' थे, लेकिन कुछ कारणों से उन्हें 'आम जनता' के रूप में देखा गया। इन नेताओं को अब किसानों की आवश्यकता नहीं है। ऐतिहासिक रूप से उस समूह के लिए भीड़ शब्द का इस्तेमाल किया जाता रहा है, जो नेताओं की नज़र में बेमतलब बन चुकी हो। सरकार ने हमेशा ही उन्हें इसी तरह सम्बोधित किया है और अब हमारे मन्त्री भी सरकार बन चुके हैं।[16]

इसलिए यह हैरत की बात नहीं है कि 1930 के दशक में कांग्रेसी मन्त्रियों ने राहुल सांकृत्यायन जैसे किसान कार्यकर्त्ताओं को राजनीतिक क़ैदी के रूप में मान्यता देने से इंकार कर दिया। पंडित कार्यानन्द शर्मा, अनिल मिश्रा, जगन्नाथ प्रसाद और ब्रह्मचारी रामवृक्ष जैसे किसान नेताओं ने राजनीतिक क़ैदी के रूप में मान्यता दिये जाने की माँग करते हुए भूख हड़ताल की। मौत के कगार पर पहुँचने पर कांग्रेसी सरकारों ने इन्हें रिहा कर दिया, किन्तु राजनीतिक क़ैदी के रूप में मान्यता देने की इनकी माँग पूरी नहीं की गयी (सिंह 1998, 115)। राहुल सांकृत्यायन ने भी जेल में किसान कार्यकर्त्ताओं को राजनीतिक क़ैदी की हैसियत दिलाने के लिए दो बार लम्बी भूख हड़ताल की। लेकिन मन्त्रालय ने दोनों ही बार इनकी माँगों के पक्ष में कोई फ़ैसला किये बग़ैर ही इन्हें रिहा कर

दिया। सांकृत्यायन ने यह दावा किया कि बिहार में कांग्रेस मन्त्रिपरिषद ने अपने आख़िरी दिनों तक किसान क़ैदियों को राजनीतिक क़ैदी के रूप में स्वीकार नहीं किया। यद्यपि किसानों को विभिन्न आपराधिक धाराओं के तहत गिरफ़्तार किया गया था, लेकिन उन्होंने ख़ुद को मुज़रिम की श्रेणी में रखे जाने पर सख़्त एतराज जताया।[17] जिस ज़मीन पर वे जुताई करते थे, उस पर अपने हक़ को लेकर उन्होंने उसी तरह गिरफ़्तारी दी जैसे कांग्रेसी सत्याग्रही दिया करते थे।[18] ये किसान जेल में कांग्रेसी क़ैदियों की तरह ही कुछ विशेष सुविधाओं की माँग कर रहे थे। स्पष्टत: कांग्रेस ने किसान संघर्ष को कांग्रेस के नियन्त्रण और निर्देशन में चलने वाले स्वराज के संघर्ष का एक अपवाद माना था।

ग़ौरतलब है कि 'नागरिक' और 'नागरिकता' की अवधारणा की व्याख्या सिर्फ़ समानता और अधिकारों की दावेदारी के रूप में ही नहीं की गयी। कॉलेजों और विश्वविद्यालयों में नागरिक-शास्त्र (सिविक्स) के अध्ययन की व्यवस्था की गयी। इसमें यह बताया गया कि नागरिकता 'राजनीतिक समुदाय की सदस्यता के रूप में उन संस्थाओं, आदतों, गतिविधियों और चेतना पर बल देती है जिनके माध्यम से एक पुरुष या महिला अपना कर्त्तव्य पूरा कर सकते हैं और इसकी सदस्यता का फ़ायदा उठा सकते हैं।'[19] अमूमन विश्वविद्यालय और इंटरमिडिएट बोर्ड की परीक्षाओं में (मसलन, 1930 और 1927 की कलकत्ता विश्वविद्यालय की परीक्षा तथा 1928 और 1930 में संयुक्त प्रान्त की इंटरमिडिएट बोर्ड की परीक्षा में) नागरिकता की परिभाषा, विस्तार, और अर्थ से सम्बन्धित प्रश्न पूछे गये। यह माना गया कि अध्ययन के एक अनुशासन के रूप में नागरिक-शास्त्र का महत्त्व यह है कि यह 'नागरिकता' के लिए विद्यार्थियों को 'तैयार' करता है। नागरिक एक ऐसे केन्द्र के रूप में सामने आए, जिनके चारों ओर अस्तित्व के संकेन्द्री घेरे होते हैं। इसमें सबसे नज़दीक परिवार होता है, उसके बाद गाँव, शहर, देश और सबसे बाहरी स्तर पर साम्राज्य होता है। यह भी ख़ास बात है कि भारतीय नागरिक, नागरिकता की सीमाओं का विशेष रूप से सामना कर रहे थे। इन सीमाओं को कुछ निश्चित (नागरिक) स्वतन्त्रताओं के अभाव के तौर पर वर्णित किया गया। हालाँकि यह नहीं माना गया कि इस सीमित सदस्यता की बुनियाद औपनिवेशिक परिस्थितियों में निहित है। इसके बजाय, एक ऐसी प्रवृत्ति सामने आती है जिसमें इन पाबन्दियों को ख़ासतौर पर भारत से जुड़ा हुआ माना गया। यह कहा गया कि भारत हमेशा ही एक साम्राज्य का भाग था या इसके भीतर साम्राज्य थे और यहाँ सिर्फ़ विजेता नस्ल के सदस्य ही नागरिकता का आनन्द उठाते थे। लेकिन ब्रिटिश साम्राज्य के ऐतिहासिक सन्दर्भ को इस अर्थ में पहले के सदंर्भों से अलग माना गया कि ब्रिटिश साम्राज्य (भारत और अन्य उपनिवेशों के अपवाद के साथ) 'स्वायत्तशासी भागों' से निर्मित हुआ था।

इस सन्दर्भ में यह माना गया कि भारतीय नागरिकता का मूर्त रूप 'डॉमिनियन स्टेटस' में निहित है, जिसका अर्थ होता है, 'साम्राज्य का नागरिक होना।' इसमें भारतीयों को प्राचीन अतीत के विपरीत केवल भारतीय नागरिकता ही प्राप्त नहीं थी, बल्कि उन्हें साम्राज्य के अन्य भागों के नागरिकों के रूप में भी समान हैसियत मिली हुई थी (सेन 1946, 83-4)।

अमूमन यह माना गया कि साम्राज्य में समानता की दावेदारी का आधार यह है कि कोई किस सीमा तक 'साम्राज्य की हिफ़ाज़त' में भागीदारी करता है। यह बात विनायक दामोदर सावरकर द्वारा दायर एक याचिका से भी स्पष्ट होती है। उन्होंने प्रथम विश्व युद्ध के दौरान भारतीय जेलों से सभी क़ैदियों की सामान्य रिहाई की अपील की थी। सावरकर के मुताबिक़ युद्ध 'भारतीय युवकों को यह मौक़ा देता है कि वे एक साझा दुश्मन के विरुद्ध साम्राज्य के दूसरे नागरिकों के साथ कंधे-से-कंधा मिलाकर लड़ाई करें' तथा 'साम्राज्य के अन्य नागरिकों के साथ पूर्ण समानता की भावना से इसका महिमा-गान करे और अपनी जिम्मेदारियाँ निभाएँ।'[20] हालाँकि श्रीनिवास शास्त्री जैसे क़ानूनी विशेषज्ञों ने एक अलग विचार प्रस्तुत किया। उन्होंने साम्राज्य के विभिन्न भागों में औपनिवेशिक प्रभुत्व हटाए बग़ैर समानता के रूप में नागरिकता के विचार को सिर्फ़ आंशिक रूप से ही संशोधित किया। श्रीनिवास शास्त्री चाहते थे कि 'प्रत्येक आदमी को सतर्क नागरिकता और तर्कबुद्धि, न्याय और गरिमायुक्त मानव सम्बन्धों के बारे में शिक्षित किया जाए'। उन्होंने इसके लिए नेताओं से यह अपील की कि वे 'व्यवस्थित प्रगति की आधारशिला पर धीरे-धीरे और सुनिश्चित रूप से रचनात्मक नागरिकता का निर्माण करें।' हालाँकि यह बात स्पष्ट नहीं है कि शास्त्री खुद किन नेताओं को सम्बोधित कर रहे थे। लेकिन इस अपील के बाद वे 'क़ानून तोड़ने वालों' को जो सुझाव देते हैं उससे यह बात साफ़ हो जाती है कि उन्हें राष्ट्रवादी तरीक़ों से बदलाव लाने के विचार में गहरा संदेह था :

> मैं यह मानता हूँ कि ऐसे हालात हो सकते हैं जिसमें किसी को क़ानून तोड़ने का हक़ होता है। लेकिन कृपया यह याद रखिये कि दूसरे ऐसे बहुत से लोग हैं जो आपकी तुलना में क़ानून का कम पालन करते हैं। वे आपके द्वारा स्थापित उदाहरण को देखेंगे और इसका ज़रूरत से ज़्यादा फ़ायदा उठाएँगे (शास्त्री 1948, 5-6)।[21]

इसी भावना से, शास्त्री ने 'नागरिकों के कर्त्तव्य' शीर्षक वाले अपने व्याख्यान में नागरिकता के फलने-फूलने के सन्दर्भ में अपने सह-नागरिकों, भाईयों को सम्बोधित किया। उन्होंने अपने सह-नागरिकों को बताया कि उन्हें 'विरासत में कैसी प्रवृत्ति मिली है' और उनके सामने कौन-कौन में 'बुरे विकल्प' मौजूद हैं। उन्हें यह पक्का यक़ीन था कि 'उखाड़ फेंकने' या 'वि-स्थापित करने' की

बुनियादी प्रवृत्ति ने 'देश में अराजकता की स्थिति पैदा की है' तथा 'व्यवस्था और व्यवस्थित सरकार' को नष्ट कर दिया है। वे यह भी मानते थे कि 'हमारे यहाँ क्रान्तिकारी और अराजक शक्तियाँ सक्रिय हैं और इनके चलते ही हमारे सबसे अच्छे आदमी अपना कर्त्तव्य पूरा करने में नाकाम रहे हैं' (शास्त्री 1948, 86-87)। हालाँकि गाँधी के लिए अन्यायी सरकार के ख़िलाफ़ बगावत करना और प्रतिरोध करना 'नागरिकता के कर्त्तव्यों' का मूल है। इसलिए गाँधी का सविनय प्रतिरोधी या सत्याग्रही यह मानता है कि सत्य और आज़ादी की तलाश में वह स्वेच्छा से एक 'बुरी' सरकार का प्रतिरोध कर सकता है या क़ानून भंग कर सकता है। वह इसके बदले में (स्वैच्छिक) गिरफ़्तारी भी देता है। हालाँकि एक बार गिरफ़्तार हो जाने के बाद गाँधी सत्याग्रही से यह आशा करते थे कि वह 'पूरी तरह सही', 'गरिमायुक्त' और 'आज्ञाकारी' बरताव करेंगे। गाँधी ने सत्याग्रहियों से यह कहा कि ख़ासतौर पर 'अत्यधिक अमानवीय' और 'गरिमाहीन' परिस्थितियों के अलावा, वे कभी भी जेल के अनुशासन की अवमानना न करें। गाँधी ने जेल का अनुशासन क़ायम रखने की व्याख्या सविनय अवज्ञा के तार्किक नियमों के सन्दर्भ में की। यदि स्वेच्छा से क़ानून तोड़ने वाला व्यक्ति इसके कारण मिलने वाली सज़ा का उल्लंघन भी करता है, तो वह सभ्य (नागरिक) नहीं रह जाता, बल्कि वह एक अराजक तत्त्व बन जाता है (सिंह 1998, 74-78)।

भारतीय नागरिकता का निर्माण

जैसा कि पहले उल्लेख किया गया है कि औपनिवेशिक भारत में प्रभुत्व और प्रतिरोध के मिलन-बिन्दु पर समानता, बराबरी और सम्प्रभुत्ता की अवधारणाएँ सामने आयीं। प्रभुत्व के ख़िलाफ़ संघर्ष के व्यापक परतों में यह विचार उभरकर सामने आया कि राष्ट्र समान अधिकारों और दायित्वों का राजनीतिक-नागरिक समाज है और यह सम्प्रभु और आत्म-निर्णय करने वाले लोगों से निर्मित होता है। सामन्ती और ब्राह्मणवादी प्रभुत्व के विरुद्ध चलने वाले संघर्ष ने यह सपना देखा कि जन्म से आरोपित असमानताओं और पदसोपानों पर आधारित समाज की संरचनाओं को तोड़कर नागरिकों के एक राजनीतिक समुदाय का सृजन किया जाए। ब्राह्मणवाद-विरोधी और सामंतवाद विरोधी आन्दोलन ब्राह्मणवाद और सामंतवाद के दमघोंटू जकड़न से आज़ाद होना चाहते थे। उन्होंने अपनी संस्कृति के बुनियादी अधिकार का दावा किया तथा नयी पहचान अपनाने और उसे मान्यता दिलाने की कोशिश की। उनके लिए यह पहचान *समूह के रूप में समानता* के तौर पर सामने आयी। इसके साथ ही, इन आन्दोलनों ने अपने सभी सदस्यों को शासन व्यवस्था में समान नागरिक, राजनीतिक और सामाजिक-आर्थिक अधिकार दिलाने का प्रयास किया। साथ ही, उन्होंने अपने समूह के सभी सदस्यों को अमूर्त्त नागरिक के

रूप में नागरिकता में शामिल करने पर भी ज़ोर दिया। नागरिकों की अज्ञातता (एनॉमिमिटी) ने यह सुनिश्चित करने का वायदा किया कि जन्म के आधार पर थोपे गये पदसोपान, संसाधनों तक उनकी पहुँच, साक्षरता, सामाजिक उत्थान और राजनीतिक भागीदारी के मसलों में निर्धारक भूमिका न निभा पाएँ।[22] प्रतिरोध के अन्य स्तर पर–औपनिवेशिक प्रभुत्व के ख़िलाफ़ प्रतिरोध में–राष्ट्र लोगों की सम्प्रभुत्ता की दावेदारी का आधार बन गया। राष्ट्र की अभिव्यक्ति में विशिष्ट राष्ट्रीय पहचान का निर्माण शामिल था, जो लोगों की सम्प्रभुत्ता को अभिव्यक्त करता था। राष्ट्र की इस स्पष्ट अभिव्यक्ति में विभेद के औपनिवेशिक नियम से एक अलगाव या दूरी शामिल थी। इस कारण उपनिवेशित लोगों ने प्रजाजनों के नागरिक समाज में सदस्यता स्वीकार करने से इंकार कर दिया और उपनिवेशकों के सम्बन्ध में एक विभेदीकृत पहचान का दावा किया।[23]

इस तरह, भारत में नागरिकता की राजनीतिक पहचान, समान और अज्ञात नागरिकों के राजनीतिक समुदाय के रूप में राष्ट्र के निर्माण और एक विशिष्ट सामूहिक (राष्ट्रीय) सांस्कृतिक पहचान की अभिव्यक्ति पर निर्भर थी। भारतीय संविधान राजनीतिक समुदाय की एक रूपरेखा प्रस्तुत करता है। यह अपने सभी नागरिकों के लिए न्याय, स्वतन्त्रता, समानता और बन्धुता 'हासिल करने' की वचनबद्धता व्यक्त करता है। इसके माध्यम से यह पदसोपानीय असमानताओं के विपरीत समस्तरीय बन्धुता का आश्वासन देता है। समानता का वायदा जन्म से आरोपित (पदसोपानीय) असमानताओं को धुँधला करने और (संस्कृति, जाति, जेण्डर आदि) विभेदों को ढकने तथा नागरिकों की हिफ़ाज़त के लिए उन्हें अप्रासंगिक बनाने पर आधारित है। नागरिकता को एकीकृत करने के लिए विशिष्ट क़ानूनी-संवैधानिक उपाय अपनाए गये। इसमें बहुत से मुखर पहचानों को शासन–व्यवस्था में सामाजिक/सांस्कृतिक/अल्पसंख्यक (धार्मिक और भाषायी) समुदायों के रूप में समायोजित किया। इसके लिए संविधान में यह अल्पसंख्यकों को सामाजिक/सांस्कृतिक अधिकारों की गारंटी देता है। साथ ही, हिन्दू समुदाय के भीतर कुछ ख़ास मामलों में भरपायी भेदभाव (कॉम्पैनशियेट्री डिस्क्रिमिनेशन) को स्वीकार किया गया है।

संविधान लागू होने की तारीख़ 26 जनवरी 1950 से भारत के लोगों की स्थिति और हैसियत में महत्त्वपूर्ण बदलाव हुए। अब वे अंग्रेज़ों की प्रजा नहीं रहें, बल्कि भारतीय गणतन्त्र के नागरिक बन गये। संविधान को उन्होंने सामूहिक रूप से, भारत के लोग के तौर पर बनाया, अपनाया और खुद को समर्पित किया। संविधान के भाग II (अनुच्छेद 5 से 11) का शीर्षक *नागरिकता* है। ग़ौरतलब है कि 26 नवम्बर 1949 को संविधान सभा ने संविधान को *अपनाया।* यद्यपि संविधान पूरी तरह से 26 जनवरी 1950 को लागू हुआ, लेकिन इसके नागरिकता

से सम्बन्धित प्रावधान (अनुच्छेद 5 से 9) 26 नवम्बर 1949 से ही सक्रिय हो गये। इसी तारीख़ से भारतीय नागरिक और ग़ैरनागरिक (बाहरी) के बीच का अन्तर प्रभावकारी हो गया। एक बाहरी व्यक्ति और नागरिक के बीच मुख्य अन्तर यह होता है कि एक नागरिक के पास कुछ निश्चित अधिकार होते हैं और वह कुछ कर्त्तव्यों को पूरा करता है। लेकिन बाहरी व्यक्ति के पास 'व्यक्तित्व' (पर्सनहुड) से सम्बन्धित कुछ निश्चित अधिकार होते हैं, जो उसके नागरिक होने या न होने के बावजूद उसके पास होते हैं। संविधान के अनुच्छेद 5 से 8 के अन्तर्गत भारत के संविधान के प्रारम्भ होने के दिन निम्नलिखित श्रेणी के व्यक्तियों को नागरिक के रूप में स्वीकार किया गया है : (क) भारत में निवास करने वाले और जन्म लेने वाले लोग; (ख) ऐसे लोग जो भारत में निवास करते हैं, लेकिन उनका जन्म भारत में नहीं हुआ, किन्तु उनके माता-पिता में से किसी का जन्म भारत में हुआ हो; (ग) ऐसे लोग जो भारत में निवास करते हों, लेकिन भारत में उनका जन्म न हुआ हो, किन्तु वे पाँच साल से ज़्यादा समय से भारत के ही निवासी हो; (घ) भारत के वे निवासी जो 1 मार्च 1947 के बाद पाकिस्तान चले गये, और बाद में पुनर्वास परमिट पर भारत लौटे; (ड.) पाकिस्तान के वे निवासी जो 19 जुलाई 1948 से पहले भारत आ गये, या वे जो बाद में आए लेकिन आने के बाद 6 महीने से ज़्यादा समय तक यहाँ रहें और यहाँ अपना पंजीकरण करवाया; (च) ऐसे लोग जिनके माता-पिता या दादा-दादी का जन्म भारत में हुआ था लेकिन वे भारत से बाहर रह रहे हों। संविधान का अनुच्छेद 11 संसद को यह शक्ति देता है कि वह संविधान का प्रारम्भ हो जाने के बाद नागरिकता हासिल करने और उसके निरस्त होने से सम्बन्धित क़ानून बनाये। *नागरिकता अधिनियम* (LVII ऑफ़ 1955) में इस बारे में विस्तृत प्रावधान बनाया गया है कि किस तरह जन्म, वंश, पंजीकरण, नैचुरलाइजेशन (देशीकरण) या एक भू-क्षेत्र के समावेशन द्वारा नागरिकता हासिल की जा सकती है। बांग्लादेश, श्रीलंका और कुछ अफ्रीकी देशों से प्रवास (माइग्रेशन) की समस्या को सुलझाने के लिए 1986 में इस अधिनियम में संशोधन किया गया।[24] ग़ौरतलब है कि संयुक्त राज्य अमेरीका में नागरिकों को दोहरी सदस्यता मिली हुई है—एक राष्ट्रीय नागरिकता और दूसरा, संघीय इकाई (राज्यों) की नागरिकता। इसके विपरीत भारत में राज्यों के लिए अलग से नागरिकता का प्रावधान नहीं है।

मार्शल ने नागरिकता की विविध धाराओं का उल्लेख करते हुए यह बताया है कि ब्रिटिश संवैधानिक परम्परा में पिछले तीन दशकों में इनका विकास हुआ है। भारतीय संविधान में इन धाराओं का एक साथ ही जन्म हुआ है तथा इसमें नागरिकों के *मौलिक अधिकारों* के रूप में नागरिक, राजनीतिक और सामाजिक अधिकारों का उल्लेख किया गया है। संविधान के भाग II को प्रस्तावना और

मौलिक अधिकारों के भाग III के साथ मिलाकर पढ़ने पर यह संकेत मिलता है कि मोटे तौर पर नागरिकता की परिकल्पना अधिकारों की एकीकृत रूपरेखा के भीतर ही गयी है। ये अधिकार राज्य द्वारा अपने सदस्यों और सदस्यों द्वारा एक-दूसरे को दिये गये आश्वासनों पर आधारित हैं। हमने यह देखा है कि उन्नीसवीं सदी में नागरिकता की अवधारणा के एक विशिष्ट रूप का अस्तित्व था। बाद में इसमें थोड़ा-बहुत परिवर्तन भी हुआ। इन दोनों ही स्थितियों में मोटे तौर पर यह माना गया कि नागरिकता अधिकारों और दायित्वों की एक ऐसी व्यवस्था है जिसने राष्ट्र-राज्य और उसके व्यक्तिगत सदस्यों के बीच सम्बन्धों को परिभााषित किया। इस सम्बन्ध को परिभाषित करने वाली कसौटियों में समानता और आज़ादी का अहम स्थान था। समानता ने नस्ल और जाति के जन्म से आरोपित पदसोपानों पर आधारित अन्यायपूर्ण व्यवस्थाओं को नकारा। इसने इनके ख़िलाफ़ एक पहचान और बराबरी निर्मित करने पर ज़ोर दिया। इसलिए समानता के साथ आज़ादी का अर्थ यह है कि हर किसी को ऐसी परिस्थितियों में अपनी सर्वोत्तम क्षमता के साथ अपने लक्ष्यों और आकांक्षाओं को पूरा करने की आज़ादी होगी, जिनमें सामाजिक विभेदों का निषेध किया गया हो या उन्हें न्यूनतम बना दिया गया हो। इस तरह, उदारवादी सिद्धान्त में नागरिक 'अमूर्त व्यक्ति' हैं, जो अपने सामाजिक सन्दर्भ की सभी विशेषताओं से अलग होते हैं। पहले यह उल्लेख किया जा चुका है कि भारत में नागरिकता की एक क़ानूनी-संवैधानिक रूपरेखा के सन्दर्भ के कारण व्यक्तियों और समुदायों-दोनों के लिए अधिकारों का प्रावधान किया गया है। मौलिक अधिकारों के अध्याय में अनुच्छेद 14 से 24 तक नागरिकों को व्यक्तिगत रूप से आज़ादी और समानता का अधिकार दिया गया है। इसी अध्याय में अनुच्छेद 25 से 30 को सामूहिक रूप से 'सांस्कृतिक और शैक्षिक अधिकारों' का दर्जा दिया गया है। ये अनुच्छेद स्पष्ट तौर पर धार्मिक और सांस्कृतिक समुदायों और अल्पसंख्यक समूहों के अधिकारों से सम्बन्धित हैं। अनुच्छेदों का यह समूह ही धार्मिक समुदायों को खुद अपने 'पर्सनल लॉज' से नागरिक मामलों को प्रशासित करने का अधिकार देता है। ये अधिकार धर्म की आज़ादी और अल्पसंख्यक अधिकारों से सम्बन्धित हैं। ये प्रावधान अन्तःकरण की आज़ादी, धार्मिक समुदायों को धार्मिक संस्थाएँ स्थापित करने और उन्हें क़ायम रखने तथा धर्म के मामले में अपने मसलों का प्रबन्धन खुद करने, सम्पत्ति ख़रीदने और उसे प्रशासित करने, धार्मिक शिक्षा देने, अपनी भाषा, लिपि संस्कृति की सुरक्षा करने आदि की आज़ादी देते हैं।

इसलिए जहाँ उदारवादी सिद्धान्त के 'नक़ाबपोश या आवरणयुक्त नागरिक' संविधान के भीतर अधिकारों के धारक के रूप में मौजूद हैं, वहीं समुदाय को राष्ट्र के सामाजिक और राजनीतिक जीवन की एक प्रासंगिक इकाई के तौर पर

स्वीकार किया गया है। भारतीय संविधान ने नागरिकों के बीच विभेदीकरण के प्रासंगिक आधार के रूप में समुदाय का प्रयोग किया है। इसने निम्नलिखित बातों का आश्वासन देने के लिए 'विभेदीकृत नागरिकता' की अवधारणा को अपनाया है (i) हर समुदाय को सांस्कृतिक रूप से अलग होने और अपनी सामुदायिक पहचान को सुरक्षित रखने का अधिकार है, और (ii) सामाजिक भेदभाव का शिकार हुए और अब भी उनका सामना कर रहे समुदाय (मसलन, अनुसूचित जातियाँ या दलित) शेष समाज के साथ समान आधार पर होड़ करने में समर्थ हैं। इस प्रकार, ऐसा लगता है कि संविधान के भीतर अधिकार पाने वाले दो तरह के पात्र (सब्जेक्ट्स) हैं अर्थात् व्यक्तिगत और सामुदायिक। इसके साथ ही इसमें दो तरह की भाषाएँ भी शामिल हैं। एक व्यक्तिगत नागरिक से सम्बन्धित है और दूसरी समुदाय से। अधिकारों की भाषा की एक धारा व्यक्तिगत विभेदों का पहचान करने का दावा करती है और दूसरी धारा विभिन्न समुदायों के विशिष्ट सन्दर्भों को मान्यता देती है (मेनन 1998)। हालाँकि लारसन यह मानते हैं कि संविधान में अधिकारों की भाषा या पात्र (सब्जेक्ट्स) के आधार पर किसी तरह का कोई विभाजन नहीं हैं। कुछ अधिकार ऐसे हैं जो व्यक्तिगत अधिकारों को समेटते हैं, लेकिन वे सामुदायिक अधिकारों की भी गारंटी देते हैं (लारसन 1997)। मिसाल के तौर पर, हम अनुच्छेद 14 और 15 पर विचार करते हैं। ये प्रत्येक नागरिक को क़ानून के सामने समानता का आश्वासन देते हैं। साथ ही, ये इस समानता को तात्त्विक रूप प्रदान करने के लिए जाति, धर्म, नस्ल आदि पर आधारित भेदभाव का निषेध करते हैं। इस तरह ये सामाजिक सन्दर्भों द्वारा पैदा किये गये प्रभावों या असमानताओं को कम करते हैं। अतः ये अनुच्छेद यह सुनिश्चित करते हैं कि राज्य केवल व्यक्ति पर ही ध्यान न दे, बल्कि वह समुदाय के अधिकारों के बारे में भी सचेत रहे। दूसरे शब्दों में, ये अनुसूचित जातियों, अनुसूचित जनजातियों और अन्य पिछड़े वर्गों के पक्ष में कुछ निश्चित अधिकारों की अनुमति देते हैं। इसलिए अनुच्छेद 15 में यह प्रावधान किया गया है कि 'राज्य किसी भी नागरिक के साथ सिर्फ़ धर्म, नस्ल, लिंग, जन्म स्थान या इनमें से किसी के आधार पर भेदभाव नहीं करेगा। फिर, इस अनुच्छेद की धारा (4) राज्य को यह अधिकार देती है कि वह नागरिकों के सामाजिक और शैक्षिक रूप से पिछड़े या अनुसूचित जातियों और अनुसून्ति जनजातियो के विकास के लिए विशेष प्रावधान कर सकता है।' इस तरह, अनुच्छेद 16 सार्वजनिक रोज़गार के मामले में सभी नागरिकों को समान अवसर की गारंटी देता है, लेकिन इसमें यह प्रावधान भी है कि राज्य कुछ निश्चित समुदायों के पक्ष में भरपाई भेदभाव कर सकता है। अनुच्छेद 17 अस्पृश्यता अर्थात् अनुसूचित जातियों के साथ अछूतपन के व्यवहार का उन्मूलन करता है।[25] संविधान के भाग IV का शीर्षक है—'राज्य

नीति के निर्देशक तत्त्व', जिसमें कुछ ऐसे अधिकारों का उल्लेख है जिनके लिए अदालत का दरवाज़ा नहीं खटखटाया जा सकता है। भाग III में वर्णित अधिकारों के विपरीत इन्हें लागू करने के लिए न्यायालय की मदद नहीं ली जा सकती है। लेकिन यह विधि निर्माताओं को यह याद दिलाने या उन्हें यह निर्देश देने का काम करता है कि किन परिस्थितियों में भाग III में वर्णित अधिकार ज़्यादा सार्थक हो सकते हैं। भाग III की तरह ही इस भाग के अधिकार भी 'समुदायवाद' और 'नागरिकतावाद'–दोनों के लिए 'एक साथ वचनबद्ध' हैं। दूसरे शब्दों में, ये नागरिकों के सामुदायिक और व्यक्तिगत–दोनों ही अधिकारों के प्रति वचनबद्ध हैं। मसलन, अनुच्छेद 38 राज्य को यह निर्देश देता है कि उसे ख़ुद 'लोगों के कल्याण को बढ़ावा देने के प्रति वचनबद्ध होना चाहिए'। इसके लिए उसे ऐसी 'सामाजिक व्यवस्था' के विकास का प्रयास करना चाहिए जो 'राष्ट्रीय जीवन की सभी संस्थाओं में सामाजिक, आर्थिक और राजनीतिक न्याय को बढ़ावा दे'। इसे हासिल करने के लिए राज्य को 'आय की असमानताओं को कम-से-कम करने का प्रयास करना चाहिए' तथा 'हैसियत, सुविधाओं और अवसरों की असमानताओं का भी उन्मूलन करना चाहिए'। इसमें ख़ासतौर पर यह रेखांकित किया गया है कि 'न्याय और समानता को केवल व्यक्तियों के बीच ही नहीं बल्कि विभिन्न क्षेत्रों में रहने वाले या विभिन्न कार्य करने वाले समूहों के बीच भी सुनिश्चित किया जाना चाहिए'। इसी तरह, अनुच्छेद 46 राज्य को यह निर्देश देता है कि उसे विशेष रूप से ध्यान देकर जनता के कमज़ोर तबक़ों विशेषकर अनुसूचित जातियों और जनजातियों के शैक्षिक और आर्थिक हितों को बढ़ावा देना चाहिए' तथा 'सामाजिक अन्याय और हर तरह के शोषण से उनकी हिफ़ाज़त की जानी चाहिए'। मोटे तौर पर, नीति निर्देशक सिद्धान्त समाज सुधार और कल्याणकारी अधिकार की श्रेणी प्रस्तुत करके राज्य के लिए सक्रिय भूमिका की परिकल्पना करते हैं। इसमें जीविका के लिए पर्याप्त साधन, समान काम के लिए समान वेतन, मज़दूरों की सेहत और ताक़त, मज़दूरों की जीविका के लिए वेतन, काम के न्यायपूर्ण और मानवीय स्थितियों का प्रावधान, काम, शिक्षा और सार्वजनिक मदद, समान और मुफ़्त क़ानूनी सलाह, पर्याप्त पोषण और स्वास्थ्य आदि का अधिकार दिया गया है (लारसन 1997, 214-18)।

हालाँकि इस बात पर ग़ौर करने की आवश्यकता है कि अनुच्छेद 14-24 तक सामुदायिकता के प्रति वचनबद्धता और इसके बाद निर्देशक सिद्धान्तों में इसी तरह की वचनबद्धता, अनुच्छेद 25-30 में शामिल भाषायी और धार्मिक अल्पसंख्यकों के लिए सांस्कृतिक अधिकारों के वायदे से अलग हैं। अनुच्छेद 14-24 में शामिल समानता और आज़ादी के अधिकार में वंचित समूहों की विशिष्ट परिस्थितियों का विशेष रूप से उल्लेख किया गया है। इनमें इन सामाजिक-आर्थिक असमानताओं

से उबरने के लिए विशेष सुरक्षात्मक उपायों का प्रावधान किया गया है। निश्चित रूप से, सुधार या उन्नति का विषय उन विशेष समूहों से सम्बन्धित है जिन्हें दमन के एक लम्बे इतिहास द्वारा दुर्बल बनाया गया है। इन प्रावधानों का मक़सद कमज़ोर बनाने वाली इन परिस्थितियों को ख़त्म करना है या फिर इसके माध्यम से ऐसा आधार तैयार करना है जिससे ज़्यादा संख्या में लोग ख़ुद को स्वायत्तशासी नागरिकता के समस्तरीय बन्धुता से जोड़ पाएँ।[26] लेकिन अधिकारों का दूसरा समूह (अनुच्छेद 25-30) एक अलग भाषा में बात करता है। यह स्पष्ट तौर पर सांस्कृतिक समुदाय को प्राथमिकता देता है। यह सांस्कृतिक अधिकारों की हिफ़ाज़त से सम्बन्धित है। यह इस मान्यता पर आधारित है कि व्यक्तियों की आवश्यकताओं और आकांक्षाओं को आकार देने में संघटक समुदायों का अपरिहार्य महत्त्व है। यहाँ यह भी उल्लेखनीय है कि अधिकारों के इस समूह में सांस्कृतिक सन्दर्भ में समुदाय की परिभाषा का अर्थ यह है कि केवल कुछ व्यक्ति अर्थात् इन समुदायों से जुड़े हुए व्यक्ति ही इन अधिकारों के दायरे में आते हैं। इसलिए यही व्यक्ति इनसे विशेष रूप से प्रभावित होते हैं। इस अध्याय में आगे राष्ट्र, समुदाय, और जेण्डर-आधारित नागरिकता से सम्बन्धित भाग में इस बिन्दु की ज़्यादा विस्तार से विवेचना की गयी है।

अब तक नागरिकता और अधिकारों के जिन संवैधानिक प्रावधानों की विवेचना की गयी है, उससे ऐसा लग सकता है कि नागरिकता केवल क़ानूनी हैसियत से सम्बन्धित है। इसमें भारत के नागरिकों को परिभाषित किया गया है और उन स्थितियों के बारे में बताया गया है जिनमें वे अपने अधिकारों का आनन्द उठा सकते हैं। बहरहाल, ऐसे बहुत से अनुसंधान सामने आए हैं जिनमें यह माना जाता है कि हैसियत के रूप में नागरिकता की क़ानूनी-औपचारिक संकल्पना को ज़्यादा-से-ज़्यादा निष्क्रिय संकल्पना माना जा सकता है। यह सिर्फ़ आंशिक रूप से इस प्रश्न का उत्तर देती है कि नागरिक कौन हैं। ऐसे अनुसंधानकर्त्ता यह मानते हैं कि संविधान समानता और सामाजिक न्याय की 'बुनियादी संरचनाओं' को स्थापित करना चाहता है। हम अपने विश्लेषण में उनसे आगे बढ़ते हुए इस बात पर ध्यान केन्द्रित करेंगे कि 'ज़िम्मेदार' तथा सहभागी काम के रूप में नागरिकता की अवधारणा का क्या अर्थ है। ऐसे में, नागरिकता अपने निष्क्रिय निहितार्थ से आगे बढ़कर एक सक्रिय गतिविधि के तौर पर सामने आएगी। साथ ही, राष्ट्रीय समुदाय से नागरिकों के जुड़ाव की भावना ज़िम्मेदारी की भावना और कुछ ख़ास सद्‌गुणों पर निर्भर होगी। यह ऐसी विशेषताएँ रखने वाले हर नागरिक को एक 'उत्तम' नागरिक का दर्जा देगी। ज़िम्मेदार नागरिक की सहभागिता विविध सामाजिक स्थितियों में सामने आ सकती है; मिसाल के तौर पर, नागरिक राष्ट्रीय, क्षेत्रीय, जातीय या धार्मिक पहचानों के सम्भावित प्रतियोगी रूपों को कैसे देखते हैं या

उनके बीच किस तरह काम करते हैं; अपने से अलग लोगों को सहन करने या उनके साथ काम करने की उनकी क्षमता; सार्वजनिक शुभ और राजनीतिक प्राधिकारियों को ज़िम्मेदार बनाने के लिए राजनीतिक प्रक्रिया में भागीदारी करने की उनकी इच्छा; अपनी सेहत और पर्यावरण आदि को प्रभावित करने वाले अपनी आर्थिक माँगों और व्यक्तिगत चुनावों के सन्दर्भ में उनका आत्म-नियन्त्रण या व्यक्तिगत ज़िम्मेदारी का प्रयोग। यह कहा जाता है कि नागरिकता के इस तरह के गुण एक लोकतन्त्र को स्थायी और शासन-योग्य बनाते हैं। यह माना जाता है कि स्कूल, पर्यावरणीय समूह आदि जैसी समाज के भीतर की स्वैच्छिक संस्थाएँ और संगठन नागरिकता के इन सद्‌गुणों को बढ़ावा देती हैं (वॉल्जर 1989)।

1976 में 42वें संविधान संशोधन अधिनियम ने संविधान में भारत के नागरिकों के मूल कर्त्तव्यों की एक सूची जोड़ी। यह सूची संविधान के भाग IV में अनुच्छेद 51ए के रूप में जोड़ी गयी। इसमें संविधान की क़ानूनी रूपरेखा के भीतर 'ज़िम्मेदार नागरिक' की अवधारणा सम्मिलित की गयी। भारत के नागरिकों को सम्बोधित मूल कर्त्तव्यों की हैसियत काफ़ी हद तक निर्देशक सिद्धान्तों की तरह ही है, जो राज्य को सम्बोधित किये गये हैं, लेकिन उन्हें प्रत्यक्ष रूप से लागू करने का कोई प्रावधान नहीं है। ऐसा लगता है कि मूल कर्त्तव्यों का अन्तर्निहित सिद्धान्त यह है कि प्रत्येक व्यक्ति को अपने अधिकारों का प्रयोग करते समय यह याद रखना चाहिए कि अन्य लोगों को भी इसी तरह के अधिकार हैं। हर नागरिक को इस बारे में सचेत होना चाहिए कि उसके द्वारा अपने अधिकारों का प्रयोग अन्य लोगों के अधिकारों पर प्रतिबन्ध न लगाए। मिसाल के तौर पर, कोई भी व्यक्ति अनुच्छेद 19 के अन्तर्गत विचार की अभिव्यक्ति का दावा करते हुए कुछ ऐसा लिख या बोल नहीं सकता/सकती है, जिससे दूसरे लोगों की धार्मिक संवेदना को ठेस पहुँचे। इसी प्रकार, चूँकि ये कर्त्तव्य राज्य को सम्बोधित नहीं किये गये हैं, इसलिए एक नागरिक यह दावा नहीं कर सकता है कि इन कर्त्तव्यों को पूरा करने के लिए उसे उचित परिस्थितियाँ मिलें।[27] मूल कर्त्तव्य किसी भी परमादेश या किसी भी अन्य क़ानूनी प्रावधानों की मदद से लागू नहीं किये जा सकते हैं।[28] यहाँ यह भी ग़ौर करने वाली बात है कि सर्वोच्च न्यायालय ने अनुच्छेद 51ए(जी) के अन्तर्गत कई निर्देश जारी कर इन कर्त्तव्यों को ज़्यादा प्रभावकारी बनाने का प्रयास किया है। यह अनुच्छेद नागरिकों को निर्देश देता है कि वे वनों, झीलों, नदियों और वन्य जीवन सहित प्राकृतिक पर्यावरण की सुरक्षा करें, उन्हें सुधारें तथा जीवित प्राणियों के प्रति करुणा की भावना का विकास करें'।[29] साथ ही, सर्वोच्च न्यायालय मूल कर्त्तव्यों का उल्लंघन रोकने का प्रयास करने वाले किसी भी क़ानून को तार्किक ठहरा सकता है, भले ही वह क़ानून किसी मूल अधिकार पर पाबन्दी लगाता हो। संविधान के भाग IV के प्रावधानों

को लागू करने के सम्बन्ध में अदालत के रुझान से यह नतीजा निकाला जा सकता है। इसके अलावा, संविधान में मूल कर्त्तव्यों की अलग सूची शामिल किये जाने से पहले ही अदालत ने यह विश्वास व्यक्त किया कि नीति निर्देशक सिद्धान्त नागरिकों से कुछ ख़ास दायित्वों की भी माँग करते हैं। इसलिए सर्वोच्च न्यायालय ने *चंद्रा भवन वर्सेज स्टेट ऑफ़ मैसूर केस* (1970) में यह विचार व्यक्त किया कि 'यह सोचना ग़लत है कि हमारे संविधान के भीतर केवल अधिकार हैं और कोई कर्त्तव्य नहीं है। भाग IV के प्रावधान विधि-निर्माताओं को नागरिकों के लिए विविध कर्त्तव्य तय करने में समर्थ बनाते हैं। हमारा संविधान एक कल्याणकारी समाज बनाना चाहता है और यह लक्ष्य उस सीमा तक हासिल किया जा सकता है, जिस सीमा तक निर्देशक सिद्धान्त को क़ानून के माध्यम से लागू किया जाता है (बसु 1999, 310)। अतः यह कहा जा सकता है कि संविधान में कर्त्तव्यों के समावेशन के कारण नागरिकों के लिए एक तरह का दायित्व भी तय हो गया है। संविधान में इन्हें लागू करने का कोई प्रावधान नहीं है, लेकिन इन्हें लागू करने वाले किसी भी क़ानून को 'तार्किक' माना जा सकता है।

मूल कर्त्तव्यों की सूची में कुल 10 कर्त्तव्य शामिल किये गये हैं। इनसे यह झलक मिलती है कि एक 'उत्तम' नागरिकता कैसे संघटित हो सकती है। इनमें से कुछ नागरिकों को निर्देश देते हैं कि वे 'श्रेष्ठता' हासिल करने और 'वैज्ञानिक प्रवृत्ति' का विकास करने का प्रयास करें तथा सार्वजनिक सम्पत्ति की सुरक्षा करें। स्पष्ट तौर पर, ऐसा लगता है कि ये नागरिकों में गम्भीरता और नागरिक दायित्व का विकास करना चाहते हैं। इन कर्त्तव्यों के मुताबिक़ भारत के प्रत्येक नागरिक का कर्त्तव्य है कि वह राष्ट्रीय झण्डे, संविधान, और राष्ट्र गान जैसे राष्ट्रीय एकता के प्रतीकों और 'आज़ादी के राष्ट्रीय संघर्ष' और 'समग्र संस्कृति' की परम्परा का सम्मान करें। नागरिकों से यह भी उम्मीद की जाती है कि वे देश की 'सम्प्रभुत्ता' और 'एकता' सुरक्षित रखें। इसके लिए उन्हें सिर्फ़ राष्ट्र की 'हिफ़ाज़त' और 'राष्ट्र-सेवा' की शपथ ही नहीं लेनी चाहिए, बल्कि एक 'सामान्य बन्धुत्व' की भावना का प्रसार भी करना चाहिए।

संवैधानिक नागरिकता में द्वैधवृत्तियाँ

नागरिकता और अधिकारों की इस क़ानूनी-संवैधानिक भाषा में राष्ट्र को प्रभुत्वशाली सांस्कृतिक समुदाय और अमूर्त नागरिकों के एक राजनीतिक समुदाय के रूप में परिभाषित किया गया। इसके उभार की परिस्थितियों के चलते भारत में नागरिकता द्वैध रूप से ही सामने आयी है। हालाँकि व्यक्तिगत और सामुदायिक अधिकारों के बीच के घटाव-बढ़ाव ने भी नागरिकता के भीतर द्वैधवृत्तियों और तनाव को जन्म दिया। ये द्वैधवृत्तियाँ आज़ादी के बाद के वर्षों के विरोधाभासों, टकरावों

और कटु वाद-विवादों में सामने आयीं। इसमें अल्पसंख्यक समुदायों के अपने सांस्कृतिक मामलों के प्रबन्धन, वंचित तबक़ों के लिए सुरक्षात्मक/भरपाई भेदभाव, समान नागरिक संहिता, महिलाओं के राजनीतिक प्रतिनिधित्व आदि जैसे मसलों ने महत्त्वपूर्ण भूमिका अदा की। मसलन, बहुत से लोग यह चाहते थे कि धार्मिक समुदायों के व्यक्तिगत सदस्यों को अपनी सदस्यता की प्रकृति और अन्तर्वस्तु का चुनाव करने या यहाँ तक की उसे तय करने का हक़ होना चाहिए। इन लोगों ने अल्पसंख्यक समुदायों को सामूहिक सांस्कृतिक और शैक्षिक अधिकार देने की काफ़ी ओलाचना की है। इसके अतिरिक्त उन लोगों द्वारा भी इसकी आलोचना की गयी है जो यह चाहते हैं कि लोगों की अलग-अलग पृष्ठभूमि के कारण सामने आने वाले विभेदों को ज़्यादा महत्त्व न दिया जाए। इनका मानना है कि अमूर्त्त नागरिकता का वर्चस्व होना चाहिए तथा सारे विभेदों को इसके भीतर समाहित कर लेना चाहिए। संविधान में सेकुलर लोकतन्त्र के नाम पर अल्पसंख्यक समुदायों को अपनी संस्कृति की सुरक्षा करने का अधिकार दिया गया है। दरअसल, यह एक विडम्बना ही है क्योंकि ऐसा आनुपातिक प्रतिनिधित्व प्रणाली या विधायिका में सुरक्षित सीटों जैसी व्यवस्था की क़ीमत पर किया गया। ये व्यवस्थाएँ अल्पसंख्यक समुदायों को बेहतर राजनीतिक नुमाइंदगी दे सकती थीं तथा इससे शासन-व्यवस्था के मामले में इनका ज़्यादा दख़ल भी होता।[30] अगले भाग में इस बात की विस्तार से विवेचना की गयी है कि किस तरह महिला अधिकारों के मुद्दे पर होने वाले तनावों ने अल्पसंख्यक अधिकारों के मसले को प्रभावित किया। ऐतिहासिक रूप से वंचित समूहों के लिए सार्वजनिक सेवाओं और प्रतिनिधिमूलक निकायों में आरक्षण सहित सुरक्षात्मक भेदभाव का पूरा मसला भी इसी तरह से विरोध का एक क्षेत्र रहा है। मंडल आयोग की सिफ़ारिशों के कारण सार्वजनिक सेवाओं में आरक्षण के ख़िलाफ़ चला लम्बा संघर्ष इसी का उदारहण है। इसका कारण यह है कि नागरिकता को वर्चस्वशाली रूप से ऊँची जाति और वर्ग, हिन्दू और पुरुष के रूप में चिह्नित करने की प्रवृत्ति रही है।[31]

इसके अलावा, संविधान की प्रस्तावना, मौलिक अधिकारों, और निर्देशक सिद्धान्तों में आज़ादी, समानता और आर्थिक और सामाजिक न्याय के मूल्य शामिल हैं। ये हर सामाजिक सन्दर्भ वाले व्यक्तियों को नागरिकता का आश्वासन देते हैं। लेकिन कुछ लोगों ने इस पर सवाल खड़े किये हैं। आलोचक यह मानते हैं कि भारतीय संविधान में नागरिकता की प्रकृति और बाद के वर्षों में इसके अनुभव इसकी सीमाओं को रेखांकित करते हैं। इससे यह बात साफ़ होती है कि आज़ादी और समानता के मूल्य, मोटे तौर पर भ्रामक ही रहे हैं। ए. आर. देसाई ने संविधान में नागरिकों के सशक्तीकरण का अध्ययन करते हुए यह बताया है कि संविधान के अधिकारों की प्रकृति काफ़ी हद तक अनिश्चित ही है। वे इस

बात पर बल देते हैं कि अधिकार लोगों के लिए आरक्षित नहीं हैं और उन्हें जिन मौलिक अधिकारों की गारंटी दी गयी है, उनकी कोई सुरक्षा नहीं है। संविधान खुद इन अधिकारों में संशोधन और राज्य द्वारा इनकी अवहेलना की अनुमति देता है और इसकी प्रक्रिया भी बताता है। इसके अतिरिक्त, निर्देशक सिद्धान्त लोगों को सम्बोधित नहीं किये गये हैं। इसका मतलब यह है कि लोग अदालत से यह अनुरोध नहीं कर सकते कि वह सरकार को यह निर्देश दे कि सरकार निर्देशक सिद्धान्तों को सार्थक बनाने वाली परिस्थितियाँ बनाये। ऐसा लगता है कि राज्य के लिए ज़वाबदेही की कोई स्पष्ट व्यवस्था नहीं है, वहीं लोगों के लिए मूल कर्त्तव्यों की व्यवस्था की गयी है। राज्य के लिए किसी ऐसे दायित्व के न होने के कारण, मूल कर्त्तव्यों से सम्बन्धित प्रावधानों का उपयोग नागरिकों के बुनियादी अधिकारों को संकुचित करने के लिए किया जा सकता है। अन्त में, यह एक तथ्य है कि काम, आवास, शिक्षा और चिकित्सा सुविधाओं के अधिकार जैसे कुछ निश्चित बुनियादी अधिकार मौलिक अधिकारों में शामिल नहीं किये गये हैं।[32] यह संविधान-निर्माताओं के वर्ग और जेण्डर पूर्वग्रहों की ओर संकेत करता है। ऐसी स्थिति में स्त्री और सामाजिक और आर्थिक रूप से वंचित 'परिश्रमी' नागरिकों का एक बड़ा तबक़ा मजबूरन बुरे हालात में रहता है। इस कारण, एक नागरिक के रूप में उनका सशक्तीकरण नहीं हो पाता है।[33] बहुत से ऐसे अधिकार हैं जो भेदभाव हटाने और तात्त्विक नागरिकता के प्रावधानों को लागू करने के लिए ज़्यादा कारगर हो सकते हैं। लेकिन इन्हें निर्देशक सिद्धान्तों के रूप में सूचीबद्ध किया गया है। मसलन, अनुच्छेद 39 स्त्री नागरिकता के सम्बन्ध में काफ़ी अहम है। इसमें यह प्रावधान किया गया है कि राज्य को ऐसी नीतियाँ बनानी चाहिए, जिससे सभी नागरिकों, पुरुषों और महिलाओं को समान रूप से जीविका का पर्याप्त साधन मिले; तथा पुरुष और महिला दोनों को समान काम के लिए समान वेतन मिलना चाहिए।

यह भी उल्लेखनीय है कि समुदाय को बहुलता के सख़्त और स्वायत्तशासी इकाई मानने के दो निहितार्थ सामने आए। इसने व्यक्तिगत नागरिकों की नागरिक स्वतन्त्रताओं को राष्ट्र-राज्य द्वारा रेखांकित धार्मिक-सांस्कृतिक समुदाय और राजनीतिक समुदाय- दोनों की ही तुलना में सापेक्षिक वंचना की स्थिति में रखा। लोकतन्त्रीकरण के ज़्यादा व्यापक न होने के चलते- सामाजिक समानता और सामाजिक न्याय को धार्मिक-सांस्कृतिक समुदाय की सीमाओं तक सीमित किया। इस कारण, समुदाय के भीतर के लोकतन्त्र को कुर्बान कर दिया गया। व्यक्तिगत स्वतन्त्रता, जेण्डर न्याय और समानता के सन्दर्भ में इसके महत्त्वपूर्ण निहितार्थ सामने आए। विशेष प्रावधान के लिए जन्म से आरोपित पहचानों को मान्यता देने के कारण वर्ग का महत्त्व हमेशा ही उपेक्षित रहा है; अर्थात् सभी

जन्म से आरोपित समुदायों में पाए जाने वाले सामाजिक और आर्थिक रूप से वंचित और कमज़ोर समूहों मसलन, महिला, बच्चे, बुजुर्ग और शारीरिक रूप से अक्षम व्यक्तियों की उपेक्षा की गयी है। राष्ट्रीय-राजनीतिक (समुदाय) और सामाजिक-सांस्कृतिक (समुदायों) के हित में नागरिक स्वतन्त्रताओं की घोर उपेक्षा का अर्थ यह भी है कि राज्य या समुदाय की संरचनाओं द्वारा व्यक्ति के अधिकारों का उल्लंघन हुआ है। ऐसे अधिकांश मामलों में, कमज़ोर/वंचित वर्ग को ही अन्याय सहना पड़ता है। यह सच है कि संविधान बोलने, चिन्तन करने, संगठन बनाने और कहीं भी आने-जाने जैसे राजनीतिक अधिकारों और नागरिक स्वतन्त्रताओं की गारंटी देता है। लेकिन एक ओर (जन्म से आरोपित) समुदायों के हित में, और दूसरी ओर, 'राष्ट्रीय हित' में इन अधिकारों में अत्यधिक कटौती की गयी है। सभी राजनीतिक अधिकारों का प्रयोग करने की स्वतन्त्रता सार्वजनिक व्यवस्था और नैतिकता के अधीन है। इस प्रकार, यह विधायिका और कार्यपालिका को यह अनुमति देता है कि वे शान्ति, सुरक्षा और सार्वजनिक हित के लिए इनका नियमन करें।[34] जैसा कि पहले उल्लेख किया गया है कि मौलिक अधिकारों के साथ ही इसे सीमित करने वाले प्रावधान भी जुड़े हुए हैं, जो कुछ परिस्थितियों में इन अधिकारों को निष्क्रिय भी बना सकते हैं। सिर्फ़ यही तथ्य उदारवादी लोकतान्त्रिक दर्शन के बुनियादी तत्त्वों का उल्लंघन करता है। ग़ौरतलब है कि उदारवादी लोकतान्त्रिक दर्शन में यह माना जाता है कि लोकतन्त्र का सत्त्व लोगों में निहित अन्तिम सम्प्रभुत्ता पर निर्भर होता है। संसद में लोगों के प्रतिनिधियों के पास केवल सीमित शक्ति होती है। ये प्रतिनिधिगण नागरिकों के 'प्राकृतिक अधिकारों' की अवहेलना नहीं कर सकते हैं। यह भी ग़ौरतलब है कि संविधान में वर्णित विशिष्ट परिस्थितियों में 'मौलिक' अधिकारों को वापस लिया जा सकता है। अब लोगों के अधिकारों का खुलेआम उल्लंघन करने के लिए व्याख्यात्मक/औचित्यकारी आधार के रूप में इसका प्रयोग किया जाने लगा है। यह एक तथ्य है कि संविधान ने लोगों के संवैधानिक अधिकारों को वापस लेने का अधिकार संसद को दे रखा है। विभिन्न ऐतिहासिक दौर में नागरिक अधिकारों के सन्दर्भ में इसका 'गम्भीर और चिन्ताजनक परिणाम आया है तथा इसने नागरिकों के 'सशक्तीकरण को गम्भीर तरीक़े से प्रभावित किया है' (देसाई 1997, 40)।

यह भी ग़ौरतलब है कि उपनिवेश-विरोधी संघर्ष के केन्द्र में समानता का मुद्दा था और इस सन्दर्भ में नागरिक-राजनीतिक अधिकारों पर ध्यान केन्द्रित किया गया।[35] हालाँकि संविधान सभा में मौलिक अधिकारों के सन्दर्भ में होने वाले विचार-विमर्श में मुख्य रूप से क़ानून-व्यवस्था तथा राष्ट्र-राज्य के हितों को लेकर ही बहस हुई। औपनिवेशिक शासन के दौरान भारतीय लोगों ने पुलिस

दमन, क्रूरता और मनमानी सरकारी कार्रवाईयों को झेला था। इसलिए यह अचरज की बात है कि उसके संविधान सभा के सदस्य व्यक्तिगत आज़ादी और नागरिक स्वतन्त्रताओं के बारे में इतनी लापरवाही दिखाएँ (महाजन 1998, 158–9)। मसलन, ए. के. अय्यर और सी. राजगोपालाचारी ने नागरिक स्वतन्त्रताओं से सम्बन्धित एक धारा का विरोध किया। इस धारा[36] के अनुसार, 'लोगों के पास किसी भी अतार्किक तलाशी और ज़ब्ती से अपने लोगों, घर, कागजात और प्रभाव से सुरक्षा का अधिकार है। राज्य को इस अधिकार का उल्लंघन नहीं करना चाहिए और इस बारे में कोई वारंट जारी नहीं किया जाना चाहिए। लेकिन किसी सम्भावित कारण से, शपथ या पुष्टि का समर्थन होने, और जाँच के स्थान, व्यक्ति और ज़ब्त किये जाने वाले वस्तुओं का वर्णन होने पर ऐसा किया जा सकता है। लेकिन अयर और राजगोपालाचारी ने यह तर्क दिया कि इस धारा को हटा देना चाहिए क्योंकि इससे अपराध को प्रोत्साहन मिलने की सम्भावना है (महाजन 1998, 173, 238–79)। एक अन्य सन्दर्भ में के. एम. पणिक्कर ने यह तर्क दिया कि हर नागरिक के पत्राचार की गोपनीयता के अधिकार को सीमित करने की ज़रूरत है। यह कहना काफ़ी नहीं है कि केवल सार्वजनिक सुरक्षा और शान्ति के लिए इस अधिकार को सीमित किया जा सकता है। आपराधिक क़ानून को सही तरीक़े से प्रशासित करने के लिए यह आवश्यक है कि कार्यपालिका मशीनरी के पास सेंसर करने तथा पत्राचार और संचार में हस्तक्षेप करने का हक़ हो (महाजन 1998, 160)। क़ानून और व्यवस्था तथा राष्ट्र के सुरक्षा की चिन्ता के कारण निवारक क़ैद (प्रिवेंटिव डिटेंशन) का प्रावधान शामिल किया गया। उपेन्द्र बख्शी भारतीय संविधान की बुनियादी विशेषताओं का सर्वे करते हुए यह बताते हैं कि खुद संविधान ने ही भारतीय क़ानूनी व्यवस्था में दो धाराओं का विकास किया है : (i) सामान्य आपराधिक न्याय व्यवस्था, (क्रिमिनल जस्टिस सिस्टम–सीजेएस) और, (ii) निवारक क़ैद व्यवस्था (प्रिवेंटिव डिटेंशन सिस्टम–पीडीएस)। यह भी एक अहम बात है कि अध्यादेशों की विविध श्रेणियों, अधिनियमों और अन्य उपायों द्वारा निवारक क़ैद व्यवस्था का विस्तार हुआ है, जिसने नागरिकों को मिले अधिकारों पर हमला किया है।[37]

राष्ट्र, समुदाय, और जेण्डर-आधारित नागरिकता

यह बात सच है कि बहुसंस्कृतिवाद और अल्पसंख्यक अवधारणाओं ने सांस्कृतिक समुदायों को अपना सशक्तीकरण करने में समर्थ बनाया है। इसके चलते वे राष्ट्रीय संस्कृति के सन्दर्भ में अपने बुनियादी अधिकारों का दावा कर सकते हैं ताकि प्रभुत्वशाली राष्ट्रीय समुदाय इनका दमन न करें। लेकिन यह मुमकिन है कि एक पृथक् और सख़्त इकाई के रूप में ये अपने ही सदस्यों, जैसे कि

महिलाओं, के साथ अलोकतान्त्रिक सम्बन्ध रखते हों। इन समुदायों की शिकायत है कि प्रभुत्वशाली समुदाय की तुलना में ये सापेक्षिक वंचना की स्थिति में हैं और एक विशिष्ट सांस्कृतिक श्रेणी के रूप में अस्तित्व क़ायम रखने के लिए उन्हें अपने सदस्यों पर आन्तरिक पाबन्दी लगाने का हक़ होना चाहिए। ये समुदाय अपनी ऑर्गेनिक सम्पूर्णता की कल्पना करते हुए यह दावा करते हैं कि हर विशिष्ट समुदाय का प्रतीकात्मक सीमा-क्षेत्र होता है और इसके सदस्यों के बीच एक स्वाभाविक एकता होती है। निश्चय ही, यह तर्क समुदाय के भीतर के विभेदों और इसके सांस्कृतिक अनूठेपन की मान्यता और सराहना से सम्बन्धित बहुस्तरीय संघर्षों को नज़रअन्दाज़ करता है।[38] यह कहा जा सकता है कि सिर्फ़ पृथक् 'सांस्कृतिक पहचान' वाले समूहों/समुदायों के मिश्रण के रूप में बहुल समाज की परिकल्पना समाज के विचारधारात्मक पुनर्निर्माण के लक्ष्य को सीमित बना देती है। इसकी वजह से, समुदाय की सदस्यता और पहचान द्वारा निर्धारित राजनीति किसी भी मूलभूत संघर्ष/राजनीति की संकल्पना नहीं कर सकती है।[39]

पिछले भाग में यह विवेचना की गयी है कि भारत में नागरिकता की भाषा का उदय बहु-स्तरीय दमनकारी संरचनाओं के विरुद्ध आत्म-निर्णय के संघर्ष के दौरान हुआ। हमने यह देखा है कि एक राष्ट्रीय (राजनीतिक) समुदाय और विशिष्ट (सांस्कृतिक) समुदायों के आधार के रूप में 'समुदाय' की अभिव्यक्ति हुई। इस अभिव्यक्ति ने राष्ट्र की निर्मिति में सत्ता और इसके पुनर्वितरण के तात्त्विक मुद्दों को ज़्यादा विस्तृत बनाया (एलोसियस 1997, 92)। भारत में समानता के समुदायवादी अध्ययन ने 'विविधता' को भारतीय लोकतन्त्र का ठोस प्रतीक माना। विविधता की इस स्पष्ट घोषणा में सहिष्णुता और सेकुलरवाद की अवधारणा निहित थी। इसने एक राष्ट्रीय (राजनीतिक) समुदाय की एकता के अन्तर्गत किसी समुदाय के (सांस्कृतिक रूप से) अलग बने रहने के अधिकार को स्वीकार किया। हालाँकि इसके साथ ही, इसने इस बात का आधार भी तैयार किया कि व्यक्तिगत स्वतन्त्रता का सिद्धान्त एक ख़ास समुदाय की विशिष्ट संहिताओं के अधीन आ जाए। इस प्रकार एक भारतीय नागरिक ने दोहरा आवरण धारण किया–एक उसकी पहचान राष्ट्रीय समुदाय से करता था; और दूसरा, उसे उस ख़ास धार्मिक समुदाय से जोड़ता था, जिससे वह जुड़ा हुआ था/जुड़ी हुई थी। इस प्रकार राष्ट्रीय-राजनीतिक और धार्मिक-सांस्कृतिक–इन दो पहचानों के बीच प्राथमिकता हासिल करने के लिए होड़ हुई, और अक्सर जेण्डर ने इस संघर्ष के लिए आधार उपलब्ध कराया (मेनन 1998)। जहाँ औपनिवेशिक भारत में भारतीय परम्परा के प्रतियोगी संस्करणों के बीच 'हिन्दू विधवा' की स्थिति और हैसियत के मसले पर आपस में संघर्ष हुआ। वहीं 1980 के दशक में 'तलाक़शुदा मुस्लिम औरत' ने एक ऐसी 'कमज़ोर' कड़ी मुहैया कराई, जहाँ मुस्लिम समुदाय

का 'निजी' (पर्सनल) मसला सार्वजनिक परख के लिए खोला गया। इसलिए, यह हैरत की बात नहीं है कि इन दोनों ही मौक़ों पर होने वाले विवाद ने सती के मामले में परम्परा और शाह बानो केस में सेकुलरवाद को मुख्य मुद्दा बना दिया। इस तरह, उपनिवेशक और भारतीय (हिन्दू) राज्य में प्रभुत्व की शक्तियों के सम्बन्ध में राष्ट्र और समुदाय की गरिमा और आत्म-निर्णय के प्रश्न सामने आए। इस प्रक्रिया में औरतों के अधिकारों को प्रश्न गौण हो गया।

परम्परा और सेकुलरवाद के दो ध्रुवों ने महिलाओं की गतिविधियों को आवेष्टित करने वाले सम्भावित क्षेत्र की सीमाएँ तय कीं। विविध ऐतिहासिक क्षणों में परम्परा ने ख़ुद को हमेशा ही राष्ट्र में निहित विरोधाभासों को पाटने के लिए प्रस्तुत किया है। इसमें महिलाएँ राष्ट्रीय परम्परा की संज्ञाहीन और प्रामाणिक शरीर की नुमाइंदों के रूप में प्रस्तुत की गयीं। इस प्रस्तुति में उन्हें निष्क्रिय, अतीतमुखी, स्वाभाविक और राष्ट्रवाद के रूढ़िवादी सिद्धान्तों का प्रतिनिधित्व करने वाला माना जाता रहा है। भारतीय राष्ट्रवादियों की भारतीय अतीत की कल्पना में परम्परा एक ऐसी धुरी के रूप में सामने आया जिसमें 'नयी' भारतीय महिला को असली और निष्कलंक अतीत धारण करने वाला माना गया। यह महिला 'नयी' थी, क्योंकि वह स्वावलम्बी थी। परन्तु उसका स्वावलम्बन उसके नारीत्व के पुनः अंकन, परम्परा के उसके चिह्नों, और ख़ुद बेदाग रहते हुए राष्ट्र के शुद्धीकरण करने की क्षमता से उत्पन्न हुई थी। आततायीयों द्वारा भारत की शासन-व्यवस्था को क्षत-विक्षत कर दी गयी परन्तु नयी महिला के पवित्र नारीत्व की निष्कलंक सम्प्रभुत्ता में राष्ट्र का अस्तित्व भी क़ायम रहा।

सेकुलरवाद ने राष्ट्र के भविष्यमुखी तत्त्व का प्रतिनिधित्व किया। सतही स्तर पर यह माना जाता है कि सेकुलरवाद का अर्थ सार्वजनिक क्षेत्र से धर्म को अलग रखना है। लेकिन सेकुलरवाद राजनीतिक और सामाजिक व्यवहारों और विचारधारात्मक सूत्रीकरणों के एक जटिल ताने-बाने का प्रतिनिधित्व करता है। यह राज्य और इसके विशिष्ट समुदायों के बीच सम्बन्ध और इसकी अभिव्यक्ति के विविध रूप तय करता है। अगर हम परम्पराओं को सेकुलरवाद की रूपरेखा के भीतर स्थापित करें तो वे विविध सांस्कृतिक/धार्मिक समुदायों के विभेद का आधार निर्मित करती हैं। ऐसा लगता है कि 'नागरिक' की पहचान परम्परा और सेकुलरवाद के दो ध्रुवों के बीच झूलते हुए बारी-बारी से धर्म और जाति से चिह्नित होकर या अमूर्त्त सेकुलर नागरिकता के नक़ाब के साथ सामने आती है (मेनन 1998)।

नागरिकता के द्वैध पहचानों की रूपरेखा में महिलाओं के चित्रण ने उनकी नागरिकता पर दूरगामी प्रभाव डाला है। 'नयी महिला' का राष्ट्रवादी 'निर्माण' इतिहास के परतों से अमूर्त्त रूप में सामने आया था। इसने महिलाओं को मातृत्व

और अन्य (सामान्य माने जाने वाले इतरलैंगिक) पारिवारिक सम्बन्धों के जाल में उलझा दिया। यह सच है कि राष्ट्रीय आन्दोलन औरतों को राजनीतिक क्षेत्र में लेकर आया। लेकिन इसने राष्ट्रीय आज़ादी के मुद्दे को प्राथमिकता दी और नारीवादी माँगों/विकल्पों का हाशियाकरण कर दिया। इस तरह इसने महिलाओं की राजनीति के क्षेत्र को काफ़ी सीमित कर दिया। हमने पिछले अध्याय में बीसवीं सदी के आरम्भिक भाग में महिलाओं के मताधिकार और चुनाव लड़ने के अधिकार के संघर्ष पर विचार किया है। वहाँ यह स्पष्ट किया गया है कि किस प्रकार इन मसलों पर वाद-विवाद की विभिन्न धाराएँ 'नारीत्व' की उन अवधारणाओं से प्रभावित हो रही थीं, जिन्हें परिवार, सम्पत्ति, शिक्षा, सम्मान और राष्ट्रवाद के सम्बन्ध में परिभाषित किया गया था। महिलाओं के मताधिकार से सम्बन्धित वाद-विवाद में सम्मिलित विभिन्न धाराओं ने एकस्तर पर एकाश्मी (मोनोलिथ) महिला के विचार का खण्डन किया, पर दूसरे स्तर पर आदर्श महिला को पुनःस्थापित किया और उसे सर्वोच्च स्थान भी दिया। इन दोनों ने ही एक एकीकृत राजनीतिक महिला के उभार को अवरुद्ध किया। यह भी ग़ौरतलब है कि परिवारिक राष्ट्र के इस पुनरुत्थान में औरतों ने राष्ट्रीय आन्दोलन की व्यापक रूपरेखा के अन्तर्गत ही राजनीतिक अधिकारों की अपनी माँग प्रस्तुत की। इसमें 'महिलाओं' को इस तरह चित्रित किया गया मानो उनमें कोई विभेद नहीं है। समाज की समस्याओं को सुलझाने के लिए सामाजिक क्षेत्र में राजनीति के नारी क्षेत्र की संकल्पना की गयी। यह संकल्पना आध्यात्मिक भागीदारी द्वारा एक नैतिक हस्तक्षेप के रूप में की गयी थी। इसका राजनीति के पुरुषवादी क्षेत्र के साथ कोई होड़ नहीं था, बल्कि यह उसके अनुपूरक के रूप में था। इस समय महिलाओं के पक्ष में सबसे ख़ास नारा था—सार्वभौमिक वयस्क मताधिकार, निष्पक्ष क्षेत्र और कोई भेदभाव नहीं। महिला संगठनों ने पूना पैक्ट और अन्य कम्युनल अवार्ड को यह कहते हुए ख़ारिज किया कि ये (हिन्दू और मुस्लिम) महिलाओं के लिए विभाजनकारी हैं। इस पारिवारिक राष्ट्र में हिन्दू और मुस्लिम औरतें स्त्रीत्व के सामान्य बन्धन से बँधी हुई थी, जो भारतीय महिला के रूप में सगोत्रीय सम्बन्ध पर आधारित था।

'नयी महिला' जेण्डर समानता के राष्ट्रवादी दृष्टिकोण का प्रतिनिधित्व करती थी। यह समरसता के सार्वजनिक चेहरे के प्रतीक के रूप में सामने आयी। ग़ौरतलब है कि भारतीय राष्ट्रीय कांग्रेस ने अपने कराँची अधिवेशन में मौलिक अधिकारों का प्रस्ताव अपनाया था। यह राष्ट्रवादी दृष्टिकोण की पहली सार्वजनिक अभिव्यक्तियों में से एक था। इसमें कांग्रेस ने स्वतन्त्र भारत में महिलाओं के समान राजनीतिक और नागरिक अधिकारों के प्रति अपनी वचनबद्धता व्यक्त की थी। 1937 में कई प्रान्तों में कांग्रेस को सरकार बनाने की ज़िम्मेदारी मिली। इस

समय जवाहरलाल नेहरू की अध्यक्षता में एक राष्ट्रीय योजना समिति (नैशनल प्लानिंग कमिटी) का गठन हुआ। इसे 'राष्ट्रीय जीवन और कार्य' पर रिपोर्ट तैयार करना था और स्वतन्त्र भारत के नियोजित विकास की रूपरेखा तैयार करनी थी। नियोजित राष्ट्रीय विकास के विभिन्न आयामों का विश्लेषण करने के लिए कुल 29 उप-समितियों का गठन किया गया। इसमें वीमेन्स रोल इन प्लांड इकोनॉमी (नियोजित अर्थव्यवस्था में महिलाओं की भूमिका) (डब्ल्यू.आर.पी.ई.) से सम्बन्धित एक उपसमिति भी थी। इस उप-समिति का कार्यक्षेत्र काफ़ी व्यापक था और इसे 'महिलाओं के जीवन और कार्य के हर पहलू पर विचार करना था'। इसमें निम्नलिखत पहलू शामिल थे-

> ...उनकी (महिलाओं की) सामाजिक, आर्थिक और क़ानूनी हैसियत तथा सम्पत्ति, व्यापार करने, पेशा या काम अपनाने के अधिकार और महिलाओं के लिए समान हैसियत और अवसर के रास्ते की सभी बाधाओं को हटाने के बारे में विचार....(डब्ल्यू.आर.पी.ई., 27)।

उप-समिति ने विशेष रूप से इन बातों पर ध्यान केन्द्रित किया गया : पारिवारिक जीवन और घर के भीतर महिलाओं के काम का संगठन; विवाह और उत्तराधिकार और इन्हें प्रशासित करने वाले क़ानून; विभिन्न क्षेत्रों में महिलाओं के रोज़गार की स्थिति; महिलाओं के विकास में बाधक सामाजिक प्रथाएँ और संस्थाएँ; और स्त्रियों को अपने घर, काम तथा राष्ट्र सेवा की भूमिका निभाने में समर्थ बनाने वाली शिक्षा और शिक्षा पद्धति। 265 पृष्ठों की इस रिपोर्ट का शीर्षक था : 'वीमेन्स रोल इन प्लान्ड इकोनॉमी' (नियोजित अर्थव्यवस्था में महिलाओं की भूमिका)। यह कुल तीन मुख्य भागों में बँटा हुआ था। पहले भाग में महिलाओं की व्यक्तिगत हैसियत पर ध्यान दिया गया था और यह भाग चार अध्यायों में बँटा हुआ था। इन अध्यायों के निम्नलिखित शीर्षक थे : 'सिविल राइट्स' (नागरिक अधिकार), 'इकोनॉमिक राइट्स' (आर्थिक अधिकार), 'प्रॉपर्टी राइट्स' (सम्पत्ति अधिकार) और 'एडुकेशन' (शिक्षा)। भाग दो महिलाओं की सामाजिक हैसियत से सम्बन्धित था, जिसमें दो अध्याय थे। इन अध्यायों का शीर्षक क्रमशः 'मैरिज ऐंड इट्स प्रॉब्लेम' (विवाह और इसकी समस्याएँ), और 'फैमिली लाइफ़' (पारिवारिक जीवन) था। तीसरा भाग जाति, विधवा, विधवा पुनर्विवाह, विधवा सदन, अविवाहित माताओं, गर्भपात, वेश्यावृत्ति आदि जैसे विविध विषयों से सम्बन्धित था। इन तीन भागों के बाद संक्षेप में नीति सम्बन्धी बयान और अनुशंसाओं का उल्लेख था (चौधुरी 1996)।

उप-समिति के सन्दर्भ की शर्तों और इसकी रिपोर्ट से यह पता चलता है कि मोटे तौर पर इसका झुकाव 'वर्चस्वशाली (हेजेमॉनिक) राष्ट्रीय उदारवादी मॉडल' की ओर था। इसमें सांस्कृतिक पुनरुत्थानवाद और समाजवादी युटोपिया

के विजन के बीच टकराव भी सामने आता है (चौधुरी 1996, 216)। ग़ौरतलब है कि 1931 के कांग्रेस के मौलिक अधिकार प्रस्ताव में महिलाओं के प्रश्न पर 'उत्थान' के बजाय 'अधिकार' पर बल दिया गया था। उप-समिति ने भी अपनी रिपोर्ट में इस बदलाव की पुष्टि करते हुए यह माँग की कि राजनीतिक अधिकारों और 'नागरिक कर्त्तव्यों और दायित्वों' के प्रयोग में जेण्डर की अयोग्यता हटा दी जानी चाहिए। उप-समिति ने निम्नलिखित प्रमुख अधिकारों पर बल दिया : सभी व्यक्तियों को मत देने का समान अधिकार; सार्वजनिक पद या रोज़गार हासिल करने का अधिकार; काम का अधिकार, जो सार्वजनिक सेवाओं तक समान पहुँच की माँग के रूप में सामने आया; महिलाओं के रोज़गार के अवसरों को ख़तरे में डाले बग़ैर समान काम के लिए समान वेतन; हर किसी को अपनी राष्ट्रीयता चुनने का अधिकार; तथा स्वास्थ्य, अवकाश और मनोरंजन का समान अधिकार आदि। इन सभी अधिकारों में महिलाओं पर 'व्यक्ति के रूप में' ध्यान केन्द्रित किया गया और महिलाओं को भी समान नागरिक के रूप में प्रस्तुत किया गया (डब्ल्यू.आर.पी.ई., 38-43)। इस पूरे रिपोर्ट में यह विचार मौजूद है कि गृहिणियाँ भी कामकाजी महिलाएँ हैं। काम के सुनिश्चित घंटे, रसोई के काम से पर्याप्त आराम, घर के काम निपटाने के लिए मिला-जुला प्रयास आदि की अवधारणा के माध्यम से महिलाओं के काम के अर्थ और दायरे का विस्तार किया गया। महिलाओं के काम की यह पुन:परिभाषा यह दर्शाती है कि उप-समिति ने जागरूक रूप से यह प्रयास किया कि नागरिकता की उदारवादी धारणा के साथ जुड़ी जेण्डर-अंधता ख़त्म की जाए (चौधुरी 1996, 232-33)। इसके साथ ही, इसमें निजी सम्पत्ति के अधिकार पर बल दिया गया। अर्थात् बूर्ज्वा औरत के सम्पत्ति रखने, हासिल करने, विरासत में पाने और उसे बेचने का अधिकार देने की अनुशंसा की गयी। इससे यह बात साफ़ होती है कि उप-समिति ख़ुद को उदारवादी नागरिकता के 'निरंकुश व्यक्तिवाद' से अलग नहीं कर पाई। इस प्रकार इस रिपोर्ट से वही द्वैधताएँ और वर्ग विराधाभास सामने आए, जिन्होंने 1920 और 1930 के दशक में महिलाओं के मताधिकार के संघर्ष को प्रभावित किया था।

बहरहाल, यह कहना उचित होगा कि उप-समिति द्वारा की गयी सिफ़ारिशों ने महिलाओं को उपलब्ध अवसरों/विकल्पों के विस्तार और जेण्डर समानता का दावा किया। उसने ऐसा इस आधार पर किया कि स्त्रियाँ 'प्रजननकर्त्ता' और 'पालन-पोषण करने वाले' तथा 'भविष्य की पीढ़ियों के अभिभावकों और ट्रस्टियों के रूप में' राष्ट्र और समुदाय में 'विशेष' योगदान देती हैं। इसीलिए जब उप-समिति ने महिलाओं के लिए 'आर्थिक स्वतन्त्रता' और 'अपनी मर्ज़ी के मुताबिक़ सामाजिक और आर्थिक जीवन जीने के अधिकार' की माँग की,

जिसमें 'प्रकृति और समाज द्वारा महिलाओं पर थोपे गये कामों' को 'नये सिरे से संगठित करना' भी शामिल था, उसने यह भी यह भी घोषणा की कि वह 'परम्पराओं' के साथ टकराव नहीं चाहती है : '...हम औरतों को पुरुषों की क्षुद्र नक़ल नहीं बनाना चाहते हैं और न ही हम उसे मातृत्व और राष्ट्र-निर्माण के बड़े कामों के लिए अनुपयोगी बनाना चाहते हैं' (चौधुरी 1996, 32-3)। यहाँ फिर से, ऐसा लगता है कि महिलाओं के मताधिकार सम्बन्धी विवाद की तरह उप-सिमिति की महिला सदस्य भी नागरिकता की उदारवादी व्यक्तिवादी रूपरेखा और महिलाओं के कार्य की मूलभूत पुन:परिभाषा के बीच समझौते का प्रयास कर रही थीं। इसके लिए उन्होंने औरतों की नागरिकता की वर्ग-विभेदित श्रेणियाँ प्रस्तुत कीं। इस तरह, महिलाओं के काम की पुन:अभिव्यक्ति के माध्यम से निजी/ सार्वजनिक द्विभाजन को नकारने और श्रमिक वर्ग की महिलाओं की नागरिकता के आर्थिक आधार के बीच एक सामंजस्य बनाया गया। जहाँ श्रमिक वर्ग की महिला की स्वायत्तता और आर्थिक आज़ादी को उसे पूरी तरह से उत्पादन प्रक्रिया के सन्दर्भ में, विशेष रूप से, 'श्रम के यन्त्रों' के रूप में, देखा गया, वहीं मध्य-वर्ग की स्त्रियों की आत्मनिष्ठताओं (या सब्जेक्टिविटीज) को प्रभुत्वशाली राष्ट्रवादी रूपरेखा में निहित किया गया। इसमें मध्य-वर्ग के स्त्री की आर्थिक आज़ादी पर बल दिया जाता है और उसे सम्पत्ति का अधिकार दिया गया है। लेकिन इसके साथ ही, वह पहले की तरह ही 'बच्चों के समुचित पालन-पोषण के लिए घर में सांस्कृतिक वातावरण बनाने' की ज़िम्मेदारी वहन करती है। इस प्रकार, वह मातृत्व के साथ नारीत्व के जुड़ाव तथा राष्ट्र के जीवन को उन्नत बनाने में इसके महत्त्व की फिर से पुष्टि करती है (चौधुरी 1996, 233)।

अत: उप-समिति ने किसी 'गहन सामाजिक परिवर्तन' की माँग नहीं की। अर्थात् इसने विवाह और परिवार से सम्बन्धित क़ानूनों में किसी ठोस बदलाव की बात नहीं की। इसकी सिफ़ारिशें राष्ट्रवादी अभिजन के सुधारवादी आदर्श के अनुरूप थीं, जिसमें प्रभुत्वशाली राष्ट्रवादी रूपरेखा के अन्तर्गत सामाजिक और पारिवारिक संरचनाओं में कोई मूलभूत बदलाव किये बिना ही औरतों की 'मुक्ति' का लक्ष्य हासिल करने का प्रयास किया गया। इसका स्पष्ट उदाहरण यह है कि उस दौर में औरतों ने बहुत व्यग्रता के साथ यह अपील की थी कि क़ानून में भारतीय महिलाओं को असमर्थ बनाने वाले प्रावधान हटाए जाएँ। 1934 में ऑल इण्डिया वीमेन्स कॉन्फ्रेंस (ए.आई.डब्ल्यू.सी., आगे वीमेन्स कॉन्फ्रेंस) ने सरकार से आग्रह किया कि वह एक अखिल भारतीय आयोग का गठन करे, जो विशेष रूप से उत्तराधिकार, विवाह, और बच्चों के अभिभावकत्व के मामले में औरतों की असमान क़ानूनी स्थिति बदलने के लिए नये क़ानून का निर्माण करे।[40] परन्तु नारी मतदान की तरह ही ये मसले भी तथाकथित 'राष्ट्रीय' महत्त्व

के मुद्दे की छाया में ही दबे रहें। इस कारण, 1930 के दशक में भारतीय औरतों की क़ानूनी हैसियत सुधारने के प्रयास अनियमित और अव्यवस्थित साबित हुए।[41] ग़ौरतलब है कि वीमेन्स कॉन्फ्रेंस ने सभी समुदायों की औरतों के समान क़ानून की माँग की।[42] लेकिन सुधार विधेयकों पर हुई चर्चाओं से यह बात साफ़ होती है कि पुरुष सुधारकों का महिलाओं की क़ानूनी ज़रूरतों के बारे में बिल्कुल ही अलग नज़रिया था। जनवरी 1941 में हिन्दू क़ानून का अध्ययन करने के लिए प्रसिद्ध वकीलों की एक समिति गठित की गयी, जिसके अध्यक्ष बी. एन. राउ थे। इस समिति को हिन्दू महिलाओं के सम्पत्ति अधिकारों से सम्बन्धित विविध विधेयकों का अध्ययन करना था। इस सम्बन्ध में कुछ पुरुषों ने जहाँ ऐसी पहल से (हिन्दू) घरों में सम्भावित 'तबाही' की आशंका जताई, वहीं अन्य कई पुरुषों ने धार्मिक पवित्रता और राष्ट्रीय गर्व के आधार पर मौजूदा व्यवस्था क़ायम रखने की वकालत की।[43] विशिष्ट पर्सनल लॉ (व्यक्तिगत क़ानूनों) में जेण्डर पूर्वग्रह दूर करने के लिए न्यायपालिका का सहारा लेने के क़दम को कुछ हद तक कामयाबी मिली। हालाँकि ऐसा कोई बदलाव नहीं किया गया, जिससे पर्सनल लॉ में महिलाओं की निर्भर और हीन स्थिति में कोई मूलभूत परिवर्तन हो। मिसाल के तौर पर, 17 फ़रवरी 1999 के सर्वोच्च न्यायालय के फ़ैसले ने *हिन्दू माइनॉरिटी ऐंड गार्डियनशिप ऐक्ट,* 1956 और *गार्डियन्स ऐंड वार्ड्स ऐक्ट,* 1890 के तहत यह स्पष्ट किया कि महिलाएँ अपने बच्चों की स्वाभाविक अभिभावक के रूप में काम कर सकती हैं। इस तरह, इसने 'अलग हुई' या 'छोड़ दी गयी' माताओं के सामने बच्चे के स्कूल के आवेदन पत्र भरने या अल्प वयस्क बच्चों के वित्तीय मामलों को सँभालने में होने वाली दिक़्क़तों और असुविधाओं को ख़त्म कर दिया। हालाँकि यह भी ग़ौर करने वाली बात है कि इस फ़ैसले ने क़ानून में मौजूद जेण्डर पूर्वग्रह को पूरी तरह ख़त्म नहीं किया। इसने एक माता को सिर्फ़ उसी स्थिति में स्वाभाविक अभिभावक के रूप में काम करने की अनुमति दी, जब उसका पति अनुपस्थित हो, उदासीन हो या उसने उसे अभिभावक की भूमिका निभाने की स्पष्ट सहमति दी हो। यह भी उल्लेखनीय बात है कि यह निर्णय ऐसी दो याचिकाओं की प्रतिक्रिया में आया था, जिनमें कहा गया था कि इन दो क़ानूनों के कुछ निश्चित प्रावधान संविधान के अनुच्छेद 14 और 15 में दिये गये समानता के मौलिक अधिकार (इस मामले में महिलाओं की समानता) का उल्लंघन करते हैं।[44]

आज़ादी भारतीय औरतों के लिए राजनीतिक अधिकारों का सौग़ात लेकर आयी। संवैधानिक प्रावधानों के माध्यम से कुछ बुनियादी अधिकारों के उपयोग में जेण्डर आधारित भेदभाव हटा दिया गया। लेकिन सामुदायिक स्वायत्तता के नाम पर महिलाओं के अधिकारों में लगातार कटौती की गयी। विभिन्न धार्मिक

समुदायों के पर्सनल लॉ (निजी क़ानून) विवाह, तलाक़, बच्चों के अभिभावकत्व और उत्तराधिकार जैसे मसलों को प्रशासित करते हैं। मोटे तौर पर, इनमें परिवार और वित्तीय मामलों में औरतों की स्थिति पुरुषों के अधीन और उन पर निर्भर है। इस वजह से आर्थिक आज़ादी और समानता से जुड़े उनके विकल्प काफ़ी सीमित हो गये।[45] 1980 के दशक में शरीयत (इस्लामी क़ानूनी संहिता) द्वारा मान्यता प्राप्त लोगों ने इस बात की मुखालफ़त की कि महिलाओं को गुज़ारा-भत्ता या सम्पत्ति मिलनी चाहिए। 1985 में शाहबानो केस और 1986 मुस्लिम वीमेन्स बिल (मुस्लिम महिला विधेयक) ने शरीयत और मुस्लिम समुदाय की स्वायत्तता के रक्षकों को एकजुट कर दिया। इसने स्त्री मुद्दों के सांप्रदायीकरण का विरोध करने वाली और जेण्डर-न्याय पर आधारित समान नागरिक संहिता बनाने की अपील करने वाली महिला एक्टिविस्टों को भी अपने विचारों को ज़्यादा स्पष्टता से रखने के लिए प्रेरित किया। इसके अलावा, इन दोनों के कारण हिन्दू सम्प्रदायवादियों को भी गोलबन्द होने का मौक़ा मिला, जो यह मानते थे कि सर्वोच्च न्यायालय के फ़ैसले ने उनके इस दावे को सही ठहराया है कि मुस्लिम समुदाय 'बर्बर' और 'राष्ट्र-विरोधी' है। इसी प्रकार, मुस्लिम सम्प्रदायवादियों ने इस बात पर बल दिया कि सिर्फ़ सर्वोच्च न्यायालय के फ़ैसले को पलटकर ही मुस्लिमों की गरिमा की हिफ़ाज़त की जा सकती है।[46] लता मणि ने उन्नीसवीं सदी के भारत में सती सम्बन्धी वाद-विवाद और शाहबानो केस से शुरू हुए वाद-विवाद के बीच समानता दिखाई है। उनके मुताबिक़ इन दोनों में ही स्त्री-परम्परा-क़ानून-शास्त्र की साँठ-गाँठ सामने आती है (मणि 1985, 120)। सितम्बर 1987 में राजस्थान के एक गाँव देवराला में सती की घटना होने के बाद वाद-विवाद तथा प्रदर्शनों की श्रृंखला ने यह दिखाया कि किस तरह हिन्दू महिला का अधिकार धार्मिक गरिमा, सामुदायिक स्वायत्तता और 'सत्ता की राजनीति' से गुँथा हुआ है।[47] इन दोनों ही मामलों में महिलाओं की आर्थिक आज़ादी, उनका सम्पत्ति अधिकार तथा समुदायों के भीतर प्रभुत्व की संरचनाओं को संगठित करने वाले आधार दाँव पर लगे थे। सम्पत्ति के अधिकार का दावा करने वाली पत्नियों और विधवाओं ने सिर्फ़ आर्थिक संरचनाओं को ही नहीं, बल्कि अन्य बहुत सी चीज़ों को अस्थिर कर दिया। वे स्त्री के रूप में अपनी ज़िन्दगी को प्रभावित करने वाले बहुस्तरीय बन्धन को मूलभूत तरीक़े से बदलना चाहती थीं। लेकिन इन दोनों ही मामलों में (पुरुष) धार्मिक नेताओं और कट्टरपंथियों ने सफलतापूर्वक 'समुदाय के ख़तरे में होने का डर' पैदा किया। इसके आधार पर, उन्होंने समुदाय का प्रतिनिधित्व करने के अपने दावे की फिर से पुष्टि की। दोनों ही मामलों में सरकार ने दोनों समुदायों के सन्दर्भ में अपनी चुनावी सम्भावनाएँ बेहतर बनाने के मक़सद से काम किया और दोनों समुदायों के साथ सन्तुलन रखने की प्रक्रिया में स्त्रियों के

हक़ को कुर्बान कर दिया।[48] शाहबानो मामले के समय तत्कालीन सरकार ने एक प्रतिगामी क़ानून, *मुस्लिम वीमेन्स (प्रोटेक्शन ऑफ़ राइट्स ऑन डिवोर्स) बिल*, 1986 पारित किया जिसने धारा 125 द्वारा परित्यक्त या तलाक़शुदा पत्नियों के बारे में मुस्लिम पुरुषों के दायित्वों से उन्हें मुक्त कर दिया।[49] इसी तरह, राजस्थान में राज्य सरकार ने देवराला में सती की घटना के समर्थकों और उससे मुनाफ़ा कमाने वालों के ख़िलाफ़ कोई कार्रवाई नहीं की। सभी प्रमुख केन्द्रवादी और दक्षिणपंथी दलों ने इस स्थान की यात्रा इस घटना के बारे में जानकारी लेने के लिए नहीं, बल्कि 'परम्परा' की तरफ़दारी करते हुए राजपूत और हिन्दू मत पर अपनी दावेदारी प्रबल करने के लिए की (कुमार 1993, 177)।

रामजन्मभूमि मुद्दे पर सरकार की निष्क्रियता के कारण कट्टर हिन्दू राष्ट्रवाद का पुनरुत्थान हुआ और इसके ख़िलाफ़ कोई मजबूत (हिन्दू) सार्वजनिक विरोध भी नहीं दिखा। मुस्लिम समुदाय अपनी स्वायत्तता के लिए सतर्क हो गया और उसने सार्वभौमिक क़ानूनों के लिए अपनी सीमाओं को खोलने के बजाय समुदाय के भीतर ही सुधार करने पर ज़ोर दिया।[50] इसी दौर में ऊँची जातियों ने सरकारी नौकरियों में जाति आधारित आरक्षण का तीखा और मुखर विरोध किया। ख़ासतौर पर, हिन्दू दक्षिणपंथ ने यह आरोप लगया कि जाति और समुदाय आधारित विशेषाधिकारों को बढ़ावा दिया जा रहा है तथा धार्मिक अल्पसंख्यकों और अनुसूचित जातियों और जनजातियों का 'तुष्टीकरण' हो रहा है। इसके मुताबिक़ इससे अचिह्नित अमूर्त्त नागरिकता क्षीण हुई है। इन्हीं कारणों से इसने राज्य के ख़िलाफ़ निन्दा अभियान छेड़ दिया। इस प्रकार, 1980 के दशक में अधिकारों के विमर्श की रूपरेखा में विपरीत दिशा में बदलाव हुआ। इसमें 'शोषकों' (उच्च जाति, हिन्दू पुरुष) ने खुद को शोषित के रूप में प्रस्तुत किया। इसने एक ऐसी अमूर्त्त नागरिकता की तरफ़दारी की, जिसमें जाति और समुदाय के आधार पर कोई 'विशेषाधिकार' न दिया जाता हो।[51] आदित्य निगम यह बताते हैं कि इस ऐतिहासिक मोड़ पर 'सबॉल्टर्न' (निम्न वर्ग) और 'पीड़ित' वे नहीं थे जिन्हें वर्चस्वशाली वृतान्तों से बाहर किया गया, बल्कि वे जिन्हें इन वृतान्तों द्वारा तैयार किया गया।[52]

मंडल विरोधी संघर्ष और हिदुत्व के इस दौर में नागरिकता के वर्चस्वशाली विमर्श जाति, जेण्डर, वर्ग, और समुदाय की पहचानों को नज़रअन्दाज़ करते हुए पहले की ही तरह नागरिकों को ऊँची जाति, हिन्दू और पुरुष के रूप में चिह्नित किया जाता रहा। इस दौर के वर्चस्वशाली संस्कृति के अन्तर्गत नारीवादी कर्त्ता की भी इसी तरह की संरचना उजागर हुई।[53] ऊपर वर्णित दोनों ही आन्दोलनों में महिलाओं की राजनीतिक आत्मनिष्ठताओं (सब्जेक्टिविटीज) ने 'महिला' के बजाय 'नागरिक' के रूप में समानता और आज़ादी का अपना दावा प्रस्तुत किया। इन सक्रिय राजनीतिक एक्टिविस्टों को एकजुट करने वाला कारक यह

नहीं था कि औरतें औरत के रूप में वंचना का अनुभव कर रही हैं। इसके बजाय, इन्होंने आरोप लगाया कि विभिन्न सरकारें सार्वभौमिक अमूर्त नागरिकों की सुरक्षा का संवैधानिक वायदा पूरा करने में नाकाम रही हैं, जिसके चलते स्त्रियों को वंचना की स्थिति झेलनी पड़ी है। इन राजनीतिक एक्टिविस्टों ने इसी वंचना के ख़िलाफ़ ख़ुद को एकजुट किया। मंडल विरोधी औरतें इस आदर्श के साथ काम कर रही थीं कि वे 'राष्ट्र' को 'साधारण कोटि' तक नीचे गिरने से बचाने के लिए 'सड़कों पर उतरी हैं'। उन्होंने औरत के बजाय नागरिक के रूप में अन्याय और वंचना के विरुद्ध अपनी दावेदारी पेश की। समानता का दावा जेण्डर पर आधारित नहीं था, क्योंकि ऐसा करने का मतलब होता कि वे ख़ुद को अपने पुरुषों के ख़िलाफ़ खड़ा कर रही हैं। नागरिकता के उनके दावे, पुरुषों द्वारा पेश किये गये इसी तरह के दावों से जुड़े हुए थे, जो इन दोनों को नीची जातियों के पुरुष और औरतों के ख़िलाफ़ खड़ा करते थे। समानता और आज़ादी की इस चाह में जेण्डर सम्बन्धी मुद्दे धुँधले पड़ गये तथा मध्य-वर्ग दायरे के सेकुलरीकरण द्वारा 'सार्वभौमिक नागरिक' सामने आए। सेकुलरीकरण की प्रक्रिया का लक्ष्य था कि मध्य-वर्ग के दायरे से जाति और समुदाय की पहचान धुँधली हो और साथ ही, 'अवशिष्ट' नागरिकों अर्थात् उच्च जाति, हिन्दू और पुरुष का अमूर्त्तीकरण और सार्वभौमीकरण हो।[54] नागरिकों को केवल वर्चस्वशाली तरीक़े से ही चिह्नित नहीं किया गया, बल्कि राष्ट्रीय संघर्ष की तरह ही 'महिलाओं' को ऊँची जाति और हिन्दू के रूप में प्रस्तुत किया गया। सूसी थारू और तेजस्विनी निरंजना यह दावा करती हैं कि इस सन्दर्भ में महिला की 'श्रेणी', नारीवाद का क्षेत्र और महिला नागरिकता का विचार कुछ ख़ास विशिष्टताओं के साथ उभरा। इसमें दलित महिलाओं की उपेक्षा की गयी और साथ ही निम्न जातियों को ऐसे हिंसक पुरुष के रूप में चिह्नित किया गया, जिनके ख़िलाफ़ नारीवादी वैध तरीक़े से अपना आक्रोश जता सकती थीं।[55] इसी तरह, राष्ट्रीयसेविका संघ ने मध्य वर्ग, ऊँची जाति की महिलाओं की पारम्परिक अदृश्यता को पूरी तरह पलट दिया। इससे जुड़ी मध्य वर्ग, ऊँची जाति की महिलाओं ने रामजन्मभूमि आन्दोलन में सक्रिय भूमिका निभायी।[56] मंडल-विरोधी आन्दोलन की तरह ही इस आन्दोलन ने भी औरतों की राजनीतिक स्व-सक्रियता और स्व-प्राप्ति की दिशा में योगदान दिया। ख़ासतौर पर इसने उन्हें उस स्थापित निर्बल पीड़ित की छवि से बाहर निकाला, जिनका उपयोग मुस्लिम-विरोधी विषवमन के लिए किया जाता था। इसमें मुस्लिमों को ऐसे क्रूर आदमियों के रूप में पेश किया गया था जो हिन्दू औरतों का लगातार बलात्कार करते हैं या उनके लिए ख़तरा होते हैं। इसकी जगह, कार सेविका के रूप में एक ऐसी सशक्त महिला की छवि का विकास हुआ जो कि पौराणिक रामायण में वर्णित आदर्श महिला की छवि

से अलग थी। रामायण में राम और उनकी सेना रावण से सीता की रक्षा करते हैं। लेकिन अब कारसेविकाओं ने ही राम की जन्मभूमि को अनैतिक नेताओं और मुस्लिमों से बचाने की ज़िम्मेदारी सँभाल ली : 'हम यहाँ ख़ून बहाने आए हैं...मन्दिर बनाने का मतलब है कि मुल्लाओं (मुस्लिम धार्मिक नेताओं) को फाँसी पर चढ़ाया जाना चाहिए। मुलायम सिंह यादव और वी. पी. सिंह को भी फाँसी दे देनी चाहिए'।[57] महिला के रूप में उनकी पहचान 'हिन्दुत्व के जागरण' में निहित थी, जिसे एक हिन्दू राज्य की नागरिकता में ही हासिल किया जा सकता था।[58] नागरिक के रूप में उनकी पहचान सिर्फ़ पुरुषों के साथ समानता पर आधारित नहीं थी, बल्कि वे ऐसी महिला नागरिक तैयार करना चाहती थीं जो निर्भीक, ज़िम्मेदार और मजबूत हो। रोचक बात यह है कि राष्ट्रवादी दौर के मध्य-वर्गीय हिन्दू महिला के विपरीत, यहाँ ताक़त का अर्थ कोई आन्तरिक, आध्यात्मिक ताक़त नहीं था। यहाँ महिला के शरीर को प्रशिक्षण द्वारा सख़्त और अजेय बनकर शारीरिक साहस और ताक़त पर बल दिया गया है।[59] निम्न जाति की हिन्दू औरत की तरह ही मुस्लिम महिला भी अजीबोग़रीब हालत में आ गयी। वह उसी सीमा तक औरत थी जिस सीमा तक वह भारतीय थी। एक औरत और एक भारतीय के रूप में वह वास्तविक अर्थों में मुस्लिम नहीं हो सकती थी। इन नये आन्दोलनों ने दक्षिणपंथी हिन्दू महिलाओं को सशक्त बनाया। लेकिन इसने जिस तरीक़े से ऐसा किया, उससे नारीवादी परियोजना में जाति/वर्ग पदसोपान को स्वीकार किया गया तथा इस्लाम को अन्य (या पृथक्) के रूप में प्रस्तुत किया गया (थारू और निरंजना 1996, 252)।

मुस्लिम वीमेन्स बिल (मुस्लिम महिला विधेयक) और सती के विरुद्ध महिलाओं के संघर्ष के कारण उन्हें ऐसे मुद्दों का सामना करना पड़ा जो 'महिला राजनीति' की परिभाषा/सीमाकंन के लिए ख़ासे महत्त्वपूर्ण थे। इस विवाद और विमर्श से सामने आने वाली सेकुलरवाद की विविध परिभाषाएँ कमोबेश सेकुलरवाद के उदारवादी-लोकतान्त्रिक दृष्टिकोण से लेकर सरकारी दृष्टिकोण के बीच कहीं अवस्थित थीं। विधेयक के विरोधियों ने सेकुलरवाद के उदारवादी-लोकतान्त्रिक दृष्टिकोण को अपनाया। इन्होंने व्यक्तियों के अधिकारों की धार्मिक परिभाषाओं को स्वीकार नहीं किया। दूसरी ओर, आधिकारिक या सरकारी घोषणाओं में समुदायों को न सिर्फ़ अपने क़ानून बनाने की अनुमति दी गयी, बल्कि इस बात को भी वैधता दी गयी कि विशिष्ट समुदाय अपने आदेश के अनुसार व्यक्तियों के अधिकारों की उपेक्षा कर सकते हैं। इसके अलावा, इस वाद-विवाद के दौरान समुदाय की सीमा-रेखा की पुनर्पुष्टि हुई। इसमें नारीवादियों की माँग की उपेक्षा करते हुए 'आधिकारिक' (या सरकारी) दावों में यह तर्क दिया गया कि महिलाओं की 'सामान्य', 'एकीकृत' श्रेणी जैसी कोई चीज़ नहीं होती है। यह

कहा गया कि महिलाएँ अपनी जाति, वर्ग और समुदाय के आधार पर विभाजित होती हैं और उनके अनुभवों, आवश्यकताओं और हितों में भी अन्तर होता है। इस विवाद में नुमाइंदगी का सवाल काफ़ी अहम हो गया और 'नारीवादियों' के प्रतिपक्ष में 'वास्तविक महिला' के प्रतीक को रखा गया, और इसका व्यापक रूप से प्रयोग किया गया। मिसाल के तौर पर, नारीवादियों द्वारा समान नागरिक संहिता की माँग का विरोध करते हुए यह दावा किया गया कि वे 'असल' महिला की 'वास्तविक' इच्छाओं और अनुभवों का प्रतिनिधित्व नहीं करती हैं।[60] इस 'असली औरत' के विचार की बुनियाद बीसवीं सदी के आरंभिक भाग में खोजी जा सकती है। उन्नीसवीं सदी के दूसरे भाग में उपनिवेशकों और राष्ट्रवादियों में इस बात की होड़ मची रही कि वे 'औरत' की पहचान ऐसी वस्तु के रूप में करें, जिसे असभ्य सभ्यता के प्रभावों से बचाना है; राष्ट्रवादियों ने तो महिलाओं को राष्ट्रीय परम्परा के प्रतीक और धारक के रूप में भी स्थापित करने का प्रयास किया। वहीं, बीसवीं सदी में उपनिवेशकों ने 'सभ्य बनाने के अपने मिशन' को अलग तरीक़े से परिभाषित किया। पहले (औपनिवेशिक आधुनिकता के उत्पाद) के रूप में 'बंगाली बाबू' का निर्माण किया गया। यह माना गया कि यह वास्तविक पौरुष का प्रतिनिधित्व नहीं करता है। इसी तरह, यह माना गया कि नयी भारतीय महिला (राष्ट्रवादी आधुनिकता की उत्पाद) असली औरत का प्रतिनिधित्व नहीं करती है। उपनिवेशक की सुरक्षा चाहने वाली सर्वोत्कृष्ट भारतीय महिला का स्थान अब ग़रीब महिला ने ले लिया, जो कि गाँवों में रहने वाले लाखों अज्ञानी भारतीयों का प्रतिनिधित्व करती थी। ये वो भारतीय थे, जिनके प्रति भारत का मध्य वर्ग उदासीन था और उन्हें अवमानना की नज़र से देखता था। यह प्रश्न उठाया गया कि क्या महिला एक्टिविस्ट भारतीय स्त्रियों की वास्तविक प्रतिनिधि हैं। स्पष्टत: उन्हें वास्तविक प्रतिनिधि नहीं माना गया। ग़रीब, ग्रामीण और ख़ासतौर पर 'पारम्परिक' औरत को 'असली महिला' माना गया। इसी कारण, राष्ट्रवादियों ने पर्सनल लॉ में बदलाव करने में झिझक दिखाई। मसलन, गाँधी इस बात से सहमत थे कि महिलाओं की स्थिति में सुधार की जानी चाहिए। लेकिन उन्होंने महिला एक्टिविस्टों के तरीक़ों से असहमति जताई और उन्होंने उनसे यह आग्रह किया कि वे अपना समय गाँवों में गुज़ारें और स्थानीय प्रथाओं बारे में जानकारी एकत्रित करें। वे यह मानते थे कि ऐसा करके वे यह समझ जाएँगी कि अधिकांश ग्रामीण महिलाओं के लिए क़ानूनी बदलाव अप्रासंगिक हैं। सुधारों का विरोध करने वाले कांग्रेसियों को यह यक़ीन था कि परिवर्तन की माँगे 'असली' नहीं हैं क्योंकि वे स्वयं जिन औरतों को जानते थे, वे अपनी ज़िन्दगी में काफ़ी खुश थीं और किसी बदलाव की इच्छा नहीं रखती थीं। उन्नीसवीं सदी के आख़िर में 'नयी महिला', 'सुधरी हुई' राष्ट्रीय परम्परा का प्रतीक बन गयी और उसमें इस दौर

में राष्ट्रवादी पुरुष को शर्मिन्दा करने की शक्ति आ गयी। वे बाहरी उपनिवेशक से अपने परिवार के क़ानूनों में बदलाव करने की माँग करके ऐसा कर सकती थीं।[61] जैसा कि हमने पिछले अध्याय में वर्णित किया है कि महिला एक्टिविस्टों ने मताधिकार की माँग करने की प्रक्रिया में महिलाओं और पुरुषों के राजनीतिक अधिकारों में सामंजस्य स्थापित कर पुरुषों का समर्थन हासिल किया। पुरुषों ने भी उनका समर्थन किया क्योंकि उन्होंने यह दिखाया कि वे पश्चिमी औरतों से अलग हैं और आन्तरिक रूप से उनका भारतीय पुरुषों से ही जुड़ाव है।

ऊपर-वर्णित 1980 के सन्दर्भ में यह देखा जा सकता है कि समान नागरिक संहिता की पुरानी माँग को बदले हुए हालात में किस प्रकार प्रस्तुत किया गया। दरअसल, समान नागरिक संहिता के द्वारा नारीवादी महिला समूह स्त्रियों को अमूर्त्त नागरिकता के दायरे में लाना चाहती थीं। औरतों के अधिकारों के लिए लगातार संघर्ष करने वाली महिला समूह हर समुदाय के लिए समान नागरिक संहिता की माँग करती रही थीं। लेकिन अब यह ख़तरा पैदा हो गया कि नागरिकता का वर्चस्वशाली विमर्श समान नागरिक संहिता की माँग पर अपने राजनीतिक ध्येय के लिए क़ब्ज़ा कर लेगा। इन महिला समूहों ने, जिनमें विविध राजनीतिक धाराओं की स्त्रियाँ शामिल थीं, अपने दृष्टिकोण में संशोधन किया। उन्होंने नागरिकों के रूप में महिलाओं के अधिकारों और विशिष्ट समुदायों में उनकी सदस्यता के बीच सामंजस्य बनाने की कोशिश की। व्यक्तियों के रूप में महिलाओं के लिए अधिकतम सम्भावित स्थान तैयार करने के लिए उन्होंने उन्हें समुदाय से स्वेच्छा से निकलने देने के लिए कुछ उपायों पर विचार किया। इनकी मदद से समुदायों के सदस्य व्यक्तिगत रूप से समुदाय से बाहर निकलकर उससे अपनी जुड़ाव की शर्तों का पुनर्मूल्यांकन कर सकते थे। साथ ही, उन्होंने यह प्रयास किया कि महिलाओं के पास जेण्डर के आधार पर अधिकार और क़ानून की न्यायपूर्ण रूपरेखा के सन्दर्भ में विकल्प मौजूद हों।[62]

निष्कर्ष

भारतीय संविधान में बहुस्तरीय दमनकारी संरचनाओं तथा नस्लीय और जाति सर्वोच्चता के विविध निर्मितियों के ख़िलाफ़ आत्म-निर्णय के संघर्ष के सन्दर्भ में नागरिकता को शामिल किया गया। यह सम्प्रभु राष्ट्र और लोकतान्त्रिक राजनीतिक समाज के क़ानूनी हैसियत और संघटक सिद्धान्त के रूप में सामने आया। इस सन्दर्भ में एक ओर सांस्कृतिक/धार्मिक समुदाय और दूसरी ओर राष्ट्रीय-राजनीतिक समुदाय ने अनिश्चित प्राथमिकता हासिल की। इसने स्वतन्त्रता के बाद के दौर में सामने आयी नागरिकता की अवधारणा में तनाव पैदा किया। यह तनाव सबसे ज़्यादा महिलाओं की नागरिकता के सन्दर्भ में ही अभिव्यक्त हुआ, जिसमें महिलाओं

की नागरिकता मुक्ति और समानता के विमर्शों के एक जाल में गुँथी हुई थी। इसने राष्ट्रीय-राजनीतिक और धार्मिक-सांस्कृतिक समुदायों को नागरिक के रूप में व्यक्ति की पहचान का प्राथमिक स्रोत बना दिया। अमूमन इन दोनों समुदायों से उत्पन्न पहचान परस्पर विरोधी थीं। सामुदायिक सदस्यता और समुदायों के भीतर महिलाओं के स्थान की परिकल्पना में नागरिक के रूप में महिलाओं की आवाज़ की अभिव्यक्ति और महिला राजनीति के स्थान के निर्माण पर महत्त्वपूर्ण प्रभाव डाला।

ऐतिहासिक रूप से 'महिला' श्रेणी की अभिव्यक्ति इस प्रकार हुई कि 'महिला' एक ऐसा माध्यम बन गयी, जिसके द्वारा कोई भी समुदाय-धार्मिक/राष्ट्रीय-राजनीतिक/जाति-एक सूत्र में बँधा रहे। इसलिए औरतों की नागरिकता की अभिव्यक्ति बाहर से आरोपित शुद्ध, पवित्र और शासन-व्यवस्था का शुद्धीकरण करने की अतिमानवीय क्षमता से बँधी थी। महिलाओं की एक एकीकृत श्रेणी अर्थात् मुक्तिदायी बदलावों के एजेंट और कर्त्ता के रूप में उनका एक सामूहिक निकाय भ्रामक साबित हुआ। ऐसा इसलिए हुआ क्योंकि इसने महिला की अमूर्त्त श्रेणी के भीतर विभिन्न प्रकार की औरतों का समरूपीकरण करने का प्रयास किया। बहुल समाज की सीमाओं के भीतर और महिलाओं के विभेदीकृत जीवन अनुभवों में महिला राजनीति का स्थान विविध तरीक़ों और अलग-अलग रूपों में सामने आया। मेरे दिमाग़ में अभी उस स्थिति की कल्पना है जिसे कुमकुम संगारी 'सम्भव राजनीति' *(द पॉलिटिक्स ऑफ़ द पॉसिबल)* की संज्ञा देती हैं। इसका एक स्पष्टीकरण पिछले दशक के दौरान आंध्र प्रदेश में चले अरक-विरोधी आन्दोलन से उजागर होता है। इस आन्दोलन की एक स्पष्ट विशेषता यह थी कि इसमें भाग लेने वाली औरतों ने आंदोलन को अपने गाँव की सीमा से आगे ले जाने से इंकार कर दिया। उनका यह कहना था कि 'क्या दूसरे गाँवों की औरतें मर गयी हैं? हमें सरा के ख़िलाफ़ लड़ने के लिए वहाँ क्यों जाना चाहिए?' अपनी पहल को अपने स्थानीय हालात तक सीमित करते हुए ये औरतें उस क्षेत्र का सीमांकन कर रही थीं, जहाँ वे बदलाव ला सकती थीं और अपना नियन्त्रण क़ायम रख सकती थीं। इस तरह उन्होंने 'सम्भव राजनीति' का प्रदर्शन किया।[63] इसी प्रकार, किसान, जनजाति, दलित, पर्यावरण और महिला आन्दोलन जैसे सामाजिक आन्दोलनों के घटक के रूप में महिलाएँ आन्दोलनों के बीच सेतु का काम कर रही हैं। वे ऐसे मूलभूत सामाजिक बदलाव के लिए प्रयास कर रही हैं जिससे समाज समता स्थापित हो और वह जेण्डर के आधार पर न्यायपूर्ण बन सके।[64]

सन्दर्भ

1. यहाँ 'परत' शब्द का प्रयोग आन्दोलनों के प्रकारों को पदसोपान या ऊँच-नीच की एक श्रेणी में विभाजित करने के लिए नहीं किया गया है। इसका मुख्य मक़सद दमन के ख़िलाफ़ संघर्ष की दो व्यापक शब्दावलियों में अन्तर करना है।
2. आरोपित, विखण्डित, पेशा आधारित और अन्तर्विवाही जातियों की एक पदसोपानीय व्यवस्था के रूप में जाति व्यवस्था से सत्ता-प्राधिकारों का विभेदीकृत वितरण में सामने आया। इसके साथ ही, प्रभुत्वशाली (ब्राह्मणवादी) धार्मिक परम्परा से मान्यता प्राप्त कई अक्षमताएँ भी सामने आयीं। इस व्यवस्था में क्षेत्रीय स्तर पर और एक क्षेत्र के भीतर कई विभेद और असमानताएँ पायी जाती हैं। लेकिन फिर भी एक सहस्त्राब्दी से भी ज़्यादा समय से पूरे भारत में इस पदसोपानीय व्यवस्था की कुछ सामान्य विशेषताएँ सामने आयी हैं। मसलन, इसमें ब्राह्मणों को सर्वोच्च स्थान प्राप्त है। उसके बाद अन्य शिक्षित, और सम्पत्तिशाली जातियाँ हैं। फिर आख़िर में सबसे नीचे शूद्र आते हैं, जिसमें श्रम करने वाले और छूआछूत की शिकार जातियाँ शामिल हैं। शुद्धता और दूषण का यह धार्मिक पदसोपान उत्पादन सम्बन्धों और स्वामित्व के रूपों में सामने आया। साथ ही, यह सार्वजनिक जीवन की असमान विशेषाधिकार/अक्षमता की संरचना में भी अभिव्यक्त हुआ। औपनिवेशिक हस्तक्षेप ने अधीनता के पुराने रूपों और संरचनाओं को ख़त्म नहीं किया। इसने पहले से मौजूद दरारों को और ज़्यादा गहरा किया। औपनिवेशिक शासन की उभरती संरचना में समाज के ऊपरी/शासक तबक़े का, जिसमें ब्राह्मण और अन्य द्विज जातियाँ शामिल थीं, सशक्तीकरण और विस्तार हुआ। ये जातियाँ ही मुख्य रूप से राष्ट्र की भावना से जुड़ीं। भारतीय समाज की 'पुरानी व्यवस्था' पर औपनिवेशिक शासन के प्रभाव के लिए, देखें, जी. एलोसियस, *नैशनलिज़्म विदआउट अ नेशन इन इण्डिया* (1997, 21-51)।
3. जी. एलोसियस इस प्रक्रिया को *संस्कृति के भीतर सत्ता के समरूपीकरण* के रूप में वर्णित करते हैं। उनके मुताबिक़ ऐसा सत्ता के समान वितरण के अर्थ में होता है और यह सत्ता और संस्कृति के बीच सामंजस्य के नये प्रकार के रूप में राष्ट्र को सामने लाने में महत्त्वपूर्ण भूमिका अदा करता है। संस्कृति-सत्ता जुड़ाव का पूर्व-आधुनिक रूप असमान और ऊँच-नीच आधारित था, तथा इसे ब्राह्मणवादी परम्परा और औपनिवेशिक सत्ता संरचना द्वारा वैधता प्रदान की गयी।
4. यह एक महत्त्वपूर्ण बात है कि रबीन्द्रनाथ टैगोर ने एक 'राष्ट्र' को 'सत्ता के लिए संगठित समस्त जन के एक आयाम' की संज्ञा दी थी। लेकिन उन्होंने आधुनिक (राजनीतिक/राष्ट्र-राज्य) को ख़ारिज किया था जो इसे ऐसे 'दैत्याकार संगठन का रूप देता है, जिससे दूसरों को नुक़सान होता है'। इस रूप में यह 'दूसरों को पीछे खींचकर पैसा कमाने' और 'हमारी आज़ादी पर गम्भीर रोक लगाने का साधन बन जाता है'। टैगोर यह मानते हैं कि हमारे पास 'एक उच्चतर सभ्यता का व्यापक जीवन है', जो कि उच्चतर मानवता है। उपनिवेशीकरण की वजह से आज़ादी को सम्पूर्ण मानवता को आत्मसात करने के रूप में देखने की प्रवृत्ति कमज़ोर हुई। वे यह मानते हैं कि 'भारत पर एक ऐसे राष्ट्र का प्रभुत्व और शासन रहा है, जिसका रुझान पूरी तरह से राजनीतिक है'। इसलिए 'हमने भी अपने अतीत की विरासत को नज़रअन्दाज़ करते हुए अपने भीतर अपनी राजनीतिक नियति में विश्वास कर लिया है'। देखें, रबीन्द्रनाथ टैगोर, *नैशनलिज़्म* (1917, 97-112)।
5. यहाँ हमें नागरिकता के विकास के बारे में मार्शल के विवरण को याद करने की ज़रूरत है। इसमें राजनीतिक समुदाय की पूर्ण और सामान्य सदस्यता का वायदा किया गया है। नागरिक

और राजनीतिक अधिकारों या 'समाज में मौजूदा मानकों के अनुसार सभ्य जीवन जीने का अधिकार' इस सदस्यता का एक महत्त्वपूर्ण आयाम था। जीवन के ये मानक तथा सामाजिक विरासत तक पहुँच (समानता के रूप में) नागरिकता की एक व्यापक अवधारणा बनाते हैं। जैसा कि ब्रायन टर्नर बताते हैं, 'इसमें सामाजिक सदस्यता और सम्पूर्ण समाज में भागीदारी का प्रश्न शामिल होता है' (टर्नर 1989, 85)। इसका एक बुनियादी पहलू यह भी है कि इससे पदसोपानीय सामाजिक संरचना के प्रभुत्व का पतन होता है तथा समतावादी क्षैतिज सम्बन्धों का उभार होता है। इसलिए राष्ट्र की संरचना की ओर बदलाव इस (समतावादी) सामाजिक सदस्यता की प्राप्ति की ओर निरन्तर गतिशीलता को रेखांकित करता है। ए. डी. स्मिथ यह बताते हैं कि सांस्कृतिक सामूहिकता के आत्म-निर्णय के रूप में राष्ट्रवाद, सामूहिकता के भीतर व्यक्तियों के आत्म-निर्णय के रूप में राष्ट्रवाद से अभिन्न और जटिल रूप से जुड़ा हुआ है। ये दोनों आधुनिकता और राष्ट्र की ओर बढ़ने वाले क़दम के दो चरण हैं। देखें ए. डी. स्मिथ, *थियरीज ऑफ़ नैशनलिज़्म* (1983, 67)।

6. पार्थ चटर्जी, 'वॉज देयर अ हेजेमॉनिक प्रोजेक्ट ऑफ़ द कॉलोनियल स्टेट', संकलित, *कॉन्टेस्टिंग कॉलोनियल हेजिमनी,* सम्पा. डैगमर एंगेल्स और शुला मार्क्स (1994, 82)।
7. 'वॉर ऑफ़ पोजिशन्स' (स्थान के लिए युद्ध) शब्दावली का प्रयोग इटली के मार्क्सवादी चिन्तक एंटोनियो ग्राम्शी द्वारा किया गया। इसके माध्यम से वे क्रान्तिकारी वर्ग संघर्ष के ऐसे चरण के बारे में बताते हैं जिसमें विरोधी वर्गों के बीच प्रत्यक्ष टकराव नहीं होता है। इसके बजाय, इनके बीच एक धीमा और गुप्त संघर्ष होता है, जिसमें वे अपनी स्थिति को मजबूत बनाने का प्रयास करते हैं।
8. राधिका सिंघा औपनिवेशिक राज्य के संघटन की जटिलताओं और भारत में औपनिवेशिक प्राधिकार के स्थापना की विवेचना करती हैं। ख़ासतौर पर, वे उन प्रक्रियाओं पर ध्यान केन्द्रित करती हैं, जिनके माध्यम से ईस्ट इण्डिया कम्पनी द्वारा स्थापित औपनिवेशिक राज्य ने अपनी भ्रूणावस्था में अतीत के दण्ड व्यवहारों से अलग आपराधिक न्याय की एक व्यवस्था का सृजन किया। इसने इसके माध्यम से अपने प्रजाजनों के जीवन को वैध तरीक़े से व्यवस्थित (पुनर्व्यवस्थित) करने का दावा पेश किया। अपने अध्ययन में सिंघा यह दिखाती हैं कि औपनिवेशिक राज्य का सामाजिक आधार-समर्थन काफ़ी कमज़ोर था। औपनिवेशिक राज्य द्वारा अपने प्रजाजनों के जीवन को वैध तरीक़े से पुनर्व्यवस्थित करने का दावा मोटे तौर पर विखण्डित श्रोता (पब्लिक या जन) की सहमति पर आधारित था। दरअसल, यह अक्सर एक-दूसरे से असंगत स्थिति में रहने वाले जन के विविध समूहों के बीच अवस्थित था। इसने उसके सुधारवादी एजेंडा को एक ऐसे लिबास में बदल दिया, जिसके पीछे वह एक दयालु तानाशाह के रूप में काम कर सकता था। राधिका सिंघा, *अ डिस्पोटिजम ऑफ़ लॉ : क्राइम ऐंड जस्टिस इन अर्ली कॉलोनियल इण्डिया* (1998)।
9. केलविन सैंटियागो-वैलेस, 'ट्राईंग टू पिन माइसेल्फ इन हिस्ट्री : रेस, सेक्स ऐंड कॉलोनियलिज़्म' (1993, 73-7); अपने एक अन्य काम में सैंटियागो-वैलेस ने यह बताया है कि औपनिवेशिक पूँजीवाद ने 'इण्डियन्स', 'नीग्रो', 'लैटिन नस्ल', उत्तरी अमेरीका में 'हिथेन चीनी', 'पोर्टो रिको' के नये विदेशी उपनिवेशों, फिलीपीन्स, हवाई गुआम, क्यूबा के क़ब्ज़े वाले क्षेत्र के साथ पनामा कैनल जोन में शोषण किया है और वह अभी भी ऐसा कर रहा है। इसने उत्तर अमेरीकी उपनिवेशकों को 'एक अतिरिक्त सामाजिक आर्थिक और ग्रन्थयुक्त स्थान उपलब्ध कराया है, जो एक सुपरक्लास वर्चस्व के रहस्यमयी अर्थ में पश्चिमी पौरुषवादी और सांस्कृतिक-राष्ट्रीय/नस्लीय सर्वोच्चता को पुनःअंकित करती है।' लेकिन नस्लीय शैशव

और 'कमज़ोर नस्लों' के नारीकरण का विमर्श भी इस संघटन का सहायक स्रोत रहा है। नये कैरेबियन नवयुवकों को अमेरीका की नागरिकता देने या उससे कम, स्वशासन देने सम्बन्धी चर्चा नये उपनिवेशकों के जेण्डर और उम्र आधारित महत्त्वपूर्ण व्यवहारों को रेखांकित करती है। देखें केलविन सैंटियागो-वैलेस, *सब्जेक्ट पीपल' ऐंड कॉलोनियल डिस्कोर्स : इकोनॉमिक ट्रांसफॉरमेशन ऐंड सोशल डिस्ऑर्डर इन प्यूरेटो रिको, 1898-1947* (1994)।

10. थियोडोर रूजवेल्ट, जूनियर, *कॉलोनियल पॉलिटिक्स ऑफ़ द युनाइटेड स्टेट्स, 1937* (वही vi)।
11. उपनिवेशित लोगों का अपना प्रतिनिधि चुनने का अधिकार सम्पत्ति के स्वामित्व से जुड़ा हुआ था। लाखों आदमियों और औरतों के पास मताधिकार के अभाव ने मताधिकार के संघर्ष को एक ऐसे क्षेत्र में तब्दील कर दिया, जहाँ बहुत से विचारधारात्मक सूत्रीकरण हुए। यह इस सीमा तक हुआ कि यह माना जाने लगा कि मताधिकार से वंचित व्यक्ति 'महिला'/निर्बल/स्त्रैण है।
12. देखें श्रीनिवास शास्त्री, द *इण्डियन सिटीजन* (1948, 42-3)।
13. एलोसियस का मानना है कि औपनिवेशिक भारत में अलग-अलग तरह से राजनीतिक जागरूकता सामने आयी। इन अलग-अलग रूपों में एक तरह की होड़ भी थी। इसके बहुत से प्रतियोगी रूपों में राष्ट्रवादी जागरूकता भी एक थी। सवाल सिर्फ़ यह नहीं है कि प्रभुत्वशाली राष्ट्रवादी आन्दोलन ने अन्य हितों को आवाज़ दी या नहीं, बल्कि यह भी है कि क्या इसके नेताओं ने सहयोगी हितों को गठजोड़ बनाने के लिए अन्य हितों की नुमाइंदगी करने वालों से संवाद किया या नहीं। बहरहाल, राष्ट्रवादियों ने केवल उतनी ही सत्ता की माँग की जितना वे अपने भीतर समेट सकते थे। उन्होंने बहुत तेज़ी से आम जनता की भयंकर ग़रीबी का अपने पक्ष में इस्तेमाल किया। उन्होंने अपने लिए ज़्यादा राजनीतिक और प्रशासनिक नुमाइंदगी की माँग की तथा इसे इस समस्या के प्रभावशाली इलाज के रूप में प्रस्तुत किया। आर.सी. मित्रा ने सूक्ष्म अल्पसंख्यक (माइक्रोस्कोपिक माइनॉरिटी) होने के आरोप का ज़वाब देते हुए यह कहा था कि 'शिक्षित समुदाय ने देश के मस्तिष्क और चेतना का प्रतिनिधित्व किया। वे अशिक्षित आम जनता के वैध प्रवक्ता थे। राष्ट्रीय अभिभावक की तरह उन्होंने उनके हितों का प्रतिनिधित्व किया'। आर. सी. मजूमदार (1978, 883) जी. एलोसियस (1997, 114-15) में उद्धृत।
14. एस. घोष, (1967, 25), (सिंह, 1998, 120) में उद्धृत।
15. किसानों का वर्णन करते हुए राजेन्द्र प्रसाद और जवाहरलाल नेहरू ने इस तरह के विशेषणों को प्रयोग किया (पाण्डेय 1984, 1-7)।
16. सहजानंद सरस्वती, *मेरा जीवन संघर्ष* (1985, 299); देखें, सिंह (1998, 151)।
17. अमवारी सत्याग्रह के बाद सांकृत्यायन पर भारतीय दण्ड संहिता की धारा 143 (ग़ैरक़ानूनी बैठक में भाग लेना) और 379 (गन्ने की चोरी) के तहत मुक़दमा दर्ज किया गया था। विस्तार के लिए देखें, सांकृत्यायन, *मेरी जीवन यात्रा,* खण्ड II (1950, 520)।
18. अमवारी सत्याग्रह में अपनी गिरफ़्तारी के बाद सांकृत्यायन ने किसान क़ैदियों की ओर से कुछ माँगे प्रस्तुत कीं। ये माँगे जेल के सामान्य हालत, कपड़े, भोजन, बिछावन, पठन और लेखन सामग्री, अख़बार और व्यक्तिगत रेडियो से सम्बन्धित थीं। वे और उनके साथी क़ैदी यह मानते थे कि उनके राजनीतिक क़ैदी होने के कारण ये माँगे पूरी तरह उचित हैं और कांग्रेसी क़ैदियों द्वारा पहले की गयी माँगों की तरह ही हैं। देखें, सिंह, (1998, 115)।

19. मिसाल के तौर पर देखें, मिहिर कुमार सेन की किताब *एलीमेंट्स ऑफ़ सिविक्स,* जिसका 14वाँ संस्करण 1946 में मुद्रित हुआ था (सेन 1946, vii और xi)।
20. वी. डी. सावरकर द्वारा जेल से 3 अक्टूबर 1914 को अंडमान और निकोबार द्वीपों के मुख्य कमिश्नर को भेजी गयी याचिका, फ़ाइल नंबर 245 एच (पी) पार्ट बी, नवम्बर 1914, नैशनल आर्काइव्स ऑफ़ इण्डिया, 3-5, सिंह (1998, 23) में उद्धृत।
21. देखें श्रीनिवास शास्त्री, द *इण्डियन सिटीजन : हिज राइट्स ऐंड ड्युटीज,* (बॉम्बे : हिन्द किताब लिमिटेड, 1948)।
22. इस प्रक्रिया में निम्नलिखित बातें शामिल हैं : (i) ग़ैर-ब्राह्मणवादी हिन्दू धर्म के विभिन्न रूपों की पुनर्खोज के माध्यम से एक ग़ैर-पदसोपानीय धार्मिक-सांस्कृतिक रूपरेखा की तलाश, (ii) ऐसे संगठनों या सभाओं द्वारा इस नव-प्राप्त एकजुटता की अभिव्यक्ति जिनमें सिर्फ़ एक ही जाति में विवाह के विचार को नकारा जाता हो; साथ ही, इनके पास जाति की सबसे व्यापक समझदारी और परिभाषा (अधिकतम क्षैतिज विस्तार) हो, (iii) इसमें साक्षरता पर बल दिया गया ताकि लोग सत्ता संरचनाओं के उभरते रूप, पेशागत विविधता और ऊपर की ओर सामाजिक गतिशीलता का फ़ायदा उठा पाएँ तथा अपने पेशे की वंशानुगत और आरोपित जड़ता से बाहर निकल पाएँ, (iv) इस नज़रिये को पूरी तरह ख़ारिज किया गया कि नयी राजनीति किसी विशिष्ट समूह या जाति का एकधिकार हो सकती है, और इसलिए राजनीतिक हिस्सेदारी और नुमाइंदगी को बढ़ावा देना। फुले, नारायण गुरु, मंगू राम, ई. वी. रामास्वामी नायकर, घासी राम और आम्बेडकर जैसे चिन्तकों ने निम्न जाति की सामूहिक गतिविधियों और पहचान तथा समाज और सामाजिक-राजनीतिक सम्बन्ध के नारे में उनके नयी कल्पना को बढ़ावा दिया। इन चिन्तकों द्वारा इसका विचारधारात्मक और दार्शनिक आधार उपलब्ध कराया गया। देखें, एलोसियस (1997, 77)।
23. पार्थ चटर्जी मानते हैं कि राष्ट्रीय समुदाय का संघटन उपनिवेश-विरोधी राष्ट्रीय आन्दोलन का एक भाग था। इसका पूँजी और औपनिवेशिक राज्य के वृतान्त से कट्टर विरोधी सम्बन्ध था। औपनिवेशिक शासन की एजेंसी द्वारा (उपनिवेशों में) आधुनिक राज्य के रूपों को आयातित किया जाता है। नागरिक समाज की संस्था का यूरोप में जिस रूप में उद्भव हुआ, वह उपनिवेशों में इसलिए सामने आती है ताकि औपनिवेशिक शासन की वैधता के लिए एक सार्वजनिक क्षेत्र का निर्माण कर सके। हालाँकि यह प्रक्रिया बुनियादी रूप से इस तथ्य से सीमित थी कि औपनिवेशिक राज्य उपनिवेशितों को सिर्फ़ प्रजा की हैसियत दे सकता था; वह उन्हें नागरिकता नहीं दे सकता था। उपनिवेश-विरोधी संघर्ष के इतिहास में एक महत्त्वपूर्ण मोड़ तब आता है जब उपनिवेशित लोग प्रजाजनों के रूप में नागरिक समाज की सदस्यता लेने से इंकार कर देते हैं। वे समुदाय के विभिन्न वृतान्तों के भीतर अपनी राष्ट्रीय पहचान का निर्माण करते हैं। देखें, चटर्जी (1994, 237)।
24. संविधान के प्रावधानों को विस्तार से समझने के लिए देखें डी. डी. बसु, *इंट्रोडक्शन* टू द *कॉन्स्टीट्युशन ऑफ़ इण्डिया* (1999) और सुभाष कश्यप, *सिटीजन्स ऐंड कॉन्स्टीट्युशन* (1997)।
25. देखें जेराल्ड जेम्स लारसन, इण्डियाज ऐग्रेनि ओवर रीलिजन (1997, 214-18)।
26. पिछले अध्याय में मताधिकार की विवेचना की गयी है, जिसके सन्दर्भ में यह कहा जा सकता है कि संविधान में 'चुनावों' और 'मताधिकार' से सम्बन्धित प्रावधान काफ़ी महत्त्वपूर्ण हैं। इसका कारण यह है कि औपनिवेशिक शासन के अन्तर्गत राजनीतिक अधिकारों की वंचना के कारण इनके लिए लम्बी लड़ाई लड़ी गयी। यह उल्लेखनीय है कि संविधान ने

लोकसभा और राज्यों की विधानसभाओं के चुनावों के लिए 'सार्वभौमिक वयस्क मताधिकार' को स्वीकार किया। संविधान का अनुच्छेद 326, 21 वर्ष के ऊपर के सभी नागरिकों को मताधिकार दिया (इसे 1988 में 61वें संविधान संशोधन द्वारा 18 वर्ष में बदल दिया गया, जो कि 1 अप्रैल 1989 से प्रभावकारी हुआ)। यह भी ग़ौरतलब है कि संविधान ने मताधिकार के लिए किसी तरह की सम्पत्ति या शिक्षा की कसौटी नहीं रखी है।

27. *हेड मास्टर्स वर्सेज यूनियन ऑफ़ इण्डिया,* ए. 1983 कैल. 448 (पैरा 27), डी. डी. बसु, शॉर्टर कॉन्स्टीट्युशन ऑफ़ इण्डिया (1999, 311) में उद्धृत।
28. *सूर्या वर्सेज यूनियन ऑफ़ इण्डिया,* ए. 1982 राज. 1 (पैरा 19), (वही, 310)।
29. रूरल लिटिगेशन वर्सेज स्टेट ऑफ़ यू. पी., ए. 1987 एस. सी. 359 (पैरा 19); ए. 1985 एस. सी. 652 (पैरा 8-12); *सच्चिदानंद वर्सेज स्टेट ऑफ़ डब्ल्यू.बी.,* ए. 1987 एस. सी. 1109 (पैरा 4); *मेहता वर्सेज यूनियन ऑफ़ इण्डिया* (1988) 1 एस.सी.सी. 471 (पैरा 24-26) (वही, 311)।
30. शेफाली झा अपने लेख 'राइट्स वर्सेज रिप्रेजेनटेशन : डिफ़ेंडिंग माइनॉरिटी इंटरेस्ट्स इन द कॉन्स्टीट्युएन्ट असेम्बली' में यह बताती हैं कि वाद-विवाद के बाद के चरणों में धर्म के अधिकार और प्रभावकारी राजनीतिक प्रतिनिधित्व के अधिकार के बीच की दुविधा ज़्यादा स्पष्ट हो गयी। पहले के चरणों में धार्मिक अल्पसंख्यकों के लिए विधायी निकायों में आरक्षण की माँग की गयी और चुनावों में साधारण बहुमत/बहुलता के बजाय आनुपातिक प्रतिनिधित्व की व्यवस्था की वकालत की गयी। अधिकार और प्रतिनिधित्व के बीच की इस दुविधा के कारण समुदायों को बेहतर प्रतिनिधित्व की अतिरिक्त सुरक्षा नहीं मिली। आख़िरकार, बहुमतवाद के रूप में लोकतन्त्र के दृष्टिकोण को वरीयता मिली, जो आगे चलकर धार्मिक आज़ादी का विरोधी साबित हुआ (झा 2003, 1579-83)।
31. दूसरी ओर, संजीब बरुआ यह बताते हैं कि जब लोग सैद्धान्तिक तौर पर इससे सहमत होते हैं कि ऐतिहासिक रूप से वंचित लोग सुरक्षात्मक भेदभाव या सकारात्मक कार्रवाई के हक़दार हैं, उस समय भी फ़ायदे में रहने वाले समूहों और वंचित समूहों के प्रतियोगी दावों के बीच न्याय और निष्पक्षता के आधार पर फ़ैसला करना कठिन हो सकता है। इस विषय में बरुआ उत्तर-पूर्व के ख़ास सन्दर्भ का उल्लेख करते हैं, जहाँ अनुसूचित जनजातियों के लिए सुरक्षात्मक भेदभाव की राजनीति का अर्थ है : (i) यह मुख्य रूप से सुरक्षात्मक भेदभाव का जातीय विमर्श है। इसमें राज्य लगातार लोगों को जातीय सन्दर्भ में श्रेणीबद्ध करता है और आप्रवासियों के वंशजों को बाहरी बना देता है, और (ii) इसने मिजोरम, अरुणाचल प्रदेश और नागालैण्ड जैसे राज्यों में दो स्तरीय व्यवस्था का निर्माण किया। यहाँ तक़रीबन सभी सीटें जनजातियों के लिए आरक्षित होने के कारण ग़ैर-जनजातियों को चुनाव लड़ने का मौक़ा ही नहीं मिलता है। देखें बरुआ 'प्रोटेक्टिव डिसक्रिमिनेशन ऐंड क्राइसिस ऑफ़ सिटिजनशिप इन नॉर्थ-ईस्ट इण्डिया' (2003, 1624-36)।
32. इस बात पर ग़ौर करने की आवश्यकता है कि संविधान (86वाँ संशोधन) अधिनियम 2002 ने 14 साल से कम उम्र वाले सभी बच्चों के लिए शिक्षा के अधिकार को मूल अधिकार बना दिया है। न्यायिक व्याख्याओं ने भी जीवन के अधिकार का इस तरह विस्तार किया है कि जिससे आवास जैसे जीवन की बुनियादी आवश्यकताओं को भी इसका भाग माना जाने लगा है।
33. ए. आर. देसाई, 'इम्पॉवरिंग द सॉवरेन सिटिजन्स ऑफ़ इण्डिया : सम कॉन्स्टीट्युशनल ऑब्सटेकल्स', संकलित, *सोशल ऐंड कल्चरल डायवर्सिटी,* सम्पा. आभा अवस्थी (1997)।

34. ए. आर. देसाई यह बताते हैं कि यदि संविधान का इस नज़रिये से विश्लेषण किया जाए कि किन अधिकारों को बाहर रखा गया है तो संविधान का सामाजिक-आर्थिक, वर्ग और जेण्डर पहलू उजागर होगा। बड़ी संख्या में विद्वान और नागरिक स्वतन्त्रता कार्यकर्त्ता यह मानते हैं कि संविधान ऐसे सिद्धान्तों पर आधारित नहीं है जो अपने नागरिकों को बुनियादी मानवाधिकार उपलब्ध करा सके। ख़ासतौर पर, देसाई यह दलील देते हैं कि संविधान में इतनी बातों को छोड़ दिया गया है कि परोक्ष रूप से इसका 'जन-विरोधी' आधार ही सामने आता है। उनका दावा है कि विकास के (पूँजीवादी) रास्ते के बारे में अन्तर्निहित मान्यताओं ने ऐसे हालात पैदा किये हैं जिसके चलते सम्पत्तिशाली वर्गों द्वारा बेरोकटोक क़ानूनों का उल्लंघन किया जा रहा है। साथ ही, राज्य नागरिकों के बड़े समूह के ख़िलाफ़ बल-प्रयोग आधारित, ग़ैरक़ानूनी और क्रूर क़दमों का सहारा ले रहा है। 'सरकारी अराजकता' (गवर्नमेंटल लॉलेसनेस) के परीक्षण के लिए देखें उपेन्द्र बख्शी, द *क्राइसिस ऑफ़ द इण्डियन लीगल सिस्टम* (1982) और ए. आर देसाई सम्पा. *एक्सपेंडिंग गवर्नमेंटल लॉलेसनेस ऐंड ऑर्गनाइज्ड रेजिस्टेंस* (1991)।
35. मसलन, श्रीनिवास शास्त्री ने भारतीय नागरिकों के अधिकारों और कर्त्तव्यों के बारे में 1926 में कलकत्ता और मद्रास में कई व्याख्यान दिये। उन्होंने हमारे क़ानूनों में 1818 के *बंगाल रेग्युलेशन ऐक्ट* III को जारी रखने की आलोचना की। उनके मुताबिक़ 'यह न्यायिक प्रकृति की आख़िरी प्रक्रियाओं से सम्बन्धित किसी दृष्टिकोण पर ध्यान नहीं देता है। इसमें सरकार के पास व्यक्तिगत पाबन्दी लगाने की ज़बरदस्त शक्ति है। पहले मूल रूप से ऐसा गवर्नर जनरल की परिषद के आदेश से होता था, अब ऐसा केन्द्रीय या प्रान्तीय अदालतों के आदेश से होता है' (शास्त्री 1948, 29)। इसी तरह, बंगाल ऑर्डिनेंस और क्रिमिनल लॉ अमेंडमेंट ऐक्ट के सेक्शन 126 द्वारा व्यक्ति की आज़ादी का प्राथमिक अधिकार निरस्त कर दिया गया'। इसके बाद, 'बम्बई, मद्रास और बंगाल में राजनीतिक क़ैदियों से सम्बन्धित रेग्युलेशनों का एक पूरा नेटवर्क है...पासपोर्ट रेग्युलेशन के द्वारा आने-जाने की आज़ादी पर और राजद्रोह बैठक के अधिनियमों और सीआरपीसी की धाराओं (127 से 132) के माध्यम से बोलने और बैठक करने की आज़ादी पर पाबन्दी लगाई गयी है'। अपने व्याख्यान के दौरान उन्होंने इन सभी को ख़ारिज किया (शास्त्री 1948, 62-3)।
36. *रिपोर्ट ऑन फंडामेंटल राइट्स* की धारा 11, 16 अप्रैल 1947।
37. स्वतन्त्र भारत में आपातकालीन प्रावधानों और निवारक क़ैद क़ानूनों के बारे में विस्तार से जानकारी के लिए देखें उपेन्द्र बख्शी, द *क्राइसिस ऑफ़ इण्डियन लीगल सिस्टम;* सिंह (1998, 211-16)।
38. नीरा युवाल-डेविस नागरिकता की व्यापक सामाजिक परिभाषा की पहचान सिर्फ़ राष्ट्र-राज्य के साथ नहीं करती हैं। वे इससे आगे जाने का प्रयास करती हैं। दूसरी ओर, वे समुदाय से सम्बन्धित कुछ मान्यताओं का प्रयोग करने का भी विरोध करती हैं। उनके अनुसार ये 'विभेद' (डिफरेंस) की राजनीति के लिए घातक हैं क्योंकि ये मान्यताएँ समुदाय को एक ऑर्गेनिक सम्पूर्णता, एक 'स्वाभाविक' सामाजिक इकाई मानती हैं, जो 'हमेशा से मौजूद रहा है'। वे यह दावा करती हैं कि इस तरह की मान्यता किसी संघर्ष या समुदाय के विचारधारात्मक पुनर्निर्माण के रूप में नागरिकता के गत्यात्मक निर्माण को प्रतिबंधित करती है। नीरा युवाल-डेविस, 'द सिटीजनशिप डिबेट : वीमेन, इथनिक प्रॉसेसेज ऐंड द स्टेट' (1991, 58-60)।
39. शान्ताल मूफ किसी व्यक्ति के राजनीतिक समुदाय और उसके साथ इसके सम्बन्धों की संकल्पना पर पुनर्विचार करते हुए नागरिकता की रैडिकल लोकतान्त्रिक पुनर्व्याख्या प्रस्तावित करती हैं। देखें शान्ताल मूफ, 'सिटीजनशिप ऐंड पॉलिटिकल आइडेनटिटी' (1992, 28-29)।

40. *ऐनुअल रिपोर्ट*, ए.आई.डब्ल्यू.सी. नवाँ अधिवेशन, कराँची (1934, 17-31, 70-1)।

41. 1937 और 1938 में निम्नलिखित उपाय प्रस्तावित किये गये : हिन्दू वीमेन्स राइट टू प्रॉपर्टी बिल, चाइल्ड मैरिज रिस्ट्रेंट ऐक्ट में संशोधन, अन्तर्जातीय विवाह को अनुमति के लिए बना विधेयक, द हिन्दू वीमेन्स राइट टू डिवोर्स ऐक्ट, द मुस्लिम पर्सनल लॉ बिल, द प्रिवेंशन ऑफ़ पॉलिगेमी बिल, द मुस्लिम वीमेन्स राइट टू डिवोर्स बिल। प्रान्तीय विधायिकाओं में दहेज विरोधी विधेयक, विवाह क़ानून और महिलाओं को उत्तराधिकार देने वाले विधेयक प्रस्तावित किये गये।

42. वीमेन्स कॉन्फ्रेंस ने यह कहा कि 'हम लैंगिक युद्ध नहीं चाहते हैं'। वे 'पश्चिमी प्रकार' की समानता नहीं चाहती थीं बल्कि उनकी माँग यह थी कि देश के मामले में महिलाओं को भी समान भूमिका निभाने का मौक़ा मिले। *ऐनुअल रिपोर्ट*, दसवाँ अधिवेशन, 1935।

43. नेहरू ने परिवार के *क़ानूनों में सुधार* के लिए अंग्रेज़ों से समझौता/सहयोग करने से इंकार कर दिया। दूसरी ओर, मुस्लिम लीग का यह मानना था कि सुधार उस वक़्त तक ही सही हैं जब तक इससे मुस्लिमों की स्थिति पर कोई प्रभाव नहीं पड़ता है। केवल कुछ कांग्रेसी सदस्य ही इस बात से सहमत थे कि महिलाओं के क़ानूनी अधिकारों को सर्वोच्च प्राथमिकता दी जानी चाहिए। कुछ लोगों को यह डर था कि यह हिन्दू सामाजिक व्यवस्था की बुनियादी रूपरेखा को अस्थिर कर सकता है। कई लोग यह भी मानते थे कि हिन्दू महिलाएँ सार्वजनिक जीवन के लिए उपयुक्त नहीं हैं। उन्होंने दावा किया कि वे जिन महिलाओं को जानते हैं वे अपनी ज़िन्दगी से खुश हैं और ऐसा लगता है कि उन्हें बदलाव की कोई आवश्यकता नहीं है (फ़ोर्ब्स 1996, 112-15)।

44. *हिन्दू माइनॉरिटी ऐंड गार्डियनशिप ऐक्ट* 1956 की धारा 6(ए) और *गार्डियन्स ऐंड वार्ड्स* ऐक्ट की धारा 19(बी) विवादित थी। पहले क़ानून में यह विवादित वाक्यांश था कि '...पिता, और उसके बाद, माता बच्चे की स्वाभाविक अभिभावक होगी।' इससे ऐसा प्रतीत होता था कि माता केवल अपने पति के जीवनकाल के बाद ही उसके अभिभावक के रूप में काम कर सकती है। बहरहाल, न्यायालय ने इस वाक्यांश की व्याख्या करते हुए यह कहा कि 'बाद' शब्द का अर्थ 'अनुपस्थिति' से है, जिसका मतलब यह है कि पिता विविध कारणों से बच्चे की देखभाल के काम से अनुपस्थित रह सकता है। विस्तार के लिए देखें, टी. के. राजालक्ष्मी, 'द मदर ऐज गार्डियन', *फ्रंटलाइन* (26 मार्च 1999, 111-12)। इसी तरह, बम्बई उच्च न्यायालय ने 4 मई 1999 को अपने फ़ैसले के माध्यम से *मुस्लिम वीमेन्स (प्रोटेक्शन ऑफ़ राइट्स ऑन डिवोर्स) ऐक्ट*, 1986 में 'गुजरा-भत्ता की इद्दत समयावधि' से सम्बन्धित धारा 3(1)(ए) के प्रावधानों का विस्तार किया। अदालत ने निचली न्यायालयों द्वारा व्यापक रूप से की गयी इस व्याख्या को नकार दिया कि यह समयावधि केवल तलाक़ के तीन महीने तक ही होती है। बम्बई उच्च न्यायालय के मुताबिक़ यह अवधि तलाक़शुदा महिला की पूरी ज़िन्दगी तक होती है। देखें फ़रीदा शेख़, 'हैव यू कम हियर टू फूल मी? यू मस्ट बी माई हसबैंड्स एजेंट', *इण्डियन एक्सप्रेस*, चंडीगढ़ (10 मई 1999, 1)।

45. भारत में एक समान या एक 'सार्वभौमिक' नागरिक संहिता का अस्तित्व नहीं है। परिवार सम्बन्धी क़ानून के मसले पर हिन्दू, मुस्लिम, ईसाई और पारसी सभी समुदाय के लिए अलग-अलग पर्सनल लॉ हैं। अमूमन ये पर्सनल लॉ पुरुषों और औरतों के साथ अलग-अलग तरह से बरताव करने की इज़ाज़त देते हैं। अक्सर पर्सनल लॉ की रूपरेखा में महिलाओं की हैसियत कमतर ही होती है। अलगाव, तलाक़, पुनर्विवाह, गुज़ारा-भत्ता आदि की शर्तें पुरुषों के पक्ष में हैं, जिसके कारण आम तौर पर बहुविवाह, विरासत का असमान अधिकार तथा

पति के पास तलाक़ देने के एकपक्षीय हक़ को क़ायम रखा गया है। चुनावी सफलता की विवशताओं और प्रतिनिधिमूलक लोकतन्त्र के प्रक्रियात्मक आयामों ने भी महिलाओं के हितों के विरुद्ध ही काम किया है। सरकार और राजनीतिक दलों से होने वाले संवाद में धार्मिक समुदाय के (पुरुष) नेताओं के विचारों को ज़्यादा वरीयता मिली। इसके चलते इनके प्रभुत्व में बढ़ोतरी हुई है। चुनावी जीत की बाध्यताओं ने राजनीतिक दलों को धार्मिक समुदायों के ज़्यादा रूढ़िवादी समूहों से समझौता करने और उन्हीं के विचारों को बढ़ावा देने के लिए मजबूर किया है। साम्प्रदायिक तनाव की स्थिति होने पर, धार्मिक बहुसंख्यकों की तुलना में धार्मिक अल्पसंख्यकों में यह प्रवृत्ति ज़्यादा होती है कि वे सामूहिक तौर पर अपने हिफ़ाज़त और हितों को ध्यान में रखते हुए फ़ैसले करें। इसलिए, राजनीतिक दलों ने ऐसे फ़ैसले करने में झिझक दिखाई है, जो इन समुदायों के नेताओं को अस्वीकार्य हों। समुदाय हित को वरीयता देने के चलते इसके भीतर के विभेदीकरण, ख़ासतौर पर जेण्डर असमानताओं पर ध्यान नहीं दिया गया है (महाजन 1998, 151-52)।

46. भारत के सर्वोच्च न्यायालय ने 23 अप्रैल 1985 को मोहम्मद अहमद ख़ान बनाम शाहबानो बेगम मामले में तलाक़शुदा मुस्लिम औरत को भारतीय अपराध प्रक्रिया संहिता (इण्डियन क्रिमिनल प्रोसिजर कोड) की धारा 125 के अन्तर्गत जीवनभर गुज़ारा-भत्ता पाने का हक़ दिया। शाहबानो के पूर्व शौहर मोहम्मद ख़ान ने गुज़ारा-भत्ता पाने के उनके दावे को चुनौती दी। ख़ान ने इस बात पर ज़ोर दिया कि उन्होंने मुस्लिम पर्सनल लॉ के मुताबिक़ शाहबानो को तलाक़ के तीन महीने बाद तक आर्थिक मदद दी है। लेकिन सर्वोच्च न्यायालय ने यह कहा कि उसके निर्णय और मुस्लिम पर्सनल लॉ के प्रावधानों में कोई टकराव नहीं है। अदालत के मुताबिक़ मुस्लिम पर्सनल लॉ भी यह प्रावधान करता है कि अगर तलाक़शुदा औरत अपना गुज़ारा करने में असमर्थ है, तो वह अपने पूर्व शौहर से गुज़ारा-भत्ता पाने की हक़दार है। अदालत ने यह भी सुझाव दिया कि ख़ुद मुस्लिम समुदाय को 'अपने पर्सनल लॉ में सुधार करने की पहल करनी चाहिए' और 'राष्ट्रीय एकीकरण में मदद करने के लिए समान नागरिक संहिता बनायी जानी चाहिए'। इस निर्णय ने धार्मिक पर्सनल लॉ और समान नागरिक संहिता बनाने या न बनाने के मसले पर पूरे देश में तीखा विवाद छेड़ दिया। देखें लता मणि, 'कॉन्टेंशियस ट्रेडिशन्स', संकलित, *रिकास्टिंग वीमेन,* सम्पा. कुमकुम संगारी और सुदेश वैद (काली फॉर वीमेन : दिल्ली, 1985, 1993, 119)। सर्वोच्च न्यायालय का निर्णय, मुस्लिम वीमेन्स बिल (मुस्लिम महिला बिल) के बनने की परिस्थितियों और इन दोनों से सम्बन्धित आन्दोलनों की जानकारी के लिए देखें, राधा कुमार, *अ हिस्ट्री ऑफ़ डुईंग* (1993, 160-71)।

47. सुदेश वैद ने यह दिखाया है कि शेखावटी क्षेत्र में (देवराला गाँव में, जहाँ सती की घटना हुई थी) आज़ादी के बाद, मुख्य रूप से खोये हुए प्राधिकार को हासिल करने के लिए सती और सती-धर्म की परम्परा का निर्माण किया गया। आज़ादी के बाद रजवाड़ा और भूमि पर ज़मींदार और जागीरदारी व्यवस्थाओं का उन्मूलन कर दिया गया। इससे क्षत्रिय और बनिया लोगों को अपना पारम्परिक विशेषाधिकार खोना पड़ा। क्षत्रिय महासभा (पूर्व-शासकों और बड़े भूमिपतियों के एक संगठन) और भूस्वामी संघ ने अपने खोये विशेषाधिकारों को फिर से हासिल करने का प्रयास किया। इसके लिए उन्होंने मर्यादित 'राजपूत' परम्परा का सहारा लिया। इसमें यह माना जाता है कि पुरुष युद्ध क्षेत्र में अपनी जान की बाज़ी लगाकर और औरतें घर में जौहर और सती के माध्यम से अपनी कुर्बानी देकर हिन्दू परम्परा की हिफ़ाज़त करती हैं। इस तरह, सती को राजपूत पहचान की अभिव्यक्ति के रूप में देखा गया। सुदेश

वैद, 'पॉलिटिक्स ऑफ़ विडो इमोलेशन' (1988)। राधा कुमार ने यह दिखाया है कि उच्च न्यायालय के आदेश की अवहेलना करते हुए रूप कंवर की मौत के 10 दिनों बाद चुनरी महोत्सव का आयोजन किया गया। शोक के आयोजन की जगह यह एक ऐसे कार्यक्रम में तब्दील हो गया, जहाँ ताक़त का प्रदर्शन किया गया और जीत की खुशी मनाई गयी। इसमें भाग लेने आए पुरुषों ने पुरज़ोर तरीक़ से नारेबाज़ी की। सती-स्थल एक राजनीतिक रैली के क्षेत्र में बदल गया। यहाँ भक्ति गीत नहीं गाए गये, बल्कि मुख्यधारा के राजनीतिक नारों की तरह ही नारे लगाये गये (कुमार 1993: 176-77)।

48. सरकार ने रामजन्मभूमि आन्दोलनकारियों के प्रति अपनी निष्क्रियता की भरपाई के लिए मुस्लिम कट्टरपंथियों की यह माँग स्वीकार कर ली कि धारा 125 जैसे समान क़ानूनों को पर्सनल लॉ में लागू न किया जाए।

49. द *मुस्लिम वीमेन्स (प्रोटेक्शन ऑफ़ राइट्स ऑन डिवोर्स) बिल*, 1986 ने धारा 125 के दायरे से मुस्लिम महिलाओं को बाहर किया। इसमें यह कहा गया कि एक तलाक़शुदा मुस्लिम औरत तीन महीने का इद्दत की समयावधि ख़त्म हो जाने के बाद अपने पति से गुज़ारा-भत्ता पाने की उम्मीद नहीं कर सकती है। इस अवधि के बाद उनके पारिवार को उनकी आर्थिक मदद करनी चाहिए और यदि परिवार ऐसा नहीं कर पाता है तो यह ज़िम्मेदारी स्थानीय वक़्फ़ बोर्ड की होगी।

50. बहुत से मुस्लिमों ने पहले पर्सनल लॉ में परिवर्तन करने का समर्थन किया था, लेकिन अब उन्होंने पर्सनल लॉ की तरफ़दारी शुरू कर दी। विधेयक के विरोध के लिए गठित द *कमिटी फॉर द राइट्स ऑफ़ मुस्लिम वीमेन* ने अपनी सदस्यता सिर्फ़ मुस्लिमों तक ही सीमित रखी।

51. निवेदिता मेनन यह दिखाती हैं कि ऊँची जातियों ने अनुसूचित जातियों और जनजातियों के आरक्षण तथा नौकरियों में पिछड़ी जातियों को आरक्षण देने से सम्बन्धित मंडल आयोग का विरोध किया। इसका विरोध करने वालों में वामपंथी सेकुलरवादी और हिन्दू दक्षिणपंथ के समर्थक–दोनों ही शामिल थे। अमूमन यह माना जाता रहा है कि हिन्दू दक्षिणपंथी सार्वभौमिक के बजाय विशिष्टता की दावेदारी करते रहे हैं, क्योंकि ऐसा लगता है कि वे राज्य के दायरे में धार्मिक पहचान की दावेदारी करते हैं। हालाँकि एक गहरे विश्लेषण से यह बात सामने आती है कि इनका यह दावा है कि राज्य ने अमूर्त्त, अचिह्नित नागरिकता की ठीक तरीक़े से हिफ़ाज़त नहीं की है। दूसरे शब्दों में इनका तर्क यह है कि राज्य ने अमूर्त्त नागरिकता के अपने वायदे को सही तरीक़े से पूरा नहीं किया है–अल्पसंख्यकों का पर्सनल लॉ ज्यों का त्यों है, और संविधान की रूपरेखा में केवल एकमात्र मुस्लिम बहुमत वाले राज्य कश्मीर को विशेष हैसियत मिली हुई है। देखें निवेदिता मेनन (1998)।

52. आदित्य निगम यह मानते हैं कि 1990-92 के दौर में भारत में एक 'डिस्कर्सिव ब्रेक' (निर्णायक बदलाव) हुआ। वे इस सन्दर्भ में तीन महत्त्वपूर्ण घटनाओं की शिनाख्त करते हैं : (i) संरचनात्मक समायोजन नीतियों (स्ट्रक्चरण एडजस्टमेंट पॉलिसीज) की शुरुआत; (ii) पिछड़ी जातियों के लिए नौकरियों में आरक्षण देने से सम्बन्धित मंडल आयोग की सिफ़ारिशों के लागू होने के ख़िलाफ़ ऊँची जातियों का हिंसक आंदोलन; (iii) हिन्दू दक्षिणपंथी ताक़तों द्वारा बाबरी मस्जिद का विध्वंस। वे यह मानते हैं कि इन घटनाओं ने 'विशेषाधिकार और दमन के विमर्श को प्रतीकात्मक रूप से बदल दिया'। पहली घटना ने संगठित श्रमिक को उद्यमी/पूँजीपति का दमन करने वाले 'समाजवादी तानाशाही' के विशेषाधिकार प्राप्त वर्ग में बदल दिया; दूसरे ने वंचित ऊँची जातियों के लिए न्याय की माँग की; तीसरे ने हिन्दू बहुमत को ऐसे पीड़ित समूह के रूप में प्रस्तुत किया, जो अल्पसंख्यक के दमन का

शिकार है। आदित्य निगम, 'नेशन, लोकैलिटी ऐंड रिप्रेजेनटेशन : इण्डिया आफ्टर द 1996 इलेक्शन्स' (1996)।

53. सुसी थारू और तेजस्विनी निरंजना, 'प्रॉब्लेम्स फॉर अ कॉन्टेम्परारी थियरी ऑफ़ जेण्डर', संकलित, *सबॉल्टर्न स्टडीज़*, वोल्यूम IX, सम्पा, शाहिद अमीन और दीपेश चक्रवर्ती (1996, 237)।

54. सूसी थारू और तेजस्वी निरंजना यह बताती हैं कि मंडल विरोधी संघर्ष के दौरान मध्य वर्ग की युवा महिलाओं ने नागरिक के रूप में अपने अधिकारों के क्षरण होने के ख़िलाफ़ पुरुषों के साथ मिलकर ज़ोरदार आन्दोलन चलाया। इन महिलाओं ने यह घोषणा की कि ये नौकरियों और सार्वजनिक परिवहन में महिलाओं को आरक्षण दिये जाने के ख़िलाफ़ हैं, क्योंकि आरक्षण महिलाओं को कमज़ोर और निर्भर बना देगा। उस समय मीडिया में उच्च जाति के विद्यार्थियों के दृष्टिकोण को खूब जगह दी गयी। इससे ऐसा लगता है कि ख़बरों को लिखने वाले और विश्लेषण करने वाले लोगों ने इन विद्यार्थियों को उदात्त राष्ट्रवाद और मानववाद की रूपरेखा में रखा। इन्हें वास्तविक अर्थों में समतावादी और इसलिए मंडल-विरोधी माना गया। दूसरी ओर, मंडल समर्थकों के समूह को जातिवाद का समर्थक माना गया। ऐसा लगता है कि मंडल-विरोधी आन्दोलन की तरह ही हिन्दुत्व ने भी औरतों के लिए एक मुखर, लड़ाकू व्यक्तिवाद को अपना लिया और अपने अपने कार्यकर्त्ताओं को स्वतन्त्र और सक्रिय नागरिकों के रूप में बोलने और कार्य करने के लिए कहा। यद्यपि नये हिन्दू आत्म को भेदभाव से पीड़ित और परेशान समूह के रूप में प्रस्तुत किया गया, लेकिन इसने अन्य धार्मिक समुदायों के साथ-ही-साथ जेण्डर के मुद्दे पर भी एक 'तटस्थ आधार' पर क़ब्ज़ा कर लिया। मसलन, राष्ट्रसेविका संघ के सदस्यों ने खुद को अन्य महिला संगठनों से इस अर्थ में दूर/अलग किया कि वे ऐसी औरतें नहीं हैं जो हर बात में औरतों का ही पक्ष लें : *हम तटस्थ हैं...हम घर तोड़ने वाले नहीं हैं* (वही, 237-39, 251)।

55. राष्ट्र और नागरिकता के दावेदार के तौर पर सार्वजनिक क्षेत्र में महिलाओं के पुनरुत्थान ने नतीजों में निम्न जाति का पौरुषीकरण हुआ। चूँकि निम्न जाति की औरत को औरत नहीं माना गया, इसलिए सभी महिलाएँ उच्च जाति की मानी गयी (वही, 239-45)।

56. लक्ष्मीबाई केलकर ने 1936 में राष्ट्रीय स्वयंसेवक संघ (आर.एस.एस.) के समानान्तर महिला शाखा के रूप में राष्ट्र सेविका संघ की स्थापना की थी। तनिका सरकार यह दावा करती हैं कि कारसेविकाओं (ऐसी महिलाएँ जिन्होंने अपने हाथों से मन्दिर निर्माण की शपथ ली हो) को पारम्परिक रूप से सबसे रूढ़िवादी पृष्ठभूमि—अर्थात् ऊँची जाति, मध्य वर्ग, मध्यम स्तरीय नौकरीपेशा क्षेत्र और व्यापारी क्षेत्र के बीच से संगठित किया जाता रहा है। इन महिलाओं ने हिन्दू दक्षिण पंथ की आक्रामकता और हिंसा के दायरे का विस्तार करने में सक्रिय भूमिका अदा की। विश्व हिन्दू परिषद की पाक्षिक पत्रिकाओं में भगवा चिह्न धारण की हुई स्त्रियों की तस्वीरें छपीं और उन्हें बलिदान और 'मातृ-शक्ति के उदय' के प्रतीक के रूप में प्रस्तुत किया गया। 1989 में भागलपुर में ग्रामीण स्त्रियों और 1990 में अहमदाबाद में मध्य वर्ग की औरतों ने दंगों में सक्रिय भागीदारी की। विश्व हिन्दू परिषद के मुताबिक़ 4 जनवरी 1991 को अयोध्या में तक़रीबन 20,000 कारसेविकाओं ने गिरफ़्तारी दी और दिसम्बर 1990-जनवरी 1991 के बीच चले अहिंसक सत्याग्रह में कुल 50,000 महिलाएँ शामिल हुईं। तनिका सरकार, 'हिन्दू वीमेन : पॉलिटिसाइजेशन थ्रू कम्युनलाइजेशन' संकलित, *इनटरनल कॉन्फ्लिक्ट इन साउथ एशिया*, सम्पा. कुमार रूपसिंहे और ख़्वर मुमताज (लंदन : सेज 131)।

57. अलीगढ़ की एक कारसेविका (वही, 132)।
58. समिति के आधिकारिक इतिहास में यह व्याख्या की गयी है कि इसकी स्थापना का मुख्य लक्ष्य 'हिन्दुत्व का जागरण करना है...' (वहीं, 137)।
59. यहाँ निहितार्थ यह है कि औरतों को मुस्लिम हमलावरों के ख़िलाफ़ 'देशभक्त' युद्ध लड़ने के लिए शारीरिक रूप से प्रशिक्षित किया गया। इसके माध्यम से हिन्दू सम्प्रदायवादियों को सामान्य पौरणाकि कथाओं में मुस्लिमों की वासना के मिथक रचने में आसानी हुई है। समिति में शारीरिक ताक़त पर ज़ोर देने की बुनियाद एक ऐसी घटना में निहित है जिसमें श्रीमती केलकर ने यह देखा कि पति की मौजूदगी में किस तरह कुछ गुंडों ने रेल में एक महिला का बलात्कार किया। बहरहाल, तनिका सरकार इस बात पर बल देती हैं कि सार्वजनिक और मिश्रित जेण्डर स्थानों पर आत्म-निर्भरता पर बल देना काफ़ी उपयोगी है। उनके मुताबिक़ महिलाएँ रोज़मर्रा की ज़िन्दगी में दैनिक यौन प्रताड़ना और ख़तरे का सामना करती हैं। इसी प्रकार, घर में भी उन्हें घरेलू हिंसा और दहेज आधारित हिंसा और हत्या का सामना करना पड़ता है। (वही, 138)।
60. राधा कुमार इस सन्दर्भ में दो उदाहरणों का उल्लेख करती हैं। मुस्लिम वीमेन्स बिल के ख़िलाफ़ होने वाले आन्दोलन के कुछ वर्ष पहले महिलाओं ने धर्म-आधारित और विभेदीकृत पर्सनल लॉ की जगह समान नागरिक संहिता की माँग को फिर से उभारा। मैरी रॉय ने क्रिश्चियन पर्सनल लॉ के ख़िलाफ़ और शहनाज शेख़ ने मुस्लिम पर्सनल लॉ के ख़िलाफ़ पहल की। इनकी इस पहल को काफ़ी प्रचार मिला तथा देश भर की नारीवादियों ने इनका समर्थन भी किया। लेकिन इन दोनों को नुमाइंदगी या नुमाइंदा होने के सवालों का सामना करना पड़ा। मैरी रॉय और शहनाज शेख़ उस पर्सनल लॉ में सुधार की माँग कर रही थीं जो उन्हें सीधे तौर पर प्रभावित करती थी। किन्तु इनके विरोधियों द्वारा यह दलील दी गयी कि इनमें से कोई भी 'असली' ईसाई या मुस्लिम औरतों की 'असली' इच्छाओं का प्रतिनिधित्व नहीं करती हैं (कुमार 1993, 171)।
61. जहाँ ऑल इण्डिया वीमेन्स कॉन्फ्रेंस ने सभी समुदाय की महिलाओं के लिए सार्वभौमिक क़ानून की माँग की, वहीं ऐसा लगता है कि महिलाओं की आवश्यकताओं के बारे में पुरुष सुधारकों का नज़रिया अलग था। विस्तार के लिए देखें जेरॉल्डाइन फ़ोर्ब्स (1996, 112-15)।
62. महिला समूहों ने तीन सम्भावित तरीक़ों पर आम-सहमति क़ायम की : (i) पर्सनल लॉ में सुधार करने की पहल और ऐसी कोशिशों को समर्थन; (ii) ऐसे क्षेत्रों के बारे में क़ानून बनाना, जो सेकुलर और पर्सनल लॉ- दोनों के अन्तर्गत नहीं आते हैं, मसलन, घरेलू हिंसा और माता-पिता के घर में रहने का अधिकार। ऐसा करके समुदायों और व्यापक साम्प्रदायिक राजनीति से होने वाले टकरावों से बचा जा सकता है; (iii) एक व्यापक जेण्डर के आधार पर अधिकारों के न्यायपूर्ण रूपरेखा की स्थापना के लिए प्रयास करना जो उन अधिकारों की माँग रखें जो पर्सनल लॉ के क्षेत्रों के साथ-ही-साथ काम के 'सार्वजनिक' क्षेत्र पर भी लागू होंगे (जैसे कि शिशु सदन, समान वेतन, मातृत्व सम्बन्धी फ़ायदे आदि)। जहाँ इन क़ानूनों का पर्सनल लॉ के साथ टकराव नहीं होगा, वहाँ उन्हें स्वाभाविक रूप से लागू किया जाना चाहिए; और जहाँ टकराव होता है, वहाँ व्यक्तिगत रूप से नागरिक को अपना विकल्प चुनने की आज़ादी होनी चाहिए (मेनन 1998, पीई 3)। निवेदिता मेनन ने इस ऐतिहासिक मोड़ पर महिला समूहों की दुविधाओं की जाँच-पड़ताल की है। उन्होंने समान नागरिक संहिता से जुड़े नारीवादी चिन्तन की दिशा एवं स्वरूप में विभिन्न स्तरों पर होने वाले बदलावों पर

भी विचार किया है। साथ ही, उन्होंने नागरिकता, राष्ट्र और जेण्डर से जुड़े आयामों का नये सिरे से मूल्यांकन किया है। देखें, निवेदिता मेनन, 'वीमेन ऐंड सिटीजनशिप', संकलित, *वेजेज ऑफ़ फ्रीडम,* सम्पा. पार्थ चटर्जी (1998, 242-65)।

63. यह वाक्यांश कुमकुम संगारी के लेख का शीर्षक भी है, 'द पॉलिटिक्स ऑफ़ द पॉसिबल', संकलित, *इनटेरोगेटिंग मॉडर्निटी : कल्चर ऐंड कॉलोनियलिज़म इन इण्डिया,* सम्पा. तेजस्विनी निरंजना, पी. सुधीर और विवेक धारेश्वर (1993) यह उदाहरण सूसी थारू और तेजस्विनी निरंजना (1996, 260) से लिया गया है।

64. गेल ऑमवेट यह बताती हैं कि 1985 के बाद नये महिला संगठनों का उभार मुख्य रूप से नये सामाजिक आन्दोलन के जन संगठनों से जुड़ा रहा है। इसने एक नयी तरह की गत्यात्मकता पैदा की है और मध्य-वर्गीय महिला और ग्रामीण महिला–दोनों के लिए स्वायत्त तरीक़े से काम करने का अवसर उपलब्ध कराया है। इनमें नये मुद्दे उठाए गये, नये सैद्धान्तिक सूत्रीकरण किये गये और नये अभियानों की शुरुआत हुई। इससे सिर्फ़ महिला आन्दोलन ही नहीं बल्कि अन्य सामाजिक आन्दोलनों को भी गहराई मिली। ऑमवेट मानती हैं कि महिला आन्दोलन कई तरीक़ों से नये सामाजिक आन्दोलनों में सबसे कमज़ोर था। फिर भी 1985 के बाद सामाजिक आन्दोलनों की पुन:प्राप्ति में महिलाओं की भागीदारी और उनके द्वारा उठाए गये मुद्दों ने महत्त्वपूर्ण भूमिका अदा की। देखें, गेल ऑमवेट, *रिइनवेनटिंग रिवोल्यूशन : न्यू सोशलिस्ट मूवमेंट्स ऐंड द सोशलिस्ट ट्रेडिशन इन इण्डिया* (1993, 200)।

'नयी नागरिकता' : वैश्वीकरण के युग में नागरिकता

> वैश्वीकरण के दौर में व्यापक विश्वस्तरीय आवाजाही में बढ़ोतरी हुई है और इसने कई सम्भावनाओं को बढ़ावा दिया है। इनकी रूपरेखा में हम नागरिकता में होने वाले बदलावों को भी समझ सकते हैं। बाज़ार, तकनीक और जनसमूहों से सम्बन्धित चुनौतियों के कारण एक राष्ट्र-राज्य के क्षेत्र और कल्पना से जुड़ी नागरिकता की अवधारणा में लगातर परिवर्तन हो रहा है। गतिशील बाज़ार, तकनीक और जनसमूह की अन्तःक्रिया ने उन सामाजिक स्थानों को एक आकार दिया है जिनमें नागरिकता के उथल-पुथल निश्चित रूप धारण करते हैं। पहले नागरिकता के विभिन्न तत्त्वों (अधिकारों, हक़दारियों आदि) को एक-दूसरे से अभिन्न रूप से जुड़ा हुआ माना जाता था। अब ये एक दूसरे से अलग हो गयी हैं। इन्हें सार्वभौमिक शक्तियों और मानकों द्वारा नये सिरे से अभिव्यक्ति किया जा रहा है। इसमें संदेह नहीं है कि सैद्धान्तिक रूप से राजनीतिक अधिकार एक राष्ट्र-राज्य की सदस्यता पर निर्भर होते हैं। किन्तु वैश्विक निर्भरता के दौर में नयी तरह की गोलबन्दियाँ सामने आयी हैं। इनसे नयी हक़दारियाँ हासिल की जा रही हैं (औंग 2006, 499)।

जैसा कि हमने पहले के अध्यायों में देखा है कि नागरिकता की अवधारणा एक राजनीतिक समुदाय में ऐतिहासिक रूप से सन्निहित सदस्यता होती है। इस राजनीतिक सदस्यता का रूप और इसकी प्रकृति हमेशा ही बदलती रही है। इसके बावजूद, हमेशा ही एक आदर्श सदस्यता और इसे हासिल करने के लिए समुचित राजनीतिक समुदाय की लगातार तलाश होती रही है। इस तलाश ने ऐसे संघर्षों और विमर्शों को जन्म दिया है, जिसके चलते नागरिकता एक विवादित क्षेत्र बन गयी है। इस अध्याय में 1980 के दशक के आख़िरी वर्षों से आरम्भ हुए इस संघर्ष की रूपरेखा प्रस्तुत करने का प्रयास किया जाएगा।

जैसा कि आइवा औंग के लेख के ऊपर उद्धृत अंश से स्पष्ट है कि वैश्वीकरण ने दूरगामी प्रभाव पैदा किये हैं। इसके कारण, अभी तक जिन सम्बन्धों को नागरिकता से अभिन्न रूप से जुड़ा हुआ माना जाता था, उन्हें अब उससे

अलग-थलग माना जाने लगा है। अर्थव्यवस्था के वैश्वीकरण, अभूतपूर्व रूप से श्रमिकों और शरणार्थियों का पराराष्ट्रीय आवागमन, तकनीकी विस्तार के ज़बरदस्त प्रभावों तथा सूचना और छवियों के तीव्र प्रवाह के कारण अब राष्ट्र-राज्य नागरिकता की प्राथमिक इकाई नहीं रह गया है। अब इसे नागरिकता के अधिकारों का एकमात्र स्रोत भी नहीं माना जा सकता है। राष्ट्रीय सीमाओं के आर-पार लोगों की गतिविधियों में बढ़ोतरी हुई है। इसके कारण, विभिन्न सांस्कृतिक समुदायों के लोग एक ही राष्ट्रीय भू-क्षेत्र में निवास करने लगे हैं। इसलिए अब एक ऐसा आवरणयुक्त व्यक्ति (मास्क्ड इण्डिविड्युल) नागरिक अधिकारों का केन्द्र नहीं माना जाता है, जिसकी अपनी कोई विशिष्ट सांस्कृतिक पहचान न हो। इसके बजाय, राष्ट्रीय भूक्षेत्रीय स्थान में एक साथ रहने वाले सांस्कृतिक रूप से अलग समुदायों के अधिकारों को समान महत्त्व दिया जाने लगा है।

इस बात से इंकार नहीं किया जा सकता कि राज्य से परे/राज्य से अलग भी कुछ मानव अधिकार होते हैं। इसी तरह, समुदायों के अधिकार की बात भी काफ़ी वाज़िब है। अमूमन इसे बीसवीं सदी के आख़िरी भाग की 'विशिष्ट' परिस्थितियों से जुड़ी परिघटना माना जाता है। हालाँकि यह भी सही है कि मानवाधिकारों और सामुदायिक अधिकारों की माँग के साथ बहुत से विरोधाभास जुड़े हुए हैं। ख़ासतौर पर, ऐसा इसलिए है क्योंकि यह विमर्श ख़ुद को विभेद-निलम्बन के बहिष्करणीय विमर्श के अन्तर्गत अवस्थित करते हैं। इसके कारण इनके भीतर बहुत सी आवाज़ें अनसुनी या दबी रह जाती हैं।[1] इसके अलावा, जहाँ एक ओर विश्व नागरिक और समुदाय में व्यक्ति के अधिकारों पर बल दिया गया, वहीं दूसरी ओर लगातार यह भी कहा गया कि नागरिकता का विचार संकट में है। यह माना जाता रहा है कि समकालीन नागरिकता में यह संकट पृथक्ता और अलगाव के कारण पैदा हुआ है। यह बेचैनी राष्ट्र के व्यवहारों में स्पष्ट रूप से सामने आयी है। विभिन्न राष्ट्रों ने पहले से कहीं ज़्यादा सख़्त तरीक़े से अपनी राष्ट्रीय सीमाओं पर किसी भी तरह की आवाजाही को रोकने का प्रयास किया है और विदेशियों, आप्रवासियों और शरणार्थियों को अपनी सीमा के भीतर आने से रोकने की कोशिश की है। साथ ही, 'वैश्विक जोख़िम'[2] (ग्लोबल रिक्स) विशेष रूप से आतंकवाद की अवधारणाओं ने कुछ ख़ास समुदायों को संदिग्ध बना दिया है। ये संदेह की राजनीति असाधारण क़ानूनों के रूप में सामने आयी है, जैसे कि भारत में *प्रिवेंशन ऑफ़ टेरोरिजम ऐक्ट* 2002 (आतंकवाद निरोध अधिनियम) (पोटा) (यह अब यह निरस्त हो चुका है), *अनलॉफुल एक्टीविटीज प्रिवेनशन ऐक्ट* (1967; 2004 और 2008 में इसका संशोधन हुआ) और अमेरीका में यू.एस.ए. पैट्रियट ऐक्ट (2002)। ऐसे क़ानून संदेह के न्यायशास्त्र पर आधारित होते हैं। फिर भी, जैसा कि औंग तर्क देती हैं, बाज़ार, तकनीक और लोगों

के बीच बदलते सम्बन्धों के कारण उत्पन्न होने वाले विनिमय के नये रूपों ने नागरिकता में परिवर्तन किया है। ये परिवर्तन नागरिकता के केवल राष्ट्र-राज्य में सन्निहित होने की जगह इसकी पृथक्ता में भी अभिव्यक्त हुए हैं। साथ ही, ये नये स्थानों में उत्पन्न हुई सम्भावनाओं के रूप में सामने आए हैं, जिन्होंने वैश्विक स्तर पर नागरिकता की पुनःअभिव्यक्ति को प्रेरित किया है। यह अध्याय यह प्रस्तावित करता है कि 'नयी नागरिकता' की पुनःअभिव्यक्ति से उत्पन्न होने वाली 'सम्भावनाओं' में अलग तरह के विवाद शामिल हैं जिनकी वजह से नागरिकता के सिद्धान्त और व्यवहार में नये तरह के संघर्ष शामिल हुए हैं। यह अध्याय तीन विषयों के सन्दर्भ में नागरिकता की श्रेणी में ज़्यादा स्पष्टता लाने का प्रयास करेगा–संघर्ष, द्वैधवृत्ति और वर्चस्व और इनके माध्यम से नागरिकता के बदलावों की प्रकृति और इससे सम्बन्धित नागरिकता की पुनःअभिव्यक्ति के तरीक़ों का परीक्षण किया जाएगा। इस प्रक्रिया में, उन श्रेणियों का भी परीक्षण किया जाएगा जो नागरिकता के साथ उपसर्ग के रूप में जुड़ गयी हैं। मसलन, 'उपभोक्ता', (कंज्यूमर सिटीजनशप), 'लचीला', (फ्लैक्सिबल सिटीजनशिप) 'बहु-स्तरीय' (मल्टीलेएर्ड सिटीजनशिप) आदि जैसी श्रेणियाँ। इसके अलावा, स्थानीय परिप्रेक्ष्य में नागरिकता की नयी सम्भावनाओं और उनकी राजनीतिक अभिव्यक्ति के ऐसे तरीक़ों के बारे में भी विचार किया जाएगा, जो पहले अध्याय में वर्णित 'विद्रोही नागरिकता' से मेल खाती हैं।

संघर्ष

नागरिकता की अवधारणा के ऐतिहासिक विकास में दो अलग-अलग धाराएँ/ परम्पराएँ देखी जा सकती हैं। पहली, क्लासिकल परम्परा या नागरिक गणतन्त्रवाद, जिसमें सामान्य हित, लोक चेतना, राजनीतिक भागीदारी और नागरिक सद्गुण के विचारों को प्रमुख स्थान दिया जाता है। दूसरी, नागरिकता की आधुनिक उदारवादी परम्परा है जिसमें व्यक्तिगत अधिकारों और निजी हितों पर ज़ोर दिया जाता है। ये दोनों धाराएँ नागरिकता की दो अलग-अलग संकल्पनाएँ हैं। गणतन्त्रवादी परम्परा में नागरिकता मुख्य रूप से मानव जीवन में राजनीति की प्राथमिकता के विचार के रूप में सामने आती है। इस रूप में यह सदस्यता की प्राथमिक इकाई के रूप में राजनीतिक समुदाय की कल्पना करती है। इसके अनुसार, राजनीतिक समुदाय नागरिकों का नज़दीकी रूप से जुड़ा एक निकाय होता है। नागरिकों की कल्पना ऐसे राजनीतिक कर्त्ताओं के रूप में की जाती है जो गर्व से नागरिकता का दायित्व धारण करते हैं। इसमें राजनीतिक भागीदारी सबसे सर्वोच्च सद्गुण होती है जो मनुष्यों के जीवन का केन्द्र निर्मित करती है और उन्हें नागरिक जीवन के प्रति सामान्य वचनबद्धता और कर्त्तव्य से बाँधती है। दूसरी ओर, उदारवादी परम्परा नागरिकों

को असमाहित आत्म (अनइनकम्बर्ड सेल्फ़) के रूप में देखती है। इसमें नागरिक एक ऐसा व्यक्ति होता है जो राजनीतिक गतिविधियों के बजाय, अन्य वचनबद्धता और गतिविधियों के माध्यम से अपना वास्तविक रूप हासिल करना चाहता/चाहती है। ये वचनबद्धताएँ विविध तरीक़े और लचीले ढ़ंग से जुड़े निकाय के रूप में सामने आती है। गणतन्त्रवादी परम्परा में राजनीतिक भागीदारी को एक कर्त्तव्य और नागरिकों की बुनियादी गतिविधि के रूप में देखा जाता है। इसके विपरीत, उदारवादी परम्परा इसे एक हैसियत के तौर पर देखती है, जो कुछ निश्चित हक़दारियों और अधिकारों को सुनिश्चित करती है। यह नागरिकता को एक व्यक्ति के जीवन के बाहरी फ्रेम मात्र के रूप में देखता है। इसमें ऐसी गतिविधियाँ शामिल हैं जिन्हें अक्सर राजनीतिक भागीदारी से ज़्यादा संतोषप्रद माना जाता है। यदि गणतन्त्रवाद नागरिक को मुख्य राजनीतिक कर्त्ता बनाता है, तो उदारवाद राजनीतिक गतिविधि को अवैयक्तिक रूप से देखता है। जहाँ गणतन्त्रवाद नागरिक जीवन में नागरिक कर्त्तव्यों का सख़्ती से पालन करने पर बल देता है, वहीं उदारवाद नागरिक की कल्पना निजी व्यक्ति के तौर पर करता है। इस निजी व्यक्ति के पास यह चुनने की स्वायत्तता होती है कि क्या वह सार्वजनिक क्षेत्र में आना चाहता है, यदि हाँ तो वह ऐसा कब और कैसे (वॉल्जर 1989)?

नागरिकता की ये दोनों धाराएँ समकालिक थीं, लेकिन आगे चलकर उदारवादी धारा ज़्यादा प्रभुत्वशाली हो गयी। गणतन्त्रवादी परम्परा ने राजनीतिक भागीदारी की एक अलग रूपरेखा को आगे बढ़ाया। यह सशक्तीकरण, राजनीतिक भागीदारी और 'राजनीतिक' समुदाय की अवधारणाओं से गुँथी हुई थी। 1980 के दशक से एक लोकतान्त्रिक मूल्य के रूप में बहुसंस्कृतिवाद का उभार हुआ। इससे नागरिकता की उदारवादी और गणतन्त्रवादी अवधारणाओं के बीच की विभाजनकारी रेखा एक बार फिर से सामने आयी। लेकिन इस बार विभाजन अलग रूपों में अभिव्यक्त हुआ। हालाँकि पहले की ही तरह मुख्य रूप से यही विवाद था कि क्या समुदाय के बजाय व्यक्ति को प्राथमिकता दी जानी चाहिए और क्या कर्त्तव्य की जगह अधिकारों को वरीयता देनी चाहिए।

उदारवादी रूपरेखा में नागरिकता की अवधारणा एकीकरण और समस्तरीय बन्धुता के रूप में अभिव्यक्त हुई। यह समानता की एक विशिष्ट अवधारणा पर आधारित थी, जो इसकी उपलब्धि होने के साथ-साथ इसकी सीमा भी मानी जाती रही है। उदारवादी रूपरेखा की समान सदस्यता की अवधारणा में सभी सामाजिक संरचनाओं में नागरिकता का सामान्यीकरण किया गया है। इसका अर्थ यह है कि क़ानून को समान/एकरूप तरीक़े से लागू किया जाएगा। इसमें यह वायदा भी शामिल है कि किसी भी व्यक्ति या समूह को क़ानून के सामने विशेषाधिकार प्राप्त नहीं होंगे। एक आवरणयुक्त व्यक्ति के रूप में नागरिकता

का विचार एकरूप सिद्धान्तों की समानता और सामान्यीकरण की स्थिति लाता है। लेकिन यह समाज में व्याप्त असमानता और व्यक्तियों की विभेदीकृत स्थिति के आधार पर इसमें अवरोध भी लगाता है। इसके अलावा, आवरण लगाने की प्रक्रिया के लिए व्यक्ति को उसके सामाजिक, आर्थिक और सांस्कृतिक सन्दर्भों से हटाना आवश्यक होता है। किन्तु इसके चलते अधिकांश मामलों में वंचना और अन्याय को बढ़ावा मिल सकता है। यह मुमकिन है कि हर किसी के पास समान रूप से अपने सन्दर्भ से अलग होने की शक्ति न हो। ऐसी स्थिति में, जाति, नस्ल और जेण्डर की (कमज़ोर करने वाले) पहचान पहले की भाँति ही व्यक्ति की नागरिकता तय करते रह सकते हैं। इसके अलावा, अपने सन्दर्भ से अलग या पृथक् होने की आवश्यकता वर्चस्वशाली है। इसका कारण यह है कि व्यक्ति अपने जन्म से आरोपित पहचानों को छोड़कर जिस राजनीतिक समुदाय में प्रवेश करते हैं, वह पहले से ही पुरुष, उच्च वर्ग, ऊँची जाति, हिन्दू या गोरी नस्ल के रूप में चिह्नित होता है। ऐसे हालात में, औपचारिक नागरिकता अधिकार उन नकारात्मक हालातों को दूर नहीं कर सकते हैं, जो नागरिकता के स्वामित्व को अप्रभावकारी बना देते हैं।

बहुसंस्कृतिवाद ने इस आवरणयुक्त (मास्क्ड) अधिकार-धारक व्यक्ति की प्राथमिकता पर प्रश्न खड़े किये हैं। हमने यह देखा है कि उदारवादी सिद्धान्त में नागरिकता एक क़ानूनी हैसियत है, जो नागरिकों को अन्य नागरिकों के साथ सामान्य रूप से अधिकारों का आनन्द उठाने में समर्थ बनाती है। इस तरह की स्थिति बनाने के लिए व्यक्तियों के विशिष्ट सन्दर्भों को अप्रासंगिक बनाया जाता है। अर्थात् यह सुनिश्चित किया जाता है कि इन अधिकारों के सन्दर्भ में जन्म, नस्ल, जाति, संस्कृति, जेण्डर आदि से तय होने वाली विशेष परिस्थितियों का कोई प्रभाव न पड़े। बहुसंस्कृतिवादियों ने इस दृष्टिकोण की आलोचना की है। वे नागरिक गणतन्त्रवादी परम्परा के अनुरूप इस बात पर बल देते हैं कि विभेदों को ढकने से बहुत से लोग 'सामान्य' नागरिक अधिकारों से वंचित हो जाएँगे। इन समूहों का सामान्य नागरिकता के भीतर समायोजन करने के लिए वह नीति अपनानी होगी जिसे आयरिस मेरियन यंग ने 'विभेदीकृत नागरिकता' (डिफरेंसियेटेड सिटीजनशिप) की संज्ञा दी है। इसका अर्थ यह है कि कुछ ख़ास समूहों के सदस्यों को सिर्फ़ व्यक्ति के रूप में ही नहीं, बल्कि उनके समूह के माध्यम से भी समायोजित किया जाना चाहिए। ऐसे लोगों के अधिकार आंशिक रूप से उनकी समूह सदस्यता पर निर्भर होते है। यंग यह मानती हैं कि समूह विभेदों से परे जाकर नागरिकता की सार्वभौमिक सकंल्पना तैयार करने की कोशिश बुनियादी रूप से अन्यायपूर्ण है, क्योंकि यह ऐतिहासिक रूप से शोषित समूहों का हाशियाकरण करता है :

> मान लीजिए एक ऐसा समाज है जहाँ कुछ समूहों को विशेषाधिकार प्राप्त है और अन्य लोग शोषण का शिकार हैं। अब यदि यहाँ इस बात पर ज़ोर दिया जाता है कि नागरिक के रूप में लोगों को अपने-अपने विशिष्ट जुड़ावों और अनुभवों को पीछे छोड़ देना चाहिए और एक सामान्य दृष्टिकोण अपनाना चाहिए, तो इससे पहले से विशेषाधिाकार प्राप्त लोगों की स्थिति ज़्यादा मजबूत होगी। इसका कारण यह है कि हमेशा ही अंदेशा रहेगा कि विशेषाधिकार प्राप्त समूहों के दृष्टिकोण और हित एकीकृत लोक (पब्लिक) पर प्रभुत्व जमा देंगे। इससे अन्य समूहों का हाशियाकरण होगा या वे ख़ामोश कर दिये जाएँगे (यंग 1989, 257)।

बहुसंस्कृतिवाद के सिद्धान्तकार बहुल समाज में समानता और भेदभाव के मुद्दों को सुलझाने के लिए समुदाय के भीतर व्यक्ति के स्थान को पुनःस्थापित करते हैं। बहरहाल, समुदाय की अवधारणा नागरिक गणतन्त्रवादी परम्परा में मौजूद अवधारणा से अलग है, क्योंकि यहाँ समुदाय मुख्य रूप से सांस्कृतिक और जन्म से आरोपित होते हैं। फिर भी, यह पुनःस्थापना बहुत ही महत्त्वपूर्ण तरीक़े से व्यक्ति की अवधारणा बदलती है। इसके मुताबिक़ समुदाय में व्यक्ति का मुख्य कर्त्तव्य यह है कि समुदाय के अस्तित्व की हिफ़ाज़त करे। इस प्रकार, बहुसंस्कृतिवाद के पक्ष में दिये जाने वाले तर्क सिर्फ़ 'ऐतिहासिक ग़लतियों' को सुधारने या भेदभाव को ख़त्म करने से सम्बन्धित नहीं हैं। इसमें विविधता क़ायम रखने के प्रति वचनबद्धता भी शामिल है। यह वचनबद्धता मुख्य रूप से इस विश्वास में निहित है कि समुदाय राजनीतिक समुदाय को काफ़ी मूल्यवान चीज़ें दे सकते हैं (महाजन 2002)। विविधता में निवेश इस मान्यता पर आधारित है कि हर संस्कृति में मूल्यवान तत्त्व होते हैं, जिनकी भागीदारी की जानी चाहिए या जिन्हें सीखा जाना चाहिए। यह मान्यता ऐसे सहभागी सार्वजनिक स्थान (पब्लिक स्पेस) के रूप में राजनीतिक समुदाय की कल्पना की सम्भावनाओं को खोलती है, जहाँ समानता एक महत्त्वपूर्ण मानक हो। इस प्रकार नागरिकता के सिद्धान्त में बहुसंस्कृतिवाद का एक महत्त्वपूर्ण योगदान यह रहा है कि इसने राजनीतिक समुदाय के बारे में चिन्तन करने के तरीक़े में बदलाव किया है। राजनीतिक समुदाय को एक समरूपी सम्पूर्णता के रूप में देखने के बजाय इसे विषमरूपी (हेटरोजेनस) माना जाता है। इस विषमरूपता (हेटरोजेनेटी) के अस्तित्व को लोकतान्त्रिक सार्वजनिक स्थान (पब्लिक स्पेस) के लिए महत्त्वपूर्ण माना जाता है। फिर भी, बहुसंस्कृतिवाद ने समुदाय और समुदाय में व्यक्ति के विचार की प्राथमिकता स्थापित करने के लिए समुदाय में व्यक्ति के आलोचनात्मक और सृजनात्मक सदस्यता के अधिकार पर कई सीमाएँ लगाई हैं। विडम्बना यह है कि सांस्कृतिक समुदाय, राजनीतिक समुदाय के भीतर अपनी सदस्यता की शर्तों को पुनःपरिभाषित करने के लिए इसी अधिकार का दावा करता है।

विभिन्न सैद्धान्तिक धाराओं में अधिकार-धारक के रूप में समुदाय को मान्यता देने के साथ-ही-साथ 'नागरिक सद्‌गुण' और 'उत्तम नागरिकता' के गणतन्त्रवादी विचारों का भी पुनःउभार हुआ है। क्लासिकल चिंतन वाले प्राचीन दौर में नागरिक सद्‌गुण, देशभक्ति और सहभागी नागरिकता पर आधारित उत्तम नागरिकता के विचार का उभार हुआ था। पुनर्जागरणकालीन इटली और अठारहवीं सदी के अमेरीका और फ्रांस में यह फिर से उभर कर सामने आया। पिछले दो दशकों में इन सिद्धान्तों के पुनःउभार ने नागरिकता के समकालीन सिद्धान्त में दो अलग तरह के समूह तैयार किये हैं। इसमें एक ओर वे विद्वान हैं जो यह मानते हैं कि कुछ ऐसे बुनियादी अधिकार हैं जो नागरिकता को परिभाषित करने वाले सिद्धान्त की भूमिका अदा करते हैं। दूसरी ओर, वे विद्वान हैं जो अधिकारों को ऐसी स्थितियों के रूप में देखते हैं, जो राजनीतिक प्रक्रिया में भागीदारी करने के नागरिकों के कर्त्तव्य को पूरा करने से सामने आते हैं। बहरहाल, यह बुनियादी विभाजन विशिष्ट सैद्धान्तिक परम्परा के अनुसार अलग-अलग रूप धारण कर लेता है। नागरिक समाज सिद्धान्तकारों और समुदायवादियों की तरह ही वामपंथी सिद्धान्तकारों ने भी सक्रिय नागरिकता के उपायों के रूप में नागरिक सद्‌गुण और भागीदारी पर काफ़ी ज़ोर दिया है। इन विभिन्न सैद्धान्तिक परम्पराओं में सक्रिय नागरिकता को उदारवादी नागरिकता द्वारा उत्पन्न राजनीतिक निष्क्रियता की प्रतिक्रिया के रूप में देखा जा सकता है। यह माना जाता है कि उदारवादी नागरिकता की निष्क्रियता के कारण ही उदारवादी लोकतन्त्र कमज़ोर हुआ है। हालाँकि उदारवादी परम्परा में भी ऐसे सिद्धान्तकार हैं जो लोकतान्त्रिक भागीदारी द्वारा नागरिकों को 'सशक्त' बनाना चाहते हैं (फ़िलिप्स 1991; पियर्सन 1991)। वहीं, शान्ताल मूफ जैसे रैडिकल बहुलवादी यह मानती हैं कि भागीदारी और विभेद की अभिव्यक्ति के माध्यम से 'लोकतान्त्रिक समानता' (डेमॉक्रेटिक इक्वीवैलेंस) का सम्बन्ध स्थापित किया जा सकता है (मूफ 1992)। शान्तल मूफ उदारवाद के पद्धतिशास्त्रीय व्यक्तिवाद (मेथोडोलॉजिकल इण्डिविड्युअलिज़्म) की आलोचना करती हैं। वे राजनीति के पुनर्सैद्धांतीकरण के लिए बहुलवादियों से अलग तर्क प्रस्तुत करती हैं। बहुलवादी मानते हैं कि राजनीति क्षेत्र में मौजूद विभेदों में संवाद या विचार-विमर्श द्वारा सामंजस्य बनाया जा सकता है। मूफ इसके बजाय, 'विरोधों' के माध्यम से राजनीति का पुनर्सैद्धांतीकरण करना चाहती हैं। वे यह मानती हैं कि संवाद द्वारा सामंजस्य और आम-सहमति का लॉजिक न सिर्फ़ अवधारणात्मक रूप से ग़लत है, बल्कि इसमें बहुत सारे जोखिम भी हैं। इसका कारण यह है कि अमूमन हमेशा ही एक तरह के वर्चस्व द्वारा विरोधों के बीच सामंजस्य हासिल किया जाता है। स्पष्टतः इसमें कमज़ोर पक्ष के विरोध का वर्चस्वशाली पक्ष द्वारा निषेध किया जा सकता है। ऐसे में, यह टकरावों को और

ज़्यादा घातक बनाता है (मूफ 2005, 9)। मूफ यह मानती हैं कि राजनीतिक आयाम इस विरोध का एक पहलू है और यह मानव समाज को निर्मित करने वाला एक घटक है। अन्य विरोधों की तरह ही इसे भी एगोनिज़म (या राजनीतिक टकराव) की राजनीति के माध्यम से हल करना होगा, जिसमें विभेद, टकराव और तनाव को अभिव्यक्ति का वैध रूप माना जाता है (वही)।

माइकल वॉल्जर भी सामाजिक जीवन की बहुलता को स्वीकार करते हैं। वे यह प्रस्तावित करते हैं कि राजनीतिक नागरिकता द्वारा सामाजिक विविधता में अन्तर्निहित सामान्य मंच या सामान्य रूप से बाँधने वाले सिद्धान्त दिये जा सकते हैं। सार्वजनिक जीवन विविध समूहों की भागीदारी का ऐसा सामान्य मंच होता है, जिसके बारे में व्यक्ति यह मानते हैं कि यह उत्तम जीवन की उनकी अपनी संकल्पनाओं से परे एक सामान्य हित (कॉमन गुड) का प्रतिनिधित्व करता है। वॉल्जर यह मानते हैं कि जहाँ नागरिकता सामाजिक एकता का आधार है, वहीं नागरिक समाज 'विन्यासों का विन्यास' है। यह एक ऐसा मंच उपलब्ध कराता है जहाँ व्यक्ति विविध सामाजिक समूहों के भाग के रूप में शिष्टाचार और आत्म-नियन्त्रण का प्रशिक्षण हासिल करते हैं। वॉल्जर इस बात पर चिन्ता का इज़हार करते हैं कि ऐसे लोगों की संख्या बढ़ रही है जो पूरी तरह उदासीन हैं और सिर्फ़ राज्य के निष्क्रिय उपभोक्ता हैं। लेकिन इसके साथ ही वे इस विचार को सही नहीं मानते हैं कि राजनीतिक भागीदारी ही सक्रिय नागरिकता का एकमात्र रूप है। वे 'आलोचनात्मक सहचर्यवाद' (क्रिटिकल ऐसोसियशनलिज़म) के विचार पर अपनी आस्था जताते हैं। इसके मुताबिक़ आधुनिक विश्व में साहचर्यात्मक जीवन और इससे जुड़ी गतिविधियों और समझदारी को फिर से सीखने की आवश्यकता है। वे यह प्रस्तावित करते हैं कि चर्च, परिवार, जातीय साहचर्यों जैसे नागरिक समाज के स्वैच्छिक संगठनों में भागीदारी करने से नागरिकों में नागरिक सद्गुण का विकास होगा, जो उन्हें परस्पर दायित्व की भावना से बाँधेगा (वॉल्जर 1992)। एक दूसरे अतिवादी छोर पर एलिस्डेयर मैकेनटायर और माइकल सैण्डल जैसे समुदायवादी विचारक 'असमाहित आत्म' (अनइनकम्बर्ड सेल्फ) का विचार ख़ारिज करते हैं। वे हर तरह की बहुलताओं को नकारते हुए यह तर्क देते हैं कि 'अधिकार की राजनीति' की जगह 'सामान्य हित की राजनीति' स्थापित की जानी चाहिए।[3]

इस दृष्टिकोण के अनुसार, उदारवादी व्यक्तिवाद में नागरिकता व्यक्तियों को अधिकार और हक़दारी के माध्यम से एक हैसियत प्रदान करती है। लेकिन इससे सामाजिक बन्धनों का बिखराव होता है और अलगाव पैदा होता है। दरअसल, यह अलगाव की स्थिति ही आधुनिक उदारवादी समाजों की विशेषता है (मैकेनटायर 1981; सैण्डल 1982)। मैकेनटायर और सैण्डल सामाजिक और राजनीतिक

अनुदारवाद की विकसित होती धारा का प्रतिनिधित्व करते हैं। यह 'नया दक्षिणपंथ' समुदायवाद के व्यापक स्पेक्ट्रम में विकसित हुआ है। इसकी विशेषता यह है कि यह सामान्य हित या 'कॉमन गुड' की अवधारणा पर काफ़ी बल देता है तथा राजनीतिक और सांस्कृतिक बहुलता को ख़ारिज करता है। ग़ौरतलब है कि मार्शल के सूत्रीकरण में भी सामाजिक अधिकार नागरिकता के विकास के तीसरे चरण का निर्माण करते हैं। इसी दौर में कल्याणकारी राज्य का विकास होता है और यह ग़रीब, आप्रवासी तथा नस्लीय अल्पसंख्यकों को नागरिकता के दायरे में शामिल करने में महत्त्वपूर्ण भूमिका निभाता है। वहीं 'नये दक्षिणपंथ' के सिद्धान्तकार यह मानते हैं कि सामाजिक अधिकार निष्क्रिय नागरिकता को बढ़ावा देते हैं और ग़रीबों में निर्भरता की संस्कृति पैदा करते हैं। ये सभी नागरिकों के लिए सामान्य हित और सामान्य दायित्व की रूपरेखा में काम करते हुए यह दलील देते हैं कि कल्याणकारी कार्यक्रमों के स्थान पर कामकाज के कार्यक्रम अपनाये जाने चाहिए, ग़रीबों को दिये गये सुरक्षा जाल को ख़त्म करना चाहिए तथा कल्याणकारी फ़ायदों को काम के दायित्वों के साथ जोड़ा जाना चाहिए। उल्लेखनीय है कि नागरिक समाज के सिद्धान्तकार नागरिक समाज की संस्थाओं में भागीदारी के माध्यम से ज़िम्मेदार नागरिकता को बढ़ावा देना चाहते हैं। वहीं, 'नया दक्षिणपंथ' यह मानता है कि 'बाज़ार' में मुक्त व्यापार, विनिमयन, टैक्स कटौती को बढ़ावा देने, श्रम संगठनों को कमज़ोर करने और बेरोज़गारी भत्ता पर नियन्त्रण करने की आवश्यकता है। उनके मुताबिक़, बाज़ार एक ऐसा 'स्कूल' है जहाँ पहल करने, आत्म-निर्भरता और आत्म-पूर्णता जैसे नागरिकता के सद्‌गुण सीखे जाते हैं (किमलिका और नॉर्मन 1994)।

द्वैधवृत्तियाँ

नागरिकता के नये सन्दर्भों द्वारा पैदा किये गये संघर्षों के अलावा, इसके समकालीन सिद्धान्तों में द्वैधवृत्तियाँ भी रेखांकित की जा सकती हैं। मसलन, ब्रायन टर्नर (1986), उर्सुला वोगल (1991), जर्गेन हैबरमास (1992) और यास्मीन सोयसल (1994) जैसे विद्वानों ने यह बताया है कि सामाजिक और राजनीतिक सदस्यता के पारम्परिक रूपों और समकालीन वैश्विक घटनाक्रमों के कारण आयी अन्तर्निर्भरता के बीच एक तनाव है। इस सन्दर्भ में वे तर्क देते हैं कि नागरिकता को राष्ट्र-राज्य और इससे जुड़ी राष्ट्र-राज्य सम्प्रभुत्ता की अवधारणा से अलग करना होगा। नागरिकता के अधिकार राष्ट्र-राज्य की सीमाओं तक सीमित होते हैं, पर इसकी जगह इन्हें विश्व समुदाय की सदस्यता और इस समुदाय द्वारा अपनाये गये सार्वभौमिक मानवाधिकारों को अपनाना चाहिए। मिसाल के तौर पर, यास्मीन सोयसल यह दलील देती हैं कि वैश्वीकरण ने नागरिकता की

'नयी और ज़्यादा वैश्विक' अवधारणा प्रस्तुत की है, जिसका केन्द्रीय सिद्धान्त 'राष्ट्रीय जुड़ाव' के बजाय 'सार्वभौमिक **व्यक्तित्व**' है। वे यह मानती हैं कि यूरोप में रहने वाले अतिथि श्रमिकों (गेस्ट वर्कर्स) पर ध्यान देने से यह बात स्पष्ट हो जाती है कि सार्वभौमिक व्यक्तित्व नागरिकता की हैसियत और राष्ट्रीय जुड़ाव के क़ानूनी अधिकारों से किस प्रकार अलग है। अतिथि श्रमिक यूरोप में कई वर्षों से नागरिकता हासिल किये बग़ैर रह रहे हैं, क्योंकि वे जिस देश में निवास करते हैं उसने इनके क़ानूनी और सामाजिक अधिकारों की गारंटी दी है। सोयसल यह महसूस करती हैं कि वैश्विक नागरिक समाज के विचार को आगे बढ़ाने वाले मानवाधिकार क़ानूनों की वैश्विक व्यवस्था, संयुक्त राष्ट्र के नेटवर्क और क्षेत्रीय अभिशासन आदि से इन आश्वासनों को ज़्यादा मजबूती मिली है (सोयसल 1994)। इस वैश्विक नागरिक समाज में ऐसी सुरक्षा की गारंटी दी गयी है, जो साफ़ तौर पर राष्ट्र-राज्य की सदस्यता से मिलने वाली हिफ़ाज़तों को बेमतलब बना देती हैं। इस तरह के आश्वासन इसलिए सामने आए क्योंकि इस बात पर एक 'उच्च स्तर की सहमति' बनी कि चूँकि 'मानव अस्तित्व एक तरह की दुर्बलता का शिकार है', इसलिए मानवाधिकार और सामान्य हित पर ध्यान देना आवश्यक है (टर्नर 1993, 184)। इस प्रकार, मानवाधिकारों की आवश्यकता और मनुष्यों की दुर्बलता को मान्यता दी गयी। इसके साथ ही, इस विचार का प्रभाव भी बढ़ा कि मानवता एक 'वैश्विक जोखिम' का सामना कर रही है। 'वैश्विक जोखिम' के शब्दाडम्बर के साथ यह मान्यता भी परोक्ष रूप से जुड़ी हुई थी कि 'सुरक्षा' और 'सामाजिक व्यवस्था' की समस्याएँ केवल एक राष्ट्र की चिन्ता नहीं हैं। इसलिए इनके बारे में किसी एक राष्ट्र द्वारा फ़ैसला नहीं किया जा सकता है। असल में, इन्हें सुनिश्चित करने के लिए एक वैश्विक नज़रिये की आवश्यकता है। 4 दिसम्बर 1986 को संयुक्त राष्ट्र की आम-सभा द्वारा विकास के अधिकार को स्वीकार किया गया। इसी प्रकार, 1993 में वियना में मानवाधिकारों के वैश्विक सम्मेलन में 171 देशों द्वारा समर्थित बयान ने मानवाधिकारों की 'सार्वभौमिकता' की पुष्टि की। इन दोनों दस्तावेज़ों में इस बात पर बल दिया गया कि 'मानवाधिकार सार्वभौमिक, अविभाज्य, परस्पर-निर्भर और परस्पर-सम्बन्धित हैं'। इस तरह, इन्होंने अन्तर्राष्ट्रीय मानवाधिकार व्यवस्था में सार्वभौमवाद-सापेक्षवाद के विभाजन से परे जाने का प्रयास किया। इन अधिकारों को बढ़ावा देने में ग़ैर-सरकारी संगठनों के परा-राष्ट्रीय नेटवर्क की ज़्यादा बड़ी भूमिका की परिकल्पना की गयी। लेकिन मानवाधिकार अपने-आप में यह सुनिश्चित नहीं कर सकते हैं कि व्यक्तियों के अधिकारों की सुरक्षा के लिए आवश्यक बुनियादी सहभागी नेटवर्क का विकास हो। मसलन, सोयसल यूरोप के अतिथि श्रमिक की मिसाल लेती हैं जिन्हें सामाजिक और नागरिक

अधिकारों का आश्वासन मिला हुआ है। लेकिन राजनीतिक अधिकार नकारने से ये श्रमिक ऐसी नीतियाँ बनाने और उन्हें लागू करने की प्रक्रिया से वंचित रह जाते हैं, जो उनकी सामाजिक हक़दारियों और नागरिक स्वतन्त्रताओं को प्रभावित कर सकता है। ग़ैर-नागरिक सीमित अधिकारों के हक़दार होते हैं। वे राज्य की विशिष्ट नीतियों के सक्रिय भागीदार नहीं होते हैं, बल्कि उनके लिए एक वस्तु की तरह होते हैं (फॉक्स 2000)। यह ग़ौर करने वाली बात है कि निर्णय-निर्माण में भागीदारी करने का अधिकार 1986 के विकास के अधिकार की उद्घोषणा का मुख्य भाग था (बख्शी 1998)। इसके अलावा, जब हम पदसोपनीय विश्व में आम-सहमति तक पहुँचने के तरीक़े का परीक्षण करते हैं तो टर्नर का यह तर्क भी काफ़ी लचर लगता है कि मानवीय दुर्बलता को मानवीय आवश्यकताओं और अधिकारों के वैश्विक दृष्किोण के लिए आम-समहति का आधार माना जा सकता है। मसलन, समकालीन दौर में आतंकवाद ख़त्म करने के लिए अन्तर्राष्ट्रीय सहयोग के बारे में एक 'वैश्विक आम-सहमति' है। इसने मुस्लिमों को पूरी दुनिया में एक 'संदिग्ध समुदाय' में तब्दील कर दिया है। इसके चलते संयुक्त राज्य अमेरीका की नीतियों की हिमायत न करने वाले देश 'बुराई की जड़' माने जाने लगे हैं। यह कहा जाने लगा है कि ऐसे देशों का दमन और उन्मूलन करने की आवश्यकता है।[4]

शायद यहाँ इस पर विचार कर लेना भी ठीक होगा कि बीसवीं सदी के आख़िरी भाग की जिन 'ख़ास' परिस्थितियों की बात की जा रही है, क्या वे पूरी तरह से 'नयी' थीं। इस मान्यता पर भी गम्भीरता से सवाल करने की ज़रूरत है कि क्या इन नये घटनाक्रमों से राष्ट्रीय सीमाओं से परे जाने वाला नागरिकता का एक ज़्यादा लोकतान्त्रिक रूप सामने आया। नागरिकता की पुनःपरिभाषा तय करने वाली तथाकथित परिस्थितियों का वैश्वीकरण के पुराने सन्दर्भों में अस्तित्व हो सकता है।[5] साम्राज्यीय प्रभुत्व से युक्त आधुनिक यूरोप के विस्तार और दास व्यापार के सन्दर्भ में 'पश्चिम', 'उपनिवेश' तथा 'तीसरी दुनिया' जैसी पारस्परिक किन्तु पदसोपानीय श्रेणियों का निर्माण हुआ। इसी सन्दर्भ में सार्वभौमिक नागरिकता का विमर्शीय सूत्रीकरण हुआ और नागरिकता का बहिष्करणीय क्षेत्र निर्धारित हुआ। इसमें 'मानव' और 'नागरिक' जैसी सार्वभौमिक श्रेणियों का निर्माण हुआ, परन्तु साथ ही, महिला, दास, श्रमिक और प्रजाजन की सामाजिक श्रेणियों और जीवन्त अनुभवों को नागरिकता की राष्ट्रीय-सांस्कृतिक और न्यायिक-राजनीतिक पहचानों में शामिल किया गया और उन्हें बहिष्कृत भी किया गया।[6] इसलिए, ऐसा लगता है कि नागरिकता के पुराने रूपों और बदले हुए हालात में वर्तमान पुनर्सूत्रीकरण के उभार में एक तार्किक निरन्तरता है। हालाँकि इसमें नयी बात यह है कि पूर्व उपनिवेशित देश अब वैश्विक कॉरपोरेट पूँजी द्वारा खुद के संसाधनों के शोषण

में भागीदार और वाहक बन गये हैं। इसके साथ ही, राज्य के एक निष्कर्षक भूमिका और क़ानून व्यवस्था के कार्यों में भी अत्यधिक वृद्धि हुई है। इस वजह से राज्य ने अपना सुरक्षा संयन्त्र काफ़ी मजबूत किया है और इसकी मदद से राज्य ने अपना विरोध करने वाले नागरिकों का दमन किया है।

मानवाधिकार और विश्व-नागरिकता की बातें एक तथाकथित मानवीय विश्व व्यवस्था से सम्बन्धित हैं, जहाँ राष्ट्रीय सीमाओं से परे मानवीय गरिमा का सम्मान किया जाता है। लेकिन इसके साथ ही, यह चर्चा भी होती रहती है कि नागरिकता 'संकट' में है। यह चर्चा विश्व-नागरिकता के विचारों को प्रति-सन्तुलित करने का काम करती हैं। नागरिकता के संकट में होने के शोर-शराबे में बहिष्करणवादी शर्तों की फिर से पुष्टि की गयी और सार्वभौमिक नागरिकता को पुनःस्थापित किया गया। यह एक ऐसे मुद्दे के रूप में सामने आयी, जिस पर राष्ट्र-राज्य अपनी सम्प्रभुत्ता का दावा करता है। 'भूखे लोगों की भीड़' से बचने के लिए राष्ट्र-राज्य अपनी सीमाओं की क़िलेबन्दी करते हैं। 'वैश्विक संविधानवाद' में 'विश्व नागरिकता' और 'मानवाधिकारों' के गुणगान के साथ असंतोष के स्वर भी मौज़ूद रहे हैं। दरअसल, 1789 में मनुष्यों के अधिकार (राइट्स ऑफ़ मेन) की घोषणा के समय से ही मानवाधिकार ने हमेशा ही सार्वभौमिक होने का दावा किया है, लेकिन राजनीतिक अधिकार इसके अपवाद रहे हैं। हालाँकि उस समय इन मानवाधिकारों के सार्वभौमिक होने का दावा किया गया, 'जब मनुष्य और नागरिकों के बीच के अन्तर से कोई समस्या पैदा नहीं होती थी। लेकिन इस बात की कोई सम्भावना नहीं थी, ना ही इसकी कल्पना की जाती थी कि तीसरी दुनिया के लोग यूरोप में आएँगे। स्पष्टतः इन कथनों को इनके शाब्दिक अर्थ में नहीं लिया जाता था' (फेराजोली 1996, 151-54)। 'हमारी' सीमा पर 'भूखे लोगों की भीड़' के दबाव और अल्पसंख्यक समूहों द्वारा अपने 'विभेद' की दावेदारी ने मानवाधिकारों के 'सार्वभौमवाद' की कठिन परीक्षा ली है। यह एक प्रभुत्वशाली भावना है, जिसने नागरिकता को संकट में डाला है (पोर्टर 1987)। ऐसे में, यह हैरत की बात नहीं है कि नागरिकता के 'संकट' को हल करने के लिए राज्यों ने सख़्त आप्रवासी क़ानूनों तथा राष्ट्रीय और क्षेत्रीय सीमाओं की क़िलेबन्दी का सहारा लिया है। स्थायी क़ानूनी निवास की हैसियत देते वक़्त नागरिकता के लिए 'वंश' और 'ख़ून के रिश्तों' पर बल दिया गया है। इसलिए सम्पूर्ण पूर्वी यूरोप में कम्युनिस्ट शासन के पतन के बाद एक अज़ीबोग़रीब स्थिति पैदा हुई। पश्चिमी जर्मनी में 'जातीय' जर्मन (पूर्वी जर्मन) लोगों का, जो कि सांस्कृतिक और भाषाई रूप से वर्तमान जर्मन लोगों से अलग थे, जर्मन नागरिकों के रूप में स्वागत किया गया। इसके विपरीत, जर्मनी में रहने वाले और इसकी अर्थव्यवस्था में योगदान देने वाले 20 लाख तुर्की अतिथि श्रमिकों को नागरिकता देने से इंकार

कर दिया गया (फॉक्स 2000, 45-46)। इसी प्रकार, 1996 में सुंयक्त राज्य अमेरीका के कल्याणकारी क़ानून में कई बदलाव किये गये। इसके चलते हर तरह के फ़ायदे के लिए आप्रवासियों की पात्रता सीमित हो गयी (वही, 144)।

जिस तरह अन्तर्राष्ट्रीय शरणार्थी क़ानून सामने आए, उसमें भी राष्ट्रीय सीमाओं की क़िलेबन्दी देखी जा सकती है। इन क़ानूनों में सुरक्षा की भाषा और राष्ट्र-राज्यों द्वारा शरणार्थियों को ख़ारिज करने की ज़मीनी हक़ीक़त के बीच बढ़ता तनाव सामने आता है (चिमनी 2000, xiv)। हक़ीक़त यह है कि औद्योगीकृत दुनिया ने 'पाबन्दी लगाने वाले प्रशासनिक और क़ानूनी उपाय' अपनाए हैं, जो यह सुनिश्चित करते हैं कि शरणार्थी उनके दरवाज़े पर न आएँ। असल में, वैश्वीकरण, मानवाधिकार और विश्व नागरिकता के बीच सम्बन्धों के बारे में परीक्षण करने पर यह नतीजा सामने आता है कि इनके कारण राष्ट्रों की सीमाएँ पारगम्य नहीं हुई हैं। इसके बजाय, जनसंख्या के आवागमन के कारण राष्ट्रीय सीमाओं की क़िलेबन्दी हुई है। इसके अलावा, शरणार्थियों से सम्बन्धित अन्तर्राष्ट्रीय क़ानूनी व्यवस्था ऐतिहासिक रूप से कुछ ख़ास पहलुओं पर ही ध्यान देती रही है। इस तरह यह भेदभाव पर आधारित रही है। साथ ही, इसने शरणार्थियों के पलायन से सम्बन्धित सभी मसलों पर बहुत ही नकारात्मक और असंतोषजनक तरीक़े से काम किया है। क़ानूनी व्यवस्था के लागू होने के तरीक़े ने एक दोहरेपन को भी जन्म दिया है। जहाँ कुछ मामलों में क़ानूनी सिद्धान्तों को लागू करने के दौरान सम्प्रभुत्ता, राष्ट्र-सीमाओं और नागरिकता के बीच जुड़ाव को क़ायम रखने की अनुमति दी गयी है, वहीं अन्य मामलों में क़ानूनी भाषा के बजाय कल्याण और मानवतावाद की भाषा अपनाई गयी है। इस कारण, ऐसे मामलों को अन्तर्राष्ट्रीय जाँच-पड़ताल और निगरानी के अन्तर्गत लाया गया है, जिससे सम्प्रभुत्ता, राष्ट्रीय सीमाओं और नागरिकता के बीच का जुड़ाव पारगम्य बन गया है।[7]

इसके अतिरिक्त, 'नागरिकों' की तरह ही मानवाधिकारों को भी हमेशा ही अमूर्त्त और सार्वभौमवादी अर्थात् सन्दर्भ-मुक्त मानते हुए वर्णित किया गया है। यह माना गया है कि मानवाधिकार नागरिकता और अधिकारों की विविधता और ऐतिहासिकता पर एक तरह का नक़ाब चढ़ा देते हैं। नागरिकता के विस्थापन के रूप में मानवाधिकारों के विचार को केवल तभी क़ायम रखा जा सकता है, जब नागरिकता को निष्क्रिय माना जाए। साथ ही, इसके लिए यह भी ज़रूरी है कि ये अधिकार उन विशिष्ट आन्दोलनों तथा सामाजिक-राजनीतिक संरचनाओं से पूरी तरह अलग हो जाएँ, जिनसे इनका जन्म होता है (फ़ॉक्स 2000, 145)। नागरिकता के नये सिद्धान्त के समर्थक मानवाधिकारों पर आधारित वैश्विक नागरिकता का समर्थन करते हैं। लेकिन वे एक ऐसे जाल में फँस जाते हैं जहाँ एक ओर उन्हें समान सुरक्षा, स्वतन्त्र अभिव्यक्ति, और धर्म तथा संगठन बनाने

की आज़ादी जैसे कई मानवाधिकारों के कुछ सार्वभौमिक तत्त्वों को क़ायम रखना होता है; तथा दूसरी ओर, ऐसा लगता है कि वे ऐसी विशिष्ट मानकीय रूपरेखा पर भी बल दे रहे हैं जिनमें इन्हें लागू किया जा सकता है।[8] ये मानकीय और बहिष्करणवादी संवेदनाएँ नागरिकता के ऐसे लेखन में सामने आती हैं, जिनमें यह माना जाता है कि मूल रूप से पश्चिम में ही इनका उद्‌भव और विकास हुआ। साथ ही, इनमें इस बात पर भी संदेह किया जाता है कि नागरिकता की अवधारणा को ऐसे समाजों में लागू किया जा सकता है, जहाँ सामाजिक सम्बन्धों के 'पूर्व-आधुनिक' रूपों का अस्तित्व है। अर्थात् इसे मध्य-पूर्व के मुस्लिम समाजों में या 'विकासशील' दुनिया के अन्य समाजों में लागू करना काफ़ी मुश्किल है।[9] यह सच है कि ग़ैर पश्चिमी देशों ने राजनीतिक जीत या पश्चिमीकरण के परिणास्वरूप पश्चिमी संविधान और संवैधानिक सिद्धान्तों तथा नागरिकता और नागरिक समाज जैसे शब्दों को अपना लिया है। लेकिन नागरिकता को (लागू होने के सन्दर्भ में) एक सार्वभौमिक अवधारणा नहीं माना जा सकता है क्योंकि इसका विकास ऐसी ख़ास संरचनात्मक और सांस्कृतिक स्थितियों में हुआ, जो विशेष रूप से पश्चिम और आधुनिकता के इसके अनुभवों से सम्बन्धित थे (टर्नर 1993)। औपनिवेशिक व्यवहारों में इस बात पर बल दिया गया कि साम्राज्यीय प्रभुत्व इसलिए सही है क्योंकि उपनिवेशित लोग अयोग्य और असमर्थ हैं। दरअसल, औपनिवेशिक व्यवहारों के वर्चस्व के कारण ही अब भी यह माना जाता है कि पश्चिमी तार्किकता ग़ैर-पश्चिमी समाजों में लागू नहीं हो सकती है। इस प्रकार, मानवाधिकार और विश्व नागरिक सम्बन्धी विचार तथा बहिष्करणीय सन्दर्भों में परिभाषित नागरिकता के बीच एक प्रति-सन्तुलन होता है।

मानवाधिकारों के विमर्श की तरह ही बहुसंस्कृतिवाद भी नागरिकता को परिभाषित करने का प्रयास करता है। लेकिन यह ख़ुद को विभेद-निलम्बन रूपरेखा से बाहर निकालने में समर्थ नहीं हो पाया है। नागरिकता सिद्धान्त की प्रभावशाली उदारवादी धारा ने बहुसंस्कृतिवाद में लोकतान्त्रिक नागरिकता का मुख्य तत्त्व डालने का प्रयास किया है। यह तत्त्व 'सांस्कृतिक विविधता की चाह रखता है' और 'एक ऐसे समाज की परिकल्पना करता है जिसमें विभिन्न समुदाय अपना सांस्कृतिक उद्‌गम क़ायम रखते हुए एक सामान्य पहचान निर्मित करते हैं' (महाजन 1999, 12)। *सेमिनार* जर्नल में 'समस्या' को प्रस्तुत करते हुए गुरप्रीत महाजन ने बहुसंस्कृतिवाद के मुख्य तत्त्वों और लोकतान्त्रिक नागरिकता के लिए उनके निहितार्थों की विवेचना की है। बहुसंस्कृतिवाद में 'एक ज़्यादा गहन समतावादी भावना' का प्रदर्शन शामिल है। यह सिर्फ़ बहुल संस्कृतियों की मौजूदगी को ही मान्यता नहीं देता है बल्कि 'सभी जातीय समुदायों के सामूहिक पहचानों में एक सकारात्मक मूल्य भी जोड़ता है। इस तरह, यह 'एक नये सार्वभौमवाद' का

प्रतिनिधित्व करता है, जहाँ व्यक्तियों का राज्य के साथ एकीकरण 'विशिष्टतावादी सामुदायिक जुड़ाव से सम्पूर्ण अलगाव पर निर्भर नहीं होता है'। यह 'एक मानकीय मूल्य' का निर्माण करता है, जो 'पश्चिम के आधुनिक उदारवादी लोकतन्त्रों और आधुनिकता की तरफ़ बढ़ रहे भारत जैसे लोकतन्त्र पर समान रूप से लागू होता है' (वही)। हालाँकि अपने बाद के काम में महाजन सिर्फ़ सांस्कृतिक विविधता को बढ़ावा देने का लक्ष्य रखने वाली नीतियों तथा समरूपीकरण और विशिष्ट संस्कृतियों के ख़िलाफ़ भेदभाव रोकने का लक्ष्य रखने वाली नीतियों के बीच अन्तर करती हैं। सांस्कृतिक विविधता को बढ़ावा देने के साथ यह ख़तरा जुड़ा हुआ है कि इसमें समुदायों की अतिकठोर इकाईयों के रूप में संकल्पना की जाती है और व्यक्तियों को समुदाय की आधिकारिक संरचना के अधीन कर दिया जाता है। महाजन यह दलील देती हैं कि ऐसी सांस्कृतिक विविधता को बढ़ावा देने के बजाय बहुसांस्कृतिक नीतियों को भेदभाव रोकने का लक्ष्य तय करना चाहिए। वे यह बताती हैं कि इसके लिए ज़रूरी है कि सभी व्यक्तियों के पास ऐसे विकल्प हों, जो उन्हें उनकी संस्कृति तक पहुँच की सुविधा दें। इसलिए एक ऐसी रूढि-विरोधी (नॉन कॉनफॉर्मिस्ट) सदस्यता को महत्त्व और बढ़ावा देने की आवश्यकता है, जो सांस्कृतिक समरूपीकरण रोकने के बहुसंस्कृतिवादी लक्ष्य को पूरा करे, तथा व्यक्तियों के विकल्पों की भी हिफ़ाज़त करे (महाजन 2002)।

हालाँकि अधिकांश सूत्रीकरणों में बहुसंस्कृतिवाद एक मानकीय रूपरेखा का भाग बना रहता है। इसमें लोकतान्त्रिक मूल्यों को ख़ासतौर पर विशिष्ट संस्कृतियों से जुड़ा हुआ माना जाता है। बहुत सी ऐसी धाराएँ भी हैं जो व्यक्तिगत और सांस्कृतिक अधिकारों के बीच एक मध्यवर्ती स्थान खोजने का प्रयास करती हैं। लेकिन वे भी सांस्कृतिक अधिकारों और बहुसंस्कृतिवाद को केवल ऐसे समाजों के लिए ही प्रासंगिक और स्वीकार्य मानती हैं, जहाँ पहले से ही 'उदारवादी मूल्यों की सार्वभौमिक संस्कृति का अस्तित्व हो'। उदाहरण के तौर पर, विल किमलिका समानता के सिद्धान्त और व्यक्तिगत स्वतन्त्रता तथा 'सामाजिक संस्कृति' के बीच सम्बन्ध को पुन:परिभाषित करने का प्रयास करते हैं। इसके लिए वे इस बात पर बल देते हैं कि बहुसांस्कृतिक वर्तमान को गम्भीरता से लेना एक 'ऐतिहासिक दायित्व' है।[10] हालाँकि इसी वक़्त पश्चिम में अधिकारों के विकास की एक अलग ट्रैजेक्टरी (प्रक्षेप-पथ) और इन अधिकारों के सक्रिय होने की विशिष्ट (मानकीय) स्थितियों का संकेत भी सामने आया है। इस कारण इस सूत्रीकरण पर आसानी से बहिष्करण का आरोप लगाया जा सकता है। इस प्रस्ताव की जाँच-पड़ताल करने की आवश्यकता है कि पश्चिम में लोकतान्त्रिक ऐजेण्डे में सामूहिक सामुदायिक अधिकारों के शामिल होने से पहले समान सामाजिक और नागरिक क़ानूनों की स्थापना हो चुकी थी और समानता और व्यक्तिगत स्वतन्त्रता

की उदारवादी नैतिकता अपनी जड़ें जमा चुकी थी, ताकि समूह के भीतर की गतिविधियों को अभिव्यक्ति मिले। इसी तरह, इस सुझाव पर भी आलोचनात्मक दृष्टि से विचार करने की ज़रूरत है कि पश्चिम में अधिकारों के विकास की विशिष्ट परिस्थितियाँ यह सुनिश्चित करती हैं कि सामुदायिक अधिकारों का व्यक्तिगत समानता के सिद्धान्त से टकराव न हो। असल में, निम्नलिखित कारणों से ऐसा करने की आवश्यकता है : (i) इससे यह निष्कर्ष निकलता है कि इस बात की ज़्यादा सम्भावना है कि ऐसे अनुभवों का सामना उन समाजों को करना पड़ेगा, जहाँ अधिकारों के विकास का (पश्चिमी) 'ऐतिहासिक अनुक्रम' दोहराया न गया हो। (ii) यह प्रस्तावित करता है कि पश्चिम में बहुसांस्कृतिक पथ ने पर्याप्त रूप से समूह भेदभाव और असमानता को दूर कर किया है, और (iii) यह समुदाय के परिरक्षण पर ज़रूरत से ज़्यादा ध्यान देता है। ऐसा करके यह समुदाय को बाहरी प्रतिबन्धों से सुरक्षित रखने के तर्क का पक्ष लेता है। लेकिन इसके साथ ही, यह समुदाय द्वारा आन्तरिक प्रतिबन्ध लागू करने के अधिकार को भी मान्यता देता है। यह भी ग़ौरतलब है कि व्यक्तिगत और सामुदायिक अधिकारों के बीच की असहमति बहुसंस्कृतिवाद के इस सूत्रीकरण में ही निहित है। यह समुदाय को आन्तरिक प्रतिबन्ध लागू करने की शक्ति देकर प्राधिकार की उन संरचनाओं को सुरक्षित रखता है, जो व्यक्तिगत आज़ादी के लिए घातक है। इसके अतिरिक्त, ऐसा लगता है कि आन्तरिक प्रतिबन्ध लागू करने की समुदाय की शक्ति को मान्यता देकर यह इस अवधारणा को स्वीकार करता है कि प्रत्येक व्यक्ति का अधिकार मायने नहीं रखता है। दूसरे शब्दों में, इस रूपरेखा में विशिष्ट समुदायों से जुड़े व्यक्तियों के अधिकार अनावश्यक लगते हैं।

वर्चस्व

नारीवादी ट्रांसवर्सल (धारा-विरोधी) व्यवहार और संवादी नागरिकता

नागरिकता के बदले सन्दर्भ में इसमें संघर्ष और द्वैधवृत्तियाँ जुड़ गयीं और इन्होंने नारीवादियों को इसके बारे में प्रतिक्रिया देने के लिए विवश किया। ख़ासतौर पर, नारीवादियों ने नागरिकता के सम्बन्ध में राज्य के व्यवहार में बदलाव के बारे में अपनी प्रतिक्रिया ज़ाहिर की। इन बदलावों की वजह से एक सदी से भी लम्बे समय के संघर्ष के बाद महिला आन्दोलन द्वारा हासिल की गयी उपलब्धियों को खोने का ख़तरा पैदा हो गया है। वैश्वीकृत दौर में नारीवादी राजनीति के लिए नागरिकता की उपयुक्त धारणा तैयार करते हुए नारीवादियों ने यह मानने से इंकार कर दिया है कि वैश्वीकरण के साथ असाधारण परिवर्तनकारी गुण जुड़े हुए हैं। वे इस दलील को नकारती हैं कि वैश्वीकरण एक अप्रतिरोध्य और अपरिवर्तनीय

प्राकृतिक शक्ति है, जिसका कोई विकल्प नहीं है और जो आख़िरकार समानता पैदा करती है। नारीवादी यह तर्क देती हैं कि वैश्वीकरण एक समान, एकरेखीय और अनिवार्य प्रक्रिया नहीं है तथा यह क्षेत्रों, वर्गों और लोगों को असमान और अलग-अलग तरीक़े से प्रभावित करती है। इनका यह दावा है कि बाज़ार के साथ स्वाभाविक और काफ़ी हद तक 'जादुई' आत्म-प्रसार के गुणों को जोड़ने से इसका विराजनीतीकरण होता है। यह इसे ऐसे असंख्य राजनीतिक और आर्थिक फ़ैसलों और व्यवहारों से दूर करता है, जो इसे और इसके द्वारा उत्पादित असमानता को बढ़ावा देते हैं (पेट्टमेन 1999)। वैश्वीकरण की आलोचना करने वाले साहित्य में अमूमन इस बात पर बल दिया गया है कि इसके प्रतिरोध के लिए वर्ग जैसी एजेंसी को फिर से हासिल किये जाने की आवश्यकता है। किन्तु ऐसे साहित्य में वैश्वीकरण के जेण्डर-आधारित प्रभावों का विवरण नहीं दिया गया है। हालाँकि नारीवादियों के लिए यही सबसे महत्त्वपूर्ण बात है। दरअसल, राज्य ने नवउदारवादी विचारधारा और वैश्विक प्रतियोगिता में मदद की उम्मीद रखने वाले वैश्विक हितों से प्रभावित होकर कुछ ख़ास क्षेत्रों में 'अनुत्पादक सामाजिक ख़र्च' में कटौती की है। इनमें से अधिकांश ऐसे क्षेत्र हैं, जिनमें राज्य को सक्रिय करने के लिए नारीवादियों ने ज़बरदस्त संघर्ष किया था। नागरिकता की भाषा में बदलाव हुआ है और अब इसमें सामाजिक न्याय के बजाय प्रतियोगिता, उत्पादकता और कार्यकुशलता पर ज़ोर दिया जाने लगा है। इसके अलावा, अब सार्वजनिक के बजाय निजी और व्यक्तिगत दायित्व को महत्त्व दिया जाने लगा है। इसने नागरिकता के राजनीतिक स्थान और इसके सामाजिक अधिकारों में कटौती की है (वही)। इसने आधुनिक राज्य की कल्याणकारी भूमिका पर हमला करके सामाजिक नागरिकता के क्षेत्र में तनाव पैदा किया है। ये बदलाव विशेष रूप से महिला नागरिकता के लिए घातक हैं, क्योंकि ये तात्त्विक नागरिकता को मुमकिन बनाने वाले संसाधनों को वापस ले लेते हैं।

पहले यह चर्चा की जा चुकी है कि बहुसंस्कृतिवाद ने सांस्कृतिक समुदायों का सशक्तीकरण किया है। इसके चलते वे अपने बुनियादी हक़ों का दावा कर सकते हैं और राष्ट्रीय संस्कृति के सन्दर्भ में बेहतर शर्तों पर समझौता कर सकते हैं। हालाँकि एक पृथक् और सख़्त इकाई के रूप में समुदाय के परीरक्षण करने के ख़तरे भी हैं। एक समुदाय, प्रभुत्वशाली राष्ट्रीय संस्कृति से बराबरी का सम्बन्ध बनाना चाहता है। लेकिन समुदाय के पास अपनी सुरक्षा का विशिष्ट अधिकार होने से उसके घटकों, विशेष तौर पर महिलाओं की स्थिति काफ़ी कमज़ोर हो जाती है। इस प्रकार, बहुसंस्कृतिवाद और विभेदीकृत नागरिकता के विचार ने सांस्कृतिक समुदायों को अपना अस्तित्व क़ायम रखने में समर्थ बनाया है। लेकिन वे अपने सदस्यों पर आन्तरिक प्रतिबन्ध थोप सकते हैं, जिसके कारण ख़ासतौर

पर औरतों की स्वायत्तता (एजेंसी) पर कई प्रतिबन्ध लगते हैं। यह मान्यता सही नहीं है कि समुदाय एक 'स्वाभाविक' सामाजिक इकाई है, जिसका 'हमेशा से ही अस्तित्व' है। दरअसल, यह विचार इस गत्यात्मक अवधारणा को बाधित करता है कि नागरिकता संघर्ष से उत्पन्न होती है और यह समुदायों के विचारधारात्मक पुनर्निर्माण को भी रोकता है (युवाल-डेविस 1991, 58-60)।

नारीवादियों ने इन चुनौतियों का दो स्तरों पर ज़वाब दिया। वे इस बात को नकारती नहीं हैं कि आवश्यकताओं और उससे सम्बन्धित अधिकारों के दावों को एक आकार देने में सांस्कृतिक सन्दर्भों का काफ़ी महत्त्व होता है। लेकिन वे ख़ुद को समुदाय की ऐसी किसी भी अवधारणा से अलग करती हैं, जो व्यक्ति को इसके भीतर जड़ बना देता है। वे यह मानती हैं कि भेदभाव और विविधता से सम्बन्धित बहुसांस्कृतिक प्रश्नों पर काफ़ी संजीदगी से विचार करने की आवश्यकता है। लेकिन वे यह चेतावनी भी देती हैं कि हमें 'गहन' विविधता पर आधारित सख़्त विभाजन अपनाने से बचना चाहिए (महाजन 2002)। समुदाय के इस विचार को ख़ारिज करना नारीवादी राजनीति की अभिव्यक्ति के साथ गुँथा हुआ है। वे यह दावा करती है कि राजनीति एक संवाद करने वाला स्थान है। यह इसे नया रूप देने की दिशा में काम करती हैं और इसमें समानता, व्यक्तिगत और साहचर्यात्मक आज़ादी और स्वायत्तता के प्रति एक आत्म-चेतन सम्मान को बढ़ावा देती है। दरअसल, सांस्कृतिक समुदायों को प्राथमिकता देने का विचार एक तरह की निष्क्रियता को बढ़ावा देता है। इसका प्रतिरोध करने के लिए ही ऐसी राजनीति का विचार सामने आता है, जिसमें संवाद करना मुमकिन हो। साथ ही, यह ऐसे परा-राष्ट्रीय जुड़ाव निर्मित करने का प्रयास भी करता है जो महिलाओं को हाशियाकरण और दमन का प्रतिरोध करने में समर्थ बनाते हैं।

नागरिकता और नारीवादी राजनीति की सबसे विस्तृत रूपरेखा प्रस्तुत करते हुए ही नीरा युवाल-डेविस और नीना वर्बनर वैश्वीकरण के परा-राष्ट्रीय प्रतिरोध के केन्द्र में 'नारीवादी ट्रांसवर्सल (धारा-विरोधी) व्यवहार' के विचार को अवस्थित करती हैं। *ट्रांसवर्सल* (धारा-विरोधी) होने का विचार महत्त्वपूर्ण है, क्योंकि यह परा-राष्ट्रीय शक्तियों की दिशा और अपेक्षित दायरे को अभिव्यक्त करता है। *ट्रांसवर्सल* (धारा-विरोधी) अवधारणा का निहितार्थ है : धारा की गतिशीलता में, एक आन्दोलन द्वारा समानांतर चलने के बजाय धारा के विस्तार की दिशा में अवरोध पैदा करना। एक ट्रांसवर्सल आन्दोलन प्रभुत्व की शक्तियों की प्रगति को ज़ोरदार तरीक़े से बाधित करने और इनको निषिद्ध करने से सम्बन्धित है। इसके साथ ही, ट्रांसवर्सल राजनीति प्रभुत्व की वैश्विक शक्तियों के चारों ओर और इसके विरोध में प्रतिरोध की एक ग्रिड का निर्माण करती है।[11] ट्रांसवर्सल व्यवहार के रूप में नारीवादी राजनीति का विचार नागरिकता की ऐसी अवधारणा तैयार

करने पर ज़ोर देता है, जहाँ संवाद की गुंजाइश होती है। इसमें ऐसे प्रतिच्छेदी (या इंटरसेक्शनल) सम्बन्ध सामने आते हैं जिनका लगातार विकास होता है। यह तथ्य है कि ये सम्बन्ध प्रभुत्व के विशिष्ट सन्दर्भों में प्रतिरोध के दौरान विकसित होते है। स्पष्टतः यह इस विचार को बल देता है कि नागरिकता का विचार निष्क्रिय नहीं होता है। दूसरी ओर, ट्रांसवर्सल प्रतिरोध में यह स्वीकार किया जाता है कि ये सम्बन्ध ऐतिहासिक रूप से शब्द-संरचना बदलते हैं और विशिष्ट सांस्कृतिक और सामाजिक सन्दर्भ में उभरते हैं। यह इसे समानता और विभेद के विचारों के प्रति संवेदनशील बना देता है। सन्दर्भों के इन विभेदों और विशिष्टताओं के बीच अलग-अलग समय और स्थान पर समझौता होता है। इससे व्यवहार, संस्थात्मक व्यवस्था, सामाजिक अन्तःक्रिया और भविष्य के रुझान की प्रणालियों के विविध समूह उत्पन्न होते हैं (युवाल-डेविस और वर्बनर 1999)। इसके साथ ही यह भी यह तथ्य है कि परा-राष्ट्रीय संघर्ष सत्ता के वैश्विक असन्तुलन पर ध्यान केन्द्रित करते हैं, जो नागरिकता को सामयिक और स्थानिक-दोनों ही रूपों में एक अनुभवातीत अवधारणा बनाती है। इस तरह, नागरिकता सम्बन्धों के एक ऐसे समूह को रेखांकित करती है जो केवल ऐतिहासिक रूप से तय नहीं होते हैं, बल्कि ये सीमित भू-क्षेत्रीयता की अवधारणा से भी आगे जाते हैं। इससे राष्ट्रीय और पराराष्ट्रीय नागरिकता के दो अन्तर-सम्बन्धी और सह-अस्तित्वमान रूपरेखाएँ निर्मित होती हैं।

अतः किसी भी समय और स्थान में नागरिकता की कल्पना ऐसे 'बहु-स्तरीय' प्रतिच्छेदी सम्बन्धों (इंटरसेक्टिंग रिलेशनशिप्स) के आवेष्टि (इनकम्पासिंग) समूह के रूप में की जा सकती है।[12] बहु-स्तरों से निर्मित नागरिकता की अवधारणा युवाल-डेविस और वर्बनर को यह स्वीकार करने की इज़ाज़त देती है कि अमूमन राजनीतिक कर्त्ता एक से ज़्यादा राजनीतिक समुदाय में शामिल होते हैं। इन समुदायों के सीमा-क्षेत्र स्थानीय, जातीय, राष्ट्रीय या वैश्विक हो सकते हैं तथा राज्य के भीतर, पूरे राज्य में या राज्य से परे इनका विस्तार हो सकता है। इनमें से एक सामूहिकता की सदस्यता अन्य सामूहिकताओं में नागरिकता पर महत्त्वपूर्ण प्रभाव डालती है। यहाँ यह ग़ौरतलब है कि सदस्यता के विस्तृत होते दायरे की अवधारणा नागरिकता के समकालीन अवधारणाओं में बदलाव की आवश्यकता के बारे में भी अपनी प्रतिक्रिया देती है। इसके साथ ही, 'प्रतिच्छेदी' और 'बहु-स्तरीय' सम्बन्धों के समूह के रूप में नागरिकता इस नारीवादी दृष्टिकोण को सही साबित करती है कि नागरिकता की सीमा-रेखाओं के बारे में बुनियादी और स्वाभाविक मान्यताओं में संशोधन करने की आवश्यकता है।

युवाल-डेविस और वर्बनर अपने आवेष्टित, प्रतिच्छेदी और बहु-स्तरीय नागरिकता की अवधारणा के बीच संवादी सम्बन्ध मानते हैं। इसके कारण

उनके द्वारा प्रस्तुत रिलेशनल मॉडल में ज़्यादा पेचीदा व्याख्या की सम्भावना है। उल्लेखनीय है कि इनका यह मॉडल समुदायवादी और उदारवादी मॉडलों से अलग है। नागरिकता की बहु-स्तरीय और रिलेशनल मॉडल यह स्वीकार करता है कि राजनीतिक की बहुत सी आत्मनिष्ठताएँ (सब्जेक्टिविटीज़) हो सकती हैं तथा एक साथ बहुत से राजनीतिक समुदायों की सदस्यता भी मुमकिन है। साथ ही, यह 'बहिष्करण' के स्थानों की भी पहचान करती है। इस चर (वेरियबल) अर्थात् बहिष्करणीय नागरिकता को शामिल करते वक़्त इस पर ध्यान दिया जाता है कि महिलाओं की अलग-अलग परिस्थितियाँ जैसे शिक्षा, नियोजन, कल्याण आदि, जैसे क्षेत्रों की नीतियाँ उनकी नागरिकता को कैसे प्रभावित करती हैं। साथ ही, इस पर भी ग़ौर किया जाता है कि किस तरह ये विविध स्थितियाँ–राष्ट्रीय सामूहिकता तथा निजी और सार्वजनिक के बीच सीमा-रेखाएँ निर्मित करती हैं। व्यापक कैनवास और सदस्यता के प्रतिच्छेदी-संवादी स्तरों का समावेशन भी इस बात की अनुमति देता है कि किस प्रकार ये प्रतिच्छेदन और उनकी विभिन्न/असंगत स्थितियाँ नागरिकता की सीमा पर 'द्वैधवृत्तियों' या 'द्वैध नागरिकों' को जन्म देती हैं। शरणार्थी, शरण पाने की चाह रखने वाले और राज्यहीन व्यक्तियों को नागरिकता की सीमा पर अवस्थित माना जा सकता है (युवाल-डेविस और वर्बनर 1999)। इसलिए यह माना जाता है कि नारीवादी ट्रांसवर्सल राजनीति एक बहिष्करणवादी पहचान की राजनीति और वैश्वीकरण की शक्तियों–दोनों से बाहर निकलने का रास्ता तैयार करती है। ट्रांसवर्सल राजनीति, 'पहचान' की राजनीति से इस अर्थ में अलग होती है कि यह इस समुदायवादी दावे को ख़ारिज करती है कि एक सामाजिक स्थिति स्वतःस्फूर्त तरीक़े से व्यक्तिगत मूल्य में बदल जाती है। यह सिर्फ़ सभी समुदायों के बीच संवाद पर ही आधारित नहीं है, बल्कि इसके द्वारा यह प्रस्ताव भी प्रस्तुत किया जाता है कि विभिन्न स्थितियों के बीच के सामाजिक विभेद को एकमात्र प्राथमिक पहचान के सन्दर्भ में नहीं समझा जाना चाहिए। इसके बजाय, उन्हें समस्त पेचीदा प्रतिच्छेदनों में समझना होगा। इस तरह की राजनीति में एक सहभागी हक़ीक़त तक पहुँचने के लिए संवाद पर ज़ोर दिया जाता है (युवाल-डेविस 1997)।

एलिसन एसीटर ने सक्रिय, सहभागी और मुक्तिदायी नागरिकता को अपनाते हुए दो आधार-वाक्यों पर नागरिकता की रूपरेखा प्रस्तुत की है : (i) कोई संघटक समुदाय (कॉन्स्टीट्युटिव कम्युनिटी) नहीं होता है या दूसरे शब्दों में ऐसा कोई सुनिश्चित नैतिक आधार या एकात्मक मूल्य नहीं होता है, जिसे एक पूरा समुदाय अपनाए और (ii) नागरिकता विस्तृत होते मुक्तिदायी राजनीति की एक लगातार आगे बढ़ने वाली प्रक्रिया है। यह मुमकिन है कि किसी व्यक्ति का जन्म एक नैतिक समुदाय में हुआ हो, लेकिन फिर भी अपने जीवनकाल के दौरान

एक नागरिक की नैतिक यात्रा जारी रखता है। इसका कारण यह है कि निरन्तर संवाद के चलते उसे अन्य परिप्रेक्ष्यों और अन्य नैतिकताओं का अनुभव होता है। इस प्रकार, यह माना जाता है कि एक सहभागी सक्रिय नागरिकता का अपने से अलग 'अन्य' से संवादी सम्बन्ध के कारण लगातार विकास होता है। 'अन्य' से संवाद करते समय यह ज़रूरी होता है कि पाबन्दी लगाने वाले विमर्शों को अलग कर दिया जाए। साथ ही, उन वृत्तांतों (नैरेटिव्स) को फिर से हासिल किया जाए जो ज़्यादा समावेशी समुदाय और एक वैश्विक विमर्श के रूप में मानवाधिकारों की ओर ले जाते हैं (एसीटर 1999, 44-45)। स्पष्टत: एसीटर यह मानती हैं कि ऐसे संघटक समुदाय नहीं होते हैं, जो एक व्यक्ति को इतने जटिल तरीक़े से समुदायों के साध्यों के साथ जोड़ दें कि वह आलोचनात्मक समुदाय बनाने के अपने अधिकार का उपयोग ही न कर पाए। अपनी इस अवधारणा के कारण वे नागरिकता के आधार पर एक ज्ञानमीमांसीय समुदाय (ऐपीस्टमिक कम्युनिटी) की बात करती हैं। एक ज्ञानमीमांसीय समुदाय बहुत सी आवाज़ों या विचारों का अस्तित्व स्वीकार करता है। इसके साथ ही वह कुछ ऐसे साध्यों या मूल्यों के प्रति भी वचनबद्ध होता है जो व्यक्तियों को मूल्य आधारित फ़ैसला लेने में समर्थ बनाते हैं। ज्ञानमीमांसीय समुदाय के निर्माण का एक जीवन्त आयाम यह है कि नैतिक और राजनीतिक आधारों पर हमारे अपने पहचानों के अंश पर सवाल खड़े किये जाएँ या उन्हें चुनौती दी जाए। लेकिन इसके साथ ही इसमें सवाल उठाने के लिए कुछ सामान्य सहभागी आधारों की खोज भी की जाती है (वही, 41-53)। मूल्यों के एक समूह में विश्वास, ज्ञानमीमांसीय समुदाय को एक साथ जोड़कर रखता है। ये मूल्य मुक्तिदायी होते हैं अर्थात् ये एक सर्वोच्च मूल्य के रूप में जीवन की सुरक्षा के साथ-ही-साथ दमनकारी सत्ता सम्बन्धों को भी हटाने में योगदान देते हैं।

यहाँ यह याद रखना भी आवश्यक है कि भारत में उपनिवेश-विरोधी राष्ट्रीय मुक्ति विमर्श के भीतर 'समुदाय' के विचार ने एक राष्ट्रीय पहचान के आधार का निर्माण किया, जो पश्चिमी आधुनिकता से अलग और विपरीत था। सांस्कृतिक क्षेत्र में अवस्थित इस विचार ने सार्वजनिक क्षेत्र में नागरिक समाज (की अधीनता) की संस्थाओं के साथ अन्त:क्रिया का विरोध किया, जहाँ औपनिवेशिक शासकों के साथ बराबरी के लिए संघर्ष चल रहा था। हालाँकि उत्तर-औपनिवेशिक राष्ट्र-राज्य में आवरणयुक्त नागरिक की राजनीतिक पहचान को ही स्वीकार-योग्य माना गया। इसलिए इसमें यह माना गया कि समुदाय को सम्प्रभु पहचान का आधार मानना असंगत और विरोधाभासी होगा। हालाँकि औपनिवेशिक सन्दर्भ ने राजनीतिक और सांस्कृतिक क्षेत्रों के बीच हर सम्बन्ध को बाधित करके इस विरोधाभास को अवरुद्ध कर दिया। फिर भी राष्ट्र-राज्य के सार्वजनिक क्षेत्र में इनकी अभिव्यक्ति

को 'हिंसक, विभाजनकारी, डरावना और अतार्किक' माना जाता रहा है (भरुचा 1998, 99)। इन्हें ऐसे तत्त्वों का दर्जा दिया गया है, जिन्हें राज्य द्वारा समुचित साधनों की मदद से ख़त्म करने की आवश्यकता है। पार्थ चटर्जी सहिष्णुता को परिभाषित करते हुए यह सुझाव देते हैं कि 'समुदायों का सामूहिक सांस्कृतिक अधिकार उन्हें इस बात के लिए बाध्य नहीं करता है कि वे लोगों को अपने अलग होने का कारण उपलब्ध करायें। लेकिन इसके लिए शर्त यह है कि सांस्कृतिक समूह 'अपने चुने हुए मंच को पर्याप्त रूप से अपने फ़ैसले व्याख्या करता हो' (चटर्जी 1994, 1774-76)। अत: दो सूत्रीकरण सामने आते हैं : पहला, एक समुदाय द्वारा विभेद का दावा करने के मसले पर ख़ामोश रहना और इसके कारणों की व्याख्या न करना और दूसरा, विभेद की अभिव्यक्ति, जिसे विभाजनकारी, हिंसक और अतार्किक रूप में प्रस्तुत किया जाता है। दरअसल, इन दो सूत्रीकरणों के बीच में विभेद की राजनीतिक अभिव्यक्ति की सम्भावना काफ़ी हल्की रह जाती है। विभेदों को अभिव्यक्त करने और उन्हें संवादी रूप से समझने के लिए एक सहभागी स्थान का अभाव होने पर 'ख़ामोशी' एक सुविधाजनक बहाना बन जाती है। यह आवरणयुक्त नागरिकता के वर्चस्वशाली विमर्श को भी खाद-पानी देती है और उसे मजबूत बनाती है। दरअसल, एक तरह से वह विभेद का 'उन्मूलन' करती है।

हालाँकि सिर्फ़ आवरणयुक्त व्यक्ति-नागरिक के गुणगान करने से समानता और आज़ादी की गारंटी सुनिश्चित नहीं होती है। अक्सर समानता और आज़ादी ऐसे आवरण का काम करते हैं जिनके पीछे विभेद (सांस्कृतिक, धार्मिक, नस्लीय, जेण्डर आदि) के ख़िलाफ़ असहिष्णुता फलती-फूलती रहती है। पूरी दुनिया में राजनीतिक रूढ़िवाद और नव-उदारवादी विचारधारा का उदय हुआ है। द्वितीय विश्व युद्ध के दौर में पश्चिमी लोकतन्त्रों के लिए हन्ना आरेंट द्वारा प्रयुक्त 'मास सोसायटी' (जनसमूह समाज) शब्द फिर से सुपरिचित और प्रासंगिक लगने लगा है। आरेंट यह मानती हैं कि आधुनिकता के आगमन के साथ ही 'पॉलिटिकल' (राजनीतिक) में सार्वजनिक दायरे का पतन हुआ और नौकरशाही शासन या 'नामालूम शख़्स द्वारा शासन' का उभार हुआ। इसके साथ ही, एक आकारहीन, अज्ञात और समरूपी होती हक़ीक़त का उभार हुआ, जिसे वे 'सामाजिक' कहती हैं। यह एक ऐसा क्षेत्र है जहाँ आर्थिक संविदात्मक सम्बन्धों का वर्चस्व होता है। सामाजिक क्षेत्र सहमति (कॉन्फर्मिटी) स्थापित करने के लिए विवश करता है। यह समतावादी सम्बन्धों पर आधारित समाज स्थापित नहीं करता है। इसके बजाय, एक ऐसा 'जनसमूह समाज' (मास सोसायटी) बनाता है जो विभेदों को हतोत्साहित करता है। इसके लिए वह व्यावहारिक मानकों को ज़बरदस्ती लागू करता है। यहाँ तक कि कई मामलों में वह विभेदों का पूरी तरह उन्मूलन

करने पर बल देता है। जर्मनी में भी यहूदियों के साथ यही हुआ। इस तरह के समाज में समानता केवल इस तथ्य को 'राजनीतिक और क़ानूनी मान्यता देने से सम्बन्धित होती है कि समाज ने सार्वजनिक क्षेत्र पर क़ब्ज़ा कर लिया है तथा अन्तर और विभेद सिर्फ़ व्यक्ति के निजी मामलों से सम्बन्धित हैं' (आरेंट 1958, 41)। दरअसल, एक राजनीतिक से सामाजिक अवधारणा के रूप में समानता की इस विकृति ने ही राजनीतिक समानता और सामाजिक/सांस्कृतिक विभेद के बीच तनाव पैदा किया। इसने विशेष समूहों और व्यक्तियों के लिए बहुत कम सार्वजनिक/राजनीतिक स्थान छोड़ा। इससे उनके हालात बदतर हो गये। डीएनट्रीव्स के अनुसार, 'सार्वजनिक दायरा उपस्थिति का ऐसा दायरा है जहाँ आज़ादी और समानता का शासन होता है और जहाँ नागरिक बोलने और अनुनय/अनुरोध के माध्यम से एक-दूसरे से अन्त:क्रिया करते हैं। ये अपने अनूठे पहचानों को सामने लाते हैं और सामान्य चिन्ता के विषयों पर सामूहिक विचार-विमर्श के माध्यम से फ़ैसला करते है' (डीएनट्रीव्स 1994, 104)। आरेंट यह मानती हैं कि सार्वजनिक दायरा ही समानता का धारक और इसका गारंटीदाता होता है। राजनीतिक समुदाय से तात्पर्य लोगों के एक ऐसे समूह से है, जहाँ लोग अपनी संस्कृति, जातीयता और अन्य निष्ठाओं से ऊपर उठकर एक सहभागी नागरिकता में बँधते हैं। आरेंट यह मानती हैं कि ऐसा राजनीतिक समुदाय सार्वजनिक जीवन का सबसे अच्छा रूप होता है।

इसके साथ ही, एसीटर के ज्ञानमीमांसीय समुदाय और युवाल-डेविस के संवादी समुदाय की तरह ही आरेंट भी समुचित राजनीतिक समुदाय की रूपरेखा प्रस्तुत करती हैं। उनके द्वारा प्रस्तुत रूपरेखा को अत्यधिक सहभागी रूपरेखा कहा जा सकता है, जो आख़िरकार लोकतान्त्रिक नागरिकता के लिए एक आधार उपलब्ध कराने में नाकाम हो सकती है। निश्चित रूप से, उदारवादी रूपरेखा की इसलिए आलोचना होती है कि यह उन विभेदों को ढकने का काम करती है जो तात्त्विक नागरिकता के लिए काफ़ी महत्त्वपूर्ण हैं। वहीं, सहभागी मॉडल सक्रिय नागरिकता को अपनाता है, लेकिन यह भी उन बाधाओं की उपेक्षा करता है जिसका सामना अधिकांश लोग अपनी रोज़मर्रा की ज़िन्दगी में करते हैं और जिसके कारण उनके लिए किसी भी तरह की सार्वजनिक भागीदारी काफ़ी मुश्किल हो जाती है। यहाँ तक कि संवादी समुदाय भी ऐसी स्थितियाँ लाता है जिससे सहभागी नागरिकता की स्थितियाँ तैयार होती हैं। लेकिन संवादी समुदाय में यह जोख़िम रहता है कि संवाद में पूरी तरह कुछ समूहों के विचारों को कोई तरज़ीह न दे। दूसरा, जब सहभागी नागरिकता पर समुदाय के ज्ञानमीमांसीय आधार के साथ ज़ोर दिया जाता है तो यह कई मान्यताओं को स्वीकार करता है : (अ) लोग दमन का डर होने के बावजूद अपने विभेदों (मतभेदों) को अभिव्यक्त करना चाहते हैं,

(ब) संचार का साधन और माध्यम भाषा के साथ-ही-साथ ट्रांसमिशन के रूप में भी मौजूद है, (स) दमन और रोज़मर्रा की ज़िन्दगी में स्थानीय स्तर पर दमन के अनुभवों के बारे में एक सहभागी समझ मौजूद है, और (द) दमित लोगों के बीच का संवाद प्रभुत्व की शक्तियों को प्रभावित करने में समर्थ होगा आदि।

दूसरी ओर, यह अनुभव किया जाता रहा है कि वैश्वीकरण और ज्ञानमीमांसीय समुदायों के बारे में विमर्श धीरे-धीरे ग़रीबों की ज़िन्दगी और उनकी दुनिया से काफ़ी दूर चला गया है। इसमें वैश्वीकरण के उनके अनुभवों पर ज़्यादा ध्यान नहीं दिया जाता है और न ही इस बात पर ग़ौर किया जाता है कि वे किस प्रकार प्रभुत्व की रोज़मर्रा की संरचनाओं से दमन का शिकार हो रहे हैं। युवाल-डेविस और वर्बनर ने यह प्रस्ताव किया था कि ट्रांसवर्सल प्रतिरोध का एक ग्रिड सामने आना चाहिए। लेकिन इसकी जगह वाद-विवाद, बेचैनियों और प्रतिरोध के पदसोपानीय स्तर सामने आए हैं, जो संचार और समझ की बाधाओं के कारण एक-दूसरे से अलग हैं। इस पदसोपान के हर स्तर का स्थान धीरे-धीरे संकुचित होता जा रहा है। ऐसा इस हद तक हुआ है कि सम्पूर्ण तस्वीर आपस में जुड़े सम्बन्धों के शक्तिशाली ग्रिड के बजाय एक उल्टे पिरामिड जैसी है। अर्जुन अप्पादुरई ने इस पदसोपान को 'दोहरे रंगभेद' के रूप में देखा है। इसका पहला आयाम यह है कि अकादमिक जगत के वाद-विवाद और देशज भाषाओं में वाद-विवाद के बीच काफ़ी गहरा अन्तर आ गया है। अकादमिक जगत के लिए वैश्वीकरण एक ऐसी वस्तु है, जिसके माध्यम से वे अपने ख़ास आन्तरिक झगड़े निपटाते हैं। ये झगड़े प्रतिनिधित्व, मान्यता, इतिहास के 'अन्त' तथा पूँजी की प्रेतछाया आदि जैसे मुद्दों से सम्बन्धित हैं। दूसरी ओर, वैश्वीकरण के बारे में देशज भाषाओं का विमर्श इस बात से सम्बन्धित है कि 'सुधार' और 'खुलेपन' के युग में वे स्थानीय, क्षेत्रीय और राष्ट्रीय दायरों में किस प्रकार अपनी सांस्कृतिक स्वायत्तता और आर्थिक अस्तित्व क़ायम रखें। रंगभेद का एक दूसरा प्रकार भी सामने आया है। इसमें वैश्वीकरण से जुड़ी राष्ट्रीय बेचैनियों तथा व्यापार, श्रम, पर्यावरण, बीमारी और युद्ध से सम्बन्धित वैश्विक नीति के विमर्श से ग़रीब और ज़मीनी स्तर पर उनके मुद्दों का समर्थन करने वाले लोगों को पृथक् कर दिया गया है (अप्पादुरई 2001, 2-3)। वैश्विक नीति निर्माण में स्थानीय स्तर पर लोगों के वैश्वीकरण के गहन अनुभव, उनके जीवन, जीविका और परिवेश को प्रभावित करने वाली राष्ट्रीय नीतियों के विरुद्ध उनके संघर्षों पर ध्यान नहीं दिया जाता है। लेकिन ये संघर्ष राष्ट्रीय एजेंडे पर क़ानून और व्यवस्था के मुद्दे के ऐसे रूप में सामने आता है जिन्हें राज्य बल प्रयोग द्वारा हल करने की कोशिश करता है।

नयी नागरिकता के भू-दृश्य

स्टीफेन कोलियर और आइवा औंग ने 2005 में यह विचार रखा कि जिन परिघटनाओं को वैश्विक परिघटना के रूप में प्रस्तुत किया गया, असल में वे विशिष्ट हालात में उभरकर सामने आए थे। कोलियर और औंग वैश्विक परिघटनाओं के इन अवस्थित अभिव्यक्तियों को 'भूक्षेत्रीय जमाव' की संज्ञा देती हैं। ख़ास बात यह है कि नागरिकता में उथल-पुथल के स्थान के रूप में ये जमाव पारम्परिक राष्ट्र-राज्य के भूगोल द्वारा तय नहीं होते हैं। इसके बजाय, वे ऐसे स्थान होते हैं जो समाकालीन जीवन के विविध रूपों के मिलन के नतीजे के रूप में सामने आते हैं। 'ये गतिशील और बहिष्कृत जनसंख्या के स्पेक्ट्रम के रूप में होते हैं' (औंग 2006), जहाँ 'तकनीकी, राजनीतिक और नैतिक चिन्तन और हस्तक्षेप' के माध्यम से नये सम्बन्धों का पुनर्निर्माण होता है (औंग और कोलियर 2005, 4)। ये सम्बन्ध जनसंख्या और तकनीक के आदान-प्रदान के एक बिन्दु पर आने के कारण एक साथ सामने आए हैं। इन सम्बन्धों ने नागरिकता के नये भू-दृश्य पैदा किये हैं और इनका कुल योग, औंग के शब्दों में 'उलझी हुई सम्भावनाओं' से भरपूर है। राष्ट्र-राज्य का भू-क्षेत्र होने के बजाय यह एक तरह के जमाव का स्थान है। औंग यह मानती हैं कि यह नयी राजनीतिक गोलबन्दियों और अधिकारों के दावों का स्थान बन चुका है। बहुत से कर्त्ताओं ने इसे मुमकिन बनाया है, और ये सभी कर्त्ता राष्ट्र-राज्य की सदस्यता के अर्थ में नागरिक नहीं हैं। मेगासिटी या बड़े शहर को इस तरह के जमाव के स्थान के रूप देखा जा सकता है, जो नागरिकता के नये भू-दृश्य को सबसे प्रभावकारी तरीक़े से अभिव्यक्त करता है—यह उत्तर-राष्ट्रीय, लचीला, तकनीकी, साइबर-आधारित और जीव-वैज्ञानिक होता है (औंग 2006)। उल्लेखनीय बात यह है कि औंग वैश्विक/मेगासिटी के उदय की बुनियाद दक्षिण-पूर्वी एशिया में खोजती हैं, जहाँ वैश्वीकरण की प्रतियोगिता के कारण लगातार मानव पूँजी हासिल करने की कोशिश हो रही है, और इसके कारण उद्यमी नागरिकता सामने आयी है। इस नागरिकता की विशेषता यह है कि इसमें प्रतिभाशाली प्रवासियों, 'ख़ानाबदोश' पेशेवर लोगों का विशेष स्थान होता है, जो 'अस्थायी निवासी' की अपनी हैसियत के बावजूद इन शहरों में सम्पत्ति उत्पादन को बढ़ावा देते हैं। नव-उदारवादी मूल्यों को अपनाने की परिघटना ने शंघाई और बीजिंग जैसी मेगा सिटी तथा हांगकांग और सिंगापुर जैसे नगर-राज्यों की स्थापना में महत्त्वपूर्ण भूमिका निभाई है। इन मूल्यों के कारण ही शहर (राष्ट्र-राज्य से अलग) को जागरूक रूप से हक़दारियों के क्षेत्र के रूप में संगठित किया गया। यह माना गया कि इस क्षेत्र को पूँजी के परा-राष्ट्रीय नेटवर्क में एक प्रमुख स्थान दिलाने

के लिए हक़दारियों के स्रोत और स्थान के रूप में विकसित करना ज़रूरी है। दरअसल, इस व्यवस्था के चलते ही 'अभिजन गतिशील कर्त्ताओं' मेगासिटी से जटिल और लचीला जुड़ाव बना पाते हैं। ये जुड़ाव ऐसे हालात बनाते हैं जिनमें प्रवासी जनसंख्या नागरिकता जैसी हक़दारियों का दावा करने के साथ 'लचीली नागरिकता' भी क़ायम रख सकती है। यह 'लचीली नागरिकता' उन्हें बाँध कर नहीं रखती और पूरी दुनिया के बाज़ार के हालात के अनुसार उन्हें 'आसानी से और अवसर के अनुरूप' प्रतिक्रिया देने में समर्थ बनाती है (औंग 1999, 19)। ये गतिशील नागरिक एक जगह स्थिर होकर रहने के बजाय यह प्रयास करते हैं कि उन्हें अपनी गतिशीलता के कारण ज़्यादा मौक़ा और फ़ायदा मिले। मेगासिटी लचीले और उद्यमी नागरिकता के लिए रास्ता साफ़ करती है। यह एक ऐसा स्थान भी होती है, जहाँ नागरिकता जैसे अधिकार तो मिलते हैं लेकिन यह ज़रूरी नहीं होता कि व्यक्ति इस स्थान के साथ गहरा जुड़ाव क़ायम करे। दअरसल, वैश्विक मेगासिटी 'क्रमिक सम्प्रभुत्ताओं' का स्थान होती है (औंग 2000; 2006)। यहाँ उद्यमी प्रवासी उन अधिकारों और फ़ायदों का दावा करते हैं जो अब तक विशिष्ट रूप से नागरिकों को ही मिलते रहे हैं; वहीं दूसरी ओर स्थायी (गतिशील/लचीली से अलग) नागरिकता भेदभाव से भरी होती है।

औंग के वैश्विक जमाव के सूत्रीकरण में नयी नागरिकता का स्पेक्टर (प्रेत-छाया) सामने आती है। ऐसा लगता है कि यह विराष्ट्रीयकृत नागरिकता को उत्तर-मार्शलवादी सन्दर्भ में प्रस्तुत करती है। इसमें व्यक्ति अपने अधिकारों के लिए व्यक्तिगत रूप से राज्य से समझौता करते हैं। राज्य विभिन्न प्रकार के नागरिकों के लिए अलग-अलग तरह के पैकेज बनाता है। डैन हॉक्से (2011) ने बेक (1992) के विचारों की मदद से एक रोचक सूत्रीकरण पेश किया है। वे तर्क देते हैं कि वर्तमान सन्दर्भ में मार्शल की रूपरेखा का हाशियाकरण एक ऐसे सन्दर्भ में हुआ है जहाँ 'जोखिम' और पूर्व सामाजिक अधिकारों के पुन:पण्यीकरण (रिकॉमोडिफ़िकेशन) के आधार पर नयी नागरिकता की व्यवस्था अस्तित्व में आयी। ऐसा इस हद तक हुआ है कि आज तात्त्विक नागरिकता हासिल करने के लिए मार्शल द्वारा वर्णित स्थितियों/वस्तुओं के विपरीत चीज़ों की ज़रूरत है (हॉक्से 2011, 916)। स्पष्टत: पहले साामजिक अधिकार तात्त्विक अधिकारों के महत्त्वपूर्ण घटक थे। लेकिन अब इन अधिकारों की नयी कसौटी सामने आयी है। इसमें लोगों को अधिकार देने के लिए वर्ग को एक उपयुक्त सामूहिक इकाई नहीं माना जाता है। इसके बजाय, अब इसे 'एक व्यक्तिवादी और बाज़ार आधारित दृष्टिकोण' के आधार पर तय किया जाता है (वही)।[14]

इसलिए 'जोखिम समाज' (बेक 1992) की विशेषता सिर्फ़ यह नहीं है कि यह सामाजिक अधिकारों की सुरक्षा का दायित्व त्याग देता है। असल

में, यह लगातार निजी कर्त्ताओं के साथ समझौता भी करता है। मोटे तौर पर, निजी कर्त्ताओं द्वारा समझौते की शर्तें तय की जाती हैं। वे सबसे पहले सुरक्षा के पहलू पर ध्यान देते हैं। फिर, हॉक्से के शब्दों में, नागरिकों को 'नागरिकता नीलामी' (वही, 923) करने के लिए विवश करते हैं। यह जोख़िम और सुरक्षा के व्यक्तिगत मूल्यांकनों पर आधारित होता है और 'लोग थोड़ी सी हिफ़ाज़त हासिल करने के लिए इसमें हिस्सेदारी करते हैं' (वही, 924)। जैसा कि औंग ने गतिशील नागरिकता की अपनी विवेचना में दर्शाया है कि ऐसे हालात में नागरिकता की गुणवत्ता इस बात पर निर्भर होती है कि एक व्यक्ति किस सीमा तक अपने दावों का प्रदर्शन कर सकता है और उसमें जोख़िमों का प्रभावकारी प्रबन्धन करने का कितना सामर्थ्य है।

व्यक्ति की विशिष्टताओं के अनुसार नागरिकता का पैकेज तैयार किया गया। इसे उन लोगों के लिए आकर्षक बनाया गया, जिनकी दक्षताओं और प्रतिभा को मूल्यवान माना जाता है। जो लोग अपने अस्तित्व के अलावा कोई और मूल्य नहीं जोड़ते हैं, उनके लिए इसे ज़्यादा प्रभावहीन रखा जाता है। इस तरह, शहर को हक़दारियों तथा वंचना के अलग-अलग भागों में बाँटा जाता है। फिर भी, 'चूँकि ये शहर आप्रवासियों को देश न सही, शहर के नागरिकों में बदलने में अन्तर्राष्ट्रीय भूमिका निभाते हैं' (औंग 2007, 84), इसलिए यह माना जाता रहा है कि ये मानवाधिकारों का स्रोत हैं और साधारण नागरिकों के लिए 'राजनीतिक दावों का नया क्षेत्र खोलते' हैं। इसके आधार पर ही साधारण नागरिक न्याय, ज़वाबदेही और लोकतान्त्रिक आजादियों का दावा करते हैं। इस किताब के आरम्भ में जेम्स हॉलस्टन द्वारा ब्राजील में विभेद आधारित नागरिकता तथा शहरी हाशिये पर विद्रोही नागरिकता आन्दोलनों के अध्ययन की चर्चा की गयी है। यह इस बात को दर्शाता है कि मज़दूरी करने वाले ग़रीबों का जनसमूह और श्रमिक वर्ग नागरिकता के मुहावरों और लेखन में बदलाव कर सकते हैं। औंग यह मानती हैं कि सड़क और साइबर दुनिया में नागरिकता के संगठन और प्रदर्शन का स्थान हैं। यहाँ विविध प्रकार के आन्दोलन राज्य का विरोध करने के लिए एक साथ आते हैं तथा भ्रष्टाचार, भाई-भतीजावाद और निरंकुश शासन को ख़त्म करने की माँग करते हैं। हमने इस बात की चर्चा की है कि मेगासिटी में गतिशील और लचीले नागरिक, नागरिक जैसी हक़दारियों और अधिकारों का उपभोग करते हैं, लेकिन वे उससे सम्बद्ध नहीं होते हैं। नागरिकता प्रदर्शन के स्थान पर अमूमन उन लोगों का क़ब्ज़ा होता है जो पूँजी के साम्राज्य के आधार पर शहर में नागरिकता को विभिन्न भागों में बाँटने का विरोध करते हैं। इस सन्दर्भ में यह ग़ौरतलब है कि हार्ट और नेगरी (2005) ने सर्वव्यापी वैश्विक पूँजी का प्रतिरोध करने वाले क्रान्तिकारी कर्त्ता के रूप में जनसाधारण (मल्टीट्युड) की संकल्पना प्रस्तुत की

है। सायला बेनहबीब इसकी चर्चा करते हुए एक अलग प्रकार के प्रतिरोध की आवश्यकता पर बल देती हैं, जो प्रभुत्व की संस्थात्मक संरचनाओं से लोहा ले और पॉपुलर सम्प्रभुत्ता को निर्मित और स्थापित करे। वे औंग और अन्य लेखकों द्वारा इस्तेमाल किये गये 'नेटवर्क', 'उलझाव', 'संचारीय रूपों के प्रसार' और इस तरह के अन्य रूपकों से ख़ुद को दूर करती हैं। इनके मुताबिक़ काम करने के ये तरीक़े दुनिया को ऐसे प्रस्तुत करते हैं मानो 'यहाँ प्रतिरोध के संस्थात्मक कर्त्ता और संरचनायुक्त केन्द्र न हों'[15] वे यह दलील देती हैं कि हार्ट और नेगरी का क्रान्तिकारी कर्त्ता, जनसाधारण (मल्टीट्युड) नागरिक नहीं है, क्योंकि यह 'पॉपुलर सम्प्रभुत्ता का वाहक नहीं है'। इसमें 'सत्ता के संविधानीकरण' को आगे बढ़ाने की क्षमता का अभाव है' :

> जनसाधारण (मल्टीट्युड) संस्थाओं को खण्डित करता है और सत्ता का प्रतिरोध करता है...इसके विपरीत पॉपुलर सम्प्रभुत्ता का लक्ष्य स्थायी रूप से सभी लोगों तक प्रतिनिधित्व के दायरे का विस्तार करना है; पॉपुलर सम्प्रभुत्ता न्यायपालिका, विधायिका और कार्यपालिका के बीच सत्ता की पृथक्ता द्वारा राज्य सत्ता का नियन्त्रण करना चाहती है। पॉपुलर सम्प्रभुत्ता का अर्थ है सत्ता के सार्वजनिक प्रयोग में ज़वाबदेही और पारदर्शिता की संरचनाओं का निर्माण। जनसाधारण (मल्टीट्युड) की राजनीति के लिए यह दूर की कौड़ी है (बेनहबीब 2007, 29)।

बेनहबीब लोकतान्त्रिक पुनरावृत्तियों का पक्ष लेती हैं। इस सन्दर्भ में वे राज्य की संस्थाओं और अनौपचारिक नागरिक समाज संगठनों में होने वाले सार्वजनिक विचार-विमर्श की जटिल प्रक्रियाओं का उल्लेख करती हैं। ये सब नागरिकता के विविध रूपों के जुड़ाव का प्रतिनिधित्व करती हैं और मिलकर पॉपुलर सम्प्रभुत्ता को ज़्यादा सक्रिय बनाती हैं।[16] स्थानीय स्तर पर लोकतान्त्रिक पुनरावृत्ति को नागरिकों और ग़ैर-नागरिकों द्वारा नये शहरी 'राजनीतिक एक्टिविजम' में देखा जा सकता है। इसमें वे लोग शामिल हैं जो नागरिकता के दस्तावेज़ों के साथ या इसके बग़ैर रहते हैं। ये लोग 'बहुसांस्कृतिक आस-पड़ोस' में रहते हैं और 'महिला अधिकार, बच्चों की शिक्षा के लिए दूसरी भाषा, पर्यावरणीय चिन्ता, प्रवासियों की नौकरी और स्कूल बोर्ड तथा नागरिक परिषदों में नुमाइंदगी' जैसे मुद्दों पर एकजुट होते हैं (बेनहबीब 2007, 30)। 'वैश्विक स्तर पर उदीयमान सार्वजनिक दायरे' द्वारा स्थानीय स्तर के इन आन्दोलनों में अनुपूरक भूमिका निभाई जाती है। वैश्विक स्तर के संगठनों का प्रतिनिधित्व वर्ल्ड सोशल फोरम जैसे संगठनों द्वारा किया जाता है। इसमें सभी राष्ट्रों के एक्टिविस्ट एक जगह जमा होकर एक-दूसरे से मिलते-जुलते मुद्दे उठाते हैं और काम की योजना, रणनीति और नीति बनाते हैं (वही, 31)। दूसरी ओर, सस्किया सैसेन नयी नागरिकता के भू-दृश्य को ऐसे गणतन्त्रवादी संघवाद की व्यापक संरचनाओं में रखने की मुखालफ़त करती हैं,

जो पॉपुलर सम्प्रभुत्ता द्वारा नागरिकता को स्थापित करने की कोशिशों से सामने आता है। सैसेन का मानना है कि स्थानीय स्तर पर होने वाले सूक्ष्म बदलावों द्वारा नयी नागरिकता बनती है। यहाँ नागरिकता व्यवहार राज्य की औपचारिक और स्थायी संस्थाओं को मजबूत बनाने से सम्बन्धित नहीं होती हैं। इसके बजाय, यह ऐतिहासिक रूप से निर्मित स्थितियों में सन्निहित होती हैं। अमूमन ये सूक्ष्म परिवर्तन अनौपचारिक सामाजिक समझौतों को प्रदर्शित करते हैं। इन्हें राज्य द्वारा मान्यता नहीं दी जाती है, बल्कि ये सामाजिक व्यवहारों द्वारा सोख लिए जाते हैं। मसलन, ग़ैर-क़ानूनी आप्रवासी (ऐसा आप्रवासी जिसके बारे में कोई दस्तावेज़ न हो) और औपचारिक नागरिक के बीच का अन्तर एक ऐसे सन्दर्भ में धुँधला पड़ जाता है, जिसमें एक लम्बे अवधि तक होने वाले दिन-ब-दिन के सामाजिक लेन-देन से एक-दूसरे से गहरा जुड़ाव बन जाता है (सैसेन 2003)।

ख़ास बात यह है कि बेनहबीब और सैसेन–दोनों ही नागरिकता में ऐसे बदलावों की विवेचना करती है, जो औंग की मेगासिटी द्वारा प्रस्तुत वैश्विक जमाव से अलग हैं। यह उत्तर-औपनिवेशिक सन्दर्भ में नागरिकता से सम्बन्धित आलोचनात्मक सिद्धान्त की ओर हमारा ध्यान खींचता है। उत्तर-औपनिवेशिक सन्दर्भ में एक ही भू-क्षेत्रीय/भौगोलिक स्थान में पूर्व उपनिवेशकर्त्ता और उपनिवेशित–दोनों ही 'सहनिवास' करते हैं। यूरोप में नागरिकता से सम्बन्धित वाद-विवाद में यह बात ख़ासतौर पर स्पष्ट है। साथ ही, जैसा कि सैण्ड्रो मेजाड्रा मानते हैं कि 'भेदभाव का सामना करने के बावजूद पुराने मेट्रोपोलिस (उपनिवेशक राज्य) में औपनिवेशिक उत्पत्ति वाली जनसंख्या की तेज़ी से बढ़ती वैध मौजूदगी' (मेजाड्रा 2006) के कारण भी यूरोप में 'रोज़मर्रा के जीवन' में ये मुद्दे सामने आ रहे हैं। नस्लीय समय के असीम विभाजन ने उपनिवेशक और उपनिवेशित की दुनियाओं के बीच स्थानिक और सामयिक सीमाएँ खींची। इसके चलते पदसोपानीय विश्व मानचित्र का निर्माण हुआ। अब यह पूर्व मेट्रोपोलिस (उपनिवेशकों) भू-क्षेत्र में अनुगूँजित होता है और इसके भीतर यह ऊँच-नीच वाली नागरिकता के रूप में फिर से सामने आता है। यूनाइटेड किंगडम में बहुसंस्कृतिवाद और फ्रांस में हेडस्कार्फ (सिर पर बाँधने वाले रूमाल) के बारे में कटु वाद-विवाद हुआ है, जो सह-निवास के स्थान पर अन्तरविरोध को रेखांकित करता है। मेजाड्रा एक अलग राजनीतिक स्पेस की ओर संकेत करते हैं, जिसका उभार यूरोपीय संवैधानिक प्रक्रियाओं में हुआ। सामान्य नागरिकता के संस्थानीकरण द्वारा यूरोपीय एकता का निर्माण एक ख़ास प्रक्रिया रही है। इसमें यूरोपीय नागरिकता का उभार एक विविधतापूर्ण स्पेस के रूप में हुआ। यह नागरिकों और प्रजाजनों के बीच अन्तर के पुनःउभार का संकेत देता है। एक

नयी तरह की राजनीति के माध्यम से सामान्य नागरिकता के बजाय विविधतापूर्ण नागरिकता का अस्तित्व क़ायम किया जाता है, जिसका लक्ष्य होमलैण्ड हासिल करना है। मेजाड्रा, विलिम वाल्टर्स (2004, 241, मेजाड्रा 2006 में उद्धृत) द्वारा प्रस्तावित 'डोमोपॉलिटिक्स' शब्द का प्रयोग करते हैं। इसके माध्यम से वे यह सुझाव देते हैं कि घर (डोमोस) हासिल करने की राजनीति में लोगों और समुदायों (आप्रवासी/देश में रहने वाले विदेशी) को जीतना और नियन्त्रित करना/घेरलू बनाना–दोनों ही शामिल होता है।

नियन्त्रित करने की राजनीति और सुरक्षा (मसलन गृहदेश [होमलैण्ड] की सुरक्षा) के शब्दाडम्बर ने यूरोप, उत्तरी अमेरीका, ऑस्ट्रेलिया और दुनिया के अधिकांश भागों में आप्रवासन की नीतियों, उनकी गतिशीलता और प्रशासन पर गहरा प्रभाव डाला है। इस कारण, डोमोपॉलिटिक्स और औंग द्वारा बतायी गयी उदारवादी नागरिकता के रूप का एक अनूठा संयोग सामने आता है। इसमें ये देश कुछ ख़ास तरह की गतिशीलता को बढ़ावा देते हैं, जबकि अन्य गतिशीलता में कटौती करते हैं। गृहदेश (होमलैण्ड) के सुरक्षा की राजनीति ने भू-क्षेत्रीय सीमाओं से नियन्त्रण हटाने का काम किया है, जिससे अब ये राष्ट्र–राज्य की मानचित्र सम्बन्धी सीमाओं के अनुरूप नहीं हैं। संयुक्त राज्य अमेरीका द्वारा क्यूबा के गुआंतोनामो बे समुद्री किनारे पर बनाया गया बन्दी गृह और यूरोप में बहिष्करण का इन्तज़ार कर रहे शरणार्थियों या शरण चाहने वालों के लिए बनाया गया बन्दी गृह नागरिकता के नये मानचित्रों की ओर संकेत करता है। बालीबर के शब्दों में, 'यह एक जनसंख्या को (अधिकारों और इससे जुड़ी गरिमा के सन्दर्भ में) तुच्छ बनाने की प्रक्रिया को दर्शाता है। अर्थात् यह 'सुरक्षा' नियन्त्रण के हिंसक रूपों के अधीन आने वाले वस्तु की तरह हैं। ऐसी जनसंख्या को बल–प्रयोग द्वारा स्थायी रूप से 'सीमा पर रहने' के लिए मजबूर किया जाता है। न तो ये पूरी तरह अन्दर हैं और न ही बाहर' (बालीबर 2004, 139, मेजाड्रा 2006 में उद्धृत)। ख़ास बात यह भी है कि कैम्प (ट्रांजिट/क़ैद/समुद्र पार/क़ैद) सुरक्षा, नियन्त्रण और गतिशीलता के नियमन के सर्वव्यापी उपाय बन गये हैं। इन्होंने 'क़ानून से परे ब्रह्मांड' (एकस्ट्रा लीगल युनिवर्स) (स्कैरी 2010, xviii) बनाया है, जो क़ानून के शासन से पूरी तरह बाहर है। इन कैम्पों में कार्यपालिका के हुक्म, क़ानून की समानान्तर व्यवस्था और 'सुरक्षा' बलों की मौजूदगी होती है। इस कारण ये कैम्प न्यायिक पहुँच और सुरक्षा से बाहर रहते हैं। दरअसल, असाधारण क़ानूनों द्वारा ब्रह्मांड का नियमन करने वाले लोगों की गतिविधियों को स्थान देने के लिए ही इस समानान्तर अतिरिक्त–क़ानूनी ब्रह्मांड का निर्माण किया गया है। इन क़ानूनों का निर्माण अमरीका में 11 सितम्बर 2001 को हुए आतंकवादी हमलों से पैदा हुई चुनौती का सामना करने के लिए किया गया था। लेकिन इन

क़ानूनों ने आप्रवासी समुदायों, विशेष तौर पर मुस्लिमों को अपना निशाना बनाया। लेकिन इन्होंने ऐसा स्थान भी उपलब्ध कराया जहाँ लोग पॉपुलर सम्प्रभुत्ता को मजबूत बनाने वाले नागरिकता व्यवहारों की लोकतान्त्रिक पुनरावृत्तियों को बढ़ावा देते रहे हैं। मसलन, भारत में जनहित याचिका के माध्यम से पोटा (2002) की संवैधानिक वैधता पर प्रश्न उठाए गये, जिसने इस अधिनियम को न्यायिक जाँच-पड़ताल के अन्तर्गत ला दिया। पोटा की लगातार आलोचना, ख़ासतौर पर, मुस्लिमों के ख़िलाफ़ इसके मनमाने प्रयोग के विरोध के कारण 2004 में यह अधिनियम निरस्त कर दिया गया। अमरीका में यू.एस.ए. पैट्रियट ऐक्ट (2001) प्रतिरोध का केन्द्र बन गया और स्थानीय परिषदों और राज्य विधायिकाओं ने इसके ख़िलाफ़ प्रस्ताव पारित किया। इन प्रस्तावों में निजता के अधिकार, सूचना और संगठन बनाने की आज़ादी और ग़ैर-नागरिकों की हिफ़ाज़त पर बल दिया गया। ग़ौरतलब है कि इन सभी अधिकारों को संवैधानिक लोकतन्त्र का केन्द्र माना जाता है, और स्कैरी ने इसे 'स्वशासन के व्यवहार को पुनर्जीवित करने' (2010, 4) की संज्ञा दी है। यह भी उल्लेखनीय है कि स्थानीय स्तर पर नागरिकों द्वारा पैट्रियट ऐक्ट का प्रतिरोध किया गया। इसका लक्ष्य यह था कि कार्यपालिका की शक्तियों में अत्यधिक वृद्धि के ख़िलाफ़ विधायिका की प्रतिनिधिमूलक शक्तियों को मजबूत बनाया जाए। असल में, अधिकांश सुरक्षा क़ानूनों का आधार यह रहा है कि लोग ख़ुद अपनी निगरानी में सक्रिय भागीदारी करें। इसलिए इनके प्रतिरोध में इस बात पर बल दिया गया कि राज्य ख़ुद अपारदर्शी और रहस्य के आवरण में रह कर लोगों को इस बात के लिए विवश नहीं कर सकता है कि वे ख़ुद राज्य के सामने अपनी सारी जानकारी रख दें। इस तरह नयी नागरिकता के भू-दृश्यों ने ख़ुद को विशिष्ट स्पेक्ट्रम में प्रस्तुत किया है। इसमें शहर श्रेणीबद्ध हक़दारियों के नये क्षेत्रों के रूप में सामने आए हैं। साथ ही, नागरिकता से सम्बन्धित इन व्यवहारों ने लगातार यह प्रयास किया है कि एक अन्तःक्रियात्मक सार्वजनिक स्थान के रूप में राजनीतिक को पुनः प्राप्त किया जाए, जो सामूहिक ऊर्जा को नागरिकता के एक सहभागी जुड़ाव में मिला दे।

निष्कर्ष

अलग-अलग स्थानों पर उत्पन्न हुए नागरिकता की विभिन्न कल्पनाओं और रूपों का विविध मुहावरों के माध्यम से परीक्षण यह दिखाता है कि नागरिकता एक लगातार गतिमान रहने वाला विचार है। मसलन, औपनिवेशिक शासन के ख़िलाफ़ मुक्ति के संघर्ष में समान वंश परम्परा, इतिहास और नियति के आधार पर सहभागी जुड़ाव सामने आए। ये सहभागी जुड़ाव उपनिवेशक के साथ समानता, स्वशासन, संवैधानिक लोकतन्त्र और नागरिकता के रूप में अभिव्यक्त हुए। राष्ट्रीय मुक्ति

संघर्ष नागरिकों के रूप में संवैधानिक हैसियत के लिए चलने वाले संघर्ष थे। उपनिवेश-विरोधी आन्दोलनों के विशिष्ट मोड़ पर नागरिकता और राष्ट्रीय पहचान एक-दूसरे से मिल गये। हालाँकि नागरिकता की हैसियत हर किसी को समान रूप से नहीं मिली, तथा जाति, वर्ग, लिंग और धर्म के आधार पर लोगों ने इसका अलग-अलग तरह से अनुभव किया। व्यक्ति नागरिकता की प्रभुत्वशाली रूपरेखाओं के केन्द्र में रहे हैं, लेकिन नागरिकता की तात्त्विक अवधारणा के निर्माण के लिए सन्दर्भयुक्त आत्म भी काफ़ी महत्त्वपूर्ण है। इसमें व्यक्ति को समुदाय का भाग माना जाता है, जो अन्य व्यक्तियों से आवश्यकता या निजी हितों के कारण नहीं जुड़ा होता है। दरअसल, इसमें व्यक्ति सामाजिक न्याय से निर्देशित भावनाओं के कारण एक-दूसरे से जुड़े होते हैं। समुदाय के नागरिकता का मजबूत आधार होने के लिए आवश्यक है कि इसे सम्बन्धी, संवादी और गत्यात्मक रूप में देखा जाए। शायद राजनीति को एक अन्तःक्रियात्मक सार्वजनिक स्थान के रूप में फिर से हासिल करने की लगातार कोशिशें ही सामूहिक ऊर्जा को नागरिकता के सामूहिक बन्धन में बदल सकती हैं। इसलिए लोकतान्त्रिक नागरिकता की अवधारणा के केन्द्र में नागरिकता के व्यवहार का विचार होना चाहिए। नागरिकता का व्यवहार नागरिकों का एक लोकतान्त्रिक समुदाय उत्पन्न करता है, क्योंकि यह बुनियादी मुक्तिदायी मूल्यों के प्रति वचनबद्धता क़ायम रखता है। समुदाय की व्यवहार्यता इस बात पर निर्भर होती है कि यह किस सीमा तक संवाद द्वारा एकजुट रहता है तथा प्रभुत्व की संरचनाओं का प्रतिरोध करने और उन्हें वापस लेने की इसकी वचनबद्धता कहाँ तक क़ायम रहती है। हालाँकि इसके साथ ही, जब प्रभुत्व की शक्तियाँ परा-राष्ट्रीय शक्ति की संरचना में समाहित होती है, तो विशिष्ट सन्दर्भों में संघर्षों के माध्यम से नागरिक का उभार होता है। यह नागरिक 'पॉलिटिकल' (राजनीतिक) को फिर से हासिल करता है। इन्हीं संघर्षों के माध्यम से नागरिक अमूर्त्तता को रोक सकते हैं। इसलिए नागरिकता को संघर्षों के ऐसी चित्र-वर्ण के रूप में देखा जा सकता है, जो लोकतन्त्र और समानता के बारे में एक सहभागी भाषा और वचनबद्धता से एक-दूसरे से सम्बद्ध होते हैं।

सन्दर्भ

1. दरअसल, यह विचार शासन के औपनिवेशिक व्यवहार से सम्बन्धित है कि विश्व एक एकीकृत और ऊँच-नीच (या पदसोपान) पर आधारित सम्पूर्ण इकाई है। औपनिवेशिक राज्य ने औपनिवेशिक शासन का एक 'तार्किक' आधार प्रस्तुत करने के लिए इस अवधारणा का इस्तेमाल किया था। इसमें यह माना गया था कि उपनिवेशों तथा मेट्रोपोल (औपनिवेशिक राज्यों) की सामाजिक स्थितियों में बुनियादी अन्तर है। यह कहा गया कि चूँकि उपनिवेश और औपनिवेशिक राज्यों की सामाजिक स्थितियों के बीच बुनियादी विभिन्नता है, इसलिए उपनिवेशों में स्व-शासन और लोकतन्त्र को निलंबित या स्थगित रखा जाना चाहिए। इसने

मेट्रोपोलिस और उपनिवेश के बीच के अन्तर को सामाजिक स्थितियों के पैमाने पर तार्किक आधार प्रदान किया। इसका निहितार्थ यह निकाला गया कि इस पैमाने पर आगे की स्थिति में होने पर मानक के अनुरूप व्यवहार को सही माना जाएगा (चटर्जी 1994, 82)।

2. उलरिख बेक का मानना है कि 'आधुनिक दुनिया में अस्तित्व बनाये रखने और शासन करने' के नये सन्दर्भ में ही वैश्विक जोखि़म (वित्तीय, पर्यावरणीय और वैश्विक आतंकवाद से पैदा होने वाले जोखि़म) सामने आए हैं' (बेक 2006, 330)। दरअसल, बेक का मानना है कि 'आत्मवाचक आधुनिकता' (रिफलेक्सिव मॉडर्निटी) द्वारा प्रस्तुत विरोधाभासी सम्भावनाओं में ही ज़िन्दगी के हालात के रूप में जोखि़म की 'विडम्बना' और 'द्वैधवृत्ति' निहित होती है। यह एक ऐसा सम्भावित ऐतिहासिक क्षण प्रस्तुत करता है, जिसमें सर्वदेशी निष्ठा सबसे महत्त्वपूर्ण हो सकती है, जहाँ वैश्विक पूँजी के खोये हुए स्थान की पुन:प्राप्ति के लिए राष्ट्रीय-अन्तर्राष्ट्रीय विभेद में समझौता हो सकता है। लेकिन इसके साथ ही, यह वैश्विक पूँजी द्वारा कल्याण और सुरक्षा के नाम पर इन स्थानों को हड़पने का रास्ता भी साफ़ कर सकता है। दरअसल, यह दूसरी सम्भावना ही प्रभुत्वशाली प्रवृत्ति के रूप में सामने आयी है। इसमें वैश्विक पूँजी की सत्ता को प्राथमिकता दी गयी है, जो राष्ट्र-राज्य के साथ विलय कर नव-उदारवादी राज्य का अवतार ग्रहण करती है।

3. एक उदारवादी विचारक स्टीफेन मसीडो ने सामान्य हित की प्रतियोगी अवधारणाओं और उत्तम नागरिकता के घटकों से सम्बन्धित वाद-विवाद में एक महत्त्वपूर्ण हस्तक्षेप किया है। मसीडो यह दलील देते हैं कि उदारवादी नागरिकता के पास अपने खुद के सद्गुण होते हैं। वे एक नागरिक को यह सामर्थ्य प्रदान करते हैं कि वह तार्किक लगने पर ही सामान्य हित की संकल्पनाओं को सही साबित करे या उन्हें स्वीकार करे। आज़ादी उदारवाद का सत्त्व है और इसके लिए सहिष्णुता, आत्म-आलोचना, संयम, और एक स्तर पर नागरिकता की गतिविधियों में भागीदारी की आवश्यकता होती है। हालाँकि उत्तम नागरिकता का अर्थ सिर्फ़ यह नहीं है कि एक नागरिक सिर्फ़ शिष्टाचारयुक्त नैतिक व्यक्ति के रूप में काम करे। व्यक्तिगत नैतिकता के आगे समुदाय की नैतिकता भी होती है, यह अवैयक्तिक न्याय और तार्किकता के जुड़ाव के सिद्धान्तों पर आधारित होती है। यह माँग करती है कि नागरिक को हमेशा सरकार की निगरानी करनी चाहिए। साथ ही, यदि संवैधानिक माध्यम राजनीतिक व्यवस्था को प्रभावकारी और न्यायपूर्ण ढंग से चलाने में नाकाम हो जाएँ, तो उन्हें इनके खि़लाफ़ सविनय अवज्ञा सहित दूसरे तरीक़ों से भी विरोध करने के लिए तैयार रहना चाहिए (मसीडो 1990, 2, 29-35, 50-64, 278)।

4. उपेन्द्र बख्शी 9/11 के बाद सामने आए दो तरह के वैश्विक युद्धों के बीच अन्तर करते हैं : 'आंतक के खि़लाफ़ युद्ध' (वॉर ऑन टेरर) और 'आतंक का युद्ध' (वॉर ऑफ़ टेरर)। वे यह दलील देते हैं कि ये दोनों युद्ध एक नये हिंसक युग का आगाज़ करते हैं। असल में, इसके पहले कभी भी आतंकी घटनाओं और आंतक के मुखालफ़त को युद्ध के सन्दर्भ में परिभाषित नहीं किया गया। इसके अलावा, ये दोनों ही युद्ध अन्तहीन दर्पण की छवियों (मिरर इमैजिंग) की तरह मौजूद हैं, जहाँ एक के सन्दर्भ में ही दूसरे को समझा जा सकता है और एक द्वारा उपलब्ध कराये गये सन्दर्भ में ही दूसरे का अस्तित्व हो सकता है। बख्शी यह मानते हैं कि 'आतंक का युद्ध' ग़ैर-राज्य कर्त्ताओं और नेटवर्कों के पूरी दुनिया को निशाना बनाने और किसी भी स्थान पर हमला करने के सामूहिक इरादे और क्षमता को रेखांकित करता है। वे अपनी हिंसक क्षमता के माध्यम से ऐसा कर सकते हैं जिसमें असाधारण भौतिक संसाधन, खुद को ख़त्म करने की प्रेरणा और हिंसा के प्रभावकारी संसाधनों का प्रयोग शामिल है।

आतंक के ख़िलाफ़ युद्ध अमेरीकी साम्राज्य के सन्दर्भ में इच्छुक राष्ट्रों के गठबन्धन द्वारा लड़ा जा रहा है। यह मानता है कि मानवाधिकारों और बुनियादी आजादियों की सुरक्षा और उन्हें बढ़ावा देने और पूरी दुनिया में बाज़ार समर्थक लोकतन्त्र और आज़ादी की स्थापना के लिए इसकी सारी गतिविधियाँ 'पूरी तरह सही' हैं। बख्शी यह दलील देते हैं कि इस युद्ध की विचारधारात्मक रूप से अनूठी बात यह है कि 'यह बड़ी आसानी से राज्य और अन्तर्राष्ट्रीय आंतकवाद के पूर्व या वर्तमान रूपों से हमारा ध्यान हटा देता है' (बख्शी 2005, 7-9)।

5. मसलन, अर्जुन अप्पादुरई यह बताते हैं कि वैश्विक स्तर पर पूँजी की वर्तमान कार्य-प्रणाली से वैश्वीकरण का विस्तार अभिन्न रूप से जुड़ा है। यह विश्व के बहुत से भागों में साम्राज्य, व्यापार और राजनीतिक प्रभुत्व के पहले के लॉजिक तक जाता है। हालाँकि इसकी सबसे महत्त्वपूर्ण विशेषता यह है कि इसमें वैश्विक वित्त काफ़ी तेज़ी से गतिशील होता है। ऐसा लगता है कि यह सूचना हस्तांतरण, राष्ट्रीय नियमन, औद्योगिक उत्पादकता, या किसी भी समाज, देश या क्षेत्र की 'असली' सम्पत्ति जैसे पारम्परिक सीमाओं से काफ़ी हद तक स्वतन्त्र है (अप्पादुरई 2001, 4)।
6. उन्नीसवीं सदी के आख़िर और बीसवीं सदी में राजनीतिक अधिकारों के विस्तार से सम्बन्धित कई अनुसंधान सामने आए हैं। इन्होंने यह रेखांकित किया है कि महिला, दास, श्रमिक और उपनिवेशितों के बारे में यह माना जाता था कि वे अक्षम हैं और उनमें नागरिकता के अधिकारों के प्रयोग की तार्किक क्षमता का अभाव है। अमूमन नागरिकों के रूप में उन्हें शामिल करने के प्रश्न से सम्बन्धित वाद-विवाद में इस पहलू पर ग़ौर किया गया कि इसका राष्ट्र के ताने-बाने पर क्या प्रभाव पड़ेगा। मिसाल के तौर पर, ब्रिटेन में 1864 के रिफॉर्म्स ऐक्ट ने 30 से 45 प्रतिशत वयस्क पुरुष मज़दूरों को राजनीतिक अधिकार दिये। यह माना गया कि घर के मालिकों को यह अधिकार देना किसी भी तरह से उन्हें कम अंग्रेज़ नहीं बनायेगा। हालाँकि महिलाओं के मामले में यह महसूस किया गया कि उन्हें नागरिकता अधिकार देने से महिलाएँ अपनी 'स्वाभाविक' भूमिका नहीं निभा पाएँगी और इससे राष्ट्र को नुक़सान होगा (हॉल 1994)। उन्नीसवीं सदी के अधिकांश भाग में ब्रिटेन में महिलाओं और श्रमिकों के मताधिकार सम्बन्धी वाद-विवाद में मताधिकार को ज़्यादा-से-ज़्यादा राष्ट्रीय, साम्राज्यवादी, वर्ग और जेण्डर के सन्दर्भ में परिभाषित किया गया। सार्वभौमिक मताधिकार के विरोधियों ने श्रमिक वर्ग की तुलना उपेनिवेशों के 'देशज लोगों' से की। यह माना गया कि इन दोनों को सख़्त, निर्भीक और असंवेदनशील तरीक़े से नियन्त्रित करने की आवश्यकता है (हॉल 1992, 285)। जनसंख्या के इन तबक़ों को निरन्तर गोरे सम्पत्तिशाली पुरुषों के अधीन रखने के लिए इस प्राधिकार को लगातार दुहराया जाना आवश्यक था।
7. बी. एस. चिमनी यह दिखाते हैं कि शरणार्थियों की हिफ़ाज़त के लिए बने अन्तर्राष्ट्रीय साधनों और ग़ैर-पश्चिमी विश्व के शरणार्थी उत्पन्न करने वाले विशिष्ट सन्दर्भों की उपेक्षा के कारण यह दोहरापन सामने आता है। सुरक्षा की मौजूदा रूपरेखा की चुनिन्दा और आत्मनिष्ठ व्याख्याएँ की जा सकती हैं, जो कि तीसरी दुनिया के शरणार्थियों के अधिकारों की हिफ़ाज़त के लिए घातक होती हैं (चिमनी 2000)।
8. यह दृष्टिकोण मानवाधिकारों के सार्वभौमिक बनाम सापेक्षिक वाद-विवाद में सार्वभौमवादी तर्कों से जुड़ा हुआ है। सापेक्षवादी दृष्टिकोण इस बात पर बल देता है कि नैतिकता और मानव व्यवहार के बारे में अधिकार और नियम सांस्कृतिक सन्दर्भों में मौजूद होते हैं और उन्हीं पर निर्भर होते हैं।
9. जैक डॉनेली ने यह तर्क दिया है कि व्यक्तिगत अधिकारों की अवधारणा (जो आधुनिक

उदारवादी नागरिकता में मौजूद है) भारतीय समाज के लिए बुनियादी रूप से अनजानी अवधारणा है, क्योंकि भारतीय समाज व्यक्तियों के बीच भारी असमानता पर आधारित है (डॉनेली 1989)।

10. किमलिका व्यक्तिगत चयन में उदारवादी आस्था को दुहराते हुए उन 'सन्दर्भों' के महत्त्व पर बल देते हैं, जिनमें इस तरह के विकल्प उपलब्ध होते हैं। वे ख़ासतौर पर ऐसी स्थिति का उल्लेख करते हैं, जिसे वे 'सामाजिक संस्कृति' की संज्ञा देते हैं। साथ ही, वे ऐसे 'व्यवहारों और संस्थाओं' का उल्लेख करते हैं जो भूक्षेत्रीय और भाषायी आधार पर संकेन्द्रित होती हैं। ये व्यक्तियों को 'मानवीय गतिविधियों की एक पूरी श्रेणी के माध्यम से जीवन के सार्थक तरीक़े उपलब्ध कराती हैं। इसमें सामाजिक, शैक्षिक, धार्मिक, मनोरंजक और आर्थिक जीवन शामिल हैं, जिसमें सार्वजनिक और निजी दोनों ही दायरे आवेष्टित होते हैं' (किमलिका 1996, 76)।
11. नारीवादी परा-राष्ट्रीय प्रतिरोध में अन्तर्राष्ट्रीय नेटवर्क, संवाद और संगठन शामिल है। इसके साथ ही, इसमें एक अन्तर्राष्ट्रीय मंच पर, अन्तर्राष्ट्रीय ग़ैर-सरकारी संगठनों तथा अन्तर्राष्ट्रीय संवादों, सम्मेलनों और अभियानों में गठजोड़ शामिल है। देखें नीरा युवाल-डेविस (1997, 4-27)।
12. नीरा युवाल-डेविस (1999) ने अपने लेख 'द मल्टी-लेयर्ड सिटीजेन' में यह तर्क दिया है कि एक बहु-स्तरीय निर्माण के रूप में नागरिकता विभिन्न स्तरों पर अस्तित्वमान सामूहिकताओं की सदस्यता के बारे में बताती है। इसमें स्थानीय, जातीय, राष्ट्रीय, राज्य, परा-राज्य और उच्च-राज्य शामिल है। विशिष्ट ऐतिहासिक सन्दर्भ में हर स्तर के सम्बन्ध और दृष्टिकोण का नागरिकता पर अलग-अलग प्रभाव पड़ा है।
13. औंग यह मानती हैं कि मेगासिटी (बड़े शहर) में 'मेगा' उपसर्ग शहरी जनसंख्या के आकार के बारे में नहीं बताता है। दरअसल, राज्य द्वारा ऐसे शहर में ज़बरदस्त निवेश, और प्रतियोगी फ़ायदे के लिए इसके द्वारा अभिव्यक्त राजनीतिक महत्त्वाकांक्षा इसे ख़ास बनाती है। यहाँ शहरी संचय के लिए विदेशी प्रतिभाओं और सृजनात्मक अनुभव का निवेश होता है। प्रमुख एशियाई शहरों में ज़बरदस्त राज्य निवेश के कारण ये 'ख़ानाबदोश' पेशेवरों के लिए आकर्षक नियोजित स्थान के रूप में सामने आए हैं। एक मेगासिटी की पहचान के लिए ये गतिशील पेशेवर लोग महत्त्वपूर्ण हैं। लेकिन जैसा कि औंग बताती हैं कि ये 'बीच की अवस्था' वाली स्थिति में होते हैं, तथा मेजबान शहर में 'अस्थायी निवासी' के रूप में होते हैं। इस शहर के प्रति इनकी बहुत ही सीमित वचनबद्धता होती है। यह इनके लिए मुख्य रूप से निवास का नहीं बल्कि काम का स्थान होता है (औंग 2007, 83)।
14. हॉक्से (2011, 928) यह बताते हैं कि एक नागरिक का महत्त्व बाज़ार की कसौटियों पर आधारित होता है। इसके मुताबिक़ एक व्यक्ति के नागरिकता के लायक़ होने या न होने सम्बन्धी फ़ैसला आख़िरकार इस तथ्य पर आधारित नहीं होता है कि उस व्यक्ति का अस्तित्व है या नहीं। दरअसल, यह इस तथ्य से तय होता है कि वह किस तरह का मूल्य जोड़ने में समर्थ है। यह अतिरिक्त मूल्य ही प्रदर्शित किये जाने के बाद इस व्यक्ति को जनसमूह से ऐसे व्यक्ति के रूप में अलग करता है, जो नागरिकता के योग्य है।
15. जनसाधारण (मल्टीड्युड) पूँजी के साम्राज्य के विस्तृत और सर्वव्यापी जाल से टकराता है। इसके लिए वह वैश्विक परिघटना के रूप में सत्ता पर ध्यान देता है। साथ ही, यह जी-7, विश्व बैंक, अन्तर्राष्ट्रीय मुद्रा कोष, खाड़ी युद्ध, इराक युद्ध आदि जैसी सत्ता की वैश्विक अभिव्यक्तियों के ख़िलाफ़ प्रदर्शन करता है।

16. सायला बेनहबीब 'लोकतान्त्रिक पुनरावृत्तियों' को परिभाषित करते हुए कहती हैं कि 'यह सार्वजनिक तर्क, विचार-विमर्श और विनिमय की ऐसी जटिल प्रक्रियाएँ हैं जिनके द्वारा समस्त क़ानूनी और राजनीतिक संस्थाओं के साथ-ही-साथ नागरिक समाज के संगठनों में सार्वभौमवादी अधिकारों का दावा किया जाता है। इनके द्वारा सिद्धान्तों को विवादित और सन्दर्भयुक्त बनाया जाता है, उनका प्रयोग किया जाता है' (2007, 14)। जिन स्थानों पर लोकतान्त्रिक पुनरावृत्तियाँ हो सकती हैं, उनमें विधायिका, कार्यपालिका जैसी निर्णय निर्माण करने वाली संस्थाएँ और न्यायपालिका जैसी सन्निहित और संरचनायुक्त राजनीतिक और प्रतिनिधिमूलक सार्वजनिक संस्थाएँ शामिल हैं। इसके साथ-ही बेनहबीब मानती हैं कि नागरिक समाज संगठन के 'अनौपचारिक' और 'कमज़ोर' लोगों और मीडिया के बीच भी लोकतान्त्रिक पुनरावृत्ति की प्रक्रिया हो सकती है।

सन्दर्भ-ग्रन्थ सूची

I. किताबें और लेख

अ. किताबें

एग्न्यु, विजय. 1979. *इलीट वीमेन इन इण्डियन पॉलिटिक्स.* नयी दिल्ली : विकास पब्लिशिंग हाउस.

अलौला, मलेक. 1986. द *कॉलोनियल हरेम.* अनुवाद एम और डब्ल्यू गॉडजिच. मैनचेस्टर : मैनचेस्टर यूनिवर्सिटी प्रेस.

एलोसियस, जी. 1997. *नैशनलिज़म विदाउट अ नेशन इन इण्डिया,* दिल्ली : आक्सफर्ड युनिवर्सिटी प्रेस.

अमीन, शाहिद और दीपेश चक्रवर्ती, सम्पा. 1996. *सबॉल्टर्न स्टडीज़.* वोल्यूम IX. दिल्ली : ऑक्सफ़र्ड युनिवर्सिटी प्रेस.

एण्डरसन, बेनेडिक्ट. 1991. *इमैजिन्ड कम्युनिटीज.* रिवाइज्ड एडीशन. लंदन : वर्सो.

अप्पादुरई, अर्जुन. 2001. *ग्लोबलाइजेशन.* डरहम ऐंड लंदन : ड्युक युनिवर्सिटी प्रेस.

आरेंट, हन्ना. 1958. द *ह्युमन कंडीशन.* शिकागो : द युनिवर्सिटी ऑफ़ शिकागो प्रेस.

अर्नाल्ड, डेविड और डेविड हार्डीमन, सम्पा. 1984. *सबॉल्टर्न स्टडीज़.* वोल्यूम VIII. दिल्ली : ऑक्सफ़र्ड युनिवर्सिटी प्रेस.

ऐसीटर, एलीसन, सम्पा. 1996. *एनलाइटेंड वीमेन.* लंदन : रॉटलेज़.

अवस्थी, आभा, सम्पा. 1997. *सोशल ऐंड कल्चरल डायवर्सिटीज : डी. पी. मुखर्जी इन मेमोरियम.* जयपुर : रावत पब्लिकेशन्स.

बेग, तारा अली, सम्पा. 1958. *वीमेन इन इण्डिया.* दिल्ली : मैनेजर पब्लिकेशन.

बॉल, टेरेंस, जेम्स फर्र और रसेल एल हैनसल, सम्पा. 1989. *पॉलिटिकल इनोवेशन ऐंड कॉन्सेप्चुअल चेंज.* कैम्ब्रिज़ युनिवर्सिटी प्रेस.

बार्बालेट, जे. एम. 1988. सिटीजनशिप : राइट्स, स्ट्रगल्स ऐंड क्लास *इनइक्वालिटीज.* मिल्टन केन्स : ओपेन युनिवर्सिटी प्रेस.

बार्कर, फ्रैंसिस, सम्पा. 1985. *यूरोप ऐंड इट्स अदर्स.* कॉलचेस्टर : युनिवर्सिटी ऑफ़ ऐसेक्स प्रेस.

बसु, डी. डी. 1999. *इण्ट्रोडक्शन टू द कॉन्स्टीट्युशन ऑफ़ इण्डिया.* नागपुर : वधवा ऐंड वधवा.

बख्शी, उपेन्द्र. 1982. द *क्राइसिस ऑफ़ द इण्डियन लीगल सिस्टम.* दिल्ली : विकास.

भरूचा, रूस्तम. 1998. *इन द नेम ऑफ़ द सेकुलर : कॉन्टेम्पररी कल्चरल ऐक्टिविजम इन इण्डिया.* दिल्ली : ऑक्सफ़र्ड युनिवर्सिटी प्रेस, दिल्ली.

बुक, जिसेला, और सुजेन जेम्स, सम्पा. 1992. *बियोंड इक्वालिटी ऐंड डिफरेंस.* लंदन : रॉटलेज़.

बोर्थविक, मेरेडिथ. 1984. द *चेंजिंग रोल ऑफ़ वीमेन इन बंगाल 1849–1905.* प्रिंस्टन : प्रिंस्टन युनिवर्सिटी प्रेस.

बॉवलेस, सैमुअल और हरबर्ट जिनटीस. 1986. *डेमॉक्रेसी ऐंड कैपिटलिज़म : प्रॉपर्टी, कम्युनिटी ऐंड द कॉन्ट्राडिक्शन ऑफ़ मॉडर्न सोशल थॉट.* न्यू यॉर्क : बेसिक बुक्स.

ब्रूबेकेर, रॉजर्स. 1992. *सिटीजनशिप ऐंड नेशनहुड इन फ्रांस ऐंड जर्मनी.* कैम्ब्रिज़ : हार्वर्ड युनिवर्सिर्टी प्रेस.

बुकानन, एलेन. 1989. *मार्क्स ऐंड जस्टिस :* द *रैडिकल क्रिटीक ऑफ़ लिबरलिज़म.* न्यू जर्सी : रॉमैन ऐंड लिटिलफील्ड.

कालावे, हेलेन. 1987. *जेण्डर, कल्चर ऐंड इम्पायर : यूरोपीयन वीमेन इन कॉलोनियल नाइजीरिया. उर्बाना : युनिवर्सिटी ऑफ़ इलिनियस प्रेस.*

कार्बी, हैजेल. 1987. *रिकंस्ट्रक्टिंग वीमेनहुड :* द *इमरेजेंस ऑफ़ एफ्रो–अमेरीकन वीमेन नॉवेलिस्ट.* न्यू यॉर्क : ऑक्सफ़र्ड युनिवर्सिटी प्रेस.

सीसेयर, एमी. 1972. डिस्कोर्स ऑफ़ कॉलोनियलिज़म, अनुवाद. जोअल पिंकहम. न्यु यॉर्क : एमआर.

चटर्जी, पार्थ. 1994. द *नेशन ऐंड इट्स फ्रेगमेंट्स : कॉलोनियल ऐंड पोस्टकॉलोनियल हिस्ट्रीज.* दिल्ली : ऑक्सफ़र्ड युनिवर्सिटी प्रेस.

-------1998. *वेजेज ऑफ़ फ्रीडम : फिफ्टी इयर्स ऑफ़ इण्डियन नेशन स्टेट.* दिल्ली : ऑक्सफ़र्ड युनिवर्सिटी प्रेस.

चटर्जी, पार्थ. 2004. द *पॉलिटिक्स ऑफ़ द गवर्नड् : रिफलेक्शंस ऑफ़ पॉपुलर पॉलिटिक्स इन मोस्ट ऑफ़ द वर्ल्ड.* दिल्ली : परमानेंट ब्लैक.

चौधुरी, नुपूर, और मार्गरेट स्ट्रॉबल, सम्पा. *वेस्टर्न वीमेन ऐंड इम्पीरियलिज़म.* ब्लूमिंगटन : इण्डियाना युनिवर्सिटी प्रेस.

चिमनी, बी. एस. 2000. *इंटरनैशनल रिफ्यूजी लॉ : अ रीडर.* दिल्ली : सेज.

कॉलिन्स, पैट्रिशिया हिल. 1991. *ब्लैक फ़ेमिनिस्ट थॉट.* न्यू यॉर्क और लंद : रॉटलेज़.

कज़िन्स, मार्गरेट. 1941. *इण्डियन वीमेनहुड टुडे.* इलाहाबाद : किताबिस्तान.

डॉलमायर, एफ. सम्पा. 1978. *फ्रॉम कॉन्ट्रैक्ट टू कम्युनिटी.* न्यू यॉर्क : मार्शेल डेकर.

डेविस, मिरांडा, सम्पा. 1983. *थर्ड वर्ल्ड–सेकेण्ड सेक्स : वीमेन्स स्ट्रगल्स ऐंड नैशनल लिबरेशन.* लंदन : जेड.

डीएनट्रीव्स, माउरिजियो पैसेरिन. 1994. द *फ़िलॉसफ़ी ऑफ़ हन्ना अरेंट.* लंदन : रॉटलेज़.

देसाई, ए. आर., सम्पा. 1991. *एक्सपैंडिंग गवर्नमेंटल लॉलेसनेस ऐंड ऑर्गनाइज्ड रेजिस्टेंस.* दिल्ली : पॉपुलर प्रकाशन.

डोनॉल्डसन, लॉरा. 1992. *डिकॉलोनाइज़िंग फ़ेमिनिज़म : रेस, जेण्डर ऐंड इम्पायर बिल्डिंग.* चेपल हिल : युनिवर्सिटी ऑफ़ नॉर्थ कैरोलिना प्रेस.

ड्बॉय, डब्ल्यू. ई. बी. 1968. द *सोल्स ऑफ़ ब्लैक फ़ोक, ऐसेज ऐंड स्केजेज़.* शिकागो : ए. सी. मैकलुर्ग.

एहरेनरीख, बी., और डी. इंग्लिश. 1979. *फॉर हर ओन गुड : 150 इयर्स ऑफ़ एक्सपर्ट्स एडवाइस टू वीमेन.* लंदन : प्लूटो.

एलस्टेन, जीन बेथके. 1981. *पब्लिक मैन, प्राइवेट वीमेन : वीमेन इन सोशल ऐंड पॉलिटिकल थॉट.* प्रिंस्टन : प्रिंस्टन युनिवर्सिटी प्रेस.

एंगेल्स, डैगमर, और शुला मार्क्स, सम्पा. 1994. *कॉन्टेस्टिंग कॉलोनियल हेजिमनी.* लंदन : ऐकेडेमिक प्रेस.

एनलो, सिंथिया. 1989. *बनानास, बीचेज ऐंड बेसेस : मेकिंग फ़ेमिनिस्ट सेंस ऑफ़ इंटरनैशनल पॉलिटिक्स.* बर्कले : युनिवर्सिटी ऑफ़ कैलिफोर्निया प्रेस.

फेनॉ, फ्रैंज़, 1965. द *रेचेड ऑफ़ द अर्थ.* न्यूयॉर्क : पेंगुइन.

-------1967. *अ डाईंग कोलॉनियलिज़म.* न्यूयॉर्क : ग्रोव प्रेस.

फॉक्स, किथ. 2000. *सिटीजनशिप.* लंदन और न्यूयॉर्क : रॉटलेज़.

फाइनर, एस. ई. 1999. द *हिस्ट्री ऑफ़ गवर्नमेंट* III : एम्पायर्स, मोनार्किज ऐंड द *मॉडर्न स्टेट.* ऑक्सफ़र्ड : ऑक्सफ़र्ड युनिवर्सिटी प्रेस.

फ़ोर्ब्स, जेरल्डीन. 1989. *शुद्ध मजूमदार : मेमोरीज ऑफ़ ऐन इण्डियन वीमेन.* न्यू यॉर्क : शार्प.

-------1998. *वीमेन इन मॉडर्न इण्डिया.* साउथ एशियन पेपरबैक एडीशन. कैम्ब्रिज़ : कैम्ब्रिज़ युनिवर्सिटी प्रेस.

गेलनर, अर्नेस्ट. 1964. *थॉट ऐंड चेंज.* लंदन : विडेनफील्ड ऐंड निकॉलसन.

-------1983. नेशन्स ऐंड नैशनलिज़म. ऑक्सफ़र्ड : ब्लैकवेल पब्लिशर्स.

गिडेन्स, एंथोनी. 1984. द *कॉन्स्टीट्यूशन ऑफ़ सोसायटी : आउटलाइन ऑफ़*

द *थियरी ऑफ़ स्ट्रक्चरलिज़म.* बर्कले ऐंड लॉस एंजेल्स : युनिवर्सिटी ऑफ़ कैलिफोर्निया प्रेस.

गिलीगन, केरॉल. 1982. *इन अ डिफरेंट वॉयस : साइकोलॉजिकल थियरी ऐंड मॉरल डिवलपमेंट.* कैम्ब्रिज़ : हार्वर्ड युनिवर्सिटी प्रेस.

गुहा, रणजीत, सम्पा. 1982. *सबॉल्टर्न स्टडीज़,* वोल्यूम I. दिल्ली : ऑक्सफ़र्ड युनिवर्सिटी प्रेस.

हॉल, कैथरीन. 1992. *व्हाइट, मेल ऐंड मिडिल क्लास : एक्सप्लोरेशन्स ऑफ़ फ़ेमिनिज़म ऐंड हिस्ट्री.* कैम्ब्रिज़ : रॉटलेज़.

हार्ट, माइकल, और एंटोनियो नेगरी. 2005. *मल्टीड्युड : वार ऐंड डेमॉक्रेसी इन द ऐज ऑफ़ एम्पायर.* यूएसए : पेंगुइन.

हाशमी, सफ़दर. 1989. *द राइट टू परफॉर्म.* नयी दिल्ली : सहमत.

हीटर, डेरेक. 1990. *सिटीजनशिप : द सिविक आइडियल इन वर्ल्ड हिस्ट्री,* पॉलिटिक्स ऐंड एडुकेशन. लंदन : ऑरियन्ट लॉन्गमैन.

-------1999. *व्हाट इज सिटीजनशिप?* कैम्ब्रिज़ : पॉलिटी.

हॉलस्टन, जेम्स. 2008. *इनसर्जेंट सिटीजनशिप : डिसजंकशन्स ऑफ़ डेमॉक्रेसी ऐंड मॉडर्निटी इन ब्राज़ील.* प्रिंस्टन : प्रिंस्टन युनिवर्सिटी प्रेस.

जयावरदेना, कुमारी. 1982. *फ़ेमिनिज़म ऐंड नैशनलिज़म इन द थर्ड वर्ल्ड.* द हेग : इंस्टीट्युट ऑफ़ सोशल स्टडीज़.

कार्लेकर, मालविका. 1991. *वायसेज फ्रॉम विदीन.* दिल्ली : ऑक्सफ़र्ड युनिवर्सिटी प्रेस.

कश्यप, सुभाष. 1997. *सिटीजन्स ऐंड द कॉन्स्टीट्युशन.* दिल्ली : पब्लिकेशन डिविजन, गवर्नमेंट ऑफ़ इण्डिया.

केडी, निकी, और बेथ बारून, सम्पा. 1992. *वीमेन इन मिडिल-ईस्टर्न हिस्ट्री.* न्यू हैवेन : येल युनिवर्सिटी प्रेस.

किंग, डेसमंड एस. 1987. *द न्यू राइट : पॉलिटिक्स, मार्केट्स ऐंड सिटीजनशिप.* लंदन : मैकमिलन.

कुमार, राधा. 1993. *हिस्ट्री ऑफ़ डुईंग.* दिल्ली : काली फॉर वीमेन.

किमलिका, विल. 1996. *मल्टीकल्चरल सिटीजनशिप : अ लिबरल थियरी ऑफ़ माइनॉरिटी राइट्स.* ऑक्सफ़र्ड : क्लेरण्डन प्रेस.

लारसन, जेराल्ड जेम्स. 1997. *इण्डियाज अगूनी ओवर रीलिजन.* दिल्ली : आक्सफ़र्ड युनिवर्सिटी प्रेस.

लिस्टर, रूथ. 1997. *सिटीजनशिप : फ़ेमिनिस्ट पर्सपेक्टिव्ज़.* लंदन : मैकमिलन.

ल्यूक्स, स्टीवेन. 1987. *मार्क्सिज़म ऐंड मोरैलिटी.* ऑक्सफ़र्ड : ऑक्सफ़र्ड युनिवर्सिटी प्रेस.

मसीडो, स्टीफ़ेन. 1990. *लिबरल वर्च्युस : सिटीजनशिप, वर्च्यु ऐंड कम्युनिटी इन लिबरल कॉन्स्टीट्यूशनलिज़्म.* ऑक्सफ़र्ड : क्लेरण्डन.

महाजन, गुरप्रीत. 1998. *आइडेंटिटीज ऐंड राइट्स : एसपेक्ट्स ऑफ़ लिबरल डेमॉक्रेसी इन इण्डिया.* दिल्ली : ऑक्सफ़र्ड युनिवर्सिटी प्रेस.

-------2002. द *मल्टीकल्चरल पथ : इसुज ऑफ़ डायवर्सिटी ऐंड डिस्क्रिमिनेशन.* नयी दिल्ली : सेज.

मंटो, सआदत हसन. 2008. *बिटर फ्रूट : द वेरी बेस्ट ऑफ़ सआदत हसन मंटो.* सम्पा. और अनुवाद ख़ालिद हसन. दिल्ली : पेंगुइन.

मार्शल, टी. एच. 1950. *सिटीजनशिप ऐंड सोशल क्लास ऐंड अदर ऐसेज.* कैम्ब्रिज़ : कैम्ब्रिज़ युनिवर्सिटी प्रेस.

मार्शल, टी. एच. और टॉम बॉटोमोर. सम्पा. 1992. *सिटीजनशिप ऐंड सोशल क्लास.* लंदन : प्लूटो.

मार्क्स, कार्ल. 1975. *अर्ली राइटिंग्स.* हार्डमंड्सवर्थ : पेंगुइन.

मजूमदार, वीना. सम्पा. 1979. *सिम्बल्स ऑफ़ पॉवर : स्टडीज़ ऑन द पॉलिटिकल स्टेट्स ऑफ़ वीमेन इन इण्डिया.* बॉम्बे : एलिड पब्लिशर्स.

मबाम्बे, अचिले. 2001. *ऑन द पोस्टकॉलोनी.* बर्कले : युनिवर्सिटी ऑफ़ कैलिफ़ोर्निया प्रेस.

मर्चेंट, कैरोलिन. 1983. द *डेथ ऑफ़ नेचर : वीमेन, इकॉलजी ऐंड साइंटिफ़िक रिवोल्यूशन.* सैन फ्रांसिस्को : हार्पर ऐंड रॉ.

मीज़, मारिया. 1986. *पैट्रिआर्की ऐंड अक्युक्म्युलेशन ऑन अ वर्ल्ड स्केल : वीमेन इन द इंटरनैशनल डिविजन ऑफ़ लेबर.* लंदन : जेड.

मिलीबैण्ड, रॉल्फ़, और लियो पैनिट्च, सम्पा. 1990. *सोशलिस्ट रजिस्टर.* लंदन : मर्लिन प्रेस.

मिल्स, सारा. 1991. *डिस्कोर्सेज ऑफ़ डिफरेंस.* लंदन : रॉटलेज़.

मिन्ह–हा, ट्रिन्ह टी. 1989. *वीमेन, नैटिव, अदर : राइटिंग पोस्टकॉलोनियलिटी ऐंड फ़ेमिनिज़्म.* ब्लूमिंगटन : इण्डियाना युनिवर्सिटी प्रेस.

-------2000. द *डेमॉक्रेटिक पैराडॉक्स.* लंदन, न्यूयॉर्क : वर्सो.

मूफ, शान्ताल, सम्पा. 1992. *डायमेनशंस ऑफ़ रैडिकल डेमॉक्रेसी.* लंदन : वर्सो.

नैडर, लॉरा. 2002. द *लाइफ ऑफ़ द लॉ : एंथ्रोपोलॉजिकल प्रोजेक्ट्स.* बर्कले : यूनिवर्सिटी ऑफ़ कैलिफ़ोर्निया प्रेस.

नेयर्न, टॉम. 1977. द *ब्रेक अप ऑफ़ ब्रिटेन : क्राइसिस ऐंड नियो–नैशनलिज़्म.* लंदन : न्यू लेफ्ट बुक्स.

नेहरू, श्याम कुमारी, सम्पा. एन. डी. *ऑवर कॉज.* इलाहाबाद : किताबिस्तान.

निरंजना, तेजस्विनी, पी. सुधीर, और विवेद धारेश्वर, सम्पा. 1993. *इंटरोगेटिंग माडर्निटी : कल्चर ऐंड कॉलोनियलिज़म इन इण्डिया.* कलकत्ता : सीगल बुक्स.

औंग, ए. 1999. *फ्लेक्सिबल सिटीजनशिप : द कल्चरल लॉजिक ऑफ़ ट्रांसनैशनैलिटी.* डरहम, एनसी : ड्युक युनिवर्सिटी प्रेस.

औंग, ए. और एस. जे. कोलियर, सम्पा. 2005. *ग्लोबल एसेम्बलेज : टेक्नोलॉज़ी, पॉलिटिक्स ऐंड एथिक्स ऐज एंथ्रोपोलॉजिकल प्रॉब्लेम्स.* माल्डेन, एमए : ब्लैकवेल.

ऑमवेट, गेल. 1993. *रिइनवेनटिंग रिवोल्यूशन : न्यू सोशल मूवमेंट्स ऐंड द सोशलिस्ट ट्रेडिशन इन इण्डिया.* लंदन : शार्प.

पेटमन, कैरॉल. 1988. द *सेक्शुअल कॉन्ट्रैक्ट.* कैम्ब्रिज़ : द पॉलिटी प्रेस.

प्रकाश, ज्ञान. 2000. अनदर रीजन. नयी दिल्ली : ऑक्सफ़र्ड युनिवर्सिटी प्रेस.

क़िदवई, अनीस. 1990. आज़ादी की छाँव में, अनुवाद. नूर नबी अब्बासी. पृ. 151. नयी दिल्ली : नेशनल बुक ट्रस्ट.

रेड्डी, मुथुलक्ष्मी. 1956. मार्गरेट कज़िन्स ऐंड हर वर्क इन इण्डिया. मद्रास : डब्ल्यूआईए.

रीले, डेनिस. 1988. *एम आई दैट नेम : फ़ेमिनिज़म ऐंड द कैटगरी ऑफ़ वीमेन इन हिस्ट्री.* लंदन : मैकमिलन प्रेस.

रॉय, अनुपमा, 2010. *मैपिंग सिटीजनशिप इन इण्डिया.* दिल्ली : ऑक्सफ़र्ड युनिवर्सिटी प्रेस.

रूबिन्स्टीन, डेविड. 1986. *बिफोर द सफराजेट्स : वीमेन्स इमैनसिपेशन इन द 1980ज.* ससेक्स : द हार्वेस्टर प्रेस.

रूडॉल्फ, ल्योड और सुजेन रूडॉल्फ. 2008. *एक्सप्लेनिंग इण्डियन डेमॉक्रेसी : अ फिफ्टी ईयर पर्सपेक्टिव, 1956–2006,* वोल्यूम I : द रिएल्म ऑफ़ आइडियाज : इंक्वायरी ऐंड थियरी. नयी दिल्ली : ऑक्सफ़र्ड युनिवर्सिटी प्रेस.

सईद, एडवर्ड. 1978. *ऑरियन्टलिज़म.* न्यूयॉर्क : विन्टेज बुक्स.

संगारी, कुमकुम, और सुदेश वैद, सम्पा. 1989. *रिकास्टिंग वीमेन : ऐसेज इन कॉलोनियल हिस्ट्री.* दिल्ली : काली फॉर वीमेन.

सरकार, सुमित. 1985. द *क्रिटीक ऑफ़ कॉलोनियल इण्डिया.* कलकत्ता : पेपिरस.

स्कैरी, एलेन. 2010. *रूल ऑफ़ लॉ, मिसरूल ऑफ़ मेन.* कैम्ब्रिज़ : एमआईट.

स्कॉट, जेम्स. 1998. *सीईंग लाइक अ स्टेट.* न्यू हैवेन : येल युनिवर्सिटी प्रेस.

स्कॉट, जोन वॉलेच. 1988. *जेण्डर ऐंड द पॉलिटिक्स ऑफ़ हिस्ट्री.* न्यूयॉर्क : कोलाम्बिया युनिवर्सिटी प्रेस.

सेन, इंद्राणी. 2002. *वीमेन ऐंड इम्पायर : रिप्रेजेनटेशन्स इन द राइटिंग्स ऑफ़ ब्रिटिश इण्डिया* (1858–1900). नयी दिल्ली : ऑरियन्ट लॉन्गमैन.

सेन, मिहिर कुमार. 1946. *एलीमेंट्स ऑफ़ सिविक्स.* फोर्टिन्थ एडीशन. कलकत्ता : हिन्दुस्तान पब्लिकेशन्स.

शफिर, ग्रेशॉन. 1998. द *सिटीजनशिप डिबेट्स : अ रीडर.* मिनेपॉलिस : युनिवर्सिटी ऑफ़ मिन्नेसोटा प्रेस.

शार्प, जेनी. 1993. *एलेग्रोरीज ऑफ़ इम्पायर : द फिगर ऑफ़ वीमेन इन द कॉलोनियल टेक्स्ट.* लंदन : युनिवर्सिटी ऑफ़ मिन्नेसोटा प्रेस.

शास्त्री, श्रीनिवास. 1948. द *इण्डियन सिटीजन : हिज राइट्स ऐंड ड्युटीज.* बॉम्बे : हिन्द किताब लिमिटेड.

सिंह, उज्ज्वल कुमार. 1998. *पॉलिटिकल प्रिजनर्स इन इण्डिया.* दिल्ली : ऑक्सफ़र्ड युनिवर्सिटी प्रेस.

सिंहा, राधिका. 1998. *अ डेस्पोटिजम ऑफ़ लॉ : क्राइम ऐंड जस्टिस इन अर्ली कॉलोनियल इण्डिया.* दिल्ली : ऑक्सफ़र्ड युनिवर्सिटी प्रेस.

सिन्हा, मृणालिनी. 1995. *कॉलोनियल मैसकुलैनिटी : द मैनली इंग्लिशमैन ऐंड द एफीमिनैट बंगाली.* मैनचेस्टर : मैनचेस्टर युनिवर्सिटी प्रेस.

स्मिथ, एंथोनी डी. 1983. *थियरीज ऑफ़ नैशनलिज़्म.* सेकेण्ड एडीशन. लंदन : ड्युकवर्थ.

स्मिथ, डोरोथी. 1987. द *एवरीडे वर्ल्ड ऐज प्रॉब्लेमेटिक : अ फ़ेमिनिस्ट सोशियोलॉजी.* बॉस्टन : नार्थईस्टर्न युनिवर्सिटी.

स्मिथ, विनसेंट ए. 1919. इण्डियन कॉन्टीट्युशनल रिफॉर्म्स व्यूड इन द लाइट ऑफ़ हिस्ट्री. लंदन : हम्फ्री मिलफोर्ड.

साउथार्ड, बारबारा. 1995. द *वीमेन्स मूवमेंट ऐंड कॉलोनियल पॉलिटिक्स इन बंगाल.* दिल्ली : मनोहर.

सोयसल, यास्मीन. 1994. *लिमिट्स ऑफ़ सिटीजनशिप.* शिकागो : युनिवर्सिटी ऑफ़ शिकागो प्रेस.

स्टीनर, हेनरी जे., और फ़िलिप एलस्टॉन. सम्पा. 1996. *इंटरनैशनल ह्युमन राइट्स इन कॉन्टेक्स्ट.* ऑक्सफ़र्ड : क्लेरण्डन प्रेस.

स्टॉर्मक्वीस्ट, नेली, सम्पा. 1998. *वीमेन इन द थर्ड वर्ल्ड.* न्यूयॉर्क : गारलैण्ड.

सुपाई, एलेन. 2007. *होमो ज्यूरिडिक्स : ऑन द एंथ्रोपोलॉजिक फंक्शन ऑफ़ द लॉ,* अनुवाद. ससकिया ब्राउन. लंदन : वर्सो.

टैगोर, रबीन्द्रनाथ. 1917. *नैशनलिज़्म.* लंदन : मैकमिलन.

थॉर्नर, एलिस, और मैत्रैयी कृष्णराज, सम्पा. 2000. *आइडियल्स, इमेजेज ऐंड रियल लाइव्स : वीमेन इन लिटरेचर ऐंड हिस्ट्री.* दिल्ली : ऑरियन्ट लॉन्गमन.

टॉरपी, जॉन. 2000. द *इनवेंशन ऑफ़ द पासपोर्ट : सर्विलेंस, सिटिजनशिप ऐंड द स्टेट.* कैम्ब्रिज़ : कैम्ब्रिज़ युनिवर्सिटी प्रेस.

टर्नर, ब्रायन. 1986. *सिटीजनशिप ऐंड कैपिटलिज़्म : द डिबेट ओवर रिफॉर्मीमिज़्म.* लंदन : एलेन और अनविन.

-------1990. *थियरीज ऑफ़ मॉडर्निटी ऐंड पोस्ट मॉडर्निटी.* लंदन : सेज.

-------1993. *सिटीजनशिप ऐंड सोशल थियरी.* लंदन : सेज.

वैलेस-सैंटियागो, केल्विन. 1994. *'सब्जेक्ट पीपॅल' ऐंड कॉलोनियल डिस्कोर्स : इकोनॉमिक ट्राँसफॉरमेशन ऐंड सोशल डिस्ऑर्डर इन प्यूरेटो रिको, 1898-1947.* अल्बाने : सनी प्रेस.

वोगल, उर्सुला, और माइकल मोरन. 1991. द *फ्रौंटियर्स ऑफ़ सिटीजनशिप.* न्यूयॉर्क : सेंट मार्टिनस प्रेस.

वेस्ट, लुईस ए., सम्पा. 1997. *फ़ेमिनिस्ट नैशनलिज़्म.* न्यूयॉर्क : रॉटलेज़.

वुल्फ़ वर्जीनिया. 1938. *थ्री ग्वीनॉस.* न्यूयॉर्क : हारबिनजर : हारबिनजर बुक.

युवाल-डेविस, नीरा. 1997. *जेण्डर ऐंड नेशन.* लंदन : सेज.

युवाल-डेविस, नीरा और फ्लोरा एंथियास, सम्पा. 1989. *वीमेन-नेशन-स्टेट.* बेसिंगस्टोक : मैकमिलन.

युवाल-डेविस और पनीना वर्बनर, सम्पा. 1999. वीमेन, सिटीजनशिप ऐंड डिफरेंस. लंदन : जेड.

ब. लेख

अलेक्जेण्डर, मीना. 1985. 'सरोजिनी नायडू : रोमैनटिसिज़्म ऐंड सेसिस्टेंस'. *इकोनॉमिक ऐंड पॉलिटिकल वीकली 20,* नंबर 43 (26 अक्तूबर).

अली, अरुणा आसफ. 'वीमेन सफ़रेज इन इण्डिया'. एन. डी., सम्पा. श्याम कुमारी नेहरू. इलाहाबाद : किताबिस्तान.

एनटोनियस, सोरया. 1983. 'फाइटिंग ऑन टू फ्रौंट्स : कनवरसेशन विद पैलिस्तिनियन वीमेन'. संकलित, *थर्ड वर्ल्ड/सेकेण्ड सेक्स,* मिरांडा डेविस. लंदन : जेड.

एसीटर, एलिसन. 1999. 'सिटीजनशिप रिविजिडेट'. संकलित, *वीमेन, सिटीजनशिप ऐंड डिफरेंस,* सम्पा. नीरा युवाल डेविस और नीना वर्बनर. लंदन : ज़ेड.

बागची, जशोधरा. 1985. 'पॉजिटिविज़्म ऐंड नैशनलिज़्म : वीमेनहुड ऐंड क्राइसिस इन नैशनलिस्ट फिक्शन-बंकिमचंद्राज आनन्दमठ'. *इकोनॉमिक ऐंड पॉलिटिकल वीकली 20,* नंबर 43, 119-28 (26 अक्टूबर).

बनर्जी, निर्मला. 1989. वर्किंग वीमेन इन कॉलोनियल बंगाल : मार्डनाइजेशन ऐंड मार्जिनलाइजशेन'. संकलित, *रिकास्टिंग वीमेन,* सम्पा. कुमकुम संगारी और सुदेश वैद. दिल्ली : काली फॉर वीमेन.

बर्कले-ब्राउन, एल्सा. 1991. 'पॉलिरिदम्स ऐंड इमप्रोवाइजेशन्स : लेशन्स फॉर वीमन्स हिस्ट्री'. *हिस्ट्री वर्कशॉप जर्नल* (स्प्रिंग), 85-90.

बार्थोलोम्यु, एमी. 1990. 'शुड अ मार्क्सिस्ट बीलीव इन मार्क्स ऑन राइट्स?', संकलित, *सोशलिस्ट रजिस्टर,* सम्पा. रॉल्फ मिलीबैण्ड और लियो पैनिच. लंदन : मर्लिन प्रेस.

बरूआ, संजीब. 2003. 'प्रोटेक्टिव डिस्क्रिमिनेशन ऐंड क्राइसिस ऑफ़ सिटिजनशिप इन नॉर्थ-ईस्ट इण्डिया'. *इकोनॉमिक ऐंड पॉलिटिकल वीकली 38,* नंबर 17, 1624-26 (26 अप्रैल).

बख्शी, उपेन्द्र. 2008ए. 'आउटलाइन ऑफ़ अ "थियरी ऑफ़ प्रैक्टिस" ऑफ़ इण्डियन कॉन्स्टीट्युशनलिज़म', संकलित, *पॉलिटिक्स ऐंड एथिक्स ऑफ़ इण्डियन कॉन्स्टीट्युशन,* सम्पा. राजीव भार्गव. दिल्ली : ऑक्सफ़र्ड युनिवर्सिटी प्रेस.

-------2008बी. 'प्रिलीमनरी नोट्स ऑन ट्राँसफॉरमेटिव कॉन्स्टीट्युशनलिज़म' दिल्ली : बीआईएसए कांफ्रेंस ऑन कोर्टिंग जस्टिस (27-29 अप्रैल).

बख्शी, उपेन्द्र. 2005. 'द वॉर ऑन टेरर ऐंड द वार ऑफ़ टेरर : नोमैडिक मल्टीट्युड्स, अग्रेसिव इनकॉम्बेंट्स ऐंड "न्यू" इंटरनैशनल लॉ'. *ऑसगुड हॉल जर्नल 43,* नंबर 1 और 2, 7-43.

-------2002. 'द (इम) पॉसिबिलिटी ऑफ़ कॉन्स्टीट्युशनल जस्टिस', संकलित, इण्डिया'ज लिविंग कॉन्स्टीट्युशन, जोया हसन, ई. श्रीधरन ऐंड आर. सुदर्शन. पृ. 31-63. दिल्ली : परमानेंट ब्लैक.

बेक, उलरिख. 2006. 'लिविंग इन द वर्ल्ड रिस्क सोसायटी'. *इकोनॉमिक ऐंड सोसायटी 35,* नंबर 3, 329-45.

बेनहबीब, सायला. 2007. 'ट्विलिट ऑफ़ सॉवरेनिटी ऑर द इमर्जेंस ऑफ़ कॉस्मोपॉलिटन नॉर्म्स? रिथिंकींग सिटीजनशिप इन वोलाटाइल टाइम्स'. *सिटीजनशिप स्टडीज़ 11,* नंबर 1, 19-36.

बॉटोमोर, टॉम. 1992. 'सिटीजनशिप ऐंड सोशल क्लास : फोर्टी इयर्स ऑन'. संकलित, *सिटीजनशिप ऐंड सोशल क्लास,* सम्पा. टी. एच. मार्शल और टॉम बॉटोमोर. लंदन : प्लूटो.

चक्रवर्ती, दीपेश. 1992. 'पोस्टकॉलोनियलिटी ऐंड द आर्टिफिश ऑफ़ हिस्ट्री : व्हु स्पीक्स फॉर इण्डियन पास्ट'. *रिप्रेजेनटेशन्स,* नंबर 37, 1-26 (विंटर).

-------1993. 'द डिफ़रेंस-डिफ़ेरल ऑफ़ (अ) कॉलोनियल मॉडर्निटी : पब्लिक डिबेट्स ऑन मॉडर्निटी इन ब्रिटिश बंगाल'. *हिस्ट्री वर्कशॉप जर्नल,* नंबर 36, 1-34.?

-------1995ए. 'मॉडर्निटी ऐंड एथनिसिटी इन इण्डिया : अ हिस्ट्री फॉर द

प्रेजेंट'. *इकोनॉमिक ऐंड पॉलिटिकल वीकली 30,* नंबर 52, 3373–80 (30 दिसम्बर).

-------1995बी. 'रैडिकल हिस्ट्रीज ऐंड क्वेश्चन ऑफ़ एनलाइटेनमेंट रैशनैलिटी : सम रीसेन्ट क्रिटीक्स ऑफ़ सबॉल्टर्न स्टडीज़'. *इकोनॉमिक ऐंड पॉलिटिकल वीकली 30,* नंबर 14, 751–59.

चक्रवर्ती, उमा. 2009. 'आर्काइविंग डिसक्वाइट : फ़ेमिनिस्ट प्रैक्सिस ऐंड द नेशन-स्टेट'. संकलित, *ह्युमन राइट्स ऐंड पीस : आइडियाज, लॉज, इंस्टीट्युशन्स ऐंड मूवमेंट्स,* सम्पा. उज्ज्वल कुमार सिंह. नयी दिल्ली, सेज.

चटर्जी, पार्थ. 1989ए. 'कॉलोनियलिज़म, नैशनलिज़म ऐंड कॉलोनाइज़्ड वीमेन : द कॉन्टेस्ट इन इण्डिया'. *अमेरीकन एथ्नोलॉज़िस्ट 16,* नंबर 4, 622–33 (नवम्बर).

-------1989बी. 'द नैशनलिस्ट रेसोल्यूशन ऑफ़ वीमेन्स क्वेश्चन', संकलित, *रिकास्टिंग वीमेन,* सम्पा. कुमकुम संगारी और सुदेश वैद. दिल्ली : काली फॉर वीमेन.

-------1994. 'सेकुलरिजम ऐंड टॉलरेशन'. *इकोनॉमिक ऐंड पॉलिटिकल वीकली 29,* नंबर 28, 1768–77 (9 जुलाई).

-------2005. 'सॉवरेन वायलेंस ऐंड द डोमेन ऑफ़ द पॉलिटिकल', संकलित, *सॉवरेन बॉडीज सिटीजन्स, माइग्रेंट्स ऐंड स्टेटस इन पोस्टकॉलोनियल वर्ल्ड,* सम्पा. थॉमस ब्लूम हनसेन और फिन स्टेपुटैट. प्रिंस्टन और ऑक्सफ़र्ड : प्रिंस्टन युनिवर्सिटी प्रेस.

चौधुरी, मैत्रयी. 1996. 'सिटीजन्स, वर्कर्स ऐंड इमबेल्म्स ऑफ़ कल्चर'. संकलित, *सोशल रिफॉर्म, सेक्शुअलिटी ऐंड द स्टेट,* सम्पा. पैट्रिशिया ओबेरॉय. नयी दिल्ली : सेज.

क्लार्क, अन्ना. 1996. 'जेण्डर, क्लास ऐंड द नेशन : फ्रेंचाइज रिफॉर्म इन इंग्लैण्ड 1832–1928'. संकलित, *री-रीडिंग द कॉन्स्टीट्युशन,* सम्पा. जेम्स वरनॉन. कैम्ब्रिज़ : कैम्ब्रिज़ युनिवर्सिटी प्रेस.

कॉरनेल, ड्रुसिलिया. 1984. 'शुड अ मार्क्सिस्ट बिलीव इन राइट्स'. *प्रैक्सिस इंटरनैशनल,* नंबर 45, 45–56.

कोहन, बरनार्ड एस., और निकोलस बी. डर्क्स. 1988. बियोंड द फ्रिंज : द नेशन-स्टेट, कॉलोनियलिज़म ऐंड टेक्नोलॉजीज ऑफ़ पॉवर'. *जर्नल ऑफ़ हिस्टॉरिकल सोशियोलॉज़ी 1,* नंबर 2, 224–29 (जून).

दास, वीणा. 2011. 'स्टेट, सिटीजनशिप ऐंड अरबन पुअर'. *सिटीजनशिप स्टडीज़ 15,* नंबर 3-4, 319–33.

दास मिनत. 2013. 'डिंकिया ऐंड गोविंदपुर मदर्स गो नैकेड टू प्रोटेस्ट अगेंस्ट

फॉर्सिबल लैण्ड एक्वीजीशन फॉर पोस्को'. 15 मार्च, वेब पता : www. kafila.org., देखने की तारीख़ 20 मार्च 2013.

डी ग्रूट, जोआना. 1995. 'द डायलेक्टिक्स ऑफ़ जेण्डर : वीमेन, मेन ऐंड पॉलिटिकल डिस्कोर्सेज इन ईरान सी. 1890–1930'. *जेण्डर ऐंड हिस्ट्री 5,* 256–68 (ग्रीष्म).

देसाई, ए. आर. 1997. 'इम्पावरिंग द सॉवरेन सिटीजेन्स इन इण्डिया : सम कॉन्स्टीट्युशनल ऑबस्टेकल्स'. संकलित, *सोशल ऐंड कल्चरल डायवर्सिटीज : डी. पी. मुखर्जी इन मेमोरियम,* सम्पा. आभा आडवाणी. जयपुर : रावत पब्लिकेशन्स.

डिट्ज मेरी. 1992. 'कॉन्टेक्स्ट इज ऑल'. संकलित, *डायमेनशंस ऑफ़ रैडिकल डेमॉक्रेसी,* सम्पा. चैन्टल मॉफे. लंदन : वर्सो.

फ़ेराजोली, लुईगी. 1996. 'बियोंड सॉवरेंटी ऐंड सिटीजनशिप : अ ग्लोबल कॉन्स्टीट्युशनलिज़म'. संकलित, *कॉन्स्टीट्युशनलिज़म, डेमॉक्रेसी ऐंड सॉवरेनटी : अमेरीकन ऐंड यूरोपीयन पर्सपेक्टिव्स,* सम्पा. रिचर्ड बेलामी. एल्डरशॉट : एवबुरी प्रेस.

फर्ग्युसन, जेम्स और अखिल गुप्ता. 2005. 'स्पैटिअलाइजिंग स्टेट : टुवर्ड्स ऐन एथ्नोग्राफी ऑफ़ नियोलिबरल गवर्नमैंटैलिटी', संकलित, *एंथ्रोपोलॉजीज ऑफ़ मोरैलिटी : फूको, गवर्नमैंटैलिटी ऐंड लाइफ पॉलिटिक्स,* सम्पा. जोनाथन, जेवियर इंडा. ऑक्सफ़र्ड : ब्लैकवेल.

फ़ोर्ब्स, जेरल्डाइन. 1979ए. 'केज्ड टाइगर्स : फ़र्स्ट वेव फ़ेमिनिस्ट्स इन इण्डिया', *वीमेन्स स्टडीज़ इंटरनैशनल क्वाटर्ली 5,* नंबर 6, 525–53.

-------1976बी. 'वोट्स फॉर वीमेन', संकलित, *सेमबल्स ऑफ़ पॉवर,* सम्पा. वीणा मजूमदार. बम्बई : अलाइड पब्लिशर्स.

फ्रीटैग, सैण्ड्रिया बी. 1991. 'इण्ट्रोडक्शन', *साउथ एशिया 14,* नंबर 1, 1–13.

घोष, श्रबाशी. 1986. 'बर्ड्स इन अ केज : चेंजेज इन बंगाल सोशल लाइफ़ एज रिकार्डेड इन ऑटोबायोग्राफीज़ बाई वीमेन'. *इकोनॉमिक ऐंड पॉलिटिकल वीकली 21,* नंबर 43, डब्ल्यूएस88–डब्ल्यूएस96 (25 अक्टूबर).

ग्रीनफेल्ड, लियाह. 2001. 'एटिमोलॉज़ी, डिफिनिशंस, टाइप्स'. संकलित, इनसाइक्लोपीडीया ऑफ़ नैशनलिज़म. लंदन : ऐकेडेमिक प्रेस.

गुहा, रणजीत. 1982. 'ऑन सम एसपेक्ट्स ऑफ़ हिस्ट्रियोग्राफी ऑफ़ कॉलोनियल इण्डिया'. संकलित, *सबॉल्टर्न स्टडीज़,* वोल्यूम I, सम्पा. रणजीत गुहा. दिल्ली : ऑक्सफ़र्ड युनिवर्सिटी प्रेस.

-------1987. 'चंद्रा'ज डेथ', संकलित, *सबॉल्टर्न स्टडीज़,* वोल्यूम V. दिल्ली : ऑक्सफ़र्ड युनिवर्सिटी प्रेस.

हैगिज, जेन. 1990. 'जेण्डरिंग कॉलोनियलिज़म ऑर कॉलोनाइजिंग जेण्डर? रीसेंट वीमेन्स स्टडीज़ टू व्हाइट वीमेन ऐंड द हिस्ट्री ऑफ़ ब्रिटिश कॉलोनियलिज़म'. *वीमेन्स स्टडीज़ इंटरनैशनल फ़ोरम 13,* 105–115.

हैबरमास, जर्गेन. 1992. 'सिटीजनशिप ऐंड नैशनल आइडेनटिटी : सम रिफ़लेक्शंस ऑन द फ्यूचर ऑफ़ यूरोप'. *प्रैक्सिस इंटरनैशनल 12,* नंबर 1, 1–19 (अप्रैल).

हैनसन, कैथरीन. 1998. 'द वीरांगना इन नॉर्थ इण्डिया हिस्ट्री : मिथ ऐंड पॉपुलर कल्चर'. *इकोनॉमिक ऐंड पॉलिटिकल वीकली 38,* नंबर 16, 1579–83 (19 अप्रैल).

इण्डेन, रॉनाल्ड 1986. 'ओरियन्टलिस्ट कंस्ट्रक्शंस ऑफ़ इण्डिया', *मॉडर्न एशियन स्टडीज़ 20,* 401–46.

झा, शेफाली. 2003. 'राइट्स वर्सेज रिप्रेसेन्टेशन : डिफेंडिंग माइनॉरिटी इंटरेस्ट्स इन द कॉन्स्टीट्युएंट असेम्बली', *इकोनॉमिक ऐंड पॉलिटिकल वीकली 38,* नंबर 16, 1579–83 (19 अप्रैल).

कैंडियोटी, डेनिज. 1992. इस्लाम ऐंड पैट्रियार्की : अ कॉम्पेरेटिव पर्सपेक्टिव'. संकलित, *वीमेन इन मिडिल-ईस्टर्न हिस्ट्री,* सम्पा. निकी केडी और बेथ बारून. न्यू हैवेन : येन युनिवर्सिटी प्रेस.

कविराज, सुदीप्त. 1994. 'ऑन द कंस्ट्रक्शन ऑफ़ कॉलोनियल पॉवर : स्ट्रक्चर, डिस्कोर्स, हेजिमनी'. संकलित, *कॉन्टेस्टिंग कॉलोनियल हेजिमनी,* सम्पा. डैगमर एंगेल्स और शुला मार्क्स. लंदन : एकेडेमिक प्रेस.

कविराज, सुदीप्त. 2003. 'अ स्टेट ऑफ़ कॉन्ट्राडिक्शंस : द पोस्ट-कॉलोनियल स्टेट इन इण्डिया'. संकलित, *स्टेट ऐंड सिटीजन्स : हिस्ट्री, थियरी, प्रॉस्पेक्ट्स,* सम्पा. क्वेनटीन स्कीनर और बोस्टार्थ. कैम्ब्रिज़ : कैम्ब्रिज़ युनिवर्सिटी प्रेस.

क्लाइन, लॉरेंस ई. 1995. 'जेण्डर ऐंड द पब्लिक/प्राइवेट डिस्टिंगशन इन द 18थ सेंचुरी : सम क्वेश्चन्स अबाउट इविडेंस ऐंड ऐनालिटिक प्रोसिजर'. *एटिंथ सेंचुरी स्टडीज़,* 29, नंबर 1, 97–110.

कोटेफ़, हैगर. 2010. 'ऑब्जेक्ट्स ऑफ़ स्क्रुटिनी : जेण्डर्ड वायलेंस ऐंड सेक्युरिटाइज्ड ह्युमैनिटेरियनिजम इन आक्यूपाइड गाजा', कॉपेरेटिव स्टडीज़ ऑफ़ साउथ एशिया, अफ्रीका ऐंड द मिडिल ईस्ट, 30, नंबर 2, 179–91.

किमलिका, विल और वायने नॉर्मन. 1994. 'द रिटर्न ऑफ़ द सिटीजेन'. *एथिक्स,* नंबर 104, 352–81 (जनवरी).

लियोनार्ड, वर्जीनिया डब्ल्यू. 1998. 'वीमेन इन ऐंटीकॉलोनियल मूवमेंट्स'. संकलित, *वीमेन इन द थर्ड वर्ल्ड,* सम्पा. नेली पी. स्ट्रॉमक्वीस्ट. न्यू यॉर्क : गारलैण्ड.

लिडल, जोअना, और रामा जोशी. 1985. 'वीमेन्स आर्गनाइजेशन अंडर द राज', *वीमेन्स स्टडीज़ इंटरनैशनल फ़ोरम 8,* 521–29.

लिस्टर, रूथ. 1997. 'टुवर्ड्स अ फ़ेमिनिस्ट सिनथिसिस'. फ़ेमिनिस्ट रिव्यू, स्पेशल इसु ऑन सिटीजनशिप : पुसिंग द बाउंड्रिज, नंबर 57, 27-48 (ऑटम).

ल्यूक्स, स्टीवेन. 1982. 'कैन अ मार्क्सिस्ट बिलीव इन ह्युमन राइट्स', *प्रैक्सिस इंटरनैशनल,* नंबर 4, 334-45.

महाजन, गुरप्रीत. 1999. 'मल्टीकल्चरलिज़म', *सेमिनार,* नंबर 484, 12-14.

महन्ता, अपर्णा. 1999. 'पैट्रिआर्की ऐंड स्टेट सिटम्स इन नॉर्थ-ईस्ट इण्डिया : अ हिस्टॉरिकल ऐंड क्रिटिकल पर्सपेक्टिव'. संकलित, *फ़्रॉम मिथ्स टू मार्केट्स : ऐसेज ऑन जेण्डर,* सम्पा. कुमकुम संगारी और उमा चक्रवर्ती. शिमला और नयी दिल्ली : इण्डियन इंस्टीट्युट ऑफ़ एडवांस्ड स्टडीज़ और मनोहर पब्लिशर्स.

मणि, लता. 1985. 'द प्रोडक्शन ऑफ़ ऐन ऑफिसियल डिस्कोर्स ऑन सती'. संकलित, *यूरोप ऐंड इट्स अदर्स,* सम्पा. फ्रैंसिस बेकर. कॉलचेस्टर : युनिवर्सिटी ऑफ़ ऐसेक्स प्रेस.

-------1989. 'कॉन्टेंसियस ट्रेडिशन्स : द डिबेट ऑन सती इन कॉलोनियल इण्डिया'. संकलित, *रिकास्टिंग वीमेन : ऐसेज इन कॉलोनियल हिस्ट्री,* सम्पा. कुमकुल संगारी और सुदेश वैद. दिल्ली : काली फॉर वीमेन.

मायाराम, शैल. 1991. 'क्रिमिनैलिटी ऑर कम्युनिटी? अल्टरनेटिव कंस्ट्रक्शन ऑफ़ द मेव नैरेटिव ऑफ़ दरया ख़ान'. *कंट्रीब्यूशंस टू इण्डियन सोशियॉलजी (एन. एस.) 25,* नंबर 1, 57-84.

मजूमदार, सुचेता. 1992. 'वीमेन, कल्चर ऐंड पॉलिटिक्स : इनजेण्डरिंग द हिन्दू नेशन', *साउथ एशिया बुलेटिन,* 12, नंबर 2, 1-24 (फॉल).

मैकब्राइड, विलियम. 1984. 'राइट्स ऐंड द मार्क्सियन ट्रेडिशन', प्रैक्सिस इंटरनैशनल, नंबर 1, 57-74.

मैक्लिनटॉक, एन. 1993. 'फैमिली फ्युड्स : जेण्डर, नैशनलिज़म ऐंड द फैमिली'. *फैमिनिस्ट रिव्यू,* नंबर 44 (समर).

मेहता, प्रताप भानु. 2010. 'व्हाट इज कॉन्स्टीट्युशनल मोरैलिटी?' *सेमिनार,* नंबर 615, 17-22.

मेहता, उदय, एस. 2010. 'कॉन्स्टीट्युशनलिज़म'. संकलित, द *कॉम्पेनियन वोल्यूम टू पॉलिटिक्स इन इण्डिया,* सम्पा. नीरजा गोपाल जयाल और प्रताप भानु मेहता. पृ. 15-27. दिल्ली : ऑक्सफ़र्ड युनिवर्सिटी प्रेस.

मेनन, निवेदिता. 1984ए. 'स्टेट/जेण्डर/कम्युनिटी, सिटीजनशिप इन कॉन्टेम्परारी इण्डिया'. *इकोनॉमिक ऐंड पॉलिटिकल वीकली 33,* नंबर 5 (31 जनवरी).

-------1998बी. 'वीमेन ऐंड सिटीजनशिप'. संकलित, *वेजेज ऑफ़ फ्रीडम,* सम्पा. पार्थ चटर्जी. दिल्ली : ऑक्सफ़र्ड युनिवर्सिटी प्रेस.

मेजाड्रा, सैण्ड्रो. 2006. 'सिटीजन ऐंड सब्जेक्ट : अ पोस्टकॉलोनियल कॉन्स्टीट्यूशन फॉर यूरोपीयन यूनियन', *सिचुएशन्स 1*, नंबर 2, 31-42.

मीज़, मारिया. 1998. 'वर्ल्ड इकोनॉमी, पैट्रियार्की ऐंड एक्यूम्यूलेशन'. संकलित, *वीमेन इन द थर्ड वर्ल्ड*, सम्पा. नेली स्ट्रॉमक्वीस्ट. न्यू यॉर्क : गार्डलैण्ड.

मिगडाल, जॉएल. 2001. *स्टेट इन सोसायटी : स्टडिईंड हाउ स्अेट ऐंड सोसायटीज ट्रांसफॉर्म ऐंड कॉन्स्टीट्यूट वन अनदर*. कैम्ब्रिज़ : कैम्ब्रिज़ युनिवर्सिटी प्रेस.

मिचेल, टिमोथी. 1991. 'द लिमिट्स ऑफ़ द स्टेट : बियोंड स्टैटिस्ट एप्रोचेज ऐंड देयर क्रिटिक्स'. द *अमेरीकन पॉलिटिकल साइंस रिव्यू 85*, नंबर 1, 77-96 (मार्च).

मोहन्ती, चंद्रा तलपडे. 2011. 'इम्पीरियल डेमॉक्रेसीज, फ़ेमिनिस्ट इंगेजमेंट्स'. *इकोनॉमिक ऐंड पॉलिटिकल वीकली 46*, नंबर 13, 76-84.

मोरेस, फ्रैंक. 1958. 'इन पॉलिटिकल लाइफ'. संकलित, *वीमेन इन इण्डिया*, सम्पा. तारा अली बेग. दिल्ली : मैनेजर पब्लिकेशन.

मूफ, शान्ताल. 1992. 'सिटीजनशिप ऐंड पॉलिटिकल आइडेंटिटी'. अक्टूबर 61, 28-32 (ग्रीष्म).

नैश, कैथरीन. 1993. 'रिमैपिंग ऐंड रिनेमिंग : न्यू कैट्रोग्राफीज ऑफ़ आइडेंटिटी, जेण्डर ऐंड लैण्डस्केप इन आयरलैण्ड'. *फ़ेमिनिस्ट रिव्यू*, नंबर 44, 39-57 (ग्रीष्म).

नेवु, कैथरीन, जॉन क्लार्क, कैथलीन कॉल और एवेलीना डैगनिनो. 2011. सिटीजनशिप स्टडीज़ 15, नंबर 945-64.

निगम, आदित्य. 1996. 'नेशन, लोकैलिटी ऐंड रिप्रेजनटेशन : इण्डिया आफ्टर द 1996 इलेक्शंस'. एशियन सर्वे, 1157-69 (दिसम्बर).

औंग, आइवा. 2000. 'ग्रेजुएटेड सॉवरेनटी इन साउथईस्ट एशिया'. *थियरी, कल्चर ऐंड सोसायटी 17*, नंबर 4, 55-75.

-------2006. 'म्युटेशन्स इन सिटीजनशिप'. *थियरी, कल्चर ऐंड सोसायटी 23*, नंबर 2-3, 499-531.

-------2007. 'प्लीज स्टे : पाइड-अ-टेरे सब्जेक्ट्स इन द मेगासिटी'. *सिटीजनशिप स्टडीज़ 11*, नबर 1, 83-93.

ऑमेन, टी. के. 1998. 'अनपैकिंग आइडेनटीटीज : नोशन्स ऑफ़ सिटीजनशिप ऐंड नैशनैलिटी'. *टाइम्स ऑफ़ इण्डिया*, 16 दिसम्बर.

पाण्डेय, ज्ञानेन्द्र. 1994. 'द प्रोज ऑफ़ अदरनेस'. संकलित, *सबॉल्टर्न स्टडीज़*, वोल्यूम VIII, सम्पा. डेविड अर्नाल्ड और डेविड हार्डीमन. दिल्ली : ऑक्सफ़र्ड युनिवर्सिटी प्रेस.

पाण्डेय, ज्ञानेन्द्र. 1984. 'द कांग्रेस ऐंड द नेशन, सी. 1917-1947'. कलकत्ता : सेंटर फॉर द स्टडी ऑफ़ सोशल साइंसेज, कलकत्ता.

पटेल, सुजाता. 1988. 'कंस्ट्रक्शन ऐंड रिकंस्ट्रक्शन ऑफ़ वीमेन इन गाँधी'. *इकोनॉमिक ऐंड पॉलिटिकल वीकली 23,* नंबर 8. 377-87 (20 फ़रवरी).

पेटमन, कैरॉल. 1992. 'इक्वालिटी, डिफरेंस, सबॉर्डिनेशन : द पॉलिटिक्स ऑफ़ मदरलैण्ड ऐंड वीमेन्स सिटीजनशिप'. संकलित, *बियोंड इक्वालिटी ऐंड डिफरेंस,* सम्पा. जिसेला बुक और सुजेन जेम्स. लंदन : रॉटलेज़.

पियर्सन, गेल. 1983. 'रिजर्व्ड सीट्स : वीमेन ऐंड द वोट इन बॉम्बे'. द *इण्डियन इकोनॉमिक ऐंड सोशल हिस्ट्री रिव्यू 20,* नंबर 1, 47-66.

पेइटमन, जेन-जिंडी. 1999. 'ग्लोबलाइजेशन ऐंड द जेण्डर्ड पॉलिटिक्स ऑफ़ सिटीजनशिप'. संकलित, *वीमेन, सिटीजनशिप ऐंड डिफ़रेंस,* सम्पा. नीरा युवल-डेविस और पनीना वेर्बनर. लंदन : जेड.

फिलिप्स, एन. 1992. 'मस्ट फ़ेमिनिस्ट गिव अप ऑन लिबरल डेमॉक्रेसी'. *पॉलिटिकल स्टडीज़ 40,* स्पेशल इसु, 42-68.

प्रोखोवनिक, रैसा. 1998. 'पब्लिक ऐंड प्राइवेट सिटीजनशिप'. *फ़ेमिनिस्ट रिव्यू,* स्पेशल इशु ऑन फ़ेमिनिस्ट ऐथिक्स ऐंड पॉलिटिक्स ऑफ़ लव, नंबर 60, 84-104 (शरद).

सइद, एडवर्ड. 1990. 'थर्ड वर्ल्ड इंटेलैक्चुअल्स ऐंड मेट्रोपॉलिटन कल्चर'. *रॉरीटन* 9, 27-50 (सर्दी).

-------1991. 'द पॉलिटिक्स ऑफ़ नॉलेज'. रॉरिटन 11, 17-31 (ग्रीष्म).

संगारी, कुमकुम. 1993ए. 'द पॉलिटिक्स ऑफ़ द पॉसिबल'. संकलित, *इंटरोगेटिंग मॉडर्निटी : कल्चर ऐंड कॉलोनियलिज़म इन इण्डिया,* सम्पा. तेजस्विनी निरंजना, पी. सुधीर और विवेक धारेश्वर. कलकत्ता : सीगल बुक्स.

सैंटीयागो-वैलेस, केलविन. 1993. 'ट्राईंग टू पिन माईसेल्फ इन हिस्ट्री : रेस सेक्स ऐंड कॉलोनियलिज़म'. *बॉर्डर/लाइन्स,* नंबर 29/30, 3-46 (दिसम्बर).

सरकार, तनिका. 1987. 'नैशनलिस्ट आइकोनोग्राफ़ी : इमेजेज ऑफ़ वीमेन इन द नाइनटिंथ सेंचुरी बंगाली लिटरेचर'. *इकोनॉमिक ऐंड पॉलिटिकल वीकली 22,* नंबर 47, 2011-15 (21 नवम्बर).

-------'द हिन्दू वाइफ ऐंड द हिन्दू नेशन : डॉमेस्टिसिटी ऐंड नैशनलिज़म इन नाइनटिंथ सेंचुरी बंगाल'. *स्टडीज़ इन हिस्ट्री 8,* नंबर 2, 213-35.

सैसेन, सैसकिया. 2003. 'सिटीजनशिप डिइस्टैबलाइज्ड'. *लिबरल एडुकेशन,* 14-21 (बसंत).

स्कॉट, जोन वॉलेच. 1991. 'द इविडेन्स ऑफ़ एक्सपीरीयन्स'. *क्रिटिकल इनक्वायरी,* नंबर 17, 773-97.

स्कॉट, डेविड, 1995. 'कॉलोनियल गवर्नमैंटैलिटी', *सोशल टेक्स्ट,* नंबर 43 (शरद), 191–220.

सेन, समिता. 1993. 'मदरहुड ऐंड मदरक्राप्ट : जेण्डर ऐंड नैशनलिज़म इन बंगाल'. *जेण्डर ऐंड हिस्ट्री 5,* नंबर 2, 231–43.

सिन्हा, मृणालिनी. 1992. ' ''चैथम, पिट्स ऐंड ग्लैडस्टोन इन पेटिकोट्स'' : द पॉलिटिक्स ऑफ़ जेण्डर ऐंड रेस इन द इल्बर्ट बिल कंट्रोवर्सी, 1883–1884'. संकलित, *वेस्टर्न वीमेन ऐंड इम्पीरियलिज़म,* सम्पा. नुपुर चौधुरी और मार्गरेट स्ट्रॉबेल, ब्लूमिंगटॉन : इण्डियाना युनिवर्सिटी प्रेस.

सोमर्स, मार्गरेट आर. 1993. 'सिटीजनशिप ऐंड द प्लेस ऑफ़ द पब्लिक स्फीयर : लॉ, कम्युनिटी ऐंड द पॉलिटिकल कल्चर इन द ट्राँजिशन टू डेमॉक्रेसी'. *अमेरीकन सोशियोलॉजिकल रिव्यू,* नंबर 5, 587–620.

स्टॉलर, एन लॉरा. 2002. 'कॉलोनियल आर्काइव्स ऐंड आर्ट्स ऑफ़ गवर्नेंस'. *अर्काइवल साइंस 2,* 87–109.

सुन्दर, नंदिनी. 2012. 'विनींग हार्ट्स ऐंड माइंड्स'. इमोशनल वार्स ऐंड द कंस्ट्रक्शन ऑफ़ डिफ़रेंस'. *थर्ड वर्ल्ड क्वाटर्ली 33,* नंबर 4, 701–717.

स्वामीनाथन, शिवप्रसाद. 2013. 'इण्डियाज़ बेनाइन कॉस्टीट्यूशनल रिवोल्यूशन'. द हिन्दू, 26 जनवरी. वेब पता : http:/k/kwww.thehindu.com/kopinion/klead/kindias.benign.constitutional.revolution/karticles4345212.ece. देखने की तारीख़ 26 जनवरी 2013.

थारू, सूजी और तेजस्विनी निरंजना. 1996. 'प्रॉब्लेम्स फॉर अ कॉन्टेम्परेरी थियरी ऑफ़ जेण्डर'. संकलित, *सबॉल्टर्न स्टडीज़,* वोल्यूम IV, सम्पा. शाहिद अमीन और दीपेश चक्रवर्ती. दिल्ली ऑक्सफ़र्ड युनिवर्सिटी प्रेस.

टर्नर, ब्रायन. 1993. 'आउटलाइन्स ऑफ़ अ थियरी ऑफ़ ह्युमन राइट्स'. संकलित, *सिटीजनशिप ऐंड सोशल थियरी,* सम्पा. ब्रायन टर्नर. लंदन : सेज.

वॅन गुंसटर्न, हरमन. 1978. 'नोट्स टुवर्ड्स अ थियरी ऑफ़ सिटीजनशिप'. संकलित, *सिटीजनशिप ऐंड सोशल थियरी,* सम्पा. ब्रायन टर्नर. लंदन : सेज.

ओबेरॉय, पैट्रिशिया. 1990. 'फेमिनिन आइडेनटिटी ऐंड नैशनल इथोज इन इण्डियन कैलेण्डर आर्ट'. *इकोनॉमिक ऐंड पॉलिटिकल वीकली 25,* नंबर 17, डब्ल्यूएस41–डब्ल्यूएस48 (25 अप्रैल).

वैद, सुदेश. 1988. 'पॉलिटिक्स ऑफ़ विडो इमोलेशन'. सेमिनार, नंबर 342, 20–23 (फ़रवरी).

वोगल, उर्सुला. 1991. 'इज सिटीजनशिप जेण्डर स्पेसिफिक?' संकलित, द *फ्रॉंटियर्स ऑफ़ सिटीजनशिप,* सम्पा. उर्सुला वोगल और माइकल मोरन. न्यूयॉर्क : सेंट मार्टिन'स प्रेस. कैम्ब्रिज़.

वॉल्टर्स, विलियम. 2004. सेक्योर बार्डर्स, सेफ हैवेन, डेमॉपॉलिटिक्स'. *सिटीजनशिप स्टडीज़ 8,* नंबर 237-60 (सितम्बर)

वॉल्जर, माइकल. 1989. 'सिटीजनशिप'. संकलित, *पॉलिटिकल इनोवेशन ऐंड कॉन्सेप्चुअल चेंज,* सम्पा. टेरेंस बॉल, जेम्स फर्र और रसेल एल. हैनसन. कैम्ब्रिज़ युनिवर्सिटी प्रेस, कैम्ब्रिज़.

-------1992. 'द सिविल सोसायटी आर्ग्यूमेंट'. संकलित, *डिसक्रिमिनेशंस ऑफ़ रैडिकल डेमॉक्रेसी,* सम्पा. चैन्टल मॉफे. लंदन : वर्सो.

यंग, आनन्द. 1990. जेण्डर ऐंड कॉलोनियलिज़म'. *वीमेन्स स्टडीज़ इंटरनैशनल फोरम 13,* 105-115.

यंग, आयरिस मेरियन. 1989. 'पॉलिसी ऐंड ग्रुप डिफरेंस : अ क्रिटीक ऑफ़ द आइडियल ऑफ़ युनिवर्सल सिटीजनशिप', *एथिक्स 99,* नंबर 2, 250-74.

-------2003. 'द लॉजिक ऑफ़ मैस्कुलनिस्ट प्रोटेक्शन : रिफलेक्शंस ऑन द करेंट सेक्यूरिटी स्टेट'. *साइन्स 29,* नंबर 1, 1-26 (फॉल).

युवाल-डेविस, नीरा. 1991. 'द सिटीजनशिप डिबेट : वीमेन, एथनिक प्रॉसेसेज ऐंड द स्टेट'. *फ़ेमिनिस्ट रिव्यू,* नंबर 39, 54-63 (विंटर).

-------1997. 'वीमेन, सिटीजनशिप ऐंड डिफ़रेंस'. *फ़ेमिनिस्ट रिव्यू,* नंबर 57, 3-26 (शरद).

----------'द "मल्टी-लेयर्ड सिटीजेन" '. *इंटरनैशनल फ़ेमिनिस्ट जर्नल ऑफ़ पॉलिटिक्स 1,* नंबर 1, 119-36.

II. हिन्दी स्रोत

छेदालाल, बाबू. 1915. *गृहलक्ष्मी ग्रन्थमाला : अबालोन्नति पद्यमाला.* प्रयाग : गृहलक्ष्मी कार्यालय.

दास, श्यामसुन्दर. 1906. *वनिता विनोद.* काशी : नागरी प्रचारिणी सभा.

देवी, यशोदा. 1924. *गृहिणी कर्त्तव्याशास्त्र, अरोग्यशास्त्र अर्थात् पाकशास्त्र.* तीसरा संस्करण. प्रयाग : वनिता हितैणी प्रेस.

-------1925. *पति प्रेम पत्रिका.* प्रयाग : वनिता हितैषिणी प्रेस.

-------1934. *पतिव्रतधर्मा माला : नारी धर्म, शिक्षा.* इलाहाबाद : वनिता हितैषिणी प्रेस. इलाहाबाद.

देवी, मनव्रता. 1942. *नारी धर्म शिक्षा.* बनारस : काशी पुस्तक भंडार.

गर्ग, महेन्द्रलाल. 1900. *स्त्री शिक्षा.* दिल्ली : गोविंदराम हसानंद, नयी सड़क.

गोयनदेका, जयादयाल. सम. 2002. *नारी धर्म.* आठवाँ संस्करण. गोरखपुर : गीता प्रेस.

हरदेवी, श्रीमति. 1892. *स्त्रियों पे सामाजिक अत्याचार.* इलाहाबाद.

मिश्रा, बलदेवप्रसाद. सम. 1965. *नारीरत्नमाला.* बम्बई : श्री वेंकटेश्वरा स्टीम यन्त्रालय.

सांकृत्यायन, राहुल. 1950. *मेरी जीवन यात्रा.* खण्ड 2. इलाहाबाद : किताब महल.

सरस्वती, सहजानंद. 1985. *मेरा जीवन संघर्ष.* दिल्ली : पीपॅल्स पब्लिशिंग हाउस.

सरस्वती, शालीग्राम. 1937. *प्रयाग प्रदीप.* इलाहाबाद : हिन्दुस्तानी अकादमी.

III. सरकारी रिपोर्ट

ऐनुअल रिपोर्ट ऑफ़ द ऑल इण्डिया वीमेन्स कांफ्रेंस, 1933–34.

इण्डियन स्टेट्युटरी कमीशन, *सर्वे रिपोर्ट,* गवर्नमेंट ऑफ़ इण्डिया, 1930.

रिपोर्ट ऑफ़ द ज्वाइंट कमिटी ऑन इण्डियन कॉन्स्टीट्यूशनल रिफॉर्म, सेशन 1933–34, वोल्युम I.

रिपोर्ट ऑफ़ द फ्रेंचाइज कमिटी ऑन डिविजन ऑफ़ फंक्शंस, 1918–1919.

रिपोर्ट ऑफ़ द फ्रेंचाइज सब-कमिटी ऑफ़ द राउंड टेबल कांफ्रेंस, 1931.

इण्डियन राउंड टेबल कांफ्रेंस, 12 नवम्बर, 1930–19 जनवरी, 1931, प्रोसिडिंग्स ऑफ़ सब-कमिटीज, पार्ट II.

IV. अप्रकाशित स्रोत

जिमेनज-म्युनोज, ग्लाडेज. 1993. 'अ स्ट्रॉम ड्रेस्ड इन स्कर्ट्स : एमीवैलेंसेज इन द डिबेट ऑन वीमेन्स सफरेज इन प्यूरेटो रिको'. पीएच.डी. डेजर्टेशन, स्टेट युनिवर्सिटी ऑफ़ न्यूयॉर्क, बिंघमटन.

निगम, संजय. 1987. 'अ सोशल हिस्ट्री ऑफ़ अ कॉलोनियल स्टीरियोटाइप : द क्रिमिनल ट्राइब्स ऐंड कास्ट्स ऑफ़ उत्तर प्रदेश 1871–1930'. पीएच.डी थीसिस, यूनिवर्सिटी ऑफ़ लंदन.

सैंसबरी, एलीसन. 1995. 'डॉमेस्टीसिटी ऐंड इम्पायर'. पीएच.डी. डेजरटेशन, कॉरनेल यूनिवर्सिटी.

विश्वेश्वरन, कमला. 1990. 'फैमिली सब्जेक्ट्स : ऐन इथ्नोग्राफी ऑफ़ द 'वीमेन्स क्वेश्चन' इन इण्डियन नैशनलिज़्म'. पीएच.डी. डेजरटेशन, स्टैनफोर्ड यूनिवर्सिटी.

अनुक्रमणिका

य

र

ल

व

स

श

ह

ज्ञ

□□